高等院校市场营销系列教材

Digital Marketing

数字营销学

黄劲松◎主编

邹艳 卢念 石若琪 孙雷 邹德奇 许腾 金开鑫 李健◎参编

U0336791

机械工业出版社
CHINA MACHINE PRESS

本书聚焦于数据驱动的全过程营销管理，讨论企业在数字化、智能化环境下营销的实施框架和实践操作。本书由学界和业界人士共同撰写完成，融合了大量营销理论、实践案例和业界经验，力求形成理论与实践相结合的数字营销知识体系。本书涵盖了数字营销的全过程，在数字营销的理论基础、技术工具、实践运营、变革发展、管理规范等方面提供了全方位视角，旨在帮助读者系统地理解数字营销。

本书可作为市场营销、工商管理、电子商务等专业本科生和研究生教材，也可作为相关研究人员和从业人员的参考读物。

图书在版编目（CIP）数据

数字营销学 / 黄劲松主编 . -- 北京：机械工业出版社，2024. 8. --（高等院校市场营销系列教材）.
ISBN 978-7-111-76331-4

Ⅰ. F713.365.2

中国国家版本馆 CIP 数据核字第 2024V91658 号

机械工业出版社（北京市百万庄大街 22 号　邮政编码 100037）
策划编辑：张有利　　　　　责任编辑：张有利　王华庆
责任校对：刘雅娜　陈　越　责任印制：任维东
天津嘉恒印务有限公司印刷
2024 年 10 月第 1 版第 1 次印刷
185mm × 260mm · 27.75 印张 · 612 千字
标准书号：ISBN 978-7-111-76331-4
定价：69.00 元

电话服务　　　　　　　　　　网络服务
客服电话：010-88361066　　机 工 官 网：www.cmpbook.com
　　　　　010-88379833　　机 工 官 博：weibo.com/cmp1952
　　　　　010-68326294　　金 书 网：www.golden-book.com
封底无防伪标均为盗版　机工教育服务网：www.cmpedu.com

黄劲松

　　北京航空航天大学教授、博士生导师。主要研究领域包括数智营销、可持续消费行为。担任中国高等院校市场学研究会常务理事及大数据分会副主任、中国商业统计学会大数据营销分会常务理事、管理现代化研究会营销管理专业委员会常务理事、《营销科学学报》编委。曾在科研和咨询类公司工作10年，曾作为项目经理为20余家企业提供咨询服务。在《管理世界》《管理科学学报》《心理学报》及 *Journal of the Association for Information Systems*、*The Journal of Strategic Information Systems*、*Journal of Interactive Marketing* 等期刊上发表研究成果60余篇，主持国家自然科学基金面上项目5项，重点项目子课题1项，参与重点研发计划1项，教育部案例项目首席专家，获评全国工商管理专业学位研究生教育指导委员会百优案例11篇，主编教材及专著4部。

前　言

　　数字营销是数字经济领域应用最为广泛的方向之一，也是近 20 年发展起来的营销学科的新兴领域。随着信息通信技术的快速发展和互联网的全面应用，营销学科从传统的"传播"加"销售"的投入产出模式转变为数据驱动的全过程监控和全流程运营模式，进而产生了数字营销的学科方向。不过，尽管数字营销在学界和业界被广泛提及，但各界人士对其概念的内涵和外延仍然存在不同的看法。本书拟从广义的数字营销概念出发对数字营销的知识体系进行构建，将数据驱动的营销、基于数据的营销和数字环境的营销等三个方面的内容纳入本书。其中，数据驱动的营销主要讨论数据驱动下的营销决策和实践，例如自动化营销；基于数据的营销主要讨论企业在数据采集、分析和应用的基础上，制定营销策略并实施，例如 A/B 测试；数字环境的营销主要讨论如何利用成熟的数字营销平台展开营销实践，例如在广告平台上进行定向广告操作。

　　本书讨论了数字营销与传统营销之间的差异，力图通过两者的比较更加全面地描述数字营销的基本内容。在数字营销时代，营销实践发生的变化主要体现在以下方面。首先，营销操作模式发生了变化。在数字营销时代，企业可以采集顾客旅程和触点的全过程数据，可以做到对市场的实时洞察、精准投放、策略调整和自动迭代，形成由下而上的分析型操作模式，这颠覆了传统营销时代由上而下的整体操作模式。其次，企业的营销组织管理模式发生了变化。数字营销时代改变了市场部加销售部的传统营销组织结构，增加了更多反映过程性、实时性、交互性、精准性的部门，包括运营部门和产品部门，从而改变了传统企业的营销组织管理模式。再次，消费行为模式发生了变化。数字营销时代的消费者面对的是数字化和智能化的信息加工和决策环境，所见即所得、生成内容、数字口碑、远程交易、定向信息加工等行为逐渐成为常态，这改变了消费者的传统行为模式。最后，营销全要素的数字化变化。随着数字化和智能化技术的发展，营销的全要素发生了变化，市场洞察模式、产品和服务形式、传播和交互方式、渠道和销售体系、客户关系管理模式等方面全面转向数字化和智能化，这就给营销学科带来了新的实践和操作内容。数字营销相较于传统营销的变化是本书拟重点描述的内容。

本书尝试构建整体思维和分析思维相结合的数字营销知识体系。尽管数字营销是基于数据驱动的营销操作，但企业在实践过程中还是习惯使用整体性的框架思维进行数字营销的运营，例如企业构建的海盗模型（AARRR）、AIPL$^{\ominus}$等数字营销模型。因此，本书采用了整体思维和分析思维相结合的方式撰写。在整体思维方面，本书尝试在每一章都构建相关的思维框架和工具体系，方便读者较好地掌握各章的内容并在实践中加以应用。在分析思维方面，本书尝试描述企业如何利用数据展开营销，如何进行营销的维度分解和测量，如何利用指标体系展开营销运营。本书也试图将思维框架与指标体系结合起来讨论如何进行企业的数字营销运营，方便读者从不同的角度思考数字营销实践。

本书由学界和业界人士共同撰写完成。之所以采取学界和业界合作的方式撰写本书，原因在于学界和业界在数字营销的研究和实践方面各有其优势，需要互相取长补短以便形成完整的知识体系。学界的研究主要基于已有的实践现象展开分析和总结，提炼出规律性和框架性的知识体系。2015年以来，数字营销学术领域已经发表了近30篇高质量的综述性论文、文献计量分析论文和元分析论文，内容覆盖了数字营销的各个方面，形成了多个视角的理论体系，这些知识体系有必要加以整理和呈现。但学界的研究也有其局限性，主要体现在大量的实践创新和做法未被纳入学科体系之中，实际操作性较弱，这对于营销学科这样一门实践性科学而言是存在不足的。在业界方面，数字营销是企业经营过程中创新程度最高的领域之一，营销实践中的各类创新性操作层出不穷，一些创新实践还引发了学界的深入研究，例如直播销售相关的论文已经达到千篇。因此，我们认为有必要将业界的实践和操作也纳入本书，以便更加全面地描述数字营销的知识体系。本书的内容由学者进行构思并细化为框架体系，在此基础上吸收了业界的优秀数字营销实践者参与讨论，共同沟通，完成了本书的撰写。

本书共十五章，主要阐述了三篇内容。第一篇是数字营销基础，该部分重点讨论数字营销的一些基础知识（第一章至第六章），包括数字营销的思维框架、数字消费者行为、营销数据采集、统计技术和数字营销、顾客画像及应用、营销指标体系与平台应用等内容。第二篇是数字营销运营，该部分重点讨论如何全过程地进行数字营销的实践操作（第七章至第十一章），包括数字化产品开发与创新、数字整合营销传播、数字渠道与销售管理、数字化客户关系管理、数字营销效果评价等内容。第三篇是数字营销管理与发展，该部分重点讨论数字营销的企业管理和社会管理问题，描述数字营销未来的发展方向（第十二章至第十五章），包括数字营销的组织结构与管理、营销数字化转型、数字化变革与营销科技、数字营销的法律法规及相关标准等内容。

⊖ AIPL，即品牌认知（Awareness）、品牌兴趣（Interest）、品牌购买（Purchase）和品牌忠诚（Loyalty）。

参与本书写作的人员包括：邹艳（工业元宇宙专家，曾在大中型企业负责 BU 管理、科技发展等工作）、卢念（就职于全球性无菌包装系统和解决方案企业，消费者固定样本研究专家）、石若琪（就职于联想集团，15 年数字营销经验）、孙雷（就职于奇虎 360 集团，技术中台数据平台部技术总监，10 年以上大数据产品研发经验）、邹德奇（就职于中国信息通信研究院产业与规划研究所）、许腾（就职于首都机场，深耕非航零售商业的运营管理及线上融合创新业务研究）、金开鑫（马钛氪营销科技有限公司创始人，为数十家企业提供数字化转型和营销咨询服务）、李健（北京航空航天大学博士研究生）。本书在写作过程中还得到了国家自然科学基金的资助（项目编号：71872009 和 72172010）。

本书尝试从一个系统的、完整的和实践的视角对数字营销的知识体系展开描述。但是，由于数字营销学是当今营销领域最为活跃的部分之一，学术研究不断拓展，创新性实践不断涌现，新的营销科技应用不断深入，难免有一些思想、理论、方法、工具、模式没有纳入本书。另外，由于时间仓促，可能会有部分应该列出的文献被遗漏。同时，由于作者的水平有限，本书的不完善和不充分之处难以避免，敬请各位同仁和读者批评指正。

黄劲松

目 录

第二篇 数字营销运营

第三篇 数字营销管理与发展

第一篇

数字营销基础

第一章
数字营销的思维框架

学习目标

（1）对数字营销进行概念界定；
（2）介绍数字营销的发展历程；
（3）介绍数字营销的基本理论和方法；
（4）描述数字营销的基本框架体系。

导引案例

数据分析助力成功的联合促销

　　A 是国内知名的奶制品公司，生产的婴幼儿奶粉有着很高的市场声誉。A 公司收集了来自北京大型连锁超市 B 的零售数据，并希望通过数据分析找到营销的机会。B 商超经营 2 000 多个商品单元（SKU），A 公司提取了 1 个月的购物篮数据，并根据经验过滤了部分商品类别，只留下与婴幼儿奶粉相关的四个商品大类，分别是冲调类、日化类、休闲食品类和奶制品类。A 公司在此数据的基础上展开了关联分析，结果发现口腔护理、牛奶、纸尿裤、纸巾、酸奶、饼干等类别与婴幼儿奶粉存在一定的关联。进一步分析显示，A 公司的婴幼儿奶粉与 C 公司的婴幼儿纸尿裤有较强的关联关系。随后，A 公司联系了 C 公司，并向 C 公司展示了数据分析结果，希望与 C 公司展开联合促销活动，C 公司同意了 A 公司的提议。双方共同提出了"金质营养＋金质睡眠，宝宝成长更健康！"的口号，并实施了联合折扣券促销、联合陈列展示、联合路演宣传等活动。其中，联合折扣券的使用规则为消费满 100 元可获得 15 元购物券，用于购买联合品牌商品。在随后的 1 个月时间里，双方在 12 个省市进行了联合促销活动，获得非常好的营销效果。A 公司的婴幼儿奶粉销量同比增长了 105%，销售额同比增长 26%。所有试点省市的销量增长率均超过 50%，部分省市的增长率超过 700%。

第一节 数字营销导论

一、数字营销的概念界定

(一) 数字营销的思维

人们的思维体系包含两种不同的思维[1]，第一种是系统的和全面的思维体系，被称为整体思维（Holistic Thinking）。整体思维认为世界是一个有机整体，组成有机整体的各个部分也是一个个小的整体，各部分之间密切联系构成一个整体[2]。整体思维采用由上而下的思考和决策模式，人们首先制定战略，然后制定策略，最后实施行动方案。第二种是具体的和个体的思维体系，被称为分析思维（Analytics Thinking）。分析思维采用由下而上的思考和决策模式，人们首先进行事物的细节分析，再通过细节分析得到整体的全貌[3]。

营销学也包含整体思维和分析思维两种不同的思维体系，与之相对应的是两种不同的操作体系。传统营销时代很难精准了解每个顾客的需求，在这个时代大多采用整体的营销思维，典型的操作体系是"5C+STP+4P+CRM"。其中，5C 指在市场分析过程中需要关注顾客、竞争对手、公司自身、合作伙伴以及环境；STP 指市场细分、目标市场选择和市场定位；4P 指营销组合策略，包括产品、定价、分销、促销等策略；CRM 指客户关系管理。在整体的营销思维下，人们首先关注的是如何进行品牌和产品的定位，在此基础上制定营销策略组合。因此，整体思维的营销最为重要的是确定产品的定位，从而明确营销的方向。它是一种由上而下的思维，人们更关注的是营销的理论知识以及做事背后的逻辑，它具有思辨性和战略性的特征。

与整体思维不同，数字营销采用的是分析思维体系。在数字营销过程中，营销的思维是由个体到整体、由下至上的过程，它强调将每一位顾客看成独特的个体，并针对每一位顾客进行个性化的营销。分析思维用数据刻画顾客、产品和市场，用数据描述参与企业营销活动的所有人、物和事，并通过数字分析或者数据驱动的方式制定相应的策略。数字营销遵循一种由下而上的思维模式，它的思维模式是从个体出发汇总到整体，强调通过对每个个体的个性化营销，达到对整体的营销。因此，人们也将数字营销描述为千人千面的营销。

数字营销有如下几个与传统营销不一致的方面。①由下而上的营销思维。数字营销从个体的需求出发，汇总成市场的整体状态。这时，企业的发展战略并不是营销的起点，每个消费者的需求才是营销的起点。因此，营销的逻辑变成"个体画像→个体需求→精准营销→达成销售→迭代验证"。②数据驱动的营销思维。数字营销是典型的数据驱动的营销，人们将数据看成最为重要的资源和资产，通过对数据的采集和实时动态应用，实现顾客个性化定制、产品数字化升级、快速流失预警、精准交叉销售等营销行动。③技术驱动的营销思维。数字营销起源于信息技术的突破，一些学者认为数字营销是信息技术与传统营销相结合所产生的新营销体系[4]。移动技术、社交媒介、电子商务平台等技术的出现带来了精准营销、UGC（用户生成内容）、社交网络等一系列的数字营销变化。未来随着人工智能、云计算、区块链、

5G、VR/AR（虚拟现实／增强现实）等新一代技术的应用，数字营销将会产生进一步的变化。

（二）数字营销的基本概念

数字营销概念的提出已有二十多年的历史，但人们对这一概念并没有形成固定的认知。大量的教科书和学术论文将数字营销的概念界定为互联网环境下的营销，或者基于新技术环境下的营销。例如，Chaffey 和 Ellis-Chadwic 将数字营销定义为"通过数字技术的应用达成营销目标"。美国营销学会（American Marketing Association）在其官网上的一篇文章中将数字营销界定为"通过使用任何技术设备在电子商务平台上进行的营销"[5]，它包括社交媒体、短信、电子邮件、搜索引擎、网站、移动 App、电子广告牌和社交网络等方面的营销。Krishen 等对数字营销进行了一个较为全面的界定，他们认为数字营销是：应用数据、信息通信技术（如人工智能）、平台（如社交网络）、媒体和设备，在物理空间和虚拟空间内拓展营销的范围，从而通过赋能、提供信息、产生影响和增加参与等方式改善客户关系[6]。

Krishen 等提出的数字营销定义基本上涵盖了数字营销的各种特征，包括：

（1）数据驱动的营销。它将数据应用作为最重要的营销手段，这区别于传统营销的理论应用。举例而言，当获得了经销商的实时经营数据，企业就可以实时动态地进行经销商的短板管理和长处提升，从而深度参与到经销商经营的各个环节之中，这对完善与经销商的关系、加强渠道控制、提高经销商绩效有较大的帮助。

（2）基于信息与通信技术（ICT）的营销。ICT（Information and Communication Technology）是信息与通信技术共同结合而成的新技术领域。信息通信技术带来的营销方式变迁体现在新的信息沟通方式（例如，5G 远程低时延沟通）、新的信息设备（例如，自动驾驶汽车）、人工智能（例如，人脸识别）、新的表达方式（例如，社交媒介）等。将人工智能技术与营销相结合也被称为"数智营销"。

（3）基于电子商务平台的营销。电子商务平台是 2000 年之后逐渐成熟的，包括交易中介平台、社交媒体平台、软件平台、支付平台等几类。电子商务平台的出现使营销沟通、销售和客户关系管理等方面产生了较大的变化，形成了电子口碑传播、用户生成内容、社交媒体营销等新的营销模式，很多教科书和学术论文也将这类"新媒体"营销定义为数字营销。

（4）物理空间与虚拟空间结合的营销。在数字环境下，物理空间和虚拟空间已经可以做到相互连接、相互贯通，共同形成一个整体。例如，数字营销的一个突出特征是"所见即所得"，当人们在虚拟的环境下看到了某个产品时，他们可以通过扫码等方式直接购买，这也催生了直播销售等行业。

（5）通过多种方式构建客户关系的营销。例如，Krishen 等提出应用数据、ICT、平台、设备等，通过对消费者赋能，向客户提供信息，与顾客沟通，增加顾客的参与等方式建立客户关系[6]。

不过，当互联网逐渐成为人们生活的一部分之后，以往所界定的数字营销与传统营销的边界逐渐变得模糊。例如，我们已经很难说采用直播带货或者短视频营销等方式就是数字营销，如果企业仅仅是利用数字平台进行营销，与以往利用电视做广告并没有本质的区别。因此，如何界定数字营销就需要进一步加以讨论。在本书中，我们将数字营销界定为基于数据的营销和数据驱动的营销，它采用的是一种由下而上的分析思维营销模式，与整体思维和策略导向的营销有一定的差异。举例而言，在直播带货的过程中与数字营销相关的内容包括：如何通过数据选择主播，如何通过分析确定直播带货过程中合理的行为。为此，我们将数字营销定义为：数字营销以数据和数据技术为基础，通过数据洞察、效果评价、反馈迭代、实时监控等方式，为顾客创造、沟通、传递价值，建立客户关系，使顾客、伙伴、社会和公司等所有利益相关者受益。数字营销是综合利用数字环境下的各种营销工具，构建自主可控的、以数据为基础的营销决策体系，并结合信息技术的快速发展，开发数据驱动的自动化营销体系，从而动态、精准、敏捷、个性化地满足顾客的需求，实现存量顾客资产和增量顾客资产的持续增加。

二、数字营销的不同类型

数字营销有着不同的视角，一些人认为数字营销是完全由数据和技术驱动的营销，但另一些人认为数字营销是在数字环境下实施的营销。为此，我们从"人工介入程度"和"营销驱动模式"两个维度将数字营销划分为四种不同的类型（如图1-1所示）。人工介入程度按照高和低分类，如果完全依赖于人进行营销决策，则人工介入程度较高。相反，如果更多地依赖数字技术或营销工具开展营销，则人工介入程度低，例如程序化购买主要依靠广告平台展开自动化营销，人工介入程度很低。营销驱动模式分为理论驱动和数据驱动两类。理论驱动是由上而下的整体思维模式，它先确定一个营销理论体系，并按照该理论体系实施营销。数据驱动是由下而上的思维模式，它由数据驱动，洞察市场需求，发现营销机会，进而开展营销。

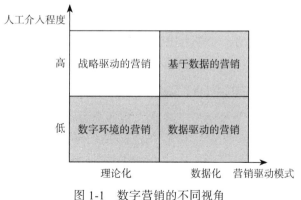

图 1-1 数字营销的不同视角

由于战略驱动的营销不属于数字营销的范畴，因此本书将数字营销的内容分为三个部分，分别是数字环境的营销、基于数据的营销、数据驱动的营销（如图1-2所示）。这三个部分的数字营销共同形成了数字营销的完整体系。

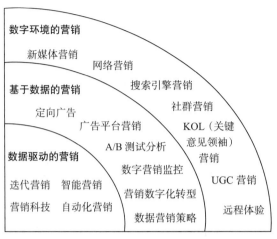

图 1-2   数字营销的基本内容

（一）数字环境的营销

数字环境的营销指企业利用其他成熟的数字平台，在数字环境下开展传播、销售和维护客户关系等营销活动。数字环境的营销起源于 2000 年之后，发展到今天，大部分营销活动均属于数字环境的营销范畴。不过，数字环境的营销活动所采用的营销工具是随着时间的变化而变化的。在 2000 年左右，企业关注的主要是电子口碑传播和搜索引擎营销[7]。随着营销平台的不断丰富，大量的网络新媒体出现了，这使营销平台处于不断变革之中。

在数字环境下，企业通过协议方式与各类数字营销平台（例如，微博、百度、今日头条）建立关系，数字营销平台按照协议提供各类营销服务和运营状态数据，这就给予企业实时地监控营销过程和营销效果的机会。数字营销平台的种类非常多，包括电商平台、社交媒介、内容平台、UGC 平台、搜索引擎、元宇宙等。随着数字化程度的不断提高，人们可以通过扫码等方式实现线上和线下互联，传播和销售之间的边界也就逐渐消失了。

小案例

元宇宙的关键元素

最近，"元宇宙"（Metaverse）概念获得了人们的关注，并作为术语在各行各业普及。在元宇宙领域，科技巨头如谷歌、微软、英伟达，以及备受瞩目的 Meta 公司（原名 Facebook），已经投资数十亿美元用于硬件、软件和基础设施的开发，为元宇宙的发展提供动力。这一概念也受到学术界的关注，Hadi 等人（2023）定义了元宇宙的概念，并给出了一个描述元宇宙五个关键元素的框架。这五个关键元素分别为数字媒介（Digitally Mediated）、空间（Spatial）、沉浸式（Immersive）、共享（Shared）、实时（Real-time）。

（1）数字媒介。元宇宙是一个数字化的平台，消费者通过数字技术进行交互。这种数字媒介不仅包括与其他用户互动，还包括与数字内容互动，例如虚拟物品、数字艺术品、数字货币等。数字媒介的发展为消费者提供了更多的交互和体验方式。

（2）空间。元宇宙是由多个数字空间组成的网络。这些数字空间可以是虚拟的、仿真的或者现实的，消费者可以在其中进行交互和体验。数字空间的发展使得元宇宙可以模拟现实世界中的各种场景和情境。

（3）沉浸式。元宇宙可以让消费者获得身临其境的感觉。消费者可以在数字空间中体验真实的触感、声音、视觉影像和移动，这种沉浸式的体验使得元宇宙成为一个更加真实的数字世界。

（4）共享。元宇宙是一个多人在线的平台，多个用户可以同时在同一数字空间中进行交互。这种共享的特性使得元宇宙成为一个全新的社交平台，为消费者提供更多的社交机会。

（5）实时。元宇宙可以让消费者在数字空间中实时进行交互和体验。这种实时的特性使得元宇宙成为一个更加快速和高效的数字世界。实时的特性也可以促进用户之间的互动和合作。

除了上述五个关键元素，元宇宙还有其他一些重要的特征。例如，元宇宙允许用户自由地创建和共享内容，这使得元宇宙具有极高的创造性和多样性。此外，随着技术的升级，元宇宙还可以成为一个全新的社交和商业平台。总之，元宇宙是一个充满潜力和机遇的新兴领域，并将在未来的数字世界中扮演越来越重要的角色。

资料来源：HADI R, MELUMAD S, PARK E. The Metaverse: a new digital frontier for consumer behavior[J]. Journal of Consumer Psychology, 2023.

（二）基于数据的营销

基于数据的营销指企业通过数据采集、数据分析和数据应用，制定营销策略并实施的营销体系。基于数据的营销在智能手机和在线销售普及之后逐渐成为主流，这时营销的工作重心逐渐从整体思维的营销转向分析思维的营销。基于数据的营销之所以变得更加重要，有以下几个原因。首先，虚拟经营环境带来的变化。在虚拟的在线环境下进行营销，运营人员只有实时动态地了解了经营数据的变化才能够制定相应的营销策略，因此在线经营活动的增加使基于数据的营销变得更加重要。其次，传统企业线上经营带来的变化。传统企业逐渐开始从线下向线上拓展，当这些企业开始线上经营时，意味着它们需要从传统的整体思维营销转向基于数据的分析思维营销，这使得基于数据的营销体系变得更加重要。最后，数字化转型产生深远影响。很多企业希望通过数字化转型构建自己的数字营销体系，并在营销传播、渠道销售和客户关系维护等方面提升数字化程度，这使基于数据展开营销变得更加重要。

当企业基于数据进行营销时，一些传统营销难以实现的营销功能逐渐可以实现。例如，企业在实施营销策略之后可以非常方便地进行营销结果的数字化监控，并在监控的基础上制定相应的对策。企业基于数据营销时，并不依赖他人的平台提供分析数据，因而可以掌控整个数字营销过程。这不但给企业带来了较大的独立性和营销空间，也有利于企业与竞争对手展开竞争。但是，基于数据的营销最大的问题是企业要自己分析数据，因而必须有数据分析的专家，这对于一些传统企业而言是比较难办到的。

（三）数据驱动的营销

数据驱动的营销是指在经营过程中，所有的营销决策都通过数据驱动的方式实现，在这个过程中人工的干预变得很少，产供销的各个环节实行数字化管理，自动化营销逐渐实施。这时，企业的数字营销将变成一个技术黑箱，营销的策略通过黑箱中的数据流驱动得以实现。在数据驱动的营销背景下，营销将完全从理论驱动的状态进入数据驱动的状态，营销科技（MarTech）的应用将会逐渐成为主流的模式。

当前数据驱动的营销主要体现在广告技术上，其中需求方平台（Demand Side Platform，DSP）和私有化需求平台的自动化营销已经广泛应用于营销实践中。未来随着人工智能的发展，数据驱动的营销体系将能够自动进行顾客需求的匹配，大幅提升营销的敏捷性和营销效率，降低营销成本。而且，随着新的技术逐渐进入营销领域，企业将逐渐实现远程体验和交付，营销的模式和方法将会发生极大改变。

需要注意的是，尽管数字环境的营销、基于数据的营销和数据驱动的营销出现的时期不同，但它们正在同时被企业大量应用。企业不但需要长期在数字环境下应用各类成熟的数字营销平台，还需要构建自身可控的数字营销体系，制定完善的基于数据的营销策略。与此同时，企业需要面对未来营销科技和数据驱动的营销的变化，实时跟随技术进步带来的营销实践的变化。

第二节　数字营销的发展历程

数字营销可以用 2000 年作为分界线，2000 年之前属于早期的数字营销，在这一时期，数据是非常稀缺的，企业必须在数据稀缺的条件下进行营销。2000 年之后，互联网逐渐成熟，数据逐渐丰富，数字营销逐渐成为市场营销的主流。

一、早期的数字营销

一般认为现代营销学起源于 1900 年的美国，基于数据的营销研究在 20 世纪 20 年代开始应用于企业。AC 尼尔森（AC Nielsen）公司成立于 1923 年，它是全球成立最早的市场研究公司之一，目前仍然在全球 100 多个国家和地区开展市场研究业务。基于数据的营销研究逐渐成熟要追溯到 20 世纪 60 年代，在这一时期，多名学者撰写了定量分析和营销科学的专著 [8]。营销定量研究逐渐走向成熟的标志是学术期刊的出现，其中 *Journal of Marketing Research* 在 1963 年创刊之后，增加了定量分析相关的研究论文发表数量，成为营销定量研究的标志性刊物。

2000 年之前，数据是制约营销研究的主要瓶颈，这一时期典型的营销研究集中在以下几个方向。①市场反应模型研究。这类模型主要将企业的营销投入作为输入变量，将企业的销售量作为输出变量，典型的输入输出数据包括企业的营销传播投入、销售绩效的时序数据，采用时间序列等计量经济模型或者 Bass 等概率模型进行数据分析，Hanssens 等的著作《市场反应模型——计量经济学和时间序列分析法》对此进行了较为深入的描述 [9]。②问卷调查研究。问卷调查是互联网广泛应用之前企业常用的数据采集方法，大量的营销调研教科书也将问卷调查作为一种主要的数据采集方法加以讨论。在问卷调查时代，数据的话语权主要掌握在市场研究公司手里，它们在数据采集和分析研究过程中有较大的优势。③监测数据研究。最为典型的监测数据是单一来源数据，所谓单一来源数据（Single-Source Data）指在连续的时间内同时获取固定样本的媒体触达数据和购买数据。单一来源数据体现了消费者看到产品广告之后做出产品购买决策的逻辑，它常用于广告效果评价。20 世纪 80 年代欧美的一些市场研究公司开始采集家庭户的单一来源数据，采集数据时使用日志记录固定样本数据、扫描仪追踪数据等方式。我国的央视市场研究股份有限公司也在全国范围内采集消费者的单一来源数据。在这一时期，商店扫描数据的研究在营销领域一直非常活跃，一些数据挖掘的方法逐渐应用于相关的研究中，最为知名的例子是"啤酒与纸尿裤"，它通过购物篮分析发现了啤酒与纸尿裤购买之间存在关联性。另外，在这一时期已经有一些企业采用实验的方法进行广告投放之前的测试，但这类 A/B 测试实验也仅仅局限在广告领域，而且测试过程耗时耗力，这与当前互联网公司每天进行成百上千次的 A/B 测试形成了鲜明的对比。

2000 年之前的早期数字营销，数据采集和分析往往是由专业的市场研究公司完成的，这给传统企业造成诸多困难。首先，数据采集困难。互联网出现之前，企业很难采集顾客的浏览、曝光、购买等行为的详细数据，企业掌握的数据主要涉及发货、库存、货架、销售等整体数据，一些企业甚至对广告投放的数据也不做记录，对哪些广告投放带来了效果没有足够的追踪能力。其次，数据应用受限。由于没有实时的顾客行为数据，企业一般要通过问卷调查等方式进行专项市场研究，整个过程往往需要非常长的时间完成，基于数据进行营销决策往往具有滞后性，这也导致数据的应用受到较大的限制。再次，数据分析不够专业。营销数据具有非标准化特征，一般需要专业人士进行复杂的数据分析，企业很难形成标准化的营销数据报表，这使企业很难基于数据展开营销决策。最后，营销效果反馈不及时。由于数据记录存在较大的问题，企业很难在营销活动的实施过程中进行全方位的动态监控，这也导致很多企业的营销投放出现问题。例如，在 20 世纪 90 年代，我国一些企业大规模投放电视广告，成为央视的"标王"，但由于企业的营销效果预测和评价能力不足，这些"标王"往往会在经营中出现问题。

二、数字营销的发展阶段

互联网对营销实践产生了重大影响，这种影响首先来自数据采集的变化，企业有机会从多个来源获取数据，这使营销实践从数据稀缺环境逐渐转向数据丰富环境 [10]。营销实践也逐渐从连接重塑向精准营销，再向智能营销转变。

学者们曾经将数字营销称为数字、社交媒介和移动营销（Digital, Social Media and Mobile Marketing，DSMM）[7]，并划分为三个发展阶段，分别是重新塑造消费者购买行为时代（2000—2004 年）、互联网成为消费者生活的一部分时代（2005—2010 年）、社交媒体时代

（2011—2014 年）。本书从更长周期来看待数字营销的发展阶段，并将数字营销划分为三个典型的阶段，分别是连接重塑时代、精准营销时代、智能营销时代（如表 1-1 所示）。

表 1-1　数字营销的发展阶段 [6-7]

阶段	发展要点	典型应用
阶段一：连接重塑时代（2000—2010 年）	（1）门户网站主导，在线购物开始出现 （2）消费者的在线表达逐渐丰富 （3）互联网作为决策支持工具 （4）互联网数据作为营销分析基础 （5）在线口碑传播和用户生成内容开始产生影响 （6）社交网络开始应用	（1）搜索引擎（例如，Google、百度） （2）在线口碑传播（例如，百度贴吧） （3）在线论坛和在线评论（例如，人人网） （4）互联网社交行为（例如，Facebook、博客、人人网） （5）在线的关键意见领袖线下分享传播
阶段二：精准营销时代（2011—2020 年）	（1）进入数据丰富时代，数据在营销实践中产生关键作用 （2）在线购物平台逐渐成熟 （3）社交媒介兴起，出现大量消费者分享行为 （4）实时竞价广告逐渐成熟 （5）精准广告平台崛起 （6）千人千面应用逐渐胜出 （7）在线直播出现，线上和线下销售开始结合 （8）UGC 作为独立应用和营销工具，视频和内容营销成为主流	（1）淘宝等在线购物平台的精准营销，如直通车、钻石展位等 （2）微博等社交媒介的 KOL 营销 （3）病毒、种草、裂变等人际营销活动 （4）京东的精准实时追踪广告 （5）抖音的 UGC 内容营销 （6）视频直播销售大量出现 （7）盒马鲜生等新零售出现
阶段三：智能营销时代（2021 年至今）	（1）数据相关的法律法规逐渐完善，对数据安全、隐私保护等做出了严格规定 （2）企业全面转向数字化和智能化，传统的企业运营模式被颠覆 （3）人工智能、区块链、云计算、大数据和 5G 技术（ABCD+5G）大量出现在营销实践中 （4）物联网技术广泛应用 （5）超级人工智能出现，并广泛应用	（1）自主和辅助的人工智能大量出现在营销实践中，如智能语音服务改变了服务行业 （2）虚拟人和元宇宙改变营销模式，代言人、直播销售等模式发生改变 （3）物联网营销大量出现，万物皆营销，如智能购物车改变了超市的结算和购物模式 （4）ChatGPT 逐渐应用于营销实践中

（一）连接重塑时代（2000—2010 年）

这一阶段的突出特点是互联网逐渐进入了人们的生活，人与人之间的连接发生了重塑，企业运营模式发生了根本性的改变，这给传统营销带来了颠覆性变革。由于连接的存在，人们可以远程访问、互动、分享，这带来了新的营销传播模式和销售渠道。在这一阶段，互联网成为促进消费者决策的重要手段，并成为重塑消费者行为的重要工具。这一阶段的头部媒体是搜索引擎，搜索量每年增长非常快。2003 年，国外网站的搜索量跃升了 170%，2004 年增长了 40% 以上 [7]。同时期的中国，百度公司在 2005 年发布了系列广告，2006 年，百度营业收入为 8.378 亿元人民币，净利润同比增长 533.9%，达到约 3.018 亿元人民币，连续 7 个季度保持了高速增长。迄今为止，搜索业务仍然是百度的重要盈利来源。

连接重塑时代的另一个重要特征是互联网成为消费者生活的一部分，在线评论行为大量出现在各类论坛中，它既是一种口碑传播（WOM），也是一种用户生成内容。由于社交媒介开始兴起，企业通过社会网络分析来研究消费者的网络连接和关键意见领袖，同时人们的连接和互动也让企业有可能实施更加完善的客户关系管理。学者们认为，未来的所有营销都是互动式的营销，这与之前的推式（Push）营销和拉式（Pull）营销有所不同[7]。在连接重塑时代，国外出现了 Facebook，开创了社交媒介的新时代。中国则出现了在线论坛，其中 2005年成立的校内网（现人人网）是与 Facebook 类似的中文 SNS（社交网络服务）网站，用户可以在这一平台上相互交流、分享信息、自创内容、玩在线游戏等。人人网是中国最早的校园社交关系网络平台之一，它也是连接重塑时代中国最为重要的互联网公司之一。

在连接重塑时代，数字营销的研究主要聚焦于以下几个方面：一是消费者的在线口碑传播；二是消费者的在线搜索行为和决策行为；三是社交媒介行为开始进入研究者的视野，包括用户生成内容、社交媒介参与等在内的研究开始起步。在连接重塑时代，由于数据极大丰富，企业开始基于数据展开消费者行为分析、产品开发、营销渠道拓展。

（二）精准营销时代（2011—2020 年）

在精准营销时代，互联网技术逐渐成熟并呈现出商业模式百花齐放的特征，购物、社交、娱乐、信息内容等不同类型的需求在互联网上大量出现，少数具有优势地位的公司应运而生。在这一时期，数据的价值得到了企业的广泛认同，一些公司基于数据在交易中介、媒体、软件应用和支付等平台上开发了多种营销工具，成为平台盈利的主要来源。

在购物方面，电子商务平台实现爆炸性增长，阿里巴巴旗下的淘宝和天猫基于顾客数据开发了直通车、钻石展位等各类工具和应用，商家使用这些工具需要支付费用，这也开启了基于数据的盈利模式。阿里巴巴电商平台利用数据将业务拓展到广告、新品开发、小额贷款、线下零售等领域，获得了巨大成功。在社交媒体方面，微信成为具有统治力的社交媒介平台，这为其后期的公众号、小程序、广点通广告平台的运营奠定了基础；微博也利用数据开发了"粉丝通"等工具，并形成了数量庞大、影响广泛的关键意见领袖群体。在娱乐方面，音乐、视频、游戏等不同领域的电子商务平台逐渐成熟，利用数据进行引流、激活、销售、分享成为娱乐企业运营的常态。在信息和内容方面，精准营销时代突破了上一阶段门户网站提供资讯和内容的模式，开始基于数据和算法向客户个性化推荐信息和内容，典型代表是字节跳动公司推出的今日头条、抖音、TikTok 等用户生成内容平台，它们在众多的内容平台中迅速脱颖而出，显示了数据和算法的强大作用。

（三）智能营销时代（2021 年至今）

智能营销时代的突出特征是信息技术日臻成熟，它不但为企业的数字营销进行赋能，还形成了大量新的产品和应用。与此同时，数据安全和隐私保护得到了空前的重视，各部门制定了大量数据管理的法律法规和行业规范，数字营销进入法制化和规范化的时代。2021 年底，国家出台了《"十四五"数字经济发展规划》，规划中设定的主要指标包括"十四五"期间数字经济核心产业增加值占国内生产总值（GDP）比重达到 10%、IPv6 活跃用户数达 8 亿户、工业互联网平台应用普及率提升至45%、电子商务交易规模达到46万亿元等。这一规划将对智能营销的实践产生重要作用。

　　数字化和智能化转型成为各行各业的共识，数字化和智能化深入企业"人、货、场"的各个方面。《营销科学学报》创刊号曾对智能营销时代的"营销科技"进行了界定[10]，该文认为营销科技包括四个不同的变化。①"人↔人"的变化。其一是人与人之间连接方式发生改变，包括连接设备、连接模式、连接内容方面的变革。其二是新网络和新设备改变了人们的互动频次、沟通模式、关系距离等要素，从而改变人与人之间的关系。②"人→物"的变化。其一是人们使用新的科技产品将带着人们跨越距离阻碍、突破设备边界、减少时间延迟，从而带来产品设计和传播模式的新变革。其二是新的科技产品将打破时间和空间的限制，可能产生前所未有的新体验和新市场。③"物→人"的变化。它表现在新的科技产品会带来营销传播模式和营销渠道的变革，例如智能汽车成为新的传播媒介和销售平台。④"物→物"的变化。它一方面是指物与物之间的感知变革创造新运营模式、新产品形态、新智能系统，从而帮助消费者决策。另一方面是指万物互联带来的效率提升、可靠性提升、成本下降，从而使产品和服务给顾客带来新价值。

　　智能营销时代的另一个颠覆性的变化是超级人工智能的出现，例如ChatGPT等大模型产生的应用已经能够通过图灵测试，并会在不久的将来超越人类的认知、沟通、编纂、推理、创造等各项能力，从而颠覆整个知识体系和知识应用链条，对个体和组织产生深远的影响，并改变整个智能营销的生态。

小案例

科技影响营销的方式

　　在营销领域，新技术指的是科学知识被应用在公司或消费者采用周期的早期阶段，这种应用可能会对产品的创建、传播、交付等流程产生影响，并对客户、合作伙伴和整个社会产生价值。一般而言，采用新技术的公司更灵活，有着更大的竞争优势。新技术以四种广泛、相互关联的方式影响营销。具体而言，新技术产生了新互动（New Interaction），新数据和分析方法（New Data and Analytic Method），营销创新（Marketing Innovation）以及新的战略营销框架（New Strategic Framework）。

　　（1）新互动。新技术可以实现各方之间新形式的互动，包括消费者与消费者、消费者与企业、企业与消费者以及企业与企业之间的互动。例如，企业可以用人工智能代理或虚拟人来取代公司的销售人员，从而产生企业和消费者之间的新型互动。

　　（2）新数据和分析方法。新技术也会产生新的数据并催生新的分析方法。例如，消费者可以授权自身的基因数据来改善新产品开发。另外，企业也可以采用文本分析、计算机视觉分析等各种方法来评估企业策略的有效性。

　　（3）营销创新。新技术提供了新的营销工具和技术，这些工具和技术会促进产品和服务的营销创新。例如，聊天机器人的有效性、增强现实（AR）在零售业的有效性等。

（4）新的战略营销框架。新技术可以产生新的营销策略和战略框架。例如，虚拟人的相关技术可以指导营销人员决定如何设计和部署虚拟人；数字平台可以被概念化为消费者众包和众送产品与服务的平台，类似的新技术可以帮助企业设定新的战略框架。

总体看来，新技术正在产生新的互动方式，催生新型数据和分析方法，促进营销创新，并产生新的战略营销框架。公司可以通过部署新的营销技术，增加市场数据的数量，并根据数据采用新的分析方法，根据分析内容提供新的营销见解，再根据营销见解支持更有效的营销决策，从而改善市场数据收集效率，产生新的良性循环。

资料来源：HOFFMAN D L, MOREAU C P, STREMERSCH S, et al. The rise of new technologies in marketing: a framework and outlook[J]. Journal of Marketing, 2022, 86 (1): 1-6.

第三节　数字营销的特征和实施框架

一、数字营销的特征

要理解数字营销，就需要了解数字营销与传统营销之间的主要差异。这种差异主要体现在数字营销是基于数据和数字技术驱动来实现的，并且由于数字技术的驱动，营销的模式发生了一系列的变化。这种变化至少体现在以下八个方面（如表 1-2 所示）：

（1）数据化。数字营销的数据化是指所有参与者的行为均能够留痕并记录，从而为未来制定营销策略奠定基础。营销行为的数据化是在云计算、移动通信等信息技术条件下实现的，传统营销的环境下没有相关技术支撑，很难做到将所有的过程、参与者、行为数据化，因此数据化是数字营销区别于传统营销的关键因素之一。

（2）实时性。数字营销的实时性表现在它可以通过数据实时监控营销策略效果、市场竞争态势、顾客行为变化。由于数字营销的实时性特征，企业就可以根据数据的动态变化进行实时决策和自动决策，这就有可能改进传统营销中反馈滞后、评价滞后、决策盲目的弊端。实时性也为未来的智能化、自动化营销奠定了基础。

（3）精准性。数字营销的精准性是指企业可以通过精准定向的方式向目标顾客传播信息，并针对顾客的需求提供定制化产品和服务。精准营销的基础是获取目标顾客的画像和数据，并进行需求的精准匹配。精准性是数字营销区别于传统营销的基础特征。

（4）迭代性。数字营销的迭代性是指通过效果评估不断迭代优化内容投放、媒体选择、顾客标签等营销输入变量，从而找到最优的营销策略。在传统营销中，由于实施过程和反馈结果很难实时量化和反馈，因此快速迭代的可能性较小，但是在数字营销的环境下，实时动态反馈变成了可能，这样就催生了大量的迭代反馈实践，例如 A/B 测试、顾客画像迭代等。

（5）过程化。数字营销的过程化指在营销实践中，通过埋点采集、位置服务、实时监控等方式获得实时数据，从而有效获取顾客的行为轨迹和需求动态，对顾客购买的每一个环节进行有效管理。数字营销的过程化代表了全过程的营销监控与管理，这在传统营销时代是很难做到的。

（6）自动化。数字营销的自动化指在营销过程中减少甚至去掉人工的操作，使整个营销过程变成一个完全数据驱动或技术驱动的自动化过程。例如，程序化购买就是一种营销自动化实践，它通过广告交易平台实现广告的竞价投放，整个交易到展示的过程在1分钟之内就完成了。

（7）工具化。数字营销的工具化指在数字营销环境下，利用数据进行营销分析已经不再是专业人士特有的权力，数据管理已有了完整的分工体系，运营人员可以通过各类营销工具，例如数据库的联机分析处理（OLAP）系统展开数据分析，从而达到传统营销中专业人士才能够达到的数据分析效果。

（8）连接性。数字营销的连接性指营销过程中实时动态万物互联。由于实时动态互联，之前很多无法完成的营销实践得以实现，包括地理跨越、时空连接、虚实结合。例如，直播带货就是一种典型的虚拟与现实的实时互联，人们可以通过扫码下单实现"所见即所得"。

表 1-2　数字营销模式与传统营销模式的比较

特征	传统营销	数字营销
数据化	采取理论驱动模式，即先确定战略方向，再制定营销策略	采取数据驱动模式，即从数据中发现并抓住营销机会
实时性	无法实时监控，需经过完整的营销周期后进行效果评价，再调整策略	实时监控市场变化，随时进行效果评价，并做出实时的策略调整
精准性	主要针对细分人群进行产品定位，进而实施营销策略	针对每位顾客的需求进行个性化的传播和销售
迭代性	缓慢迭代，研究市场并制定和执行策略，策略实施后进行效果评价，实施过程中很难调整策略	快速迭代，小规模测试之后获得最优方案，之后进行大规模的方案实施。整个迭代过程可以自动化完成
过程化	只能够获得营销策略输入和输出结果的信息，难以全过程监控	营销全过程的数据采集、监控、评价和调整
自动化	人工智能等技术在营销中的使用程度较低，难以进行自动化营销	将人工智能等技术与营销相结合，实施自动化营销
工具化	营销过程需要人工介入，营销运营的工具化和标准化程度较低	数据分析等操作固化在程序中，营销运营实现工具化、平台化、标准化
连接性	难以通过数据实现人与人、物与物、人与物的连接	通过数据实现万物互联，营销的节点变得更加丰富和多元

二、数字营销的基本实施框架

（一）数字营销实施框架概述

数字营销策略的体系和框架有多种，人们首先按照营销策略组合的模式提出了各类网络营销和数字营销的模型。例如，美国学者唐·舒尔茨曾提出数字营销的4R营销策略组合，即关联（Relevance）、反应（Reaction）、关系（Relationship）和回报（Reward）。刘东明曾提出网络营销的4I策略组合，即趣味（Interesting）、利益（Interests）、互动（Interaction）、个性（Individuality）。朱海松曾提出另一个4I网络营销理论模型，即个体聚集（Individual Gathering）、互动沟通（Interactive Communication）、"进入"虚拟世界（Inside）、"我"的个性化（I）这四项内容[11]。

还有一个典型的数字营销框架是 SoLoMo 模型，其中 So 即 Social（社会化），Lo 即 Local（本地化），Mo 即 Mobile（移动化）。**社会化**指企业应当让营销更多地结合社交媒体。它包括两个方面：一方面是社会化营销，即采用社交媒体来传播品牌声誉和口碑；另一方面是社交购物，即消费者之间通过社交媒体互相交流信息，从而提升交易效率。**本地化**指的是企业可以借助 LBS（基于位置的服务），向特定地理位置的消费者提供信息，吸引消费者购买产品或服务。本地化典型的例子是滴滴等共享经济类的商业平台。**移动化**指的是数字营销应当适应强大的网络终端移动化潮流，利用移动终端洞察消费者的实时需求，并满足这些需求。智能手机、智能穿戴设备和智能汽车逐渐成为人们上网的主要工具，这些工具均可以用于移动化的数字营销。因此，在构建数字营销运营体系时，可以思考如何将传播和销售社会化、本地化和移动化，从而形成完善的数字营销体系。

另一个通用的数字营销体系是 Kannan 和 Li 提出的数字营销框架（如图 1-3 所示），该框架构建了一个较为完整的营销运营模型，其中营销战略指导所有的营销运营过程和实施结果，营销运营围绕着顾客、公司竞争者、伙伴、情境等所构成的 5C 要素展开，并为顾客创造价值，提升已有顾客的价值，进而提升公司的价值。Kannan 和 Li 认为，在传统的战略、5C 运营和价值创造的营销框架下加入数字技术，就可以形成数字营销模型[4]。该框架看起来比较简单，似乎仅仅将"数字技术"放进了传统营销框架之中，但该框架可以将不同的技术嫁接于传统的数字营销框架，形成新的、独特的数字营销体系。例如，当思考 ChatGPT 带来的新营销框架时，可以考虑 ChatGPT 对图 1-3 中的各个环节带来的改变，从而构建新的生成式 AI 营销框架。

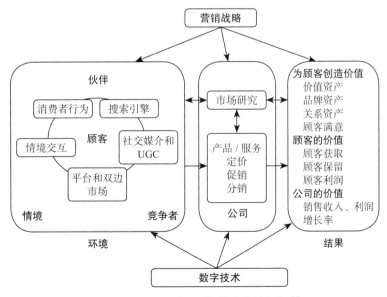

图 1-3　Kannan 和 Li 的数字营销框架[4]

在实践中，生命周期模型也是应用较为广泛的数字营销模型。由于数字营销环境下，企业可以清晰地获得顾客进入、浏览、购买、复购等数据，因此企业就可以根据顾客的数据和行为进行生命周期分类，即将顾客划分至导入期、成长期、成熟期和衰退期，对于处于不同生命周期的顾客实施相应的管理手段。一些企业开发了顾客全生命周期管理模型，将顾客的首次进入、尝试、购买、持续复购的过程纳入管理之中，并根据顾客的生命周期阶段有区别地投入资源，将营销资源重点投放在成长期的顾客群体。

（二）几种典型的数字营销框架

1. 营销漏斗模型

传统的营销体系可以用一个漏斗模型进行描述。在以往的学术研究和实践中，漏斗模型主要用于讨论企业的销售过程（例如，Jarvinen和Taiminen在2016年进行的研究）[12]，但漏斗模型能够很好地描述营销的基本框架，并可以用于构建数字营销体系（如图1-4所示）。

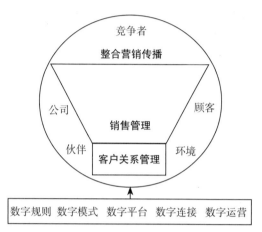

图1-4　数字营销的基本框架

首先，营销漏斗可以看成一个完整的营销体系，其基本操作是吸引潜在顾客进入漏斗，通过售前服务和销售过程达成销售，随后形成持续的客户关系管理体系进行持续经营，即营销的基本过程包括整合营销传播、销售管理、客户关系管理等三个方面。这三个过程在数字营销环境下依然是重要的，因此营销漏斗也可以用于解释数字营销过程。

其次，营销漏斗描述了营销要素产生的作用。营销漏斗是在顾客、公司、竞争者、伙伴和环境等五种基本要素（5C）的作用下产生作用的，在应用营销漏斗之前需要考虑顾客需求洞察、公司优势比较、竞争者监控、企业伙伴合作、营销环境分析等内容。由于在数字环境下，5C要素依然会产生重要作用，营销漏斗仍然可以作为可用框架界定数字营销。

最后，营销漏斗可以拆解为基于营销职能的实施系统。营销漏斗的传播、销售和客户关系管理等工作可以进一步拆解为相应的营销职能。例如，营销传播可以拆解为认知传播、兴趣传播、愿望传播和销售传播等四类，这时就可以将营销传播的职能划分为提升消费者认知的传播职能，抓住兴趣顾客的传播职能，提升消费者购买愿望的传播职能和使消费者购买的传播职能。

2. 海盗模型（AARRR模型）

如果对营销漏斗进行进一步的细化，就可以变成互联网行业常用的另一个模型——"增长黑客（Growth Hacker）"海盗模型（AARRR转化漏斗模型，以下简称AARRR模型）。增长黑客的概念最早由肖恩·埃利斯（Sean Ellis）提出，"增长黑客"能够使企业非常规地增长。Chen撰写的"Growth Hacker is the new VP Marketing"一文对这一概念的推广产生了较大的作用[13]。范冰对"增长黑客"的基本内容和指标体系进行了详细诠释[14]。AARRR模型所形成的漏斗分别指：①获客（Acquisition），通过传播和各种接触顾客的可能渠道获取潜在的顾客；②激活（Activation），引导顾客完成某些指定的动作，使顾客成为长期活跃的顾客；③留存（Retention），增加顾客的黏性，从而使顾客成为忠诚的顾客；④变现（Revenue），通过交叉销售和增进销售等方式提升顾客的销售收入；⑤传播（Referral），让顾客将产品和服务推荐给他人，发挥口碑的作用，扩大公司的顾客范围。

在运行 AARRR 模型时，数据的作用将是巨大的，每一个环节均需要通过不断地测试、分析、反馈、调整来挖掘最优的操作策略。在很多情况下，由于友商对策略的跟进，各项营销策略的效果逐渐下降，这时就需要不断调整和尝试新的营销策略以便获得更高的增长，拼团、裂变等模式均是在不断尝试中被用于实践的。

3. 水池模型

水池模型用水来比拟顾客流，以活跃顾客池作为核心水池，所有的营销运营操作均与核心水池相连接（如图 1-5 所示）。水池模型包含了 AARRR 模型中获客、激活、留存、变现、传播等的操作，但也将一些未包含在 AARRR 模型中的实践纳入该模型中，例如对休眠顾客的激活行动。水池模型除了标注各部分的顾客类型之外，也把各类顾客的流向和运营要点描述得较为清晰。

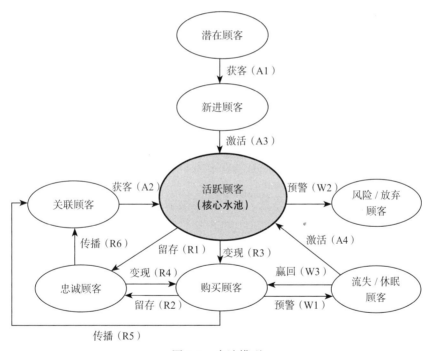

图 1-5　水池模型

注：获客（Acquisition, A1）：数字营销传播管理。获客（Acquisition, A2）：口碑与裂变管理。
激活（Activation, A3）：体验管理和产品开发管理。激活（Activation, A4）：休眠顾客激活管理。
留存（Retention, R1）：数字客户关系管理。留存（Retention, R2）：满意和忠诚顾客管理。
变现（Revenue, R3）：转化管理与销售管理。变现（Revenue, R4）：交叉销售管理。
传播（Referral, R5）：裂变管理。传播（Referral, R6）：口碑管理。
预警（Customer Churn Warning, W1）：流失顾客预警管理。
预警（Risk Customer Warning, W2）：风险顾客预警管理。
赢回（Win Back, W3）：赢回管理。

图 1-5 所示的水池模型包含了一系列的营销运营操作。首先，水池模型将顾客类型细化为潜在顾客、新进顾客、活跃顾客、购买顾客、忠诚顾客、关联顾客、流失 / 休眠顾客、风险 / 放弃顾客等类型，他们之间的连线代表了在营销过程中需要进行的客流管理操作。在漏斗模型中，实际包含了三个部分的内容：一是以获得新顾客为核心的获客运营体系，目的是补充新的顾客，以便保持客流的可持续性；二是以销售转化和顾客忠诚为核心的盈利运营体系，目的是使顾客持续购买产品和服务；三是以流失顾客和风险顾客为核心的稳健运营体系，目的是减少运营风险，提升运营效率和质量。

水池模型详细描述了各种客流的路径，这些客流路径的管理在传统营销的情景下是很难实现的，因为在传统营销实践中很难获取每条客流路径的数据。但是，在数字营销环境下，企业可以监控和管理各条客流路径，从而提升整个水池体系的运营效率。可以说，水池模型只能在数字营销的环境下才能加以应用。表 1-3 描述了水池模型中各项客流管理的基本目标和实施策略。

表 1-3　数字营销的策略

运营操作		顾客类型	数字营销策略	操作要点
获客运营	获客（A）	潜在顾客	数字整合营销传播	媒体选择、流量管理、精准传播、效果评价
	激活（A）	新进顾客	数字体验、数字服务、产品研发	产品开发管理、服务体验管理
盈利运营	留存（R）	忠诚顾客	数字客户关系管理	顾客识别、顾客分类、顾客满意、顾客忠诚
	变现（R）	购买顾客	数字渠道管理、数字销售管理	转化管理、销售管理、复购管理
	传播（R）	关联顾客	数字客户关系管理	口碑管理、裂变管理
稳健运营	赢回（W）	流失 / 休眠顾客	赢回与激活策略	顾客激活、顾客赢回
	预警（W）	风险 / 放弃顾客	风险管理策略	顾客预警、风险顾客管理

三、本书的基本内容

本书主要讨论数据驱动的营销体系，从分析思维的视角对营销的功能进行解析，对数字环境下的各类营销工具进行讨论。本书将从数字营销环境、营销数据基础和数字营销职能等三个层面来构建数字营销学的基本框架（如图 1-6 所示）。

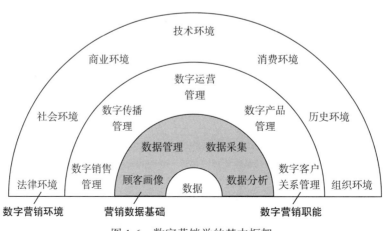

图 1-6　数字营销学的基本框架

（一）数字营销环境

数字营销环境一直处于高速变化之中，首先是法律环境不断发生变化。近年来，国家在信息安全、数据安全、个人信息保护等方面制定了一系列法律法规，《中华人民共和国数据安全法》《中华人民共和国个人信息保护法》《中华人民共和国网络安全法》和一系列信息安全法规不断出台，数字营销的法律环境正在发生重大变化。另一个变化巨大的是技术环境。当前世界正处于第四次工业革命的前夕，人工智能、5G、虚拟现实、云计算、物联网等一系列新的技术正在深刻地改变当前的数字营销实践。除此之外，很多组织正处于数字化转型的关键时期，它对数字营销有着较大的影响。本书也将专门讨论数字营销的法律法规、技术变迁下的智能营销、数字化转型和组织的数字营销管理等内容。本书的第十三章和第十四章将讨论数字营销环境的变迁。

（二）营销数据基础

数据是构建数字营销体系的基础，在构建数据驱动的营销体系之前，需要建立完善的营销数据基础体系，包括数据采集、数据分析、顾客画像和数据管理等。营销数据是典型的非标准化数据，不同的行业和企业采集的数据维度有较大的差异，采集数据是构建数字营销体系的主要难点之一。对于一些中小企业而言，由于数据基础能力较弱，只能通过向数据服务平台提供经营数据的方式换取低价格高质量的数据服务。营销数据基础的另一个难点是利用数据进行营销决策。利用数据决策主要包括理论驱动和数据驱动两类：理论驱动模式是首先构建解决问题的理论框架，然后找到与理论框架匹配的数据展开分析；数据驱动模式则是直接从数据中挖掘，从中获得决策信息。数字营销在发展过程中，越来越趋向于通过迭代的方式将理论驱动与数据驱动结合起来进行自动化营销。本书的第三章和第四章将详细讨论数据采集及分析技术。

小案例

数据服务商：友盟＋

友盟于 2010 年 4 月在北京成立，主要从事移动开发者服务和数据服务。2013 年 11 月，友盟被阿里巴巴收购。2016 年 1 月，友盟、中文网站统计平台 CNZZ 以及互联网数据服务平台缔元信宣布合并成立友盟＋。截至 2023 年 6 月，友盟＋已累计为 270 多万个移动应用和 980 万家网站提供专业数据服务，覆盖 191 个行业分类，输出超过 300 个应用或行业的分析指标。

友盟＋主要面向 App 开发者提供 App 智能监测与分析平台、免费的全平台跨域小程序和小游戏统计分析产品以及第三方网站流量统计分析系统，面向 App 开发者的全链路提供精准消息推送工具、广告效果评价与分析等服务。

资料来源：搜狗百科、友盟＋官网。

（三）数字营销职能

数字营销的基本职能指数字营销的实施框架和内容，如果我们采用漏斗模型来解释营销操作，则数字营销可以包含漏斗上部的数字营销传播，漏斗下部的数字销售管理和数字客户关系管理。除此之外，数字营销的环境、效果评价、产品开发和数字运营管理也是重要的数字营销职能。本书将围绕数字营销的职能展开分析，并分章节对各数字营销职能进行描述，具体包括数字化产品开发与创新、数字整合营销传播、数字渠道与销售管理、数字客户关系管理等部分。

本章小结

1. 营销包括两种思维体系，分别是整体思维体系和分析思维体系。数字营销的思维体系总体上是分析思维体系，即通过数据来驱动营销策略的实施。但在实践操作中，将两种思维体系相结合往往是更加有效的。

2. 本书将数字营销定义为：以数据和数据技术为基础，通过数据分析、效果评价、反馈迭代、实时监控等方式，为顾客创造、沟通、传递价值，建立客户关系，使顾客、伙伴、社会和公司等所有利益相关者受益。

3. 数字营销包括三种类型，分别是数字环境的营销、基于数据的营销和数据驱动的营销。本书主要讨论数据驱动的营销体系，将从数字营销环境、营销数据基础和数字营销职能等三个层面来构建数字营销学的基本框架。

4. 从数字营销的发展历程看，可以将数字营销划分为两个阶段。第一个阶段是 2000 年之前的早期数字营销，在这一阶段数字营销产生的是辅助功能，原因是数据获取和数据分析较为困难，数据对决策的辅助存在实时性、精确性、有效性差等诸多问题。第二个阶段是 2000 年之后互联网时代的数字营销。此时营销数据逐渐丰富，营销过程监控逐渐成为常态，通过数据进行营销决策成为可能，大量的数字营销工具被应用。

5. 数字营销的实践框架并不统一。经典的框架是在数字技术条件下以营销漏斗为基础构建的，它包括整合营销传播、销售管理、客户关系管理等三大营销职能，拓展的营销漏斗模型包括 AARRR 模型和水池模型。

重要术语（中英文对照）

数字营销 Digital Marketing

整体思维 Holistic Thinking

分析思维 Analytics Thinking

战略驱动的营销 Strategy-Driven Marketing

数字环境的营销 Marketing in Digital Environments

基于数据的营销 Data-Based Marketing

数据驱动的营销 Data-Driven Marketing

数字、社交媒介和移动营销 Digital, Social Media and Mobile Marketing

营销漏斗 Marketing Funnel

数字技术 Digital Technologies

营销科技 MarTech

AARRR 模型 Acquisition, Activation, Retention, Revenue, Referral

思考与讨论

1. 请讨论整体思维和分析思维的营销有何区别。
2. 请解释数字环境的营销、基于数据的营销和数据驱动的营销有何区别。
3. 请比较早期数字营销和成熟数字营销的特征。
4. 请用营销漏斗来构建数字营销的实施框架。

案例实战分析

1688 数字营销平台助力 B2B 企业精准营销

一、案例背景

1688 是国内最大的综合性 B2B 电子商务平台。平台拥有 2 亿注册会员，诚信通会员超过 100 万家，非认证企业顾客 3 000 多万家，2.5 亿在线商品，为线下实体店主、淘宝卖家、微商、跨境卖家等顾客提供货源批发采购服务。这也意味着在全国 7 000 多万家中小企业中，近半数在 1688 电子商务平台进行交易。目前 To B 业务迎来了新的增长期，1688 网站的交易日峰值已经超过 150 亿元，除了批发货源以外，CBU（诚信通）还提供采购协同 SaaS（软件即服务）、企业服务、新制造等 To B 业务。

在 1688 网站升级发布会上，事业群总裁表达了希望能把 A 公司十八年来对数据、技术、金融的理解以及物流的能力赋予中小企业，让千千万万的中小企业成功。在接下来的三年内，负责人计划将 1688 平台从交易平台升级为营销平台，并同时推出中小企业首个专属节日——"商人节"。经过升级，1688 平台将建立八大矩阵，包括商家成长体系、数据体系、营销体系、广告体系、开放平台、交易支付体系、物流体系和金融体系，从而构建数字商业基础设施，助力中小企业实现线上交易和线上营销，引领它们步入数据驱动的互联网电商时代。

其中，营销体系升级后能够提供各类生意场景，帮助中小企业快速生产内容，打造全域推广方案，用智能的方式精准投放，让中小企业实现高效匹配，挖掘新客户，开拓潜力市场。那么，营销体系该如何做才能帮助企业用智能的方式精准投放，实现中小企业的高效匹配呢？这个问题是 1688 数字营销平台需要解决的问题。

二、了解 1688 顾客

精准营销的本质是将商品推广到有商品需求的群体中，进而降低推广成本，提升转化效率。那么，我们需要先了解在 1688 平台上的顾客特征，才能为后续的商品精准推广建立顾客画像。

B 类平台和 C 类平台的最大不同是顾客往往带有一定采购身份，而其自然人的属性偏弱。顾客的身份主要来源于顾客自填，平台也对核验过的顾客提供了特殊的权益以激励顾客，占比较大的几类顾客包括实体店主、微商、淘宝卖家、跨境电商等。从业务定义方面看，B类顾客口径是当月采满2 000元以上，对采购不到2 000元但有高置信核验的顾客则认为是潜B，其他为C类顾客。从一天的活跃程度看，B类顾客活跃时间主要在9—17点，但实体店主、个人自用、微商等身份的顾客在20—22点还有第二个活跃峰。

三、B类顾客画像建设

由于B2B的交易特性，1688平台上大多数中小企业更希望能够获得B类顾客的订单。因此，1688平台进行数字化精准营销时更加注重对于B类顾客的精准投放。由此，1688平台建设了具有B类特色的顾客画像体系，为后续基于顾客画像的精准营销打下了基础。

顾客画像的建设需要经过数据采集、处理、加工、存储，整理好基础数据之后首先进行顾客的基础标签体系建设（顾客等级、核身身份、活跃度、顾客分层、顾客偏好等），再结合行业特征、服务特征、金融特征、偏好特征、价值特征等建设具有B类特色的顾客标签。最后，需建立好覆盖顾客的关系（新、老）、商品类目偏好、服务偏好、金融偏好、产地偏好、价格偏好以及顾客价值分层（潜力、高价值、忠诚、流失）等标签体系。

通过顾客画像的数据体系建设，我们对1688的顾客进行商品交易总额（Gross Merchandise Volume，GMV）、行业两个层面的初步分析。

（1）GMV分析。GMV是最真实的顾客需求数据，所以先从GMV的分布结果看一下目前的网站现状。①B类和C类顾客。B类顾客数虽只占34%，但对GMV的贡献高达95%，C类顾客对GMV的贡献只占5%。②新老关系。新关系（顾客第一次与该商家交易）交易数占55%，但GMV占比只有22%，老关系交易数占45%，但GMV占比达到78%。③以上两点交叉看，75%的GMV都来自B类的老买卖关系，20%来自B类新买卖关系，总计95%来自B类顾客。④核身。有核身顾客的GMV占比约50%。⑤等级。头部顾客贡献了60%的GMV。

（2）行业分析。行业分析从两个维度进行。①新关系占比。占比越高则表示该行业对商家的依赖越弱，建立新关系较为容易，但流失也较容易。②采购宽度。B类顾客30天采购的商家数、商品数、采购天数，表示B类顾客在该行业的采购频率和对新供应商的需求程度。

整体来看，B类顾客数占比越高，新关系占比越高，采购宽度越宽，则该行业越容易让B类顾客发展新关系，可运营程度也更高。有些行业B类顾客的新关系占比很低，说明B类顾客在这些行业更信赖之前与自己交易过的商家，相对不容易建立新关系。

以下列举几个简单的行业例子。①B类顾客较多的行业，包括工业类行业如机械、纺织、五金等，B类顾客占多数（60%），但B类新关系占比也比较高，这是因为这些行业本身复购率低，比如大型设备，不会很快购买第二次。②C类顾客较多的行业，包括家居清洁用品、生鲜、食品、日用百货、彩妆、内衣、母婴、宠物用品等。尤其是生鲜，80%的买家都是C类顾客。③B类顾客多，主要依赖老关系，包括鞋、男装、女装、童装，老关系在 85% 以上。这说明在这些行业中顾客更信赖老关系，一旦买了一次满意，复购时也会优先考虑老关系。④ B 类顾客采购宽度较高。B 类顾客采购的商家数和商品数都较多，采购天数也较多的行业如女装、饰品、童装、鞋、彩妆等。

四、BDPM 精准营销平台建设

在完善顾客画像数据体系的基础上，需要思考如何通过数据产品赋能商家，让商家可以通过数据实现精准营销。

1. BDMP 平台

BDMP 平台是一款类似阿里集团达摩盘（DMP）的大数据精准营销产品。达摩盘面向的是 B2C 的电子商务企业，如天猫和淘宝的商户等，BDMP 平台则是面向 B2B 的电子商务企业的平台。BDMP 平台的整体建设思路分为三个部分：数字营销心智建设、数字营销方法培养、数字营销效果透视（如图 1-7 所示）。

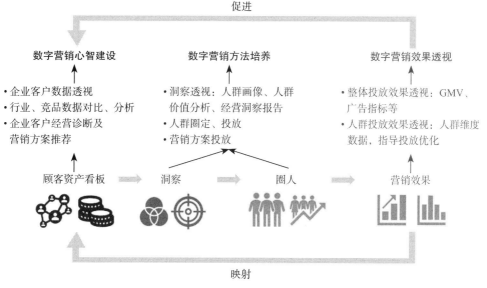

图 1-7　1688 平台的 BDMP 体系

2. 顾客资产数据

培养数字营销心智主要通过企业顾客资产看板，让企业了解行业数据情况，指导企业进行精准营销。具体包括：

（1）广告投放效果数据。基于投放渠道、推广计划、推广创意、推广单元纬度的投放效果数据如 CTR（点击通过率）、RPM（千次展示收入）等指标；基于投放人群的效果数据，包括人群、投放渠道、推广计划、推广创意、推广单元纬度效果数据（CTR、CPF、RPM等指标）。

（2）行业的分析报告，涵盖行业消费水平、行业排名、产地分布、市场热度、销售渠道、行业广告等信息。

（3）AIPLL 模型数据，即认知、兴趣、购买、忠诚、流失等方面的数据（详见本案例随后的描述）。

3. 人群洞察、圈选和分析

指导企业精准营销主要通过顾客资产的洞察分析，帮助企业了解自有的顾客资产群体画像，结合对企业所在行业、优秀企业的画像数据分析，洞察精准营销的顾客群体，指导企业圈定特定的精准人群，进行人群的精准投放。

构建基于标签的圈选能力，完善人群洞察体系，提供人群的投放效果分析报告，让顾客从直观上感受到"圈人→推广→效果分析"的营销链路作用。构建"场景＋商户＋人群"或"场景＋商户＋人群＋商品"或者"场景＋商户＋商品"的营销投放方案，供商户进行投放选择。每种营销方案都给出商户明确的营销目标及预估效果数据，让商家知道投放的目的是什么。比如：推出提升点击通过率（CTR）的营销方案，信息包括方案描述（目标、规则、渠道要求、广告要求等）、预期收益（可触达人群、预估 CTR）、是否相似顾客扩大投放。

4. 推广效果评价及优化

数字营销效果评价及优化的方式主要包括：通过投放中顾客资产数据、GMV 数据、ROI（投资回报率）数据、广告展现、点击、反馈数据等数据指标反馈进行多维透视分析，并进行详细的数据指标解读，帮助商家进行投放人群的优化迭代（手动指导与智能优化相结合），让企业了解投放全过程的数据监控。提供基于顾客画像圈定人群的 A/B 实验投放，通过投放的持续测试，找到基于场景的最优人群，进一步提升精准营销效果。

五、企业 CRM 顾客资产管理平台建设

BDMP 平台解决了企业如何进行精准营销的问题，让企业在 1688 平台上满足了其投入少、收益高的广告投放需求。但是，很多 1688 平台的中小企业并不具备数字化、信息化的平台运营能力，广告投入带来的优质线索无法及时、高效地进行跟进，因而错失了生意机会。企业 CRM（Customer Relationship Management，客户关系管理）顾客资产管理平台建设，目的就是解决这个问题，帮助大多数中小企业实现数字化顾客运营，提高广告线索转化率，从而提升企业的 GMV。企业 CRM 顾客资产管理平台主要围绕顾客资产的测量和应用来建设，让企业直观地理解企业经营理念是围绕着顾客展开的。

1688 平台按照 AIPLL 模型构建顾客画像体系。"A（Awareness）"代表品牌认知人群，包括被品牌广告触达和品类词搜索的人群；"I（Interest）"代表品牌兴趣人群，包括广告点击、浏览品牌/店铺主页、参与品牌互动、浏览产品详情页、品牌词搜索、领取试用、订阅/关注/入会、加购收藏的人群；"P（Purchase）"代表品牌购买人群，指购买过品牌商品的人群；"L（Loyalty）"代表品牌忠诚人群，包括复购、评论、分享的人群；"L（Loss）"代表已经流失或即将流失的人群。1688 平台帮助企业有效地了解顾客状况，同时为企业

提供旺旺、短信等多种手段，帮助商家实现新老顾客的精准触达、回访、再营销，建立与顾客的长久稳定合作关系，实现顾客资产的不断优化、提升，进而促进企业整体 GMV 的提升和企业成长。

资料来源：

陈琦."实体经济"与"数字经济"如何融合？3M 携手阿里巴巴 1688 开启品牌分销云平台 [J]. 汽车与配件，2016，1155（33）：28-29.

骆芳萍. B 公司 B2B 平台营销问题研究 [D]. 上海：华东师范大学，2022.

洪江海. 阿里巴巴 B2B 电子商务营销策略研究 [J]. 西部皮革，2018，40（2）：13-14.

吴成霞，屈鑫平."互联网＋"背景下 B2B 平台营销现状及对策研究：以阿里巴巴为例 [J]. 唐山学院学报，2019，32（5）：83-89.

案例问题

1688 平台的数字营销体系包括哪些部分？它们是如何帮助 B2B 企业实施数字营销的？

参考文献

［1］彭凯平，王伊兰. 跨文化沟通心理学 [M]. 北京：北京师范大学出版社，2009.

［2］汪凤炎. 对水稻理论的质疑：兼新论中国人偏好整体思维的内外因 [J]. 心理学报，2018，50（5）：572-582.

［3］苗东升. 论系统思维（三）：整体思维与分析思维相结合 [J]. 系统辩证学学报，2005（1）：1-5+11.

［4］KANNAN P K, LI H A. Digital marketing: a framework, review and research agenda[J]. International Journal of Research in Marketing, 2017, 34(1): 22-45.

［5］American Marketing Association. What is digital marketing[EB/OL]. (2020-04-21) [2022-05-05]. https://www.ama.org/what-is-digital-marketing/.

［6］KRISHEN A S, DWIVED Y K, BINDU N, et al. A broad overview of interactive digital marketing: a bibliometric network analysis[J]. Journal of Business Research, 2021, 131: 183-195.

［7］LAMBERTON C, STEPHEN A T. A thematic exploration of digital, social media, and mobile marketing: research evolution from 2000 to 2015 and an agenda for future inquiry[J]. Journal of Marketing, 2016, 80(6): 146-172.

［8］JONES D G B, SHAW E H. A history of marketing thought [M] // WEITZ B A, WENSLEY B. Handbook of Marketing. New York: SAGE Publications, 2003.

［9］HANSSENS D M, PAESONS L J, SCHULTZ R L. Marketing response models: econometric and time series analysis[M]. Berlin: Springer Science & Business Media, 2003.

［10］任之光. 营销科学学科回顾、展望与未来方向 [J]. 营销科学学报，2021，1（1）：31-42.

［11］国志刚. 网络整合营销的 4I 理论之辨 [J]. 经济管理文摘，2019（15）：81-82.

[12] MERO J, TAIMINEN H. Harnessing marketing automation for B2B content marketing[J]. Industrial Marketing Management, 2016, 54(4): 164–175.

[13] CHEN A. Growth hacker is the new VP marketing[EB/OL]. (2012) [2022-05-06]. https:// andrewchen.com/how-to-be-a-growth-hacker-an-airbnbcraigslist-case-study/.

[14] 范冰 . 增长黑客：创业公司的用户与收入增长秘籍 [M]. 北京：电子工业出版社，2015.

第二章
数字消费者行为

◐ 学习目标

（1）描述数字消费者行为的基本概念和知识框架；

（2）描述消费者的数字信息加工行为；

（3）描述消费者的数字决策过程；

（4）讨论影响数字消费者行为的因素。

◐ 导引案例

消费者对元宇宙的沉浸式体验

元宇宙（Metaverse）是指沉浸式的虚拟世界，它是由 VR（虚拟现实）、AR（增强现实）等 3D 技术和互联网组成的虚拟空间。元宇宙这一概念最早出自美国科幻小说《雪崩》，小说中构建了一个平行于现实时空的虚拟世界，在平行的元宇宙中人们能感受不一样的人生，或是体验与真实世界完全不同的世界。电影《黑客帝国》和《头号玩家》展示了元宇宙概念。2021 年 10 月 28 日，Facebook 公司将使用多年的公司名称 Facebook 改名为 Meta，引起了巨大的反响。2021 年被称为元宇宙元年。

元宇宙是以人的沉浸式感官体验为基础的世界，人们在元宇宙中被包含连续刺激的虚拟环境包围，他们可以通过视觉、听觉感知到虚拟环境中的刺激并与之互动，这种连续的虚拟信息刺激可以使人们的知觉发生较大的变化，如果与听觉、触觉等感官体验结合，可以使人们觉得自己处于一个真实的世界中。

由于元宇宙可以使消费者无法区分真实与虚拟世界，人们可以沉浸在虚拟的信息获取和商品浏览之中，受到虚拟环境的广告信息刺激，还可以探查产品的内部构成和运行状态。这时，由于消费者需要同时加工虚拟和现实世界的信息，他们的消费者行为将会发生变化。

资料来源：

张茜.元宇宙离普通人还有多远 [N]. 中国青年报，2022-01-17(8).

屈丽丽.元宇宙将改变商业世界 [N]. 中国经营报，2022-01-10（40）.

李羽生.MOBA 类手游沉浸式体验对用户黏性的影响分析 [D]. 哈尔滨：哈尔滨工业大学，2021.

蒋建国.元宇宙：同质化体验与文化幻象 [J]. 阅江学刊，2022，14（1）：59-63+173.

第一节　数字消费者行为概述

一、数字消费者行为的概念和框架

消费者行为是消费者为了满足其需求和欲望，进行产品和服务的评价、选择、购买、使用和处置，由此产生的信息加工、决策行为等心理活动[1]。数字消费者行为是指在数字环境下消费者为满足其需求和欲望所进行的信息加工行为和决策行为。

数字环境下的消费者行为依然遵循基本的营销规律和框架，因此本书采用漏斗模型作为框架来描述数字消费者行为（如图 2-1 所示），该模型反映了营销和消费者行为的基本规律，包括数字信息加工行为、数字决策行为和影响因素三个部分。在漏斗的上部是消费者的数字信息加工行为，它是指在数字环境下消费者获取信息并加工信息的行为。消费者信息加工与企

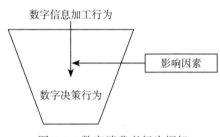

图 2-1　数字消费者行为框架

业的广告传播策略是相对应的，企业通过广告等方式向消费者传播品牌信息，这些数字广告信息将会引起消费者的信息加工行为。漏斗的下部是消费者的数字决策行为，它是指消费者利用数字化工具辅助进行数字化产品的购买决策行为。消费者的决策行为与企业的渠道策略、销售策略和客户关系管理策略是相对应的，企业通过这些策略引导消费者的决策行为。环境因素、个人特征和产品特征等数字情境因素对消费者的信息加工和决策行为产生调节作用。

二、数字消费者行为的基本内容

在图 2-1 所示漏斗模型的基础上，可以进一步分解出图 2-2 所示的数字消费者行为的基本内容。

1. 数字信息加工行为

数字信息加工是指在数字环境下消费者对各种信息的加工过程，具体过程包括"信息展露→注意→理解→认同→记忆→提取→使用"[1]，消费者信息加工过程也被称为消费者的知觉过程。在数字环境下，消费者信息加工的重要变化是他们接触到的信息主要是数字形式的信息，且这些数字信息有更高效的信息获取渠道和辅助加工工具。消费者可以通过在线销售平

台、社交媒介、内容平台等获取大量的口碑信息和数字产品信息，信息获取的便捷性和多样性对信息加工产生了较大的影响。另外，数字环境下存在严重的信息超载现象，它影响消费者的信息注意，从而改变信息加工过程。随着消费者获取信息的工具增多，获取信息的难度下降，信息加工的时间也大幅度缩短。将消费者信息加工过程简化之后可以分解为信息展露、注意、记忆等三个主要的环节，把握这三个环节的内容就可以把握数字信息加工的主要内容（如图 2-2 所示）。

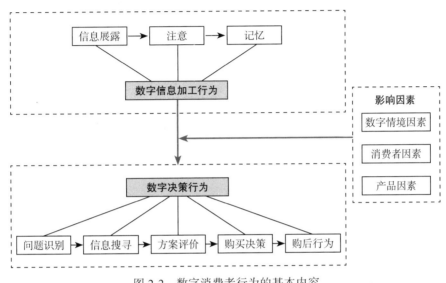

图 2-2　数字消费者行为的基本内容

2.数字决策行为

数字决策过程可以划分为"问题识别→信息搜寻→方案评价→购买决策→购后行为"等环节。消费者的决策行为在数字环境中被重塑，体现在数字化极大地缩短了消费者的决策过程。其中，便捷的信息获取、跨平台比较、评论和口碑均对消费者的决策产生重大影响。数字环境下消费者决策也呈现出其他特点，例如，由于移动设备和数字辅助工具的使用，消费者的需求价格弹性增加了两倍以上[2]。另外，数字化情境下消费者可以用扫码等方式在线下单，使传播和销售同时发生，产生了"所见即所得"的效果。

3.影响因素

影响因素是影响数字消费者行为的边界条件，它主要包括三种类型的因素。一是数字情境因素。数字情境的变迁导致消费者行为发生变化，例如，消费者可以非常方便地在线分享或展示所购买的产品，从而对其他消费者的购物行为产生影响。二是消费者因素。消费者的个体差异也会对他们的数字消费行为产生重要影响，例如，隐私关注高的消费者与隐私关注低的消费者对定向广告的接受程度是不同的。三是产品因素。不同的产品可能带来不同的数字消费行为，例如，以往的研究表明 AI 更适合推荐实用品而不是享乐品。

第二节 数字信息加工行为

数字信息加工表征为消费者知觉（Perception），定义为消费者选择、组织和解释外界刺激，并给予外界刺激相应的意义和完整图示的过程[1]。消费者知觉可以划分为信息展露、注意、记忆等过程。消费者知觉具有选择性的特征，即消费者可以选择在哪里看信息，选择注意什么信息，选择理解和记忆什么信息。数字环境对消费者知觉产生了较大的影响，原因是消费者获取信息的方式发生了重大变化。以下主要从信息展露和注意两个方面对数字环境下的消费者知觉进行描述。

一、数字环境下的信息展露

展露是指将刺激物展现在消费者的感觉神经范围之内，使消费者的视觉、听觉、嗅觉、触觉、味觉等感官有机会被激活。在信息展露阶段，数字化带来的变化来自展露内容、展露方式的变化。

（一）数字环境下的展露内容

数字环境下的内容生产方式发生了变化。在数字环境下，用户生成内容（User-Generated Content, UGC）正在变成数字内容创作的主流模式。由于数字内容制作工具变得简单易学，内容制作流程得以简化，制作门槛降低，内容的丰富度大幅度增加。利用用户资源快速大批量地在平台上生成内容，并通过算法确定受众的偏好，连续向特定客户推荐相关信息，从而增强顾客的黏性已经成为内容平台成功的关键商业模式。在这种情景下，如何激发大众参与数字内容的创作就成为企业关注的重要问题。一些成功的平台往往在前期给予高额的奖励来鼓励大众参与。在当前国内最为知名的 UGC 平台之一抖音上，UGC 的创作者在 2020 年就超过 2 200 万人，UGC 内容带来的日活跃用户超过 6 亿人。

数字内容制作者呈现品牌化趋势。除了 UGC 之外，数字环境下的内容制作者还通过构建粉丝体系，逐渐形成独立的 IP 品牌，这种方式也称为专业生成内容（Professionally-Generated Content, PGC）。PGC 在数字化时代主要以独立 IP 的方式运营，通过专业特色提升消费者的感知，增强消费者的黏度并形成私域流量。一些 UGC 的制作者在粉丝数量达到一定程度之后也会转型为 PGC 以提升内容的制作质量和价值。PGC 的内容生产速度慢、生产效率低、制作成本很高，但 PGC 的内容制作大多有专业团队协助，内容设计专业、定位精准、质量较高，往往能够吸引较多的消费者关注，形成黏度很高的粉丝群体，从而为进一步的 IP 品牌运营奠定了基础。典型的 PGC 是李子柒的系列视频，这些短视频通过展示中国文化和中国美食获得了 YouTube 平台白银和烁金创作者奖牌，订阅量曾刷新 YouTube 中文频道的吉尼斯世界纪录。

通过顾客参与和专业制作等模式，数字内容变得更丰富和多样，可以是单独的文字、声音、视频和虚拟图像等信息或它们的组合，内容形式的多样性使消费者加工信息的意愿得到增强。例如，近年来流行的短视频满足了消费者在短时间内轻松获取大量特定信息的需求，连续获得特定内容的推荐，也使消费者花费很长时间持续加工自己感兴趣的信息。

（二）数字环境下的展露方式

数字环境下的展露方式也发生了变化，主要体现在以下几个方面。第一，定向广告成为主要的广告展露形式。由于数据的极大丰富，信息超载严重，定向广告逐渐成为企业大量采用的广告形式，这种广告展露形式一方面满足了消费者的个性化需求，另一方面也提升了消费者对隐私的关注 [3]，这使消费者加工广告信息时产生矛盾的感知。第二，消费者表现出更高的选择性展露特征。由于万物互联成为数字环境的突出特征，消费者可以非常方便地在不同的站点跳转，选择自己喜欢的内容，避开不想看的内容，这导致消费者展露呈现更高的选择性特征。第三，自我展露成为数字环境下展露的重要方式。由于数字环境下的沟通模式和工具发生了较大的变化，人们可以非常方便地表达自己的观点，有效提高了自我展露的比例。第四，电子口碑成为数字营销管理的核心内容。社交平台和 UGC 平台的大量出现提升了电子口碑（eWOM）传播的便利性，这也使电子口碑成为数字营销最为重要的内容之一 [4]。第五，数字环境下的展露与销售相互融合。数字情境下最典型的信息展露情境是"所见即所得"，消费者可以在任何商品信息展露时直接下单购买。这种"所见即所得"的展露方式已拓展到所有情境，使销售漏斗变得扁平甚至消失。

二、数字环境下的信息注意

注意是刺激物激活我们的感官神经，刺激信息引发我们的感知并传输到大脑中进行加工的过程 [5]。由于人脑的计算能力、神经传输速度、判断能力等机能是有限的，人们加工信息的数量是有限的，难以同时解决涉及多个能力的问题，因此，人们会将有限的信息加工资源分配到需要注意的信息上来，并放弃对其他信息的加工，这时采取选择性注意的方式来加工信息就变成人们的通常状态。鸡尾酒会效应（Cocktail Party Effect）是典型的选择性注意效应，它是指人们在一个非常吵闹的鸡尾酒会上仍然可以听到与他谈话的同伴的声音而忽略背景中其他的对话或噪声。鸡尾酒会效应揭示了人类听觉系统中令人惊奇的选择性注意能力，它甚至可以使人们在巨大的噪声中谈话。研究表明，在数字化学习过程中，人们的注意力失焦加重，这表明数字环境下更难获得消费者的注意力 [6]，消费者的选择性注意特征变得更加突出了。以下从信息特征、个人特征因素、情境因素等三个方面进一步讨论数字环境下消费者的注意 [5]。

数字环境下的信息特征对注意力的影响较大。首先是信息超载的影响。数字环境下的信息量极大丰富，信息内容的深度和广度均大幅度增加，对消费者的注意力有巨大的影响。此时消费者的信息加工资源很容易被占据，提升了注意特定信息的难度。由于海量信息充斥，消费者需要花费更多的时间加工信息，这会占用消费者更多的注意力资源，减少注意其他信息的可能性，并更多地放弃加工其他信息。例如，《经济学人》的一篇文章曾报道消费者平均每天使用头条 74 分钟，使用微信 66 分钟，这期间消费者很难关注其他信息。其次是多任务加工的影响。消费者在数字环境下往往进行的是多任务信息加工[7]，这增加了消费者注意其他信息的难度，提升了对其他信息的选择性注意。消费者需要不断跨媒介、跨内容加工信息，这使消费者不得不提升其任务转换能力，也使注意力呈现碎片化的特征。这种多任务信息加工将损耗消费者的注意力，降低工作效率，提高消费者的分心度，使他们很难聚焦在某一信息上。最后是信息展露设备改变的影响。在数字环境下，信息展露设备发生了变化，这将导致消费者的注意力发生变化。各类智能设备（如各类穿戴设备）大量出现，如何让消费者加工营销信息将成为难点，因为跨屏、多屏、小屏、不规则屏的信息加工成为常态。手机仍然是当前重要的信息展露媒介，但手机屏幕小，只能采取开屏、信息流、内容植入等方式展露营销信息，消费者会产生厌恶和反感，进而放弃或减少信息加工。另外，由于跨屏和多屏信息加工已经成为常态，这将大大消耗消费者的时间和精力。

数字环境下的个人特征对注意力影响较大。第一，个人信息加工的动机会对注意力产生影响。当消费者有较强的动机加工信息时，就会有较高的涉入程度，消费者的注意力将会提高[8]，此时营销信息有可能永久性改变消费者的态度。在数字环境下，由于数据的丰富化和实时化，企业能够有效地追踪消费者的实时需求和周期性需求，这就给精准推送信息带来了便利。当消费者有较强的产品和服务需求时，对相关信息加工的动机较强，此时精准推送营销信息将可以有效提升消费者的注意力。第二，网络成瘾是一个非常重要的个人因素。在数字环境下，消费者网络成瘾成为一种高发性的特征，其基本表现是对某些特定内容或站点的高频率、高时长的持续访问[9]。网络成瘾将带来注意力的异化现象，它使消费者将主要的注意力资源分配给成瘾物质并对它们过度关注，忽略了其他的信息加工任务，长期的网络成瘾将会导致消费者对外界事物漠不关心，但对成瘾相关的内容有很高的敏感度和注意度[10]。第三，消费者的经验和能力对注意力也会产生影响。当前的消费者可以分为数字移民（Digital Immigrants）和数字原住民（Digital Natives），他们对数字信息的加工能力是存在差异的[11]。相比数字移民，数字原住民趋向于自己查询信息，多媒体形式的信息更能够引起这类消费者的注意，数字原住民也有着更高的多任务信息加工能力。

情境因素也会对消费者的注意力产生影响。影响消费者注意力的情境因素主要包括干扰、重复、时间压力和其他社会线索等[12]。在数字环境下，算法带来了注意力的强化和茧房效应。一些企业通过大数据和算法来强化消费者的注意力。例如，抖音成瘾一直是人们关注的事情，很多人刷抖音的时间非常长，这给人们带来了焦虑和心理压力。抖音之所以会令人上瘾是因为它采用了算法识别短视频，并不断向消费者提供他们正在观看的视频相关内容，而短视频的 10 ～ 15 秒长度也符合人的记忆规律，这种连续的刺激使消费者产生了强化学习效应，进而锁定了消费者的注意力[13]。2006 年凯斯·桑斯坦（Cass R. Sunstein）在其撰写的《信息乌托邦：众人如何生产知识》(Infotopia: How Many Minds Produce Knowledge) 中提出了"信息茧房"（Information Cocoons）的概念，他认为当用户长期接触自己感兴趣的信息而不是全方位接触各类信息时，将会导致信息窄化、群体极化等行为，最终会将自己桎梏于像蚕茧一般的"茧房"中。另外，在数字环境下，传统的重复展露模式将会失效，这也带来了更多的注意力选择性。在传统的注意力模式下，需要重复展露信息提升注意力[14]。但是在数字环境下，由于信息是海量的，消费者很难有机会看到单一信息多次重复展露，这就导致他们对信息的注意力下降。

在数字环境下，商家为了吸引消费者的注意力主要采用的策略包括以下四种。一是低价策略。价格是能够引起消费者关注的属性，在商品列表中，消费者往往会最先识别出低价的产品。为此，企业在线销售时往往通过打造超低价爆品的方式吸引消费者进入店铺。二是情境定向信息策略。情境定向指消费者在浏览内容时，企业发送与内容相关的广告信息。例如，消费者正在阅读美食相关的内容，餐饮企业向该消费者投放了美食广告。由于消费者的注意力在内容上，这时投放与内容相关的广告就会引起消费者的注意。三是关注点位置策略。消费者对于页面的注意力有一定的偏好，一般而言页面中间注意力高于页面边缘，页面左边高于页面右边，页面上部高于页面下部。企业往往通过点击热力图等方式识别页面的热点，并根据页面的热点高低收取相应的广告费用，原因是价格高的位置消费者注意力较高。四是焦点信息策略。消费者对一些焦点信息往往是非常关注的，例如进入热搜的焦点事件。企业可以将品牌信息与消费者关注的焦点信息放在一起展示，从而提升对品牌信息的注意力。

三、数字广告的信息加工

讨论数字广告，遇到的第一个问题是数字广告和传统广告的信息加工有何差异。学者们通过认知神经方法对比了平面广告和数字广告的有效性，结果发现消费者在平面广告的编码和参与度方面比数字广告更强，而且一周之后消费者可以更好地记住平面广告的编码内容。使用功能性磁共振成像的研究显示，与数字广告相比，平面广告在海马体和海马体旁区域的激活程度更大，消费者可以更好地记住跨内容、上下文和品牌关联的平面广告。这一研究表明，平面广告的效果优于数字广告[15]。不过，尽管平面广告能够产生较好的记忆效果，但它触达消费者的难度远高于数字媒体，这是平面广告效果较差的主要原因。在20世纪60年代，同样的观点曾经出现在电视广告和平面广告上，当时认为电视广告的效果远远低于平面广告，但之后有人认为经过不断重复，电视广告可以达到平面广告的效果，这与当前数字广告和平面广告的比较研究结果类似。

数字信息加工中另一个需要关注的问题是消费者对不同数字广告的加工行为。数字广告主要包括推式的精准广告，例如定向广告、实时竞价广告、位置、服务广告等；另一种是拉式的内容广告，例如病毒广告、数字内容等形式。两类广告的信息加工模式是否相同是值得讨论的问题。从实践角度看，推式广告是通过向消费者推送的方式进行信息传播，消费者处于被动接受的状态，此时就可能对广告产生厌恶情绪。而拉式广告是依靠内容吸引消费者进行信息加工，消费者处于自愿加工信息的状态下，并不会产生对广告的厌恶。以往对两类广告有较多的研究，以下重点对推式的定向广告和拉式的病毒广告进行讨论。

（一）定向广告的信息加工行为

定向广告是根据消费者的需求精准定向展露的广告，典型的定向广告包括行为定向广告（Behavioral Targeted Advertising）和情境定向广告（Contextual Targeted Advertising）。其中，根据顾客画像选择恰当的消费者推送的定向广告被称为行为定向，例如根据顾客购买周期精准推送的广告；根据消费者当时所处的情境推送相关内容的广告，称为情境定向广告，例如根据消费者正在浏览的商品推送的实时竞价广告。定向广告是伴随着电子商务的发展和数据的大量采集而出现的，但与其相关的研究是2010年之后才开始增多的，以下从定向广告的正面加工效果和负面加工效果两个方面对这类广告的信息加工进行讨论。

1. 定向广告的正面加工效果

定向广告的正面加工效果主要来源于对消费者的个性化推荐，这种个性化推荐能够降低信息过载，提高消费者的决策效率，提升广告与消费者的关联性，刺激消费者的自我感知。例如，研究发现针对消费者个性化的沟通有利于形成稳固而持续的客户关系。作者通过邮件营销的数据发现，内容定向的广告能够提升62%的点击率。有研究发现对不活跃客户进行重定向（Re-Targeted）个性化推荐效果不明显，但当消费者浏览的商品中出现他们偏好的产品时，个性化推荐的效果就出现了。由于定向广告包含了社会标签，这些社会标签能够刺激消费者的自我感知，并使消费者调整自我感知来适应定向广告，这一调整过程将正面影响消费者的购买意愿[16]。另外，也有学者认为定向广告能够筛选出价格敏感的消费者以便更有利于消费者实施信息加工。

2. 定向广告的负面加工效果

定向广告的负面影响主要来源于隐私侵入。调查显示，66%的消费者希望网站不要根据他们的兴趣展示广告，49%的消费者甚至不愿意接受根据他们兴趣所给予的广告折扣，73%～86%的消费者不希望他们的个人数据被用于定向广告。针对电子邮件、信件和电话三种不同的定向广告的调查显示，消费者对定向广告的总体反应是负面的，其中对电话定向广告的反应最为负面。消费者逃避定向广告的原因包括隐私关注（Privacy Concern）、广告激怒（Ad Irritation）和广告怀疑（Ad Skepticism）等。对广告与内容匹配，以及强制推送广告两种广告策略的比较研究发现，单独使用某一种策略时都会增加购买意愿，但合并使用两种策略时反而不产生效果，主要原因是隐私关注产生了影响，此时消费者不愿意接受定向广告的强制推送。定向广告带来的另一个问题是消费者的广告逃避（Ad Avoidance）。消费者的感知风险、感知利益、广告抵制、感知个性化（Perceived Personalization）等因素均会影响广告逃避。也有研究认为，在消费者形成参照价格后，如果采用定向广告，很难再提升价格，此时采用去定向（De-targeting）广告反而更为有利。需要关注的是，定向广告的另一个负面问题是虚假点击问题，消费者对广告评论的不信任也使定向广告的加工效果不佳。图2-3描述了定向广告的信息加工机制，其中驱动前因来自两个冲突的因素，一个是广告的个性化，另一个是隐私的披露。

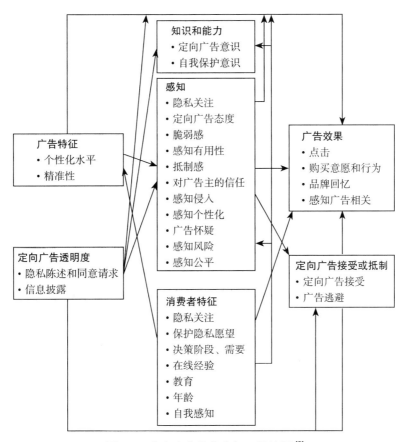

图 2-3　定向广告的信息加工结构图 [3]

（二）病毒广告的信息加工行为

1. 病毒广告的分享动机

病毒广告之所以能够传播，主要是由于它能够被消费者自发分享。消费者分享病毒广告的动机主要包括以下几个方面：

（1）利己动机。利己动机来源于通过分享建立个人的个性化表征，形成较好的个人形象 [17]。例如，通过分享财经内容表明自己是财经方面的专业人士。稀缺资源的分享还能够形成慷慨、知识搜寻能力强的个人形象。

（2）利他动机。分享利于他人的内容具有利他的特征，例如健康资源的分享。除此之外，提供信息帮助他人解决问题也具有利他的特征。

（3）归属动机。在社交媒介中分享内容能够表现出归属的动机 [18]，例如在同学群里分享内容有时体现了对该群的归属感。

（4）娱乐动机。分享有趣的、智力挑战的内容具有娱乐的动机，这些内容有助于提升人们的关注度 [17]。

（5）建立关系动机。通过分享有价值的内容可以达到建立人际关系的目标。构建社会网络，获取社会资本也被认为是分享内容的主要动机之一。

病毒广告的内容设计和元素也是影响消费者分享的原因。消费者对有趣的、娱乐性的、体现社会动态的内容分享意愿较高[17]。具有强烈情感的内容易引起他人注意，因而被分享的可能性较高。幽默的内容也会引发分享，但幽默的内容往往很难持久。因此，幽默的内容容易引起消费者的注意并分享，但消费者对内容的兴趣衰减速度也非常快。

2. 病毒广告的基本信息加工模式

病毒广告是由病毒内容和品牌信息两个部分组成的，因此消费者对病毒广告的信息加工遵循双加工过程。评价性条件反射效应（Evaluative Conditioning Effect）能够解释病毒广告的双信息加工过程。评价性条件反射效应认为一个有效的非条件刺激（Unconditioned Stimulus，US）与另一个条件刺激（Conditioned Stimulus，CS）配对之后，消费者对条件刺激的态度将会发生改变。如果我们将病毒广告中的故事内容看成非条件刺激，将病毒广告中的品牌信息看成条件刺激，根据评价性条件反射理论就可以知道，如果消费者对故事内容的评价是非常正面和积极的，将会带来品牌信息的正面评价，进而获得积极的品牌态度。

病毒广告设计的关键要素之一是品牌信息和病毒内容之间的关联关系，当消费者对两种关联的信息进行加工时就会进入关联信息加工模式，两种信息的整合会影响消费者对病毒广告的分享。一般的病毒广告往往将品牌信息放在病毒内容的后面，这么做的主要原因是将病毒内容放置在中心位置，使消费者的注意力聚焦在病毒内容上，以便提升分享概率。但也有一些病毒广告将品牌信息作为故事内容中的道具，这时品牌信息就成为一种植入广告中的信息，不会特别引起消费者的注意，有利于在病毒广告中多次曝光品牌信息。因为在病毒广告中将品牌信息突出展示，会使病毒广告看起来更像一则广告，消费者的分享意愿将会下降。典型的植入式病毒广告是陈欧的《我为自己代言》，描述了一位年轻人逆袭成功的故事，在视频里展现"聚美优品"品牌多达15次，但并没有引起受众的反感，获得了巨大的分享量，使陈欧的个人微博粉丝量暴涨至4 300多万。

另一个信息加工问题是消费者对病毒广告的加工是整合的还是独立的。消费者进行病毒广告的信息加工时能否识别出品牌信息是一个非常关键的问题。如果消费者没有识别出品牌信息，可以认为是一种整合的信息加工模式，但如果消费者能够识别出病毒内容和品牌信息，则认为是一种独立的加工模式。研究表明，当品牌熟悉程度越高时，病毒广告的分享意愿将越低；将品牌与病毒内容相关联的意识越高时，病毒广告的分享意愿越低。同时，关联意识和品牌熟悉还将交互影响病毒广告的分享意愿。这说明仅当品牌熟悉程度较低，关联意识较低时，才可能产生病毒分享。整合加工模式下更利于病毒广告的人际传播，而独立加工模式下，病毒广告并不容易进行传播。对于消费者熟悉的知名品牌，并不适合采用病毒广告的方式进行传播。

第三节　数字消费者决策行为

消费者的决策行为是指消费者在产生需求之后对商品和服务的信息获取、评价、购买和处置等满足自身需求的行为。决策行为的全过程包括问题识别、信息搜寻、方案评价、购买决策、购后行为等步骤（如图 2-4 所示）。在数字环境下，人的决策行为过程的每一个环节均将受到数字化的影响，这些影响将会改变消费者的决策行为。

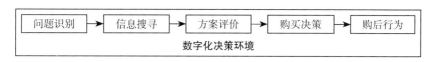

图 2-4 数字环境下的消费者决策流程

一、数字环境下的问题识别

消费者决策流程的首要步骤就是问题识别，它源于消费者对期望状况和实际状况之间差异的察觉，问题识别反映了消费者当前的需求。消费者产生的购买需求来自对实际产品使用状态的不满意，需要通过购买新的产品来达到自己期望的要求。举例来说，当消费者发现手机出现问题时，就会启动问题识别过程，考虑是否需要更换手机。问题识别可分为主动型和被动型两类。主动型问题识别指消费者自发意识到存在问题需要解决，而被动型问题识别则是消费者尚未察觉的问题。

在数字环境下，消费者发现问题变得更加容易，企业也可以通过实时追踪技术和数据挖掘从消费者问题的角度来识别消费者的需求，从而精准地向消费者进行推荐。对于消费者的主动型问题，企业可以实时分析消费者的在线行为，进而为消费者推荐适合的商品。例如，某消费者频繁浏览某类别的商品，说明该消费者当下对这个产品类别有兴趣。此时，企业就可以通过需求方平台和广告交易平台（Ad Exchange）进行信息发布和竞价，进而向消费者推送实时竞价广告（Real Time Bidding Advertising），以期抓住消费者当前的需求。针对消费者的主动型问题，关键的操作是实时、快速地抓住消费者的需求信息，并在短时间内向顾客推荐产品。

针对消费者的被动型问题，企业往往需要激发消费者的问题识别，基本过程是通过数据挖掘对消费者进行画像，并在随后的营销实践中进行定向推荐。典型的案例是沃尔玛的"啤酒＋纸尿裤"案例，该公司在对消费者购物行为分析时发现，男性顾客在购买婴儿纸尿裤时，常常会购买啤酒，于是沃尔玛公司尝试将啤酒和纸尿裤摆在一起促销，结果纸尿裤和啤酒的销量均大幅增加了[19]。在这个案例中，消费者可能没有意识到纸尿裤和啤酒之间存在关联，企业将两种产品放在一起促销能够有效地挖掘出消费者的被动需求。在数字环境下，由于内容变得更加容易传播，企业大量采用内容营销的方式激发消费者的被动型问题，例如学习方法类图书先描述一段学习成绩提升的方法和案例，激发读者提升学习成绩的需求，再展示销售的图书，达到出售图书的目标。

二、数字环境下的信息搜寻

在问题识别之后，消费者会搜寻信息为决策做准备，包括寻找令人满意的解决方案，分析各类解决方案的特点，确定解决方案的比较方法等[5]。信息搜寻包括内部搜寻和外部搜寻。

内部搜寻是从消费者自身的记忆中寻找信息，外部搜寻则是从外部环境获取信息。

内部信息搜寻主要来自消费者的记忆。对于一个产品品类而言，企业主要通过品牌传播加深消费者的记忆。不过，在数字环境下，企业往往倾向于针对消费者当前的需求精准推送及时的信息，忽略了品牌信息的长期记忆特征，这就与品牌建设需要长期坚持存在一定的矛盾，使同时达到品牌建设与销售提升的"品效合一"目标变得困难。为了解决这一问题，企业需要在推送定向信息时既考虑消费者的即时需求，又考虑品牌建设的长期过程，例如在定向广告中加入品牌口号、代言人等品牌识别和记忆线索，从而实现"品效合一"的目标。

数字环境对信息搜寻的影响主要体现在外部信息获取上，消费者的信息获取渠道变得非常丰富。例如，人们可以从搜索引擎、在线问答、在线论坛、评论网站、社交媒体等渠道获取信息。由于消费者信息搜寻行为可以留存数据并对消费者进行识别和追踪，因此消费者在线信息搜寻过程就成为企业制定数字营销策略的重要依据。企业可以根据搜寻信息的消费者特征确定顾客标签，实施顾客画像迭代和大规模的定向广告投放。例如，百事可乐通过在线行为确定了追求"健康生活"的消费者特征，并通过 Aquafina 定向推送至 4 000 个网站的目标消费者，结果与非定向广告相比点击量提升了 300%[5]。另外，数字技术也使消费者获取信息和加工信息的方式发生了变化，大量信息来自沉浸式体验、视频直播、远程互动等网站，消费者能够更加快速和准确地做出决策。

三、数字环境下的方案评价

方案评价指消费者在获取了足够的信息和方案之后，进行方案之间的比较和评价。方案评价的要点包括评价和选择方式、评价标准和决策规则。消费者的评价和选择方式主要包括两种。第一种是纯理性评价和选择。这种评价方式往往针对比较重要、影响较大、价值较高的商品。例如，消费者在购买房产时会采用理性的方法评价房屋。典型的理性选择决策是基于属性选择方法（Attribute-Based Choice Method），它是将商品分解为属性组合，并根据一定的决策规则对各项属性带来的利益进行综合评价。例如，当消费者购买一部手机时，综合比较配置、外观、价格、品牌等属性，从而做出评价。第二种是有限理性选择。典型的有限理性评价是启发式决策（Heuristic Decision Making）[20-21]。启发式决策是基于思维捷径对复杂方案进行评价与选择的过程。例如，当消费者喜欢某品牌手机的某种特殊属性时，就不再进一步对其他属性进行评价，而是直接做出决策。启发式决策包括代表性（Representativeness）、易得性（Availability）、锚定与调整（Anchoring and Adjustment）等启发式决策。代表性启发式是依据某一具有典型性的特征直接推断结果。例如，消费者会根据有多少个"8"来选择电话号码，因为"8"具备了一些特殊的意义。易得性启发式指人们会依据容易获取的特征和信息做出决策。例如，某广告一直强调产品的"送礼"特征，"送礼"特征成为易得的信息，进而影响人们的评价。锚定与调整启发式指人们会根据被锚定的信息做出决策。例如，商家促销时会告知原价和现价，原价的作用就是锚定消费者，让他们认为现价很便宜。

评价标准是消费者对产品利益的判断基准，它是由产品属性对消费者的重要性决定的。

即使是同一产品，在不同的评价标准下产品评价也是不同的。例如，消费者在购买酒自己喝与送礼两种情境下，评价标准是不同的。自己买主要根据自己的属性偏好，而送人则需要根据他人的属性偏好。在不同的评价和选择方式下，消费者的评价标准也是不同的，理性决策一般采用多属性评价，但有限理性决策则会采取少量属性作为评价标准。通过属性的权重、属性的排序、属性的组合等方面的变化就会产生不同的决策规则。在数字环境下，评价标准变得更加透明，例如通过查看投票，消费者可以看到其他消费者是如何评价商品的。

在数字营销的环境下，企业可能对评价和选择方式、评价标准和决策规则产生影响。在评价和选择方式方面，针对消费者理性选择的产品，企业一般通过比较广告的模式进行社交媒介传播。例如，展示第三方技术测评数据来比较华为手机与苹果手机的各项测评指标，并在社交媒体中发布。另一个例子是企业间市场（B2B市场）的采购过程。企业间市场与消费者市场的主要区别之一是买家会向多个卖家在线询价，平台可以根据询价数据分析买家关注产品的哪些属性，进而制定平台经营策略。针对消费者有限理性的产品，企业往往会通过提升消费者最关注的属性质量来影响消费者选择。例如，企业打造"爆款"商品时，基本思路是提供超高性价比的商品，以低价格吸引消费者进入店铺，之后通过提升关联销售的方式使消费者购买高利润商品。

在评价标准方面，消费者很容易受到在线评论和在线口碑的影响，电商平台也会依据消费者的评价和销量进行店铺搜索排序。为此，一些店铺采用为好评付费的方式来影响平台端和消费者端，但这种行为在亚马逊等电商平台上是禁止的。在线的好评不但影响消费者的评价过程，也会使店铺排名靠前，从而更容易触达消费者。另外，一些电商平台的商家通过刷单的方式，提升店铺的排名。不过，所有的电商平台对刷单的行为都是严厉打击的，原因是这种方式影响了平台的公平经营，非正常地获取了消费者的关注和客流。

在数字环境下，消费者对商品和店铺的评价比较变得更加容易，消费者通过手机扫码可以进行商品的跨店铺、跨线下和线上的比较，找到最低价格的商品。由于比较的便利性，一些非即时消费、非体验消费的产品受到了线上销售的巨大冲击。针对消费者寻求低价的心理，一些比价类型的网站相继成立，例如一淘网、什么值得买等，它们通过帮助消费者寻找全网最低价的同类产品成为其他在线销售平台的销售入口。

小案例 　　　　　　　　　　　　**虚拟试妆**

化妆品集团欧莱雅宣布与腾讯微信合作，推出了微信小程序上的首个AR试妆应用。这一应用首先在欧莱雅旗下的阿玛尼美妆品牌微信官方商城上线，为消费者带来更加个性化和社交化的消费新体验。美图公司旗下的产品美图魔镜也与国际彩妆零售品牌DFS集团达成了全球性合作，在DFS集团全球范围内的25家门店为消费者提供了AR试妆的体验。这些AR试妆软件利用人脸识别和增强现实等智能技术，能够智能地展示不同美妆产品的效果。消费者可以在短时间内尝试和比较多种不同的妆容，快速体验多个品牌和系列的产品。

虚拟试妆抓住了消费者选购化妆品的痛点，他们可以快速评价和比较不同产品的效果，通过虚拟技术实现真实的产品体验。同时，虚拟试妆规避了反复试用导致交叉感染的风险，实现了无接触体验，减少了人与人之间的接触。虚拟试妆还解决了反复试妆卸妆的麻烦，且消费者可以将 AR 效果图一键转发到社交平台，实现购买过程中的互动和展示。

消费者试妆过程能够形成数据积累，为品牌在新品研发、产品选择、个性化需求洞察等环节提供支持，并实现精准营销。虚拟试妆可在线下商场、电商平台、品牌 App 等多渠道实现销售，形成闭环营销。虚拟试妆还可以获得广泛的拓展业务，包括肤质肤色智能检测、面部妆容智能推荐、在线美妆虚拟教程、产品溯源及安全性分析趋于专业等新业务。虚拟试妆产生了很好的销售效果。以日本为例，相较于那些没有采用 AR 彩妆的 App，使用 AR 试妆的 App 购物转化率提升了 1.6 倍，购买量增加了 2.7 倍，销售额实现了 2 ～ 6 倍的增长。

资料来源：

郑晓红 . AR 试妆开启美妆新视界 [N]. 中国医药报，2019-10-09（3）.

钟园园 . 药妆店里的"黑科技"[J]. 中国药店，2021（1）：88-90.

四、数字环境下的购买决策

消费者购买的数字产品不但包括实体产品的数字化形式，也涉及消费者信息产品（如网站、搜索引擎）、数字娱乐产品（如视频游戏、数码照片和电影）、数字互动产品（如社交媒体）和电子商务网站等 [22]。与数字产品相比，尽管消费者愿意为实体产品支付更多的钱，但当消费者被要求在这两种产品形式之间做出选择时，这种差异会减弱，甚至会逆转。这种效应可以用一个偶然性加权原则来解释：在"支付意愿"这一项定量任务中，消费者依赖于定量信息（如市场信念）。然而，在"选择"这个定性任务中，消费者依赖于定性信息（例如，哪些商品在最重要的属性上占主导地位）。这些或有权重的差异导致实物商品在支付意愿方面更受青睐，但它们的数字等价物在选择方面相对更受青睐 [23]。

小案例　　　　　　实体产品和数字产品的价值比较

实体的书籍、照片、文件值钱，还是同样内容的数字电影、照片、文件值钱？一般认为，既然内容是一样的，实体产品与数字产品在价值上没有本质的区别。然而通过对成本评价、转售价值、消费效用、愿意支付的价格和零售价格等的测试发现，与同样内容的数字产品相比，人们认为实体产品的价值更高。

该研究用心理所有权来解释这一现象。实体产品比数字产品更能与自我建立联系，从而产生更高的心理所有权，这是实体产品具有更大价值的基础。实体产品获得的更高心理所有权也来自人们的感知控制，实体产品让人们产生更高的感知控制，因此人们对它的价值评价更高。

这项研究表明，尽管消费者认可数字产品的流动性、实用性和低成本，但数字产品还不能完全替代实体产品。心理所有权能够提升人们对产品的价值判断，而数字产品的心理所有权是比较低的，如果通过触摸、互动、参与等方式提升消费者对数字产品的心理所有权，就可以有效提升消费者对数字产品的价值感知。

该项研究还表明，相对于数字产品，自我评价积极的人可能会表现出更强的实物偏好。相比自我强化较弱的东方消费者，自我强化较强的西方消费者认为实物和数字产品的价值差异更大。另外，由于数字产品的价值低于实体产品，相比实体产品盗版对生产者的危害，消费者会错误地认为数字盗版对内容生产者的危害要小。

资料来源：ATASOY O, MOREWEDGE C K. Digital goods are valued less than physical goods[J]. Journal of Consumer Research, 2018(44): 1343-1357.

消费者购买首先取决于消费者的在线购买体验。研究表明，在线购买体验受到网页设计的影响（如图 2-5 所示），因而需要进行完善的网页设计。网页设计元素包括语言元素、视觉元素，以及文字 / 视觉元素等三个方面。这些网页设计元素会影响信息体验、娱乐体验、社会临场感和感官吸引力等四个方面的消费者体验[24]。

消费者体验对消费者购买的影响还取决于产品类型和品牌可信度两个调节因素。在线购物往往存在着不确定性，它们会调节体验对购买的影响。首先，消费者在线购物时无法接触和感受商品，这使消费者在购买前产生不确定性，这种不确定性对于那些需要消费者直接感受的体验品更为严重，而对于那些可以通过属性信息评价的搜索品而言影响较小。另外，当品牌可信度越高时，消费者购买的可能性越大，反之则越小。

另一项研究讨论了如何增加消费者的价格歧视。该项研究表明，如果能够引导消费者首先看到价格较高的商品，就可以诱导消费者搜索更多的产品，进而提高已售出商品的平均价格和总体预期购买概率。这种方式，可以使价格敏感者获得更多折扣，让价格不敏感的消费者全价付款，从而增加了价格歧视，提升了企业的利润。让消费者先看到高价的商品，实际上是让消费者获得了一个初始的参照价格，这将有利于进一步的销售。

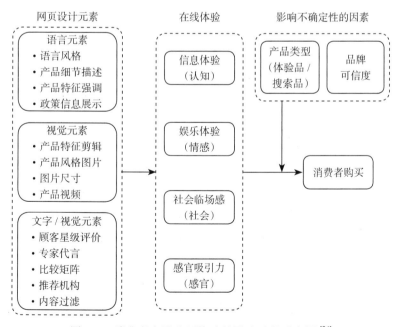

图 2-5　消费者在线购买体验的影响过程示意图[24]

五、数字环境下的购后行为

（一）数字购后行为概述

购后行为表现在多个方面，最典型的购后行为包括顾客满意、顾客忠诚、投诉与抱怨、口碑传播、后悔、多样化寻求等，消费者的购后行为是客户关系形成的基础。在数字环境下，顾客与企业建立关系的方式发生了变化，同时顾客的评论和口碑传播变得更加便利，影响的范围大幅度增加。

数字购后行为的一个关键问题是在线关系的建立。与线下交往类似，在线的买卖双方也可以建立类似线下那样牢固的关系。如果能够在客户关系建立过程中穿插着个人对话、幽默、社会支持和帮助行为，认同成员的贡献、友情和支持就可以有效地建立在线的关系。不过，线上购物所产生的社交商务不仅仅局限于购物，还在于它广泛的、跨越地理位置的社交关系，它可以使关系的建立和持续的沟通更加便利、频次更高，这就有利于未来的客户关系管理。

在线购买关系的形成，受到双边沟通、卖家的声誉和买家的关系感受三个因素的影响，沟通程度越高，卖家声誉越好，买家对关系的感受越正面，双方形成关系的可能性越大。不过，买家的经验越强，买卖双方的关系建立越难，相反，如果双方形成互惠关系，则有助于在线关系的形成。因此，鼓励持续的互动，增加买卖双方的互惠，将会有助于在线关系的建立。

（二）数字口碑传播

口碑传播是人与人之间关于产品和服务的非正式传播[1]，它传递的既是一种评价信息，也是一种参考信息，对消费者的购买决策具有重大影响。消费者进行口碑传播的动机主要来源于印象管理、情绪调控、社交联结。印象管理是消费者希望通过口碑传播的方式使其他消费者对自己产生良好的印象，从而达到提升自我形象、建立身份象征的目标[25]。除此之外，口碑传播还有助于消费者实现发泄情绪、报复商家、获得社会支持等目的，消费者也可以通过口碑传播缩短社会距离，减少孤立感，获得归属感。

数字口碑传播受到传播平台和人际关系网络的影响，其中关系强度、参与人数、层级地位等特征对数字口碑传播有较大的影响。当处于强关系时，人们愿意发布负面的口碑信息，但处于弱关系时，人们为了维系在陌生人前的形象不愿意发布负面口碑信息。人们也会努力维系与社会地位高的人群之间的关系，因此不会在这些人群前轻易发布负面的口碑信息[25]。

内容也是数字口碑关注的焦点。第一个方面是数字口碑的时长。以往的研究表明口碑的时长与口碑的感知有用性呈正相关。第二个方面是口碑的及时性。以往的研究表明，数字口碑的及时性产生的作用并不是非常明确，有研究认为它与消费者感知有用性之间呈现负向的关系，但也有研究认为及时性产生的作用是分化的，受到一定的条件制约。数字口碑的语言风格和表达方式也会对消费者的信息加工产生影响，编撰良好、表达清晰的口碑信息能够获得更好的评价[26]。另外，由于虚假评论较多，消费者对数字口碑的信任度并不高，这也降低了数字口碑产生的效果。

小案例

"种草"营销对消费者行为的影响

向消费者提供有吸引力的方案是影响消费者信息搜寻的重要方式，"种草"营销是其中的重要方法。"种草"营销是通过关键意见领袖（KOL）或领域专家分享产品的优质使用体验，展现对商品的喜爱，激发消费者购买欲望的营销方式。"种草"的策略有很多种。一是主题模式。例如，以"瞎买课代表"为核心建立的"课代表"系列矩阵包括瞎吃课代表、瞎看课代表、瞎玩课代表等主题。二是联合营销模式。例如，在抖音平台将有强社交关系的种草账号捆绑起来展开联合营销，包括亲友联合、品类联合、行业联合等。三是延伸模式。它是以一款流量巨大、人气颇高的账号为核心，进一步延伸出相关账号，向多个领域进行专业化延伸。例如，柚子团队大号"柚子cici酱"拥有1800万粉丝，主要生产情景剧式内容，小号"柚子吃了吗"和"柚子买了吗"主要以食品和物品种草推荐为主。

"种草"之所以对消费者产生影响，主要来自几个方面的原因。一是从众效应。个体往往会受到群体的影响，对自己的行为做出调整，以与群体保持一致。"种草"往往可以营造出该产品有很多人喜爱的情景，促使消费者做出从众行为。二是参照效应。"种草"容易使消费者认可前人的经验，避免消费中的陷阱，并遵照经验提供者的操作过程。三是关键意见领袖的影响。在信息传递过程中，关键人物的态度往往能够左右多数人的态度。明星人物作为关键意见领袖，能够有效影响粉丝群体的态度。四是信任转移效应。按照信任转移理论，当人们信任某个人时，他们就会信任这个人推荐或销售的产品。"种草"营销正是利用了这种信任转移机制展开营销。

资料来源：
贾雪楠. 抖音带货中种草号矩阵的传播力优化研究 [J]. 视听，2020（12）：158-159.
蒋一宽. 基于UGC平台的"种草"式品牌传播模式及策略研究 [D]. 南昌：南昌大学，2021.

第四节　数字消费者行为的影响因素

数字消费者行为的影响因素主要包括三个方面，分别是数字情境因素、消费者个人因素、产品因素等。数字情境因素主要指文化、参照群体、家庭、社会阶层等方面的因素。消费者个人因素主要指消费者的类型、特征、感知等带来的影响。产品因素指不同类型的产品所带来的影响，例如享乐品和实用品、搜索品和体验品、人工智能产品和传统产品等对数字消费者行为的影响是有差异的。除了上述三种因素之外，广告相关的因素也会产生影响，包括广告类型、广告元素、广告媒介等方面。

一、数字情境因素的影响

（一）数字情境因素对信息加工的影响

情境因素对数字信息加工的影响首先需要考虑竞争信息的干扰，竞争信息的干扰将使受众分心，影响受众对广告的记忆，从而导致广告效果下降。在数字情境下，信息形式增多、信息内容丰富、信息数量超载等因素均会影响消费者对目标信息的注意和记忆。消费者所处的状态和情境将会影响他们对数字广告的信息加工。例如，消费者所处的地理位置对于一些线下的餐馆是非常有价值的，位置服务广告会在消费者接近某一餐馆时发送优惠信息到消费者手机上。再如，消费者正在浏览的内容信息是在线商家关注的重点信息之一，商家会根据消费者的浏览内容推荐相关的商品。

在数字传播过程中，人际互动的情境也会对消费者行为产生影响。数字化导致人际交互方式发生变化。远程在线交互行为的出现，催生了新的消费者行为。数字环境下的一些行为是传统环境下不存在的，例如在线互动行为、弹幕行为、扫码行为等。在线互动情境的出现，改变了消费者的观看和信息加工模式，例如直播弹幕让消费者有大家共同观看的感受，提升了消费者的参与感和体验感。另外，由于消费者可用的联网设备种类大幅度增加，跨设备的操作系统已经逐渐成熟，跨屏转换情境大量出现，这将改变消费者的信息加工模式。举例而言，当消费者从智能手机等移动设备切换到台式机等移动较少的设备时，他们转换购买的概率会提高很多。如果此时产品类别感知风险较高，或者产品价格较高，或者消费者对产品和在线商家体验感较低，转换率的提升会更大。

（二）定向广告的情境影响因素

定向广告存在着隐私与个性化的悖论。Doorn 和 Hoekstra 的研究表明高度的个性化会增加消费者的匹配性感知从而提升购买意愿，但也会增加消费者的侵入感从而对购买意愿产生负面影响。因此，定向广告是一把双刃剑。为此，学者们分析了调节因素对这一悖论的影响，这些因素包括：

（1）是否公开采集个人信息。Aguirre 等的研究发现，如果企业公开收集消费者的信息，消费者对定向广告的点击意愿将提升，但如果企业秘密搜集消费者的信息，那么消费者对定向广告的点击意愿将会下降。

（2）信任程度。Bleier 和 Eisenbeiss 的研究显示，当消费者信任零售商时，他们对定向广告的感知有用性会提升，消费者也不会产生广告抵制和隐私关注；当消费者不信任零售商时，他们对定向广告的感知有用性会下降，同时会激发出消费者的广告抵制和隐私关注。

（3）是否给予互惠诉求。Schumann 等的研究表明，消费者对定向广告的反应是负面的，但采用互惠诉求时能够使消费者更容易接受定向广告。在管理策略上，网站应当在消费者许可使用个人信息的范围内进行定向广告投放，同时需要提醒消费者使用他们喜欢的免费服务。

（4）隐私保护感知。Tucker 的研究发现，对于同样的定向数据，当增强了消费者感知隐私控制和保护之后，定向广告的点击率增加了两倍。

（5）消费者的隐私关注。Karwatzki 等讨论了个性化与隐私之间的悖论，隐私价值对消费者的影响超过了个性化的影响，只有对那些隐私关注较少的消费者，个性化才会产生显著的效果。

（三）病毒广告的情境影响因素

病毒广告能否产生作用与病毒内容所处的环境有关，病毒广告之所以能够有效传播与病毒广告的内容、种子点投放、传播网络等因素有关，其中，内容必须与当前消费者认知相匹配，符合消费者偏好、时代特色和社会热点，并与消费者当时所处的情境相关。种子点投放与消费者的社交媒介偏好有较大的关系，种子点投放应当符合消费者的社交媒介使用习惯，这样才能使传播达到较好的效果。传播网络也是病毒广告能够成功的关键，找到关键影响者将对消费者的分享和传播有较大的作用。另外，社会联系和社会网络、社会资本、文化因素等均可能对社会分享产生影响。从病毒广告的故事内容看，已有研究认为戏剧性暴力、娱乐性与新颖性、非传统性等均会对病毒传播产生较大的影响。其他相关的因素也会影响消费者对病毒广告的态度和分享，例如说理强度、说服路径、语言文字、音乐、幽默、情感等。

二、消费者个人因素的影响

（一）消费者的影响因素概述

在消费者个体心理因素方面，信息加工的影响因素主要来源于消费者的动机、机会和能力。动机指消费者加工某一信息的动机，如果需求非常强烈，那么消费者就愿意精细加工信息。机会指消费者加工信息的机会，以及受到其他信息的干扰程度。能力指消费者加工信息的能力，例如1995—2009年出生的"Z世代"是数字原住民，他们有自身的沟通模式，他们习惯的信息可能并不是以前世代人群所能够理解的。个体心理因素还包括消费者所处的任务状态、消费目标、利己或利他动机、功利或表达需要、广告与个体的关联性、涉入程度、认知需要、品牌熟悉度、情绪、共情性、自我监控、社会自我等，这些因素均可能对广告的信息加工产生影响。例如，消费者所处的任务状态会影响数字信息的加工，当消费者处于信息搜寻的任务状态时，他们会放弃对与搜寻不相关内容的信息加工。

消费者的涉入程度是一个影响信息加工和决策过程的重要变量。在信息加工方面，消费者会受到信息涉入程度高低的影响，高信息涉入程度将会导致中枢路径的信息加工，消费者会仔细阅读相关品牌信息并进行理性判断，从而永久改变对品牌的态度；低信息涉入程度将会导致边缘路径的信息加工，消费者仅仅根据一些线索进行信息加工，将会临时性地改变态度。习惯于高涉入且快速大量获取信息的消费者偏好加工文字相关的内容；习惯于低涉入且要求同步做其他事情的消费者，往往偏好加工声音相关的内容。在决策过程方面，消费者的购买涉入程度会产生重要作用。当消费者处于购买的高涉入状态时，他们对产品的关心程度高，在决策时将会仔细权衡产品的各个属性带来的利益。一般而言，产品的重要性高、价值较高、产生长期影响时，消费者的购买涉入程度较高。当消费者处于购买的低涉入状态时，他们会根据某些特定的线索进行启发式决策，此时消费者不会进行全面的比较和权衡。低涉入购买往往发生在品牌忠诚、时间压力等产品的决策过程中。在数字环境下，有很多因素影响着消费者的涉入程度，例如提升消费者涉入程度的因素包括行为定向传播、视频直播、搜索信息比较等，但降低消费者涉入程度的因素包括信息超载、碎片化浏览、多任务决策等。

在数字环境下，消费者还会受到社会心理因素的影响。首先是影响者的作用。在数字环境下，关键意见领袖的作用变得更高了，他们通过微博等社交媒介发声，通过证言、背书、扮演、代言等方式推荐产品 [1]，从而对消费者的决策产生影响。影响者的可信度、认同感和准社会关系是研究者关注的焦点 [27]，其中，准社会关系描述了消费者与影响者在数字情境下的社会关系，它体现在信任、认同、关注、陪伴、依恋等维度上。其次是参照群体的作用。在数字环境下，由于社群构建的难度大幅度下降，志同道合者聚集在虚拟空间中带来了参照群体的聚集效应，这对参与者的行为产生了较大的影响。这些影响包括信息的影响、规范的影响、认同的影响，其中信息的影响主要来自专家权力，规范的影响主要来自奖赏和压制的权力，认同的影响主要来自参考的权力 [1]。

（二）信任对数字消费者行为的影响

信任在数字消费者行为中起到关键的作用。Oliveira 等认为，在电子商务购物的环境下消费者的信任受到消费者特征、企业特征和咨询互动的影响，进而影响其购买意愿 [28]。信任指受托人通过表现出正直、能力和仁慈等特征满足委托人的期望 [29]。信任对消费者在线购物有显著的影响，研究认为购买与否与信任水平和感知风险之间的比较有关，当信任水平超过感知风险时，人们就会产生购买行为 [30]。在线的信任可以划分为仁爱（Benevolence）和信誉（Credibility）两个维度 [31]。仁爱指即使在没有任何承诺的条件下，仍然可以相信另一方对己方是有利的，仁爱关注的是合作伙伴的动机；信誉则指一方的诚实可靠，信誉关注的是合作伙伴的可依赖性。也有研究认为，在电子商务环境下，信任的维度包括能力（Competence）、诚信（Integrity）和仁爱（Benevolence）[28]。

在数字环境下，消费者购物可选择的渠道变得非常丰富，除了传统的在线购物渠道之外，内容电商、社交电商、直播电商、O2O（线上到线下）电商等也逐渐成为重要的购买渠道。例如，以内容见长的字节跳动电商部门在 2019 年的销售收入为 400 亿元，占全国在线销售份额的 0.37%，但到了 2021 年，其销售收入上升到 8 000 亿元，占全国在线销售份额的 5%。

在不同的购物情境下，消费者的信任特征是不同的。

对于直播电商而言，消费者对主播的信任和对平台的信任均会影响购买意愿 [32]。直播电商需要通过降低消费者心理距离和不确定性感知提高在线购买意愿，电子商务直播降低感知不确定性的作用对体验型产品来说比搜索型产品更强 [33]。对主播的信任程度也会影响消费者对产品的信任程度。另外，研究表明，影响消费者对直播电商信任的外生驱动因素主要有互动实时性、感知近邻性和感知真实性 [33]。

对于微商而言，让消费者建立起对卖家的信任和品牌信任都能够提升消费者的购买意愿 [34]。在微商环境中，消费者因为人际关系等能够建立起卖家信任，而这一信任能够转化为消费者对卖家所售品牌的信任。在微商运营中，即使卖家所售品牌可能是非知名品牌或自有品牌，消费者仍然能够因为相信卖家而去信任卖家所售品牌。研究还发现，卖家通过提供社会支持能够促使消费者建立起对卖家的信任。

对于线上到线下商业而言，企业通过在网上找到消费者将他们带到线下消费，这类电子商务平台的信任度可以用信任转移模型进行描述 [29]。消费者对线上平台的信任会转移至对线下社区的信任，它们同时会转移至对商家的信任，最终产生购买意愿。

对于二手电子商务平台而言，信任也是消费者购买的关键因素 [35]。根据社会资本理论，高质量的社会网络群体会削弱成员的感知风险，提高他们对社会群体的信任度。因此，在一个二手交易的虚拟社区里，电子商务服务质量和虚拟社区质量会直接影响消费者的感知风险，从而影响消费者的信任，进而影响购买意愿。

三、产品因素的影响

（一）产品类型对消费者行为的影响

产品可以按照多种维度进行划分，典型的产品类型包括：

（1）搜索品和体验品。搜索品是指属性比较明确的产品，消费者可以依据产品属性进行搜索，例如手机；体验品是指产品属性很难明确描述，需要消费者进行体验才能够获得感知的产品，例如旅游。在数字环境下，搜索品可以通过数据测评和品牌间比较等方式进行传播，消费者很容易通过属性和功能的客观数据鉴别产品的优劣。但是，对于体验品而言，很难通过客观的数据进行比较，因为每个人对产品体验的感知可能是不同的，此时电子口碑就会产生巨大的作用。因此，在传播过程中，搜索品适用于测评和比较广告的营销方式，体验品适用于口碑传播和种草的营销方式。

（2）实用品和享乐品。实用品是能够满足消费者特定功能需求的产品，例如，电脑作为实用品可以完成存储和计算。享乐品是满足消费者享乐体验的产品，例如，电脑作为享乐品可以打游戏和看电影。以往的研究发现，当消费者在决策过程中需要理性的和认知的判断时，他们会更愿意选择实用品；当消费者在决策过程中需要情感判断时，他们更愿意选择享乐品。对于人工智能产品，消费者更愿意选择它们作为实用性产品而不是享乐性产品 [36]。

（二）人工智能对消费者行为的影响

人工智能（AI）是指能够执行与人类思维相关功能（如学习、互动和解决问题）的机器。AI 的定义广泛，包括虚拟的 AI 算法（例如精准推荐算法），也包括承载 AI 技术的实体（例如自动驾驶汽车）。在如今的市场中，AI 的应用逐渐兴起，且在优化用户体验、提升员工工作效率、帮助企业制定战略决策等方面扮演着重要的角色。营销中的 AI 研究集中在消费者对 AI 的感知层面上，主要包括 AI 厌恶、AI 焦虑和 AI 欣赏这三个方面。

1. AI 厌恶（AI Aversion）的影响

营销中大量 AI 感知的研究都显示了一个观点：相较于人类，消费者更不喜欢 AI。人们拒绝医疗 AI，因为人们感觉 AI 无法满足个人的独特性需求和 AI 黑箱的感知 [37]；用户拒绝 AI

客服，因为感觉 AI 缺乏同理心 [38]；人们拒绝 AI 推荐者，因为认为 AI 的推荐难以理解 [39]；员工拒绝 AI 教练，因为认为 AI 没有资格为自己提出建议 [40]；在自动驾驶、虚拟医生等本身具有不确定性的领域，消费者可能不愿意使用 AI，即使是最好的算法 [41]。当面对医疗服务时，即使人工智能诊断更加准确，人们仍然愿意选择人类大夫 [42]。

2. AI 焦虑（AI Anxiety）的影响

除了厌恶和偏好这种二元的感知，人们还会对 AI 产生更细微的情绪，例如 AI 焦虑 [43]。AI 焦虑是人们对 AI 失控的恐惧与不安，人们担心 AI 违背人类伦理和威胁人类地位 [44]。AI 焦虑在营销领域中有所体现，人们认为拟人化的 AI 会对人类自己的身份产生威胁，从而产生焦虑并引发补偿性的消费行为 [45]，AI 焦虑可能会影响零售业的未来，零售商店中的 AI 程序可能让客户产生侵犯隐私和身份威胁的焦虑，从而降低大众对零售商的信任 [46]。虽然 AI 推荐更好地满足了个人需求，但是当用户对隐私感到焦虑时，他们将降低对 AI 推荐品牌的好感以及购买和分享的倾向 [47]。

3. AI 欣赏的影响

虽然人们倾向于拒绝 AI，但在某些情况下也会欣赏 AI。相较于人类推荐者，人们更愿意接受 AI 推荐的实用品而非享乐品，因为消费者认为 AI 更有能力推荐实用品 [48]。当 AI 预测的信息格式更加精确时（例如 60.23% 而不是 60%），人们更愿意相信 AI [49]。人们更信任 AI 执行客观任务（例如分析和计算）而不是主观任务（例如制定约会）[50]。

总体看，消费者对 AI 的感知是多样化的。人们欣赏 AI 主要是因为 AI 在数据分析和计算方面的能力；而讨厌 AI 的原因是人们认为 AI 无法体会人类的情感或是对 AI 存在偏见；对于 AI 更细致的感知，例如 AI 焦虑，则是因为 AI 脱离于人类带来的威胁感。AI 的进步使它在未来很可能成为自主行动的数字代理人，因此人与人之间的感知和情绪也可以在人与 AI 交互中体现，消费者对 AI 可能会产生更加丰富的感知和情绪，例如依恋、羞愧等。因此，营销领域中的 AI 感知研究仍然有很大的探索空间。

（三）数字虚拟人的影响

数字虚拟人（Digital Human Avatar，DHA）是一种具有高形象逼真和高行为逼真的化身（Avatar），它被广泛应用于代言、主持和服务 [51]。DHA 在当前已经逐渐成为品牌代言的新选择，正改变着广告的生态。对 DHA 代言的研究可以从数字实体与物理实体之间应当如何匹配的视角展开。DHA 与传统的卡通形象、人形机器人的不同在于它具有高度逼真拟人化的外观与行为，是拥有类似人类能力与情感的数字实体，但是，消费者还是能够明显地识别出 DHA 的非人数字化特征。由于代言人与产品之间的匹配是代言成功的关键，因此利用数字实体代言实体产品需要让消费者感知到 DHA 与实体产品之间是匹配的，这是使消费者愿意接受 DHA 代言的关键问题，也是促进 DHA 代言大量应用、降低企业代言成本的关键问题。

　　DHA 和实体产品之间的匹配可以分为真实性匹配和联想性匹配。其中，形式真实性和行为真实性是促进 DHA 与产品之间真实性匹配的因素，而感知能力和感知温暖是促进 DHA 与产品之间联想性匹配的因素。这两个方面的匹配度共同促进了消费者对 DHA 代言的接受。此外，结果表明，人们对不同类型产品之间的感知匹配的重视程度不同。当 DHA 为享乐产品代言时，真实性匹配对消费者接受 DHA 的影响更大，而联想性匹配更有可能促进消费者接受 DHA 在实用性背景下的代言。

本章小结

1. 数字消费者行为是指在数字环境下消费者为满足其需求和欲望所进行的信息加工行为和决策行为。它包括数字信息加工行为，例如对信息的理解，也包括数字决策行为，例如购买决策。数字消费者行为受到数字情境因素的影响。

2. 数字信息加工行为包括数字环境下的信息展露、信息注意以及信息加工过程。数字化改变了传统的信息展露和信息注意，为信息展露提供了新的内容和方式，为信息注意提供了新的手段。

3. 数字广告的信息加工包括定向广告和病毒广告的信息加工。定向广告可以提高消费者的决策效率，但可能会让消费者感知隐私侵入。病毒广告能够被消费者自发分享，但消费者对病毒广告内容的兴趣衰减速度非常快。

4. 数字消费者决策行为是指消费者在产生需求之后对商品和服务的信息获取、评价、购买和处置等满足自身需求的行为。这些行为均受到数字环境的影响。

5. 数字消费者行为的影响因素包括数字情境因素的影响、消费者个人因素的影响以及产品因素的影响。

重要术语（中英文对照）

数字信息加工 Digital Information Processing

数字决策行为 Digital Decision Making

数字情境因素 Digital Contextual Factors

消费者知觉 Consumer Perception

消费者注意 Consumer Attention

信息茧房 Information Cocoons

用户生成内容 User-Generated Content, UGC

专业生成内容 Professionally-Generated Content, PGC

行为定向广告 Behavioral Targeted Advertising

情境定向广告 Contextual Targeted Advertising

重定向 Re-Targeted

个性化 Personality

隐私关注 Privacy Concern

感知个性化 Perceived Personalization

分享意愿 Sharing Intention

启发式决策 Heuristic Decision Making

数字 / 电子口碑 Electronic Word of Mouth, eWOM

数字虚拟人 Digital Human Avatar, DHA

AI 厌恶 AI Aversion

AI 焦虑 AI Anxiety

思考与讨论

1. 请思考数字消费者行为的基本框架。

2. 请描述数字信息加工与传统的信息加工行为有哪些不同。

3. 请描述数字决策行为与传统的决策行为有哪些不同。

4. 请说明影响消费者数字消费行为的因素有哪些。

案例实战分析

"延伸的自我"在数字时代的内涵

"延伸的自我"（Extended Self）是 Russell W. Belk 于 1988 年提出的，该概念认为人们将所拥有的物品看作自我延伸的部分。在数字时代，延伸的自我将有五大变化，分别为：虚拟化、形象重构、分享、自我共建、分布式存储（如表 2-1 所示）。

表 2-1　延伸的自我概况

数字化维度	自我	拥有物
虚拟化（Dematerialization）	—	对虚拟拥有物的依恋
形象重构（Reembodiment）	在线自我的替身效应（Avatars Effect）；多重自我（Multiplicity of Selves）	对虚拟替身的依恋
分享（Sharing）	自我披露（Self Revelation）；失控	聚集的拥有物；网络空间的共享感
自我共建（Co-construction of Self）	自我肯定（Affirmation of Self）；构建聚集的延伸自我（Building Aggregate Extended Self）；对虚拟资产的依恋	—
分布式存储（Distributed Memory）	叙事的自我（Narratives of Self）	数字化混乱（Digital Clutter）；过去感受的数字线索（digital cues to sense of past）

1. 虚拟化

随着数字时代的到来，物品被虚拟化，这使物品的经历、相关的人和事、岁月的痕迹等珍贵的东西消失。但虚拟化也使物品分享、展示更为迅捷。人们对照片、音乐等虚拟化的实体物品，以及游戏装备和武器等虚拟世界的物品有着依恋等独特性，虚拟产品能够展现消费者的品位、爱好，带来成就感、地位感，从而表现出延伸的自我特征。但人们对虚拟物品的拥有感没有实体物品强烈，例如删除电子贺卡比扔掉一张贺卡容易得多；还有一些虚拟物品如游戏装备只能被同一个游戏的玩家认可，这与实体物品存在区别。

2. 形象重构

在数字时代，人们更容易展现另一个自己，例如年龄大的可以装扮得年轻。虚拟世界几乎可以毫不费力地改变自我形象，这与现实中必须花费时间和精力才能实现形象改变是不同的。

由于虚拟形象的展现，消费者会将虚拟世界的形象作为延伸的自我。虚拟形象会产生替身效应，它会影响人们的现实生活，例如使人变得更加自信、更加热心于社会活动。虚拟世界还会产生多重自我，消费者可以体验各种不同的角色，又不会与现实世界相冲突，他们会将虚拟形象当作自我的一部分，这使延伸的自我变得更加多样。

3. 分享

社交网络的兴起使我们的分享方式有了很大的改变。我们可以将日常活动、思想甚至秘密与朋友或陌生人分享。首先，数字时代的分享具有自我披露的特征，社会大众的压力和分享的顾虑减少，人们可以相互谈论信仰、隐私，甚至不礼貌的话题。自我披露能够帮助人们更好地展现和认识自己，是延伸自我的重要方面。其次，分享也使隐私不受控地公之于众，由于分享方式的改变，在数字时代控制延伸的自我更加困难。再次，数字时代产生了聚集的自我。网络分享之后，本来只属于自己的物品成为集体的财富，形成聚集的自我。最后，出现网络空间的共享感，人们将网络空间称为"第三空间"，是存在于"第一空间"家和"第二空间"工作场所之外的，是可以表达自我、放松自我、享受自我的另外一个共享空间，拥有独特的延伸自我。

4. 自我共建

在数字时代，人们可以互动和相互评论，相互了解生活状态，并相互影响，这是一种自我的共建过程。人们将自己的观点发到博客上，通过回复与交流寻求别人的肯定，这使自己的生活更有意义，从而产生延伸自我的新内容。另一方面，共享的空间能够使人们将自己的想法和观点聚集在一起，进而帮助人们更好地构建聚集的延伸自我。

5. 分布式存储

在数字时代，存储方式发生改变，以前需要实体保存的东西如今都可以用数字化的方式保存；以前难以存储的美好记忆，也可以轻松存储，这使延伸的自我更加宽广。这种存储方式带来了三个主要的变化。首先是数字化混乱。由于存储越来越方便、快捷，我们常常不加筛选地存储各种东西，这导致信息更加繁杂、碎片化，容易造成延伸自我的混乱。其次是叙事的自我。在数字时代，人们可以很方便地按照时间轴整理散乱的文字、图片、视频和分享内容等，从而能够方便地讲述自我。最后是过去感受的数字线索。人们可以对过去的感受进行数字化记录，与其他人分享过去的快乐和悲伤，这也改变了延伸的自我。

资料来源：BELK R W. Extended self in a digital world[J]. Journal of Consumer Research, 2013, 40(4): 477-500.

案例问题

在数字环境下，延伸的自我发生了哪些变化？

参考文献

[1] 林建煌. 消费者行为 [M]. 4 版. 北京：北京大学出版社，2016.

[2] KANNAN P K, LI H S. Digital marketing: a framework, review and research agenda[J]. International Journal of Research in Marketing, 2017, 34(1): 22-45.

[3] BOERMAN S C, KRUIKEMEIER S, BORGESIUS F J Z. Online behavioral advertising: a literature review and research agenda[J]. Journal of Advertising, 2017, 46(3): 363–376.

[4] KIM J, KANG S, LEE K H. Evolution of digital marketing communication: bibliometric analysis and network visualization from key articles[J]. Journal of Business Research, 2019, 130(2): 552-563.

[5] 马瑟斯博，霍金斯. 消费者行为学：第 13 版 [M]. 陈荣，许销冰，译. 北京：机械工业出版社，2018.

[6] 曹培杰. 数字化学习中注意力失焦的原因分析 [J]. 中国电化教育，2015（8）：42-46+58.

[7] 周欣悦. 消费者行为学 [M]. 2 版. 北京：机械工业出版社, 2021.

[8] PETTY R E, WEGENER D T. The elaboration likelihood model: current status and controversies[M]//CHAIKEN S, TROPE Y. Dual process theories in social psychology. New York: The Guilford Press, 1999.

[9] 牛更枫，孙晓军，周宗奎，等. 网络成瘾的认知神经科学研究述评 [J]. 心理科学进展，2013，21（6）：1104-1111.

[10] 高文斌，陈祉妍. 网络成瘾病理心理机制及综合心理干预研究 [J]. 心理科学进展，2006（4）：596-603.

[11] 付爽. 数字原住民的信息收集及筛选行为特点初探：以武汉某高校为例 [J]. 中国市场，2017（2）：189-190.

[12] 杜建刚，李丹惠，李晓楠. 消费者注意研究综述与展望 [J]. 外国经济与管理，2019，41（1）：114-126.

[13] 曾华铭. 短视频成瘾的心理机制探析：以抖音为例 [J]. 新媒体研究，2019，5（20）：16-17.

[14] 凯森. 消费心理十四讲 [M]. 刘晓婧，译. 北京：新世界出版社，2014.

[15] VENKATRAMAN V, DIMOKA A, VO K, et al. Relative effectiveness of print and digital advertising: a memory perspective[J]. Journal of Marketing Research, 2021, 58(5): 827-844.

[16] SUMMER C A, ROBERT W S, RECZEK R W. An audience of one: behaviorally targeted ads as implied social labels[J]. Journal of Consumer Research, 2016, 43(1):156-178.

[17] PHELPS J, LEWIS R, MOBILIO L, et al. Viral marketing or electronic word-of-mouth advertising: examining consumer responses and motivations to pass along email[J]. Journal

of Advertising Research, 2004, 44(4): 333-348.

[18] HO J Y C, DEMPSEY M. Viral marketing: motivations to forward online content[J]. Journal of Business Research, 2010, 63(9-10): 1000-1006.

[19] 张文. 沃尔玛: "吃螃蟹者" 亦喜亦忧 [J]. 新商务周刊, 2013 (23): 30-32.

[20] KAHNEMAN D, TVERSKY A. Judgement under uncertainty: heuristics and biases[J]. Science, 1974, 185(3): 1124-1131.

[21] KAHNEMAN D, TVERSKY A. Prospect theory: an analysis of decision under risk[J]. Econometrica, 1979, 47(2): 263-291.

[22] SCHMITT B. From atoms to bits and back: a research curation on digital technology and agenda for future research[J]. Journal of Consumer Research, 2019, 46(4): 825-830.

[23] CATAPANO R, SHENNIB F, LEVAV J. Preference reversals between digital and physical goods[J]. Journal of Marketing Research, 2022, 59(2): 353-373.

[24] BLEIER A, HARMELING C M, PALMATIER R W. Creating effective online customer experiences[J]. Journal of Marketing, 2019, 83(2): 98-119.

[25] 罗彪, 丛日飞. 留、传、搜、用: 消费者行为视角下的电子口碑研究综述与展望 [J]. 外国经济与管理, 2015, 37 (8): 54-64.

[26] 汪旭晖, 张其林, 戴贺臻. 网络口碑有用性的影响因素: 一个文献综述 [J]. 北京工商大学学报 (社会科学版), 2015, 30 (2): 119-126.

[27] 贾微微, 别永越. 网红经济视域下的影响者营销: 研究述评与展望 [J]. 外国经济与管理, 2021, 43 (1): 23-43.

[28] OLIVEIRA T, ALHINHO M, RITA P, et al. Modelling and testing consumer trust dimensions in e-commerce[J]. Computers in Human Behavior, 2017, 71: 153-164.

[29] XIAO L, ZHANG Y C, FU B. Exploring the moderators and causal process of trust transfer in online-to-offline commerce[J]. Journal of Business Research, 2019, 98: 214-226.

[30] SULLIVAN Y W, KIM D J. Assessing the effects of consumers' product evaluations and trust on repurchase intention in e-commerce environments[J]. International Journal of Information Management, 2018, 39: 199-219.

[31] BA S, PAVLOU P A. Evidence of the effect of trust-building technology in electronic markets: price premiums and buyer behavior[J]. MIS Quarterly, 2002, 26(3): 243-268.

[32] ZHAI M, CHEN Y. How do relational bonds affect user engagement in e-commerce livestreaming: the mediating role of trust[J]. Journal of Retailing and Consumer Services, 2023, 71: 103239.

[33] 秦芳. 电子商务直播对在线购买意愿的影响: 基于社会技术理论的实证研究 [D]. 天津: 天津大学, 2019.

[34] ZHAO J D, HUANG J S, SU S. The effects of trust on consumers' continuous purchase

intentions in C2C social commerce: a trust transfer perspective[J]. Journal of Retailing and Consumer Services, 2019, 50: 42-49.

[35] LUO N A, WANG Y, ZHANG M L, et al. Integrating community and e-commerce to build a trusted online second-hand platform: based on the perspective of social capital[J]. Technological Forecasting & Social Change, 2020, 153: 119913.

[36] 黄劲松，秦碧璇，吴铭泉. 产品属性对人工智能产品推荐的影响：基于同理心的视角 [J]. 管理科学，2022，35（2）：121-133.

[37] CADARIO R, LONGONI C, MOREWEDGE C K. Understanding, explaining, and utilizing medical artificial intelligence[J]. Nature Human Behaviour, 2021, 5(12): 1636-1642.

[38] LUO X, TONG S, FANG Z, et al. Frontiers: machines vs. humans: the impact of artificial intelligence chatbot disclosure on customer purchases[J]. Marketing Science, 2019, 38(6): 937-947.

[39] YEOMANS M, SHAH A, MULLAINATHAN S, et al. Making sense of recommendations[J]. Journal of Behavioral Decision Making, 2019, 32(4): 403-414.

[40] LUO X, QIN M S, FANG Z, et al. Artificial intelligence coaches for sales agents: caveats and solutions[J]. Journal of Marketing, 2021, 85(2): 14-32.

[41] DIETVORST B J, BHARTI S. People reject algorithms in uncertain decision domains because they have diminishing sensitivity to forecasting error[J]. Psychological Science, 2020, 31(10): 1302-1314.

[42] LONGONI C, BONEZZI A, MOREWEDGE C K. Resistance to medical artificial intelligence[J]. Journal of Consumer Research, 2019, 46(4): 629-650.

[43] LI J, HUANG J S. Dimensions of artificial intelligence anxiety based on the integrated fear acquisition theory[J]. Technology in Society, 2020, 63: 101410.

[44] JOHNSON D G, VERDICCHIO M. AI anxiety[J]. Journal of the American Society for Information Science and Technology, 2017, 68(9): 2267-2270.

[45] MENDE M, SCOTT M L, DOORN J V, et al. Service robots rising: how humanoid robots influence service experiences and elicit compensatory consumer responses[J]. Journal of Marketing Research, 2019, 56(4): 535-556.

[46] GUHA A, GREWAL D, KOPALLE P K, et al. How artificial intelligence will affect the future of retailing[J]. Journal of Retailing, 2021, 97(1): 28-41.

[47] HAYES J L, BRINSON N H , BOTT G J, et al. The influence of consumer-brand relationship on the personalized advertising privacy calculus in social media[J]. Journal of Interactive Marketing, 2021, 55: 16-30.

[48] LONGONI C, CIAN L. Artificial intelligence in utilitarian vs hedonic contexts: the "word-of-machine" effect[J]. Journal of Marketing, 2022, 86(1): 91-108.

[49] KIM J, GIROUX M, LEE J C. When do you trust AI: the effect of number presentation detail on consumer trust and acceptance of AI recommendations[J]. Psychology & Marketing, 2021, 38(7): 1140-1155.

[50] CASTELO N, BOS M W, LEHMANN D R. Task-dependent algorithm aversion[J]. Journal of Marketing Research, 2019, 56(5): 809-825.

[51] MIAO F, KOZLENKOVA I V, WANG H, et al. An emerging theory of avatar marketing[J]. Journal of Marketing, 2022, 86(1): 67-90.

第三章

营销数据采集

学习目标

（1）讨论营销数据的定义及特点；

（2）讨论营销数据的类型；

（3）讨论营销数据的来源和采集方法；

（4）讨论营销数据的管理。

导引案例

试衣间里的大数据采集及应用

奢侈品牌 PRADA 正在应用大数据帮助消费者提升购物体验，在其纽约旗舰店内，每件衣服都搭载了 RFID（射频识别）码，一旦顾客拿起衣物试穿，RFID 码便自动识别，试衣间内的屏幕会播放模特穿着该衣物走台步的视频。这种创新方式引导顾客在试穿过程中，通过模特展示的效果来认可所挑选的服饰。

试衣的同时，这些数据会传送至 PRADA 总部，包括衣物被拿入试衣间的城市、旗舰店、时间，以及停留时长等信息。这些数据被存储并进行分析。传统意义上，销量低的衣物可能会被淘汰，但通过 RFID 码反馈的数据显示，即使销量不高，但被试穿的次数多，也能够说明该款服饰可能仍有改进的空间。

PRADA 运用物联网技术收集数据，并结合大数据分析技术，从而洞察市场需求。这种技术应用提升了消费者的购物体验，助力 PRADA 实现了超过 30% 的销售增长率。

资料来源：佚名 . 22 个美国企业大数据应用实例 [J]. 杭州科技，2016（4）：58-64.

第一节　营销数据概述

营销数据是企业可以用于洞察市场、确定定位、传播信息、销售产品、管理顾客的各类数据。在所有的数据应用领域中，营销是占比最高的领域之一。例如，前瞻经济学人的调查显示，中国在互联网和营销的大数据应用上占比达到了 45.2%，排在所有应用领域的第一位（前瞻研究院，2021）。营销数据有着与其他领域数据不一样的特征，以下从来源、类型、目标、应用、方法等五个方面进行描述。

1. 来源丰富性

营销数据的来源极其丰富，除了企业内部的销售和顾客数据来源之外，还有大量的数据来自交易、社交、广告、软件等平台企业和互联网企业。除此之外，一些特殊的数据也在营销数据来源之列，例如基因数据、气象数据、卫星定位数据、物联网数据等。

2. 类型复杂性

营销数据的类型极为复杂，几乎所有类型的数据在营销领域均有应用，不但包括微观个体数据，还包括行业和宏观的数据；不但包括小数据，还包括大数据；不但包括定量数据，还包括定性数据。其范围在广度和深度上都是其他领域很难比拟的。由于营销场景和目标的千变万化，每一种特定的营销场景和营销目标都会产生特定的数据，使得数据类型极为复杂。

3. 目标多样性

营销目标的多样性也是营销数据丰富的主要原因。企业的营销目标非常多样，营销的各个职能均存在目标，包括传播目标、销售目标、建立顾客关系目标等，这些目标使用的数据非常不同。例如，顾客购买数据是顾客的动态商品浏览记录数据，而建立顾客满意的数据是基于顾客价值感知。因此，不同目标所需要的数据是不同的，这也使营销数据非常多样。

4. 应用广泛性

营销数据并不一定是为了唯一的营销目标而采集的，在很多情况下同一数据集有着广泛的营销应用。例如，顾客画像是将顾客特征标签化，所形成的顾客标签数据可以广泛地应用于营销的各个环节。营销数据应用的广泛性还体现在其跨组织、跨平台、跨品类上，同一位顾客的不同来源数据可以合并，从而产生更大的应用价值。例如，在 20 世纪 80 年代国外的一些咨询公司将电视广告观看数据与购物数据结合在一起，形成了单一来源数据，从而展开了广告效果评价的相关研究。

5. 方法汇聚性

营销数据有非常多的采集方法，传统的营销数据采集方法包括问卷调查、访谈调研、观察等，但在当前的营销环境下，互联网和物联网的营销数据采集方法逐渐成为主流。其中，物联网的数据采集发展非常快，也被大量应用于营销之中，例如，智能家电能够持续采集顾客的数据，对顾客的家电使用行为进行画像，进而提供更精准优质的个性化服务。

小案例

妮维雅牵手天猫新品创新中心

妮维雅是一家欧洲的护肤品公司，其母公司是 1882 年创立于德国的拜尔斯道夫。2020年，拜尔斯道夫与天猫新品创新中心（TMIC）签订战略合作协议，深入销售端进行新品创新，并在上海落地了仅次于汉堡总部的全球第二大创新研究中心。

天猫新品创新中心（TMIC）通过全链路新品数字系统协助企业进行精准的产品研发、测款、试销、上市，在这个过程中使用了多种数据和调研系统。第一，在研发过程中，TMIC 可以通过超大范围的数据对妮维雅的典型消费群体进行洞察，并研究近期品类中成长较快的产品特征。第二，TMIC 通过 A/B 测试的方式对不同的妮维雅产品款式进行投放测款，从而找到最优的产品设计。第三，TMIC 还会在测试后通过问卷调查的方式了解消费者的真实感受。第四，TMIC 通过试销的方式进一步测试妮维雅产品的市场表现。TMIC 在协助企业进行新品研究时综合应用了多种数据进行评价，从而达到了新品开发的最优效果。

资料来源：李立. "妮维雅"中国式创新：牵手天猫开启数字化之路 [N]. 中国经营报，2021-10-18（C2）.

第二节　营销数据的类型

营销数据的类型是极其复杂的，可以从不同的视角进行不同的分类。

第一，可以按照营销职能划分营销数据。按照第一章所描述的漏斗模型，营销的基本职能包括整合营销传播（获得新客、品牌建设、精准推荐等）、销售管理（渠道管理、销售人员管理、代理商管理等）、客户关系管理（顾客满意、顾客忠诚、流失预警、交叉销售等）均可以实施数据化的管理。在应用时，按照营销职能划分数据类型也有其合理性。例如，在渠道管理时，企业可以建立代理商管理和销售人员管理的数据体系，从而有效提升销售效率。

第二，可以按照数据性质进行分类。马尔霍特拉等曾将营销数据划分为一手数据和二手数据。一手数据包括定性研究数据和定量研究数据，它是研究人员通过直接采集的方式获得的数据，这类数据的特点是可以根据研究的目的设计和采集。二手数据包括公司内部数据和外部商业服务数据，它是通过各种渠道获取的已经收集完成的数据。二手数据不用花费大量的时间和精力去采集，可以在较短的时间内获得。同时，二手数据的来源极其丰富，采集的模式和种类非常多，这使其具备更广泛的代表性和更高的外部效度。但由于二手数据并非是按照研究目的专门采集的数据，因此有可能出现关键信息缺失、分析目的无法达成的情况。

第三，可以按照数据规模的大小进行分类。大数据具有海量、高速、多样性、复杂性和多变性等特点；与大数据相比，小数据的规模相对较小，通常涉及的数据量有限，实时性偏低，并且常常依赖于离线数据采集。在实际的数字营销中，越来越多的企业将大数据与小数据结合形成智能数据体系。例如，尼尔森公司与中国电信合作开发的产品，通过分析电信消费者的线上行为数据，同时结合尼尔森的市场研究方法，提供不同品牌的消费者特征、线上表现等信息，形成了大数据与小数据的结合产品[1]。按照数据规模大小来划分营销数据是由于大数据和小数据在数据采集方法、分析方法、分析结果等各个方面均有差别。例如，互联网平台的交易数据是典型的大数据，它能够实时记录和预测顾客的行为；问卷调查数据则是典型的小数据，它可以有效洞察消费者的心理，从而发现消费者购物的内在逻辑。

第四，按照研究方法进行营销数据的分类。研究方法大致可以分为定性研究方法和定量研究方法，这两类研究方法的营销数据类型不同。定量研究方法广泛应用于营销数据的采集，其中，实验研究方法应用于分组比较数据的采集，问卷调查方法应用于定距类截面数据的采集，时间序列和计量模型方法应用于时序数据的采集，数据挖掘和人工智能方法应用于文字、图片、声音、视频等各类大数据的采集。定性研究方法也广泛应用于营销数据的采集，例如深度访谈、专题座谈、内容分析等应用于各类定性研究数据的采集。从方法角度思考营销数据有助于预判哪些方法适合分析哪些营销数据，以及能够得到什么样的结果。

综合上述对营销数据的描述，我们构建了营销数据类型图（如图 3-1 所示），它在马尔霍特拉等分类的基础上，结合了当前新的营销数据来源，形成了一个包含企业内部经营数据、定性研究小数据、调研小数据、实验数据、商业数据、企业大数据的营销数据体系。

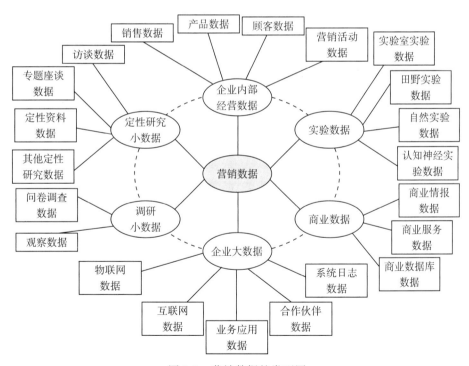

图 3-1　营销数据的类型图

小案例　　　　　　　　　　　**营销中的地理空间数据**

地理空间数据（Geospatial Data）是一种结合实体的位置信息（例如建筑物坐标）、属性信息（例如建筑物类型）和时间信息（例如建筑物的建造时间）的数据，它可以用于描述空间、时间和主题中的任何实体，包括人、物、群组等。地理空间数据通常是不同来源（例如气象站、手机）和不同格式（例如数字信息、卫星图像）组成的数据，因而包含了大量信息。

营销中的地理空间数据可以用于定位、市场细分、广告投放、竞争分析等。例如，地理空间数据可以用于分析消费者的行为和偏好，以及他们的位置和移动模式，从而帮助企业更好地了解消费者并制定更有效的营销策略。此外，地理空间数据还可以用于分析商业环境，如商业区的组成、竞争格局和商业机会等。典型的地理空间数据应用是基于位置服务（Location Based Service，LBS）广告，例如，微信小程序根据顾客实时地理位置、进入时间和画像提供的定向展示优化服务。

资料来源：WICHMANN J R K, SCHOLDRA T P, REINARTZ W J. Propelling international marketing research with geospatial data[J]. Journal of International Marketing, 2023, 31(2): 82–102.

一、企业内部经营数据

企业内部经营数据主要指企业经营中产生的数据，它包括销售数据、产品数据、顾客数据和营销活动数据等。

（一）销售数据

在企业日常的经营过程中，业务应用产生了不同类型的数据，这些数据也帮助企业在不同场景下做出决策。例如，销售订单数据有助于企业分配生产能力；公司和渠道存货信息可以帮助企业预测销售量、提前补货、给予生产系统信息等。另外，产品的价格变化信息、经销商管理信息、零售终端管理信息、分类管理信息（城市分区、全国分区、顾客分类）、销售人员管理信息、产品线管理信息、品牌经营信息等与销售数据相关的信息均可以帮助企业进行有效判断和生产经营决策。

此外，企业的各部门，例如生产部门、技术部门、营销部门、人力资源部门和总经理办公室等都储存了大量的资料数据，如企业的文件档案、年度报表、股东报告等，这些数据中也有一部分可以反映销售情况。

（二）产品数据

产品数据包括产品名称、产品类别、产品属性、产品配置、生产成本、供应商等。产品数据还包括与产品相关的过程数据，例如加工工序、加工指南、工作流程、产品图样、数据模型、设备数据、技术文件、工装数据等。

在产品生产开发的过程中，原始数据包括设计图样、技术条件、检测检验要求、工艺规范等。企业供应管理部门和生产部门在生产过程中会产生文件目录、零部件明细、标准件和外购件表、图样目录、关键特性表、材料定额明细表、材料汇总表等派生数据。在产品生产的过程中，派生数据文件往往要花费专业技术人员大量的时间和精力。

（三）顾客数据

顾客数据主要分为顾客基本信息、顾客行为数据和顾客关联数据三种类型。下面简单介绍这三种基本的顾客数据类型的特点。

1. 顾客基本信息

顾客基本信息主要是指顾客的基本属性和基本资料信息，通常的信息包括姓名、生日、性别、民族、联系方式、地理信息和人口统计信息等。顾客基本信息也包括较敏感和特殊的个人生物识别信息，例如个人基因、指纹、虹膜、面部识别特征等。企业顾客的信息主要来自顾客自主登记，企业运营系统采集，以及"数据折扣"采集。例如，墨西哥国际航空公司 Aeromexico 发起了"DNA 折扣"活动，根据旅客的基因提供飞往墨西哥的折扣航班，折扣率与旅客的"墨西哥 DNA"比例相当，由此就采集了旅客的基因数据[2]。

2. 顾客行为数据

顾客行为数据主要包括顾客购买数据、顾客消费数据、客户关系管理数据等。通过顾客行为数据进行顾客画像，可以刻画出顾客的消费习惯和偏好等相关的信息，这些信息有助于企业细分顾客并洞察其潜在需求。顾客行为数据可以帮助企业的营销运营人员理解和预测顾客的行为，制定有效的营销策略。

3. 顾客关联数据

顾客关联数据是指反映及影响顾客行为和心理的关联信息。为了更有效地帮助企业营销人员和产品运营人员深入了解影响顾客行为和心理的因素，企业通过各类方式采集相关数据，包括顾客满意度、顾客忠诚度、顾客流失倾向等。顾客关联数据较难采集，但这类信息可以有效地反映顾客的行为意愿，是制定营销策略的关键信息。

（四）营销活动数据

营销活动是指促销、福利发放、创意参与、公共关系等活动，它能够增加顾客、提高营收或提升品牌知名度。常见的营销活动数据包括营销活动推广数据、活动的商品交易总额（GMV）、不同产品的销售数据、经营状况数据等。

营销活动推广数据主要是广告投放数据，它记录不同产品线、品牌、渠道和内容的不同广告形式，以及投放时间、媒体、金额、持续时间、前后内容、大小、栏目等数据。营销活动的 GMV 是活动的核心指标，一些企业在"双 11"期间用数据大屏实时显示当前的 GMV、支付人数、单品销售额等数据。销售数据包括销售渠道数据、渠道 + 产品组合的顾客数据、渠道增长数据等。经营状况数据包括销售利润率、成本利润率、销货成本、促销成本等以收入、毛利、净利润为核心的经营指标。除此之外，根据不同的场景进行数据分析也相当重要，包括销售量预测、竞品数据、顾客满意、顾客流失、渠道分析、促销分析等数据。

二、定性研究小数据

（一）访谈数据

访谈数据是在一定的调研目的下，通过对个人或小组的问答或谈话获得的数据，这类数据一般展现了被访者的观点、看法和思路。访谈一般包括结构化访谈、非结构化访谈和半结构化访谈等形式。结构化访谈将访谈的主题和问题固定下来，这样便于获得需要的答案并有效控制访谈时间；非结构化访谈则在一定的主题下，不限定访谈的问题，旨在与被访者深入细致地交流和沟通，从而获得被访者的深度观点；半结构化访谈则一部分为固定问题，一部分为开放式问题，是结构化访谈和非结构化访谈的结合。访谈的主要优点是可以获得深度的观点和想法，但缺点是很难进行大规模的操作。访谈可以用于企业层面或个人层面的质化研究，关注的问题包括探索事件过程、解构逻辑关系、分析事件维度等。

（二）专题座谈数据

专题座谈数据是在专题座谈中收集的信息和观点，这类数据包括参与者在讨论中提到的主题，他们的意见、态度以及彼此之间的互动。专题座谈数据通常以录音、文字记录或视频形式保存，并在后续分析中用来提取访谈中的重要内容。专题座谈也称焦点组（focus group）访谈，它是对多人组成的小组进行焦点问题的访谈或小组讨论。焦点组访谈参加人数一般是6～15人，有观点认为访谈的人数不宜超过10人。主持人在焦点组访谈过程中需要把握话题的方向并控制访谈的进程，但焦点组人数较多时，把控讨论方向一般是较困难的，因此焦点组访谈最好选择有经验的主持人。很多焦点组访谈是在单面镜房间中完成的，有完整的录音录像和单面镜房间的观察，便于后期的数据分析。焦点组访谈是一种不错的构建问卷的方法，也适用于需要集思广益的研究情境。

（三）定性资料数据

定性资料是指利用文字、声音、图片或其他符号性记录，来描述或表达社会生活中的人物、行为，以及各种社会生活事件的信息[3]。定性资料多样，并且其形式没有明确的规范，提高了定性资料数据的分析难度。一般而言，定性资料需要通过编码方式形成数据。典型的编码包括开放式编码、主轴编码和选择性编码等。开放式编码是归类和建立内容标签，并从定性资料中提取概念；通过对提取概念的词频展开分析，从而较为全面地描述定性资料。主轴编码是发现定性数据之间的关联关系和深层次结构，一般运用"环境条件—现象—脉络—中介机制—行动策略"的典范模型将编码得到的各范畴联结在一起。主轴编码需要在数据和理论之间不断迭代，从而获得概念和主范畴。选择性编码是确立范畴间的逻辑关系，需要反复进行"模型—数据—文献"的多重迭代，构建出初步的理论框架和模型。选择性编码需要进行反复讨论和多重确认，对概念和事件进行反复提炼和修正，从而在理论与概念之间达到饱和。定性资料在通过编码和训练之后，就可以形成定性资料数据。

(四) 其他定性研究数据

定性研究数据是指描述、解释和理解现象的非数值性信息。定性研究不依赖于数值,而是专注于深入挖掘参与者的观点和态度。这类数据通常以文字、图像、音频或视频的形式存在,而不是以量化的数字存在。在定性研究中,研究者获取数据的方式主要包括两种,即参与式数据采集和非参与式数据采集。参与式数据采集是指研究者参与到被研究者的社区或团体中,通过观察、感受、交流等方式获得数据,典型的方法是民族志。非参与式数据采集方法是指研究者通过访谈、座谈、文本分析等方法获得数据,典型的方法是个案研究。

三、调研小数据

(一) 问卷调查数据

问卷调查数据是指通过问卷形式收集的量化信息。这类数据通常包括被调查者对一系列问题的回答,其中问题可以涉及各种主题,如态度、偏好等。问卷调查法是指调研人员事先拟好调查问卷,以书面、邮件或电话等不同形式对被调查者提出问题,要求其给予回答,由此获得所需调查材料的调查方法。常用的问卷调查方法有电话访谈、人员面访、邮寄访问、电子访问以及留置问卷调查访问。在数字时代之前,问卷调查是重要的营销数据来源之一,它几乎可以用于所有营销问题的分析。但问卷调查数据也有其缺陷,体现在它并不能够直接与顾客的真实行为关联起来,这导致研究结果可能存在偏差。传统问卷调查获得结果的时间较长、成本较高,而在线问卷调查可以克服传统问卷调查存在的问题,具有快速、便捷、成本低、调查对象广的特点。

(二) 观察数据

观察数据是通过直接观察和记录事件、行为或现象而收集的信息。这类数据通常用于深入了解特定情境下的行为、交互和环境。观察数据包括文字描述、图像或视频记录等形式,具体取决于研究者的选择和研究目的。观察法是指调查人员根据一定的研究目的、研究提纲,用自己的感官和摄像器材等辅助工具在调查现场直接观察用户和记录正在发生的现场行为状况的一种有效的收集资料数据的方法。观察调查是调查者对发生的情景不加控制和干扰,在自然条件下发生的感知活动,也是有目的、有计划、有系统的感知活动。

观察法所需信息必须是能观察到的或者能从观察到的行为中推断出来的,所要观察的行为必须是重复性的、频繁的或在某方面是可以预测的,同时所要观察的行为必须是相对短期的。在观察调查中,观察者的角色可以分为完全参与者、参与观察者、观察的参与者以及完全观察者四种。①完全参与者。完全参与者不透露自己是研究者的身份,但积极参与观察对象活动并隐蔽地观察。②参与观察者。观察者向被观察者揭示自己是研究者,通过参加活动来进行观察。③观察的参与者。观察者在活动中透露自己的身份,但并不参与整个活动过程,他们主要通过观察进行研究。④完全观察者。观察者的身份并不透露给被观察者,观察者对事件的发展不施加任何干预，被观察者也不知道观察者的存在[4]。

观察法通常有四个常规步骤：①明确研究方向、观察目的、观察问题，并选择要观察的研究对象；②进行观察前的准备，包括研究对象的确定、观察相关仪器的准备、观察方式的确定以及观察记录表的设计制作等；③完善观察的过程，进入现场，获得被观察者的信任，通过观察、倾听、访谈、询问、思考、记录等方式记录数据；④进行观察后的结果整理、资料分析，明确现场记录信息的分类，一类是客观发生的现象，另一类是观察者自己的想法。整理资料并转化为有效的数据，最后分析资料并撰写观察报告。

观察法主要应用于产品开发初期，它有直接性、情景性、及时性、纵贯性和普适性等优点，通过观察法收集到的数据丰富、完整，而且比较客观。观察法也有一定的局限，例如：观察法受限于被观察者的可获取性，有些现象可能不易被观察；观察者的主观因素也可能影响观察结果；观察过程中可能存在未考虑的无关变量；观察法的人力、物力成本可能较高。

四、实验数据

实验法属于因果关系的研究方法，它也是测量顾客行为和心理的主要研究方法。针对顾客的实验数据主要有实验室实验数据、田野实验数据、自然实验数据和认知神经实验数据等。

（一）实验室实验数据

实验室实验通常是指在实验室内严格控制实验条件，分组测量给定刺激是否引发一定的行为反应。实验室实验数据主要涵盖分组数据、结果数据、中介变量和调节变量数据等内容。实验室实验在实施时一般分为实验组和参照组，实验结果是对照两组结果，从而判断实验刺激是否产生显著作用。例如，消费者对购物环境颜色的心理反应就可以通过实验室实验法进行，实验时对实验组的人群进行环境颜色刺激，对参照组的人群不进行环境颜色刺激，然后比较两组人群的购物行为差异就可以测试出环境颜色带来的影响是否显著。实验室实验有多种不同的类型，例如，因子设计实验、正交实验、拉丁方格实验、联合分析实验等。

实验室实验的主要优点是严格控制了各类因素对实验结果的影响，研究结果的内部效度较高。但实验室实验也有其缺点，主要体现在为了保持分组样本的一致性，往往采用学生样本，这使研究结果的外部效度较低。

（二）田野实验数据

田野实验数据是通过田野实验获取的对不同刺激的市场反应数据。田野实验（又称为实地实验、现场实验）是在真实的市场环境下进行的实验，它结合了田野调查和实验研究两种研究方法的优点，既考虑了实验结果的真实性，又考虑了对研究结果的因果推断。田野实验与实验室实验不同的是它在真实市场中进行实验设计，对真实行为进行刺激和干预，并获取顾客的真实市场反应数据。企业常用的 A/B 测试是一类典型的田野实验，它通过给予多种刺激，获取顾客在不同刺激下的点击、购买行为等数据，从而识别顾客对各类刺激的偏好。田野实验的优点是数据具有市场的真实性，缺陷是无法控制所有影响因素，因此实验结果仍然会受到大量因素的影响。

（三）自然实验数据

自然实验是指在自然的刺激或者其他非研究者控制的刺激下，被试者产生市场反应的一种实验方法。例如，典型的自然实验是某一政策出台导致政策前后顾客行为产生了变化，其中，出台的政策是非研究者可以控制的实验刺激。自然实验数据是在自然实验中产生的各类数据，这些数据往往具有不可设计和不可重复的特点。自然实验的难度在于它并不是研究者可以设计的实验，它需要根据真实发生的事件或者信息，在其已有的数据条件下进行实验分析。正因为如此，有人认为自然实验是一种观察实验，它主要用于政策效果研究、区域策略比较研究等。自然实验的优点是能够有效地评价政策的效果，缺点是数据获取存在一定的运气成分，有时事件的发生具有偶然性，如果在事件发生之前没有采集数据，那么自然实验就不成立。例如地震等自然灾害的发生具有偶发性，如果在地震发生之前没有采集人们的行为数据，那么就无法研究地震对人们行为的影响。

（四）认知神经实验数据

认知神经实验数据是指在认知神经实验中通过眼动、脑电、皮电、肌电等的设备获得的测量数据。认知神经实验主要通过脑部的神经元信号测试人们的认知和情感，表征不同情感的神经元信号出现在特定的脑区，例如，腹内侧前额叶皮质是将情感纳入决策的重要区域，它与广告吸引力、产品偏好、品牌忠诚度等均有关。不同的仪器进行神经营销的测量，采用的信号是不一样的。例如，功能性磁共振成像（fMRI）扫描仪主要测量血氧水平依赖（BOLD），因为学者们认为 BOLD 的变化通常与相关的脑部突触活性有关，通过测量可以获得大脑血氧状况的三维图像，从而观测营销刺激带来的大脑活动变化。表 3-1 描述了采用不同技术进行认知神经实验的区别。

表 3-1 认知神经实验的技术和数据描述 [5]

技术	测量	空间分辨率	时间分辨率	成本
功能性磁共振成像（fMRI）	记录神经元活动导致的血氧变化磁信号	适中，毫米级	较高，秒级	1 000 万元
脑电	记录神经元活动诱发的电信号	较低，厘米级	很高，毫秒级	50 万元
脑磁	记录神经元活动诱发的磁信号	较高，毫米级	—	1 500 万元
穿颅磁刺激	针对特定脑区发射磁脉冲，诱发或抑制暂时性的神经活动	较低，厘米级	—	50 万元
皮电检测	测试皮肤电传导的变化，从而测试人们的情绪变化和唤醒强度	—	很低，秒级	1 万元
眼动测试	记录人在加工视觉信息时的眼动轨迹特征	较高，毫米级	—	30 万元

五、商业数据

随着企业市场化的不断加深、竞争意识的加强，获取商业情报成为企业的重要需求之一。

同时，互联网的发展也为企业提供了获取公共情报的方式，提供商业情报是信息服务业的发展趋势。

（一）商业情报数据

商业情报数据分为公开数据和非公开数据两类，其中公开数据主要来自各类政府公开信息、公开的出版物、知识数据库和企业公开信息等方面；非公开数据主要来源于企业内部关联人士、利益相关者和第三方咨询服务提供者。表 3-2 描述了公开数据和非公开数据的主要来源。

表 3-2　商业情报数据的主要来源

公开数据来源	非公开数据来源
报纸和专业杂志、行业协会出版物、产业和市场研究报告、政府统计、数据库和公开档案、政府出版物、联机数据库、互联网、企业宣传材料、产品介绍、产品样本、财务报表、展览会、招聘广告	雇员、经销商、供货商、行业会议、行业协会、信用报告、用户、竞争对手、咨询顾问

（二）商业服务数据

商业服务数据通常由第三方商业服务公司提供，这些公司一般会确定典型的市场研究方向，并以此为拓展开展业务。表 3-3 给出了一些典型的商业数据服务公司及其典型研究领域。

表 3-3　典型的商业数据服务公司及其典型研究领域

公司名称	典型研究领域
上海 AC 尼尔森市场研究公司	零售研究
盖洛特市场研究有限公司	移动通信研究
盖洛普（中国）咨询有限公司	民意测验和商业调查
央视市场研究股份有限公司	媒介调查
益普索（中国）市场研究咨询有限公司	广告事前测试、满意度和忠诚度研究
新力市场研究集团（DMB Research Group）	定性研究和广告研究
GFK（赛诺、科思瑞智）市场研究公司	家电零售监测
北京零点研究集团	行业与产品研究、消费文化研究、社会问题研究
新生代市场监测机构有限公司	媒介监测
北京华夏盈联市场咨询有限公司	满意度调查、神秘顾客调查
北京环亚市场研究社有限公司	汽车行业研究
深圳思纬市场资讯公司	广告测试研究等
广州市致联市场研究有限公司	医药行业研究

以下将简单介绍上海 AC 尼尔森市场研究公司和新生代市场监测机构有限公司的数据服务内容。

AC 尼尔森（AC Nielsen）公司是荷兰的商业数据服务公司，它为全球超过 100 个国家和地区的企业提供数据分析服务。AC 尼尔森公司于 1984 年进入中国，主要开展三大市场研究工作：零售研究、专项研究以及媒介研究。迄今为止，在零售研究方面，AC 尼尔森公司在中国的业务已经增长了 10 倍，业务覆盖了中国主要城市和乡镇的 50 多类非耐用消费品，定期为顾客提供产品的各地零售情况报告。在专项研究方面，AC 尼尔森公司曾在中国 100 多个城市进行研究，开发了包括预测产品销售量、顾客满意度研究、测量品牌资产、广告测试服务等在内的独创性工具产品。在媒介研究方面，AC 尼尔森公司的广告研究服务监测电视、报刊的广告投放情况，其结果可用于衡量媒介、产品和品牌的效益，完善广告策略，判断哪些广告载体投放效果好以及如何投放效果较好。

新生代市场监测机构有限公司成立于 1998 年，是国内颇具规模和影响力的消费者与媒介研究机构。该公司创立的消费者研究产品——"中国市场与媒体研究"（CMMS）是对大众人群进行全媒体和全品类研究的大型数据库。该产品调研范围覆盖 62 个城市，89 200 个调查样本，以消费者为中心，通过对人口统计特征、产品 / 品牌销售、媒体接触习惯、价值观 / 生活形态等信息的调研，帮助企业主洞察市场、选择广告媒体以及制定品牌策略。CMMS 是中国知名的第三方消费者数据库。

（三）商业数据库数据

商业数据库数据包括面向大众的公共数据库数据和面向市场销售的商业数据库数据。面向大众的公共数据库包括政府部门和统计机构、贸易和产业组织的公开商业资料，商业期刊等，在这些数据库中包含宏观经济数据、行业数据、报刊数据等，通常可以使用爬虫技术获取这些公开数据。例如，北京公共数据开放平台提供了北京市的各类公共数据，可以进行免费查询。

面向市场销售的商业数据库往往来自企业的一些固定研究项目，例如价值观与生活形态调查、顾客满意指数调查、品牌价值研究等，这些研究项目所形成的数据库将会定期发布数据，企业可以购买和订阅。另外，一些企业也形成了固定样本的调查项目，持续监控市场的变化和消费者行为变化。

六、企业大数据

（一）大数据的特点和类型

随着互联网、5G、人工智能、物联网的快速发展，互联网应用变得更加宽泛、便捷和高效，传统产业的网络化、数字化、智能化加速推进，逐渐解决了海量数据的收集、存储、计算、分析等问题，大数据逐渐被大量应用。大数据是一个不断演变的概念。早在 2001 年，Gartner 公司的 Doug Laney 首次阐明了大数据的"3 个 V"的特征，即海量（Volume）、高速（Velocity）、多样性（Variety）。"海量"是指数据量非常大且急速增长，现在每秒通过互联网传输的数据量超过了 20 年前整个互联网的数据量；"高速"是指数据产生的速度快，很多时候数据创建的速度比数据的量更重要，因为实时信息会让公司比竞争对手的行动更为敏捷；"多样性"是指数据格式、数据类型复杂多样，区别于以往的结构化数据，大数据需要面对非结构化的数据类型，例如文本、音频、视频、图片等数据。再后来，SAS 公司又给大数据添加了两个维度：复杂性（Complexity）和多变性（Variability）。"复杂性"是指数据源繁多，难以溯源、清洗转换；"多变性"是指数据流不稳定。随着近几年的发展，从技术到数据都发生了变化，几乎所有的互联网企业都开始涉猎大数据产业。

大数据的数据类型按来源可分为商业流程数据、网络和社交媒介数据、机器与传感器数据等（如图3-2所示）。商业流程数据就是企业的日常商业流程所产生的数据，如企业的SCRM（社会化客户关系管理）、ERP（企业资源计划）和CRM（客户关系管理）等都是商业流程数据的主要来源。网络和社交媒介数据是指产生于网络和社交媒介的大数据，如网页、博客、微博、SMS（短信）等网络平台，相比于传统的商业流程数据，由于来源更为广泛，互联网数据在体量上有明显的提升，类型更多样，速率也更高。机器与传感器数据的体量最大，类型最丰富，速率也最高，产生来源主要如GIS（地理信息系统）、RFID（射频识别）、人脸识别、火车、飞机、机械、医疗图像、航海系统等。

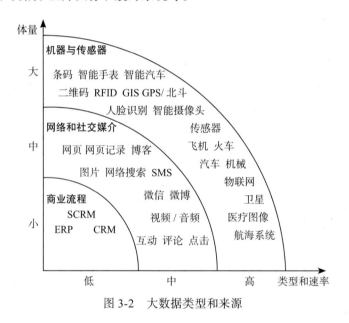

图3-2　大数据类型和来源

（二）企业经营产生的大数据

企业经营中产生的大数据主要包括业务应用数据、互联网数据、物联网数据、系统日志数据以及合作伙伴数据这五个部分。

1. 业务应用数据

企业的业务应用数据中包含了企业的销售数据、企业顾客数据，以及核心业务或者企业内部人员使用的保证企业正常运转的IT系统数据，比如超市的POS销售系统、订单/库存/供应链管理的ERP系统、顾客关系管理系统、财务系统、网上支付系统，以及办公自动化系统，人力资源系统等各种行政系统产生的企业数据。随着互联网的发展，互联网和移动互联网用户激增，企业对门户网站和移动App的统计分析需求增加，大数据应运而生。大数据被应用到企业营销中，它几乎覆盖了企业从生产到销售的全部环节，在企业的生存和发展中具有越来越重要的作用。

（1）Web 网站数据。Web 网站数据是指网站页面的浏览日志，如页面浏览量（PV）、独立访客数（UV）等，以及交互日志数据。这些数据通过在页面中嵌入相应的采集代码进行收集，这些代码可以在页面开发过程中手动添加，也可以由服务器在页面请求时动态插入。一旦数据采集完成，它们会实时传输到数据中心，或者在汇总后离线发送到数据中心。具体的传输策略会根据不同的需求场景来进行决策。

一旦页面日志数据被收集，就需要经过一系列的清洗和预处理步骤，以确保数据的质量和准确性。这些步骤包括清洗虚假流量数据、检测和识别攻击行为，剔除无效数据，进行数据格式化等，最终得到有效的数据集。例如，百度统计是第三方的网站统计平台，通过 Web 网站的数据采集后，形成分析可视化。Web 网站数据包括流量数量指标（PV、UV、访问次数）、流量质量指标（跳出率、平均访问时长）、转化指标（转化次数），可根据以上指标判断不同渠道来源的流量质量。

在百度统计中，通过"全部来源报告"，可以查看以下几种数据指标，不同渠道的细分数据也可以通过选择后可视化展现，形成趋势图。主要的指标包括以下五种。①总览：全部渠道的总流量情况。②渠道分布：饼图呈现渠道分布占比，列表提供分渠道的流量数据。③时间趋势：图中查看按时、按日等的起伏趋势。④对比：选择不同时间段对比流量的波动情况。⑤转化：转化次数上方的下拉框中，可切换查看某个目标的转化情况。

（2）App 应用数据。在移动互联网公司中，App 应用的上线需要规划好整体的数据体系。用户运营通常会非常关注产品的新增用户量，以及有多少用户是产品的活跃用户、产品的用户留存率如何等数据指标，以此判断产品的运营情况及产品的优化点，有了数据才可以更科学、更客观地分析和运营 App 应用产品。App 的数据指标体系主要涵盖以下五个维度。

1）用户趋势数据。它是 App 数据分析的核心维度，包含多个关键指标。新增用户是指首次启动应用的安装用户。根据时间跨度，可分为每日、每周和每月新增用户。活跃用户是在一定统计周期内启动过 App 的用户，分为日活跃用户（DAU）、周活跃用户（WAU）和月活跃用户（MAU）。活跃用户指标的选择取决于 App 的特性和目标，例如高频使用型 App 通常关注 DAU，而低频使用型 App 可能更关注 WAU 或 MAU。

2）用户留存率分析。用户留存率是衡量用户黏性的重要指标，涉及次日、7 日、14 日和30 日等留存率。次日留存率指某一统计周期内新增用户在第二天仍启动应用的比例，其他留存率类似。用户留存率分析可以帮助评估 App 的用户满意度和长期价值。

3）参与度数据。参与度数据是指衡量用户在使用 App 或网站时的活跃程度和参与程度的数据指标，例如页面停留时间、分享和评论等。这些数据可以包括用户的行为和互动，以及他们在应用或网站上花费的时间和精力。参与度数据可以帮助分析用户与应用或网站的互动情况，了解用户如何使用它们的功能和特性，以及他们对产品的兴趣和满意度。

4）渠道数据。渠道数据关注不同来源带来的用户，可用于评估渠道效果和投入回报。常见指标包括渠道用户数、渠道成本、渠道留存率等。App 的推广渠道主要为安卓和 iOS。

安卓的渠道主要包括以下几种：第三方应用市场，如华为、OPPO、小米、91 助手等；

广告联盟，如网盟、友盟等；厂商预装，如华为、小米、vivo等；社会化推广，如在社群做分享，在社区形成二次甚至多次传播，也可以做推广，但是这种数据的分析较难获取。

iOS的渠道主要是App Store，原则上我们所有的数据和激活都是通过这个渠道来获取的，但是在实际推广的过程中，企业更多地想分析用户是通过什么渠道跳转到App Store上进行下载并激活产品的。这就需要直接做最底层的对接——API接口对接，具体的分析方法与安卓是类似的，主要是分析活跃用户和留存数据。

5）用户属性数据。用户属性数据是用来描述和标识个体用户的各种特征和背景信息的数据集合。这些特征可以包括但不限于用户使用的设备信息（如设备型号、操作系统）、网络信息（如联网方式、运营商）、地理位置（如省市、国家）、性别、年龄、兴趣爱好、购买行为等。用户属性数据有助于了解用户的个体特点和行为模式，为个性化的推荐、定向广告、用户画像构建等应用提供基础。通过分析用户属性数据，企业和平台可以更好地理解用户需求，优化产品和服务，提升用户体验。

2. 互联网数据

互联网是大数据的主要来源之一。互联网数据是指在互联网上产生、收集和存储的各种数字化信息和记录，采集范围涉及微博、论坛、博客、新闻网、电商网站、分类网站等各类网页，也包括通信记录及微信、QQ等社交媒体产生的数据。数据的类型包括文本、数值、URL地址、图片、视频、音频等。

（1）政府和行业数据。政府和行业数据通常可以通过公开来源得到。例如，互联网上可以获取到国务院及国家统计局相关数据，包括各类全国基础数据，部委职能相关数据，国家统计局关于各类全国月度、季度、年度、普查数据，地区、部门、国际数据等。

地区数据导航中收录全国各省区市地方统计局官网链接；地方数据开放平台中包括全国各省区市的数据集合平台，数据比统计局的更多更杂，如上海收录了40 000多个数据指标。

其他国家统计局导航中收录全球其他国家和地区统计局官网链接；Open Data Inception收录全球不同国家和地区2 600多个数据库；国际组织导航中收录43个国际组织官网链接，几乎每个组织都有和职能相关的众多数据库；对于各行业协会的数据，可以在互联网上检索相应"某行业＋协会"（如中国钢铁工业协会、中国汽车工业协会）查询到；各第三方数据发布平台也有各机构咨询和行业研究报告等。

（2）垂直平台数据。不同垂直行业平台也整合了相关业务的数据。例如，知网（年鉴）收录了40 000多个不同种类的年鉴；投资相关的萝卜投研收录了中国、行业、全球宏观数据，上市公司数据，自身特色数据等；房天下收录了房价、房产、土地、房产商数据等；同花顺数据中心提供了股票债券等金融数据。除此之外，还有易观网的细分多种行业的数据分析，艾瑞网多个行业的数据报告，百度数据中心、百度指数、淘宝指数等相关的营销数据。

（3）社交数据。社交数据是指在社交媒体平台和其他社交互动渠道上生成、共享和传播的各种数字信息和内容。这些数据包括用户在社交媒体上发布的文本、图像、音频、视频，以及他们与其他用户之间的互动，如点赞、评论、分享等。

社交数据的种类和范围非常广泛，涵盖了个人的社交活动、情感表达、兴趣爱好、观点分享等内容。这些数据可以用于了解用户行为、趋势、舆论倾向，洞察社会话题和事件，以及开展市场调研、品牌管理、用户画像构建等活动。

3. 物联网数据

物联网（Internet of Things, IoT）将物理世界中的各种物体、设备和传感器连接到互联网，使它们能够相互通信、交换数据和执行任务。而物联网数据是指由各种物联网设备和传感器在联网环境中收集和传输的各种数字化信息。

物联网数据可以涵盖各种不同类型的信息，例如环境数据，指的是温度、湿度、气压、空气质量等环境参数的监测数据；位置数据，指的是物体的地理位置和运动轨迹信息；健康数据，指的是人体健康监测设备收集的心率、血压、步数等数据；工业数据，指的是生产设备的状态、运行情况、故障预警等数据。

物联网数据的应用主要包括三个方面。首先，物联网数据允许设备和传感器实时收集和传输信息，从而实现对物体、环境和过程的实时监测和控制。这在工业生产、交通管理等领域中有助于提高效率、降低成本，甚至预防事故和灾害。其次，物联网数据分析可以预测趋势和异常情况。例如，基于健康监测数据可以预测疾病风险，工业数据可以预测设备故障，交通数据可以预测交通拥堵等。最后，物联网数据可以优化资源，减少能源浪费。例如，智能家居和工业自动化可以根据实时需求调整能源消耗；在农业领域中，也可以根据土壤和气象数据进行精细化灌溉和施肥。

4. 系统日志数据

系统日志数据是指记录 IT 系统产生的过程性事件的数据。通过查看日志数据，可以了解哪个用户在哪个时间、哪台设备或者应用程序上有哪些具体操作。

IT 系统在支撑业务运行的过程中，产生了大量的日志数据，比如金融行业的交易系统，是需要不间断地提供实时服务的，每天都可能产生 TB 级别的日志数据。系统日志数据通常是非结构化的文本数据，需要数据处理转换为格式化数据后分析使用。系统日志数据的来源主要有服务器、网络设备、操作系统、中间件、数据库以及业务系统。

5. 合作伙伴数据

第三方合作伙伴平台也是大数据营销中数据来源的主要渠道。在互联网时代，不少企业都采取和其他企业合作互推的方式来增加自己的曝光率并共享粉丝或用户资源，比如很多企业会与门户网站、电商网站、搜索引擎、社交网站、移动支付等第三方平台合作，增加自己的顾客流量，这些流量就可以转化成实用的用户数据，从更多方面了解用户，为更多的用户制定更精准的大数据营销策略。比如京东与腾讯达成微信平台合作协议，这种做法不仅弥补了京东在移动端的薄弱环节,更导入了可观的顾客流量;海量的用户数据为京东实现精准大数据营销提供了可能,使它获得了不少忠实消费者。

第三节 大数据采集方式

大数据采集就是对数据进行 Extract-Transform-Load 操作[6],指从各种来源收集和抽取(Extract)大量的数据,通过数据转换(Transform)进行加载(Load),为数据分析做准备。大数据包括结构化数据(如数据库中的表格数据)、半结构化数据(如 XML、JSON 格式的数据)和非结构化数据(如文本、图像、音频、视频等)。大数据采集涉及以下关键步骤:第一是确定数据来源,包括内部系统、外部网站、传感器、社交媒体平台等;第二是数据获取,在这个阶段需要使用适当的方法和工具从数据源中抓取数据,可能涉及 Web 爬虫、API 调用、传感器读取等;第三是数据清洗,这一步需要对采集到的数据进行清洗和预处理,去除不准确、重复或无效的数据;第四是数据转换,该步骤将数据转换为适当的格式和结构,以便后续分析,包括数据格式转换、数据标准化等;第五是数据存储,将采集到的数据存储到适当的数据存储系统中,如数据库、数据仓库、云存储等。

一、互联网线上数据采集

线上数据采集是企业互联网应用主要的数据采集方式之一。根据互联网终端的不同,可以将互联网分为传统的 PC 互联网和移动互联网两种,不同的产品形态包括 PC 互联网应用(比如 360 的 PC 安全卫士)、PC 端网站(比如企业网站)、H5 页面、App 应用、小程序、IoT智能设备等。

(一)网络爬虫采集

网络爬虫又被称为网页蜘蛛、网络机器人,是一种按照一定的规则自动化、系统化收集互联网上相关数据的技术。在大数据时代,网络爬虫是互联网上采集数据的主要工具之一,通过网络爬虫的方式可以获取网站上不同类型的数据信息,包括文本、图片、音频、视频等文件数据。网络爬虫获取的数据通常为非结构化数据,经过转换后以结构化的方式存储。目前已知的各种网络爬虫工具已经达到上百个,常用的网络爬虫采集器有火车采集器、八爪鱼采集器、神箭手采集器、关关采集器和后羿采集器等。以火车采集器为例,打开软件,设置需要采集任务的详细信息和规则即可进行页面数据采集(如图 3-3 所示)。

(二)埋点采集

在技术实现上,线上数据采集主要通过埋点的方式实现,通过不同应用的 SDK(Software Development Kit,软件开发工具包)数据埋点,将顾客端或服务端的数据上传到数据服务器终端。

图 3-3　火车采集器——编辑采集任务

1. 埋点的基本概念

　　埋点是事件追踪（Event Tracking）的主要方式，它是在应用程序或网站的特定位置插入代码，用于捕捉用户的各种行为事件，例如点击、浏览、搜索等。数据埋点是数据产品经理、数据运营师和数据分析师，基于业务需求对用户行为的每一个事件对应位置进行开发埋点，并通过 SDK 上报埋点的数据获取过程。埋点就是为了对产品进行全方位的持续追踪，通过数据分析不断指导优化产品。数据埋点的质量直接影响到数据、产品、运营等质量。图 3-4 描述了埋点的业务流程。

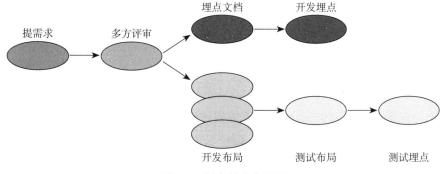

图 3-4　埋点的业务流程

2. 埋点的方式

　　当前大多数公司都是采用顾客端、服务端相结合的埋点方式。从数据的准确性角度来看，代码埋点准确性高于可视化埋点，可视化埋点准确性高于全埋点，具体如表 3-4 所示。

表 3-4   埋点的主要方式

类别	代码埋点	全埋点	可视化埋点	服务端埋点
采集说明	嵌入 SDK，定义事件并添加事件代码	嵌入 SDK	嵌入 SDK，可视化圈选定义事件	接口调用，数据结构化
场景	以业务价值为出发点的行为分析	无须采集事件，适用于活动页、着陆页关键页面设计体验衡量	用户在页面的行为与业务信息关联较少，页面较多且页面元素较少，对行为数据的应用较浅	前后端数据整合，如订单数据
优势	按需采集：业务信息更完善，对数据的分析更聚焦	简单、快捷，与代码埋点相比开发人员工作量较少	与代码埋点相比，开发人员工作量较少	更灵活、更准确，不需要更新版本，数据上传更加及时
劣势	与全埋点和可视化埋点采集方式相比，开发人员工作量较多	数据准确性不高，上传数据多，消耗流量高，数据维度单一（仅点击、加载、刷新）	业务人员工作量较多，改版后需要重新定义事件，缺乏基于业务的解读	仅服务端采集较少前端的环境信息，前端交互数据缺失
典型案例	友盟、百度统计	Google Analytics	WMDA	神策分析

3. 埋点的设计

采集用户行为数据，首先需要根据业务分析需求明确采集的目标行为，进一步搞清楚应该在哪些地方埋什么样的点。这个环节的输出物一般被称为"埋点需求文档"（DRD）。在大部分互联网公司，规范的产品迭代流程是：业务侧产品经理在输出"产品需求文档"（PRD）的同时，数据产品经理或数据产品分析师等角色需要同步输出 DRD，双方的需求同步进入开发和测试验收。

埋点的设计是将行为拆解为单个的点击或浏览动作，将需要分析的目标动作抽象为"事件"，例如，事件分析模型是常用的分析模型之一。事件模型（Event Model）用来描述用户的各种行为，包括事件（Event）和用户（User）两个核心实体。以某 App 的事件设计为例，通常包括 App 启动、退出、页面浏览、按钮事件点击、页面访问时长等。

一个完整的事件包含以下要素（如图 3-5 所示）：Who，即参与这个事件的用户；When，即这个事件发生的实际时间；Where，即事件发生的地点；How，即用户处理事件的方式；What，以字段的方式记录用户处理事件的具体内容。图 3-5 中的 User 表示实体，每个 User 对应一个真实的用户，每个用户有各种属性，常见的属性有年龄、性别，和业务相关的属性则可能有会员等级、当前积分、好友数等。这些描述用户的字段，就是用户属性。

实际上，在描述用户行为时，往往只需要描述清楚几个要点，即可将整个行为描述清楚，要点包括：是谁、什么时间、什么地点、以什么方式、干了什么。而事件（Event）和用户（User）这两个实体结合在一起就可以达到这一目的。

4. 埋点的应用

埋点分析是网站分析工具和 App 应用产品分析最常用的数据采集方法，也是一种良好的私有化部署数据采集方式。网站分析工具可以帮助我们监控每一个访问我们店面（网站）的用户在网站的所有行为：用户从哪来、看了哪些页面、点了哪些按钮、停留了多长时间、把什么放到了购物车里等。Web 网站统计分析会提供 Web 版本的 JS 版本的 SDK 作为埋点采集工具。国内知名的 App 应用产品分析平台也比较多，大多提供 App 埋点工具，移动端通常会提供安卓版本 SDK、iOS 版本 SDK，支持移动端应用的开发嵌入到代码中采集数据。

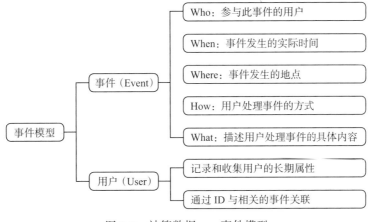

图 3-5 神策数据——事件模型

国内知名的数据分析平台包括友盟 +、Growing IO、TalkingData、诸葛 IO、神策数据、个推、极光、易观、百度大数据、腾讯大数据等。

二、物联网数据采集

从技术架构上来看，物联网包括感知、网络和应用三个层次。感知层由传感器终端以及网关构成，例如温度传感器、二维码标签、读卡器、RFID 标签、摄像头、红外感应器、人体感应器等终端设备。网络层是通过互联网、无线网络、有线网络将信息实时、准确地传送的通信层。应用层指对传送的数据进行加工、分析处理后应用到业务或决策中，相关的应用涉及医疗、环境、交通等领域。

物联网的数据采集已经渗透到各个行业领域，最常见的数据采集方式包括条形码、二维码和 RFID 等。例如条形码，在我们的生活中非常普遍，它由黑白相间的条纹组成，不同粗细的条纹相互组合，代表不同的编码信息；条形码可以用来表示数字、英文和符号等数据，但不能表达中文文字；条形码需要使用专门仪器进行识别。二维码可以看作条形码的升级版本，它可以用二进制编码表示数字、字母、符号和汉字信息。二维码是二维的，两个方向都可以记录信息，由白色和黑色的小方块组成。二维码也需要用专门的仪器进行扫描读取数据。

RFID（Radio Frequency Identification）技术是一种无线系统，由一个询问器（阅读器）和很多应答器（或标签）组成。标签由耦合元件和芯片组成，每个标签具有扩展词条唯一的电子编码。信息数据保存在芯片中，芯片内的信息可以重复读写。RFID 技术的核心优势是可以写入信息，可以在读取信息的同时对数据进行新增、修改或删除，方便更新数据，这一点优于二维码和条形码。RFID 还具有穿透性，能够穿透纸张、木材和塑料等材质进行穿透性通信。而条形码和二维码需要扫描设备在近距离而且没有物体阻挡的情况下扫描采集数据信息，日常生活中随处可见，例如校园一卡通、公交卡、门禁卡等。

三、数据库同步数据采集

数据库同步数据采集是指直接和数据库进行交互同步，进而实现数据采集。数据库同步数据采集旨在将一个数据库中的数据实时或定期地复制、传输到另一个数据库中，以保持数据的一致性和同步性 [7]。

通常，数据库同步数据采集包括以下六个关键步骤。①源数据库选择：确定需要同步的源数据库，它通常是存储着重要数据的数据库，可以是生产环境中的数据库，也可以是备份、副本等。②目标数据库选择：选择要将数据同步到的目标数据库。目标数据库可能位于不同的服务器、数据中心或地理位置。③确定数据同步方式：选择合适的数据同步方式，包括实时同步和定期批量同步 [8]。实时同步通常使用数据库的日志或增量数据变化进行，以尽量减少数据更新的延迟。定期批量同步则按照一定的时间间隔将数据进行复制和传输。④数据传输和转换：将源数据库中的数据传输到目标数据库，并进行必要的数据转换和映射，以确保数据在不同数据库之间的格式一致性。⑤数据校验和冲突处理：在数据传输过程中，可能会发生数据冲突或错误，需要实施机制来检测和解决这些冲突，以保证数据的准确性和完整性。⑥监控和报告：设置监控和报告机制，定期检查同步过程的状态和性能，并生成报告以供参考和分析。

四、系统日志数据采集

系统日志数据采集是指从计算机系统、服务器、网络设备等各种信息技术设备中收集、记录和分析生成的日志数据的过程。系统日志记录了系统和应用程序的运行状态、事件、故障、警告以及其他重要信息，对于监控、故障排除、性能优化和安全审计等方面有很大价值。

大多数互联网企业都有系统日志采集工具。例如，Scribe 是 Facebook 开发的一款开源的日志传输系统，它支持将日志数据按照规定的格式传输到不同的存储后端，如文件、数据库等。Chukwa 是 Apache 软件基金会下的一个开源项目，用于处理大规模分布式系统中的日志数据。Chukwa 支持收集、聚合和分析各种类型的日志数据，还可以用于性能监控、故障排除和数据分析。Flume 则是 Apache 软件基金会下的另一个开源项目，它用于收集、聚合和传输大规模数据流，包括日志数据。Flume 的架构可以根据不同的需求进行扩展和定制，支持将数据从多种源头传输到多种存储后端。

第四节 营销数据管理

对于一个企业来说，营销数据采集仅仅是数据应用的第一个环节，而之后的数据管理也是重要的环节。数据管理可以打破企业的数据孤岛形成数据资产，数据资产反哺业务形成驱动业务价值增长的闭环。数据运营管理的基础包括数据汇聚、数据开发、数据资产管理、数据服务和数据可视化这几个重要的流程 [9]，同时也需要保证数据的质量和数据安全，最终完成业务需要的数据分析并根据数据驱动业务应用。

一、数据汇聚

数据汇聚是指将企业中各个业务产生的数据通过数据处理后汇聚到数据仓库，按不同的主题进行加工形成数据资产体系。由于企业的业务不同，数据的类型也不尽相同，通常有系统日志、文件资料、网络信息、业务数据、用户的行为数据等，这些数据通常分散在不同的业务系统和存储环境中，形成数据孤岛，难以产生合集后的数据价值。数据汇聚将数据集中到统一的数据仓库，并按业务的主题保存，方便后续的数据开发和数据应用。数据汇聚是打破数据孤岛，汇聚企业数据到统一数据仓库的过程，也是数据仓库建设、数据体系建设的重要环节。

数据汇聚不同于数据采集。数据采集是将互联网、顾客端、第三方的数据采集到企业内部，它们通常有各自的流转获取方式和各自的数据形式，比如数据库、日志文件。数据汇聚是指将数据采集后的不同结构的数据通过数据抽取、数据格式转换以及数据加载等操作，将数据保存到数据仓库中的过程。

数据汇聚是数据仓库的源头操作，数据仓库中的数据并不是将汇聚后的数据随意堆砌，通常是按一定的数据标准规则进行数据分层和建模，目标是形成一套完整、规范、准确、安全的数据体系，以方便支撑后续的业务应用和数据二次开发。数据仓库常规分为四层。①数据贴源层。数据汇聚的目标层，尽可能保留数据的原始状态，同原始的业务形态保持一致。根据不同场景，有些业务也会做简单的数据格式转换和调整。②数据明细层。将贴源层的数据按数据仓库的标准规则和规范统一格式，定义数据的指标和维度，但数据条目尽可能同贴源层数据保持一致。此数据层的数据，存储形式、数据格式已经规范，但数据又可以通过贴源层做一致性验证。③数据聚合层。将明细层的数据根据业务主题进行不同场景的聚合运行，形成多主题的聚合数据。聚合后的数据通常比明细层数据条目少，但业务的场景多，根据不同的需求可以持续增加对应的主题，同时不同的主题可以设置标识标签。数据聚合层通过平台的数据开发能力完成多场景的开发和数据体系建设。④数据应用层。聚合后的数据，根据不同场景为业务直接提供数据，例如数据报表需要的数据、大屏展示需要的数据等，根据应用构建各自的服务数据。

二、数据开发

数据开发是数据加工的过程，数据汇聚后的数据仍为数据的原始状态，很难直接供业务使用。数据工程师根据业务需求，将数据进行转换或聚合计算，快速转换成对业务有价值的形式，提供给业务使用，或者提供给后续的数据分析、数据可视化使用。从数据开发的时效性角度出发，大数据处理方式分为离线数据处理和实时数据处理两种方式。

离线数据的采集过程通常包括数据的抽取（Extract）、转换（Transform）和加载（Load），简称为 ETL 过程。其中，在数据转换的过程中，针对具体的业务场景对数据进行处理，例如数据格式转换、数据的去重、数据的过滤等过程，以保证数据的有效性和完整性。图 3-6 描述了离线数据处理的过程。离线数据平台产生数据的周期通常为天，也就是今天看到的是昨天的数据。但是随着互联网数据的时效性要求越来越高，这种以"天"为周期的离线数据就显得滞后，尤其体现在互联网广告、业务促销活动中，例如典型的"双 11"大促销、"618"大促销等场景。

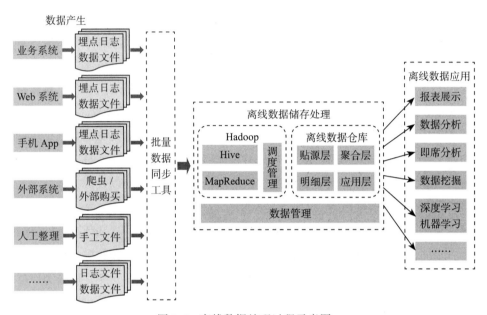

图 3-6   离线数据处理过程示意图

实时采集主要是为了实时数据流的业务应用场景，解决离线采集无法快速响应的计算问题以及满足实时采集后下游数据流的加工和实时反馈的要求。例如，广告系统在线行为反馈，包括实时受众定向（Real-Time Audience Targeting）和实时点击反馈（Real-Time Click Feedback），将短时间内发生的用户行为和广告日志及时地加工成实时用户标签以及实时的点击率模型，这对于在线广告系统的效率提升意义重大。图 3-7 描述了实时数据处理的过程。

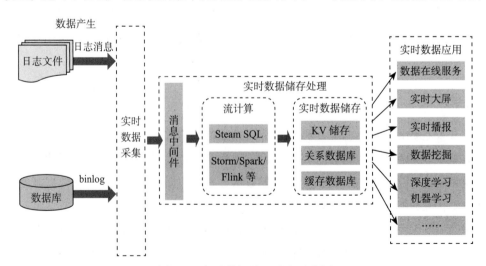

图 3-7   实时数据处理过程示意图

在多种情形下，实时系统对技术和资源的要求更高，但系统信息反馈调整更快，比模型预测做得更加准确、效果更加显著。除此之外，在线反作弊（Anti-Spam）、在线计费（Online Charging）、实时索引（Real-Time Indexing）等场景的应用也要求数据必须实时采集处理。

三、数据资产管理

数据资产管理是一种组织内部对数据资源进行规划、监控、优化和保护的管理过程。数据资产管理包括生产数据的血缘关系、数据的历史版本、数据的生命周期等信息的管理和展示。数据资产管理以数据平台的形式展示给数据的运营人员和数据开发人员，方便数据工程师二次开发数据，也帮助运营工程师检索和运营。

数据生命周期管理是数据资产管理的核心能力之一[10]。数据生命周期管理是指对数据从创建到销毁的整个过程进行有效管理和控制。数据生命周期管理有助于最大化数据的价值，同时合规地管理数据的使用和保护。数据生命周期管理通常包括以下六个阶段。①创建阶段。在数据创建阶段，数据被收集、生成或录入系统中。在这个阶段，需要定义数据的基本属性、格式和结构，并确保数据被正确地录入和存储。②存储与备份阶段。在数据存储阶段，数据被保存在适当的存储设备中，可以是数据库、文件系统、云存储等。同时，需要定期进行数据备份，以防止数据丢失或损坏。③使用与分析阶段。在数据使用与分析阶段，数据被提取出来进行分析、处理和应用。在这个阶段，数据可以用于业务决策、报告生成、统计分析等。④共享与传输阶段。在数据共享与传输阶段，数据可能需要与他人或其他系统共享，或者在不同系统之间进行传输。在这个阶段，需要确保数据传输的安全性和可靠性。⑤归档与保留阶段。在数据归档与保留阶段，数据可能不再被频繁使用，但需要进行长期的保存和保留，以满足合规或业务需求。⑥销毁与清除阶段。在数据销毁与清除阶段，数据已经不再被需要，需要对数据进行安全的销毁和清除，以防止敏感数据泄露，满足隐私要求。

四、数据服务

数据服务是满足业务应用的能力之一，数据资源产生并保存在数据仓库之后，利用数据驱动业务决策，体现数据的价值。数据服务的形式也比较多，通常企业的数据平台有标准的服务，例如数据的 API 定制服务，数据工程师可以通过平台定制数据的输出字段信息，形成标准的 API 接口，业务人员可以通过 URL 的链接和参数，直接访问接口获取需要的数据内容。

五、数据可视化

数据可视化是数据应用的另一个能力。数据可视化是指数据经过加工后，将统计结果、分析结论或预测信息通过可视化的形式展示出来，方便决策人员直观了解业务情况，为管理决策提供数据支撑。当前通用的数据可视化应用有数据统计图表可视化（如图 3-8 所示）、数据可视化大屏（如图 3-9 所示）等。

商品销售毛利一览图

商品名称	销售数量	销售单价	成本单价	成本总金额	毛利
苹果	431	6	4	1724	862
雪梨	330	5	2	660	990
樱桃	145	30	13	1885	2465
西瓜	292	5	2	584	876
橙子	294	6	2	588	1176
香蕉	442	3	1	442	884
杧果	449	10	5	2245	2245
菠萝	400	8	3	1200	2000
奇异果	500	25	10	5000	7500
总计				14328	18998

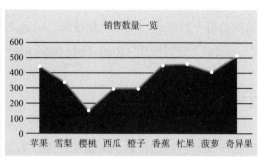

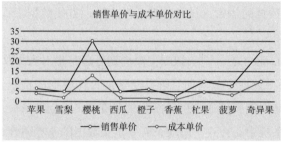

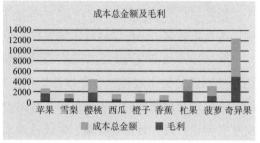

图 3-8 销售数据统计图表可视化样例

数据统计图表主要集中在描述性统计的展示，各类图和表格形式丰富，例如比较常见的折线图、柱状图、饼图、直方图、箱线图、散点图、雷达图等，用户可以根据应用场景选择对应的图像展示。

数据可视化大屏是将艺术和科学相结合的技术，它将数据以可视化的方式直接呈现，通过强视觉形式展示重要数据信息，为业务提供决策支持。

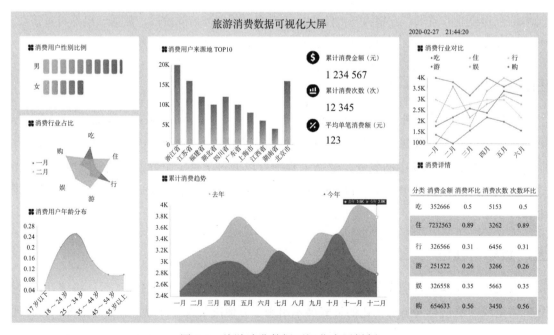

图 3-9 旅游消费数据可视化大屏样例

本章小结

1. 本章聚焦于营销数据的采集，讨论了营销数据的定义及特点。

2. 本章描述了营销数据的类型，将营销数据分为企业内部经营数据、实验数据、商业数据、定性研究小数据、调研小数据和企业大数据。

3. 数据智能环境下，大数据逐渐变成营销数据的主要来源，大数据的特性为数据的采集和数据管理带来了挑战，互联网和物联网的数据采集方式被大量应用。

4. 数据采集后的数据管理是企业数据应用的基础。数据采集后进行数据汇聚、数据开发、数据资产管理、数据服务以及数据可视化，可帮助业务决策，驱动业务成长。

重要术语（中英文对照）

单一来源数 Single-Source Data

二手数据 Second Hand Data

定性研究数据 Qualitative Research Data

定量研究数据 Quantitative Research Data

大数据 Big Data

实验数据 Experimental Data

田野实验数据 Field Experiment Data

自然实验数据 Natural Experiment Data

认知神经实验数据 Cognitive Neural Experiment Data

商业数据库 Commercial Database

商业情报数据 Business Intelligence Data

焦点组访谈数据 Focus Group Interview Data

问卷调查数据 Questionnaire Survey Data

海量、高速、多样性 Volume，Velocity，Variety

物联网数据 IoT Data

系统日志数据 System Log Data

思考与讨论

1. 请简述营销数据的基本特点。

2. 请简述营销数据的类型及分类。

3. 请简述大数据的采集方式。

4. 请简述营销数据管理的流程以及对应的核心内容。

案例实战分析

大数据智慧旅游

近年来，随着互联网和大数据思维的融合，"旅游＋大数据"的智慧旅游模式在全国范围内广泛推进，大数据智慧旅游充分利用云计算和物联网的技术，借助便捷的终端设备，通过数据采集、数据分析、数据可视化，实时监测、咨询、服务、引导游客便捷游玩，充分了解游客需求，提供个性化服务。

据统计，游客每次出行需要经过 35～55 次的互联网检索。智慧旅游可以对游客在旅游过程中的行为数据充分采集，利用采集的数据真实诠释游客的行为轨迹。旅游大数据的研究和分析可对消费者洞察、游客行为分析、品牌竞争力分析以及营销策略和效果评估等给出精确的建议和指导。同时，对于政府的旅游管理机构，智慧旅游促进了旅游信息管理和共享协作，帮助政府管理和规划旅游资源。

湖北宜昌连续多年被评为中国优秀旅游城市，坐拥"两坝一峡"世界级文旅资源，A级景区保有量居同等城市前列。2019 年湖北宜昌全市旅游接待规模达 8 900 万人次，旅游收入达 985 亿元。为推动智慧旅游模式融入"旅游＋大数据"的发展，宜昌市文化和旅游局计划实施"一部手机游宜昌"智慧旅游服务平台项目（使用"爱上宜昌—机游"小程序和微信公众号）。此项目引入前沿的人工智能数字技术，通过消费者行为洞察、商品识别分析、推荐算法等人工智能方法，为游客提供高度精准的推荐服务。在"爱上宜昌—机游"小程序中，通过 3 个功能菜单就可以体验到旅游精准推荐服务，分别是"猜您喜欢""导游导览""爆品"。"爱上宜昌—机游"精准推荐系统上线后，用户增长率预计可提升 10 个百分点，达到年度 890 万新增旅游用户的留存转化和 98.5 亿元的新增旅游销售收入。

从技术上搭建"爱上宜昌—机游"平台主要包括两个层面的内容：用户识别和推荐算法。

用户识别需要通过数据埋点完成数据采集后分析获得。用户购物时的行为包括：访问首页、注册登录、选择菜单、搜索商品、浏览商品、价格对比、加入购物车、收藏商品、提交订单、支付订单、使用优惠券、查看订单详情、取消订单、商品评价、社交圈分享等，利用数据埋点进行采集，在网页中商品的对应位置进行触点采集。当用户访问或点击操作形成行为数据之后，可以分析得到消费者的偏好等数据，从而为后续的推荐提供数据基础。

推荐算法是精准推荐系统的核心内容，主要包括基于用户的协同推荐、基于产品的协同推荐和基于场景位置的协同推荐。基于用户的协同推荐是指发现当前用户特征和偏好相似的用户群，基于相似用户的偏好为当前用户推荐，基本假设是喜欢类似物品的用户可能有相同的特征和偏好。基于场景产品的协同推荐是指根据用户的偏好，将类似的产品推荐给游客。基于场景位置的协同推荐是通过实时采集用户地理位置信息，如泊车、逛街、景点浏览、酒店、参与活动、下单、支付等，根据地理位置推荐周围商品供游客选择。

通过大数据采集，实现用户识别和推荐算法技术的应用。"爱上宜昌—机游"平台，成功构建了对游客的全面用户画像。这些画像包括常规的人口统计和社会属性信息，同时还涵盖了旅客的消费模式、行为特征以及兴趣偏好。"爱上宜昌—机游"平台通过这些数据的分析完成了平台的产品模块建设，例如，"猜您喜欢"模块利用画像数据为游客提供便捷高效的精准推荐。"导游导览"模块为游客提供基于地理位置的周边服务推荐。"爆品"模块为游客提供个性化的商品精准推荐。

　　另外，更多文旅公司利用数据画像结果，构建内容创意，突出优势资源，打造"网红打卡地""隐藏玩法""流连忘返地"等，推出吸引广大游客的资源，提高曝光量，同时整合当地吃住行，形成高质量的旅游方案。

　　此外，工作人员介绍，"爱上宜昌—机游"平台将精准推荐的结果展现在地图上，引导游客直达消费地进行购买消费，实现了利用数据精准推荐完成电子地图引导。

　　从数据采集方面，旅游大数据包括从业者和消费者所产生的系列数据，包括景区、酒店、旅行社、餐饮、导游、游客等各方产生的相关数据。根据数据来源，可以将旅游大数据分为三类（如图3-10所示）：一是UGC数据，包括在线文本数据、在线图片数据等，由旅游用户生成；二是交易数据，包括网页搜索数据、网页访问数据、在线订购数据、在线交易数据等；三是设备数据，包括GPS数据、移动漫游数据、蓝牙数据等，例如，通过免费Wi-Fi采集游客信息，通过旅游咨询网采集潜在的消费者信息。

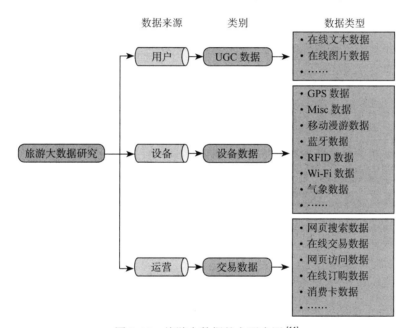

图 3-10　旅游大数据的主要来源 [11]

　　通过对游客跨域数据的综合分析，获取游客的行为数据等多种类型的数据，这些数据可以全面而清晰地描述游客的出行全过程。旅游数据的采集方案正在利用物联网和大数据等信息技术重塑现代旅游业。智慧旅游结合传统数据和新兴媒体数据形成大数据服务平台模型，经过数据采集、数据清洗、数据过滤和整理、数据分析、数据可视化等过程为文旅建设和营销赋能。

　　目前，我国正在大力推广智慧旅游，推进文旅事业数字化发展，利用不同的数据解决不同的旅游问题。更多有价值的大数据类型正在逐步落地到旅游研究中，例如音频数据、视频数据（景点配备的监控系统，可以生成大量视频，记录游客的行为）等。通过智慧旅游，可以构建用户画像，应用推荐算法，精准地预测游客的兴趣和需求，为游客量身定制个性化的旅行体验，并促进游客产生更多场景消费。

资料来源：瞿祥涛.宜昌市智慧旅游"精准推荐"：满足游客个性化需求 [N].中国文化报，2022-01-25（7）.

案例问题

1.宜昌的智慧旅游案例中利用数据解决了哪些问题？

2.请描述游客在旅游过程中的哪些环节会产生哪些数据？

3.智慧旅游产生的数据中哪些可以赋能营销，如何赋能？

参考文献

[1] 杜晓梦.大数据、小数据，我们该何去何从？ [J].软件和集成电路，2019（6）：36-38.

[2] DAVIET R, NAVE G, WIND J. Genetic data: potential uses and misuses in marketing[J]. Journal of Marketing, 2022, 86(1): 7-26.

[3] 风笑天.社会研究方法 [M].5 版.北京：中国人民大学出版社，2018.

[4] 风笑天.论参与观察者的角色 [J].华中师范大学学报（人文社会科学版），2009,48（3）：39-44.

[5] 盛峰，徐菁.神经营销：解密消费者的大脑 [J].营销科学学报，2013，9（1）：1-17.

[6] 曾敬.基于移动用户大数据的自助取数分析系统设计与实现 [D].成都：电子科技大学，2018.

[7] 季刚.基于存储过程的主从服务器数据库同步的实现 [J].计算技术与自动化，2012，31（3）：114-116.

[8] 李杨，阎志远，戴琳琳.铁路客票系统自主化数据库数据同步技术研究 [J].计算机应用研究，2020，37（增刊 1）：175-176+179.

[9] 吴琼，朱卿园，袁曦临.跨境电商数据化能力及其中台实施策略研究：以 SHEIN 为例 [J].中国商论，2023（4）：60-65.

[10] 李挺.以数据为中心的安全治理实践 [J].中国信息安全，2019（12）：80-81.

[11] LI J J, XU L, TANG L Z, et al. Big data in tourism research: a literature review[J]. Tourism Management, 2018, 68: 301-323.

第四章
统计技术和数字营销

学习目标

（1）概括介绍数字营销的分析方法；

（2）介绍数据分析方法在数字营销中的应用；

（3）介绍数字营销中的实验方法。

导引案例

恒丰银行的营销大数据分析

如今，商业银行信息化的程度越来越高，这导致了大量的业务数据、中间数据和非结构化数据的产生。恒丰银行为了挖掘内部大量数据的价值，接入了大量的外部数据，通过将内部数据与外部数据进行交叉分析建立了完善的营销系统。由于理财产品种类繁多且迭代速度快，客户在众多产品中难以迅速找到适合自己的产品。

恒丰银行通过建立客户理财偏好模型，为客户推荐最适合他们的产品。例如，在合适的时机，通过用户偏好模型向用户推荐产品，推荐的结果是用户购买或未购买。这个问题可以看作一个典型的机器学习二分类问题：基于历史营销数据训练模型，让模型自动学习客户购买产品的偏好，并预测客户下次购买理财产品的概率。通过对模型预测出的所有客户对所有产品的响应概率进行排序，可以从中选择购买概率最高的几个产品推荐给客户。通过以上过程，恒丰银行成功实现了对营销大数据的有效处理和分析。恒丰银行针对每个客户进行需求预测，预测某个有消费历史的客户在下一阶段是否会重复购买，并且预测有重复购买行为的客户在接下来的消费过程中会购买多大价值的产品。

同时，恒丰银行还针对每个客户进行终身价值建模。通过分析每位客户的消费历史，恒丰银行能够计算出客户的当前价值和未来价值。这有助于业务人员把握重点客户，并根据客户价值的高低进行分级服务。此外，他们能够分析哪些客户有流失倾向，并对流失阶段的高价值客户提供适当的营销优惠和消费引导。通过构建基于大数据的营销方案，恒丰银行深入洞察客户的行为、需求和偏好，帮助银行更深入地了解客户、打造个性化推荐系统和建立客户价值预测模型，从而实现可持续发展。

资料来源：叶纯青.恒丰银行：以大数据构建智慧银行 [J].金融科技时代，2017（9）：10-16

第一节　数字营销分析方法概述

一、数字营销的分析方法类型

数据是数字营销活动的基础。数字营销学利用数据来实施营销活动。因此，如何有效利用这些数据是数字营销分析方法研究的主要内容，例如：选择何种分析方法来处理数据，如何将数据转化为对商业决策有参考意义的信息和知识。由于数字营销是基于数据和数据驱动的营销，因此在实际的营销实施过程中，需要采用合适的数据分析方法。

在进行营销数据分析时，通常需要根据问题或需求开展研究，然后考虑研究中需要用何种数据、采用何种技术来收集这些数据等。在研究的早期阶段，应确定使用的方法，例如使用问卷调查或访谈等。在商业研究的"洋葱"模型中，从外到内依次是哲学体系（如务实主义、后现代主义、解释主义、批判现实主义和实证主义）、理论发展方法（如演绎、归纳和不明推论）、方法选择、策略、时间范围以及技术和程序 [1]（如图 4-1 所示）。其中，数据收集和数据分析是"洋葱"模型的核心，也是数字营销学的基础，因此对数据分析方法的介绍成为本章的主要内容。

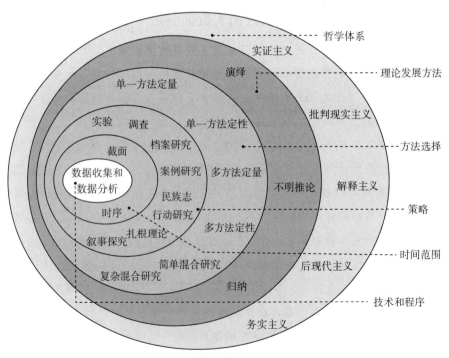

图 4-1　商业研究"洋葱"模型 [1]

数据分析方法的种类繁多，根据数据分析的目的，可以分为两大类（如图 4-2 所示）。

（1）描述性方法：描述性方法的目的是以易于理解的方式描述数据背后复杂的现象或状态。通过分析数据之间的关联，揭示可能存在的相关性、趋势、模式或规则。例如，根据销售交易记录确定产品之间的关联，从而决定促销的产品组合。描述性方法包括列联表、均值、趋势、聚类分析、因子分析 / 主成分分析等 [2]。

（2）解释性和预测性方法：解释性和预测性方法的主要目的是基于历史数据的关联或规律，对数据进行合理的解释，并建立预测模型来预测和判断未来的结果。例如，预测下一个季度的产品销售量。解释性方法和预测性方法包括方差分析、t 检验分析、回归分析、联合分析以及各种潜类别分析（Latent Class Analysis）等。

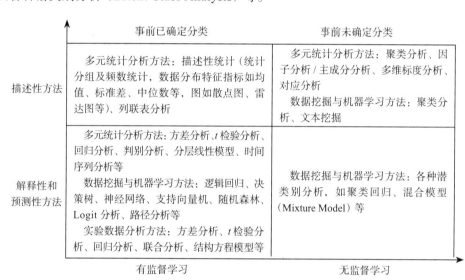

图 4-2　数据分析方法的分类

此外，根据分析数据前是否已明确数据的分类，数据分析方法可以分为事前已确定分类和事前未确定分类两种（如图 4-2 所示）。

（1）事前已确定分类。它指的是在进行数据分析之前已经确定了属性的类别或数据挖掘的模式。在这种情况下，研究方法的主要内容是基于预先设定的标签进行识别。在机器学习中，这种任务类型被称为有监督学习，其中数据和标签是已知的。机器在进行数据分析之前，会学习一个将数据映射到标签的函数。例如，首先对图片进行分类，然后输入一张图片，机器程序就可以输出图片的类型。

（2）事前未确定分类。它指的是在进行数据分析之前未进行试验或学习，而是在研究完成后进行数据分析。这种方法被称为后验分析（Post Hoc Analysis）。后验分析使用的是没有预先设定标签的数据，利用数据本身进行分析。在机器学习中，这种任务类型被称为无监督学习，因为数据没有任何标签，其目标是寻找数据集中的规律性。无监督学习的核心是聚类，即将数据集划分为多个类或簇，这些类或簇包含相似的对象。常见的无监督学习方法包括聚类和降维等。

这两种分类规则结合起来形成了图 4-2 所示的 2 维度 4 象限分类模式，它可以用来对数据分析方法进行划分。根据这个分类规则，可以将数据分析方法归纳为以下四种类型。

（1）有监督学习－描述性方法。这种方法旨在使用有监督学习的技术来描述数据中隐藏的复杂现象或状态。它通过分析数据之间的关联，寻找相关性、趋势、模式或规则。在这种类型的方法中，主要是多元统计分析方法，例如描述性统计、列联表分析。

（2）无监督学习－描述性方法。这种方法旨在使用无监督学习的技术来描述数据集中的规律性。它主要关注数据之间的相似性和聚类结构。这种类型的方法可以进一步分为多元统计分析方法、数据挖掘与机器学习方法。

（3）有监督学习－解释性和预测性方法。这种方法基于历史数据的关联或规律，旨在进行数据的解释和建立预测模型，以预测和判断未来的结果。它涵盖方差分析、t 检验分析等。

（4）无监督学习－解释性和预测性方法。这种方法也基于历史数据，但不需要预先设定标签，通过分析数据本身来进行解释和预测。无监督学习的重点在于聚类和降维等技术。

这种分类能够帮助理解和选择适当的数据分析方法，以根据实际需求将数据转化为有关商业决策的有意义的信息和知识，以下将详细阐述这四种类型及对应方法。

（一）有监督学习－描述性方法

在有监督学习－描述性方法中，主要包括多元统计分析方法，其中包括描述性统计分析和列联表分析。

（1）描述性统计（Descriptive Statistics）分析。描述性统计分析使用描述统计量和数据可视化等方法来描述数据的基本特征。例如通过计算总和、均值、标准差等统计指标，提供对数据的整体了解。描述性统计分析可以将原始数据转化为有关信息，通过频数分析、集中趋势分析、离散程度分析、数据分布和基本统计图形等方法来描述调查总体中各个变量的特征。

（2）列联表（Contingency Table）分析。列联表是一种交叉分类频数分布表，用于按两个或多个属性（定性变量）对观测数据进行分类。列联表分析是一种确定不同变量之间关系的方法，通常适用于定类和定序变量。通过列联表分析，可以确定变量之间的关联性，即它们是否相互独立。在市场调研中，列联表的应用非常广泛。例如，研究顾客对新产品的接受程度是否与年龄或教育水平相关，研究顾客消费习惯（如消费者类型、消费时机、消费场所）是否与性别相关，以及研究 App 产品的使用频率（如重度用户、中度用户、轻度用户或非使用者）是否与用户对户外活动的兴趣相关等。列联表的作用是判断变量之间是否存在关联，并使用多种定量指标来描述其关联程度。

（二）无监督学习－描述性方法

在无监督学习－描述性方法中，有两个主要的分析方法，即多元统计分析方法（包括聚类分析、主成分分析/因子分析、多维标度分析、对应分析等）和数据挖掘与机器学习方法（包括聚类分析、文本挖掘等）[3]。以下是它们的具体介绍。

（1）聚类分析（Cluster Analysis）。聚类分析是一种多元统计分析方法，也是最常见的数据挖掘手段之一。它通过测量样本之间的距离或相似性，将数据分为不同的类或簇。聚类分析可以根据"物以类聚"的原则将相似的样本聚集在一起。在商业领域，聚类分析常被用于描述不同客户群的特征，进行市场细分等。

（2）主成分分析（Principal Component Analysis）和因子分析（Factor Analysis）。主成分分析和因子分析是将原始指标简化为少数几个综合指标的多元统计分析方法，即数据降维。在降维过程中，它们试图保留尽可能多的旧变量信息。主成分分析和因子分析是数据降维分析的主要手段，并引申出知觉图等可视化的数据分析模式。在市场研究中，这种方法常与聚类分析结合使用，例如对高维消费者态度数据进行处理和分析，以简化数据分析过程、减少偏差，并采用有针对性的营销手段。

（3）对应分析（Correspondence Analysis）。对应分析是一种基于因子分析的多元统计技术，主要用于研究构成交叉表的分类变量之间的关系，并通过图形化来展示交叉表的信息。它适用于具有多个类别的分类变量，可以揭示同一变量在各个类别之间的差异，以及不同变量之间的对应关系。对应分析在产品定位、品牌研究、市场细分、竞争分析、广告研究等领域得到广泛应用。

（4）文本挖掘（Text Mining）。文本挖掘是从文本数据中提取有价值的、可理解的、散布在文本文件中的知识的过程。它是信息挖掘的一个分支，用于基于文本信息的知识发现。在社交媒体时代，互联网上存在大量表达用户对产品态度的文本数据，通过文本挖掘技术，可以利用这些非结构化数据来帮助企业提升用户体验和口碑，制定营销策略，提高市场占有率等。

（5）多维标度（Multidimensional Scaling, MDS）分析。多维标度分析是一组用于分析研究对象感知和偏好的方法，通过直观的空间图表示。它使用多维空间中的点来表示不同刺激物之间的感知或心理测量关系，这些点构成了空间图。一般来说，空间图的轴代表调查对象对刺激物形成的感知和偏好心理基础或潜在维度。在市场营销领域，多维标度分析可用于确定消费者对不同品牌感知维度的数量和性质，现有品牌在这些维度上的定位，以及消费者对理想品牌在这些维度上的定位。

（三）有监督学习 - 解释性和预测性方法

在有监督学习中，有解释性方法和预测性方法两大类。这些方法旨在在进行数据分析之前确定变量之间的分类关系。主要的方法包括多元统计分析方法、数据挖掘与机器学习方法以及实验数据分析方法。以下是这些方法的具体介绍。

多元统计分析方法主要是以下几种方法。①方差分析：用于比较两个或多个组之间均值的差异。② t 检验分析：用于比较两个组之间均值的差异，适用于样本容量较小的情况。③回归分析：用于建立因变量与一个或多个自变量之间的关系模型。④判别分析：用于将数据样本划分到事先确定的不同组别中。⑤分层线性模型：用于考虑多个层次结构对数据的影响。⑥时间序列分析：用于研究时间序列数据中的趋势、季节性和周期性。

数据挖掘与机器学习方法包括以下几点。①逻辑回归：用于建立因变量与自变量之间的概率模型，适用于二分类问题。②决策树：通过构建树状结构来进行分类和预测。③神经网络：模拟人脑神经元网络，用于解决复杂的非线性问题。④支持向量机：通过构建超平面来进行分类和回归分析。⑤随机森林：基于多个决策树构建的集成学习方法，用于分类和回归问题。⑥ Logit 分析：用于建立因变量与自变量之间的概率模型。⑦路径分析：用于研究变量之间的因果关系。

实验数据分析方法主要应用于实验数据分析，包括方差分析、t 检验分析、回归分析、联合分析和结构方程模型等。这些方法主要用于处理实验室实验、实地实验、A/B 测试和认知神经实验等不同类型的实验数据。

可根据具体问题和数据类型的不同选择适当的方法来进行数据分析和模型建立。例如，根据自变量和因变量的组合关系来选择模型。当自变量是连续的单变量时，常用相关和回归分析；当自变量是多个连续变量时，常用多元回归分析；当自变量是定类数据或定序数据时，常用方差分析。当因变量的分类数目较多时，可以近似地按照连续变量来处理；当因变量是连续变量时，常用判别分析和 Logistic 回归；当因变量是定序变量时，常用 Logistic 回归；当因变量是定类变量时，可以采用秩和检验。

（四）无监督学习 – 解释性和预测性方法

无监督学习 – 解释性和预测性方法主要应用于数据挖掘和机器学习中，包括聚类回归和混合模型等方法。这些方法在深度学习中得到广泛应用。它的本质可以看作两个步骤：首先对数据进行分类处理，然后进行逻辑回归。

（1）聚类回归。在实际的回归分析中，可能会遇到非线性关系、时间序列等问题，需要使用两个或多个回归函数来更好地描述数据结构。然而，在实际应用中，哪些样本属于哪个回归类别事先是未知的，甚至不知道有多少回归类别。因此，引入了聚类回归分析方法，该方法无监督地将数据分为几类，并为每个类别找到近似的回归函数。聚类回归的一个常见方法是聚类线性回归，已经在经济学和医学领域得到广泛应用。

（2）混合模型。混合模型是无监督学习中常用的方法之一。高斯混合模型（Gaussian Mixture Model）是由多个高斯分布函数线性组合而成的数学模型，能够灵活地拟合各种类型的概率分布。它通常用于解决同一数据集中包含多个不同分布的情况。例如，在广告投放效果分析中，可以使用机器学习技术分析和预测广告转化率，混合模型可以有效地分析广告受众、广告位置和推广计划等因素对广告投放效果的影响。

总而言之，无监督学习方法通过聚类回归和混合模型等技术，可以在没有明确的分类标签或目标变量的情况下，对数据进行解释和预测分析。这些方法广泛应用于营销数据挖掘、模式识别等领域，帮助揭示数据中的潜在结构和关联性。

小案例   **浙商银行的机器学习应用**

传统银行零售业务一直面临锁定顾客群、高成本、低效率、难以预测风险等问题。以前，银行主要依靠专家规则来进行风险控制，但这种方式存在一系列问题，如规则更新滞后、误报率高、无法覆盖长尾客户等。

为此，浙商银行决定利用机器学习方法解决这些问题。它们创建了一个名为"机器学习平台"的智能平台，该平台通过专门的应用架构、计算框架和通信机制展开计算，包括模型数据集市、建模分析平台和机器学习系统等子系统，可以在一个平台上部署不同的业务模型，支持多种业务系统，包括离线和在线决策。

浙商银行在机器学习平台上运行了信用卡账单分期预测、信用卡逾期 M2 预测和信用卡逾期催收等三个关键场景的模型。这些模型采用随机森林、决策树等算法，分析客户的历史行为和个人信息，实现了客户精准分类、风险预测和精准营销等功能。通过机器学习技术的应用，浙商银行取得了显著的成果。在信用卡账单分期预测方面，模型提高了 50% 以上的呼叫转化率，分期总金额提高了 30% 以上。在信用卡逾期 M2 预测方面，模型成功预测了 80% 的逾期风险客户。此外，它们还实现了单一模型的多场景应用，包括信用卡逾期催收。

资料来源：臧铖，周林娜，陈嘉俊.机器学习技术的应用经验及建议 [J].金融电子化，2019（1）：70-72.

二、营销数据及分析技术的发展过程

营销决策是指企业在确定策略或实施已选策略方法时所进行的一系列活动。这些活动包括收集数据和信息、分析可以获得的收益、选择合适的方法和技术，并对相关方案进行评判等。制定营销决策依赖数据和数据分析，在数据的收集、管理到分析的过程中，营销管理人员寻求可以提高营销绩效、优化营销组合和提高利润的可行方案。

最初的数据分析技术是通过简单的统计分析来描述市场情况，随后逐渐发展到建立相关市场模型，运用数理分析方法研究营销决策问题。近 30 年来，营销学界开始广泛采用各种分析技术来全方位评估营销策略，例如联合分析、聚类分析、多项 Logit 回归、嵌套 Logit 模型、时间序列分析和结构方程模型等方法被广泛应用。图 4-3 大致描述了分析技术在营销数据发展过程中的应用情况。

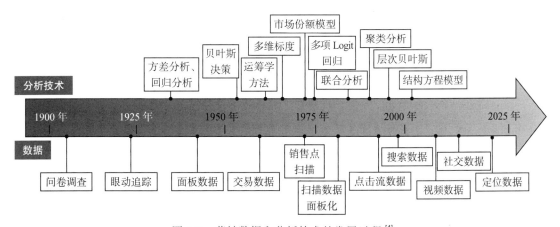

图 4-3 营销数据和分析技术的发展过程[4]

大数据对营销产生了深远影响。企业可以获取大量用户数据，包括用户的搜索、浏览、点击和下载等行为数据，以及电商应用中的购买数据、出行 App 内的地图数据等。通过对这些数据进行复杂的分析和准确的利用，企业能够为用户提供合适的广告、产品和服务。

第二节　典型的数字营销数据分析方法

数据驱动决策是大数据时代的一个重要特点。在营销决策中，广泛应用多种多元统计分析方法可以帮助企业实现精准化、个性化和动态化的营销，在海量数据中发现新的商业机会，提升营销决策的科学水平。

根据前文所述，在数字营销学中，数据分析方法可分为图 4-2 中的四类。分类的依据有两个方面：一是根据数据分析的目的将方法分为描述性方法、解释性和预测性方法；二是根据分析前是否事先确定数据的类别将方法分为事前已确定分类和事前未确定分类。下文将分别介绍描述性 – 事前分类典型方法、描述性 – 非事前分类典型方法、解释性和预测性 – 事前分类典型方法、解释性和预测性 – 非事前分类典型方法。这四个方面涵盖了大多数的数据分析方法，包括多元统计分析方法、数据挖掘与机器学习方法、实验数据分析方法等。由于篇幅限制，本节将重点介绍典型的数据分析方法，并选取代表性的方法来进行介绍。

一、描述性 – 事前分类典型方法

描述性 – 事前分类典型方法对应图 4-2 中的第一象限，属于有监督学习 – 描述性方法。这类方法的特点是在进行数据分析之前就确定了数据的分类。常见的方法包括描述性统计分析和列联表分析，它们在数字营销实践中是最基础且最常用的方法。下面将重点介绍描述性统计分析方法的应用。

（一）描述性统计分析的数据分布特征

描述性统计分析常用于揭示数据的整体分布情况和趋势。它主要包括以下三个方面的内容：进行统计分组和频数统计；计算数据分布特征指标，例如均值、众数、中位数、标准差等；制作图表，例如条形图、饼图、散点图、直方图、雷达图等。

描述性统计量包括均值、方差、标准差、最大值、最小值、极差、中位数、分位数、众数、变异系数、中心矩、原点矩、偏度、峰度、协方差和相关系数等。从集中趋势、离散程度和分布形状三个方面可以描述数据的分布特征。图 4-4 展示了描述性方法测度的数据分布特征。

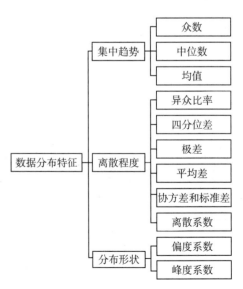

图 4-4　描述性方法测度的数据分布特征

1. 集中趋势

集中趋势是指一组数据向某个中心值靠拢的倾向和程度，用于测量数据的集中程度。常用的测度方法包括众数、中位数和均值。

（1）众数：表示数据中出现频率最高的变量值。众数不受极端值的影响，一组数据可能没有众数，也可能有多个众数。

（2）中位数：表示数据排序后处于中间位置的值。中位数不受极端值的影响，主要适用于有序数据或数值型数据，不适用于分类数据。

（3）均值：是集中趋势的常用测度，表示一组数据的均衡点或中心点。均值反映了数据的一般特征，但容易受到极端值的影响，只适用于数值型数据。

在数字营销实践中，均值是最常见且基础的分析指标之一。图 4-5 和图 4-6 是利用友盟 + 统计功能得出的相关指标，可以看到均值在各种数据分析中的广泛应用。

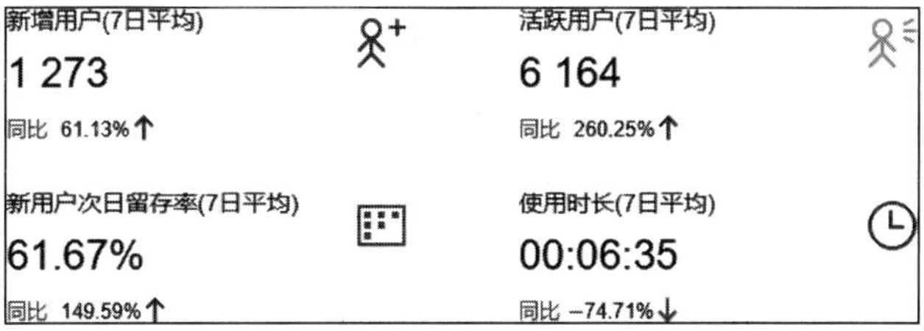

图 4-5　友盟 + 上的用户增长整体趋势指标

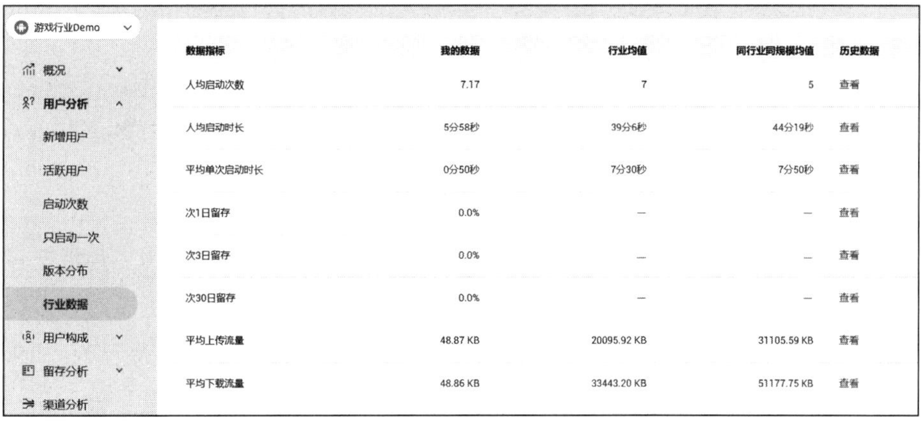

数据指标	我的数据	行业均值	同行业同规模均值	历史数据
人均启动次数	7.17	7	5	查看
人均启动时长	5分58秒	39分6秒	44分19秒	查看
平均单次启动时长	0分50秒	7分30秒	7分50秒	查看
次1日留存	0.0%	—	—	查看
次3日留存	0.0%	—	—	查看
次30日留存	0.0%	—	—	查看
平均上传流量	48.87 KB	20095.92 KB	31105.59 KB	查看
平均下载流量	48.86 KB	33443.20 KB	51177.75 KB	查看

图 4-6　友盟 + 上应用的均值数据

资料来源：友盟 + 网站。

2. 离散程度

离散程度反映了变量取值之间的差异程度，离散程度的测度如下。

（1）异众比率：适用于分类数据，用于衡量众数的代表性，表示非众数组的频数占总频数的比率。

（2）四分位差：适用于顺序数据，也称为四分位距，是上四分位数（Q_U）与下四分位数（Q_L）之差：$Q_D=Q_U-Q_L$。四分位差反映了中间 50% 数据的离散程度，不受极端值的影响，用于衡量中位数的代表性。

（3）极差：表示一组数据的最大值与最小值之差，是离散程度的最简单测度，但容易受到极端值的影响，未考虑数据的分布。

（4）平均差：是各变量值与其均值之间的绝对离差的平均数，能全面反映一组数据的离散程度。

（5）方差和标准差：是离散程度的常用测度，反映了各变量值与均值之间的平均差异。根据总体数据计算得出的方差和标准差称为总体方差和总体标准差，根据样本数据计算得出的方差和标准差称为样本方差和样本标准差。

（6）离散系数：是标准差与相应均值的比值，消除了数据水平和计量单位的影响，适用于比较不同组别数据的离散程度。

3. 分布形状

为了全面了解数据的特征，除了了解集中趋势和离散程度，还需要观察数据的分布形状。数据的分布形状通常通过偏态系数和峰态系数来衡量。

（1）偏态系数。偏态度量数据分布的偏斜程度，由统计学家皮尔逊于 1895 年首次提出。偏态系数为 0 时，数据呈对称分布；偏态系数大于 0 时，数据呈右偏分布；偏态系数小于 0 时，数据呈左偏分布，如图 4-7 所示。

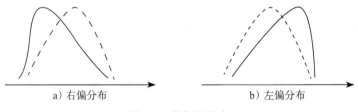

a) 右偏分布　　　　　　　b) 左偏分布

图 4-7　数据的偏态

（2）峰态系数。峰态系数是衡量数据分布陡峭程度的指标，通常分为三种情况：标准正态峰度、尖峰峰度和平顶峰度。与标准正态分布相比，如果数据分布接近正态分布，则峰态系数的值接近 0；如果数据分布的尾部比正态分布更广，则峰态系数的值大于 0；如果数据分布的尾部比正态分布更集中，则峰态系数的值小于 0。

4. 数据可视化

数据可视化是将数据以图表的形式展现出来，通过不同的图表类型和可视化技术，帮助我们更好地理解和解释数据。数据可视化能够将抽象的数据转化为可感知的视觉形式，使我们能够在更高的层次上发现数据之间的关系。

在进行数据可视化之前，首先需要明确所处理的数据类型，因为不同类型的数据需要采用不同的处理方式和方法。对于分类数据，可以使用条形图、散点图、饼图和雷达图等形式来展示数据之间的关系。对于顺序数据，可以使用累积频数分布图和环形图等形式进行分析。

对于分组数据，可以使用直方图来展示数据的分布情况。对于未经分类的原始数据，可以使用茎叶图和箱线图等可视化方法。

图 4-8 所示是友盟＋展示的某 App 用户新鲜度分析图，不同饱和度的色块代表了不同活跃度的用户。

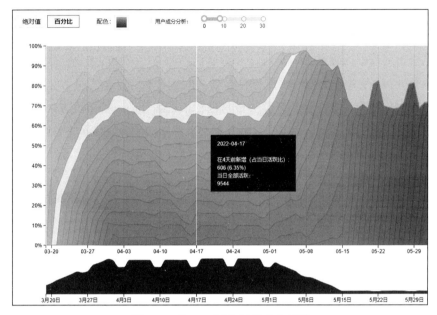

図 4-8　某 App 用户新鲜度分析图

（二）列联表分析

早期在描述性分析时主要使用列联表（Contingency Table）分析的方法。列联表是一种观测数据按照两个或更多属性进行分类时所列出的频数表，也被称为交互分类表。它由两个以上的变量进行交叉分类的频数分布表组成 [2]，能够同时描述两个或更多变量之间的情况。通过列联表分析，我们可以判断同一个调查对象的两个特性之间是否存在明显的相关性。

列联表分析的基本问题是判断所考察的各属性之间是否存在关联，即它们是否独立。例如，以顾客为对象，我们可以将顾客根据性别分为男性和女性，根据单次消费金额分为高、中、低三个顾客档次。通过列联表的相关分析，我们可以了解顾客的性别与单次消费金额档次之间是否存在关联。列联表分析得出的结论可能是简单的，比如顾客的性别与其消费水平存在关联，或者顾客性别与其消费水平互相独立。然而，列联表分析不能提供足够的指导决策的信息，它只能作为一种初步的知识检验工具使用。例如，从结论"顾客性别与其消费水平存在关联"出发，我们可以考虑为不同性别的顾客提供针对性的价格水平商品，但具体如何确定商品的定位则需要进一步的判断。列联表分析适用于定性数据，通常使用卡方检验等方法进行分析，这些方法分析的是各个分类方法中的频度数据。

基于列联表，可以采用对应分析方法来分析变量之间的关系。对应分析考察列联表中行与列的相关程度，包括行变量不同类别的关系、列变量不同类别的关系以及行与列之间的联系。对应分析的目的是在同时描述各个变量分类间关系的情况下，利用低维空间对列联表中的两个名义变量之间的关系进行描述，并生成相应的感知图。通过感知图，对应分析能够直观地展现不同变量之间的关系。

二、描述性 – 非事前分类典型方法

这类方法对应图 4-2 中的第二象限，属于无监督学习 – 描述性方法。其特点是在分析数据之前不需要指定数据的分类，而是通过分析过程自动得出数据的类别。常见的方法包括聚类分析、因子分析 / 主成分分析、多维标度分析、对应分析和文本挖掘等。下面将介绍其中较为典型的聚类分析和文本挖掘。聚类分析是进行市场细分的一种重要方法，也常常作为其他分析方法的预处理步骤出现；文本挖掘则在消费者感知和品牌偏好研究中被广泛应用。

（一）聚类分析

聚类分析（Cluster Analysis）是一种多元统计分析方法，它可以将研究对象（样本或指标）根据其特征进行分类，从而减少研究对象的数量。聚类分析是源自生命科学领域的一种统计分析技术，它将一组研究对象分为相对同质的群组，群组内的成员彼此相似，而不同群组的成员彼此不同。在市场细分领域，聚类分析可以根据细分变量将消费者分为不同的细分市场，细分市场内的消费者彼此相似，而不同细分市场的消费者彼此不同。

聚类分析是一种探索性的分析方法，它可以在没有先验知识的情况下从样本数据出发自动进行分类。根据一般的划分标准，一个类簇内的实体是相似的，不同类簇的实体是不相似的[5]。

聚类分析包括三种方法，分别是非重叠聚类、重叠聚类和模糊聚类。非重叠聚类假设每个顾客只属于一个细分市场，而重叠聚类和模糊聚类认为顾客可能同时属于多个市场。例如，重叠聚类可以将顾客划分为同时属于 A 市场和 B 市场的群体，而模糊聚类可以表示一个顾客属于 A 市场的概率为 80%，属于 B 市场的概率为 20%。尽管重叠聚类和模糊聚类更符合现实情况，但由于非重叠聚类方法比较简单且结果直观，在营销实践中更常用。非重叠聚类方法包括分层聚类、非分层聚类和潜分层聚类，而模糊聚类则采用模糊逻辑方法。

在数字营销分析中，聚类分析方法有助于解决顾客画像、客户群体划分等问题。例如，购买动机一般由内因（需求、认知、学习）和外因（文化、社会、家庭、所处群体）共同决定。通过将这些因素作为分析变量，并量化所有目标客户在每个分析变量上的指标，可以运用聚类分析方法进行分类。另外，对于运营商公司的客户细分，可以将平均月支出、平均本地通话费、平均长途通话费、平均上网费用、平均短信费用等作为分析变量，并进行聚类分析，以实施精准的营销策略。因此，聚类分析方法在数字营销中具有广泛的应用。

小案例　　　　　　　　　　**聚类分析在客户细分中的应用**

客户细分是客户关系管理中的重要内容。通过对客户进行细分，企业可以更好地识别客户群体，并采取不同的保持策略，以优化客户资源的配置。A 公司是一家中小型的商业

批发公司，为了对客户进行细分，该公司收集了企业销售业务处理系统的客户数据，并建立了客户细分模型。

A 公司收集的客户细分数据有 9000 多条，这些数据是某个季度的销售业务记录。所收集到的数据包括销售日期、商品代码（如商品序列号、供应商代码、商品顺序号等信息）、客户代码（如客户类别号、客户编号、客户分店号等）、销售数量、商品单价、销售金额以及销售人员姓名等内容。

A 公司在销售明细账数据库中记录了与客户发生的每一笔交易的数量和金额。基于这些数据条件，A 公司确定了三个指标作为客户细分的依据。

（1）交易次数：指的是客户的购买次数，交易次数越多表示客户购买的频率越高。该指标反映客户购买的频率和忠诚度。

（2）交易数量：A 公司的客户为商品零售商，交易数量越多表示客户的营销能力越强。交易数量可以较好地反映客户的营销能力和获利能力。

（3）商品单价：指的是在交易的过程中，客户支付给企业的交易金额。交易金额越大表示客户的支付能力越强。该指标反映客户的支付能力、对企业的信任度和忠诚度。

基于以上三个指标，A 公司将客户分为四类：应保持的客户、应增强关系的客户、应关注的客户和应抛弃的客户。在进行客户细分的计算时，A 公司采用了 K 均值聚类算法，这是一种相对简单、运行速度快的算法，对于大数据集有很好的伸缩性和较高的效率。A 公司使用 Weka 数据挖掘工具进行数据处理，首先计算每个客户的购买次数，然后统计客户的交易数量总额作为交易数量指标，最后计算每个客户购买商品的平均单价作为商品单价指标。

使用 Weka 对客户数据进行聚类分析，得到了四类客户的特征。

Ⅰ 类客户：购买次数较多，具有一定的忠诚度。

Ⅱ 类客户：价值最低，忠诚度最低。

Ⅲ 类客户：购买次数最多，支付能力最强，是最有价值和最忠诚的客户。

Ⅳ 类客户：表现好于 Ⅱ 类客户。

分析结果与实际情况非常吻合，A 公司的工作人员发现 Ⅲ 类客户大多是经营状况极佳的大型零售企业，证明了客户细分过程的有效性。A 公司针对这四类客户采取了有针对性的措施，增强与 Ⅰ 类客户的关系，抛弃 Ⅱ 类客户，努力保持和维护 Ⅲ 类客户，并对 Ⅳ 类客户给予适当关注。在采取这些措施后，A 公司的营业收入和净利润都大幅提升。

资料来源：李春宏.基于数据挖掘方法的中小型企业客户细分的案例研究 [J].云南师范大学学报（自然科学版），2007（3）：15-17+35.

（二）文本挖掘

文本挖掘是提取文本文件中有价值知识的过程。文本挖掘旨在发现文本数据中的隐藏模式、关系和趋势，从而支持信息检索、分类、聚类、情感分析、实体识别、主题建模等任务。

在互联网时代，越来越多的消费者开始利用互联网与品牌进行互动。他们有的在社交网站上发帖讨论，例如在微博、小红书上讨论品牌或产品的相关内容，也有的在电商网站上留下产品的评论信息。这产生了大量与消费者感知和偏好相关的数据。通过文本挖掘技术，可以分析出消费者对各个品牌讨论的内容主题、频率和情感等，由此可以了解消费者对相关品牌的感知和偏好，对制定营销决策具有重要的参考意义。

三、解释性和预测性 – 事前分类典型方法

这类方法对应于图 4-2 中的第三象限，属于有监督学习 – 解释性和预测性方法。解释性方法（建模）旨在探究结果为何发生以及影响结果发生的原因，而预测性方法（建模）旨在理解结果是怎样的，并通过寻找变量之间的关联来对结果进行预测。

在数字营销数据分析方法的分类中，这一类别的方法非常丰富，种类也非常多样。多元统计分析相关的方法包括方差分析、回归分析、判别分析、分层线性模型和时间序列分析等。数据挖掘与机器学习相关的方法包括逻辑回归、决策树、神经网络、支持向量机、随机森林和路径分析等。实验中常用的分析方法包括 t 检验分析、联合分析以及结构方程模型等 [6]。

接下来，我们将介绍两种典型方法：时间序列分析和决策树。

（一）时间序列分析

时间序列分析（Time-Series Analysis）是一种统计分析方法，用于研究按时间顺序排列的一组随机变量。时间序列分析法就是将经济发展、购买力大小、销售变化等同一变量的一组观察值，按时间顺序加以排列，构成统计的时间序列。通过观察随机序列的历史数据，利用特定的数字方法来预测市场未来的发展趋势和确定市场预测值。时间序列分析的主要特点是通过时间推移来研究和预测市场需求趋势，不受其他外在因素的影响。

由于过去的销售状况对未来的销售趋势具有决定性的影响，时间序列分析将影响预测目标的因素按"时间"综合起来描述，例如通过估计销售量和时间之间的函数关系，可以根据市场过程的变化趋势来分析未来的发展趋势。时间序列分析方法包括简单平均法、移动平均法、指数平滑法、分解法以及 ARMA 法等。它能够有效地推断和预测各种现象在未来一段时间内的发展变化规律。通过对不同维度的时间序列进行综合分析，可以挖掘和分析出随时间变动的各种数值之间的内在联系，从而深入理解现象的变化规律和前后关联关系。

常见的时间序列数据包括股票价格、广告数据、气温变化、网站的 PV/UV、服务器系统监控数据等。一个时间序列通常由四种要素组成：趋势、季节性、周期性和不规则变动 [7]。

（1）趋势（Trend）：时间序列中的长期变化趋势，反映了数据随时间推移的整体变化趋势，可以是上升、下降或平稳。

（2）季节性（Seasonality）：时间序列中的周期性模式，通常与时间单位（例如周、月度、季度等）相关联。季节性可以是固定的，例如每年夏季的销售增加，也可以是非固定的，例如节假日的影响。

（3）周期性（Cyclical）：时间序列中的长期周期性波动，通常指超过一年的时间跨度。与

季节性不同，周期性可以更长或不规则。

（4）不规则变动（Irregular Variation）：时间序列中随机的、无法预测的波动，可能是由异常事件、外部干扰或随机噪声引起的。

（二）决策树

决策树（Decision Tree）是一种重要的市场细分方法，也是广泛应用的数据挖掘算法之一。它具有监督学习的特点，可以提取和描述特征，并根据目标设定选择分支变量和分支方式。决策树以树状的层级结构呈现分类过程，并提取分类规则[8]。决策树模型可以用于发现数据的内在关系，找出目标变量和各个变量之间的层级关系。

决策树算法属于有监督学习方法，通过对已知事物的分类来构建树状结构，从中归纳和提取规则[9]，并对未知样本进行预测。决策树的层级结构可以分析不同层级的变量因素对目标变量的影响程度。因此，随着使用数据的不同、采用计算方法的不同，所得到的树状结构也不同。

通过学习训练集，决策树算法可以推导出一个树形结构表示的分类规则，并能够高效地对数据进行分类。在用户数据分析和挖掘方面，决策树可以发挥重要作用，例如通过分类器，企业将客户分为潜在客户、虚假客户和现有客户，实现对客户群体的精细化管理，提升客户营销服务水平。

（三）Logit 分析

影响关系的研究是最为常见的研究。当因变量是定量数据时，可以使用线性回归分析来分析影响关系。然而，当我们希望预测某件事情发生的概率时，比如一件衣服是否会被购买，因变量是"是否购买"这样的分类数据，就不能使用回归分析，而需要选择 Logit 分析。

Logit 分析与回归分析类似，都是分析自变量对因变量的影响，但这里的因变量是分类变量。由于 Logit 模型的因变量不服从正态分布，因此不能直接通过自变量来预测因变量，需要对因变量进行特定的转换。常用 Logit 模型来估计消费者购买产品的概率，并假设消费者的购买概率和相关影响因素服从如下的函数形式：

$$P(购买) = \frac{1}{1 + \exp(\beta_0 + \Sigma\beta_j X_j)}$$

式中，P（购买）是给定输入 X 条件下输出为购买的概率；exp 是自然对数的底；X_j 是一系列的特征变量，可以包括消费者对产品的认知和偏好，以及消费者的个性、人口统计特征等；β_0 是截距项；β_j 是模型参数，表示对应特征 X_j 的权重。通过将数据代入模型，可以根据一系列输入的变量来估计消费者购买产品的概率，并将消费者划分为不同的群体。

Logit 回归进一步可以细分为二元 Logistic 回归、多分类 Logistic 回归和多元有序 Logistic 回归。在实际应用中，如果因变量是二项分类数据，应选择二元 Logistic 回归分析。如果因变量有多个选项，并且这些选项之间没有大小对比关系，可以使用多分类 Logistic 回归分析。如果因变量有多个具有大小对比关系的选项，那么应该选择多元有序 Logistic 回归分析。

四、解释性和预测性 – 非事前分类典型方法

这一类方法在图 4-2 中对应第四象限，属于无监督学习 – 解释性和预测性方法。这类方法可以被看作第二类和第三类方法的混合。在这个类别中，主要涉及数据挖掘与机器学习相关的方法，其中包括各种潜类别分析法，如聚类回归和混合模型等[10]。接下来，我们将重点介绍混合模型。

通常，在对一个数据集进行分析之前，我们会假设样本服从某个特定的分布，例如正态分布，并通过预测该分布的参数来进行进一步工作（例如使用最大似然方法来估计正态分布的均值和方差）。然而，在某些情况下，"样本服从某个单峰分布"的假设过于理想化，导致分析结果不够准确。在处理与数字营销相关的数据时，模型可能需要考虑更复杂的情况，例如数据中存在不同的子群体，而这些子群体的数据与整体数据具有不同的分布特征。这时就需要应用混合模型来解决问题。

混合模型是一种能够表示总体分布中包含 K 个子分布的概率模型。换句话说，混合模型描述了观测数据在总体分布中的概率分布，它由 K 个子分布组成的混合分布构成。混合模型不需要观测数据提供关于子分布的信息，而是通过计算观测数据在总体分布中的概率来进行建模。

我们知道高斯分布（Gaussian Distribution）（也称为正态分布，Normal Distribution）是自然界中广泛存在且最常见的分布形式之一，例如消费者的身高通常近似服从正态分布。在混合模型方法中，最常用的是高斯混合模型（Gaussian Mixture Model，GMM）聚类算法。高斯混合模型使用 K 个高斯分布的组合来构建概率分布模型，并利用最大期望（Expectation Maximization）算法进行训练。简单来说，K 个高斯分布组成的概率分布模型在理论上可以拟合任何连续概率密度分布。

高斯混合模型在业界主要应用于顾客画像研究。通过使用混合模型处理从电子商务平台、新闻客户端、视频客户端等提取的用户行为数据，可以准确描绘用户画像。这对于优化内容推送、内容搜索以及广告分发等方面具有重要意义。

第三节 典型数字营销实验方法

一、实验方法概述

实验方法是一种有目的地控制一定条件或创造一定条件来研究某种心理现象或被试者行为的方法。与观察方法不同，实验方法允许研究者积极干预被试者的活动，创造或改变实验条件，以使心理现象按照研究者的意愿发生变化，并能够重复，以便进行全面的分析研究。

实验方法在应用上有狭义和广义之分。狭义的实验方法指在实验室中应用特定设备进行研究，通常称为实验室实验（Laboratory Experiment）。广义的实验方法还包括在实际生活情境中进行的研究，通常称为实地实验（Field Experiment）。实验室实验和实地实验在原则上没

有太大差异，只是实验室实验能够更精确地控制实验进行的条件。

首先介绍实验室实验。实验室实验通常在实验室内进行，通常利用科学技术手段。借助实验室实验，可以研究感知、注意、记忆、思维等心理活动。现在还可以在实验室中模拟环境条件来研究某些心理现象。在数字营销实验中，神经营销实验是典型的实验室实验。神经营销实验通常借助认知神经科学的工具，例如功能性核磁共振成像（fMRI）技术、脑磁图（MEG）、脑电图（EEG）、眼动追踪技术等，以获取实验参与者的客观数据，从神经活动机制的层面解读消费者相关行为。

其次是自然实验。自然实验是利用现实世界中已经存在的自然变化、事件或情况，来进行类似于实验的研究，以探究因果关系和影响。自然实验不需要人为操作或干预，而是基于现实环境中自然发生的变化来进行研究。这种方法通常在真实环境中进行，可以帮助研究人员理解复杂的现实问题。与自然观察方法不同，自然实验对被试者施加必要的影响，以观察其产生的变化，因此具有一定的主动性，所得结果更准确。但通常由于实验条件具有特殊性，自然实验的可复制性较低。

最后是实地实验。实地实验一直以来都是市场机制研究的重要工具。该实验方法在受控的实验室条件下，通过简化的操作方式模拟人们在真实环境中的行为。实地实验是在自然条件下或真实生活环境中进行的实验，在允许的情况下尽可能地控制和操纵变量。它与实验室实验的区别在于变量的可控程度，适用于研究许多复杂的社会和心理影响过程及变化。在数字营销实践中，这种实验方法被广泛使用，被称为 A/B 测试。

二、实地实验与 A/B 测试

在将实验室实验的数据或结论应用于真实环境时，经常会受到各方面的质疑。这主要是因为实验参与者并非真正的用户，因此他们在实验中的行为和决策难以代表真实市场环境的反应。在营销学中，影响因素的复杂性使得一些研究需要采用实地实验方法，以补充传统的实验室实验的不足。实地实验与医学领域中的"随机临床实验"非常相似[11]。

实地实验也被称作"田野实验"或"现场实验"，指的是在自然条件下或真实环境中进行的实验。它要求在情境允许的条件下尽可能地控制和操纵变量。目前，在数字营销实践中，最广泛应用的实验方法之一是 A/B 测试。A/B 测试本质上属于实地实验。接下来将重点介绍 A/B 测试方法及其相关内容。

（一）A/B 测试方法概述

A/B 测试（也称为桶式测试或分割测试）是一种基于证据的实验方法，通过同时运行两个变体（A 和 B）的对照实验来提高应用的性能。简单来说，就是为同一个目标制订两个解决方案（例如企业网站页面的两种设计），让一部分用户使用 A 方案，另一部分用户使用 B 方案，并记录用户的使用情况和指标数据，观察哪个方案更符合设计目标，哪个方案能够改善某个指标或一组指标的性能。

　　A/B 测试的本质是一种控制实验，而控制实验的理论最早可以追溯到 20 世纪 20 年代，当时英国的 Fisher 进行了罗森特农业实验[12]。随着 20 世纪 90 年代互联网的发展，控制实验越来越多地应用于在线环境，因此在线控制实验就是指 A/B 测试。与大多数寻找相关性的数据挖掘方法不同，A/B 测试建立了一个高度可信的因果关系。

　　A/B 测试的前身是随机对照试验——双盲测试，最早应用于医疗 / 生物实验中。该方法通过将研究对象随机分组，对不同组实施不同的干预来对照其效果。在双盲测试中，实验参与者和实验人员都不知道正在进行的处理组和对照组，以确保实验的客观性和可靠性。

　　进行 A/B 测试的核心思想可以归纳为三点：①同时测试多个方案；②每个方案只有一个变量不同（控制单变量）；③对测试结果有确定的选择标准（优胜劣汰）。

　　其中第二点尤为重要，A/B 测试需要进行变量的控制，确保不同方案只有一个变量不同。需要注意的是，A/B 测试并不仅限于比较两个方案的优劣，可以进行多个方案的测试，例如 A/B/C 测试、A/B/C/D 测试甚至更多。在某些情况下，还可能出现特殊的 A/B 测试，例如 A/A/B 测试，用于验证整个 A/B 测试系统的准确度。无论同时运行多少个实验，只要保证单个变量不同即可，因此可以统称为 A/B 测试（A/B Test）。

　　A/B 测试具有三个显著的特性——先验性、并行性和科学性。

　　（1）先验性。A/B 测试属于先验性数据分析方法，它通过在实施决策之前运行控制实验来收集数据。这些数据可以作为决策的先验信息，在决策实施后提供依据。先验数据有助于建立基准，以评估决策或变更的效果。A/B 测试通过设置合理的小型模拟实验环境，并在该环境中实施决策方案，得出数据化结论。通过使用合理的数学方法，可以预测这些决策在真实环境中的表现（如图 4-9 所示）。

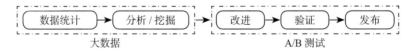

图 4-9　A/B 测试示意图

　　（2）并行性。A/B 测试支持同时进行两个或两个以上的实验，并要求确保每个实验处于相同的环境中。并行性的存在既可以确保 A/B 测试中的变量控制，也可以大大降低多个实验的时间成本。在互联网公司的 A/B 测试中，为了保证并行性，通常会在同一时间维度内，针对 Web 页面、App 界面或流程环节的两个或多个版本，让两个或多个具有相同（或相似）属性的访客群体分别访问，并在相同时间节点上收集各群体的用户体验数据和业务数据。最终，通过分析评估，确定最佳版本并正式采用。A/B 测试的并行性还表现为在同一时间维度对具有相似属性的用户进行测试，这样可以有效规避时间、季节等因素对实验结果的影响，而属性的相似性则可以降低地域差异、性别、年龄以及其他因素对实验效果的影响。

　　（3）科学性。A/B 测试通过科学的方式验证决策或方案的有效性，体现在流量分配的科学性和统计学的科学性上。在最早应用于医疗 / 生物实验时，A/B 测试要求对研究对象进行随机分组，对不同的组（实验组和对照组）实施不同的干预，对比其效果。因此，在企业的 A/B

测试中，也要求将具有相似特征的被试者（用户）均匀分配到不同的实验组，确保每个组的用户特征相同，以满足科学性的要求。

小案例   **"美元剃须俱乐部"的 A/B 测试应用实例**

美元剃须俱乐部（Dollar Shave Club）是美国的在线男士刮胡刀和个人护理产品订阅服务提供商。A/B 测试是美元剃须俱乐部诸多数字营销实践中的亮点。

1. 利用 A/B 测试评价定向广告效果

美元剃须俱乐部利用 Facebook 等社交媒体平台，针对现有和潜在顾客进行定向广告宣传，并通过 A/B 测试确定最有效的广告方式。公司首先对顾客进行识别，划分了不同的目标顾客群体，如"鲸鱼"（高价值顾客）、"高管"（高端产品购买者）和"粉丝"（有兴趣但尚未购买的顾客）。根据每个目标顾客群体的预期生命周期价值（LTV），它们调整了在 Facebook 广告上的竞价花费，以确保广告投入与潜在回报相匹配。

然后，美元剃须俱乐部进行了多达 50 种不同广告的 A/B 测试，以确定哪种方式能够获得最佳的顾客响应。持续的实验测试帮助它们优化了广告，提升了广告效果。美元剃须俱乐部在短时间内获得了惊人的增长。他们每月在 Facebook 上获得了约 5.5 万名新订购顾客，年销售额达到了 6 500 万美元，是前一年的 3 倍。

2. 利用 A/B 测试改进网站以提高顾客的购买率

随着经营的持续，美元剃须俱乐部面临着提高营销效率的挑战，公司希望通过提高网站转化率来降低获客成本。通过调研发现，美元剃须俱乐部有 35% ~ 45% 的流量来自移动设备，因此提升移动顾客的体验至关重要。美元剃须俱乐部决定通过 A/B 测试改进它们的网站，并与 Instart Logic 合作，通过缩短网站加载时间来提高转化率。

美元剃须俱乐部对网站进行了多个 A/B 测试，比较了 Amazon CloudFront 和 Instart Logic 两个不同版本的性能和转化率。结果发现，Instart Logic 版本可以通过提高网站加载速度实现更高的转化率。传统网站通常需要顾客下载完整页面的代码，然后才能显示内容。Instart Logic 允许部分内容下载即可开始进行网站互动，提高了顾客的参与度。同时，美元剃须俱乐部特别关注了移动顾客体验，并确保新的网站加载速度对移动顾客友好。对测试结果的进一步实施表明，采用 Instart Logic 版本的网站实现了 16.8% 的整体转化率增长；在三星等特定设备上，还获得了 126% 的转化率增长，达到了预期目标。

资料来源：王玉．数字化时代，用户运营的灵魂 [J]．中国广告，2022（9）：55-57．

（二）A/B 测试的实施流程

事实上，A/B 测试是一个反复迭代优化的过程。在实际应用中，需要综合考虑项目和系统的各类因素。以互联网公司的 A/B 测试过程为例，一个完整的 A/B 测试通常包括以下几个步骤：

（1）设定项目目标，即设定 A/B 测试实验的目标。

（2）设定测试方案，确定优化的迭代开发方案，完成测试内容的准备工作。

（3）确定实施方案，以及每个线上测试版本的流量分配比例。

（4）运行 A/B 测试，按照流量分配比例分配在线流量进行测试。

（5）数据分析和效果判断，收集实验数据并进行有效性和效果判断。

（6）改进实验方案或发布新版本，确定是否发布新版本，调整流量分配比例进行进一步测试，或者在未达到期望结果的情况下优化和迭代开发计划以重新开展试验。A/B 测试的流程如图 4-10 所示。

A/B 测试的主要工作可以概括为三个部分：流量分配、开展实验和数据分析。

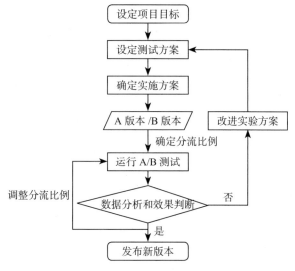

图 4-10　A/B 测试的流程

1. 流量分配

在流量分配阶段，主要任务是开发两个或多个不同版本，并将它们部署到实际环境中。由于产品流量是有限的，通常在产品快速迭代的过程中会同时进行多个 A/B 测试，因此需要准确地对流量进行分配。

在流量分配中涉及三个概念：域、层和桶。我们可以借助图示来理解，如图 4-11 所示。

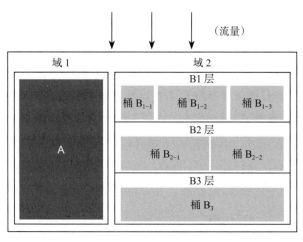

图 4-11　A/B 测试流量分配示意图

注：域 1 流量＋域 2 流量 = 100% 流量；B1 层流量＋B2 层流量＋B3 层流量 = 域 2 流量；桶 B_{1-1} 流量＋桶 B_{1-2} 流量＋桶 B_{1-3} 流量 = B1 层流量。

（1）域。域是指将整体流量进行分区，不同域之间是互斥的关系。划分进不同域的流量不会发生重叠，这样可以将整体流量进行分区，为接下来的独立实验测试提供基础。例如，可以根据用户的性别将流量划分为两个域，这时域 1 流量＋域 2 流量 =100% 流量。

（2）层。层是指某个域内全部流量的一个观测角度。对于一个域内的流量，可以根据不同的属性再将流量进行细分，例如，可以根据用户 ID 的奇偶性或首位数字的奇偶性对流量进行细分。不同的层之间是独立的，即彼此之间不会相互影响。不同层内可以同时进行实验且不会干扰彼此。

（3）桶。在每个层中，使用独立的哈希函数对用户进行取模运算，将用户均匀地分配到 N 个实验桶中。不同的桶是互斥的，它们之间不会重叠，而加在一起等于层内的全部流量。桶是进行实验的最小单元。

2. 开展实验

这一环节的主要内容是进行实验并收集数据，监控与检测各项指标，控制不同实验组的变量。根据实验对象和目的，可以进行单因素实验设计或多因素实验设计。

（1）单因素实验设计。单因素实验设计是指实验中只有一个变量不同，其他的影响因素和环境都保持不变的实验方法。例如，在谷歌所进行的关于搜索界面设计的 A/B 测试中，两个实验组 A 和 B 只有图标的位置不同（分别水平移动几个像素点），其余内容相同。这两个组进行实验对比，最后发现 A 组的指标数据相比于 B 组更好，那么可以认为 A 组的设计更好，即受图标位置的影响。

（2）多因素实验设计。多因素实验设计是指实验中有多个影响因素变量。例如，想要同时测试广告（A、B）和广告弹出方式（A、B）对转化率的影响，就有两个变量，共有 4 种组合条件，分别是：①广告 A，弹出方式 A；②广告 B，弹出方式 A；③广告 A，弹出方式 B；④广告 B，弹出方式 B。

多因素实验设计不仅可以检测同一个变量在不同实验条件之间的差异，还可以对不同变量之间的交互作用进行检验。举例来说，如果在单因素实验中发现广告 A 比广告 B 的效果更好，弹出方式 A 比弹出方式 B 的效果更好，但是广告 A 与弹出方式 A 的组合可能不是最好的，因为它们之间可能存在交互作用。在这种情况下，需要使用多因素实验设计进行 A/B 测试。

3. 数据分析

在对 A/B 测试的结果进行分析时，首先要确保样本量的规模，即实验组和对照组的流量比例要相同。假设 A 组和 B 组实验的用户具有相同的标准差，可以使用以下公式计算所需的最低用户数：

$$p = \phi\left(-z_{1-\alpha/2} + \frac{\Delta}{\sqrt{\sigma_1^2 / n_1 + \sigma_2^2 / n_2}}\right)$$

式中，p 表示根据给定的样本大小和其他参数条件，在原假设成立的情况下，观察到的差异或效应大小的概率；ϕ 表示标准正态分布的累积分布函数；α 代表显著性水平；$z_{1-\alpha/2}$ 是在标准正态分布中，累积概率为 $1-\alpha/2$ 对应的 Z 分数，用于计算双尾检验的临界值；Δ 表示两个总体（A 组和 B 组）均值之差的期望效应大小；σ_1 和 σ_2 分别是两个总体（A 组和 B 组）的标准差；n_1 和 n_2 分别是两个总体（A 组和 B 组）样本的大小。

其次，需要进行假设检验。常用的统计分析方法有两种，即独立样本 t 检验和方差分析。在适当的条件下，根据中心极限定理，大量相互独立的随机变量的均值在适当标准化后会收敛于正态分布。对于 A/B 测试，可以采用双样本对照的 z 检验公式。在显著性水平上，通常会将 p 值与 0.05 进行比较。如果 p 值小于 0.05，则认为 A 组和 B 组之间有显著差异。在置信区间问题上，对一个概率样本的总体参数进行区间估计，即给出样本均值范围，展示包含总体参数的概率，这个概率被称为置信水平。

（三）A/B 测试的应用和发展

企业界的 A/B 测试最早可以追溯到 21 世纪初谷歌的工程师对搜索结果页面展示的测试。从那时起，A/B 测试不断发展并得到了广泛的应用。例如，爱彼迎（Airbnb）在每次进行重要页面的修改和流程的调整优化时都会先进行灰度发布和 A/B 测试。爱彼迎将新版本通过灰度发布方式逐步提供给 1%、2%、5% 和 10% 的用户，观察实际变化对用户数据的影响，如用户页面停留时间是否增加、留存率是否提高、下单率是否提高等，根据数据结果决定是将新版本发布给全部用户还是放弃该版本。作为最早采用 A/B 测试的互联网公司，谷歌的工程师每个月都会进行大量的 A/B 测试，任何产品改动都必须经过 A/B 测试才能上线。例如，通过 A/B 测试研究将页面广告位左移一个或两个像素带来的收益变化。Meta 公司通过不断采用用户流量分割的方式进行试验，所有产品版本都必须经过线上灰度发布。通过 A/B 测试，Meta 获得了无漏洞（Bug）的口碑。

当然，在进行 A/B 测试时，也有一些问题需要注意。首先，测试可能会出现以偏概全的情况。尽管 A/B 测试在产品或功能上线前能够为企业提供有意义的参考，但事实上很多测试行为并不科学，许多定向的用户测试都会存在这样的弊端。一个典型的应用场景是为了验证用户对新版本（产品或功能）的真实反应，很多企业会选择将不同的版本分别投放到不同的应用市场，然后根据不同版本的表现来决定最终上线哪个版本。然而，当综合考虑全部应用市场的数据进行统计时，可能会发现该版本的表现并不理想，甚至对核心数据产生不利影响。实际上，许多 A/B 测试方法并没有考虑到这个问题，导致测试结论与实际情况差异巨大。要解决这个问题，就需要对采样、聚类和流量分割的精确度提出更高要求，保证实验组和对照组的用户特征一致并具有全局代表性。这也是为什么 A/B 测试工具不能像许多统计工具那样根据埋点采集到的数据反推业务逻辑。A/B 测试需要充分与业务结合，首先，要考虑到业务策略，让用户主动选择适合自己的产品。其次，在进行 A/B 测试时，也不能忽视区群谬误（Ecological Fallacy）的存在。区群谬误指的是在社会研究中，研究者用一种比较高的（集群的）分析单位进行调查，然后用一种比较低的（非集群的）分析单位做出结论的现象。在 A/B 测试中，如果仅基于群体的统计数据对其所属的个体性质做出推论，很可能得出不准确的结论，即陷入以偏概全的陷阱。如果进行一次 A/B 测试后，如果发现某个试验版本的数据结果并不理想，然后认定这个版本在所有市场或渠道上都是负面的，就陷入了以偏概全的陷阱。

需要注意的是，在 A/B 测试中，人们常常会把测试环境想得过于理想化。A/B 测试也是一种实验，因此测试系统（无论是第三方系统还是自建系统）很可能并不能完全反映真实情况。为了避免这种错误，需要在得到理想结果时对它进行验证。首先要假设测试结果有问题，然后通过排除其他可能原因来证明它是正确的。前文提到的 A/A 测试就是一种有效的用于检测这个问题的方法。为了确定 A/B 测试结果差异是由 A 组和 B 组自身引起还是由产品差异所导致的，可以让 A 组和 B 组使用相同的产品版本进行测试。如果两组的结果表现出显著差异，那就说明结果差异是由 A/B 组自身引起的，与产品无关。这时就需要考虑测试系统是否存在问题，例如流量分配不准确或用户属性有较大差异等。如果测试系统正常，那么 A/A 测试通常会返回无差异的结果。

总体而言，A/B 测试在企业界得到了广泛应用，并不断发展。通过 A/B 测试，企业可以在产品或功能上线之前进行有意义的测试，优化页面和流程，提高用户体验和业务指标。

本章小结

总的来说，数字营销分析涵盖了多种方法和技术，可以帮助营销人员更好地理解和应用数据，以做出更明智的决策，优化营销策略。这些方法和技术的选择应根据具体问题和目标来确定，并且需要结合实际情况进行综合分析和解释。本章主要介绍了数字营销分析方法的概况、典型的数字营销数据分析方法以及典型数字营销实验方法。

（1）关于数字营销分析方法的概况，本章首先对数据分析方法进行划分，根据数据分析的主要目的可以分为两大类：描述性方法、解释性和预测性方法；根据分析数据前是否已明确数据的分类情况，数据分析方法又可以分为两种，即事前已确定分类和事前未确定分类。根据这两类分类规则，本章将数据分析方法归纳为四种典型类型：有监督学习 – 描述性方法、无监督学习 – 描述性方法、有监督学习 – 解释性和预测性方法、无监督学习 – 解释性和预测性方法。

（2）关于典型的数字营销数据分析方法，本章第二节主要介绍了描述性统计、列联表分析、时间序列分析、聚类分析、文本挖掘、决策树、Logit 分析这几类方法及其在营销中的应用。

（3）关于典型数字营销实验方法，本章第三节首先对实验方法进行了概括介绍，之后主要介绍了 A/B 测试方法。A/B 测试使营销人员能够通过识别对目标受众有影响力的元素来优化其营销策略。A/B 测试是一个迭代过程，可以持续实施以优化营销工作，实现最佳性能。

重要术语（中英文对照）

数字营销 Digital Marketing
描述性统计 Descriptive Statistics
列联表 Contingency Table

主成分分析 Principal Component Analysis
时间序列分析 Time-Series Analysis
聚类分析 Cluster Analysis

多维标度分析 Multidimensional Scaling Analysis　　A/B 测试 A/B Test

人工神经网络 Artificial Neural Networks　　　　神经营销 Neuro Marketing

实地实验 Field Experiment

思考与讨论

1. 请讨论数字营销方法的四种分类框架以及各个框架下的方法。

2. 请解释数字营销中数据收集与数据分析的基本方法和流程。

3. 请讨论数字营销中的实验方法以及如何设计一个 A/B 测试。

案例实战分析

A 企业移动电商用户购买行为预测研究

一、案例背景

A 企业是目前国内最大的零售集团之一，创立于 1955 年，1990 年经市政府批准成立集团，随后于 1994 年在股票市场上市。自 1996 年开始，A 企业着手推进百货连锁战略，使它从传统百货业态成功转型为现代商业集团。2014 年，面对移动互联网带来的变革，A 企业率先进行战略性转型，发展多元业态，打造线上线下全渠道。

然而，随着互联网的快速发展和移动智能终端的普及，消费者可以通过移动智能终端不受时间和空间的限制，随时随地购买自己喜爱的商品。因此，越来越多的消费者选择通过在线购物来满足他们的需求，这导致线下零售企业面临市场份额的减少。作为传统的线下零售企业，A 企业也积极构建线上零售生态，但是 A 企业在打造线上模式时面临着巨大的挑战——如何激发在线消费者的购买欲望？如何打造消费者的线上用户体验？如何依靠网络购物数据预测用户的购买行为？这些都是 A 企业需要考虑的问题。

二、用户网络购买行为数据

A 企业移动电商平台用户真实购物行为数据包括用户编号、商品编号、商品分类编号、用户对商品的行为类型以及行为发生的时间。详细字段说明如下。

user_id：用户标识，代表了每一个用户的唯一身份标识，因隐私考虑，字段已经脱敏。

item_id：商品标识，代表了某种具体商品，如小米手机，因隐私考虑，字段已经脱敏，无法识别具体的商品。

behavior_type：用户对商品的行为类型，代表了用户在移动商城对某一个商品的操作行为，如浏览了某品牌手机，或添加到购物车准备购买，或者下单购买。原始数据中用 1 代表浏览，2 代表收藏，3 代表加购物车，4 代表购买，它们是分析建模的重要数据字段，后续需要进一步分析和处理。

user_geohash：用户位置的空间标识，可以为空。该字段由经纬度通过保密的算法生成，无法判定具体位置，同时在原始数据中大部分记录无位置数据，故在数据分析中不选用该字段。

item_category：商品分类标识，代表了某个具体商品的大类，便于用户查询，比如手机数码、家用电器、服装鞋帽等品类。

time：行为时间，代表了用户具体操作行为的时间，比如浏览某件商品的时间、购买某件商品的时间等。

A 企业拟基于这些真实购物行为数据来预测用户的购买行为。为此，A 企业随机抽取 20 000 名用户（user_id）的移动端购买行为数据，共有 23 291 027 条记录，交互的商品（item_id）为 4 758 484 个，涉及的商品类别为 9 557 个，样本发生时间在 2014 年 11 月 18 日至 2014 年 12 月 18 日期间，总共 31 天。样本数据主要体现了用户每日与各种商品交互的四种行为：浏览、收藏、加购物车与购买。

样本原始数据示例如图 4-12 所示。

user_id ⬥	item_id ⬥	behavior_type ⬥	user_geohash ⬥	item_category ⬥	time ⬥
16107175	82379853	1	NaN	5993	2014-12-12 21:00:00
136047558	199320018	1	969ub61	6513	2014-12-11 13:00:00
16890937	364818815	1	956970d	10533	2014-11-24 21:00:00

图 4-12　样本原始数据示例

三、数据的描述性统计

为便于对原始数据的整体理解，A 企业运用可视化从不同角度对用户购买行为数据进行了初步的描述性统计分析。

1. 用户每类行为发生次数统计

用户购买某种商品，首先会通过浏览商品，以便对商品有一个初步了解；其次会通过收藏、加购物车等行为来为最终购买做准备。图 4-13 显示，用户浏览行为发生的次数是其他三类行为总和的 16 倍之多，用户在移动电商平台上的消费购买行为主要以浏览为主。相对于点击操作行为，其他行为占比非常低。这也充分说明移动终端大量用户都处在浏览状态，并没有激发消费者购买的潜在需求，购买转化率比较低。

另外，从图 4-13 可知，加购物车的次数是最终购买次数的 2.8 倍多，从某种程度上来说，一旦用户将某种商品加入到购物车，再产生购买该商品的行为可能性非常大。

2. 用户购买商品总数分布

在 2 万名用户中有 2 346 位用户在采集样本数据期间没有发生购买行为，真实发生购买行为的用户购买商品总数的中位数为 8 件商品。

3. 用户交易量趋势

从图 4-14 可以看出，在"双 12"促销节日期间，交易量呈现暴涨趋势，交易量是平时销量的 5 倍，商品热销持续到 12 月 13 日，但在 14 日以后迅速回落到日常交易量水平，

15—18 日交易量比较平稳，可以推测 16—18 日期间消费者受"双 12"促销活动影响不大，购买行为模式很相近。

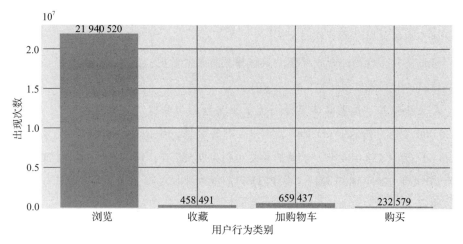

图 4-13   四种用户行为出现次数

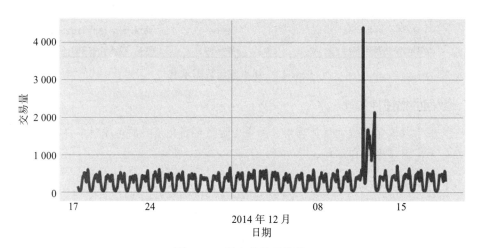

图 4-14   用户交易量趋势

四、购买行为数据的训练和预测

　　A 企业的目标是预测 2014 年 12 月 18 日即第 31 天样本数据中每位用户在过去 1 周交互行为中每件商品最终购买情况。选取 12 月 18 日过去一周（12 月 11 日—12 月 17 日）的用户购买行为数据并对数据进行特征构造，以便准备好预测模型的输入数据。

　　预测目标样本数量为 23 291 027，其中产生购买行为的记录为 232 579 条，可见预测目标中存在大量的非购买记录。对测试数据按照正负样本比例 1 : 2、1 : 5、1 : 10、1 : 100 进行抽样以及全样本测试，分别采用 Logistic 回归模型进行训练和预测。接下来对模型的预测结果进行评价。

1. 评价指标

　　对于二分类问题，如本文涉及的 12 月 18 日用户是否购买商品，模型输出结果 $y=1$ 表示购买，*y*=0 表示未购买。可根据样本实际类别与模型预测类别将其结果分为四个部分。

真正例（True Positive，TP）：模型预测为正样本，并且实际上是正样本的数量。

真负例（True Negative，TN）：模型预测为负样本，并且实际上是负样本的数量。

假正例（False Positive，FP）：模型预测为正样本，但实际上是负样本的数量。

假负例（False Negative，FN）：模型预测为负样本，但实际上是正样本的数量。

由此，混淆矩阵基本结构如表 4-1 所示。

表 4-1　混淆矩阵基本结构

实际类别	预测类别	
	正例（1：购买）	负例（0：未购买）
正例（1：购买）	真正例 (TP)	假负例（FN）
负例（0：未购买）	假正例 (FP)	真负例（TN）

混淆矩阵常用于评估分类模型的性能，有助于衡量模型在不同类别上的预测准确性和错误程度。

正确率（Accuracy）、准确率（Precision）、召回率（Recall）和 *F*1 值四个指标是建立在混淆矩阵上的指标，它们的概念和计算公式如下。

正确率：正确率是指模型正确预测的样本数占总样本数的比例。它衡量了分类器整体的分类准确性。表达式为：$A = (TP + TN) / (TP + FN + FP + TN)$。

准确率：准确率是指在所有被预测为正例的样本中，实际为正例的样本的比例。它关注了分类器在正例预测中的准确性。表达式为：$P = TP / (TP + FP)$。

召回率：召回率是指在所有实际为正例的样本中，被正确分类为正例的样本的比例。它衡量了分类器在捕获正例方面的能力。表达式为：$R = TP / (TP + FN)$。

*F*1 值：*F*1 值是准确率和召回率的调和平均，用于综合考虑分类器的性能。它能在平衡准确率和召回率时提供更全面的评估，表达式为：$F\alpha = [(\alpha^2 + 1) \times P \times R] / [\alpha^2 \times (P + R)]$。

当 $\alpha=1$ 时，就是非常常用的 *F*1 值，即 $F1 = (2 \times P \times R) / (P + R)$。

这些指标在评估分类器性能时都扮演着重要的角色。正确率关注整体分类的准确性，准确率关注正例预测的准确性，召回率关注正例的捕获率，而 *F*1 值综合了准确率和召回率的权衡，适用于各种不同的情境。

2. 基于 Logistic 回归模型的预测

基于 Logistic 回归模型预测结果如表 4-2 所示。

表 4-2　基于 Logistic 回归模型预测结果

测试样本正负比例	模型总体正确率	正例准确率	正例召回率	*F*1 值
1：2	84.45%	73%	84%	78%
1：5	84.68%	53%	84%	65%
1：10	84.82%	36%	84%	50%
1：20	84.88%	22%	84%	35%
1：50	84.85%	10%	84%	18%

（续）

测试样本正负比例	模型总体正确率	正例准确率	正例召回率	$F1$ 值
1：100	84.81%	5%	84%	10%
1：500	84.98%	0%	84%	0%
全样本	84.98%	0%	84%	0%

通过 Logistic 回归模型测试结果可以发现在正负样本为 1：2 比例情况下训练出来的用户购买行为预测模型随着测试样本正负比例变化整体预测效果下降，即随着负样本逐渐成倍数增长，预测正例即发生购买的样例准确率由 73% 直接下降到 0，$F1$ 值由 78% 下降到 0%，说明 Logistic 回归预测模型随着负样本数量的增长，已经无法处理，模型泛化能力很低。

3. 模型重要特征

训练结束后，可以输出模型所使用特征的相对重要程度，以了解哪些特征对于模型的预测性能起到了关键作用。通过 Logistic 回归模型训练和测试，得到特征指标重要程度排序，本文选择排序前 5 的特征作为用户购买行为影响特征（如表 4-3 所示），用于解释模型预测结果。

表 4-3　重要特征指标

特征排名	特征含义	重要程度
1	用户上一次将该商品加入购物车距离本次购买的时间间隔	0.067 9
2	用户上一次浏览该商品距离本次购买的时间间隔	0.042 3
3	该商品类别的点击转化率（点击后实际购买的比率）	0.029 7
4	用户上一次浏览该商品类别距离本次购买的时间间隔	0.027 2
5	用户本身点击购买的平均时间间隔	0.026 6

五、A 企业用户购买行为预测效果

对用户购买行为的数据进行详细分析，将大幅提高转化率及成交额。线下百货公司之前对这方面的研究较少。通过 A 企业线上真实购物行为数据的机器学习算法训练和分析发现，用户的历史购买行为对于预测未来购买行为的影响最大。同时，预测日期前一天的用户历史购物行为对预测的结果影响更明显。

A 企业根据对用户购买行为的预测，可以提供个性化推荐和营销、优化库存和供应链管理、合理分配营销预算、推动新产品开发和创新，获得竞争优势和市场定位。A 企业通过对数据的分析和预测，可以提升销售业绩、提高客户满意度，在竞争激烈的市场环境中脱颖而出。

资料来源：刘潇蔓.基于特征选择和模型融合的网络购买行为预测研究 [D]. 北京：北京交通大学，2017.

案例问题

1. 从 A 企业对用户购买行为的预测中，我们能够得到什么启示？

2. 本案例的数据分析流程是什么？在各个流程中，应当重点关注哪些方面？

参考文献

[1] SAUNDERS M N K, LEWIS P, THORNHILL A. Research methods for business Students [M]. 8th ed.London: Pearson Education, 2019.

[2] 贾俊平，何晓群，金勇进 . 统计学 [M]. 4 版 . 北京：中国人民大学出版社，2009.

[3] 周志华 . 机器学习 [M]. 北京：清华大学出版社，2016.

[4] WEDEL M, KANNAN P K. Marketing analytics for data-rich environments[J]. Journal of Marketing, 2016, 80(6): 97-121.

[5] JAIN A K, DUBES R C. Algorithms for clustering data[M]. Englewood Cliffs: Prentice-Hall, 1988.

[6] HAN J W, KAMBER M. 数据挖掘：概念与技术：原书第 2 版 [M]. 范明，孟小峰，译 . 北京：机械工业出版社，2007.

[7] HAMILTON J D. Time series analysis[M]. Princeton: Princeton University Press, 1994.

[8] 张伟，杨炳儒，宋威 . 多关系数据挖掘研究综述 [J]. 计算机工程与应用，2006（2）: 1-6.

[9] QUINLAN J R. Induction of decision trees[J]. Machine Learning, 1986(1): 81-106.

[10] 姚奇峰，杨连贺 . 数据挖掘经典分类聚类算法的研究综述 [J]. 现代信息科技，2019，3（24）: 86-88.

[11] CARD D, DELLAVIGNA S, MALMENDIER U. The role of theory in field experiments[J]. The Journal of Economic Perspectives, 2011, 25(3): 39-62.

[12] BOX G E P, HUNTER J S, HUNTER W G, et al. Statistics for experimenters: design, innovation, and discovery[M]. 2nd ed. New York: Wiley, 2005.

第五章
顾客画像及应用

学习目标

（1）界定顾客画像的基本概念；

（2）描述顾客画像的目的；

（3）讨论顾客画像的维度和实施过程；

（4）介绍顾客画像的应用。

导引案例

美国塔吉特百货"了解您的秘密"

美国超市品牌塔吉特（Target）百货利用专业的数据分析模型，基于顾客的购买行为数据能分析出处于怀孕早期的人群，然后进行精准广告推送。孕妇对于品牌，尤其零售商来说是个含金量很高的顾客群体，而怀孕又是相对私密的事情，等孩子出生，新生儿母亲被很多广告包围的时候，企业再行动也就晚了。

塔吉特百货会给每个顾客分配一个"顾客 ID 号"作为该顾客的唯一代码，该代码会记录顾客购买的所有商品，以及在塔吉特百货发生的购买相关的行为（比如信用卡、优惠券的使用情况，邮寄地址或网站访问情况等）。顾客数据分析部门（Guest Data and Analytical Services）建立了一个数据模型，基于该模型利用历史数据分析孕妇在孕早期购买过哪些商品。他们发现，许多孕妇会在孕早期购买无香味护手霜以及大量孕期保健品（如补充钙、镁、锌的善存片等）。塔吉特百货基于这些关键商品的购买情况建立了顾客标签系统，并通过分析优惠广告寄出后的购买情况，进一步优化标签类商品的范围。这使塔吉特百货很早就能够识别出怀孕早期的目标顾客群体，并进行精准营销。

塔吉特百货的孕期用品销售量在顾客画像模型使用之后获得了爆炸性增长，塔吉特百货进而将顾客画像技术推广到其他细分客户群的数据分析中，并获得了成功。

资料来源：DUHIGG C. How companies learn your secrets[N]. New York Times, 2012-02-16.

第一节　顾客画像概述

一、顾客画像的基本概念

"画像"（Profiling）一词最初来源于演员的面具，由于观众能够清楚地辨别出面具所表征的人物特征，因此面具就成为人物的"画像"[1]，这和中国京剧中的人物脸谱有着异曲同工之处。卡尔·荣格（Carl Gustav Jung）在其分析心理学中开始采用"画像"的概念，描述一个人与社会的关系[2]。当前，顾客画像多被企业用来描述顾客特征，这种操作方法已经成为数字营销学的核心概念和实践基础。

顾客画像是通过对顾客的标签化来描述顾客特征的过程。可以说给顾客"打标签"是顾客画像的基础工作，因此有时候人们也将某一特定的顾客标签组合称为顾客画像。所谓"顾客标签"（Customer Tags）是企业在特定管理目标下，用一系列浓缩精练的词语或量化指标描述目标顾客，通过分析和挖掘整理能表征顾客特征的标签，从而组成一个立体的顾客画像模型[3]。最典型的顾客标签是人口统计特征，它也被当成顾客画像的基础[4]，人口统计特征能描述顾客性别、年龄、地区等较为基础的顾客信息。在当前这个数据丰富的时代，企业内部会保存大量的顾客原始特征数据和业务数据，企业外部也有各种数据源能提供顾客群体相关数据，顾客的一切行为都变得"可追溯"和"数字化"，这就为企业精准地进行顾客画像提供了基础条件。由于顾客画像能够帮助企业设计个性化产品、实施精准推荐、锁定定向人群、实现销售转化，因此顾客画像就被当成帮助企业将数据资产"变现"的重要途径。以下的"今日头条"案例显示出顾客画像所产生的巨大经济价值。

小案例 　　　　　**"今日头条"通过顾客画像推荐内容**

"今日头条"采用"千人千面"的消息推送方式获得了巨大的成功，其当前用户数量已达到 2.6 亿，在 Brand Finance 发布"2021 全球媒体品牌价值 50 强"中位列第 32 名。"今日头条"的消息推送方式是在顾客画像的基础上完成的，实时将人的特征、环境特征、文章特征三者相匹配来确定推荐的内容。具体而言，企业会向本地居民推荐本地新闻，并根据用户社交行为、阅读行为、地理位置、性别、职业、年龄等计算出顾客感兴趣的资讯，进而持续进行兴趣资讯的推荐。在实施过程中，"今日头条"的典型推荐模式包括基于阅读频率的个性化推荐、基于阅读内容的个性化推荐、基于突发与热点资讯的推荐、基于个人行为的推荐（例如，有人评论回复、站外好友注册加入等）。

资料来源：梁栋. 看今日头条如何玩转精准营销 [J]. 现代商贸工业，2017（19）：59-60.

　　顾客画像强调顾客是由多个标签描述的，每个顾客可以具有个性化的标签，因此顾客的差异主要来自对标签的选择。顾客画像中顾客的特征是与情景相关的变量，即使对于同一个顾客，从不同的标签维度看，他们也是具有不同特征的个体。例如，一个顾客可以描述为对游泳运动感兴趣的个体。也可以描述为正在热恋的个体，他的顾客画像既可以用于推荐游泳体育用品，也可以用于推荐情人节礼品。顾客画像与企业的目标有关，所以企业需要根据经营目标进行定制化的顾客识别和分类。

二、顾客画像的目标

　　顾客画像与企业的经营目标紧密相关，通过选择顾客标签，企业可以获得某一目标下的精准顾客群，从而展开有效的精准营销。对于不同的企业目标，顾客画像是不同的。例如，当企业的目标是激活沉睡顾客时，企业可以选取营销活动参与度低的沉睡顾客，通过精准营销投放来激活。在降低顾客流失阶段，企业最关心的是哪些顾客具有潜在高流失的特征，通过顾客标签找到这样的顾客，有助于及时采取挽留行动。因此，有人将顾客画像描述为"现实世界中顾客的数学建模"。顾客画像的目标大致可以分为三个，即顾客识别、顾客管理和提升绩效。

（一）顾客识别

　　顾客识别（Customer Identification）是数字营销实践的起点和基础。顾客识别是指通过顾客标签对个体或群体顾客进行辨识、选择和分类的过程。在企业经营过程中，识别出不同类型的顾客有着非常重要的意义，它往往决定企业的实践操作应当如何进行。例如，企业拟向老顾客销售一项新产品，哪些顾客才是合适的销售对象是需要识别的，这时企业可以根据以往的传播、销售、客户互动等数据进行顾客的筛选，进而精准地进行产品推荐。

　　顾客识别也可能是动态的，企业需要实时对顾客的行为进行监控，从而识别出具有相关特征的顾客，以便进行下一步的实践操作，通常动态顾客识别主要应用于发现有特异特征的顾客并进行相应的管理。例如，一些银行对顾客的流失非常关注，当顾客出现大额资金转移时，银行就会实时识别并采取一定的挽留行动。

（二）顾客管理

　　企业需要在顾客画像的基础上对顾客资产进行评估和分类，并按照顾客的类别实施不同的顾客管理策略。企业在经营过程中留存了大量顾客，如何管理这些顾客成为企业持续经营的关键，这时企业往往通过建立顾客标签的方式进行顾客画像，并根据企业的经营目标进行顾客管理。

　　顾客画像之所以能够协助管理顾客，是由于它具有实时、精准、多维等特征，能够有效满足对顾客精准管理的需求，并协助精准提升顾客的满意度和忠诚度。在顾客满意度方面，企业需要在顾客体验（Customer Experience）、顾客旅程（Customer Journey）、顾客触点

（Customer Touch Point）、服务补救（Service Recovery）等各个方面进行有效管理。顾客画像能够根据上述管理目标识别目标顾客，精准提升顾客满意度。在顾客忠诚度方面，顾客画像有助于实时监控潜在的流失顾客，精准提升顾客忠诚计划的效果，增强特定顾客的赢回能力。

（三）提升绩效

由于顾客画像具有精准性的特征，企业可以利用顾客画像向特定顾客精准推荐产品和服务，提升顾客的购买比率，降低单个顾客的销售成本，从而提升企业的绩效。如某移动公司的经销商持续记录到店顾客的各类信息，积累了数千人的顾客规模，当公司有优惠的营销活动时就会向特定的老顾客推荐，实现了非常好的经营绩效。

按照第一章中的水池模型，提升营销绩效的要点包括获客、激活、留存、变现、传播、预警、赢回等，顾客画像可以在上述每一个实施要点协助企业有针对性地投放营销资源，实现较好的投入产出比，提升企业经营绩效。

三、顾客画像的基本原则

构建顾客画像的核心工作是给顾客贴上标签，它需要通过收集、分析顾客的信息提取出特征标识，形成顾客的标签集合。顾客标签提取需要遵循 SMART 原则，具体如下。

（1）可识别（Specific）。顾客画像应当是可识别的。可识别的基本含义是顾客的标签能够被明确识别，它可以清晰地描述顾客的基本特征或潜在行为特征。例如，顾客的年龄、性别、地理位置等就属于顾客的基本特征标签；而顾客将产品放入购物车的行为则可以标注为该顾客对产品存在较高的购买兴趣标签。

（2）可衡量（Measurable）。顾客画像应当是可衡量的。可衡量的基本含义是利用顾客画像选择的顾客群体能够被有效区分和识别，例如，重度、中度和轻度购买某产品的顾客群体，可以定量地描述这个群体的人群规模、消费金额、购买频次等。只有这样，才有利于进行顾客资产的评估和精准营销的效果评价。

（3）可实施（Attainable）。顾客画像应当是可实施的。顾客画像的目的是个性化精准营销，顾客画像的可实施性指当采用顾客画像进行营销实践时，能够达到个性化精准营销的结果。也就是说，企业要向特定的人群销售产品，那么应当有效地描绘这一目标顾客群的画像，以便进一步进行精准营销。有时候一个顾客群的标签并不是唯一的，例如，高收入顾客的标签可以是收入，也可以是顾客购买的总金额，或者是顾客居住的高档小区，那么采用何种标签来描述目标顾客特征就与顾客画像的可实施性有较大的关系。

（4）可关联（Relevant）。顾客画像具有可关联性。关联性指顾客画像应当与目标顾客之间有很强的关联。例如，当企业需要识别高流失风险的顾客时，顾客画像标签应当与高流失风险的顾客群密切相关和吻合，采用这些标签识别高流失风险的顾客时不应该出现大量其他类别的顾客群。顾客画像的可关联性展现了顾客画像与企业目标任务、目标人群的强关联。

（5）时限性（Time-Bound）。顾客画像具有时限性。时限性指顾客画像并不是一成不变的，它仅在一定时间期限内有效。产生时限性的原因包括顾客自身特征的变化、环境的变化、产品的变化等。顾客自身的变化时常发生，如顾客之前喜欢肉食，但之后因为健身减肥，可能改为喜欢吃高蛋白食品或者素食，这时顾客画像也将随之发生变化。由于顾客画像具有时限性，因此需要不断监控和调整顾客画像。

第二节 顾客画像的标签分类

一、顾客画像的标签概述

顾客画像是通过顾客信息的标签化来完成的，顾客标签可以划分为不同的类型，我们将顾客画像的标签分为"状态 – 行为"和"直接观测 – 洞察分析"两个坐标维度，这样就可以得到如图 5-1 所示的顾客画像标签分类。状态类标签（Status Class Tags）指顾客当前所处的现状，这些信息体现了顾客已有的特征，例如，顾客的性别、年龄、住址。行为类标签（Behavioral Class Tags）指顾客的各类行为，通过行为特征来区分不同顾客。行为类标签对企业而言实践价值非常高，例如，"风险识别"标签可能帮助企业识别出顾客即将流失的信息，从而提醒企业及时展开挽留行动。

直接观测类标签往往描述的是可以直接观测的顾客特征，例如，顾客点击某些页面的行为。洞察分析类标签往往不能够直接观察到，需要企业进一步测评或者统计分析才能够识别出来。一些品牌也会在构建顾客画像的时候，将直接观测类标签定义为行为标签，而将洞察分析类标签定义为态度标签。例如，企业很难从行为数据中看到顾客是否满意，需要进一步采集数据来识别顾客是否满意。Wedel 和 Kamakura 在进行市场细分维度的划分时也有类似的分类，他们将顾客的特征划分为"可观测 – 不可观测""整体视角 – 产品视角"等两个维度，从而形成了四个象限的顾客画像标签分类 [5]。

	状态	行为
直接观测	基础属性、分类属性	行为识别、场景活动
洞察分析	态度评价、价值观念	风险识别、刺激反应

图 5-1 顾客画像标签的分类

在图 5-1 中，我们将顾客标签分为八个类别，包括：

（1）基础属性。它描述的是顾客的基本属性和特征，例如，人口统计特征。

（2）分类属性。它描述了企业对顾客的分类，用于对顾客的分类管理，以及对分类顾客的资源投入。

（3）态度评价。它描述了顾客对企业产品和服务的评价和态度。这一标签常常用于识别顾客的满意程度、品牌态度、产品质量等方面。

（4）价值观念。它描述的是顾客的价值观和生活形态等，例如是不是环保主义者。

（5）行为识别。它描述了顾客的各类行为，例如，顾客的点击和浏览行为。

（6）场景活动。它描述了顾客在各类场景下的行为，例如，顾客在"双11"营销活动场景中的消费行为。

（7）风险识别。它描述了顾客的流失、休眠、违规等给企业带来风险的行为。

（8）刺激反应。它描述了顾客在营销刺激下的反应，例如，刺激反应标签可以识别顾客对哪些促销更加感兴趣[6]。

二、状态类标签

状态类标签是指顾客已经存在的状态特征，包括顾客的基本属性、态度和价值体系等（如图5-2所示）。不同状态类标签的实施难易程度是不一样的，企业很容易根据性别等人口特征标签区别顾客，但企业很难确定不同顾客的价值观念。图5-2对不同状态类标签的实施难易程度进行了描述，其中最容易获取的状态类标签是地理特征，最难获取的是抽象的状态类标签，例如，价值观念。但当企业采用容易获取的顾客标签画像存在困难时，一般可以选择更抽象的标签进行画像。在实践中，企业很难向具有某种价值观的人群实施营销刺激，他们往往采用"愿者上钩"的模式让具有某种价值观的人群主动购买产品。例如，可口可乐在饮料瓶身印上不同的语句，使每个产品都成为"表达瓶"，方便具有某种价值观的顾客购买。

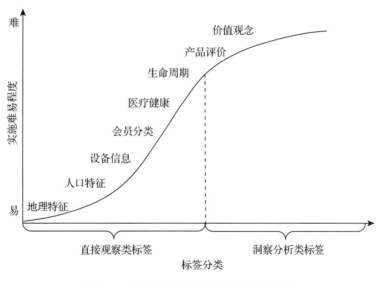

图 5-2 顾客状态类标签实施的难易程度

小案例

网红燕麦王饱饱，精准营销抢占燕麦冲饮市场

网红麦片品牌王饱饱在2018年5月上线以来，以其独特的"烤麦片"产品定位，精准的内容营销，以及好吃又营养的产品力和高颜值包装，成功抢占冲饮麦片市场。2019年6月王饱饱的天猫单店体量已经做到了天猫麦片类目第一的位置，2019年和2020年，王饱饱连续两次位居"双11"冲饮麦片细分领域销售额第一。

王饱饱观察到有一些年轻消费者追求美食且对健康要求越来越高，"好吃不胖"是核心诉求。于是王饱饱将核心顾客定为 18～35 岁的年轻女性，新奇、健康、好吃、高颜值的产品属性很快就满足了核心顾客对麦片的诉求。高颜值麦片也成了"社交货币"，吸引用户主动在网络上进行分享和传播。

明晰顾客画像之后，王饱饱据此寻找最佳的触达目标顾客的平台和途径。于是在初期，其主要营销投放集中在微博和 B 站，通过寻找与王饱饱核心目标顾客画像一致的圈层进行投放，如美妆、美食、穿搭等。2019 年下半年起，王饱饱开始在抖音、小红书进行营销投放，但内容投放策略发生了明显变化。虽然面对的都是 18～35 岁的女性顾客，但内容投放策略却有所不同。在 B 站，视频内容要精致有趣，一般是 15 分钟的长视频穿插产品植入或广告；而在抖音，则采用内容找人的逻辑，在 15 秒的短视频中要有节奏和情节反转，才能让目标顾客看完。因此，王饱饱将市场部分为两个团队，一个负责内容生产，一个负责内容投放研究，即研究不同投放平台的算法逻辑和目标顾客画像的变化等。投放时，王饱饱会分析平台、顾客画像和内容的匹配程度，再通过选择相应的 KOL 曝光和覆盖来实现精细化运营。

通过清晰定位顾客画像，并进行精准的营销投放，王饱饱成功实现品牌宣传、顾客认知和购买转化的高效营销链路，成了冲饮麦片界的黑马。

资料来源：根据公开资料整理。

状态类标签中最重要的是基础属性标签（如图 5-3 所示），它是能够被直接观察到的顾客标签，也被大量应用于精准定向营销之中。例如，女性往往被定向推荐化妆品，但很少有男性收到化妆品的推荐信息。基础属性标签包括地理、人口特征、设备信息、敏感信息和家庭状况等标签。地理标签中与居住、工作相关的标签往往被认为具有很高的价值，因为根据顾客所居住的商圈信息可判断顾客的收入状况；工作标签则与职业相关的产品关联较大。人口特征标签包括顾客的年龄、性别等个人信息。设备信息标签也反映了重要的顾客个人信息，例如，根据手机的品牌、型号标签可以判断出顾客的功能需求和象征价值偏好。顾客的智能设备在将来会成为重要的顾客标签，例如，智能家居、智能汽车等设备信息。敏感信息是《中华人民共和国个人信息保护法》中明确规定的几种信息，包括生物识别、宗教信仰、特定身份、医疗健康、金融账户、行踪轨迹等信息，以及未满十四周岁未成年人的个人信息。采用敏感信息标签时有严格的限制性规定。另外，还有家庭状况标签。

分类属性标签描述的是企业对顾客的分类。第一种分类是会员分类，它是客户关系管理的基础性标签，根据会员分类标签，企业采用不同的提高顾客满意度和忠诚度的策略。另一个分类标签是顾客生命周期，它与产品的生命周期类似。在导入期，顾客初步接触到公司的产品和服务；在成长期，顾客频繁地购买公司的产品和服务，且购买量不断增加；在成熟期，顾客的购买量不再高速增长，而是处于一种稳定的状态；在衰退期，顾客的购买量逐渐减少，存在转换品牌购买的风险 [6]。企业也可以按照一些层次模型来区分顾客的不同生命周期，例如，可以使用 AIDA（Attention，Interest，Desire，Action）模型将顾客标注为注意、兴趣、愿望、行动等四种不同的标签。

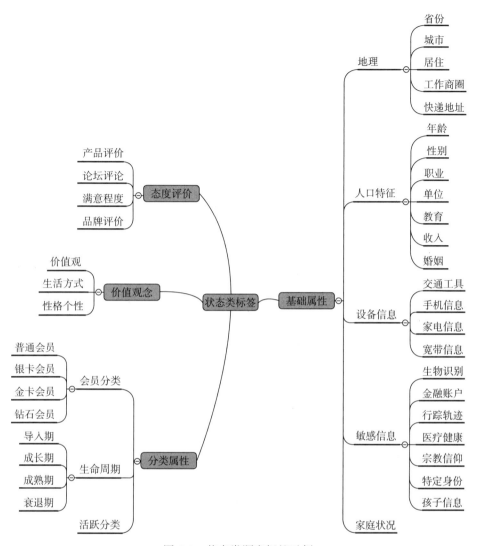

图 5-3　状态类顾客标签示例

　　态度评价标签和价值观念标签并不是可以直接观测到的标签，无法通过顾客的行为直接测评，需要通过访谈、问卷调查、文本挖掘等方式进行洞察分析才能够得到（如图 5-3 所示）。还有一种顾客的态度评价标签是顾客满意和忠诚类标签，它是倾听顾客声音、洞察顾客感知的重要标签，也是客户关系管理的基础。另一种顾客态度标签是品牌评价，顾客对品牌的第一提及率、品牌认知、品牌态度都是测量品牌资产的主要维度，也是持续监控广告活动产生的影响的主要变量。凯勒等曾提出"基于顾客的品牌资产"（Customer-Based Brand Equity），它描述了多个品牌的测量维度 [7]，这些维度均可以作为顾客品牌评价的标签。

　　需要注意的是，不同的企业识别同一个状态类标签时采用的方法可能是不同的。例如，家庭的收入水平是非常重要的信息，但不同的企业识别家庭收入水平的方式可能是不同的，如银行可以通过物业费识别，新能源汽车企业可以通过居住商圈识别，购物平台可以通过产品购买行为识别。

三、行为类标签

行为类标签是精准营销最为重要的标签[8]，很多行为类标签都可以直接用于精准营销操作，因此它的价值极高。例如，假设顾客流失的主要标签是间隔某一段时间没有购买，那么当发现这样的顾客时，就可以展开挽留行动。全面构建顾客的行为标签是非常困难的，因为很难穷尽顾客的行为，企业一般会根据自身业务的特征构建具有行业特征的行为标签（如图 5-4 所示），例如，去哪儿网构建的标签与出行行为关联性较大，美团构建的标签则可能与外卖关联性大。

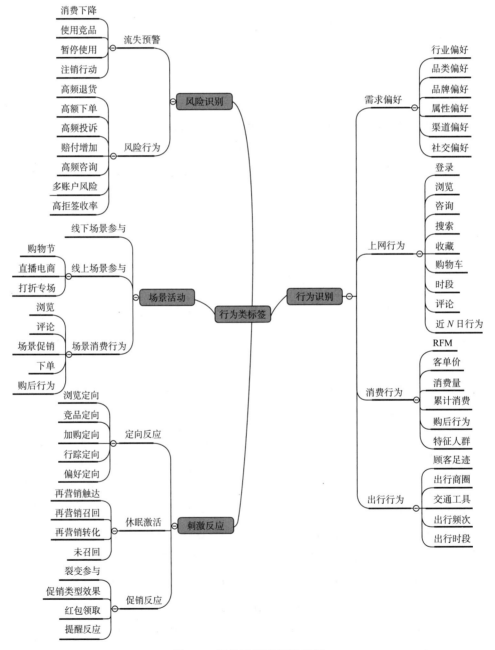

图 5-4　行为类顾客标签示例

企业可以采用 6W1H 方法来构建一个较为全面的行为标签体系。6W1H 方法的顾客行为标签主要从解决问题的视角出发，确定顾客画像的标签分类。表 5-1 描述了 6W1H 方法的标签维度和示例，可以在该标签框架下构建完善的行为标签体系 [8]。

表 5-1　6W1H 顾客行为标签示例

6W1H 维度	一级行为标签示例	二级行为标签示例
谁是顾客（Who）	顾客的特征	（1）高频买者；（2）高客单价者；（3）竞品买者
在哪里购买（Where）	顾客购买地点	（1）购物商圈；（2）兴趣网站；（3）活动场景
购买什么（What）	顾客产品偏好	（1）商品浏览；（2）店铺停留；（3）商品收藏
为什么购买（Why）	顾客购买原因	（1）爆品销售；（2）营销活动；（3）产品质量
顾客何时购买（When）	购买的时间和频次	（1）浏览时间；（2）购买时间；（3）购买频次
为谁购买（for Whom）	关联顾客信息	（1）裂变推荐；（2）关联分享；（3）高频沟通对象
如何反应（How）	对营销信息的反应	（1）价格促销反应；（2）裂变信息反应；（3）时间截止反应

在行为标签中，行为识别标签包括需求偏好、上网行为、消费行为、出行行为等（如图 5-4 所示）。需求偏好描述了顾客对行业、品类、品牌、产品属性、渠道、社交媒介的偏好，标签数据一般来自顾客的浏览及消费的汇总数据和实时数据，其中需求偏好的实时数据是实时竞价（Real Time Bidding, RTB）广告的关键数据来源，而汇总数据则是行为定向广告的关键数据来源。上网行为是与需求偏好行为相关的行为，例如，浏览行为往往与产品偏好相关，因此上网行为可以与需求行为共同建立联合标签体系。消费行为的典型标签是消费量、消费金额、消费时段等，比较经典的标签是 RFM 标签，代表消费者最近一次购买时间（Recency）、频次（Frequency）和金额（Monetary）。出行行为的主要标签是顾客足迹、出行商圈、出行频次、交通工具和出行时段等。顾客的行为足迹能够大量用于精准营销，例如，户外广告精准定向、位置服务营销、地图的附近营销等，但需要注意的是足迹信息属于个人敏感信息，需要谨慎使用。

场景活动标签主要指在场景中顾客的行为，包括线上和线下的场景活动。所谓场景，指的是顾客由于某种一致性目的在某场所聚集的情景。举例而言，阿里巴巴线上的场景活动包括"双 11"活动、聚划算团购、1688 直播等。线下的场景营销场景也非常多，例如，车站场景、景区场景等。顾客在场景中的行为包括注册、激活、购买等，它可以即时或随后形成销售，因而是重要的顾客标签来源。

顾客行为的解释性标签包括风险识别和刺激反应等标签，这类标签往往需要采用统计模型进行分析，从而进行风险识别或刺激反应识别。例如，信用卡的利率需要根据违约风险来确定，通过逻辑回归的方式确定违约风险表达式的参数，进而评价单一顾客的违约风险，从而形成该顾客的违约风险标签。

顾客的风险识别标签是企业进行精准营销和行动的重要标签。首先是流失预警标签，如何保留顾客一直是企业非常重要的工作，那么流失预警标签在保留顾客时就会产生重要作用。例如，对于移动通信企业的顾客而言，如果顾客出现了流量使用减少、使用频次降低、使用竞品卡号等行为，就预示着该顾客存在高流失风险，企业需要根据顾客的分类级别展开挽留行动。其次是风险行为标签，它表示顾客在投诉、撤单、咨询、拒签等方面高于正常值，当出现这类行为时，企业的经营风险会上升，因此一些企业会采取行动减少该项风险。

刺激反应标签是顾客面对企业营销活动时产生的反应。第一种刺激反应标签是定向反应标签，这类标签可以识别顾客对哪些类型的定向广告可能产生积极的反应。例如，企业发现顾客高频浏览某一固定品类时，就能够判断顾客对该品类的偏好，这时向该顾客推送相关广告就可能增加销售的成功率。定向反应标签包含多种类型，涉及浏览定向、竞品定向、加购定向、行踪定向和偏好定向等（如图 5-4 所示）。第二种刺激反应标签是休眠激活标签。这类标签是针对休眠客户的再营销标签。顾客可能会由于企业的激活行为被召回并转化，但也有可能出现召回失败，这些行动产生的结果将形成顾客标签。第三种是促销反应标签，这类标签代表了顾客对哪些促销活动有更强的反应。它背后的实质问题是如何向不同的顾客分配营销资源，企业需要根据顾客的促销反应精准投放资源，提升营销的效率。

小案例　　　　**企业通过精准顾客画像，有效提升新品推广效果**

A 公司是一家生产果汁软糖的零食企业，市场份额排名国内前十。公司近期研发了一款低糖健康型糖果，希望向年轻消费者销售，并让更多目标消费者尝试。然而公司的营销资源有限，如何精准推广就成为关键问题。为了达到目标，公司决定在淘宝平台推广新品，目标人群为淘宝上购买零食品类的年轻消费者。但是由于预算有限，公司无法购买大量淘宝页面展示位或聘请头部主播直播带货。

为了达到高效精准地向潜在消费者推广，A 公司针对购买零食的年轻消费者购买行为展开研究，以便从中找到潜在的低糖新品消费者。通过分析发现，20～30 岁的淘宝消费者是购买低糖类食品的主要人群，可以作为公司的重点投放对象。接下来，A 公司利用阿里的数据银行，分析出 20～30 岁潜力人群的顾客画像，并通过为期一周的 A/B 测试评估两个不同产品链接页面的广告投放效果，最终确定了合适的产品推广页面。

A 公司根据研究结果，对目标顾客进行了派样投放。当目标人群在天猫超市和盒马等平台下单时，只要购物篮出现糖果，凑单页或结算推荐页就会以一个促销价格放入公司的低糖新品，一周的测试显示转化率较之前显著提升。A 公司接下来基于浏览和品类购买行为，将潜在顾客有效引流到天猫旗舰店。两个月后，新品渗透率显著提升，推广活动取得了较好的市场效果。

第三节　顾客画像的实施和应用

一、顾客画像的实施

顾客画像的实施过程可以划分为五个阶段，分别是界定画像目标、选择顾客标签、测试顾客标签、实施效果评价、顾客标签迭代等，最后确定顾客画像（如图 5-5 所示）。

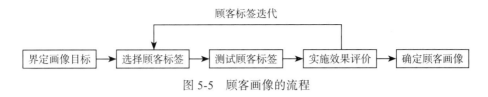

图 5-5　顾客画像的流程

（一）界定画像目标

界定画像目标是顾客画像中最重要的环节，目标不同则所需要的顾客画像标签不同，因此当确定了顾客画像目标后，顾客画像的研究范围也就随之确定了。顾客画像目标涉及的范围越大，所需要准备的数据标签及其后续的验证工作就会越复杂。以下我们从销售目标和顾客管理目标两个角度对顾客画像的目标进行讨论。

销售目标是以产品和服务的销售为核心目标，在这一目标下企业需要完成新品销售、引流拓客、促销转化、裂变分享和交叉销售等工作，而对于每一种工作，顾客的画像可能是不同的。例如，对于新产品销售目标，企业关注的顾客画像是目标顾客的特征是什么，目标顾客关注的产品属性是什么，目标顾客接触的主要媒体是什么，应该通过何种渠道向目标顾客推荐新产品。但是，对于裂变分享目标，企业关注的顾客画像可能变成哪些顾客愿意分享链接，什么营销策略能够让某些顾客分享链接，什么顾客愿意点击链接。

顾客管理目标主要围绕提升顾客满意度和顾客忠诚度展开。当企业确定具体的顾客管理目标之后，就可以确定顾客画像的方向。例如：当企业的目标是留存高价值顾客时，首先需要根据顾客标签提取高价值顾客的画像；其次根据画像找到高价值顾客并描述其个性化需求，提升其顾客满意度；再次建立相应的忠诚计划；最后思考如何构建顾客的退出壁垒，提升高价值顾客的留存率。

（二）选择顾客标签

在顾客画像的目标确定之后，企业需要做的是选择顾客标签，以便进一步针对顾客实施精准营销。顾客标签的种类非常多，但并不是所有标签都需要使用，因为每增加一个顾客标签，顾客的数量就会下降一些，但当企业需要覆盖更多的人群时，标签的数量就不能够太多，这就形成了矛盾。此时如何精准选择顾客标签就成了实际操作中的一个难题。以下介绍几种选择标签的方法。

1.头脑风暴法

头脑风暴法主要用于激发创意和发掘集体智慧。在顾客标签选择过程中，通过头脑风暴法可以让不同类型的人参与，使他们在讨论中能够深入剖析问题并形成共识。通过头脑风暴法选择顾客标签需要明确顾客画像的主题，确认参会人员特征并在会前做好充分准备。头脑风暴法是当前很多企业使用的标签选择法，它的优点是时间短、决策快、投入少，可以深入挖掘顾客画像的使用场景。不过，头脑风暴法的缺点也是明显的，体现在缺少数据验证，主要依靠参与者的专业度和经验，在实践中容易产生偏差。

2. 深度访谈法

深度访谈法通过对典型顾客进行访谈，从而确定目标顾客的画像标签。一般而言，深度访谈分为结构化、半结构化和开放式的访谈，结构化和半结构化的访谈需要在访谈前确定可选的顾客标签，并在访谈中最终确认这些标签，它适用于有目标顾客标签的情况。开放式访谈则在访谈前不确定顾客的标签，而是通过开放式的问题获得被访者的观点，并在随后进行编码和文本挖掘，最终获得顾客标签。深度访谈能够深入了解顾客的想法，可以对标签是否合适进行判断。它的缺点有：工作量大、成本较高；要求典型顾客具有较高的代表性，但企业在并没有目标顾客标签的情况下，找到典型顾客存在一定的困难。

3. 专题调研法

专题调研法指进行顾客画像的专项调研。目前有大量的市场研究公司根据品牌推广的要求展开顾客画像的调研，它们通常将焦点组访谈和问卷调查相结合。焦点组访谈一般会按照城市、年龄、购买使用情况等分组进行。问卷调查则通常会按照城市分类展开，有些时候也会针对特定的顾客展开调查（例如，针对新顾客、复购顾客展开调查，从而确定不同类型顾客的画像标签差异），对调查所得到的数据进一步进行统计分析，从而确定标签特征。

企业也可以向一些数据服务平台寻求帮助。由于这类平台主要协助企业进行网络应用埋点、数据采集和数据分析，因此它们留存了大量的顾客数据，能够为企业提供各式各样的标签研究服务。图 5-6 是一家数据分析平台的标签服务描述，该公司既能做全景顾客画像研究，也能做定制顾客画像研究。

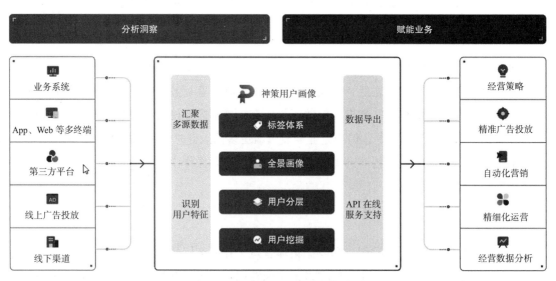

图 5-6　神策数据的标签体系

资料来源：神策数据官方网站（https://www.sensorsdata.cn/）。

4. 数据洞察法

数据洞察法是基于顾客数据进行建模分析，然后获得顾客画像标签。例如，针对流失顾客的数据进行分析，发现导致流失的因素，并从这些因素中提炼出顾客流失预警的标签。数据洞察法既可以基于企业自有数据展开研究，也可以基于第三方数据展开分析。一般而言，企业自有的数据需要较长时间的记录和积累才能够用于有效的顾客画像洞察。

通过数据洞察，企业可能发现一些顾客标签与顾客的特定行为紧密相关，这就形成了动态的标签体系。例如，当顾客出现图 5-4 所描述的高频退货、高频投诉、赔付增加等特征时，该顾客就可能被识别为风险顾客。

5. 竞品标签法

对于一些新产品而言，没有历史数据沉淀，也没有费用去做第三方调研，这时选择友商的竞品顾客标签就成为一种策略，这种策略也有助于实现竞品顾客的转换购买。竞品的顾客标签有时可以通过公开的研究或文献查阅到，例如，科尼尔公司对中国商超零售市场的典型顾客进行了画像，归纳出了六种顾客人群（如表 5-2 所示）。这些顾客画像是可以用于企业选择顾客群体的。

表 5-2　中国商超零售市场六大典型顾客人群

人群描述	典型特征	个人描述
精英中产家庭	王先生，36 岁，家庭月收入 3 万元，居住在一线城市	去年我刚升任部门总监，收入提升不少。平时我比较喜欢网购和去仓储型卖场采购，购买时更看重商品品质而非价格
小康务实家庭	李先生，40 岁，家庭月收入 1.5 万～2 万元，居住在二线城市	我们家月收入在当地还可以，但生活成本很高，尤其涉及孩子相关的费用。我们认为性价比才是王道，常去大卖场购物
已婚奋斗白领	张女士，28 岁，家庭月收入 2.5 万元，居住在一线城市	我的收入一般，目前我和我的先生都忙于事业，没有精力考虑孩子。购物时我更注重便利、即时和质量，经常在电商平台购物，能网购就不去线下
都市悦己一族	易先生，25 岁，家庭月收入 1.5 万～2 万元，居住在一线城市	我其实不是太想结婚，现在工资一个人花挺好的。比起线下平台，我更喜欢网购，还有 O2O 平台。我喜欢的东西比较小众，价格有点高，线下买不到
小城享乐青年	陈女士，25 岁，家庭月收入 1 万元，居住在三线城市	毕业之后我放弃在一线城市工作的机会，回到老家生活。虽然收入不高，但小城市的生活很安逸，我过得也很舒服。我喜欢在电商平台，或者小区边上的超市购物
闲适银发群体	潘女士，60 岁，家庭月收入 2 万元，居住在一线城市	我和老伴都退休了，孩子在国外工作，一年回来一次。我们有很多空闲时间，经常逛大卖场。我们虽然收入不低，但节俭习惯了，平时还是愿意买实惠的东西

除了上述方法之外，一些广告平台也会提供人群包，将特定的人群标签集成在里面，便于企业进行特定顾客群的选择。企业也可以将人群包所圈定的人群作为起始种子进行人群迭代，最终找到符合产品特征的目标顾客画像。

小案例　　　　　　　　　　　**京东的人群包**

为了提高企业营销的触达效率，京东根据海量顾客在平台内的行为，整理出系列人群包。它将不同特征的顾客标签组合在一起，描述某个特定的顾客群体，例如，美容人群包、健身人群包、学生人群包等。广告主可以根据自身产品特征选择对应的人群包进行广告投放，从而实现精准的人群定位。以京东站内的广告平台"京准通"为例，它根据顾客的浏览、搜索、加购物车、预约、购买、关注等行为，以及地域、身份、资产、终端、社会地位、消费偏好、消费能力、频道偏好、商品偏好等属性生成人群包。广告主选择人群包后，平台会提供该人群包下具体覆盖的人群信息（例如，性别比例、购买力、促销敏感度、会员等级、年龄分段、地域分布等信息），辅助广告主确定投放范围。广告主依据人群包进行有针对性的广告推送，既避免了平台上的顾客由于平台推送不感兴趣的广告而对平台产生负面态度，也保证了企业的营销费用不会被浪费。人群包有效降低了广告主选择顾客标签组合的难度，协助广告主实现快速精准投放，但它的缺点是很难适用于目标顾客较特殊的企业，也不便于顾客画像的迭代改进。

（三）测试顾客标签

在选择了顾客标签之后，需要进行标签测试，以便确认所选择的标签是否能够表征目标顾客的特征。测试过程一般是一个实验过程，可以采用以下几种方式。

1. 小批量实验验证

企业在初步确定标签之后，可以进行小规模的人群投放，其目的是确认标签是否合理。小规模投放时，首先按照顾客标签抽样选择顾客，其次通过发送优惠券、刺激话术等方式吸引被选顾客，之后根据点击、浏览、购买和传播的相关数据确定购买的人群，最后分析最终购买人群的顾客画像特征。

2. 多组 A/B 测试

A/B 测试是企业常用的分组实验比较方法，它可以用于多组标签的测试。在实践中，由于有多组顾客的标签组合，这时就有必要进行多组测试比较，以找到最优的标签组合。A/B 测试能够对确定标签组合的顾客群体进行营销刺激，并快速获得结果，但它的缺点是只能测试标签组合，一般不能对单个标签的有效性进行评价。

3. 联合分析测试

要测试单个标签的效果，采用联合分析测试（Conjoint Analysis）将是非常好的方法。联合分析测试的优点是可以通过正交设计等统计设计技术，用少量的测试就能够获得不同标签的效用值。但是联合分析测试也有其缺点，主要体现在研究的周期较长，很难适应快速迭代的数字营销环境。

（四）实施效果评价

在测试顾客标签之后，企业需要对测试的结果进行评价，从而进一步确定较优的顾客标签组合。总体看，效果评价包括以下几种。

1. 单一标签的效果分析

通过联合分析测试，企业可以获得单个标签的效用值，从而确定哪些标签是高价值的，哪些标签是低价值的。最佳效用值的标签组合也就构成了目标顾客的画像。

2. 最佳标签组合分析

在 A/B 测试过程中，对不同顾客标签组合的效果进行分析，找到效果最优的标签组合，这些顾客标签组合就代表了有效的目标顾客画像。

3. 独立访客分析

在标签测试过程中，对独立访客（Unique Visitor）进行画像分析，找到典型的独立访客画像，从而确定目标顾客的标签组合和画像。

4. 事前事后比较

企业通过顾客标签组合选择顾客群，并进行营销刺激的投放，之后访问或购买的顾客标签有可能与初始标签组合存在差异。企业可以比较前后标签的差异来确定最终的目标顾客标签。

（五）顾客标签迭代

当完成了顾客标签组合的效果评价之后，企业能够得到一组或多组目标顾客标签组合。但这些标签组合并不一定代表最终的顾客画像，企业还需要不断迭代，直到得到较为稳定的顾客画像组合后，才能够最终确认目标顾客画像。

进行顾客标签迭代的另一个原因是，顾客画像往往是会发生变化的，这种变化可能来自环境的影响，也可能来自顾客行为的变化，因此需要不断进行测试调整，确定有效的顾客标签组合。顾客标签的测试和迭代过程也可以通过信息技术自动完成，首先不断提取有效顾客的标签组合，其次进行输入和输出顾客标签的比对，从而形成稳定的顾客画像标签，最终为大规模的投放奠定基础。

通过选择、测试、效果评价和迭代，企业可以形成目标顾客标签组合，从而开展进一步的营销活动。在导引案例中，零售商塔吉特百货通过画像研究发现怀孕顾客具有购买特定商品的行为，将这种购买行为确定为怀孕顾客的标签。之后，塔吉特百货就会向怀孕的顾客邮寄相应的广告，并对顾客进行个性化的产品推荐。

二、顾客画像的应用

（一）精准营销管理

顾客画像的主要目标是协助企业快速锁定目标顾客群体，实施精准营销，提升营销效果。在营销管理的各个环节，顾客画像均能够发挥很大的作用，即在市场细分和定位、营销策略组合等各个环节，顾客画像均可以得到应用。

第一，在市场细分和定位方面，顾客画像可以有多种应用。一方面，企业可以通过研究目标顾客，获得顾客的画像标签，并通过顾客标签精确选定细分人群，从而向这些人群进行精准定向传播和产品推荐。另一方面，企业也可以通过顾客标签的小规模测试迭代，获得对产品感兴趣的顾客的画像，并对这些目标顾客进行深入研究，从而实施细分人群重新界定、产品重新定位等操作。

第二，在产品策略方面，企业通过顾客画像标签可以非常方便地选取拟拓展的目标顾客群体，针对这些目标顾客进行深入研究、潜在需求挖掘、产品小规模的测试等，就可能快速开发出满足目标顾客的产品。顾客画像标签还有助于企业开展深入的市场研究，通过实施精准目标群体的 A/B 测试或展开联合分析测试，快速精准地倾听顾客声音，并找到最优的产品属性组合。

第三，在定价策略方面，顾客画像仍然可以起到重要作用。通过顾客标签与商品价格的交叉分析，可以了解不同顾客群体购买商品支付的价格，为不同产品线的定价提供依据。例如，新产品进入市场前如何定价是一个关键问题，此时可以利用顾客画像分析目标顾客的价格偏好，从而确定新产品的定价。另外，价格偏好本身就是一个关键的顾客标签，它在顾客群选择、产品推荐、产品开发、产品销售、客户关系管理等方面均可以起到重要作用。在实践中，企业还会利用顾客画像进行 A/B 测试，从而选择更为合适的定价策略、价格展示策略、促销策略。

第四，在渠道策略方面，顾客画像可以分析不同商圈的目标顾客数量，从而协助企业进行销售渠道和零售店铺的选择。例如，盒马鲜生利用商圈中顾客使用支付宝的数据进行画像，掌握商圈的客流情况和顾客价值，进而决定店铺的选址。另外，在数字销售渠道中，企业会根据顾客画像情况及时调整销售策略。例如，在直播带货过程中，店铺往往会根据顾客画像的情况不断调整直播的策略，以便提升顾客销售转化率。

第五，在传播和促销策略方面，顾客画像是企业实施精准产品推荐和投放定向广告的基础。精准的传播使很多数字产品做到了定制化和千人千面，例如，今日头条根据顾客画像制定了内容个性化推荐策略，从而增加了用户的黏度。

小案例　　　**麦提莎对中国顾客零食偏好的顾客画像研究**

麦提莎在没有正式进入中国之前，已被很多海淘代购销往中国，从而成为顾客熟知的品牌。在进入中国市场时，麦提莎对中国顾客的零食偏好展开了研究，他们预设了"年轻女性""喜欢巧克力""喜欢进口品牌""喜欢脆的零食"等六类目标消费人群，并预设"脆脆哒"为品牌定位。之后，麦提莎通过 Uni Marketing 的品牌数据银行，验证品牌定位预设的有效性。在 Uni Marketing 的品牌数据银行里，麦提莎可以清晰地看到相关顾客的画像。

麦提莎又找了另一家数据服务公司意略明展开比对研究，他们发现有两类人群并不符合之前的人群预设，特别是"喜欢脆的零食"的人群，但同时他们发现了"喜欢夹心饼干""喜欢低糖低脂零食"两个新特征。此时，麦提莎的目标人群画像逐渐清晰，即"年轻女性""喜欢巧克力""喜欢进口品牌""喜欢夹心饼干""喜欢低糖低脂零食"，这是有一定压力却崇尚健康生活、寻求放松感觉的人群，但"喜欢脆的零食"的人群不是目标顾客画像。

资料来源：RTBChina. 找对目标人群调整定位 玛氏用 Uni Marketing 打造网红巧克力 [EB/OL].（2018-01-15）[2023-07-11]. https://www.sohu.com/na/216G25069-208076.

（二）顾客旅程管理

顾客旅程管理（Customer Journey Management）是顾客从开始接触企业到产生联系的各个环节，它包含了顾客与企业的全触点、全过程和全部生命周期。"顾客旅程图"（Customer Journey Map）概念源于何时有不同说法，一种认为这是延伸了服务蓝图理论，一种则认为"顾客旅程图"就是"接触点地图"（Touch Point Map）[4]。顾客旅程的含义包括以下几个方面 [9]：首先，顾客旅程是接触点连接起来的完整旅程，而非单个触点；其次，需要关注整个旅程的体验，而非单一触点的体验，每个接触点满意并不一定代表整个旅程满意；再次，顾客旅程涉及全渠道的多个触点，包括跨屏、跨渠道和线上线下等多种渠道；最后，旅程持续时间较长，同时是可以重复的。顾客旅程管理是顾客画像应用的重要领域，在顾客旅程的不同触点、产品使用过程和生命周期，顾客的画像是不同的，因此必须进行全面的管理。第一章的水池模型可以用于解释如何通过顾客画像进行顾客旅程管理。企业可以通过顾客画像进行获客、激活、留存、变现、预警、赢回等多个顾客旅程点的管理。

李飞曾将顾客画像、顾客体验图和顾客旅程图整合为全渠道顾客旅程体验图 [4]，它是"背景＋顾客画像＋顾客旅程＋顾客体验＋企业旅程＋机会点"的集合。表 5-3 和图 5-7 描述了李飞提出的全渠道顾客旅程体验图创建步骤。

图 5-7 显示，顾客画像是顾客旅程管理、顾客体验管理和企业旅程管理的基础，只有通过顾客画像明确目标顾客，才能够有效地开展顾客的全面管理。不过，全渠道顾客旅程体验管理并没有关注数字环境下的实践，在实际操作过程中，数字化带来了以下几个方面的变化。首先，它可以分别作为企业数字化管理体系的模块。全渠道顾客旅程体验管理模式可以嵌入企业的管理系统之中，形成顾客旅程全周期管理的数字化模块，这将为下一步的自动营销系统构建奠定基础。其次，它可以应用于数字化企业的管理。对于在线经营的数字化企业，该管理地图可以获得顾客在每个旅程或体验的数据，从而构建有效的数字化管理模式。其中的难点在于顾客体验的数字化，这部分可以通过评论挖掘、实时调研、统计推断等方式完成数据的补充。再次，它可以用于企业营销体系的数字化转型。全渠道顾客旅程体验系统可以作为企业数字化转型的一个基本体系，它能够有效地连接顾客画像、顾客旅程、顾客体验和企业旅程，从而形成完整的基于顾客价值的数字化管理体系。最后，它可以用于动态的顾客数字化管理体系。如果能够动态地获得顾客画像、顾客旅程和顾客体验的实时数据，全渠道顾客旅程体验系统就可以动态地、全周期地、全过程地管理不同类型的顾客，提升顾客满意度和忠诚度。

表 5-3   全渠道顾客旅程体验图创建步骤

阶段	1.绘制背景	2.绘制顾客画像	3.描绘顾客旅程	4.描述顾客体验	5.描述企业旅程	6.描述机会点
步骤	①标明绘制者及日期 ②说明绘制的情景 ③明确绘图的目标 ④将相关内容填入框架图的背景位置	①确定分析的产品类别 ②选择目标顾客 ③调研目标顾客 ④描述顾客是谁（人口统计特征） ⑤概述顾客是什么样（心理和性格） ⑥将相关内容填入框架图的顾客画像位置	①调研目标顾客全渠道购前、购中和购后行为 ②了解各个阶段的全部接触点 ③将这些接触点依序排列 ④将相关的内容填入框架图的顾客旅程位置	①选择顾客体验类别（便携、感官和情感） ②选择评价标志和标准（满意、不满意等） ③调研目标顾客在全渠道各个接触点的体验情况 ④将结果填入框架图的顾客体验位置	①调研企业全渠道售前、售中和售后行为 ②了解各阶段的全部接触点 ③将这些接触点依序排列 ④说明重要资源匹配 ⑤将相关内容填入框架图的顾客旅程位置	①分析机会点 ②说明企业旅程的关键点 ③将相关内容填入框架图的机会点描绘位置

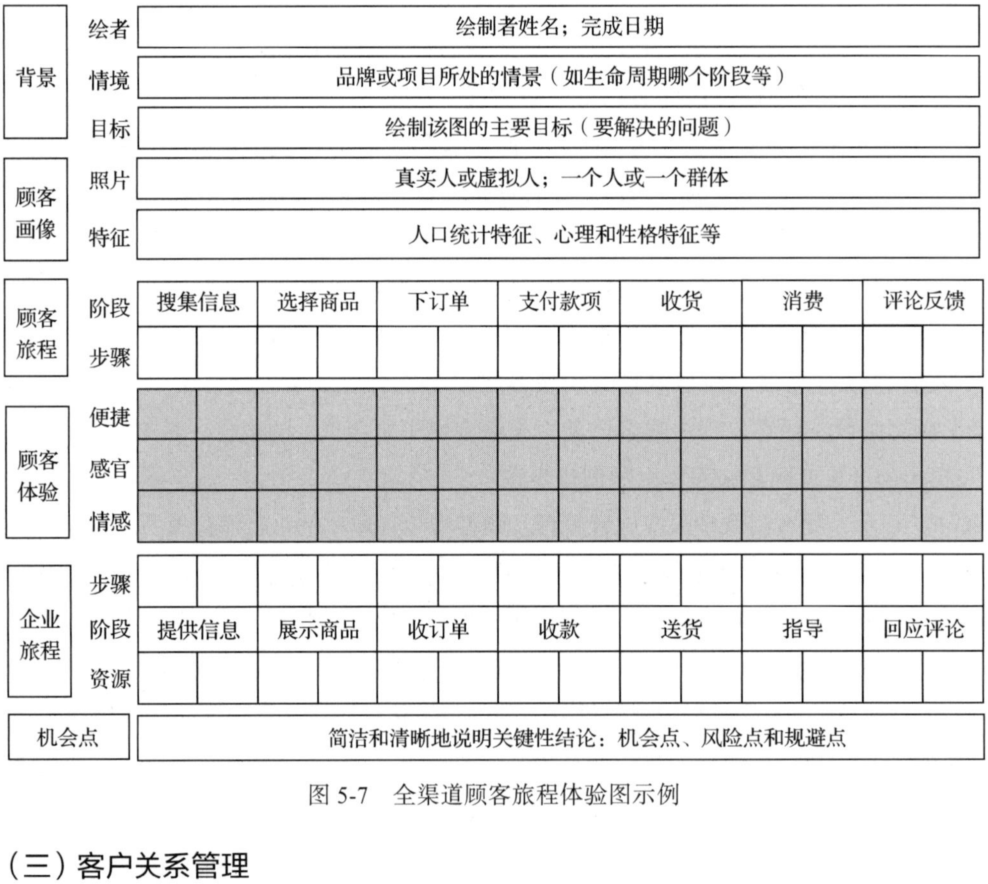

图 5-7   全渠道顾客旅程体验图示例

（三）客户关系管理

在客户关系管理方面，顾客画像是客户关系管理中最为重要的管理步骤之一，客户关系管理的基础是顾客识别，它是帮助实施顾客个性化管理的关键。顾客画像能够帮助企业更好地理解顾客需求，提高顾客满意度，减少顾客流失，增加顾客赢回比例，增强顾客忠诚度，扩大交叉销售。本书将有专门章节讲解数字化的客户关系管理。

首先，顾客画像是提升顾客满意度的基础信息。企业需要通过顾客画像了解顾客的个性化需求和痛点，对顾客的需求和痛点实施定制化服务。通过顾客的触点画像进行顾客触点管理，提升顾客的个性化感知价值和体验效果。通过投诉、抱怨信息获得顾客不满意的关键点，进而实施精准的服务补救措施，降低顾客的不满意率，减少负面口碑的传播。

其次，顾客画像也是提升顾客忠诚度的基础工作。进行精细化服务和关怀是建立顾客忠诚的重要手段，在这一过程中，需要通过顾客画像精准确定会员顾客的需求，实施有效的忠诚计划[10]。在顾客流失预警过程中，需要通过顾客标签识别出哪些顾客存在较高的流失风险，并有针对性地采取挽留和赢回措施。而在休眠顾客激活过程中，需要通过测试获得顾客的反应信息，刻画出可以激活的休眠顾客。

最后，顾客画像也是实施深度销售和推荐管理的基础。通过顾客画像，企业能够了解如何为特定的顾客定制产品，提升交叉销售（Cross Sell）和增进销售（Up Sell）的成功率，从而有效推进顾客的正向口碑传播和转推荐行动[3]。顾客画像对新产品的开发、产品的选择等均有较大的作用，针对目标顾客进行定制化开发和销售产品，也是近些年比较普遍的营销操作方式。

（四）特定目标应用

企业经常将顾客画像应用于特定的企业管理目标，例如，进行个性化推荐、顾客赢回、顾客分享与裂变等。以下重点对个性化推荐进行描述。

顾客画像在个性化推荐中主要用于细分人群。从个性化推荐的分类看，包括大众、细分和个人三种个性化推荐[4]。大众个性化推荐是从大众的平均需求出发，向所有人推荐同样的产品。一些同质性的产品适合进行大众个性化推荐，例如，所有家庭都会使用的酱油、醋、卫生纸等。为了向所有人推荐合适的产品，企业需要获得所有顾客的平均偏好数据，这时就需要使用顾客在产品应用方面的标签，从而找到各项产品属性的平均水平。细分个性化推荐是根据细分市场的顾客需求推荐相关的产品，首先需要针对细分市场需求开发相关的产品，之后向目标顾客推荐。在这个过程中，顾客画像是描述目标顾客特征、针对目标顾客人群投放的关键要素。在腾讯的广点通、阿里巴巴的钻石展位等广告平台上，通过选择顾客标签就可以锁定细分市场人群，从而进行消费市场的个性化推荐。个人的个性化推荐是指针对个人的需求定制和精准推广产品和服务。此时，顾客的个人画像就成为关键的要素，一些关键性的标签往往是决定个人级别的个性化推荐的关键，例如，收入水平、个人的特殊状态（如怀孕、结婚等）。个人个性化推荐的产品包括特殊情境下使用的产品、高价值产品、实时需求产品等，企业需要通过数据来分析目标顾客的显著性标签，进而进行产品的推荐。由于个人信息涉及严格的法律法规管理，因此个人级别的产品推荐往往受到严格的法律限制。

个性化推荐可以基于内容过滤方法，也可以基于协同过滤方法[11]。内容过滤是根据顾客过去浏览、收藏、购买等顾客标签，确定顾客偏好的相似性，从而进行推荐。协同过滤则是使用相似顾客的偏好来预测顾客的偏好，这种推荐需要通过统计方法预测分析，从而确定向哪些目标顾客推荐什么产品。除了前述的推荐系统，另一种推荐系统是自适应个性化推荐系统（Adaptive Personalized Recommendation System），它是根据顾客的行为标签，通过动态的实时服务来实现个性化推荐，形成一种自动营销的体系。例如，实时竞价广告就是根据顾客的浏览行为，确定顾客的实时动态需求，并通过广告交易平台拍卖之后展示给顾客，整个交易过程仅用 1/10 秒。随着物联网和人机交互技术的发展，消费者将可以通过语音、凝视、面部表情、运动等方式与设备实现交互，进而丰富顾客画像的实时标签，实现自动注意力分析和营销资源的实时分配，这将使自动化和个性化推荐成为营销技术的主要发展方向。

本章小结

顾客画像是数字营销学的核心和基础概念，它是分析和挖掘整理出表征顾客特征的标签，从而组成一个立体的顾客画像模型。顾客画像的主要目标是顾客识别、顾客管理和提升绩效。从顾客画像标签的分类看，可以分为"状态－行为"和"直观观测－洞察分析"两个坐标维度。状态类标签指顾客已经存在的状态特征，包括顾客的基本属性、态度和价值观念等；行为类标签标注的是顾客的各类行为，并通过行为特征来区分不同顾客。顾客画像的实施过程可以划分为五个阶段，分别是界定画像目标、选择顾客标签、测试顾客标签、实施效果评价、顾客标签迭代等，最后确定顾客画像。典型的顾客画像应用是精准营销管理、顾客旅程管理、客户关系管理和个性化推荐等方面。

不过，即使有很多成功案例展示了顾客画像的好处，很多品牌依旧会认为顾客画像是昂贵的、复杂的、偏理论的、理想化的操作。实际上顾客画像可以有不同的方式，也可以不需要花费很多，如企业可将其现有数据收集整理形成标签数据，然后通过小规模验证分析就可以进行顾客画像。很多互联网公司在做 A/B 测试时采用迭代思路测试顾客标签，从而确定目标顾客的画像，之后再进行大规模的 A/B 测试或者推广。顾客画像的重要之处在于它的基本思想和分析逻辑，它将顾客描述为各类标签，有助于构建数字营销系统，并实现自动营销。企业基于对现有顾客画像的理解，在开展营销活动前将企业各相关部门和人员邀请进来讨论各种顾客画像的假设或问题，非常有利于最终的落地和执行，也便于顾客画像数据的内部应用，从而提升企业的顾客数据资产运营效率和营销绩效。

重要术语（中英文对照）

顾客画像 Customer Persona

顾客标签 Customer Tags

顾客识别 Customer Identification

顾客旅程 Customer Journey

顾客触点 Customer Touch Point

状态类标签 Status Class Tags

行为类标签 Behavioral Class Tags

基于顾客的品牌资产 Customer Based Brand Equity

实时竞价 Real Time Bidding

顾客标签迭代 Customer Tag Iteration

顾客体验 Customer Experience

自适应个性化推荐系统 Adaptive Personalized Recommendation System

思考与讨论

1.请解释顾客画像和顾客标签的基本概念。

2.请描述标注顾客标签的分类。

3.请讨论顾客画像的实施过程。

4.请讨论顾客画像在精准营销管理、顾客旅程管理、客户关系管理和个性化推荐中的应用。

案例实战分析

四家数据平台的顾客画像

一、阿里的数据平台

（一）阿里的数据银行简介

阿里平台的数据工具有品牌数据银行、生意参谋、天猫新品创新中心（TMIC）、策略中心和达摩盘，这些工具都可以为品牌商提供服务，同时阿里还主推全域营销的概念。其中，品牌数据银行从"融合、分析、激活"三个维度实现品牌顾客数据资产的管理和增值，即品牌顾客数据资产的高效梳理、顾客全链路的透视分析、多元营销场景的应用（包括阿里的电商、娱乐和营销服务矩阵）。

品牌数据银行的能力主要来自六个方面，即人群挖掘的数据能力、优化投放的电商广告、内容生产、线上线下的数据融合、制作优化电商店铺、会员营销。阿里生态内针对C端顾客的数据是打通的，即以淘宝、天猫、聚划算、口碑为代表的电商平台，以优酷、土豆为代表的视频媒体，以新浪微博、陌陌、钉钉为代表的信息流媒体，以UC、高德为代表的移动信息流与搜索引擎媒体等的数据是打通的。品牌数据银行实现的不仅是静态的顾客标签，也包含动态的顾客标签，通过实时更新数据，可以进行顾客资产管理、画像分析、线上线下融合、挖掘潜在人群等相关工作。这块功能的应用部分，有的品牌是由团队自己做，有的品牌则是选择第三方进行外包操作。

阿里的全域营销（Uni Marketing）战略是依托大阿里生态自有数据，以顾客运营为核心，在新零售体系下实现全链路、全媒体、全数据、全渠道的品牌大数据营销。Uni Marketing产品矩阵包括品牌数据银行、全域策略（策略中心）、全域传播（Uni Desk）、全域运营（品牌号、智慧门店、天猫营销产品）等。该产品矩阵解决了营销量化和追踪的问题。

（二）阿里的 FAST GROW 模型应用案例

阿里近期主推用"数字视角透视品牌增长"的 FAST GROW 模型，即：

$$品牌增量 = 消费者增量 \times 细分人群渗透 \times 消费增量$$

FAST 是"Fertility""Advancing""Superiority""Thriving"的首字母缩写，中文含义即新客增加和老客活跃，而 GROW 是"Gain""Retain""Boost""Widen"的缩写，表示渗透力、复购力、价格力和延展力。阿里基于此逻辑模型，以消费者为中心，全链路提升品牌数字资产，服务消费者全生命周期。

某品牌计划在电商"618"和"双 11"期间借助数字手段提升高端消费顾客群的渗透能力。该品牌首先通过阿里平台构建高端精英人士的特征标签，其次通过品牌数据银行观察这些顾客群在节庆购物活动（酒水节、中秋节、国庆节）的市场渗透情况，最后进行目标顾客的标签更新。在"双 11"期间，该品牌利用已测试的顾客标签，通过钻石展位、超级推荐等方式多次触达目标顾客群，共计获得超过 600 万人次的高消费活跃顾客，客单价超过 800 元的顾客数量增加 117%，渗透率提升 27.3 个百分点。

二、京东的九数平台

（一）京东的九数平台简介

京东九数商业分析平台（以下简称"九数平台"）可以实现多种数据接入、搭建各类复杂模型、提供不同的人群画像服务。九数平台可以为品牌主提供关于消费者定制化的标签挖掘，从而帮助品牌主得到精准投放人群。

京东经过多年的用户营销运营实践，形成了自己的 360 方法论。京东按照认知（Aware）、吸引（Appeal）、行动（Act）和拥护（Advocate）的 4A 模型细分顾客，并在品牌的不同阶段制定相应的营销策略，即开发策略、改进策略、执行策略和效果衡量策略。经反复实践，京东将品牌增长方法论升级为"GOAL 模型"[即，G（靶向人群）、O（渗透增长）、A（价值增长）、L（忠诚增长）]，通过靶向人群标签定义核心人群，进而扩展到多个目标人群。京东精细化运营方案是在一方数据下构建全域数据 One-ID 体系，经过对顾客的分层认知、多维洞察、营销评价之后，实现精细化运营。京东全域营销不仅推出了"京腾计划""京东展位"等，还在完善各种展示合作平台如"购物触点""京速推"等。

（二）金佰利利用京东九数平台精促魔方营销的案例

京东的精促魔方设计源于模拟一个顾客的决策路径，通过个人订单数据，真实反映顾客在京东购物时的比价行为，并利用模型量化各因素的影响来优化定价及促销策略。金佰利利用京东九数平台的精促魔方，获得了个人订单级别的数据支持，通过还原顾客的比价路径，并结合尼尔森的数据，打通了顾客决策的"最后一公里"，即从顾客画像、促销触达和促销优化三个方面提升从浏览到购买的转化率，进而提升品牌的市场份额。

使用了精促魔方后，金佰利销售份额止跌反弹，获得 1.8 亿元的销售额提升效果和 363 倍的投资回报率。取得如此显著效果的关键在于京东提供了精细的个人订单数据。金佰利利用该数据将顾客多维度分群，进而刻画不同顾客的消费习惯，同时与京东合作，利用模型分析出影响决策的各项因素及不同促销形式的效力，从而针对不同顾客制定相应的策略，使有效的定价和精准促销触达目标顾客，打通了顾客从浏览到购买决策的"最后一公里"。

三、腾讯的企点营销平台

（一）企点营销平台概述

腾讯"企点营销－销售智推"以小程序为载体，以智能线索管理平台为依托，主打多行业（汽车、地产等）微信生态下的销售智能化获客场景，为销售提供"推广—获客—转化"，为企业提供"数据跟踪—线索管理—二次营销"的一站式管理工具，从而提升企业的获客能力和运营效率。腾讯的企点营销平台通过顾客画像进行顾客分群管理和精细化运营以提升推广效果。企点平台利用社交媒体、QQ、社群、微信公众号 H5、自媒体、电话营销等推广手段裂变传播，并通过裂变传播分析，透视多渠道的访问、互动、转化数据，从而识别关键的转化点，提升营销效果。

小程序的营销场景可以从发现顾客需求之后，无须跳转直接完成顾客转化，并能利用优惠券、会员营销等多种手段精准推荐、激活顾客，实现裂变营销。广告型的业务场景与广点通投放平台结合，利用销售智推小程序向目标顾客精准投放。企业可以通过深度耕耘微信社交流量，利用销售智推小程序引流吸粉，建立企业的私域流量池，实现低成本获取客户线索，从而高效维护所有顾客线索和粉丝。

（二）某寿险公司借助腾讯企点营销的案例

腾讯企点可以利用腾讯积累的顾客信息建立丰富的顾客画像标签体系，通过这些顾客画像标签，企业可以在腾讯的广告平台实现精准营销。某寿险公司以客户关怀为核心要素，依托腾讯企点，借助腾讯生态网络，接入多渠道数据信息，逐步渗透到营销服务环节。企业通过腾讯企点连接顾客全渠道信息（包括微信信息、营销沟通信息、客服投诉信息、金融账户信息和交易产品信息），同时结合公众号、小程序、企业微信和 QQ 等多元场景统一顾客界面、整合客服数据、提升销售服务各环节，实现了顾客画像之后的赋能。

该公司统一了顾客界面之后，完善了顾客画像体系，有效洞察了顾客需求，加速了销售转化，提高了需求预测和匹配能力，增强了产品使用反馈信息，改善了顾客体验和满意度，提高了顾客的复购率。公司使用腾讯企点之后实现转化率翻番，投资回报提升四倍。

四、抖音营销平台

（一）抖音营销平台概述

依托字节跳动，抖音平台允许用户创建、分享 15～60 秒的短视频，可以添加音乐、特效等元素，以创意和有趣的方式展示生活、才艺等内容。之后，抖音平台逐渐演变出抖音小店，成为流量变现的热门平台。抖音在 2016 年 9 月上线之后，仅仅经过两年时间，日活用户突破 1.5 亿，月活用户超过 3 亿。

　　同淘宝一样，抖音也为品牌提供了各种数据工具、指标体系和全域营销工具。抖音使用的数据工具包括巨量云图、电商罗盘、DMP等，营销的方法论包括FACT和STEP。FACT是商家在抖音电商的四大经营矩阵，F（Field）是指商家自播阵地经营，A（Alliance）是指海量达人矩阵，C（Campaign）是指营销活动组合爆发，T（Top-KOL）是指头部大V的品销双赢。品牌可以基于不同阶段增长需求，灵活分配四大经营矩阵的资源和投入，实现抖音电商的增长。STEP是指抖音围绕品牌在Surge（开创新机）、Touch（心智深耕）、Expand（破圈拉新）和Persist（长期经营）四个阶段构建增长路径，为品牌提供系统化的经营和增长解决方案，兼顾营销与生意，实现"乘梯而上"的愿景。抖音作为内容电商，能够通过视频内容输出引起顾客购买欲，直接达成销售。

（二）某美食短视频创作者的抖音内容电商案例

　　作为内容起家的品牌商户，该短视频创作者的抖音账号累积了近5 000万粉丝。2020年6月入驻以来，其团队亲自深耕达人矩阵，在不到一年时间内获得超过2 000位达人带货。到2021年，月销售额已稳定到1 000万元以上。

　　该短视频创作者的团队也成立专门的团队进行抖音渠道运营，基于整合内容IP营销、达人运营和电商运营三大能力，通过稳定高质量的内容输出，在达人矩阵上取得巨大成功。团队所构建的抖音渠道不仅有长期稳定的达人带货，还拓宽了除食品品类的垂直达人体系，通过达人在人群适配、流量转化等各个指标上的表现，优化达人筛选效率，提升运营效率。

资料来源：

阿里研究院《2020中国消费品牌发展报告》。

《腾讯企点×贝恩-360°智慧客户运营白皮书》。

《FACT经营矩阵 激发兴趣电商新增量——2021抖音电商商家经营方法论白皮书》。

案例问题

　　四家数字营销平台的相似和不同之处是什么？四家平台是如何进行顾客画像的？

参考文献

[1] STERN B B. Literary analysis of the company persona: a speaker schema[J]. Current Issues and Research in Advertising, 1988, 11(1): 3-20.

[2] DION D, ARNOULD E. Persona-fied brands: managing branded persons through persona[J]. Journal of Marketing Management, 2016, 32(1-2): 121-148.

[3] ONEL N, MUKHERJEE A, KREIDLER N B, et al. Tell me your story and I will tell you who you are: persona perspective in sustainable consumption[J]. Psychology and Marketing, 2018, 35(10): 752-765.

［4］李飞．全渠道客户旅程体验图：基于用户画像、客户体验图和客户旅程图的整合研究[J].技术经济，2019，38（5）：46-56.

［5］WEDEL M, KAMAKURA W A. Market segmentation: conceptual and methodological foundations[M]. Dordrecht: Kluwer Academic Publishers, 1999.

［6］赵宏田．用户画像：方法论与工程化解决方案[M].北京：机械工业出版社，2020.

［7］凯勒，王海忠，陈增添．战略品牌管理：全球版：第4版[M].北京：机械工业出版社，2021.

［8］胡明国．大数据时代下客户立体画像在银行业应用研究[J].中国城市金融，2016（1）：40-42.

［9］梅克勒，内尔，派克，等．从接触点到客户旅程：如何从顾客的角度看世界[J].上海质量，2016（12）：41-45.

[10] KORZENIOWSKI P. Personas become key to successful marketing[J]. Customer Relationship Management, 2020, 24(2): 28-31.

[11] WEDEL M, KANNAN P K. Marketing analytics for data-rich environments[J]. Journal of Marketing, 2016, 80(4): 97-121.

[12] 卢泰宏，高辉．品牌老化与品牌激活研究述评[J].外国经济与管理，2007，29（2）：17-23.

第六章

营销指标体系与平台应用

学习目标

（1）介绍数字营销的指标和指标体系；

（2）对数字营销关键环节的指标进行解析；

（3）第三方数据平台和工具使用介绍。

导引案例

瑞幸咖啡：数字化营销助力顾客快速增长

瑞幸咖啡（Luckin Coffee）是中国知名的连锁咖啡品牌。财报数据显示，瑞幸咖啡在 2021 年第三季度总净收入 23 亿元；平均月交易客户 1 470 万人，较 2020 年同期增长 79.2%。瑞幸咖啡的 CMO 杨飞在品牌运营流程上通过精密有效的数字化营销，在获客、促销和忠诚度等环节精心设计，为客户提供了高性价比的咖啡产品。

在获取顾客方面，瑞幸咖啡设计了"新顾客第一杯免费"的策略，顾客只要下载瑞幸 App 就可以免费领取一杯咖啡，没有任何门槛和限制。App Store 排名和 App 下载量证明了这个拉新策略的成功。另外，瑞幸咖啡设计了多渠道的传播策略：线上微信采用了 LBS 精准定位，如通过朋友圈推广瑞幸咖啡广告；线下投放则采用分众广告，如在各办公楼电梯投放带有明星代言的瑞幸咖啡海报。

在提高活跃和留存方面，瑞幸咖啡针对不同顾客的消费习惯实现了"千人千面"的数字化营销。例如，顾客一直购买的产品的消费频率减低之后，会被陆续推送不同折扣的优惠券。通过大数据分析和挖掘，瑞幸咖啡实现了基于顾客消费偏好的精准推荐。

在转化收入变现方面，瑞幸咖啡为顾客提供多样的折扣奖励以保持顾客的兴趣和持续购买欲望。例如，咖啡充值钱包长期有充 2 赠 1、充 4 赠 3 的活动，在促活顾客、提高留存的同时，以存量找增量，通过顾客间高频带高频的方式有效增加收入。

在自传播裂变方面，瑞幸咖啡推出了拉新裂变和储值裂变模式。拉新裂变是"免费送给好友咖啡，各自得一杯"活动；储值裂变是顾客在购买咖啡时，采取充 1 赠 2 的优惠方式，促使顾客拉动新顾客。CMO 杨飞认为，在所有 App 裂变的方式当中，见效最快的是拉新奖励。这种方式是用后付奖励的形式，使得广告成本＝老顾客拉新奖励＋新顾客注册奖励。由于奖励采取后付模式，顾客只有在注册或完成行为之后才能获得奖励，因此降低了广告的投放风险。

资料来源：范冰．"luckin coffee"的新零售爆款增长方法论 [EB/OL]. (2018-04-19) [2022-05-31]. https://www.Sohu.com/a/228749094_308518.

第一节　数字营销的指标与指标体系

在数字经济时代，企业从采购、生产、管理等不同视角积累了大量的数据和相应的营销指标，这是企业的重要绩效指标之一。通过营销指标，可以测量和监控企业的业务经营现状、产品使用情况、顾客需求变化等。这类监控就像一个人的健康需要通过体温、血压等人体特征指标来进行监测一样。建立营销指标体系已经成为企业营销决策的重要环节。

数字营销指标主要包括使用产品的顾客数、频次、人均频次、时长、点击率、转化率、渗透率、留存率、同比和环比等。数字营销指标使业务目标变得可描述、可度量、可拆解，过程可监控，因此是统计和衡量绩效结果的重要依据。在大数据环境下，营销指标体系通常以数字、数值或比率等描述性统计数据表示。

一、指标的相关概念

（一）度量

度量（Measure）是指用以计量的标准，通常以数字或比值表示，一般有对应的计量单位。常用的度量有长度、面积、体积、质量、时间、速度等。营销数据的度量主要有人数（顾客数）、次数、条数、金额、比率等。度量是指标的基本单位表征，例如，注册顾客数是一种人数的度量。

（二）维度

维度（Dimension）是观察事物的角度，是对指标进行的属性描述，例如，人口统计特征的维度包括年龄、性别、收入等。维度可分为定性维度和定量维度。定性维度以定性修饰或描述指标为主，例如，广告来源、访问地区、性别、渠道、类型等；定量维度以数值分类为主，例如，点击率、购买率等。维度在指标体系中往往作为指标的限定词或修饰词使用，目的是划定指标的维度范围。维度的水平是将维度划分为不同的状态或类别，例如，年龄维度可以划分为 0 ～ 14 岁、15 ～ 64 岁、65 岁及以上的分组维度。

（三）时间周期

时间周期（Cycle Time）也称时间维度，它用来统计数据的时间范围。时间周期包括最近1天（昨天）、最近7天、最近14天、最近30天、自然周、自然月等。时间周期的目的是设定指标统计的时间段，从而更加清晰地描述数据，例如，最近7日购买顾客数。

（四）计算方法

计算方法（Method of Calculation）也称汇总方法、聚合方法，它是统计指标的计算方式。在营销指标中，常用的计算方法包括最大值（MAX）、最小值（MIN）、求和（SUM）、求平均值（AVG）、计数（COUNT）、去重计数（COUNT<DISTINCT>）等。

（五）指标

指标（Index）是用于衡量业务的统计度量值，它反映某一业务活动的经营状况，并明确了统计口径和计算方法。指标可以进一步分为原子指标、派生指标和复合指标（也称为衍生指标）。指标的构成如图6-1所示。

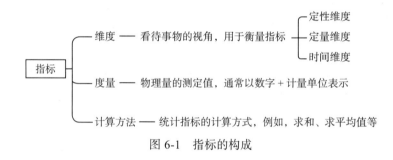

图 6-1　指标的构成

1. 原子指标

原子指标是最基础、最细化的指标，用于度量某一具体事件或行为。原子指标不能再次拆分，它具有明确的度量含义。例如，新增顾客人数、活跃顾客人数等。原子指标通常使用"动词 + 基本度量单位"的方式进行描述。

2. 派生指标

派生指标是在原子指标的基础上添加维度后的统计度量，其中维度也被称为原子指标的修饰词。例如，原子指标"新增顾客人数"表示某产品新增的所有顾客人数总和，如果添加了区域维度"北京"作为修饰词，则原子指标可以转化为派生指标——"北京的新增顾客人数"。同时，派生指标可以包含多个修饰词维度。例如，在"最近7日使用手机App购买某产品的北京顾客人数"中，"最近7日"是时间维度修饰词，"北京"是地域维度修饰词，"使用手机App"是访问终端维度修饰词，而"购买某产品顾客人数"则是原子指标。

时间维度是一个特殊的派生指标维度。在日常运营中，时间维度修饰词是必不可少的，没有时间维度的指标很难清晰地描述指标的度量值。例如，"北京的新增顾客数为1 000人"，如果没有时间维度，运营人员则很难确认这 1 000 人的顾客数是特定日期的还是某个时间段的。通常应该表达为该产品"近 7 日的北京的新增顾客数为 1 000 人"，这样就能很清晰地描述该产品的顾客运营状况。在大多数非运营场景中，指标中如果不包含时间周期维度，则可以理解为全部周期，即从产品上线时间到当前的整个周期，例如，"注册顾客数"表示从产品上线到现在的所有注册的顾客数总和。因此，派生指标的组成如下：

$$派生指标 = 时间周期修饰词 + 多个维度修饰词 + 原子指标$$

3. 复合指标

复合指标又称衍生指标，它是多个派生指标进行四则运算后所得到的复合计算指标，主要有比率、比例、统计均值等。例如，转化率指在一个统计周期内，完成转化行为的次数占所有点击次数的比率，计算公式为：

$$转化率 = (转化次数 / 所有点击次数) \times 100\%$$

再如：

$$利润率 = (利润 / 销售额) \times 100\%$$

其中转化率、利润率就是在多个派生指标基础上，通过一定运算规则形成的计算指标集合。

二、北极星指标

北极星指标（North Star Metric）又称唯一重要指标（One Metric That Matters），它是指产品当前阶段最关键的指标，企业现阶段的运营工作应该围绕这个指标展开，持续推动该指标的数据增长[1]。北极星指标就像北极星一样闪耀在前方，成为团队前进方向的核心指引和判断标准。通常，北极星指标是一级指标，需要进一步细分为多个层级，最终形成比较细分的指标，并根据这些细分指标构建增长模型。

以微信产品为例，顾客的行为包括打开微信 App 的次数、添加好友的数量、与好友的聊天频次、发布朋友圈的次数等，这些行为关联的指标有多个。然而，在当前阶段，产品和战略业务需要选择一个绝对核心的指标作为第一关键指标。假设选择的指标是打开微信 App 的次数，那么微信当前阶段关注的是顾客的使用频次和黏度。如果某一指标决定产品的成败，并指导运营工作的方向，那么这个指标就被称为"北极星指标"。

北极星指标原则上只有一个，并且该指标可以量化且具有可操作性。以电商平台为例，通常的北极星指标是"商品交易总额"（GMV），即拍下订单的总金额，包括已付款和未付款的金额。GMV 可以用来评估电商平台的业绩和增长情况。随着 GMV 的增加，电商平台的销售额和交易数量也相应增加，这通常被视为平台业务健康增长的标志。因此，GMV 成为衡量电商平台业务增速的"北极星指标"。

通过对北极星指标进行路径拆解，可以更高效地定位分指标的波动原因。指标的拆解过程如下：首先，明确顾客使用产品的旅程图；其次，根据旅程图构建指标体系，通过横向拆解形成核心结果指标（通常采用加法运算）；再次，纵向拆解为下层指标，形成过程指标（通常采用乘法运算）；最后，通过公式拆解法，找到影响因素的构成指标，以指导企业日常运营决策。

三、指标体系

指标体系是一个由多个指标组成的集合，它根据一定的业务逻辑来描述、分析和预测业务情况。单个指标往往难以全面描述复杂的业务问题，因此需要多个指标从不同维度来描述业务情况[2]。多个指标之间相互关联、相互作用、相互影响，形成有机整体，持续反馈业务现状，并形成体系，以便通过全局洞察和分析业务。

（一）指标体系的构成

指标体系的构建是根据不同的业务场景，将各个指标按照特定需求进行分解的过程。这个过程也是对业务本质进行思考的过程。通常，指标体系由以下五部分组成。

1. 一级指标

一级指标是评价业务的最核心指标。根据业务情况，可能会有多个一级指标。例如，销售额、销售利润、总客户数等都可以是一级指标。

2. 二级指标

二级指标是对一级指标进行拆解得到的指标。通过二级指标，企业可以了解一级指标的完成过程和影响因素。例如，销售金额 = 顾客数 × 付费率 × 客单价，因此销售金额可以拆解为顾客数、付费率和客单价。

3. 过程指标

过程指标也称为三级指标，它属于业务执行过程中的指标，通常是对二级指标进行路径拆解得到的指标。例如，新增顾客量是二级指标顾客数的变化指标，它反映了固定时间周期内顾客的变动趋势。

4. 分析维度

指标可以根据不同的分析需求细化分解为多个分析维度。企业可以根据业务和场景的要求对指标进行维度的分类。例如，日活跃顾客数（DAU）可以分解为城市、渠道、访问次数等维度，并经综合计算得到（如表6-1所示）。通过深入了解不同维度的数据情况，企业可以对日活跃顾客数进行深入分析。举例而言，昨日城市 A 且通过渠道 B 且访问过应用大于 10 次的顾客数，可以利用三个维度组合分析得到该数据。在日常分析中，多维度指标分析是常见的方法。

表 6-1 日活跃顾客数示例

	城市	渠道	访问次数
日活跃顾客数（DAU）	城市 A	渠道 A	大于 5 次
	城市 B	渠道 B	大于 10 次
	城市 C	渠道 C	大于 20 次

5. 衡量标准

衡量标准是指根据组织阶段性目标确定某项业务具体指标是否达标以及超出或未达标的比例的依据。

（二）指标体系的构建过程

指标体系的构建过程包括明确业务和目标、构建指标体系、确定指标分析规范、数据采集和处理、指标应用等步骤。在指标体系构建过程中，需要根据所确定的目标反复修正、添加和完善指标体系，并进行指标体系的监控[3]。指标体系的设计以产品的战略目标为主，旨在搭建以北极星指标为核心的多维度、全方位指标体系。指标体系的构建需要围绕客户生命周期，并对各个场景的指标模型进行梳理。以下对指标体系的构建过程进行描述。

1. 明确业务和目标

产品类别、需求状态以及分析方案决定了指标体系应当如何创建，也决定了后续的数据采集方案。不同产品类别的商业模式差异较大，因此关键的指标不是一成不变的，不同产品所构建的指标体系存在较大的差异。表 6-2 描述了部分互联网产品的北极星指标。

表 6-2 部分互联网产品的北极星指标

产品类别	指标
交易类	转换率
社交类	活跃度
工具类	工具使用率
内容类	内容质量
平台类	交易率
游戏类	付费率

2. 构建指标体系

构建指标体系首先需要拆解核心指标，并在此基础上形成二级和三级指标，最终构建完整的指标体系。例如，日活跃顾客数（DAU）的指标拆解如下：

日活跃顾客数（DAU）= 日新增顾客数 + 留存顾客数 + 回流顾客数

指标拆解也可以采用杜邦分析法，以下给出了几个指标拆解的示例：

总消费额 = 顾客数 × 购买频次 × 客单价

销售额 = 顾客总量 × 付费率 × 客单价

$$生命周期总价值（Life\ Time\ Value，LTV）=生命周期（Life\ Time，LT）\times$$
$$每个顾客的平均花费（Average\ Revenue\ Per\ Use, ARPU）$$
$$订单利润=（活跃顾客数\times 转化率）\times [客单价\times（1-补贴率）]$$
$$渠道推荐效果=广告展现次数\times 点击率\times 转化率（此为漏斗模型指标）$$

3. 确定指标分析规范

确定指标分析规范是指需要确定各个指标的分析维度和数据规范，从而形成企业指标规范。这些规范包括：统计口径、计算方法、使用角色、分析维度、数据的采集周期、数据类型、正常的数据范围等。确定指标分析规范要求在全业务运营人员中进行指标培训，形成全局统一的指标字典，以指导后续数据仓库的建设。

4. 数据采集和处理

针对数据指标进行数据采集和数据处理是后续数据分析的基础。数据采集涵盖了从源头抓取、传输、存储到预处理的过程，需要确保数据的准确性和完整性。随后的数据处理阶段包括数据清洗、转换、标准化、去重和填充等操作，旨在消除数据中的噪声、缺失或错误，使数据质量达到可信度要求。这样为后续的分析提供了高质量的数据基础，还为生成可靠的洞察和模型构建奠定了坚实的基础。

5. 指标应用

指标的应用需要根据具体需求进行，指标通常可以用于可视化展示、撰写数据报告、分析经营状况等。指标的结果大多通过图表的方式来展示，常用的数据图表包括柱形图、条形图等，也有一些比较复杂的图形，例如金字塔图、帕累托图等。一般而言，可视化展示可以通过 Excel、R 语言、Python 等数据分析工具来完成。如果数据是通过第三方统计平台采集的，可以直接在第三方数据平台中查询报表结果。

（三）指标体系的案例分析

下面以某音乐类 App 为案例进行分析。

1. 确定北极星指标

该音乐类 App 的北极星指标，也就是第一关键指标为每日总听歌时长。因为音乐类产品更加关注的是每日总听歌时长，这代表了顾客对该产品的黏性和依赖度。音乐类 App 从顾客层面更加关注的是播放的顾客数，而不是活跃的顾客数。

2. 分析业务流程

将音乐类 App 的顾客旅程图简单化，如图 6-2 所示。

（1）注册 / 登录。企业通过数字营销广告引流，引导顾客点击广告，并下载该音乐类 App

产品。通过不同引流渠道形成产品的新增顾客，企业监控所有渠道的顾客，形成核心监控指标——新增顾客数。另外，原有顾客通过登录直接使用该音乐类 App 将形成监控指标——活跃顾客数。

图 6-2　音乐类 App 的顾客旅程图

（2）播放音乐。当顾客使用 App 播放收听音乐时，企业通过数据分析可以监控到播放顾客数、播放时长、播放量、人均播放时长、人均播放量等指标数据。

（3）分享。顾客在使用 App 过程中，能在不同场景下分享应用，企业可以通过数据分析监控分享次数，如分享顾客数、分享率等指标数据。

（4）购买会员。当顾客操作 App 购买会员时，企业可以通过数据分析监控付费金额、付费顾客数等指标数据。

（5）续费会员。当顾客进行续费会员操作时，企业可以通过数据分析来监控续费率。

3.构建指标体系

通过旅程分析可知，每日总听歌时长 = 每日总听歌顾客数 × 日均听歌时长。其中，每日总听歌顾客数分为日新增顾客听歌人数和日均老顾客听歌人数。日新增顾客听歌人数 = 日应用下载量 × 激活应用占比 × 首次听歌人数占比。而日均老顾客听歌人数 = 活跃顾客数 × 持续听歌的人数占比。每日总听歌时长的拆解流程如图 6-3 所示。

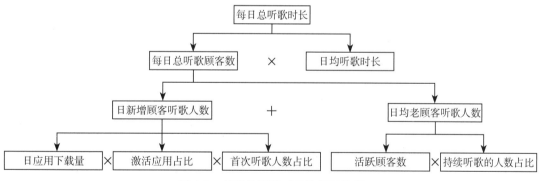
图 6-3　每日总听歌时长的拆解流程

通过北极星指标的不断拆分细化，最底层的指标为业务增长操作过程中的指标，之后通过数据埋点进行数据采集和处理，利用自建平台或第三方平台给团队的运营人员建立增长模型和监控对应的指标。

（四）指标体系构建中的问题

指标在日常使用过程中，由于多方面的原因经常会出现统计口径不一致的情况。针对不同的应用场景，即使是同样的指标，在使用过程中也需要非常小心。指标体系构建过程中主要有如下几种问题。

1. 同名不同义

同名不同义是指指标的名称相同但含义不一定相同。例如，"新增顾客数"在运营部门可能指的是首次下单并完成支付的顾客数量，而在产品部门可能指的是当日新注册的顾客数量。

2. 同义不同名

同义不同名是指含义相同，但名称不同。例如，表示性别的指标，有的业务以"男"和"女"表示，有的业务以"M"和"F"表示，还有的业务以"male"和"female"表示。

3. 指标界定与计算方法不一致

由于沟通不清晰，指标的计算口径在日常运营中可能存在理解的差异，导致指标界定与计算方法不一致。例如，对于"近 7 日顾客数"，运营人员可能理解为近 7 日所有访问的顾客数（去掉重复访问的顾客后的数量），但在实际应用中，有些人可能将其定义为"近 7 日每日顾客数的累加"。

4. 指标命名不清晰

部分指标名称描述比较笼统或有歧义。例如，"地址"一词有多种含义，包括户籍地址、常住地地址、IP 地址、GPS 地址等。如果指标描述不清晰，会让使用者产生误解，所以在记录的时候，必须对这些容易产生误解的地方进行标注。

5. 指标界定不清晰

某些业务由于使用场景不同，需要明确界定指标。例如，某公司有两款 App 产品，一款是天气预报 App，另一款是导航地图 App。对于"活跃顾客"指标来说，它在这两款 App 中的定义是不同的，例如：导航地图 App 要求顾客主动打开 App，而打开 App 的顾客被认为是活跃顾客；但天气预报 App 则每天定时为顾客提供天气预报，不需要顾客主动打开，只要顾客设置了定时提醒并满足天气预报需求，就可以被界定为活跃顾客。

第二节 数字营销的指标解析

移动互联网广告分为品牌广告和效果广告两大类型。品牌广告追求的是品牌的曝光度，广告主追求的是品牌形象的塑造。例如，路边展示的灯箱广告、电视播放的品牌广告等。但品牌广告难以衡量销售效果，例如，路边的灯箱广告很难确定具体的流量人数及该广告带来的产品购买量。效果广告追求的是投入成本的转化，比如曝光次数、转化次数、带来的销量等。对于广告主来说，从广告投入成本到最终产生销售收入，以及顾客的所有使用流程都可以通过指标进行监控。用于监控运营状况的模型很多，例如，AIDA 营销模型 [4]、海盗模型

（AARRR）[5] 等。AIDA 模型指出了顾客在购买之前经历的一系列心理阶段，分别为顾客接触、顾客认知、顾客兴趣、顾客行动（例如下载、注册、购买等行动），每一个环节都涉及多个监控指标，运营人员可以通过每个环节的监控指标掌握整体营销情况。而海盗模型则从获客、激活、传播、变现和留存描述了顾客的生命周期和旅程。在水池模型中，顾客被细分为五种类型，分别是潜在顾客、活跃顾客、购买顾客、忠诚顾客、关联顾客。同时，不同的顾客在整个生命周期中通过不同的演变过程变化为其他类型顾客。例如，潜在顾客可以变为购买顾客和忠诚顾客。水池模型及其相关的内容可以参见第一章。按照水池模型可以构建如图 6-4 所示的数字营销指标体系。

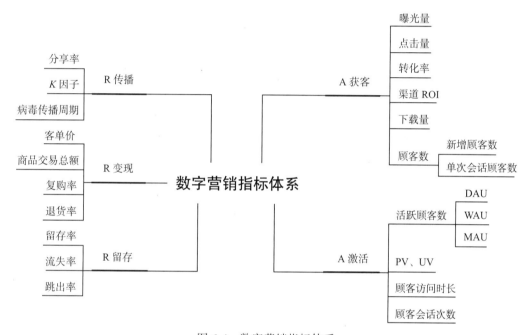

图 6-4　数字营销指标体系

一、获客指标解析

1. 曝光量

曝光量指的是产品广告页的曝光数量，即有多少顾客浏览了该广告。曝光是获取客户的起始环节，通常在推广网站、应用商店、朋友圈、搜索引擎和各类应用的广告中使用曝光量来描述广告的效果。

曝光量也是广告计费方式之一，通常以每千人成本（Cost Per Mille，CPM）计算，指的是每千次广告曝光的费用。无论是否有顾客点击广告，广告主都需要为在一定曝光次数下的广告展示付费。

2. 点击量

点击量是指广告被点击的次数。由于同一个顾客可能会多次点击广告，所以在营销指标中添加了去重点击量指标。去重点击量是指对广告进行设备去重，通常设定时间窗口期为 1 小时，即在 1 小时内，顾客多次点击广告仅计为 1 次点击。每天的数据则是累加 24 小时的去重点击量。在数字广告中，每点击成本（Cost Per Click，CPC）是常用的计费方式之一，即每次点击的费用。

点击时可能会出现异常点击。异常点击是流量作弊的方式之一，例如，没有曝光的点击一定存在问题，1 秒内的几千次点击也不正常。第三方广告监测平台通常可以设置防作弊策略过滤的异常点击次数。具体来说，可以由广告主设置异常点击的模式，从而将异常点击量排除在外，这就使广告主可以为更加真实的顾客点击量付费，减少广告费的浪费。

3. 转化率

获客环节的转化率，也称为渠道转化率，指的是顾客在浏览和点击后实际行动的比例。转化率是电商、理财、App 应用等领域最核心的指标之一。转化率的计算方式是：转化率 = 期望行为数 / 行为总数。其中，期望行为是希望考察目标实现的行为，比如完成 App 下载、加入购物车并完成付费等行为。转化率的关联指标之一是每行动成本（Cost Per Action，CPA），它表示每一个有效行为（如下载、注册、购买）的花费。CPA 也是需要重点监控的指标。

渠道转化率指标是企业常用的指标，它受到媒体效果和运营过程的影响。除了媒体效果，顾客在进入营销漏斗后能否转化为购买顾客还取决于网站的设计、产品的陈列和运营的质量等因素。

4. 渠道 ROI

渠道 ROI（Return on Investment）是指媒体渠道的投资回报率，表示媒体渠道的产生收益与投入成本之间的比值。通过计算渠道 ROI，可以评估广告投放渠道的效果，并决定是否继续在该渠道进行投资[6]。渠道 ROI 的计算公式如下：

渠道 ROI = 渠道产生的总收益 / 渠道投入的总成本

例如，通过某个渠道推广一件衣服，在一周后统计到的结果是，渠道推广费用为 1 000 元，而收入为 3 000 元，那么该渠道的 ROI 为（3 000-1 000）/ 1 000 = 2。其中，渠道的推广费 = 顾客点击量 × 平均点击广告费，收入 = 顾客点击量 × 转化率 × 客单价。通过指标换算可以推算出：渠道 ROI = 客单价 × 转化率 / 平均点击广告费。因此，转化率是渠道 ROI 的关键核心指标。选择适合的广告投放平台也是提高 ROI 的有效途径之一。

5. 下载量

下载量是 App 应用关注的核心指标之一，表示顾客对应用的下载次数。App 应用的下载量是监控顾客流失的主要指标之一。下载量受多种因素影响，如 App 应用的大小、推广文案以及应用商店中的产品介绍等。

6.新增顾客数

新增顾客数是衡量顾客获取情况的核心指标。新增顾客通常分为自然增长顾客和推广增长顾客。自然增长顾客是指顾客通过官网、搜索引擎、其他顾客邀请等途径自行成为新增顾客，推广增长顾客是指运营人员通过媒体广告吸引成为新增顾客。

7.单次会话顾客数

单次会话顾客数是异常指标，用于监测渠道作弊流量。单次会话指的是顾客下载 App 后，仅打开应用一次，并且使用时长在 1 分钟以内。单次会话顾客很有可能是机器人或黑产业链通过技术手段刷新顾客量，以获取虚假的新增顾客数并获得广告费用。

二、激活指标解析

1.活跃顾客数

活跃顾客是指在一定统计周期内，对某个网站或 App 存在使用行为（如访问网站、打开 App）的顾客。根据统计周期的不同，活跃顾客数可以分为日活跃顾客数（DAU）、周活跃顾客数（WAU）、月活跃顾客数（MAU）等。例如，在每台设备一天内只记录一次的规则下，使用某个 App 的顾客数即为日活跃顾客数。

对于不同类型的 App，活跃顾客的定义也会有所区别。在无账号 App 中，活跃顾客指的是在统计周期内打开应用的顾客，典型的 App 如工具类 App；而在有账号 App 中，活跃顾客指的是在统计周期内登录应用的顾客，典型的 App 如网游 App。

2.PV 和 UV

PV（Page View）是指页面浏览量。每当顾客打开一个页面，该页面的浏览量就会被计算一次；如果顾客多次打开同一个页面，该页面的浏览量会累计。PV 可以用来衡量网页的被访问情况。

UV（Unique Visitor）是指独立访客量，即在统计周期内访问 App 或网站的独立顾客数量。如果同一顾客在一天内多次访问页面，只会被计算为一个独立访客。UV 可以用来衡量访问 App 或网站的顾客数量。

PV 和 UV 是互联网 Web 站点的顾客统计指标，用来衡量网站的流量情况，较大的 PV 和 UV 表示网站的流量较大。它们也可以被理解为网页版的活跃指标。

3.顾客访问时长

顾客访问时长是指顾客在访问应用的一次会话中的时长。顾客访问时长主要指平均使用时长，它表示每次访问应用时，在该应用上停留的平均时长，可以通过总访问时长与访问次数的比值计算得出。平均使用时长可以用于评估顾客体验，并指导应用的改进。较长的平均访问时长意味着应用对顾客的吸引力较强，顾客更喜欢该网站或应用。不过，不同类型的应用的平均访问时长会有所差异，社交类应用和游戏类应用的平均访问时长通常会长于工具类应用。

4. 顾客会话次数

顾客会话次数指的是顾客在一定时间窗口期内使用 App 的次数。一次完整的顾客流程被视为一次会话，例如，"顾客打开 App →搜索商品→浏览商品详情页→支付购买→退出 App"被视为一次会话。

顾客会话的时间窗口期是指顾客在本次顾客流程的最后一次操作之后到下次顾客流程的第一次操作之间的时间间隔。网页 Web 端的顾客会话时间窗口期通常为 30 分钟，即在 30 分钟内的任何操作被视为当前会话，如果某次操作之后 30 分钟以上没有任何操作，则视为当前会话已结束。移动端应用的顾客会话时间窗口期默认为 5 分钟。通过将顾客会话次数和活跃顾客数指标结合使用，可以评估顾客的黏性。例如，若产品的日活跃顾客数为 1 000 人，但顾客会话次数为 3 000 次，则每个顾客每天平均打开应用 3 次，说明顾客的黏性较高。

三、留存指标解析

1. 留存率

留存率是指网站或 App 在统计周期内，每日活跃顾客数在第 N 日以内仍然访问该网站或启动该 App 的顾客数所占比率。N 通常取值为 2、4、8、31，分别对应的指标是次日留存率、三日留存率、周留存率和月留存率。例如，某 App 在某天的新增顾客为 1 000 人，第二天活跃顾客有 700 人，其中有 500 人是昨日新增的顾客，则次日留存率为 50%。如果第七天仍然有 300 位活跃顾客是七日前新增的，则周留存率为 30%。有研究机构曾做过统计，顾客留存率上升 5 个百分点可以带来 25% ～ 95% 的利润提升。

由于获客的成本越来越高，留存成为比新增和活跃更加关键的指标，也就是说，提高已有顾客的留存率比获得新顾客更加重要。顾客留存率与媒体渠道有很大的关系。对于广告主来说，好的媒体作弊少、顾客质量高，留存率也高，因此运营人员通常会根据媒体渠道的留存效果来决定媒体的选择和投入。

2. 流失率

流失率是指在特定时间内停止使用产品的顾客占总顾客数的比例 [7]。流失率代表了未能留住的顾客比率，它与留存率的意义是相反的。流失率是企业需要监控的核心指标，它也是衡量企业现有顾客关系管理质量的指标。当企业的流失率高于竞争对手时，企业可能会进入下降趋势，特别是在行业进入成熟期且市场增长率较低时，流失率的增加对企业来说是致命的。因此，流失率的监控和管理对于企业非常重要，特别是在成熟期的企业。

3. 跳出率

跳出表示访问者只在进入网站或应用的一个页面上停留了很短时间，然后离开，而没有浏览其他页面。简单来说，跳出率是衡量访问者是否在进入网站或应用后继续浏览其他内容的指标，因此，跳出率反映了顾客对网站或应用的感兴趣程度。例如，某网站在某媒体上进行广告推广，跳出率可以反映该媒体是否合适，广告文案是否优秀，落地页的顾客体验是否良好等。较低的跳出率表示顾客对网站内容或应用功能感兴趣，并且可能会继续浏览其他页面或进行其他操作，说明顾客的黏性较高。跳出率通常用于评估媒体渠道推广的效果和广告营销的效果，可以帮助企业优化广告投放和提升顾客体验。

四、变现指标解析

1. 客单价

客单价（Per Customer Transaction）是指一个店铺中每位顾客购买店铺商品的平均金额。客单价是与店铺销售额密切相关的指标之一，可以反映顾客购买力和消费水平。影响客单价的因素很多，例如店铺的装修风格、整体布局、商品多样性、发补货能力、促销活动、专业能力、商品质量、售后服务等。提高客单价可以通过多种方式实现，包括提高商品的单价、引导顾客购买高价值的商品、增加关联销售等。要提高客单价应当尽可能将顾客引导到"单价高"和"转化率高"的商品上。

2. 商品交易总额

商品交易总额（Gross Merchandise Volume，GMV）指商品的成交总额，通常用于衡量销售规模和交易活跃度。在电商行业，GMV 包括实际付款和未付款的订单金额。GMV 不是实际的交易数据，但它通常被视为衡量电商企业销售增速的核心指标之一。GMV 也会作为企业 KPI 的核心指标，有时为了完成这一 KPI，电商平台可能会联合顾客刷单，这使企业财务报表显示的 GMV 增幅很大，但并没有给企业带来实际的利润，这也导致资本市场估值虚高的现象。

GMV 的计算公式为

$$GMV = 流量 \times 转化率 \times 客单价$$

其中，流量指广告推广带来的顾客数，转化率指消费转化的比率。

3. 复购率

复购是指消费者对商家的产品或者服务的重复购买行为。复购率是重复购买产品的顾客在所有购买顾客中的占比。例如，有 100 个顾客购买产品，其中 50 个顾客为重复购买，则复购率为 50%。复购率的另一种算法是以购买交易次数计算，即重复购买交易次数占总交易次数的比率。例如，100 个交易订单中有 20 人重复购买，这 20 人中 5 人重复购买 1 次（即购买 2 次），另 15 人重复购买 2 次（即购买 3 次），则复购率 =（5×1+15×2）/100×100%，结果为 35%。

4. 退货率

退货率是指产品售出后由于各种原因被退回的数量占同期售出的产品总数量的比率，计算公式为

$$退货率 = 退货数量 / 出货总数量 \times 100\%$$

退货率对商家的影响很大，它会影响到商家的评分、库存，甚至产生直接经济损失。这是由于产品发货后，有时会因为产品损坏而导致产品寄回后无法再次销售，或者产品无法寄回。因此，退货率是一个风险指标，退货率越低越好，它不仅反映商家财务水平的好坏，也关系到顾客体验和顾客关系的维护。

五、传播指标解析

1. 分享率

分享率是指顾客使用产品或服后通过社交平台的分享功能，将产品或服务分享给他人的比率。例如，顾客在福利引导或裂变激励等手段的刺激下，利用微信、微博等社交 App 将产品或服务分享给他人的比率。

顾客的自传播和分享为商家节省了大量的广告推广费用，将广告费奖励给分享顾客是裂变营销的核心驱动逻辑。例如，奖励分享者的裂变营销包括拉新奖励、裂变红包、团购裂变等多种方式。

2. K 因子

K 因子是指每位顾客平均分享且有效转化的顾客数，即每一个顾客能够带来几个新顾客。K 因子描述了分享次数与新增顾客数的关系。理论上，广告主购买了大量的付费流量获客，这些付费的顾客能够促进新顾客的增长。

当 K 因子大于 1 时，平均每位顾客能至少带来一个新顾客，这样顾客就达成了自传播。当 K 因子足够大时，病毒营销推广模式就得以形成。在 Facebook 发展初期，一个顾客可以带来 20 个新顾客，经过 4 ～ 5 个传播周期后，顾客呈现爆发式的增长，仅用 6 个周期顾客数已经达到 14 亿。

3. 病毒传播周期

除了 K 因子之外，衡量病毒传播的指标还有病毒传播周期。病毒传播周期是指顾客发出病毒分享后到新顾客完成转化（如注册、购买、分享）所经历的时间。运营人员的重要目标是缩短病毒传播周期，该目标一般可以通过减少顾客的操作成本、及时提示顾客以及增加顾客的紧迫感等措施来实现。例如，1 000 个种子顾客在 5 天内邀请了 1 200 个新顾客，那么传播周期为 5 天，K 因子为 1.2。这意味着这 1 200 个顾客在未来的 5 天内有望带来 1 440 个新增顾客。理论上，通过 K 因子和病毒传播周期可以预测病毒传播所带来的顾客量。

第三节　数据平台与工具介绍

一、第三方数据平台概况

（一）友盟＋

友盟＋是国内领先的第三方全域数据智能提供商。友盟于 2010 年成立，2013 年，阿里巴巴正式宣布完成了对友盟的收购流程，收购后友盟作为独立公司运作[8]。2016 年，友盟、CNZZ 以及互联网数据服务平台缔元信合并成立友盟＋。自推出移动应用统计分析服务以来，友盟＋已经从单一的移动应用统计平台发展为综合性的移动开发者服务平台。友盟＋提供的统计分析产品包括移动统计 U-App、网站统计 U-Web 和小程序统计 U-Mini 等多款产品。

以 U-App 为例，它是一款免费的移动应用统计分析产品，提供数据采集和管理、业务指标监控、顾客行为分析、顾客运营和应用稳定性运营等服务。对于移动端 App 产品，开发者首先需要在友盟＋官方网站下载对应版本的数据采集 SDK，然后根据采集规则集成 SDK 到 App 产品中。当 App 上线发布后，数据将上传到友盟＋的数据中心，开发者可以利用友盟＋的分析平台进行业务监测和顾客行为分析。

（二）百度统计

百度统计是百度公司推出的网站分析工具。它允许网站管理员和营销人员追踪和分析其网站的访问流量、用户行为、页面浏览情况以及其他相关指标。百度统计提供了各种报告和图表，帮助用户深入了解网站的表现，优化网站内容和用户体验，以及制定更有效的营销策略。

百度统计可以帮助用户了解访客的地理位置、访问来源、设备类型、访问路径等信息，还可以跟踪特定页面的浏览次数、跳出率、停留时间等指标。此外，百度统计还提供了事件跟踪、转化率分析、自定义报告等功能，帮助用户更好地了解网站的运营情况和用户行为，从而进行数据驱动的决策。

（三）神策数据

神策数据是面向企业级客户推出的深度顾客行为分析产品，支持私有化部署[9]。神策数据提供产品功能和顾客体验优化、决策支持、个性化推荐和顾客标签体系构建等应用场景。作为 PaaS（平台即服务）平台，神策数据支持二次开发，可以通过 BI（商业智能）、大数据平台、CRM、ERP 等内部 IT 系统构建顾客数据体系，发挥顾客行为数据的价值。

（四）诸葛 IO

诸葛 IO 平台提供数据采集、数据治理、数据仓库、数据分析和营销策略等数据智能服务。该平台提供顾客全生命周期的数据分析工具，内置多种数据分析模型。通过顾客跟踪技术和简单易用的集成开发方法，诸葛 IO 帮助移动应用运营者根据业务场景挖掘顾客的行为和特征，实现企业的精细化运营。

二、数据平台分析工具

指标体系和数据采集都是为数据分析服务的，其最终目的是定位产品问题、洞察业务方向、提供解决方案、促进业务增长。各第三方数据分析平台提供了多个不同场景下的分析方法，表 6-3 汇总了一些常用的数据分析方法。

表 6-3 常用的数据分析方法一览

序号	分析方法	场景
1	整体趋势分析	整体分析顾客对产品的使用情况
2	渠道分析	用于广告投放、对外推广的媒体渠道分析
3	多维分析	细化多维度的洞察分析
4	漏斗分析	各漏斗环节的转化过程与流失情况分析
5	留存分析	顾客使用产品的留存情况分析
6	顾客分群	根据顾客画像进行细分群体的分析
7	顾客细查	单个顾客的行为分析
8	顾客路径分析	顾客使用产品的流转规律分析
9	热力图分析	产品吸引顾客注意力的区域分析
10	A/B 测试	产品、运营优化的多场景测试

（一）整体趋势分析

整体趋势分析通常是平台的核心分析界面，它主要反映了 App 应用或网站的总体规模和关键指标的变化趋势，可以用于分析新增顾客、活跃顾客、累计顾客的整体情况以及关键指标的变化情况。以友盟 + 整体趋势分析为例，如图 6-5 所示。

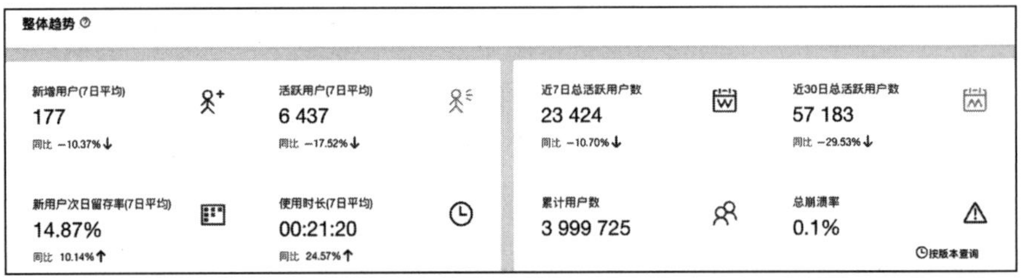

图 6-5 友盟 + 整体趋势分析示例样图

在整体趋势分析中，相关的典型趋势统计指标包括：①新增顾客（7 日平均），最近 7 日每日新增顾客的平均值；②次日留存率（7 日平均），最近 7 日次日留存率的平均值；③使用时长（7 日平均），最近 7 日（不含今日）顾客每日使用时长的平均值；④活跃顾客数（7 日平均），最近 7 日（不含今日）每日活跃顾客数的平均值；⑤近 7 日总活跃顾客数（去重），最近 7 日（不含今日）活跃顾客的总数（去重）；⑥近 30 日总活跃顾客数（去重），最近 30 日（不含今日）活跃顾客的总数（去重）；⑦累计顾客数，截止到当前时间，启动过应用的所有独立顾客总数；⑧总崩溃率，每日错误数 / 启动次数。

（二）渠道分析

渠道分析展示了所有媒体渠道的新增、活跃顾客数据等情况，同时展示了媒体渠道的顾客留存率、顾客来源等重要数据。通过渠道分析，可以了解渠道顾客的黏着度、忠诚度等指标，进而了解媒体渠道的质量，为调整媒体渠道推广策略提供决策依据。

1. 渠道对比分析

渠道分析支持多渠道的趋势比较，联合多个指标查看趋势，可以对比指标包括：新增顾客、活跃顾客、活跃账号、启动次数、平均单次使用时长、平均日使用时长、新增次日留存率。仍以友盟＋为例，渠道分析基本情况如图 6-6 所示。

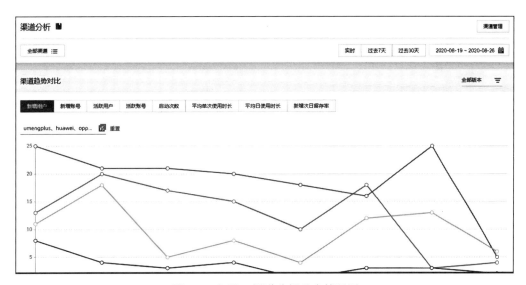

图 6-6　友盟＋渠道分析基本情况图

2. 渠道矩阵分析

渠道矩阵分析，是通过提供象限图来支持顾客对不同渠道的质量进行整体评估。其中，横轴坐标为推广新增顾客指标，纵轴坐标为推广新增次日留存率指标，气泡大小代表新增顾客量。仍以友盟＋为例，渠道矩阵分析如图 6-7 所示。

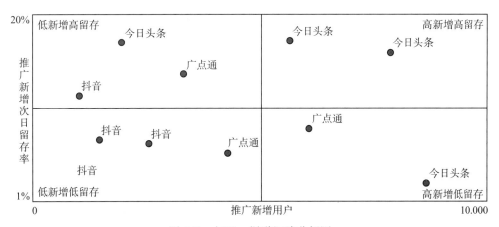

图 6-7　友盟＋渠道矩阵分析图

3. 渠道活跃和留存分析

渠道活跃与留存描述的是不同媒体渠道带来的活跃与留存结果，主要的指标包括：①渠道活跃度，数据提供过去 7 天和过去 30 天的去重后的活跃顾客；②新增顾客留存率，展示的是渠道前天在昨天的次日留存率、8 天前在昨天的 7 日留存率、15 天前在昨天的 14 日留存率；③渠道新增留存明细，提供过去 7 天和过去 30 天的渠道新增顾客的留存明细数据。仍以友盟 + 为例，渠道活跃与留存分析如图 6-8 所示。

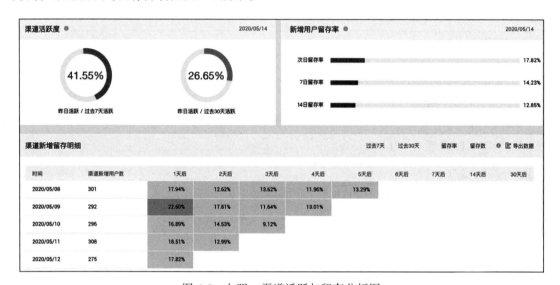

图 6-8　友盟 + 渠道活跃与留存分析图

（三）多维分析

多维分析，又称为联机分析处理（On-line Analytical Processing，OLAP），它是基于数据仓库多维模型的数据分析[10]。多维分析操作包括：钻取（Drill-down）、上卷（Roll-up）、切片（Slice）、切块（Dice）以及旋转（Pivot）。图 6-9 以数据立方体为例描述了多维分析。

钻取（Drill-down）：从一个总体的概览级别逐步深入到更详细的层次。例如，从年度数据钻取到季度、月度，或从地区钻取到城市（如图 6-9 所示）。

上卷（Roll-up）：与钻取相反，将数据从较详细的层次上卷到更高层次的概览。例如，从月度数据上卷到季度、年度。

切片（Slice）：选择某一个维度上的一个切面，从而将数据从多维空间中投影到一个二维表格中。通过切片，可以聚焦于某个特定的维度，分析与该维度相关的其他指标。

切块（Dice）：在两个或多个维度上进行切片，得到一个子立方体。切块操作可以进一步缩小分析的范围，将关注点集中在特定的数据子集上。

旋转（Pivot）：通过交换行和列，改变数据的布局，以便比较和分析不同维度之间的关系。

通过这些操作，分析人员可以根据数据模型的维度和指标，进行多维分析，并根据需求自行拖拽维度进行可视化展示，以深入了解数据并发现有价值的信息。

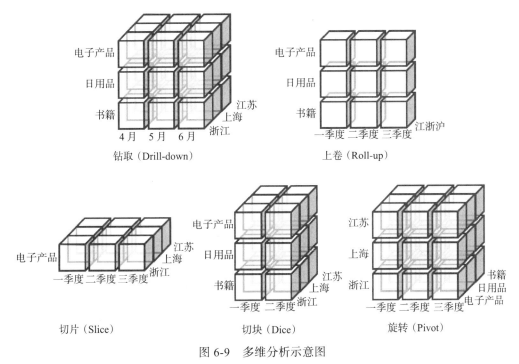

图 6-9　多维分析示意图

资料来源：杨胜松.基于多维联机分析的分布式审计系统的设计与实现 [D]. 南京：东南大学，2016.

（四）漏斗分析

漏斗分析用于监控和管理顾客的产品购买流程。顾客购买商品的流程如图 6-10 所示。在理想状态下，顾客会沿着流程图操作直到商家期待的终点，即成功支付完成购买。但是，在正常的情况下，有大量的顾客会在其中的某个环节跳出流程，跳出原因可能是操作失败或者放弃购买。漏斗分析的目的是清晰地了解顾客在哪些环节跳出了流程，以及哪个环节顾客操作失败和放弃购买最多。分析的结果可以用于优化产品或策略。

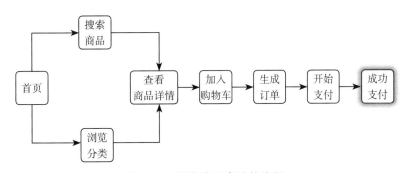

图 6-10　顾客购买商品的流程

图 6-11 描述了一个典型的购买流程漏斗转化分析过程，每个环节的转化率和转化顾客数能清晰地在图中展现。

需要注意的是，完成所有步骤的转化时长是运营人员设定的。时长根据商品交易类型设定，例如，在线上电商平台查询详情后就可以进入购买决策过程并完成交易，整个流程的转化时长在几个小时内。但有些商品的交易需要线上线下多次比较、多次沟通后才能完成，例如，大宗商品交易的整个流程的转化时长需要 1 周甚至更长时间。

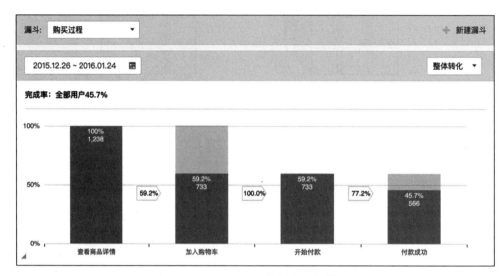

图 6-11 诸葛 IO 平台的漏斗分析样例图

（五）留存分析

留存分析是指对新增顾客或活跃顾客在一天后、两天后、一周后或一月后仍然活跃的情况进行分析，该项分析主要用于衡量顾客对产品的黏度。图 6-12 描述的是日级的留存情况，它可以分析新增顾客在 7 日内的留存情况。图中是两个推广渠道（推广团队 A 和推广团队 B）的新增顾客比较分析，在留存分析时发现顾客质量的差异是非常明显的，推广团队 A 的留存情况明显好于推广团队 B 的情况（如图 6-12 所示）。

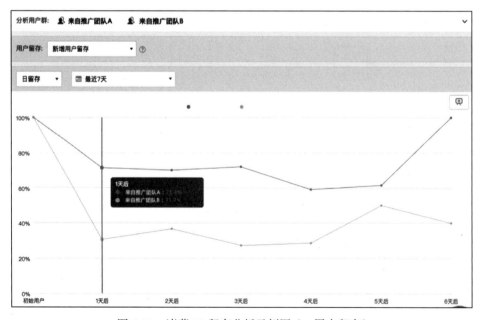

图 6-12 诸葛 IO 留存分析示例图（一周内留存）

　　如果通过更长的周期查看不同渠道的顾客留存情况，可以以周为数据粒度来分析留存率。图 6-13 描述了 A、B 两个渠道的周留存比较情况，渠道 A 和渠道 B 分别向 1 000 名潜在顾客推广引流，它们的运营策略相同，但三周内的留存率比较显示，两个渠道的留存差距还是很明显的，渠道 A 的留存率远高于渠道 B，因此后期运营可以向渠道 A 投入更多的资源。

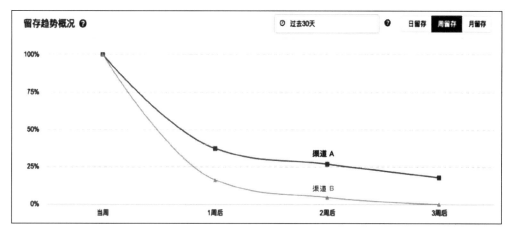

图 6-13　诸葛 IO 留存分析示例图（一个月内留存）

（六）顾客分群

　　顾客分群是根据不同维度对特定的顾客群体进行分类和细分[11]。这些维度包括时间、顾客属性、设备属性、行为属性等。通过顾客分群分析，可以为其他分析模块提供进一步的基础数据。例如，将顾客分为不同收入水平的群体，可以进一步分析不同收入顾客的行为模式。

　　顾客分群的理论基础是市场细分，它根据顾客的需求和购买行为将顾客进行分类，并将具有相似特征的顾客划分为一个市场细分群体，从而为市场定位和营销策略提供目标顾客群。顾客分群是建立在顾客画像基础之上的，选择适当的画像标签是顾客分群的关键。这些标签可以根据顾客的状态属性进行划分，例如地域、年龄、性别、家庭规模、人口阶段、职业、收入等；也可以根据顾客的行为属性进行划分，例如首次购买时间、消费频率、消费金额等。具体的内容可以参考第五章。

　　图 6-14 显示了在平台中进行顾客分群的操作。在 GrowingIO 平台中选择"顾客分群"，并将分群标签界定为"上海市有过两次购物记录的 iPhone 用户"，就可以通过平台得到相应的顾客分群结果。之后，企业可以将具有该顾客分群特征的顾客作为推广的目标顾客群，更加精准地匹配上海市的 iPhone 用户。这样的营销操作远比盲目推广更精准、更有效。

（七）顾客细查

　　顾客细查又称顾客洞察，是指通过查询分析某个顾客在使用产品过程中的行为轨迹。它利用设备的唯一标识来了解顾客的行为轨迹，以探索顾客在使用产品时的操作过程，并发现潜在的问题或异常情况。图 6-15 展示了 GrowingIO 平台提供的顾客细查结果示例。通过该结果，可以观察到该顾客的操作流程，首先是打开"我的购物车"，其次是进行了"确认支付"

的操作，然后打开了"手机验证方式"页面，最后是"获取手机验证码"。在输入手机验证码的过程中，顾客多次单击获取验证码按钮（四次），这可能意味着产品在验证码环节存在问题，导致顾客无法成功获取验证码，最终导致支付失败。基于这一结果，产品经理可以进一步分析验证码环节的问题，以改进产品的使用体验。

图 6-14　GrowingIO 平台的顾客分群示例图

图 6-15　GrowingIO 平台提供的顾客细查示例图

（八）顾客路径分析

顾客路径分析是通过全局视角探查顾客在使用产品时经历的所有交互路径。具体而言，顾客路径分析是分析顾客在登录应用后访问了哪些页面。它可以通过指定页面和时间之后，由树形图或桑基图展示。图 6-16 和图 6-17 分别描述了顾客路径分析的树形图和桑基图。

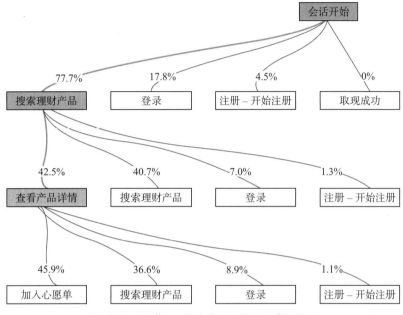

图 6-16　诸葛 IO 行为路径示意图（树形图）

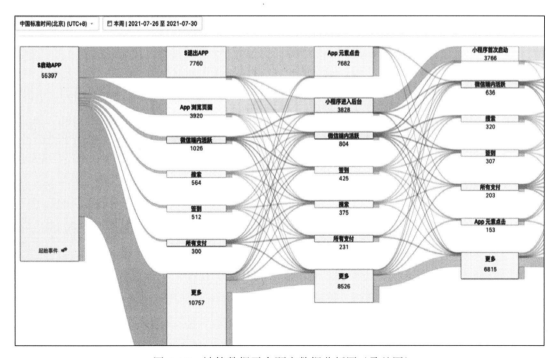

图 6-17　神策数据平台顾客数据分析图（桑基图）

（九）热力图分析

热力图也称为热图，它用高亮颜色来展示顾客的访问情况，通常红色表示最热区域。通过热力图的展示，运营人员可以清晰地了解到顾客使用应用和网站的情况，以及时优化页面布局，进而提高转化率。对于有广告位的应用和网站，哪些页面的哪些位置最受顾客关注、流量最大，在热力图上显示得非常清楚，这时重点功能展示或广告位的销售价格就可以参考热力图结果制定。

图 6-18 为热力图的例子，该图显示，某页面的点击占比在最近 7 天是很高的，因此可以考虑将该页面设置为默认展示页面。

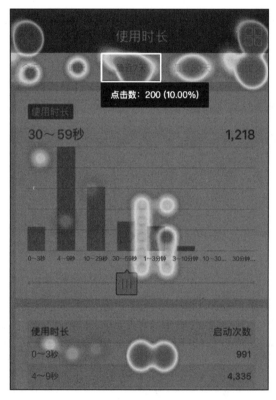

图 6-18　百度统计生成热力图

（十）A/B 测试

在产品优化过程中，往往存在多个产品策略方案，难以通过主观评估确定最佳方案。例如，对于不同的 UI 设计或文案，很难确定哪个方案更好，这时可以采用 A/B 测试来解决这种多种方案选择问题[12]。第三方数据平台提供了 A/B 测试功能，运营人员可以同时测试多个方案，每个方案只有一个变量不同，根据测试结果评估各个方案的优劣。

具体操作时，A/B 测试将平台的流量均匀分为几个组，每个组应用不同的策略或方案，然后根据这几个组的结果指标（例如，转化率、留存率、人均观看时长等）来评估多个方案的优劣程度，最终选择表现最好的方案进行上线。

　　A/B 测试是一种有效的统计技术，它可以帮助团队确定最佳的产品策略方案。通过实验比较不同方案的表现，可以准确评估每个方案的效果，从而做出基于数据的决策。更多关于 A/B 测试的详细内容可以参见第四章。

本章小结

1. 本章描述了指标的构成项及相关概念，包括度量、维度、时间周期、计算方法等，讨论了北极星指标的概念和重要性。

2. 本章点明了指标体系的五个构成部分：①一级核心指标；②拆解后的二级指标；③过程指标；④分析维度；⑤指标的衡量标准。

3. 本章明确了指标体系的五个步骤：①明确业务类型和分析目标；②构建指标体系；③确定指标规范；④进行数据采集和处理；⑤应用指标，形成报表或者分析报告。本章还描述了指标体系构建过程中的常见问题。

4. 本章解析了数字营销过程中不同环节的数字营销指标（包括获客、激活、留存、变现、传播五个环节），并详细描述了各个环节的常用指标。

5. 本章介绍了当前第三方数据分析平台和常用的 10 种分析方法。在第三方平台方面，本章介绍了友盟+、百度统计、神策数据和诸葛 IO 等平台。在常用的 10 种分析方法方面，本章介绍了整体趋势分析、渠道分析、多维分析、漏斗分析、留存分析、顾客分群、顾客细查、顾客路径分析、热力图分析和 A/B 测试。

重要术语（中英文对照）

度量 Measure

维度 Dimension

指标 Index

北极星指标 North Star Metric

曝光量 Exposure

点击量 Clicks

日活跃顾客数 Day Active User，DAU

页面浏览量 Page View，PV

独立访客量 Unique Visitor，UV

分享率 Share Rate

病毒传播周期 Referrals Transmission Cycle

K 因子 K-Factor

客单价 Per Customer Transaction

商品交易总额 Gross Merchandise Volume，GMV

留存率 Retention Rate

整体趋势分析 Overall Trend Analysis

渠道分析 Media Channels Analysis

多维分析 Online Analytical Processing

漏斗分析 Funnel Analysis

留存分析 Retention Analysis

顾客分群 Customer Segmentation

顾客细查 Customer Insights

顾客路径分析 Customer Journey Analysis

思考与讨论

1. 简析指标的组成部分和基本概念。
2. 请说明指标体系的构成以及构建过程。
3. 请说明几种数字营销策略的对应监控指标。
4. 请列举海盗模型各环节的监控指标并进行解析。
5. 请列举数据平台的分析工具和基本功能。

案例实战分析

指标分析助力喜马拉雅 App 顾客增长

一、案例背景

喜马拉雅 App 是中国领先的音频分享平台,拥有丰富的音频内容生态,涵盖泛知识领域的历史类、文化类、娱乐类专辑,汇集了有声小说、有声书、儿童故事、相声、评书、广播电台 FM 等上亿条免费有声内容。

2012 年 8 月,喜马拉雅公司成立于上海浦东,经过近十年的运营,到 2021 年,喜马拉雅的平均月活跃顾客(MAU)数为 2.5 亿,积累了 98 个品类的 2.9 亿条音频内容,营收超过 40 亿元。

二、喜马拉雅的发展阶段

喜马拉雅从 2012 年成立到成为业界的佼佼者经历了创业方向选择、产品研发和内测、产品优化和尝试性推广、运营推广商业化增长四个阶段。在每一个阶段中,管理团队都专注于一个核心目标。

1. 创业方向选择(2012 年 1 月—2012 年 8 月)

喜马拉雅联合创始人余建军认为,在创业过程中最关键的是方向的选择和节奏的把控。在喜马拉雅创业初期,团队选择音频这个方向经历了一段从宏观到微观的思考过程。

从宏观角度考虑,团队对未来的产业机会进行了筛选,最终选择了音频这个方向。喜马拉雅团队认为,移动互联网与传统互联网最大的区别在于使用场景的不同。在传统互联网时代,顾客主要在办公室和家中使用网络,而在移动互联网时代,人们开始利用碎片化时间(例如,开车时、乘坐公交车或地铁时等)使用网络。在这些移动互联网的场景下,音频是最适合的媒介,因为它能够伴随顾客进行其他活动,充分利用顾客的碎片化时间。音频在学习、休闲和娱乐方面具有优势,例如,跑步、通勤和化妆时都可以同时收听音频内容。此外,智能手机的普及和移动顾客数量的不断增长也与这一趋势相匹配。传统的音频媒体在顾客群体中的覆盖率相对较低,只有约 1 亿人有听广播或节目的习惯(主要是开车的司机），随着轿车的普及，这一顾客群体有可能增长到七八亿人。此外，音频应用场景的扩大也在不断推动顾客群体增长，除了开车外，人们还可以通过手机在多种场景下使用音频。因此，无论是顾客规模、使用场景、使用频率还是使用时长，都将大幅增加。通过这种自上而下的思考方式，团队认为音频方向具有巨大的机会。

从微观产品体验角度来看，团队还通过体验国外类似产品的方式，判断类似产品是否能够满足顾客的刚性需求，并判断音频产品是否能够替代传统广播。团队成员亲自使用并回顾了数十种类似产品，并得出结论：70%～80% 的团队成员愿意放弃传统广播。在创业初期，创始人亲自体验产品，并进行了内部测试和小规模顾客需求验证（包括通过生活中的点滴验证和小规模样本验证）。当时，团队下载了所有欧美音频相关的应用，并每天在上下班的路上使用。他们发现移动音频能够根据顾客兴趣进行选择，与传统电台不同，它没有受限于固定频道。使用移动音频后，团队完全抛弃了传统电台。

此外，团队还通过三个维度对需求进行了分析，包括需求的强度、宽度和频度。需求的强度指的是需求是否为刚性需求，是否能够真正解决客户的痛点，是提供急需帮助还是锦上添花。需求的宽度指的是产品是满足所有人的需求，还是只满足一部分人的需求。此外，需求的宽度也可能发生变化，如音频在早期需求较小，但随着移动互联网和智能手机的普及，需求的宽度将会改变。第三个维度是需求的频度，需要通过运营来实现。企业通过高频次的内容提供来促使顾客形成高频次的使用习惯，并通过高频次的音频收听引导顾客进行低频次的付费操作。

2. 产品研发和内测（2012 年 9 月—2013 年 3 月）

2012 年 9 月，喜马拉雅开始进行产品的开发。在完成 beta 版本后，它首先面临的问题是冷启动。对于平台型产品（比如淘宝），平台需要买家和卖家。在最开始的阶段，需要吸引一方的顾客群体，然后才能吸引另一方的顾客，这被称为冷启动。喜马拉雅 App 也面临着同样的问题：没有音频内容，顾客就不会使用；没有顾客，也就没有人会上传音频内容。喜马拉雅的上线顺序是先推出 Web 版，然后推出 iOS 版本，最后是安卓版本。

首先开发 Web 版音频站点的原因是音频是一种成本较高的媒介，它是独占式的，开发 Web 版能确保平台上有大量优质内容。当时市场上已经有一些从事音频内容创作的人，比如广播电台的主播、电视台的主持人以及网络电台的主持人。但这些人分散在不同的平台，如有些人在土豆网上传音频，但土豆网主要以视频为主，无法提供良好的顾客反馈。因此，喜马拉雅首先推出了网站，试图让所有从事内容创作的人先上传音频节目。然而，另一个问题出现了：上传的节目没有顾客。为了解决这个问题，公司让员工自己扮演顾客来使用产品并发表评论。通过几个月的积累，越来越多的人开始上传音频，并逐渐养成了评论的习惯。到 2013 年 3 月推出 iOS 版本时，喜马拉雅已经拥有了一定数量的内容，同时也有了很多播放和评论，更多的顾客开始使用该应用。

因此，喜马拉雅产品得到广泛应用的关键在于找到天使顾客（也被称为种子顾客）。

天使顾客具有两个特点：一是他们能够产生内容（如音频、视频、图片等），二是他们能够带来其他顾客（如他们拥有自己的粉丝）。喜马拉雅开始与一些广播电台主播、网络电台主持人和音乐人进行沟通，让他们尝试和体验产品。

在产品早期阶段，需要进行大量的产品优化迭代工作。在2013年3月产品上线后，喜马拉雅尝试推广，但一开始并没有进行规模化推广，而是让同事和朋友试用，进行小规模的体验。在这个过程中，喜马拉雅通过匹配策略进行了许多关键性的调整。最重要的问题是产品是否具有黏性，是否真正受到顾客喜欢。从规模上来说，喜马拉雅首先发展了每天仅有几百到几千人的小规模顾客群体，观察顾客的操作行为，提供反馈渠道，了解顾客的需求，不断迭代产品并进行内部测试。

3. 产品优化和尝试性推广（2013年4月—2013年12月）

喜马拉雅的iOS版本在2012年11月完成了第一个版本的开发，但直到2013年产品上线后，喜马拉雅仍然在进行产品的测试和优化工作。

第一，进行数据的统计和分析。喜马拉雅利用第三方数据分析平台（如友盟+和TalkingData），建立了数据分析系统。喜马拉雅不仅关注顾客的日活跃、留存情况，还关注转化率和单个顾客成本。喜马拉雅在产品的关键节点进行了数据埋点，以便获取数据并进行后续决策。

第二，优化产品的留存率。留存率是投资人最关注的指标之一，它表示新顾客在一定时间后仍在使用产品的比例。最常用的指标是次日留存，即昨天下载应用的顾客今天仍在使用的数量；另一个指标是隔周留存，表示过了一周后仍在使用的顾客数量；还有隔月留存，表示过了一个月后仍在使用的顾客数量。不同类型的产品留存率有所不同，但通常情况下，如果次日留存率能达到40%以上，就可以算作一个不错的指标。如果留存率仅为20%左右，可能会存在一定的问题，因为留存率是一个基础指标。

第三，优化自传播。首先，喜马拉雅引导顾客进行主动传播，让每个顾客成为其推广员并自愿传播。其次，选择合适的分享传播策略，在顾客使用产品时提供愉悦的体验，利用顾客炫耀的心理来促使顾客进行分享。喜马拉雅通过顾客自传播获得的新顾客相比其他方式成本更低。

第四，关注产品核心环节的转化率。顾客在使用产品的过程中，首先从应用商店或某个网站上了解到App，然后点击跳转到应用商店进行下载。下载后，应用程序在未激活的状态下没有被打开过。顾客通过点击应用启动，激活后继续使用，这样的顾客称为活跃顾客。因此，从顾客的视角来看，整个产品过程包括下载、激活、活跃等环节，都是转化的环节。例如，在顾客下载应用的过程中，可能会出现在下载到一半时停止、下载后未激活或者激活一次后再也没有使用应用的情况。所有涉及顾客流失的环节都非常重要，需要进行体验优化。还要关注应用的闪退率。无论是iOS还是安卓平台，都可能发生应用闪退的情况。喜马拉雅通过第三方统计监控平台确认闪退的设备型号和原因，并优化产品代码，以降低闪退发生的概率。

　　总之，在试验性小顾客群推广的过程中，喜马拉雅持续利用数据分析对产品进行优化，包括数据统计、留存率、自传播、核心环节的转化率和闪退率的优化等。经过这些工作之后，喜马拉雅可以扩大推广规模。

　　4. 运营推广商业化增长（2014 年至今）

　　2014 年，喜马拉雅经历了爆发式增长，并解决了产品推广过程中的多个问题，包括选择渠道、优化商店排名和识破推广作弊陷阱等。

　　（1）选择渠道。在产品优化达到一定程度后，喜马拉雅开始进行商业化推广，首先面临的问题是选择适合的推广渠道。喜马拉雅选择了移动互联网的三个主流推广渠道，包括应用商店、网盟和刷机预装。应用商店是推广的主要渠道，如苹果的 App Store 和安卓的手机助手。应用商店通常具有较高的顾客质量，真实度较高，但推广成本也较高。第二个渠道是网盟，网盟通过在其他网站嵌入广告代码，在顾客访问网站时展示推广广告，但该推广渠道的顾客质量较低，留存和活跃转化率也较低。第三个渠道是刷机预装，它将应用预装到出厂手机中，或者在品牌手机出厂时以预装应用的方式进行推广。刷机和预装推广的顾客质量介于应用商店和网盟之间，留存稍差，但价格适中。

　　（2）优化商店排名。在苹果 App Store 中，应用排名权重是 App 运营的关键指标之一。过去，苹果 App Store 的应用排名主要与下载量相关，导致出现了大量的刷榜行为。然而，苹果公司后来开始打击刷榜行为，特别是付费刷榜的方式，许多应用因此被下架。后来，苹果 App Store 增强了活跃度指标，重点关注应用的顾客活跃度。此外，苹果 App Store 的应用排名权重的另一个关键指标是标题，标题的选择会影响顾客的搜索结果。通过优化关键词和提高活跃度，可以提高应用在排名中的权重。例如，喜马拉雅的标题是"喜马拉雅——听新闻、音乐、小说……"，把顾客可能搜索的关键词都放在上面，从而使喜马拉雅更容易提高权重排名。自传播也是重要的指标，通过让每个顾客成为应用的推广员，进一步扩大推广规模。

　　喜马拉雅能成功进行排名优化的核心原因是，通过系统地分析苹果商店应用排名的原理，确定与排名相关的指标因素，确保这些因素的良好表现，使得多个因素能够相互叠加并产生正向驱动作用。例如，通过关键词搜索，顾客可以找到喜马拉雅应用并进行下载。由于产品质量优秀，顾客会产生分享行为，这进一步提升了应用的下载量，提高了应用排名。随着排名的提升，应用受到更多的关注和下载，从而带动更多的分享。喜马拉雅在苹果商店中的曝光度提高了品牌知名度，而品牌知名度又进一步提高了点击率，进而提升了应用排名。整个过程通过将多个关键指标拆解，并将每个核心指标做到极致而实现应用排名优化。

　　在安卓应用商店中，排名的权重主要通过了解其政策和投入费用来决定。与苹果 App Store 不同的是，苹果 App Store 的排名基于指标算法，而安卓应用商店的排名基本上是由投入费用决定的。同时,还需要与安卓应用商店进行沟通,了解其政策和活动。安卓应用商店也有搜索和排名机制,并与下载量和活跃指标相关联,但安卓顾客的主动搜索率较低,他们主要通过首屏的默认推荐来选择应用。在这些推荐中,广告占比较大。因此,喜马拉雅在安卓应用商店中主要通过投入推广费用来提升排名。

在安卓应用商店中,喜马拉雅的应用推广主要通过付费广告、首发和活动三种方式进行。付费广告方式比较简单,可以根据位置和时间进行付费,通常有按时间付费(CPT)和按下载付费(CPD)两种。一般来说,对于新的应用而言,推荐使用按下载付费的方式,因为新的应用没有品牌知名度,顾客对产品不了解,按下载付费相对划算且成本可控。对于已经有一定品牌积累的应用,可以选择按时间付费的方式,成本相对较低。此外,所有应用商店都会竞争优质应用。如果应用产品质量好,可以谈判独家首发,这样该应用可以获得一个应用推广位,有利于应用推广。最后,要善用应用商店的活动广告位。应用商店也会回馈顾客,例如,小米商店专门设置了一个活动位置,通过与商店沟通,在进行活动时可以利用该广告位推广应用。

(3)识破推广作弊陷阱。在推广过程中,也存在着渠道作弊的陷阱,需要设定数据指标并进行数据分析和监测。也就是说,顾客的旅程通常按照应用的下载、激活和活跃度来定义,但在每个环节都存在作弊的可能性。同时,应用运营方会根据推广数据向广告渠道支付费用,也会导致不同渠道存在作弊的情况。主流商店作弊情况较少,但第三方渠道常常存在数据作弊。解决方案是定义自己的独特指标,这些指标与应用密切相关。以喜马拉雅为例,由于顾客的主要行为是收听音频,因此喜马拉雅设定了独立的"顾客收听时长"指标。通过追踪每个渠道带来的顾客数据(包括留存和收听行为),可以保留优质渠道,因为渠道很难为特定指标作弊。每个应用都需要围绕核心行为建立一个监控指标体系,不断指导渠道投放。这样,投入的费用都将用在有效的地方,效果好的渠道则可以持续购买。

资料来源:根据喜马拉雅官网中的"又一课|余建军:三步引爆一款 App"音频资源整理所得。

案例问题

1. 喜马拉雅 App 从产品定位到营销推广都经历了哪些过程?

2. 喜马拉雅 App 的推广过程中有哪些要解决的业务问题?每个业务问题对应的指标是什么?这些指标产生了什么作用?

3. 在 App 应用推广过程中,如何识破推广作弊陷阱?

参考文献

[1] CHEN A C, FU X. Data + Intuition: a hybrid approach to developing product north star metrics[C]. Perth: Proceedings of the 26th International Conference on World Wide Web Companion,2017:617-625.

[2] 程云翔 . 市场营销竞争力评价指标体系构建 [J]. 商业经济研究,2016(13):48-50.

［3］马辉，杜亚灵，王雪青.公共项目管理绩效过程评价指标体系的构建 [J].软科学，2008，22（7）：49-53.

［4］LEWIS E S E. AIDA sales funnel[EB/OL]. [2022-06-26]. https://www.provenmodels. com/547/aidasales-funnel/elias-st.-elmo-lewis.

［5］刘晓晓.基于海盗模型的 DD 公司用户增长策略研究 [D].西安：西北大学，2021.

［6］苗刚.CRM 项目管理中 ROI 模型研究和应用分析 [D].北京：北京邮电大学，2008.

［7］张波.顾客流失分析 [J].经济管理，2003（11）：79-82.

［8］宋滟泓.从数据中掘金 阿里收购友盟以掌握用户信息 [J].IT 时代周刊，2013（24）：49-50.

［9］牛禄青.神策数据：让数据驱动落地生根 [J].新经济导刊，2019（1）：60-62.

［10］CHOU C H, HAYAKAWA M, KITAZAWA A, et al. GOLAP: graph-based online analytical processing[J]. International Journal of Semantic Computing, 2018, 12(4): 595-608.

［11］MAENPA A K. Clustering the consumers on the basis of their perceptions of the Internet banking services[J]. Internet Research, 2006, 16(3): 304-322.

［12］汪臻真，朱志华，蔡政.计算广告中的效果衡量方法 [J].中国网络传播研究，2017（2）：20-27.

第二篇

数字营销运营

第七章

数字化产品开发与创新

📖 学习目标

（1）概述数字化产品开发与创新；

（2）描述市场进程中的数字化体现；

（3）描述产品开发数字化；

（4）描述开发工具数字化；

（5）描述数字化环境下产品开发创新模式。

📖 导引案例

产品创意数字化的应用

数字化时代，用户角色正在发生变化，他们不再是旁观者，不再被动接受技术成果，而是主动提出新的期望。过去，企业通过个性化产品和服务来提升竞争力；而今日，用户更关注的是个性化体验的设计过程和控制权。领军企业已经意识到，让用户共同参与产品设计，是与用户建立长期互知互信伙伴关系、提升用户忠诚度的绝佳手段。

流媒体播放平台 Netflix 在科幻影片《黑镜：潘达斯奈基》（*Black Mirror: Bandersnatch*）中首次启用了交互式观看体验。影片一共有 13 个关卡、26 个选择，观众可以自主决定影片主角是否听这首歌、是否扔掉面前那杯茶等，通过自主选择剧情走向，最终到达 5 种结局。

爱奇艺在 2019 年推出代入式互动影视作品《他的微笑》。该作品通过运用互动视频标准中的"分支剧情"互动能力，为用户提供了 21 个选择节点、17 种结局。作为观众，有了掌控剧情走向和发展的部分自由。互动剧的奇妙之处在于：它比身临其境的感觉更进一步，观众可以身在其中，影响故事走向，并产生不同结局。

王老吉因为新产品"百家姓图腾罐凉茶",又重新登上了热搜。王老吉成了"李老吉""陈老吉""赵老吉"。这种新型的客户互动方式的出现,意味着有些企业打破了以往主观单向的体验设计方式,开始尝试将一部分设计权和控制权让渡给用户,邀请他们一起加入创造,进而构建一种新型的协作交互关系。

未来,随着5G和增强现实(AR)等新兴技术的发展,企业甚至可以做到在产品和服务的全生命周期中,随时随地交付定制体验。

资料来源:

贺琳雅. 交互式电影的发展趋势与创新:以《黑镜:潘达斯奈基》为例 [J]. 视听, 2019 (3): 9-10.

王妍. 互动视频的赋能机制与实质反思 [J]. 青年记者, 2020 (29): 90-91.

王琅. 一罐一姓一图腾 [J]. 销售与市场(管理版), 2022 (3): 101.

第一节　数字化产品开发与创新概述

一、产品开发与创新过程

开发与创新是新产品、新过程、新系统和新服务的首次商业化转化,其最终导致新产品的市场实现 [1]。产品的开发与创新是连接技术与市场的关键环节,产品开发推动企业不断设计和生产出满足市场需求的各种新产品,而产品创新则可以帮助企业开拓创新路径。

传统的产品开发与创新过程是线性的,包括产品策划、产品设计、产品开发、产品测试和产品发布等流程 [2]。数字化产品开发与创新将会打破这种模式,呈现非线性的特征。在大数据、云计算等新一代通信技术发展的数字经济环境中,可用的资源和技术日益丰富,企业产品的开发与创新已经不再按照传统意义上的线性流程方式推进。企业利用数字化基础设施,依托于产品平台,可以与外部开发者和用户形成一个创新生态系统,通过整合及利用不同层级的数据资源形成独特价值路径,与开发者和用户共同进行产品创新与价值创造,从而实现"数字化创新"(Digital Innovation) [3]。

产品的开发与创新直接关系到企业价值的创造,它扮演着企业商业模式中不可或缺的角色。随着互联网新生态环境和数字化基础设施的快速发展,企业获得了前所未有的技术手段、市场机会和客户洞察。这使得企业的产品和服务在创新模式方面取得了突破性的进展。在这个竞争日益激烈的时代,企业必须不断地寻求新型的开发与创新模式,以满足不断变化的市场需求和客户期望。

二、数字化对传统的产品开发与创新过程的影响

数字化为传统的产品开发与创新过程带来了更多的机遇和挑战,使企业能够更好地应对不断变化的市场需求、加快产品开发速度、提高产品质量,并采用更灵活、高效的开发方式。具体而言,数字化对传统的产品开发与创新过程的改变体现在市场洞察、产品开发、开发工具和开发模式的变化上,如下所述。

（1）数字化对市场洞察的影响。数字化技术为市场洞察提供了更多的数据来源和分析手段。通过数字化的市场洞察，企业可以收集和分析大规模的市场数据、用户反馈和行为数据，从而更深入地了解用户需求和市场趋势。这有助于企业在产品开发之初就获得准确的市场洞察，从而更好地定位产品的功能和特性。

（2）数字化对产品开发的影响。数字化技术改变了传统的产品开发方式和流程。传统的产品开发过程通常是线性的、串行的，而数字化技术使得产品开发可以更加灵活，更易于迭代和协同。通过数字化工具和平台，团队成员可以实时协作、共享资源和知识，加快产品开发速度，并开发更高质量的产品。

（3）数字化对开发工具的影响。数字化工具的出现和普及使得产品开发过程更加高效和自动化。例如，数字化的设计工具、仿真工具和测试工具能够帮助工程师和设计师更快速地进行产品设计、验证和测试。这些工具提供了更准确和可视化的开发环境，缩短了开发周期，降低了开发成本。

（4）数字化对开发模式的影响。数字化技术推动了新的开发模式的出现，如价值共创模式、开放创新模式等。这些数字化开发模式强调快速迭代、持续集成和自动化，使得产品开发更加灵活、响应更加迅速，并具备更好的可靠性和可扩展性。

三、数字化产品开发与创新的基本框架

数字化产品开发与创新是指通过人工智能（AI）、云计算（Cloud Computing）、大数据等数字技术，将原本分散的设备、企业、市场连接起来 [4]。这些技术让数据参与到产品开发过程及其上下游环节（包括市场趋势洞察、创意方向选择、大规模多角色参与的设计过程、产品改进迭代等），拓宽企业产品开发与创新的空间。在数字环境下，大数据的处理和基于数据的知识挖掘能够为产品开发提供多维度和高价值的参考信息。

数字化开发与创新的核心是使用现代数字技术优化流程，改善客户体验，提供新的业务模式，解决业务问题。典型的数字化创新成果包括：物联网在物流行业中帮助企业提升运营质效，大数据分析在电子商务行业中实现个性化的产品推荐等。数字化产品开发与创新可以让企业更加精准地掌握市场需求，赋能用户参与产品创新的过程，优化企业内部的创新流程，丰富产品业态。

数字化产品开发与创新主要包括市场洞察数字化、产品开发数字化、开发工具数字化和开发模式数字化四个部分的内容。图 7-1 是数字化产品开发与创新的要点总结，也是本章的核心框架，如下简述。

（1）市场洞察数字化指企业通过数字技术对市场动态数据、用户消费数据和行为数据等进行分析，基于此精准地掌握市场需求，从而帮助企业有针对性地推出新产品。市场洞察数字化包括三个层面的内容，分别是需求洞察数字化、全过程数据洞察和产品上市数字化。

（2）产品开发数字化指企业通过数字化技术和手段，推动产品的开发过程和产品形态等的数字化，例如，深度融合数字技术与实体产品、创造数字型产品等。产品开发数字化包括

三个要点：创意数字化、设计过程数字化和产品形态数字化。

（3）开发工具数字化指在产品开发的过程中，数字技术的引入带来的很多工具上的创新，包括传统开发工具数字化、数字化产品模块和数字模块开发工具。

（4）开发模式数字化指数字技术以多种形式融入企业原有的产品开发、生产、营销和交付等环节，这引发了企业产品创新和开发的数字化变革，进而形成了新的产品开发模式。开发模式数字化包含三个要点：价值共创模式数字化、开放创新模式数字化和生态协作模式数字化。

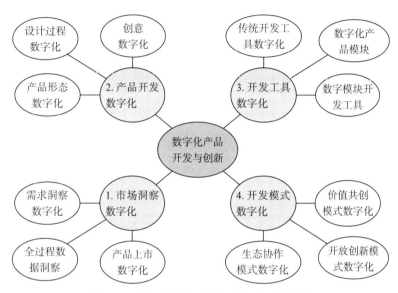

图 7-1 数字化产品开发与创新的要点总结

小案例

天猫新品创新中心（TMIC）的产品数字化开发

在数据逐渐成为重要生产因素的时代，天猫看到了产品数字化开发对品牌商的意义，即通过打造爆款新品来提升品牌商销量，并结合数据优势来赋能品牌，以价值共创的方式驱动品牌成长。

TMIC 团队结合天猫的数据优势为品牌赋能，在天猫平台上沉淀了一套新品运营和营销的方法论，创造了一套天猫平台赋能品牌新品开发的流程。图 7-2 是 TMIC 改变生产设计逻辑并重塑商业逻辑的体系。

（1）市场洞察数字化。TMIC 通过构建趋势情报局，从人群研究和产品研究两个路径来洞察市场趋势，确定几组可能的产品研发概念。同时，TMIC 创造性地提出新品合伙人的计划，将第一步趋势情报局中确定的产品研发概念进一步给到消费者，使消费者参与到产品研发中。

（2）产品开发数字化。TMIC 通过成立仿真实验室，将新品合伙人和趋势情报局所确立的几组概念进一步缩小范围，明确两三组研发概念，再根据这两三组概念，设计出新品的宣发形象和淘宝宝贝详情页，推送给测试用户进行仿真测试，以进一步完善产品设计。

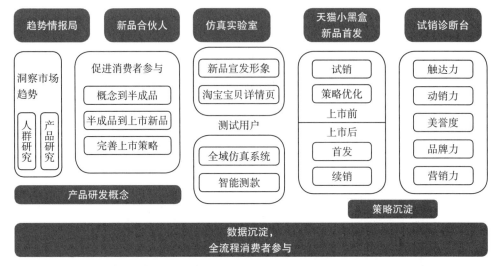

图 7-2   TMIC 业务逻辑

（3）开发工具数字化。TMIC 通过成立试销诊断台，在新品上市后，使用其触达力、动销力、美誉度、品牌力和营销力来追踪产品上市后的效果，并且根据这些追踪得到的数据对产品的策略进行不断迭代更新。

（4）开发模式数字化。产品成型后，在 TMIC 平台进行首发。TMIC 采取纵横两条线的策略：上市前加强口碑裂变，采取试销和策略优化；上市后，通过大数据盘活消费者资产，做好首发和续销。

在 TMIC 赋能之下，新品研发、设计、生产到上市的全环节时间缩短，原来动辄数月的研发耗时，现在只需两三周，大大增强了产品开发的效率。

资料来源：丁浙川，李秀敏 . 天猫新品创新中心（TMIC）点评：全链路服务品牌新品孵化 提升天猫商业竞争力 [EB/OL]. (2022-04-26)[2023-07-11]. http://stock.finance.sina.com.cn/stock/go.php/vReport_Show/kind/ industry/rptid/704281512091/index.phtml.

第二节   市场洞察数字化

一、需求洞察数字化

需求洞察数字化是市场洞察数字化的重要一环。数字化创新与产品开发要遵循"以用户为中心"的战略，这意味着企业需要以用户需求洞察为驱动，依托数据对现有市场、用户服务、潜在需求等进行全面的梳理。用户需求洞察能力正日益成为企业保持竞争优势的关键因素。

需求洞察数字化是数据广泛应用于需求分析的结果。市场洞察数字化的背景是各行业的数字化转型，随着数字化技术的发展，各行业边界不断扩展，生态价值链上的角色发生变化、融合和重构，这促进新价值链的形成。同时，随着用户需求的不断升级，满足用户价值的诉求也向着圈层化、碎片化的方向演进，借助数字化手段，企业将具有更深度的需求洞察能力，可以快速把握用户需求 [5]。因而需求洞察数字化是数字经济时代催生的成果。

（一）需求洞察数字化的实施环节

明确用户需求是产品开发的核心问题之一，需求洞察首先要回答"为什么要做产品？"和"做什么样的产品？"这两个问题，在对用户需求进行挖掘、汇总和明确的基础上，才能进行产品开发和创新。

需求洞察数字化是数字化创新和产品开发的前提。通过数字化的手段，可以更加容易地洞察市场和需求、发现市场上存在何种机会，以及是否还有未能满足的用户需求等。通过数据进行市场细分、用户分类和用户画像，可以帮助企业抓住市场机会，明确用户痛点。

需求洞察数字化主要包括以下几个环节。

（1）需求收集。数字化技术提供了丰富的工具和渠道来收集需求信息。企业可以通过在线调查、用户反馈、社交媒体分析、数据挖掘等方式获取用户需求的数据。

（2）市场细分。数字化技术可以帮助企业对市场进行更精细的划分和分析。通过市场数据的收集和分析，企业可以识别不同细分市场的特点、需求和行为，从而更好地了解目标用户群体。

（3）用户分类。数字化技术使得用户分类更加精准和个性化。通过数据分析和挖掘，企业可以将用户分为不同的类别或群体，例如基于地理位置、兴趣偏好、购买行为等方面的分类。

（4）用户分析。数字化技术为用户分析提供了更多的数据和工具。通过数据分析和挖掘技术，企业可以深入了解用户的特征、行为模式、消费习惯等方面的信息。

（5）需求收集结果呈现。数字化技术使得用户需求收集结果的呈现更加直观和可视化。企业可以利用数据可视化工具和报告来展示用户需求收集的结果。

（二）需求洞察数字化的主要方法

数字化技术不断落地的应用打破了传统行业、企业的闭环链路。通过对场景、生态进行赋能，企业可以从多方面获取数据，并通过数据挖掘获取有价值的信息。对用户需求的数字化洞察就建立在对大数据的分析和挖掘基础上，因此企业在与用户交互的过程中，可以不断挖掘数据的内在价值，从而不断洞察用户需求。

数据驱动的需求洞察是通过先进的研究方法，准确、及时、立体地分析消费者画像、偏好、行为和消费旅程的过程。大数据、人工智能技术在提升用户需求洞察能力方面具有巨大潜力。例如：基于知识图谱和认知智能的大数据精准分析为用户需求洞察提供了强大的背景知识支撑；自然语言生成技术能够大规模地产生个性化内容，加速内容生产，并通过策略模型快速响应用户需求；通过用户体验认知模型实现对用户旅程的全程实时测量，并提供实时反馈。

对用户需求的数字化洞察通常采取以下几种方法：全触点交互分析，社交媒体用户情感分析，线上用户活跃度分析，用户动态信息视图，用户利润点分析，用户点击流分析，用户获取、价值提升、挽留及流失，第三方用户信息获取等（如图 7-3 所示）。

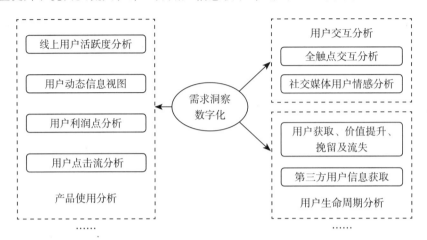

图 7-3　需求洞察数字化的常用方法

需求洞察数字化的战略核心是"以用户为中心"。鉴于用户相关的数据种类繁多，数据量巨大，企业可以根据自己的需求对不同种类的数据采用相应的分析方法挖掘数据价值。例如：从用户的产品使用来看，可以分析其活跃度、信息点击流、内容浏览偏好、利润点等；从用户交互的角度来看，可以分析用户的情感、产品使用过程中的交互情况等；从对用户生命周期的把控来看，可以获取第三方用户信息、进行用户价值提升、用户挽留等操作。

以互联网行业为例，目前头部企业已经通过需求洞察数字化来了解用户的个性化需求，为用户提供定制化、个性化的内容和服务。需求洞察数字化也帮助企业敏捷地触达不同用户和场景下的交互需求，让企业可以从不同渠道获取优质用户，并为用户提供匹配的产品和服务体验，进而提升用户黏性，提高品牌影响力和竞争力。

小案例　　　　　　　　**"暴走的萝莉"洞察客户需求**

2021 年夏天，"暴走的萝莉"开始了第一次拓展品类的尝试。它与天猫新品创新中心（TMIC）合作，基于平台数据对休闲、运动混搭的消费趋势进行预测，推出"精致懒三公里"休闲系列。

TMIC 团队通过消费者共创平台"天猫造物星球"征集天猫用户关于"精致懒三公里"的穿着需求，3 天之内就收到超过两万条消费者创意。基于消费者需求以及创意的输入，"暴走的萝莉"与 TMIC 共创设计出 11 款产品，再经由 TMIC 测款，选出大众呼声高的前8 款，最终进入生产环节。从创意收集到最终生产，TMIC 和"暴走的萝莉"仅用了 15 天时间。

资料来源：天下网商 . 15 天新品诞生！全网爆卖 6000 万件，谁是"暴走"国货新锐的幕后推手？ [EB/OL]. (2021-12-01)[2023-07-11]. https://static.nfapp.southcn.com/content/202112/01c5993875.html?group_id=1.

二、全过程数据洞察

全过程数据洞察是指洞察需求、开发产品、推广产品、触达用户的全过程都有数据的参与，这意味着用户数据互联互通的必要性。通过海量数据的模型化分析，企业整合用户所有的触点，打通各个渠道上的结构化和非结构化数据，实现企业内部跨部门、跨地区、跨时间的私域数据和企业外部公域数据的多系统、跨平台、多终端的数据归集和融合，通过链接、组合和共享数据释放数据的能力，提升产品开发的针对性和用户满意度。

在产品开发与创新过程中，全过程数据洞察表现在企业对用户的全景信息挖掘。在打通了用户数据之后，借助大数据和 AI 智能化算法，企业可以利用聚类分析、神经网络、决策树等计算方法，对用户打标签，形成丰富的客户信息全景视图，例如，核心用户视图、潜在用户视图、追随人群视图、辐射人群视图等。不同行业的企业可以根据实际情况，通过客户体验旅程行为信息、特征信息、社会信息及偏好信息等多维度信息的收集与整合，针对不同人群采用不同的产品开发策略。在产品开发完成后，企业可以结合各个应用场景，差异化推送产品和服务。

全过程数据洞察意味着企业要具有覆盖用户全场景、全触点、全旅程的数字化洞察能力，依靠企业的数字化智能设备与用户的交互。由于用户从过去的单个或顺序线性排列触点，演变为多场景下同时多触点的交互模式，因此，全过程数据洞察需要企业建立起覆盖用户使用产品的全场景、全触点（线上触点、线下触点、内部触点、外部触点等）、全旅程的数字化动态用户需求洞察能力。全过程数据洞察可以快速实现用户需求洞察并预测用户行为，根据用户反馈确定产品的迭代方案，并根据用户行为设计更加精准的产品应用场景。例如：新能源汽车维修市场的企业可以通过构建汽车线上线下连接的应用场景，远程实时精准获取汽车电池的损耗状态，而车况保险公司也通过数据平台接入保险渠道，从而企业可以在合适的时机联合保险公司为用户提供精准的换电、维修、报废保值处置等服务，这使得企业在延伸客户触达的同时也能反哺保险产品的研发与销售。

企业在全面梳理用户旅程的基础上，通过针对核心场景加以延伸和创新，也能突破单一产品或服务的场景束缚。构建"人 + 服务及价值 + 载体"的互动关系模型，对场景进行优化，由点及面，推动产品和服务的全面智能化、数字化，将产品和服务延伸至用户的全生命周期，提升用户体验满足感。

三、产品上市数字化

数字化可以为产品上市和标准化运营提供支持。产品上市前，企业可以通过数据分析和实验方法进行产品测试，确定效果最优的产品设计方案。例如，互联网企业通过 A/B 测试对产品设计方案进行选择。产品上市后，企业通过数字化技术和工具、数据处理能力来重塑产品或服务的各个环节，提升用户价值体系的运营效率，实现业务目标资源的整合。

产品推向市场后，产品上市数字化意味着企业运营方式的标准化。数字化技术将原本以人的经验判断来执行的运营方式，转化为自动化、智能化的运营方式。大量的重复性的工作可以通过标准化的方式开展，从而减少产品运营过程中由于人员失误造成的故障，同时让运营人员得以有时间和精力去进行有创造性的工作。通过标准化运营，企业能够明晰用户对产品的反馈，也能对用户实现有效的分群分层，为用户提供个性化的精准触达与服务体验。

通过数据驱动，企业能够促进用户活跃、优化用户体验、提升用户价值、驱动营销运营。通过对运营问题的数据分析，可以帮助产品开发团队进行决策优化，推动业务闭环与产品开发的迭代过程，促进产品产生业务价值。

第三节　产品开发数字化

一、创意数字化

创意数字化是指以数字创意技术与创新设计为支撑，将产品开发过程中的数字化与创新性进行结合，并以数据为桥梁，联通用户需求与兴趣点，创造出用户满意的产品。进入数字经济时代，用户在选择产品时更加关注"兴价比"，即重视自身的兴趣、产品的使用感受和精神层面的满足。创意数字化将产品创新及产品开发过程同用户的需求和体验高度融合，促进了产品的艺术性创新、体验性创新和商业模式创新。

本节以产品的游戏化设计为例，介绍创意数字化的具体内容。游戏化产品设计就是通过游戏化的思维设计新产品，增强用户对产品的参与度，挖掘用户潜在需求及动机。游戏化设计不是设计游戏，核心是"游戏化思维"。根据不同的衡量标准，游戏化设计可分为真游戏化设计和伪游戏化设计。如果只是加入积分、排行榜、徽章、金币等游戏化特征的功能，并不一定代表产品具备游戏化思维，真游戏化设计必须满足多项条件才可以。游戏化的目的就是让原有业务变得更有趣，从而提升用户黏性和体验满意度。

（一）游戏化设计构建框架

设计出游戏化的产品要结合产品目标与特点，深度了解目标用户和用户行为逻辑，塑造一个让人愿意沉浸的场景。通过定量和定性的用户研究，可以确定和绘制出用户画像，输出用户体验地图，洞察和挖掘用户潜在的底层需求。具体而言，可以结合游戏的"八角行为分析框架"（如图 7-4 所示），对用户的行为、认知、接受度等多维度进行分析，输出游戏内容和功能设定 [6]。八角行为分析法通过八大核心驱动力来帮助企业完成游戏化的产品设计，这些驱动力会影响接下来一系列的产品决策与行为。

（1）使命。使命是让用户觉得自己正在做某些具有重大意义的事，唤醒其责任和使命感。比如，支付宝的应用蚂蚁森林，用户在使用蚂蚁森林的过程中会认为自己正为解决沙漠化问题做出贡献。再比如，维基百科和百度百科的词条，它们可以由用户自主编辑，用户在编辑时就会意识到自己在为人类知识库做贡献。

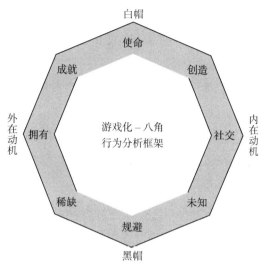

图 7-4　八角行为分析框架 [6]

（2）成就。成就可以用于量化用户行为，这样用户就可以看到自己的进步与成就。例如，视频底部的进度条、产品的会员等级成长体系、徽章制度等。

（3）创造。创造通过给予用户比较高的自由度和较大的发挥空间，产生无限可能。例如，用户可以在游戏里进行有别于其他玩家的独特创作。

（4）拥有。设计和赋予用户某些所有权，例如，虚拟货币、虚拟物品或游戏道具等，这些虚拟物品能够体现用户的身份，并体现其对虚拟财富的所有权。

（5）社交。通过给予产品社交属性，可以接入其他用户进行互动。例如，交友产品里面的好友和朋友圈、排行榜这类设计，可以立刻调动人们交流和竞争的心理。

（6）稀缺。稀缺指的是实时制造稀缺感和饥饿感。例如，游戏中的一些高端装备、道具、高级权限、倒数计时等。

（7）未知。通过制造神秘与未知，激发人们的探索欲，使得用户迫不及待看到下一环节。例如，问答、小说、抽奖、彩蛋等。

（8）规避。人性总是趋向避免发生风险事件。因此，可以通过限时优惠团购等手段来实现风险规避，如果用户因为手速慢了而没有抢到，这对用户而言就是一种损失。

（二）游戏化设计实施流程

游戏化设计是在场景的体验和感知上融入游戏化机制和运行规律的设计方式。这种设计需要产品开发团队基于对业务本身和用户行为的透彻了解，在结合理论框架和可用性测试输出后，融进产品的底层架构里。

结合用户研究报告，可以输出游戏化设计的实施流程，具体包括游戏故事、游戏规则、游戏者的关系、游戏反馈和可用性测试设定。

（1）游戏故事。很多游戏都会为用户设定故事背景，比如通过构建"在僵尸世界消灭恶魔成为救世主"的故事背景，让用户更容易产生代入感。也有一些游戏简单到没任何故事，比如俄罗斯方块、泡泡龙这种纯粹解压和释放类游戏。数字化产品中的大多数游戏为后者，属于隐性的没有故事背景的游戏。此外也有一些故事性的独立游戏，比如盒马小镇就通过构建一个小镇世界的故事来模拟商品养成的过程。

（2）游戏规则。游戏规则是确保游戏可以通畅运行的大前提。规则要简单明了，甚至这个规则已经是人们的共识。

（3）游戏者的关系。游戏者的关系伴随着不同的游戏类型而有所不同，分为竞争关系（如竞赛、比拼）和合作关系（如助力、协作），两种关系可以独立或共存于一个游戏中。

（4）游戏反馈。游戏会给人即时反馈，反馈可以是奖励或者纯视觉表现，也可以是某种很解压的声音。相比学习带来的延迟反馈，游戏反馈更容易使人沉迷。

（5）可用性测试设定。设计者需要定制一个适合所有利益相关者的可用性测试原型，以此评估游戏化设计思路在增强用户参与度方面的有效性。

综上所述，企业可以通过游戏化设计的途径来实现创意数字化。创意数字化通过产品设计过程中的新创意，提升了用户与产品的交互意愿。在以往的产品设计和生产中，企业往往会从自身数据分析出发，如产品的成本分析、企业的供应链优势、已有的销售渠道、过往的参考销量等，这些都是传统的 B 端视角。而现在，产品设计更多从 C 端视角出发，如进行更多的用户调研，研究用户的购买评价，参考用户在直播间中的意见反馈，这些都是为了更好地从用户兴趣的角度来设计和销售产品，并根据他们的反馈及时调整经营模式。

二、设计过程数字化

传统的产品设计过程是线性的，数字化则颠覆了这样的设计过程，数据在不同环节可以互相渗透和流通，这促使企业转向全方位的开放式创新设计。

设计过程数字化的引入使得企业能够更加关注设计周期，并帮助企业优化设计环节。一方面，设计过程数字化使企业实现了更加高效的设计周期。通过将技术融入设计过程，企业可以在各个环节中实现更有效的时间管理。数字化工具和软件使得设计师能够更快速地完成任务，例如，使用计算机辅助设计软件，可以迅速生成和修改设计方案，减少了手工绘图所需的时间。另一方面，设计过程数字化推动了企业设计环节的升级和优化。在数字化环境下，企业可以更方便地进行跨部门协作，例如，设计团队和工程团队之间可以实时共享信息和意见，加快项目推进的速度。此外，数字化还为产品创新和实验提供了更大的空间。设计师可以在虚拟环境中进行多样化的测试和验证，不断改进设计方案，提高产品质量。

基于数据的产品设计过程主要包括五个环节的内容（如图 7-5 所示），分别是体验评估、研究挖掘、策略制定、落地执行和跟踪迭代。这五个环节循环往复，持续迭代，构成了数字化产品设计的流程。数据在各个环节间互联互通，发挥着重要的作用。

体验评估环节是设计过程的起点，它主要关注对产品体验和需求的评估。在这个阶段，团队会与利益相关者（如客户、市场专家、业务部门）讨论产品的需求，并梳理产品的整体架构，同时，还会对当前产品版本进行评测，以了解其性能和用户反馈。这些评估将有助于确立产品设计的目标和方向。

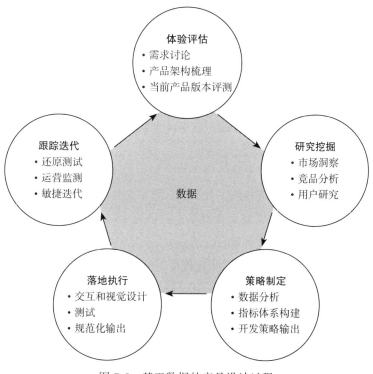

图 7-5　基于数据的产品设计过程

研究挖掘环节旨在深入研究和挖掘市场、用户和竞争对手的情况。通过市场洞察，团队可以了解市场趋势、用户行为和需求变化，从而制定适应性的产品策略。竞品分析帮助识别企业的竞争优势和差异化点。同时，用户研究是为了深入了解目标用户的需求、痛点和行为，以便更好地满足他们的期望。

策略制定环节是基于前两个环节的研究和评估，由团队制定详细的产品设计策略。数据在此环节起到重要作用，因为它提供了支持决策的事实依据。数据分析和指标体系构建可以帮助团队建立衡量产品性能的指标，并确保产品设计与企业的整体战略一致。开发策略输出是为了明确产品的技术和设计方向，以便进入下一阶段的具体实施。

落地执行环节是将策略实际转化为产品设计的阶段。团队将开始进行产品交互和视觉设计，通过数据驱动的方法改进产品的用户界面和用户体验。测试是确保产品质量和功能性的重要步骤。规范化输出将确保产品设计的一致性，并为后续的开发和生产奠定基础。

跟踪迭代环节通过数据追踪和反馈来优化产品，这个环节表明基于数据的产品设计过程是一个持续不断的循环过程。还原测试帮助团队评估产品的实际表现与预期目标之间的差距。运营监测通过数据监测产品在市场上的运营表现，发现问题和机会。敏捷迭代是根据数据反馈，不断对产品进行改进和优化，以确保产品持续满足市场和用户的需求。

以上五个环节形成了一个循环往复的过程，使得数字化产品设计不断地迭代和优化，从而能够更好地满足用户需求。数据在整个过程中扮演了重要角色，为设计团队提供决策支持和反馈，使得产品设计更加客观和科学。

三、产品形态数字化

数字产品具有狭义和广义之分。狭义的数字产品是指那些以数字格式为基础，通过因特网等途径，以比特流的方式传输的产品。而广义的数字产品除了包括狭义的数字产品外，还涵盖了基于数字技术的各种电子产品，以及依托于物理载体存在的数字产品。其中数字藏品和数字孪生体是数字产品的两种主要形式，以下将主要介绍这两种形式的数字产品。

（一）数字藏品

目前，在融合创新的数字经济和数字社会中，数字文化产业成为最有活力的一种新业态。例如，伴随着虚拟世界里的元宇宙概念在网络上的迅速走红，连锁反应之下衍生出一系列商业现象，其中最具代表性的就是数字藏品。

所谓"数字藏品"，可以看作是非同质化代币（Non-Fungible Token，NFT）衍生而来的，是区块链技术的一种应用[7]。进入国内后，其金融属性被"掐灭"，而是与艺术品、文创产品结合在一起，用区块链技术赋予其稀缺性。

数字藏品通过区块链技术将艺术品进行确权保护，生成唯一且不可篡改的数字凭证，在保护其数字版权的基础上可进行发行、收藏等。生存于数字虚拟世界里的数字藏品，文化IP质量在很大程度上代表着数字藏品的收藏价值和商业价值，因此，文化IP定位是数字藏品设计和开发的关键。

数字藏品的开发原则就是创新，基于品牌产品，发展数字化的周边产品，及时更新迭代是品牌保持市场热度和市场活跃度的关键。在开发的过程中，市场营销团队与设计团队联动，通过大量的市场数据分析和产品营销反馈，为企业产品进行数字化藏品创新，如电影娱乐藏品、动漫原创藏品、品牌形象藏品等。

数字藏品也促进了数字产品有形化，如手办、玩具等典型IP有形化藏品。这些商品原型大多是电影、电视或游戏中的一些人物角色，通过有形化设计让虚拟产品实现物理化，成为可以触摸到的有形产品。

小案例　　　　　　　　　　**敦煌藏经洞文献的数字藏品**

2022年6月15日，敦煌研究院与腾讯互动娱乐联手创立了"文化遗产数字创意技术联合实验室"，旨在共同探索展示文化遗产的全新技术和模式。项目初期，实验室启动了"数字藏经洞"计划，以数字科技为支撑，将敦煌藏经洞及其中约6万件珍贵的文物"重塑"于现实中。数字孪生技术将被用来以1∶1的比例精准还原敦煌藏经洞壁画、文物细节，将那些曾流失国外或现存于博物馆中的文献再次呈现在洞窟之中。在众多文物中，敦煌研究院珍藏的001号文献《归义军衙府酒破历》将成为首个被"重现"的内容。

此外，双方还联手塑造了莫高窟的官方虚拟形象"伽瑶"，该虚拟人物灵感源自敦煌莫高窟壁画形象"迦陵频伽"，它可以与人们互动，甚至可以跳起敦煌舞蹈。而在文物数字化领域，双方也将展开人才培养工作。

敦煌研究院文物数字化研究所所长俞天秀表示，数字技术的神奇之处在于能够突破时空限制，让人们能够深入了解敦煌。尽管莫高窟每年吸引超过 200 万名游客，但通过互联网，这些珍贵内容能够在瞬间积聚上千万次浏览量，对增强文化自信很有意义。

资料来源：张玉洁.数字技术将"重现"敦煌藏经洞 [N]. 光明日报，2022-06-16（8）.

（二）数字孪生体

数字孪生（Digital Twin）是一项集多学科、多物理标量、多尺度和多概率的仿真技术 [8]，它在虚拟空间中完成映射，从而反映相对应实体的全生命周期。数字孪生通过建立物理世界和数字世界之间精准映射和实时反馈机制，实现物理世界与数字世界之间的互联、互通、互操作 [9]。更简单来说，数字孪生就是在一个设备或系统的基础上，创造一个数字版的"克隆体"。这个"克隆体"，也被称为"数字孪生体"。

数字孪生体的主要特点有两个：①流动是双向的，本体可以向孪生体输出数据，孪生体也可以向本体反馈信息；②全生命周期，数字孪生可以参与产品的整个生命周期。

数字孪生推动 PLM 技术进一步升级，它可以用 PLM 来管理产品或设备的生命周期，也可以从 PLM 系统中输出文件。数字孪生对物理产品的全程进行数字化呈现，使得产品的"全生命周期"透明化、自动化管理概念成为货真价实的实际方法。数字孪生和云计算共同构成数据到知识的关键环节，实现信息流在本体和孪生体之间的流动，并基于数字孪生的聚合感知，实现制造的智能化、信息化。

数字孪生生态系统架构雏形已经出现。根据中国电子技术标准化研究院 2020 年发布的《数字孪生应用白皮书》，数字孪生生态系统架构可划分为"基础支撑层""数据互动层""模型构建层""仿真分析层""共性应用层""行业应用层"这六大核心模块，对应从设备、数据到行业应用的全生命周期，具体如图 7-6 所示。

从本质上来说，数字孪生是一项借助数字空间孪生模型，对物理空间真实本体进行模拟的技术。之所以要模拟，主要是两个原因：其一，物理本体的造价昂贵，试错成本太高，超过了承受能力；其二，物理本体独一无二，不支持物理复制，没有试错的机会。

美国空军研究实验室最早明确提出数字孪生的概念，其数字孪生的对象就是造价昂贵的飞机及飞机发动机。此后，数字孪生的概念由通用电气公司应用于民用领域。截至 2018 年，通用电气公司就已经累计开发了 120 万个数字孪生体。根据他们自己的说法，他们已经为每个引擎、每个涡轮、每台核磁共振仪都创造了一个数字孪生体。

建立了数字孪生体之后，可以将采集到的物理本体的运行数据放在孪生体上，然后就可以大胆创新，充分试错，进行产品设计改动和模拟仿真试验，并观察试验效果，判断是否执行实际产品的改动。这样一来，试错的成本和风险大幅下降，产品的研发周期也有效缩短。

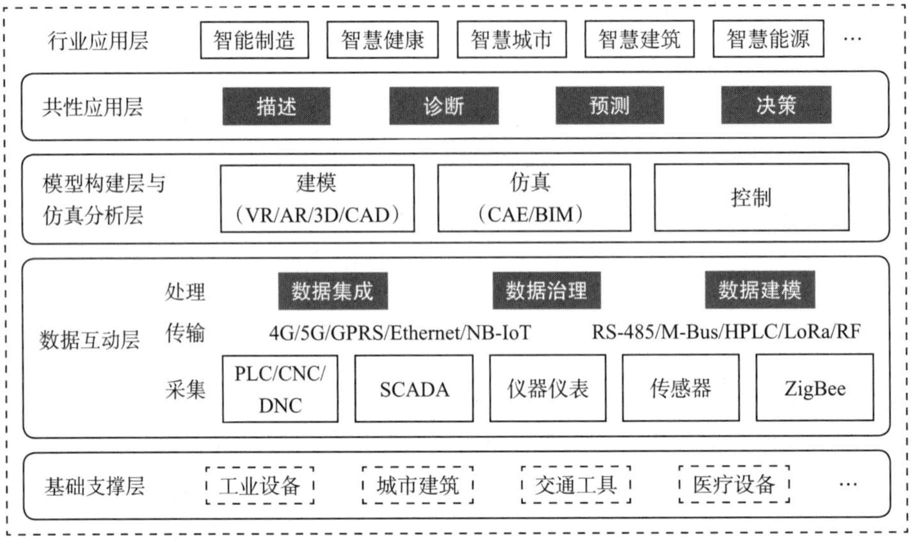

图 7-6　数字孪生生态系统

资料来源：中国电子技术标准化研究院. 数字孪生应用白皮书 [R/OL]. (2020-11-11) [2023-07-26]. https://pdf.dfcfw.com/pdf/H3_AP202011231431940763_1.pdf?1606214310000.pdf.

小案例

数字孪生技术在汽车产品开发中的应用

不少企业正在借助数字孪生技术改进下一代产品。例如，一家电动汽车制造商为汽车部署了 80 多个传感器，基于收集的实时数据，跟踪不同驾驶模式和不同天气条件下的能源消耗情况。分析得出的数据洞察能够助力企业升级车辆控制软件，实现硬件、软件的双更新。

自动驾驶系统开发商也在积极使用虚拟环境开发新技术。因为在模拟环境中训练和验证算法比现实世界更为安全，价格也更低。由于虚拟系统可同步运行大量模拟，测试过程可提速一万倍以上。在测试中输入真实的传感器数据，有助于提高模拟的真实性，并识别虚拟测试数据库的盲点。

资料来源：彭波，BERTELETTI B，施俊昌，等. 数字孪生打破虚实界限，创造产品开发无限可能 [EB/OL]. (2022-05-25) [2023-07-11]. https://www.mckinsey.com.cn/.

第四节　开发工具数字化

产品开发工具可以帮助企业在产品开发过程中分析用户需求、解决质量问题、实现质量改进和推动创新。随着技术的不断发展，数字化逐渐改变了传统的产品开发工具，同时也催生了更多新的产品开发工具和方法，以应对不断变化的需求和挑战。

一、传统产品开发工具数字化

（一）传统产品开发工具简介

（1）卡诺模型（KANO Model）。卡诺模型是对用户需求分类并进行优先级排序的工具[10]，该模型将用户需求分为基本需求、期望需求和潜在需求三个层次，帮助企业确定产品功能和特性的优先级。

（2）质量屋（The House of Quality）。质量屋是产品开发中连接用户需求与产品属性的工具[11]，它通过协调各部门的工作使得设计的产品能真正地满足顾客的需求。

（3）六西格玛设计（Design for Six Sigma）。六西格玛是一种设计方法学，用于在产品开发阶段就实现质量水平[12]。该方法强调在产品设计过程中引入质量控制，以确保产品满足客户需求并具有稳定性和可靠性。

（4）TRIZ理论（Theory of Inventive Problem Solving）。TRIZ是一种创新方法学，用于解决技术问题和推动创新[13]。该方法基于对已有技术解决方案的系统分析，通过应用创新原则和模式来发现新的解决方案，推动产品开发和改进。

（二）传统产品开发工具的数字化发展

在数字化时代，传统的产品开发工具可以结合数字化技术和方法获得新的应用。具体而言，传统开发工具在数字化时代有以下发展。

（1）卡诺模型。在数字化时代，卡诺模型可以结合大数据和用户行为分析来更准确地理解用户需求和期望。通过数字化平台收集和分析用户反馈数据，可以实时了解用户对产品功能和特性的态度与满意度，这有助于企业根据用户需求的变化调整产品设计和优化策略。例如，使用在线调查和社交媒体分析来收集用户反馈，实时了解用户对产品功能的满意度和期望水平。

（2）质量屋。数字化技术为质量屋提供了更多数据和分析工具，帮助企业更全面地追踪和解决质量问题。通过数字化平台，企业可以实时监测产品质量数据、客户反馈数据和供应链数据，快速定位问题，并采取相应的纠正和改进措施。例如，利用物联网和传感器技术监测产品的实时质量数据，通过数据分析预测和预警质量问题。

（3）六西格玛设计。数字化时代的六西格玛设计可以借助模拟和虚拟技术进行更精确的产品设计和仿真。通过数字化建模和仿真工具，企业可以在产品开发阶段进行更多的虚拟测试和优化，减少实际成本，加快产品上市时间。例如，使用虚拟现实和仿真技术进行产品设计和优化的虚拟测试与验证，在节约成本的同时减少试错时间。

（4）TRIZ理论。数字化时代的TRIZ可以通过知识图谱、机器学习和自然语言处理等技术更智能地解决问题和推动创新。通过数字化工具和平台，企业可以更方便地获取和整合大量的技术知识与专利信息，从而更快速地找到创新的方向和解决问题的途径。例如，基于自然语言处理和智能搜索技术，可以快速发现和推荐与产品开发相关的技术解决方案和创新模式。

二、数字化产品模块

在数字化地使用传统产品开发工具时，数字化产品模块是重要的组成部分。数字化产品模块指的是数字化产品中的独立功能单元或组件，这些模块可以独立存在或与其他模块进行交互，以实现特定的功能或提供特定的服务。数字化产品模块通常是通过软件、硬件或网络技术来实现的。

数字化产品模块提高了生产效率并降低了维护成本。假如一部一体式手机的某个部件损坏，只能直接把手机换掉，这样的成本很大。而如果将手机分为多个模块，当某个模块损坏时就可以单独替换，或者分模块升级。从生产角度来看，模块是一种生产方式，这种生产方式体现了两个特点：①生产效率高，灵活架构，焦点分离，多人协作互不干扰，方便模块间组合、分解；②维护成本低，可分单元测试，方便单个模块功能调试、升级。

在数字化的产品开发中更加体现了数字化产品模块。例如，程序中常见的日期模块（Date）、数学计算模块（Math）、日志模块、登录认证模块、报表展示模块等，所有模块组成一个程序软件系统。当某个模块出现问题时，只需要修改当前模块即可，而不影响其他模块的代码。

数字化产品的模块方式便于管理迭代和修改优化，也便于形成统一的认知和团队合作。数字化产品的模块开发主要包括产品功能模块化、页面区域模块化、交互规范化和信息框架化。

（1）产品功能模块化。产品功能模块化会尽可能地将颗粒度进行细分，比如 P2P 投资流程包括了投资确认、充值、提现、认证、已投、登录注册、获奖提示或获奖列表等。

（2）页面区域模块化。页面区域模块化会根据信息优先级、信息层次、信息可操作性去设计页面布局，使得核心信息清晰可见且与视觉重点重合。页面区域模块化可以合理规划业务与目标操作区域，便于发现和操作。

（3）交互规范化。交互规范化指的是各个信息层级中重要的交互样式需要规范，不同操作反馈的样式需要规范等。

（4）信息框架化。信息框架化指的是页面内不同业务表达的信息需要形成框架和样式。

三、数字模块开发工具

数字模块开发工具是用于设计、开发和测试数字模块的软件工具。这些工具提供了开发者所需的功能和环境，能简化数字模块的开发过程，并支持其集成和测试。

数字模块开发工具主要包括仿真设计软件和电子设计自动化（Electronic Design Automation，EDA）。它们在数字模块的设计、验证和优化过程中发挥着重要的作用，也是支撑数字模块开发的基础技术。

（一）仿真设计软件

产品仿真设计软件涉及需求管理、概念设计、功能分解、创建模块、产品定义的整个过程。由于大数据技术的应用，产品仿真设计软件通过快速检索、快速仿真、快速定义等一系列功能，可大幅提高产品开发的速度。这些仿真工具可以帮助开发者快速评估和优化数字模块的性能、功耗、时序等。

仿真设计软件用于对数字模块进行功能验证、时序分析、性能评估等方面的仿真。通过建立模型和模拟数字模块的行为，开发者可以在软件环境中进行实验和测试，以验证模块的功能是否符合设计要求，并检测潜在的问题和错误。

例如，在工业材料仿真设计中，仿真设计软件可以对金属材料的成型、热处理、锻压、加工等工艺进行深度的仿真。材料仿真可以帮助设计部门很容易地对过程、使用环境、性能和缺陷进行测试；丰富的结构数学模型可以仿真各种材料；通过设计的力学模型，设计者可以快速验证各种结构在压力或张力下的材料结构的可行性。随着材料数学模型越来越丰富，企业可以快速设计出精益设计下的零缺陷产品，大幅减少直接材料的成本。

（二）电子设计自动化

电子设计自动化（EDA）是用于设计和开发电子产品的自动化技术。它涵盖了多个方面，包括电路设计、布局和布线、时序分析、模拟仿真、设计验证等。EDA 技术通过提供图形化界面、功能库、自动化流程等，帮助开发者更高效地进行数字模块的设计和开发。开发者可以通过自己设计电路来定制芯片内部的功能，使之成为专用集成电路芯片。

EDA 技术可以帮助用户完成芯片和电子电路的设计（布局、布线、能耗优化、硅后验证）、仿真（晶体管仿真、逻辑仿真、行为仿真、硬件仿真、电磁场求解器）、分析验证（功能验证、跨时钟域检测、模块验证、平衡性验证、静态时序分析、物流验证）等一整套工作。

现在的 EDA 软件已经构建了从芯片、元器件到电子组件、电子电路等一系列的建模设计。设计者根据产品的性能参数需求，可以基于已有的模型，通过参数调整快速设计出新一代的产品，并能够通过仿真去验证设计的缺陷和阈值。另外，EDA 技术也结合机器学习等方法拓展了新应用和新思路[14]。

综上所述，数字模块开发工具可以把现实物理世界和模拟仿真模型进行比对，并基于现实的数据，优化模拟仿真模型的算法和参数。各种数字模块开发工具提供了便捷的方式来储存、使用、管理人类的智力资产，各类智力资产都能以模块化的方式进行储存、使用和构建。在第三代互联网——语义网中，每一个模块都可以成为语义网中的"本体"，人类的技术创新将更加方便和快捷。

小案例　**数字化开发工具帮助整车厂实现降本增效**

某整车厂由于销售人员、设计工程师、财务人员等利益相关者的开发理念和需求不同甚至存在冲突，因此，该车厂为早期阶段的产品开发创建了一个数字化的"概念构建工具"，通过应用该工具，车厂实现了在不同客户需求、技术概念和产品成本之间的评估权衡。倘若出现技术概念变更，系统会迅速显示该变更是否偏离客户需求，以及它对产品成本的影响。

跨职能开发团队使用"概念构建工具"帮助车厂减少了 5% ～ 15% 的材料支出成本，

并将节省的资金用于创造客户价值。同时，利用该工具选择合适的汽车部件，车厂实现了成本和客户价值的双重优化，部件的价值贡献率提高了 5 ～ 10 个百分点。此外，团队决策时间也减少了 20%，从而加快了产品上市速度。

资料来源：彭波，BERTELETTI B，施俊昌，等.数字孪生打破虚实界限，创造产品开发无限可能 [EB/OL]. (2022-05-25) [2023-07-11]. https://www.mckinsey.com.cn/.

第五节   开发模式数字化

产品开发模式指的是在产品从概念到实际推向市场的整个过程中，所采用的组织和管理方法。不同的产品开发模式强调不同的阶段、活动和角色，以实现高效的产品开发和交付。它直接影响企业价值创造，是企业商业模式的重要组成部分，也是其核心竞争力之一。

快速发展的互联网新生态环境为今天的企业提供了前所未有的技术手段、市场前景和客户需求。随着技术的指数级发展，产品开发模式数字化进程明显加速，利益相关者的期望也不断增长，这也倒逼企业不断探索产品开发的新模式。本节中，主要介绍三种开发模式的数字化，包括价值共创模式数字化、开放创新模式数字化和生态协作模式数字化。

一、价值共创模式数字化

价值共创（Co-creation of Value）强调企业与客户、合作伙伴和其他利益相关者之间的合作和共同创造价值的过程 [15]。在价值共创中，企业认识到客户和其他利益相关者具有丰富的知识、经验和资源，可以与他们进行合作。因此，价值共创模式在产品开发和创新的早期阶段就强调进行各方的互动和协作，共同创造价值。

基于价值共创的合作理念，可以融合产业链和供应链的各接口、需求端消费者，使产品创新不再局限于各领域或各环节的产物创新，而是将其升华为一种新的社会协作方式。价值共创形成的新的价值网络产物和新的生态圈，能够提升整体价值网络及供应链的创新能力和产品开发效力。与传统的企业内部主导型新产品开发模式相比，这种开放式的产品创新模式对企业利润的增长和销售周期的延续都有积极影响 [16]。

在数字化时代，价值共创具有许多新的体现，数字化技术为企业与客户、合作伙伴和其他利益相关者之间的合作提供了更广阔的平台和更多的可能性。下面主要从消费者的角度分析数字化时代的价值共创。

（一）消费者参与和反馈

数字化在消费者参与和反馈方面提供了许多创新的方式和工具，使共同命名、共同商品设计、共同生产、共同宣传、共同定价、共同流通、共同消费、共同体验、共同意义创造、共同维护和共同处置成为可能。

（1）共同命名（Co-naming）。通过数字化平台和社交媒体，企业可以与用户进行互动和投票，共同决定产品名称。用户可以提出建议、投票选举，从而参与到产品命名的过程中。

（2）共同商品设计（Co-design）。通过在线调查、反馈表单、虚拟设计工具等，用户可以提供设计意见、建议和要求，与企业共同设计出更符合用户需求的产品。

（3）共同生产（Co-production）。通过众包平台，用户可以参与到产品的组装、定制、包装等环节，共同完成产品的生产。

（4）共同宣传（Co-promotion）。通过社交媒体和在线营销平台，企业可以与用户共同进行产品宣传。用户可以通过分享产品信息、发布评论，帮助企业扩大产品的知名度和影响力。

（5）共同定价（Co-pricing）。数字化技术使得企业可以与用户共同决定产品的定价策略。通过在线投票、定价模拟工具等，用户可以参与到定价决策中，提供对产品价值和价格敏感度的反馈。

（6）共同流通（Co-distribution）。通过电子商务和在线平台，用户可以与企业共同参与产品的流通。用户可以成为产品的分销渠道、代理商或共享经济的参与者，帮助产品在市场中流通和传播。

（7）共同消费（Co-consumption）。数字化技术促进了用户之间的互动和共同消费。通过社交媒体、在线评论和分享，用户可以共享消费体验、提供产品建议和推荐，为其他用户提供参考和决策依据。

（8）共同体验（Co-experience）。通过虚拟现实（VR）、增强现实（AR）等技术，用户可以参与到产品的虚拟体验中。用户可以通过数字化的方式与产品进行互动，体验产品的功能、特性和效果。

（9）共同意义创造（Co-meaning creation）。数字化平台提供了用户共同创造意义和故事的机会。用户可以共同分享和讨论产品的故事、品牌的价值观，共同创造和传播产品的意义。

（10）共同维护（Co-maintenance）。通过在线社区和用户支持平台，用户可以参与到产品的维护过程中。用户可以通过提供技术支持、解答问题、分享经验，共同维护产品的良好运行。

（11）共同处置（Co-disposal）。数字化技术使得用户可以参与到产品的回收和处置过程中。通过在线回收平台、共享经济模式等，用户可以共同参与到产品的回收和环境保护活动中。

（二）个性化和定制化

数字化技术使消费者更容易地表达个性化需求，从而让企业可以提供定制化的产品和服务。数字化技术能够使消费者更加自主地参与产品的设计和定制，与企业进行更直接的沟通和交流，如下所述。

（1）个性化设计。数字化技术使得个性化设计成为可能。通过在线设计工具和模拟器，消费者可以根据自己的需求和偏好，自主选择产品的规格、功能和外观，设计出符合个性化需求的产品。通过在线平台和社交媒体，企业可以与消费者进行互动和合作，共同参与产品的设计过程。消费者可以提供意见、建议和需求，与企业共同设计出符合其个性化需求的产品。

（2）个性化定制。个性化定制是指企业基于对消费者特定需求的了解进行个性化商品生产或服务[16]。数字化技术为企业和消费者之间的沟通提供了更直接和便捷的渠道。通过在线聊天、社交媒体、客户服务平台等方式，企业可以与消费者进行一对一的交流，进而了解其需求，提供个性化的服务和解决方案，消费者也可以通过在线渠道直接与企业沟通并反馈意见，实现即时的互动和反馈。

（3）大规模定制。大规模定制是指企业提前准备多个产品方案，让消费者投票选择他们最喜欢的方案。根据投票结果，企业可以有针对性地生产和销售获得最多投票的方案，从而满足消费者的个性化需求。这种方法可以帮助企业在满足市场需求的同时保持高效的生产和供应链管理，实现定制化的生产规模。通过消费者投票选择，企业可以更准确地预测市场需求，降低库存风险，并增强消费者参与度和满意度。

个性化定制活动本身没有停留在新产品特征性能、适合性等设计或开发层面，而是进一步通过互联网，使得消费者之间或消费者与企业之间开展交流、沟通、学习、反馈和评价等互动。通过消费者投入的知识和情感，产品呈现出新的价值内容或价值体验，形成了共同体验和共同意义的价值共创互动生态。

小案例

数字化促进消费者参与企业价值共创

消费者参与个性化设计。通过 Threadless 网站，消费者能够上传并展示自己设计的 T 恤样式。不同设计者的方案会接受网站访问者的投票，根据投票结果选出的最受喜欢的设计方案将由 Threadless 进行生产和销售。设计者也会从所设计产品的销售额中获得一部分奖励。伊势丹公司曾以职场女性为目标，通过互联网收集新式饭盒的设计方案。在首次募集中，500 多名会员提出了建议。通过中期讨论、二次调查和最终的商品试用，伊势丹公司成功地完成了新式饭盒的产品开发和销售。

消费者参与个性化定制。2016 年，携程旅行网站推出了定制旅游产品，它的开发需要消费者、携程旅行网站的旅游规划师以及目的地旅行社的共同参与。消费者通过携程旅行网站提交旅行日程安排、目的地、预算、注意事项等信息后，携程旅行网站的旅游规划师会根据这些信息与目的地旅行社共同设计游玩路线和具体方案。在旅行细节方面，携程旅行网站会与消费者积极沟通确认，最终提供令消费者满意的旅游产品。

消费者参与大规模定制。2012 年 9 月，天猫聚划算与海尔集团旗下的品牌统帅联合举行了"彩电百万网友定制"新品活动。通过 100 万天猫网友对电视的六个定制项目（电视尺寸、边框、清晰度、能耗、色彩、接口）的投票结果，在 8 天内确定了最终得票最高的三款产品进行生产和销售。这种定制方式极大地激发了网友的参与热情，在短短的 5 小时内，超过万人购买了统帅定制彩电，成交额突破了 2 000 万元。

资料来源：

孔令建，张范纯，冯绍娜. 基于价值共创的网络消费者参与型新产品开发模式的研究 [J]. 商场现代化，2022（2）：18-20.

杨柳，蒋诗姣，李春琼，等. 在线旅游定制产品开发现状及创新策略研究：以携程旅行网和驴妈妈旅游网为例 [J]. 旅游纵览（下半月），2019（14）：57-59.

二、开放创新模式数字化

开放式创新（Open Innovation）的概念由 Chesbrough 于 2003 年首次提出。开放式创新表明无论是在内部还是外部，分享创意和开展合作都能带来更好的成果。产品创新最关键的一个步骤是创新灵感的产生，Chesbrough 认为公司应该公开地从全社会获取创新灵感[17]。互联网数字化的发展为开放式创新提供了新的平台，激发消费者的创新热情，发掘出更大的能量和商业价值。开放式创新已迅速成为推动业务增长和提高绩效的强大引擎。下面将详细阐述开放创新模式数字化的典型——众包（Crowdsourcing）。

（一）众包的概念

众包作为一种开放创新模式，是指向广大群众（即"众包者"）广泛征集创意，或者让"众包者"解决问题、提供服务或完成任务。在众包模式下，企业可以利用互联网和数字化平台，将工作或任务分发给广大的人群，以获取他们的智慧、创意、劳动力或资源。众包的特点是通过向外部群体开放，融合不同的视角和创意，实现创新和解决问题。它利用了群体的智慧和多样性，通过集体智慧的力量来解决难题、创造价值和提供创新解决方案。

小案例　　　　　　　　　　　　**"梨视频"中的众包**

将众包模式与短视频创作相结合，能够极大地满足用户积极参与信息生成的需求，这也与新媒体时代的内容创作趋势相契合。

"梨视频"曾提出"全球拍客共同创造"的口号，它不仅构建了拍客网络，还在此基础上发展了编客网络，引领了短视频内容制作从采访、拍摄到编辑环节的受众下移。在 2018 年 11 月 1 日至 11 月 30 日期间，"梨视频"官方微博播放超过 200 万次的 326 个视频中，除去 15 个平台重复转发的视频，有效视频数量达到 311 个。在这些视频中，由拍客主导的栏目比例高达 56.1%，凸显了众包模式在"梨视频"内容创作中的重要地位。

资料来源：付琪."众包"模式在短视频生产中的运用：以"梨视频"为例 [D].武汉：中南财经政法大学，2020.

（二）众包平台的运营模式

众包平台运营模式根据任务发布和接受的方式大致分为两种：悬赏招标模式和速配模式。

悬赏招标模式是指发包方在众包平台将任务以公开悬赏招标的方式传播给未知的解决方案提供者，用户在线上平台提交方案，发包方比较所有已提交的任务，选择最满意的任务并发放奖励（如佣金、名声和知名度）。这种方式使发包方能够得到诸多优秀的方案。悬赏招标运作机制流程如图 7-7 所示。

随着众包平台的不断完善，通过速配模式可以提升发包方和接包方的匹配效率。发包方通过众包平台的多维度推荐，筛选出最合适的接包方发送任务，让这些接包方完成任务并为他们发放奖励。速配模式运作机制流程如图 7-8 所示。

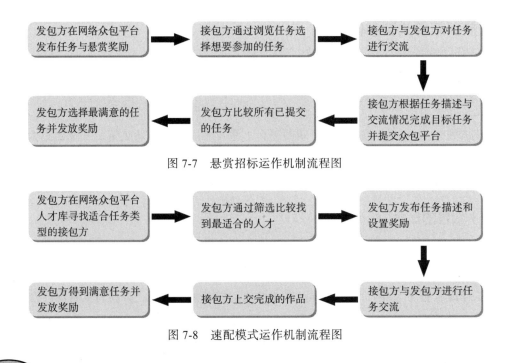

图 7-7　悬赏招标运作机制流程图

图 7-8　速配模式运作机制流程图

一品威客众包平台

2005 年，"威客"的概念被提出。"威客"的英文"Witkey"是由"Wit"（智慧）、"Key"（钥匙）两个单词组成的，指人的知识、智慧、经验、技能通过互联网转换成实际收益，从而达到各取所需的互联网新模式。

2010 年，一品威客网站正式上线运营。作为国内领先的创意服务众包平台，一品威客的服务涵盖了多个领域，主要可归纳为以下四个方面。首先，为中小微企业主和个人提供高效便捷的任务需求发布平台，帮助他们快速找到所需的人才资源，实现雇佣需求的精准对接，从而达成服务交易。其次，协助威客打破地域和工作模式的限制，为其提供丰富的任务来源，使威客能够在分享更多创意、经验和技能的同时获得相应的劳动报酬。再次，通过为雇主和威客提供增值服务，适度收取增值服务费用或会员服务费用。最后，平台逐步扩展至中小微企业相关的衍生服务领域，如 Logo 设计、商标注册、营销服务等，将中小微企业创业过程中所需的产业链资源整合到平台中，从而构建中小微企业服务的生态闭环。

资料来源：
吴超云，余昌彬，卢长宝.众包平台的商业模式探究：以一品威客平台为例 [J].大庆师范学院学报，2019，39（4）：65-71.
余昌彬.众包模式在服装企业 LOGO 设计领域的应用 [J].山东纺织经济，2020（8）：35-39.

三、生态协作模式数字化

产品开发创新的生态协作模式指的是，通过不同组织或个人之间的合作与协调，共同开发具有创新性的产品。这种模式鼓励各方以一种协同的方式共享资源、知识和技术，从而加速产品开发和市场推广。

数字化对产品开发创新的生态协作模式产生了深远影响。它提供了新的产品开发工具和平台，促进了各方的合作与协同，并提高了创新的速度，扩大了创新的规模。主要体现在以下几个方面。

（1）虚拟协作和远程团队。数字化技术使得地理位置不再成为合作的障碍。通过在线协作工具、视频会议和实时通信平台，团队成员可以远程合作，共享信息、想法和资源。这促进了跨地域和跨组织的合作，吸引了更多的专家和创新者参与产品开发。

（2）数据共享和分析。数字化技术使得数据的收集、存储和分析变得更加便捷。通过共享和整合各方的数据，参与者可以更好地理解市场需求、用户行为和产品性能。数据驱动的决策和设计过程可以提高产品的质量和用户体验。

（3）开放平台和应用程序接口。数字化平台和应用程序接口（Application Programming Interface，API）的开放性为不同的参与者提供了机会，参与者可以构建在现有平台上运行的附加功能和服务。这种开放性鼓励了创新的生态系统，并吸引了更多的开发者和合作伙伴参与到产品的拓展和定制中。

在生态协作模式数字化的进程中，数字生态圈扩大了企业的资源边界，将不同的资源或能力联结成创新共同体，并将其整合成一个追求同一目标的价值创造系统，从而帮助企业建立未来的核心竞争力。

本章小结

1. 数字化对产品的开发与创新的影响主要体现在：①为市场洞察提供了更多的数据来源和分析手段；②改变了传统的产品开发方式和流程；③使得产品开发过程更加高效和自动化；④推动了新的开发模式的出现。

2. 市场洞察数字化是利用数字技术和数据分析来获取对市场、消费者和竞争环境的深入理解，这一环节包括需求洞察数字化、全过程数据洞察数字化和产品上市数字化。

3. 产品开发数字化是企业利用数字技术和手段来推动产品开发过程和产品形态等方面的数字化的过程。产品开发数字化包括创意数字化、设计过程数字化和产品形态数字化。

4. 开发工具数字化是指利用数字技术来改进产品开发工具，这一环节包括传统开发工具数字化、数字化产品模块和数字模块开发工具。

5. 开发模式数字化是将开发过程中的各个环节和方法利用数字技术进行改进、优化和自动化的方式。它包含价值共创模式数字化、开放创新模式数字化、生态协作模式数字化。

重要术语（中英文对照）

数字化创新 Digital Innovation

云计算 Cloud Computing

非同质化代币 Non-Fungible Token

数字孪生 Digital Twin

卡诺模型 KANO Model　　　　　　　　　价值共创 Co-creation of Value

质量屋 The House of Quality　　　　　　　开放式创新 Open Innovation

六西格玛设计 Design for Six Sigma　　　　众包 Crowdsourcing

TRIZ 理论 Theory of Inventive Problem Solving　应用程序接口 Application Programming Interface

电子设计自动化 Electronic Design Automation

思考与讨论

1. 数字化对传统的产品开发与创新过程有什么影响？

2. 数字化产品开发和创新的基本框架包括哪些部分？

3. 创意数字化中的游戏化设计构建框架的要点是什么？

4. 价值共创模式数字化是如何将企业和消费者紧密联系在一起的？

案例实战分析

小米公司的开放式产品创新模式

一、案例背景

　　小米公司（以下简称"小米"）是一家总部位于中国北京的科技企业，由雷军等创办于 2010 年 4 月，以智能手机的销售而闻名。通过采用高性价比的产品策略，小米在成立初期迅速获得了国内市场的认可，成为中国智能手机市场的领军企业之一。除了智能手机，小米还扩展了其产品线，涵盖智能硬件、智能家居设备、智能穿戴设备、智能电视、笔记本电脑、电动车等多个领域。

　　作为一家全球知名的智能手机制造商和科技公司，小米以"让每个人都能享受科技的乐趣"为使命，秉承开放式产品创新模式，致力于为用户提供高性价比的智能产品。小米的创新并不仅限于产品，更体现在其开放式产品创新模式上。小米秉持用户至上的理念，坚持与合作伙伴开放合作，与用户共同创造价值，进行个性化迭代与试错，成为全球范围内备受关注和认可的科技企业之一。

二、与合作伙伴的开放式合作

　　小米在打造智能家居生态系统的早期阶段，旗下的扫地机器人产品线面临着一些技术和性能上的挑战，难以满足用户对于高性能和智能功能的需求。为了解决这个问题，小米决定与具备先进技术和创新能力的企业合作。通过与石头科技（Roborock）合作，小米的智能家居产品线实现了巨大的增益。

　　小米和石头科技在共同确定合作意向后，展开了紧密合作。双方的技术团队共同组成了一个跨团队的合作小组，探讨如何将小米的智能家居生态与石头科技的扫地机器人技术相结合，打造一款更加智能、功能更强大的扫地机器人。在合作过程中，小米为石头科技提供了自己的 MIUI 操作系统技术，帮助石头科技的扫地机器人具备更智能的导航和路径规划功能。同时，石头科技为小米带来了先进的传感器技术和机器学习算法，让小米的扫地机器人可以更好地适应家庭环境，并且清洁、高效。

经过数月的紧密合作和不断优化，小米和石头科技终于推出了一款全新的智能扫地机器人产品。这款产品融合了小米和石头科技的技术优势，其性能相较于以往产品得到了极大提升。新的智能扫地机器人在市场上备受瞩目，并受到了广泛的用户好评。用户喜欢它智能的路径规划能力，高效的清洁能力，以及与小米生态的无缝连接，可以通过手机 App 轻松控制。合作成功地满足了用户对高品质智能家居设备的需求，同时完善了小米智能家居生态系统。

小米与石头科技的合作是小米的开放式产品创新模式成功的体现之一。通过与生态伙伴石头科技的价值共创，小米得到了更多创新的产品和技术，不断完善了其智能家居生态系统，为用户带来更优质的智能家居体验。这种成功的合作激励了小米继续积极寻求合作伙伴。

三、与用户共同创造价值

小米为了更好地理解用户需求，常常倾听用户的声音，并与用户共同打造更优质的产品和服务。最典型的例子是，小米会定期举办米粉节。米粉节不仅是一场庆典活动，更是小米与用户之间的价值共创的重要时刻。

在米粉节前夕，小米启动了一系列线上调查活动，通过 MIUI 论坛和其他渠道向用户征求意见。调查内容涵盖小米产品的优缺点、用户对未来产品的期望，以及用户在使用小米产品的过程中遇到的问题等。这些调查帮助小米深入了解用户需求，为后续的价值共创活动提供重要参考。在米粉节期间，小米推出了 MIUI 开发版和稳定版的内测体验活动，鼓励感兴趣的用户加入内测，提前体验新功能并提供反馈。用户通过参与内测，不仅可以率先体验到新功能，还可以分享自己的使用体验和建议。小米团队将用户的反馈纳入开发流程，共同打磨产品，使其更贴合用户需求。米粉节当天，小米举办了盛大的线下活动，数千名米粉齐聚一堂。小米的高管和技术团队亲临现场，与用户进行面对面交流。他们倾听用户的意见和建议，回答用户的疑问，感受用户的需求。这些互动让用户感受到自己参与到小米的发展过程中，与小米共同打造产品和服务，体现了价值共创的理念。

米粉节也是小米推出新产品的重要时刻。在新品发布会上，小米的高管向米粉们展示最新研发的产品，并邀请用户参与产品的体验和提问环节。用户的意见和反馈对小米的技术团队来说是宝贵的资源，这些反馈将有助于产品的不断优化和升级，实现与用户之间真正的价值共创。通过米粉节期间的各项活动，小米与用户建立了更深层次的价值共创关系。用户的反馈和意见成为小米不断改进产品和服务的重要驱动力。小米的产品和服务不仅仅是由技术团队设计和开发，更是与用户之间持续互动与合作的共同结晶。这种价值共创的理念在米粉节的实践中得到了充分体现，让用户感受到自己是小米生态系统的重要一员。

通过线上调查、内测体验、线下交流以及产品发布会，小米实现了与用户的深入互动，共同打造更符合用户需求的产品和服务。这种与用户之间的价值共创，为小米提供了持续创新的动力，为用户带来了更优质的智能产品和体验。

四、个性化迭代与试错

小米会针对客户个性化需求，不断进行产品的快速迭代与试错。通过紧密关注用户反馈和市场需求，小米手机和智能家居设备不断更新系统和改进功能，以持续优化产品性能，提升用户体验。

小米手机在发布后，小米团队并未止步于推出产品。相反，他们将用户的反馈视作宝贵的资源。通过 MIUI 论坛、社交媒体和客户服务等渠道，小米团队积极收集用户的使用反馈和建议。无论是关于系统界面优化、功能改进，还是性能提升，小米团队都认真倾听，并将这些反馈整合为下一轮系统更新的方向。小米手机系统的更新频率很高，每个版本都有功能上的改进，以满足用户的需求。用户可以通过空中下载技术（Over-the-Air）轻松获得系统更新，享受更优质的手机使用体验。这种快速的迭代与试错模式让小米手机在市场中保持了较高的竞争力，也让用户感受到自己的需求得到了真正的关注和满足。

除了手机，小米的智能家居设备也同样注重个性化迭代与试错。例如，米家智能摄像机是小米智能家居中备受欢迎的产品之一。在摄像机的使用过程中，用户会提出画面清晰度、移动监测灵敏度、云存储服务等方面的各种反馈。小米团队将这些反馈视为改进的动力，通过固件更新不断完善产品。每当有新的功能和性能改进时，用户会得到及时的通知，并可以通过 App 完成固件升级。这种灵活的更新机制，让用户在购买智能家居设备后也能享受到持续不断的改进和优化服务。

小米手机和智能家居设备个性化迭代与试错体现了其开放式产品创新模式下与用户紧密合作的重要性。通过持续关注用户反馈、积极收集用户需求和数据，小米能够不断进行产品的改进和优化，提升用户体验。这种开放式创新理念让小米不仅仅是一家智能产品制造商，更是与用户共同打造智能生活的合作伙伴。在这种开放式创新模式下，小米通过不断迭代与试错来优化产品，为用户带来更智能、更贴心的生活体验。

五、小米开放式产品创新模式展望

总体而言，小米的开放式产品创新模式让它能够积极与外部合作伙伴合作，吸纳外部资源，不断引入创新理念和技术。通过让用户参与和反馈，与用户共同创造价值，公司能够更好地了解用户需求，持续改进产品和服务。同时，锚定客户个性化需求和快速迭代与试错的模式，让小米保持了快速响应市场和用户需求的能力，为用户带来更智能、更优质的产品和服务。这种开放式产品创新模式不仅为小米的成功提供了动力，也让用户感受到自己参与到小米的发展过程中，共同打造智能生活的未来。

小米的开放式产品创新模式已经取得了显著的效益，但它的未来仍然充满无限的可能性。随着人工智能技术的不断发展，小米可以借助人工智能技术更加智能地分析用户数据，挖掘出更多有价值的用户需求和意见。通过更细致的用户参与和反馈，小米能够更精准地满足用户需求，提供更贴心的产品和服务。随着技术的不断进步和市场的不断变化，小米的开放式产品创新模式将不断适应和演进，成为小米持续创新和成功的长期战略。

资料来源：

王静.基于价值链理论的互联网企业盈利模式研究：以小米公司为例 [D]. 北京：对外经济贸易大学，2021.

左丹.网络环境下基于服务生态视角的价值共创研究：以小米为案例 [J]. 中国人力资源开发，2017, 369（3）：128-134.

董洁林，陈娟.无缝开放式创新：基于小米案例探讨互联网生态中的产品创新模式 [J]. 科研管理，2014，35（12）：76-84.

案例问题

1. 小米公司开放式产品创新模式的组成有哪些？

2. 你认为小米公司还可以采取哪些产品创新策略？

参考文献

[1] FREEMAN C. The economics of industrial innovation[M]. 2nd ed. London: Frances Pinter, 1974.

[2] 董洁林，陈娟.无缝开放式创新：基于小米案例探讨互联网生态中的产品创新模式 [J]. 科研管理，2014，35（12）：76-84.

[3] 谢卫红，林培望，李忠顺，等.数字化创新：内涵特征、价值创造与展望 [J]. 外国经济与管理，2020，42（9）：19-31.

[4] 张振刚.以数字技术创新推进创新体系变革 [J]. 财经界，2022（17）：6-7.

[5] RICCIARDI F, ZARDINI A, ROSSIGNOLI C, et al. Organizational dynamism and adaptive business model innovation: the triple paradox configuration[J]. Journal of Business Research, 2016, 69(11): 5487-5493.

[6] CHOU Y K. Actionable gamification: beyond points, badges, and leaderboards[M]. Birmingham: Packt Publishing Ltd, 2019.

[7] 刘倩倩，贺晨芝，陈晓扬，等.NFT 数字藏品与 GLAM 机构的数字文创开发 [J]. 图书馆建设，2023（3）：25-34+48.

[8] 刘然，刘虎沉.基于数字孪生的产品制造过程质量管理研究 [J]. 现代制造工程，2022（7）：50-56.

[9] 兰国帅，郭倩，魏家财，等.5G+ 智能技术：构筑"智能 +"时代的智能教育新生态系统 [J]. 远程教育杂志，2019，37（3）：3-16.

[10] XU Q, JIAO R J, YANG X, et al. An analytical Kano model for customer need analysis[J].

Design Studies,2009,30(1):87-110.

[11] LOCASCIO A, THURSTON D. Transforming the house of quality to a multiobjective optimization formulation[J]. Structural Optimization,1998,16(2):136-146.

[12] TKAC M, LYOCSA S. On the evaluation of six sigma projects[J]. Quality and Reliability Engineering International, 2010,26(1):115-124.

[13] ZHANG P, ESSAID A, ZANNI-MERK C, et al. Experience capitalization to support decision making in inventive problem solving[J]. Computers in Industry, 2018, 101: 25-40.

[14] 田春生，陈雷，王源，等 . 基于图神经网络的电子设计自动化技术研究进展 [J]. 电子与信息学报，2023，45（9）：3069-3082.

[15] 简兆权，令狐克睿，李雷 . 价值共创研究的演进与展望：从"顾客体验"到"服务生态系统"视角 [J]. 外国经济与管理，2016，38（9）：3-20.

[16] 孔令建，张菀纯，冯绍娜 . 基于价值共创的网络消费者参与型新产品开发模式的研究 [J]. 商场现代化，2022（2）：18-20.

[17] CHESBROUGH H W. Open innovation: the new imperative for creating and profiting from technology[M]. Cambridge: Harvard Business School Publishing, 2003.

第八章
数字整合营销传播

学习目标

（1）描述数字整合营销传播的概念与方法；

（2）描述数字媒体策略及实施要点；

（3）描述数字内容营销的基本概念和操作要点；

（4）描述定向类、影响类和分享类数字媒体的传播形式。

导引案例

A 公司定向营销推广策略

A 公司为了推广一款游戏 App，决定实施营销推广计划。A 公司拟推广的游戏受众人群以青少年男性为主。开始时，A 公司选择了应用商店作为推广媒体，因为它让顾客从看到广告到下载的路径最短。为此，A 公司制作了游戏宣传素材引导顾客下载。不过，第一阶段的推广并不成功，原因是应用商店的顾客类型复杂，曝光下载率不足 2%，单个下载顾客的成本甚至超过了 200 元，大量的广告推荐给了非目标顾客，造成了广告资源的浪费。因此，A 公司决定更换推广模式，选择数据分析能力强、能够精准营销的数字广告平台进行推广。A 公司将"下载"作为 KPI，选择一、二线城市的青少年男性作为目标群体实施定向广告推广。由于广告触达的人群精准，单个顾客获取成本降低了 32%，降低至 136 元，游戏下载后顾客的黏性和活跃程度显著提升。随后，A 公司通过 A/B 测试不断优化广告文案，使得单个顾客的获取成本进一步降低至 80 元，成功实现了低成本大规模获客的目标。

第一节   数字整合营销传播原理和模型

一、数字整合营销传播概述

（一）数字整合营销传播的概念和基本内容

整合营销传播（Integrated Marketing Communication, IMC）的概念是由唐·舒尔茨在 20 世纪 90 年代初提出的。数字整合营销传播是一个营销传播计划的概念，它认为综合的传播计划具有增值效果，即通过整合数字广告、互动社交广告、精准和自动化广告、直复广告、销售促进、数字公共关系和传统广告等各种传播手段，可以获得清晰的、一致的、最大的传播效果 [1]。图 8-1 描述了数字整合营销传播的基本内容。

数字整合营销传播的特点		数字整合营销传播模型	
精准传播 品效合一 传播可迭代 传播生态化		AIDA 模型 ELM 模型 AIPL 模型 SICAS 模型	
数字整合营销传播模式			
知晓阶段传播 兴趣阶段传播		愿望与行动阶段传播 复购与分享阶段传播	
数字媒体策略	**数字内容制作**		**数字整合营销传播形式**
推式媒体 拉式媒体 搜索引擎 互动媒体 产品媒体 人际分享媒体	UGC 制作 产品数字化展示	AIGC、PGC 制作 数字创意与设计	定向广告 裂变广告 程序化广告 竞价排名推荐

图 8-1   数字整合营销传播的基本内容

图 8-1 从六个方面描述了数字整合营销传播的基本内容，分别是数字整合营销传播的特点、传播模型、传播模式，数字媒体策略、数字内容制作，数字整合营销传播形式。

（二）数字整合营销传播的特点

（1）精准传播。传统广告的精准性较差，美国商人沃纳梅克曾说过："我知道在广告上的投资有一半是无用的，但问题是我不知道是哪一半。"数字整合营销传播解决了传统广告无法精准传播的问题，它能够根据顾客对传播内容的偏好以及顾客的需求精准投放广告，并对顾客的行为过程进行追踪与分析。例如，今日头条基于顾客的兴趣标签进行内容推荐，使顾客的停留时长达到其他新闻应用的 2 倍以上。

（2）品效合一。品效合一是指在传播品牌形象的同时实现产品的销售转化，形成二者的有机统一 [2]。品效合一并不符合品牌建设需长期努力的观点，因为品牌构建和效果转化的周期难以协同。不过，在数字化环境下，随着移动支付、电商物流、轻量级小程序使"所见即所得"成为常态 [2]，在品牌传播的同时实现销售转化就成为可能。以直播营销为例，顾客从了解产品到完成购买决策仅需 5 分钟时间，短时间高浏览量可以为企业带来充分的品牌曝光，品牌传播与达成销售之间并没有实质矛盾。在数字营销环境下，"品效合一"已成为企业运营的主要绩效指标 [2]。

（3）传播可迭代。品牌在数字整合营销传播中，可以记录顾客的行为反馈，并进行量化评价，从而分析不同传播内容的效果，形成"推荐→反馈→分析→再推荐"的迭代循环，帮助品牌提升传播效果。举例而言，顾客的摄像头、录音信息数据可以显示其潜在行为意愿，当顾客浏览商品时，系统会调用摄像头，通过观察顾客眼球移动和注视屏幕的内容绘制页面热力图，确认顾客关注的商品并进行顾客画像和商品标注，当顾客再一次刷新页面时，系统会根据新的顾客画像进行商品的推荐，其背后的云计算和大数据算法能够支持在1秒钟内完成上述动作，传播迭代在瞬间就完成了。

（4）传播生态化。数字整合营销传播的显著特点是在全媒体渠道中传播统一的信息，媒体渠道之间可以构建相互链接的机制，使整个传播形成一个完整的生态。企业传播的媒体渠道主要分两类，一类是以付费流量渠道和垂直流量渠道为主的公域媒体渠道，另一类是以企业自建网站、App、社交自媒体为主的私域媒体渠道。近年来，企业将公域媒体渠道用于新顾客获取和品牌价值的推广，通过补贴和引导顾客进入品牌私域媒体，形成忠诚顾客群体。企业通过整合两类媒体渠道，逐渐形成自身的传播矩阵和生态网络。私域媒体和公域媒体的特点比较如表8-1所示。

表 8-1　私域媒体和公域媒体的特点比较

比较维度	公域媒体	私域媒体
流量组成	第三方平台顾客	现有数据整合
流量触达频次	一次性	多次触达
流量成本	高昂	接近为零
流量所有权	第三方平台	品牌方
产品忠诚度	低	高
传播内容形式	符合第三方平台要求	自由选择传播形式
主要用途	获取新顾客	提升顾客价值

二、数字整合营销传播模型

（一）AIDA 模型

AIDA 模型是1898年由推销专家 Lewis 整理并提出的推销模型，该模型指顾客从接触营销信息到完成购买的完整过程，即"注意（Attention）→兴趣（Interest）→愿望（Desire）→行动（Action）"的过程。在注意阶段，推销人员需要让顾客把注意力投入到推销的产品上；在兴趣阶段，推销人员需要展示产品的优点，引发顾客的好奇，使顾客对产品产生兴趣；在愿望阶段，推销人员需要与顾客建立信任，打消顾客疑虑，提升顾客对产品的感知价值，使顾客产生购买的愿望；在行动阶段，推销人员需要通过给予优惠、限时购买、限量购买等激发顾客购买产品的行为。AIDA 模型提出之后，逐渐成为广告领域的重要模型，并在很长的时间里占据主导地位。在数字化环境下，人们将交互维度、信任维度、数字化维度、分享维度等加入 AIDA 模型，形成了新的层次说服模型。AIDA 层次说服模型可以根据适用情境的需要构建新的数字营销传播模型，例如随后介绍的 AIPL 和 SICAS 模型均可以视为 AIDA 的拓展模型。

（二）ELM

精细加工可能性模型（Elaboration Likelihood Model, ELM）是由心理学家 Petty 在其博士论文中提出的。精细加工可能性是指顾客对信息的涉入程度、加工动机、加工机会等的不同导致对信息精细加工的不同。ELM 认为顾客加工信息会在两条路径中选择，分别是中枢路径和边缘路径。当处于高信息涉入、高信息加工动机和高信息加工机会时，顾客会遵循中枢路径的加工模式，此时顾客会理性地评价产品的优缺点，对信息的概念和逻辑进行分析与推敲，决定是否改变态度；当处于低信息涉入、低信息加工动机和低信息加工机会时，顾客会遵循边缘路径的加工模式，此时顾客会受到一些线索信息（例如代言人、话术等）的影响，他们会根据简单的线索形成临时的态度。中枢路径态度的改变往往较为持久，是因为理性思考后的决策往往是经过深思熟虑的，而边缘路径下的态度改变不够稳定。

（三）AIPL 模型

AIPL 模型是指"认知（Awareness）→兴趣（Interest）→购买（Purchase）→忠诚（Loyalty）"的层次模型。AIPL 模型被认为是电商平台广泛使用的模型，它体现了营销漏斗的完整操作过程。认知阶段是一个获客阶段，该阶段强调通过广告、搜索、互动等方式引导顾客点击网站或应用；兴趣阶段是一个建立顾客活跃的阶段，主要刺激顾客产生广告点击、浏览等行动，通过构建丰富的分流页面和利益驱动页面，引导顾客更多地点击商品，增加商品的展露机会，提升顾客购买商品的兴趣；购买阶段是通过赠券、折扣、奖励等方式引导顾客尽快下单付费；忠诚阶段则关注的是顾客的复购、交叉销售和口碑传播，通过顾客的识别、精准营销和建立长期的关系，使顾客成为忠诚顾客。AIPL 模型关注了电商运营的四个重要节点，具有较强的实践操作性。

（四）SICAS 模型

SICAS 模型描述的是"相互感知（Sense）→兴趣与互动（Interest & Interactive）→联系与沟通（Connect & Communication）→购买行动（Action）→体验分享（Share）"的层次模型，它与其他模型明显的不同在于考虑了在数字环境下顾客间的分享行为。在相互感知阶段，品牌与顾客建立关系，品牌通过媒体广告让顾客产生认知，并通过顾客点击等反馈数据深入洞察顾客需求；在兴趣与互动阶段，通过多种互动的形式，理解、跟随并响应顾客的需求，推动顾客对产品或服务好奇而产生进一步了解的欲望；在联系与沟通阶段，顾客愿意进一步理解产品和企业，企业建立与顾客的长期沟通机制，结合顾客需求周期，反复触达并服务顾客；在购买行动阶段，通过促销、时间压力、数量压力、竞购压力等推动顾客的购买行动，使转化率不断提升；在体验分享阶段，顾客使用产品获得感知，进行产品的口碑传播，企业在这一阶段也可以通过裂变刺激的方式获得新的顾客群。

三、数字整合营销传播模式

按照 AIDA 模型，结合数字化运营的情境，可以构建如图 8-2 所示的数字整合营销传播模式。图 8-2 中的"数字化运营"体现了数字整合营销传播的几个特征：一是数字化运营全面指导数字整合营销传播，在数字整合营销传播之后处于核心地位和中心环节；二是全部传播是全面连接的，例如推式传播与产品平台展示之间连接，方便顾客直接购买；三是各个传播环节全面数字化监控，各个传播阶段均可以实时获取数据，有效监控传播效果。

图 8-2 所示的数字整合营销传播模式体现了拓展的 AIDA 循环过程，知晓、兴趣、愿望与行动、复购与分享等阶段的营销传播是循环往复、不断提升的，并不是一次性完成营销传播的。在每一个传播阶段，可以用不同类型的传播方式达到相应的传播目标，各个阶段的传播方式相互配合，使顾客能够从品牌知晓阶段转至复购与分享阶段，形成完整的整合传播媒体组合。

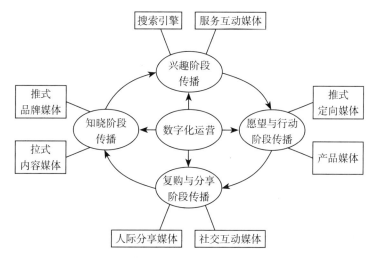

图 8-2　数字整合营销传播模式示意图

（一）知晓阶段传播

知晓阶段传播的主要目标是使顾客产生品牌的认知，并吸引顾客点击网站或者 App 应用。在知晓阶段首先可以采用推式品牌媒体进行传播，这类品牌传播的目标是尽可能触达更多的顾客群，广泛地建立品牌的认知，采用的广告形式包括传统的电视广告、户外广告、互联网贴片广告等。知晓阶段的第二种传播方式是拉式内容媒体的传播，它通过吸引顾客仔细浏览和观看内容形成精细加工，目标是塑造和改变顾客的品牌态度。拉式内容传播中典型的方式是故事营销，它可以迅速使顾客了解品牌，并建立品牌形象感知。

（二）兴趣阶段传播

兴趣阶段传播的目标是使顾客更加了解品牌的优势，激发顾客对品牌的兴趣，增强顾客对网站和 App 应用的黏度，提升顾客使用的时长和活跃度。顾客对产品产生兴趣之后，他们首先的选择是进行信息的搜索，从而找到相关的信息，此时搜索引擎将会产生较大的作用。在顾客兴趣阶段可以采用的另一种传播方式是服务互动媒体的传播，它可以通过解答顾客的疑问，为顾客提供免费服务，向顾客提供关怀等方式提升顾客对品牌的好感度和信任度，进而产生购买的意愿。

（三）愿望与行动阶段传播

愿望与行动阶段传播的主要目标是建立顾客对品牌的信任，实现向顾客销售产品。此阶段的传播方式首先是推式定向媒体的传播，包括信息流广告、实时竞价广告等，它根据顾客的画像精准匹配顾客的需求实施广告投放，提升顾客的购买比率。另一种促进顾客购买行动的传播方式是产品媒体的展示传播，包括产品在电商平台展示销售、自有网站展示销售、在线直播销售、微商销售等。这类传播模式通过给予折扣、赠券、拼团、限时打折等方式提升顾客的产品感知价值和购买急迫感，促使顾客下单购买。

（四）复购与分享阶段传播

复购与分享阶段传播的目标是提升顾客的忠诚度，扩大交叉销售额，使顾客能够转介绍或分享产品体验，从而协助品牌获得新的顾客。这一阶段主要采用的传播方式是社交互动媒体的传播和人际分享媒体的传播。社交互动媒体传播方式主要的目标是与顾客建立持久的关系，构建顾客的信任，服务顾客的个性化需求，促进顾客重复购买和交叉购买。人际分享媒体传播包括在线口碑、裂变营销和种草营销等方式，它是获得新顾客的主要手段之一。

第二节　数字媒体策略

一、数字媒体的类型

（一）推式媒体

推式（Push）广告媒体是指向顾客推送广告的媒体。推式媒体分为两种类型，一种是大众传播媒体，例如传统的电视、广播、户外广告、短信、邮件等媒体的广告形式均属于推式媒体广告。很多互联网富媒体广告也是推式广告，例如插入横幅广告、弹窗式广告、填缝隙式广告等。大众传播媒体的主要目标是触达更广泛的人群，以便占领顾客心智，树立品牌形象。另一种是精准定向的推式媒体，例如信息流广告、程序化广告等，其目标是针对实时动态的顾客需求或者顾客的行为习惯进行广告展示，以便达成销售。

（二）拉式媒体

拉式（Pull）媒体是指通过植入品牌信息的优质内容吸引顾客阅读或观看，使顾客对内容产生情感反应和积极的态度，进而提升品牌认知。拉式内容媒体既可以是品牌主寻找契合自身产品受众的 KOL 进行软性推广，也可以是品牌主建立自身的社交媒体，针对自身产品的精准顾客推广营销内容。典型的构建品牌的拉式媒体是品牌故事，它通过顾客的高信息涉入阅读和观看，形成永久性的品牌认知，从而达到快速建立品牌认知的目标。

（三）互动媒体

互动媒体是指顾客能够对信息做出反应，与信息传播者沟通交互的一种媒体形式。互动媒体主要包括两类，一类用于顾客兴趣阶段，通过互动和服务建立信任，提升顾客的购买愿望。在顾客兴趣阶段，针对顾客的服务沟通工具就属于这一类型的媒体，例如智能语音系统。另一类用于建立客户关系阶段，目的是通过建立良好的客户关系促进顾客的重复购买和口碑传播。在复购与分享阶段，互动媒体以微信等社交媒体为主，广告主通过持续沟通和激励的手段，与顾客建立长期的关系，进而促进顾客的复购和转分享。

（四）搜索媒体

搜索媒体最早是 PC 时代的产物，它通过竞价排名策略为顾客提供信息，是顾客首选的信息获取的入口。随着移动互联网时代的到来，搜索不再局限于单一渠道，电商、社交平台和垂直内容媒体的搜索逐渐兴起，成为影响顾客购买的重要媒体。搜索引擎广告主要指广告主为自身的广告链接购买关键词，当顾客搜索了含有关键词或关键词联想的语句时，会优先出现广告链接。一般而言，一个关键词会有多个广告主出价，出价越高则排序越靠前，广告平台按照顾客的单次点击成本（CPC）向广告主收费。百度作为国内最大的搜索引擎之一于 2009 年推出"凤巢"系统，广告主可以根据不同的业务策略，分受众、地域、时间灵活地设置自身的推广需求，帮助企业对投放效果进行更加高效的管理。淘宝和天猫平台的"直通车"是平台内的搜索引擎。

（五）产品媒体

产品媒体一般是指企业为产生销售而搭建的销售展示体系，包含官网、小程序、自建商城、平台专卖店等。产品媒体可以通过设计触达机制和流程，对某类顾客实现多波次差异化的营销，也有人称之为"私域整合营销"。产品媒体主要的传播方式是向顾客投放各类促销刺激，激励顾客购买产品。例如，广告主在传播时设置优惠券、秒杀价、拼团减等多种形式的刺激，提升购买率。产品媒体的另一类传播方式是在淘宝、京东、拼多多等电商平台上投放搜索排名、推荐排名、数字广告等内容，帮助企业高效定位精准顾客，形成高效的产品转化。

（六）人际分享媒体

人际分享媒体是指顾客通过顾客间的分享进行人际传播的媒介。人际分享的方式非常多，主要包括口碑传播、病毒营销、裂变营销等。数字时代的口碑传播主要通过顾客评论完成，这些口碑内容能够有效影响顾客的购买决策。病毒营销的方式是利用顾客对病毒内容的兴趣和分享，有效传播品牌信息。裂变营销是通过利益驱动的方式促使顾客分享购物链接，以便获取新的顾客。

表 8-2 展示了这六种媒体类型的比较。

表 8-2　六种媒体类型的比较

数字媒体类型		典型的传播形式	媒体解释
推式媒体	大众传播媒体	开屏广告、横幅广告、弹出式广告、填缝隙式广告、贴片广告、弹幕广告、积分墙广告、传统媒体广告	通过高频次广泛触达曝光品牌形象,在短时间内占据顾客心智,树立品牌形象
	精准定向传播媒体	信息流广告、行为定向广告、属性定向广告、算法推荐、自动营销、重定向广告、实时竞价广告、弹窗广告、邮件广告、LBS广告、小程序广告	针对特定人群进行精准产品推荐,围绕营销场景,激发顾客的下一步行动
互动媒体	服务互动媒体	客服互动、评论区广告、互动游戏广告、社交媒体、文字链广告、详情页广告	与潜在顾客高频互动的媒体形式,加深顾客对品牌的兴趣、信任和购买欲望
	社交互动媒体	微信和微博等社交媒介互动、平台流量服务包、H5活动、社区论坛	以社交平台为基础,建立品牌与顾客互动机制,让已购顾客不断加强品牌认知
拉式媒体		品牌故事、内容直播、软文合作广告、植入式广告、VR视频广告、UGC、视频广告、原生广告	通过优质内容,引发顾客对品牌的好奇,主动了解品牌故事的媒体形式
搜索媒体		公共搜索引擎、电商平台搜索引擎、社交媒体搜索引擎、图片搜索引擎、音频搜索引擎	通过搜索引擎的检索结果进行产品推荐,引导顾客点击产品链接
产品媒体		官网促销、销售平台促销、微商推广、直播营销、App广告、智能语音直销、人员推销	基于品牌自建的销售平台和网络进行产品信息的传播,引导顾客产生购买行动
人际分享媒体		病毒广告、裂变营销、种草营销、拼团	利用顾客人际关系,使用优质的内容或直接利益驱动顾客分享,形成二次传播

二、影响数字媒体选择的因素

(一)营销任务

企业确定的营销目标是媒体选择的关键因素。图 8-2 描述了知晓、兴趣、愿望与行动、复购与分享四种营销目标,不同的营销目标需要采用不同的媒体。当新产品投入市场时,企业的目标主要是尽快提升新产品的认知,往往选择适合达到知晓和分享目标的媒体组合。当品牌获得一定知名度之后,营销目标转向扩大销售,此时主要采用提升顾客的兴趣和达成购买行动的媒体。

(二)媒体覆盖

媒体能够覆盖的顾客群数量是媒体选择的重要标准,它体现了媒体的热度,一般用活跃、触达、消费等指标评价。媒体的覆盖面越广,它的影响力越大,在这些媒体上传播所触达的人群越多。例如,腾讯广点通的看点广告是一个"推荐 + 社交 + 搜索"的信息流广告平台,其整体日活跃顾客量为 2.4 亿人,每天内容消费量为 9.6 亿元,覆盖面很广。从媒体选择的角度看,选择高覆盖的媒体有助于扩大传播的渗透率,提升传播的效果。

(三)媒体预算

媒体预算是制约媒体选择的重要因素,一般而言覆盖面较大的媒体成本较高,企业需要根据自身的预算选择使用何种媒体以及何种媒体组合进行传播。媒体预算总额往往与企业的销售收入、企业经营策略、以往的传播效果相关，销售收入越高、市场风险偏好越强、以往传播效果越好的企业，媒体预算越高。

(四) 成本收益

传播投放的成本收益是评价媒体的重要因素，成本收益越高的媒体被选择的概率越大。一般而言，企业会采用 CPC（每点击成本）、CPS（每销售成本）、CPA（每行动成本）等指标来评价媒体投放的成本收益，从而比较不同媒体带来的传播回报率，选择成本效率最高的媒体和媒体组合。

(五) 目标顾客触达

能否精准触达目标顾客已经成为数字化时代媒体选择的主要指标之一。一些数字媒体平台已经积累了大量的顾客信息，可以按照企业的需要有效触达目标顾客。例如，字节跳动的巨量引擎、腾讯的广点通均已对单个顾客标注了上千个标签，能够帮助广告主精准圈选合适的广告受众。

(六) 全过程数字化运营

数字媒体最重要的特征之一是可以依据动态数据反馈进行全过程的数字化运营，这就有利于广告主持续调整运营策略，改进传播内容。成熟的媒体平台通常会与广告主一起合作，超越简单的买卖关系，共同优化推广效果，实现双赢。因此，能否进行全过程数字化运营是选择媒体的关键。

(七) 顾客流质量

顾客流质量在数字化时代成为媒体选择的重要因素，原因是数字媒体的作弊比例高，作弊范围大，这给企业带来了较大的损失。因此，企业往往会比较不同媒体的留存率来评价媒体的顾客流质量，从而将顾客流质量较低的媒体排除在媒体组合之外。

(八) 迭代便利性

企业依据顾客画像进行目标顾客的选择往往并不能很好地达成营销效果，此时就需要不断地修正顾客画像的标签，形成传播内容的持续迭代，最终找到最优的顾客画像标签。因此，能否持续迭代就成为数字媒体的重要评价维度。

(九) 竞争干扰

数字媒体选择时需要关注竞争者的传播投放，以便消除干扰并提升媒体声量的竞争能力。媒体投放一般有三种竞争策略：一是正面竞争削弱对方广告的效果，行业的领军型企业多使用这种策略；二是采取差异化的广告形式，以达成齐头并进的效果，这种策略多用于实力相当的企业之间的竞争；三是选择与竞争对手不同的媒体，利用差异化竞争以实现新顾客的获取。在数字媒体选择时如何排除竞争干扰是一个需要关注的问题。

（十）媒体组合

数字媒体的组合需要关注的是数字媒体的任务衔接和数字媒体之间的链接逻辑。在不同的任务阶段下，企业选择的数字媒体是不一样的，企业可以根据任务的衔接和时间安排进行媒体的选择和排期。另一个数字媒体组合的关键要素是数字媒体之间的链接逻辑。例如，企业正在推广一种新的服务，假设顾客会先到知乎上了解这种服务，然后会去搜索引擎进一步搜索服务企业，最后会产生购买。那么数字媒体的链接逻辑可能是"知乎→百度→官网"，企业需要形成这三种媒体构成的媒体组合。

三、数字媒体的策略制定

（一）基于任务的媒体策略

基于任务的媒体策略可以采用 5M 模型[1]，该模型认为在进行媒体选择时需要考虑 5 个方面的因素（如图 8-3 所示）。①任务（Mission）。传播的目标是什么？②资金（Money）。传播的预算是多少？③信息（Message）。重点传播什么信息？④媒体（Media）。选择什么媒体传播？在不同的媒体渠道如何分配？⑤衡量（Measurement）。如何评价传播效果？ 5M 模型的起点是任务，它指导所有其他因素的选择。

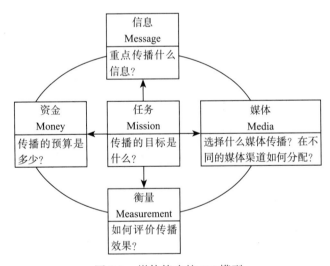

图 8-3　媒体策略的 5M 模型

5M 模型依然可以在数字化时代用于媒体的选择。第一步是确定传播任务，这是运用 5M 模型的核心要素，传播任务参见图 8-2 所示的四类任务，分别是知晓、兴趣、愿望与行动、复购与分享；第二步是确定预算资金，将重点分配到愿望与行动的 KPI 之中，并将提升总销售额作为预算投入的重点，知晓、兴趣等其他的传播任务投放金额减少；第三步是确定投放的媒体，在这一步中重点投入的是愿望与行动传播媒体，即推式定向媒体和产品媒体两类，重点针对定向传播媒体和产品展示媒体进行传播投放；第四步是确定传播的信息，由于确定的传播任务是提升销售额，那么就可以将投放的重点放在提升销售额上，例如使用打折、赠券提升销售额，或者通过 A/B 测试优化传播信息；最后一步是测量和效果评价，在这一步需要明确投入产出比，特别是北极星指标的增量是否达标，也可以进行每一种媒体的投资回报比较，从而选择效果最优的广告媒体。

（二）数字媒体组合策略

整合营销传播策略认为，相比单一媒体的传播，实施多个媒体组合的媒体计划能够产生增值的效果，因此有必要综合应用各类媒体传播一致的、最大的声音，可以说媒体组合策略是数字整合营销传播策略的核心组成部分。

1. 基于传播模型设计媒体组合

以数字营销模型为基础构建数字媒体组合是一种通常的做法。例如，一些企业以 AIPL 为基础构建数字媒体组合，形成其整合营销传播体系。图 8-4 给出了一个基于拓展的 AIDA 模型构建的媒体组合，该模型是 Lavidge 和 Steiner 于 1961 年提出的层次说服模型。

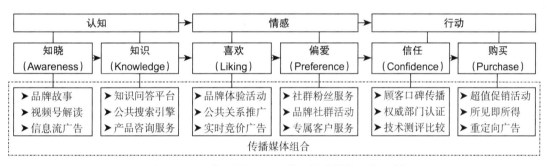

图 8-4　基于拓展的 AIDA 模型构建媒体组合示例

在知晓阶段，采用的媒体组合目标是快速构建顾客对产品的认知，最优的媒体组合是发布品牌故事进行传播；在构建产品知识阶段，可以在知乎等与知识相关的媒体上传播，也可以在百度等搜索引擎上传播；在产品喜欢阶段，可以通过增强互动与体验提升顾客的偏好，例如公共关系活动、品牌体验活动；在顾客偏爱阶段，顾客已经对品牌产生了非常强烈的偏好，此时可以通过加入粉丝群等增加互动的方式提升顾客偏好，例如通过微信展开社群互动，开展专门的品牌社群活动；在信任阶段，所采用的传播形式包括口碑传播、权威认证、名人背书、客户名单列表、比较广告等；在购买阶段，可以通过超值的促销活动促进购买，也可以提供"所见即所得"的便利购买通道增强购买，对于购买过或访问过网站的顾客，还可以采用重定向广告的方式提升购买比率。

2. 基于任务设计媒体组合

在营销传播的不同时间阶段，企业的营销任务可能是不同的。在图 8-4 中，将营销传播的任务划分为认知、情感和行动三个大的阶段，在数字化环境下可以实时监控各项指标的达成情况。在顾客认知阶段，任务的达成可以通过监控触达指标完成，当触达率和触达频次达到了预期的数据要求时，就可以将重点转向下一阶段。在情感阶段，可以重点监控顾客参加品牌体验活动、参加品牌社群活动、微信粉丝增加量等方面的数据变化，可以以上一期认知顾客数量为基数，构建顾客情感渗透模型，进行顾客情感的实时监控。在行动阶段，可以重点监控转化顾客量、转化顾客渗透率等指标。

　　企业需要面对的另一个问题是如何在传播前制订媒体组合传播计划。由于媒体组合传播计划需要在投放之前就制定传播活动、媒体组合、预算分配、投放时间分配、投放效果评价等各方面的内容，无法根据市场变化实时做出调整，因此计划的刚性执行往往会影响传播效果。较好的办法是以各阶段的传播效果为导向，设定总的预算限额，实时监控营销传播效果，并基于实时效果数据调整媒体组合，不过这样做往往需要较多的部门间沟通。

　　3. 基于媒体连接设计媒体组合

　　在数字化时代，数字媒体之间可以非常方便地点击转换，因此如何构建媒体之间的连接就成为媒体组合需要关注的问题。一般而言，可以通过以下三种方式设计媒体组合的连接，包括顾客行为逻辑连接、顾客需求推荐连接、目标任务导向连接等。

　　顾客行为逻辑连接是指在设计媒体连接时考虑顾客的行为逻辑，按照顾客的心理设计媒体之间的页面连接。例如，A数字化转型服务企业拟进行营销传播，它设想目标企业可能的学习路径是首先寻找解决方案的相关案例，之后找专业人士培训和咨询，最后再寻找合适的系统服务商洽谈。那么在这个行为逻辑下，A企业可以首先将各类成功案例投放在资源平台上，包括商业评论期刊、各类案例库、论文平台、微信公众号、头条号等，并在这些案例中标注A企业的名称，然后为相关的专业人士和教师提供案例支持，使案例能够帮助企业进行深度传播。最后是建设好官网并在搜索引擎上投放广告，同时建立一套有效的咨询服务体系。这样就形成了案例资源体系、专业教师、官网、搜索引擎和咨询服务体系等相互连接的营销传播网络。

　　顾客需求推荐连接是指投放的媒体组合与顾客的动态需求相连接。当顾客产生某种需求并浏览内容时，向顾客推荐相似或互补的产品内容，从而使顾客产生关联购买。典型的顾客需求推荐出现在一些电商平台上，当电商平台通过实时数据监控到顾客正多次浏览某个产品品类时，就可以向顾客发送产品选购知识等内容协助顾客选购，并通过参数展示等手段推荐产品。根据顾客的需求推荐商品往往需要实时监控顾客的行为，并进行自动化推荐。

　　目标任务导向连接是企业根据自己设定的任务目标，将不同的媒体连接起来，以便完成相关的目标。例如，假设企业的任务目标是提升新产品的交叉购买率，这时就需要针对老顾客进行媒体组合投放，构建产生兴趣的、产生信任的、展示和销售新产品的媒体组合，各类媒体之间相互连接，引导老顾客从任何的触达点进入官网或旗舰店购买新产品。

四、数字媒体平台投放的实施流程

在数字环境下进行媒体投放时，通常需要经过八个步骤（如图 8-5 所示）。这八个步骤也是字节跳动的巨量引擎所采用的步骤 [3]。

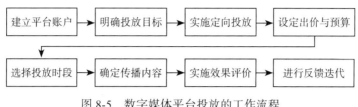

图 8-5　数字媒体平台投放的工作流程

1. 建立平台账户

国内的线上流量主要聚焦于一些大的广告平台，如腾讯的广点通、字节跳动的巨量引擎等，广告投放金额较大的广告主会建立专门的广告优化师团队在广告平台制订投放计划，而规模小一些的广告主则会委托代理公司开户并进行后续的广告投放管理。开户后由广告平台方审核资质，通过后就完成了广告投放平台的申请。

2. 明确投放目标

企业在投放前需要明确广告投放的任务目标，这些目标可以是图 8-5 所示的传播目标，并以此为基础制定营销策略。例如，巨量引擎制定了三类标准的营销目标供广告主选择，分别为以曝光为导向的品牌认知目标、以互动为导向的顾客意向提升目标，以及以结果为导向的行动转化目标。同时，巨量引擎将广告分为覆盖优质流量的搜索广告和覆盖多人群的信息流广告，并针对企业的营销目标给出营销传播的优化策略（如表 8-3 所示）。

表 8-3　巨量引擎三类营销目标的优化实践示例 [3]

营销目标	传播媒体	具体优化指标
品牌认知	应用推广	展示量、点击量
	销售线索收集	展示量、点击量
	快应用	展示量、点击量
	抖音号	展示量
顾客意向提升	应用推广	下载完成、安装完成
	销售线索收集	按钮跳转、预约下载
	抖音号	视频点赞、视频评论
行动转化	应用推广	激活、注册、付费、关键行为、次留、下单、加购、授权、App 内访问、App 内付费、App 内详情页到站 UV
	销售线索收集	多转化、表单提交、智能电话、有效咨询、留资咨询、微信、卡券领取、有效沟通、有效获客
	快应用	激活、注册、付费、关键行为、次留、提交认证、首次发单、下单、加购、授权、App 内访问、App 内付费、App 内详情页到站 UV、提交认证
	商品	展示量、点击量、下载完成、安装完成、点击按钮、店铺停留、店铺收藏、商品购买

（续）

营销目标	传播媒体	具体优化指标
行动转化	直播间	直播间观看、直播间停留、直播间内打赏、直播间评论、粉丝增长、组件点击、粉丝入群、付费、有效获客、有效咨询、表单提交、保险支付、激活
	抖音号	账号关注、私信消息、私信点击、互动、私信留资、商品购物车点击

3.实施定向投放

定向投放是在广告平台上选择顾客定向标签，以便圈定定向投放顾客群进行精准营销。广点通、巨量引擎等广告平台给出了各类顾客标签选项，如图 8-6 所示，广告主可以在后台设定基本的顾客标签，包括精确到商圈的地域、年龄段、设备基础信息等。同时，广告主可以定义人群的特性、行为兴趣和偏好，从而精准投放到所选的目标顾客群体。

地域	不限	按省市	按区县	按商圈	按海外
性别	不限	男	女		
年龄	不限	18～23 岁	24～30 岁	31～40 岁	41～49 岁	50 岁 +
自定义人群	不限	自定义人群			
行为兴趣	不限	系统推荐	自定义		
平台	不限	iOS	Android	PC	
设备类型	不限	智能手机	平板		
网络	不限	Wi-Fi	2G	3G	4G
已安装用户	不限	过滤	定量		
安卓版本	不限	自定义			
运营商	不限	移动	联通	电信	
手机品牌	不限	按品牌			
手机价格	不限	自定义			

图 8-6　巨量引擎广告平台顾客标签选项示例 [3]

4.设定出价与预算

由于预先选择了营销推广的目标，广告平台可以通过算法对广告的曝光、互动、转化等指标进行智能分配，帮助广告主实现业务目标。广告主可以选择设定有预算上限的常规投放和投放费用不限的放量投放。选择预算上限投放的好处是可以控制成本并严格地按照投放计划执行；选择费用不限的放量投放则可以通过智能学习的方式，不断优化出价模型，以便获得更好的投放效果。

5.选择投放时段

在一天内的不同时段，顾客对广告的接受程度是非常不同的。一般而言，业界会将广告时间划分为三个部分，分别为上下班途中、工作时间和休息时间。上下班途中顾客浏览最多的是新闻资讯类应用，决策相对理性，消费欲望弱；工作时间以搜索类平台为主，该段时间的顾客需求明确，不需要太强的引导；休息时间往往是流量占比最高的时段，该时段的顾客需求复杂，且包含大量的感性购买决策，企业可以结合产品形态在以视频、娱乐、社交为主的媒体平台获取精准顾客流，以便完成产品销售。从投放的连续性来看，企业在选择具体的投放时段后不应频繁变更，这将有利于广告投放后的传播效果分析。

6. 确定传播内容

在确定传播内容时需考虑两个主要的目标，一是吸引顾客的注意，二是有效传达产品的价值。吸引顾客的注意就需要使广告信息在众多的信息中脱颖而出，因此在设计内容中需包含较为强烈的认知线索，例如顾客熟知的代言人、颜色、数字等。在确定传播内容时，往往需要进行大量的 A/B 测试，在效果评价的基础上最终确定一组或多组内容。具体做法是推广前在内容上打上标签，便于后期的数据分析和内容优化，并进一步明确目标顾客的标签，为下一次精准投放奠定基础。

7. 实施效果评价

影响广告营销效果的因素非常多，包含传播内容与目标受众的匹配、广告的形式与创意、广告的预算等（效果评价参见第十一章）。企业通常以投入产出比来进行广告效果的粗略评判，即评估广告带来的实际销售额与花费之间的比值，当该比值大于 1 时，则说明本次媒体计划能够为企业带来收入增长。需要注意的是，由于传播和实际销售发生的时间不一致，投入产出比需要通过较长时间的观察才能测算。

8. 进行反馈迭代

在数字媒体平台投放时可以根据顾客的行为反馈进行广告效果的迭代。企业可以基于传播内容的埋点数据和顾客浏览的追踪数据，评价每一轮广告投放的效果，从而确定与产品匹配的目标顾客，以及针对目标顾客的优化内容。常用的反馈迭代方式包括渠道质量甄别、推广内容优化、竞价模型优化、人群精准度优化等。

第三节　数字内容营销

一、数字内容营销概述

（一）内容营销的概念

内容营销的概念最早于 1996 年由当时的美国报纸编辑协会发起并提出 [4]。内容营销协会（Content Marketing Institute）认为内容营销是一个营销和商业过程，它创造和分发相关的（Relevant）和有价值的内容，吸引和获取目标受众，引导目标顾客参与，从而达到驱动可盈利顾客行为的目标。内容营销作为一种传播手段，强调传播内容与顾客的联结、参与、互动和再传播，往往以口碑营销、事件营销、病毒营销为表现形式。

数字营销时代是内容营销发展的黄金阶段，智能手机的普及和社交媒体的蓬勃发展使创作者规模、内容数量得到显著提升。在展现形式方面，内容从图文形式演变为互动形式，长视频逐渐演变为短视频、直播等形式，顾客可以参与点赞、评论、转发、投票、参与测试、玩小游戏、实时弹幕互动等活动。传统的户外广告也通过智慧大屏增加扫码签到、人脸识别等方式增加顾客与品牌之间的交互。从内容生产者角度看，不但包括专业生成内容（Professionally-Generated Content，PGC），还包括大量的用户生成内容（User-Generated Content，UGC）。近年来，随着人工智能的发展，部分时事资讯、新闻报道等内容已经逐渐由机器取代传统的新闻编辑自制发布，形成了人工智能生成内容（AIGC）的内容制作模式。

（二）内容的基本展现形式

在数字化环境下，内容的展现形式是极其丰富的，包括图文、视频等基本形式，也包括互动式内容、沉浸式内容、原生广告等新的形式，这些展现形式还可以以混合的方式出现。以下简要介绍其中几种形式。

1. 图文内容

图文内容是最常见的内容类型，制作成本低且能满足多种营销场景。最早期的图文内容可以追溯到门户网站时代，通过弹窗、图片等方式跳转到图文内容页，内容以图文的形式嵌入，在其中植入品牌信息。图文主要依靠标题吸引顾客注意和点击，通过内容创意保持顾客的持续阅读，通常文章类内容会在结尾设计情绪转折点，引发顾客共鸣并引导转发，使内容进一步传播。

2. 视频内容

视频内容是通过音频、视频、动画、多媒体等流媒体展现的内容。品牌一般嵌入在视频内容前作为贴片广告形式传播。视频内容制作成本较高，需要完成从脚本撰写、分镜制作、拍摄，到后期合成等一整套流程，对创作能力要求较高。视频内容有时会邀请代言人为品牌背书，依靠顾客对代言人的认可，快速将产品价值传递给顾客。

3. 互动式内容

互动式内容是传播形式日益多元化的产物，是指顾客在浏览内容的同时，可以主动地进行交互，例如小游戏嵌入品牌信息、测评通过点击品牌查看结果。这类内容需要较高的开发成本，但由于顾客是主动参与，在体验感上会比被动推送广告更好。互动式内容最重要的是设计的趣味性与互动性，需要在设计时考虑顾客交互的动机，再通过玩法机制或利益激发顾客的参与。

4. 原生广告

原生广告（Native Advertising）是近年来常出现的内容传播形式，它是指品牌信息作为内容的一部分植入到内容中的广告形式，相较于其他标准化的广告类型，原生广告需要结合产品本身的形态进行个性化的内容设计。由于内容的植入不会破坏内容本身的逻辑，因此顾客的体验和品牌传播目标能够同时达成。例如，游戏界面的成就获得加注联名品牌。原生广告设计的投入成本高，需要考虑品牌信息与传播场景深度融合，对内容创意的要求较高。

二、广告内容设计

（一）数字媒体内容的类型

从内容类型的视角出发，数字媒体可以依据内容风格和内容定位两个维度进行内容的分类。其中，内容定位从真、善、美三个子维度进行分类。求真即探索事物的本源，是认识人与自然发展的客观规律等科学相关的内容；求善即追求道德价值的共鸣，包含哲学伦理相关的内容；求美主要体现在追求审美和艺术相关的内容。另一个维度是内容风格，包括静态深度和动态热点两个子维度。静态深度是对现存知识、技能等的深度解读和展示；动态热点是对当前实时发生的事件和热点进行内容的解析。在内容风格和内容定位两个维度下，图 8-7 描述了六种内容类型，每一种类型中的子内容均可以作为内容设计的方向。

图 8-7　数字媒体内容的主要类型

在故事设计方面，三次获得艾美奖的导演尼克·南顿[4]认为最有效的故事情节包括四类，分别是：①征服怪物，描述如何摧毁某种怪兽；②白手起家，讨论创业初期的艰苦故事；③追寻，寻找某种特别事物的体验，欣赏整个过程；④重生，从失败中走出来并获得胜利。而一个有趣的故事包括九个阶段，分别是普通人、使命的呼唤、拒绝、干预、起点、挑战、失败、重生、回归。

（二）生成内容

1. 用户生成内容

用户生成内容（UGC）是指顾客自制的原创内容，它主要通过社交媒体或内容平台向网络发布。UGC 具有去中心化的特点，它的内容产量高，但质量把关难且稳定性较差，优质内容少。UGC 的创作主体通常是个人或小型团队，创作的内容依赖国内主流的内容平台发布，如微信公众号、抖音等，因此在传播时平台对内容推荐的算法规则影响很大，一般需要有良好的内容定位，保持内容方向长期一致，内容发布连续不间断，与受众高频互动，并依据算法规则制作内容，才能保证账号在平台的曝光量。

2.专业生产内容

专业生产内容（PGC）是指有一定影响力的人士依靠专业团队制作的内容。PGC的制作者大多由UGC制作者演变而来，当UGC通过标准化的内容生产，获取了一批忠实的粉丝之后，一部分UGC会向专业化方向发展，从而成为PGC。当平台的内容账号有顾客基础，发布内容的触达量有保证，可以获得较为稳定的广告或内容制作收益时，就可以聘请专业的制作人进行严格的内容主题筛选、内容质量把控，确定内容价值，增加顾客互动，从而使内容账号产生较大的收益。

3.人工智能生成内容

随着ChatGPT等生成式人工智能的出现，内容生成的方式发生了巨变，文字、声音、视频等内容均可以通过提词的方式由AI生成，这就大大提升了内容生成的效率，降低了内容生成的成本，这为企业低成本获得高传播效率提供了可能。专业团队往往将AI作为工具，通过修改完善之后获得更优的生成内容。

三、内容分发与管理

（一）内容分发平台的类型

为了让好内容被更多人看到，企业可以在推广内容时建立自己的新媒体矩阵，将制作的内容在多个平台分发。一般而言，主流的分发平台大致分为四类：一是以微信公众号、新浪微博、小红书为主的社交平台；二是以腾讯视频、爱奇艺、哔哩哔哩为主的长视频平台；三是以抖音、快手为主的短视频平台；四是以今日头条、腾讯新闻、知乎为主的内容资讯平台。四类内容平台的顾客浏览习惯和特性有显著区别，例如，知乎的顾客偏理性且对广告内容的容忍度低，而快手的顾客对匹配生活场景和传统文化的内容感兴趣[5]。

对于平台而言，可以分为中心化分发平台、社交分发平台和个性化分发平台（如图8-8所示）。中心化分发平台采用非个性化的全面分发模式，社交分发平台依赖人与人之间的分享传播，个性化分发平台则采用个性化推荐的方式，做到内容分发的千人千面。

长视频平台	社交平台
爱奇艺、腾讯视频、优酷、哔哩哔哩（中心化分发为主）	微博、QQ（受中心化分发影响的社交分发）、微信公众号（社交分发）
短视频平台	**内容资讯平台**
快手、抖音、火山视频（中心化分发为主，依赖在社交平台的分享）	今日头条（个性化推荐分发）、腾讯新闻（中心化分发为主，推荐辅助）

图8-8 国内主流内容分发渠道

（二）数字内容质量评价

1. 平台内容筛选指标

很多内容的制作是通过职业化内容团队完成的，这些专业团队针对不同媒体平台的推荐算法来生产内容。媒体平台对于内容的推荐一般按照"流量池淘汰赛"的原则，即不同的内容提供相同的顾客流量，针对顾客的反应效果进行流量分配，相关的评价指标包含浏览时长、浏览比率、点赞、转发、评论、收藏等数据。对于指标表现更出色的内容，平台予以分配更多的流量，并在下一个等级与其他获胜的内容进行竞争。不断累积竞争形成马太效应，更好的内容就能够获得更高的推荐比重，从而获得更多的平台展示机会。PGC 制作团队会不断监控平台的指标变化，不断调整内容的话题以期获得更好的排名。

为了获得更好的平台资源，PGC 制作团队一般会重点研究平台的内容推荐算法，以提升内容被平台推荐的概率。常见的平台推荐算法指标包括以下几个维度。①点击率。每次平台方会给内容分配初始流量，点击率通常表现为阅读量、播放量。顾客点击内容，就会记作一次有效的曝光。②完播率（完读率）。它包括页面停留时间，因为点击并不意味着内容的质量有保证，它往往会受到标题和封面图片的影响，因此单单参考点击率是不够的，如果顾客能从前到后完整地读完内容，那么内容的质量大概率会有保证，这远比一打开就关闭的内容更有价值。③分享率和转发率。分享和转发均能给平台方、创作者和顾客带来利益，既让顾客感受到内容的价值，还帮助创作者和平台方完成了内容的推广，因此分享率和转发率是判定内容质量的核心指标之一。④收藏率。收藏是近似分享的行为，由于各种因素导致顾客未必会公开分享好的内容，但很多人会反复浏览收藏的内容，因此该指标也是判定内容质量的重要指标。⑤点赞率。点赞适用于顾客对该内容感兴趣但不足以为之转发的情形，态度上比转发和收藏弱，但也是重要的内容评价指标之一。⑥评论率。评论的类型很多，既包括内容后的评论区评论，也包括弹幕等变体评论。评论属于高涉入的互动形式，需要足够的情感共鸣和价值表达需求才能产生评论行为。随着算法的进步，很多企业也采用文本挖掘等方式分析评论，进行顾客行为的深度洞察。⑦赞赏率。赞赏包括打赏红包、投币、付费观看等形式，属于小部分群体的行为，一般比例较低。赞赏行为属于顾客愿意付费的强烈喜爱行为。

2. 企业的内容质量评价指标

对于企业而言，平台的内容算法指标是平台用于筛选内容的维度，不能覆盖企业关注的所有经营指标。例如，企业非常关注顾客的互动和销售等结果指标，但这些指标并不一定是平台所关注的。以下是企业所关注的几类内容质量评价指标。①展示类指标。展示类指标反映内容的曝光及浏览情况，主要有内容的点击率、完播率（完读率）、曝光次数、点击人数、点击次数、页面停留时长、视频播放时长、跳出率等指标。②传播类指标。传播类指标反映内容的被推荐情况，主要用于描述内容质量、内容的趣味性等，包括分享率和转发率、点赞率、转发量、每顾客推荐数、新客点击数等指标。③互动指标。互动指标是指内容浏览后顾客参与互动的行为指标，包括评论率、应用下载数、表单填写数、关注账号数、电话咨询数等指标。一般广告平台也将互动行为定义为关键行为，即完成后跳出平台被视为顾客每次行动的终结。④销售指标。销售指标反映通过内容完成产品销售或带来收益的情况，主要有赞赏率、产品付费人数、付费金额、付费比率、单次投入的产出等指标。

第四节　典型的数字营销传播形式

一、定向类传播

定向广告（Targeted Advertising）是针对顾客的个性化需求或属性定制内容，并向该顾客定向推送信息的广告。定向广告有非常多的类型，包括实时竞价广告、千人千面营销、Look-alike 精准广告、营销自动化、重定向广告等，以下对这几种典型的定向广告进行介绍。

（一）实时竞价广告

实时竞价（Real Time Bidding, RTB）广告是一种针对顾客的实时需求，通过广告竞价系统实时向顾客定向传播的广告。RTB 广告是对每一个广告展示的费用进行竞价交易，它遵循非合约广告的特点，即广告主无须事先约定好广告的内容、展示的时间和广告的价格。媒体以实时竞价的形式售卖每一次曝光和点击，每当一个顾客来到媒体平台时，平台会分析该顾客的历史行为和兴趣点，并将该顾客呈现给所有广告主，多个广告主根据该顾客的价值进行竞价，出价最高者赢得对该顾客当前一次性展示广告的机会。实时竞价广告实现了从传统广告购买媒体"广告位"的思路转变为购买目标顾客的思路。RTB 广告有利于广告主根据自己的预算调整传播策略，从而使营销传播策略更加灵活。RTB 广告交易系统包括以下几个部分，分别是需求方平台（Demand Side Platform, DSP）、供应方平台（Supply–Side Platform, SSP）、广告交易平台（Ad Exchange，ADX）、数据管理平台（Data Management Platform, DMP），如图 8-9 所示。在整个系统中还有一些其他的参与方，包括顾客、第三方监控平台等[6]。

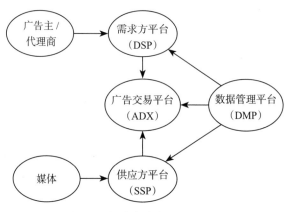

图 8-9　实时竞价广告交易系统

1. 需求方平台

需求方平台（DSP）是面向广告主的操作平台，它能够给广告主提供简捷的操作界面，广告主只需要在 DSP 中选择广告投放的目标人群以及对应的出价，需求方平台会帮助广告主自动地操作。DSP 帮助广告主从重复、机械的价格设定中解放出来，且可以在多个媒体上同时投放广告。需求方平台分为两种类型，一种是不拥有广告资源的需求方平台，它公平对待任意媒体进行程序化购买，如品友、多盟等。另外一种是媒体本身带有的需求方平台，如腾讯的广点通、字节跳动的巨量引擎等，好处是操作简单便捷，能够低成本应用。

2. 供应方平台

供应方平台（SSP）是面向媒体的广告管理平台，它可以帮助媒体实现流量分配管理、资源定价、广告请求筛选等。SSP 可以更好地进行媒体资源的定价和管理，如提高广告填充率，限制单个顾客看到相同的广告次数等。目前国内主流媒体均自行开发了供应方平台，并整合到不同广告交换平台中，单独的供应方平台较少见。

3. 数据管理平台

数据管理平台（DMP）是对实时竞价广告交易系统进行数据管理的平台，它整合多个端口的数据，为 DSP、SSP 和广告交易平台的运营提供数据分析和决策支持。例如，对于广告主而言，DMP 可以帮助他们进行全面的目标受众分析，找到潜在顾客，指导顾客投放，使广告触达的顾客更加精准。通过 DMP 的帮助，广告主可以花费更少的费用获得更大的效果[6]。数据管理平台的数据一般包括三个部分，一是以往顾客的行为数据，二是当前浏览某广告的数据，三是第三方和运营商相关的数据。

小案例　　　　　　　　　　　　**实时竞价广告投放流程**

在实时竞价广告投放系统中，媒体方会将自身的媒体资源整合到供应方平台中，由供应方平台代管广告规格、尺寸、价格以及对广告创意的审核等，并输出标准化广告资源给广告交易平台。广告主或广告代理商设定营销投放计划，通过程序化交易平台整合多个需求方平台，统一设置目标受众的人群定向、投放预算、竞争价格和广告创意，而需求方平台通过技术与算法对广告投放的效果不断优化并反馈数据报告。数据管理平台提供对应人群的行为数据、顾客画像，帮助需求方平台智能化出价，需求方平台将价格和目标受众的需求推送给广告交易平台，广告交易平台作为供需双方的交易平台，通过实时地对多个需求方平台的竞价进行比较，裁定最终的优胜者，最终实现供需双方实时匹配，提升广告交易的效率，并针对顾客属性进行广告精准触达。

（二）营销自动化

营销自动化（Marketing Automation）是根据顾客的行为路径进行自动化设计，开发自动化营销工具，从而实现顾客行动、机制触发、营销传播的自动化过程。营销自动化通常应用于企业自身的媒体矩阵之中，通过嵌入营销自动化工具，连通顾客数据库和营销触发工具，制作多场景的营销流程，实现营销场景的自动化。例如，企业向已有的全体顾客发送促销邮件，当一些顾客点击该邮件时，就触发了营销自动化机制，系统将会自动发送第二封邮件，并根据顾客的进一步行为实施相应的营销策略。

在设置营销自动化操作时，企业通常会给营销人员一个标准的流程画布和一些操作组件，组件分为数据管理组件、操作组件和逻辑判断组件。数据管理组件主要应用于顾客的筛选和标记，例如顾客属性筛选、添加顾客标签等；操作组件主要用于营销传播，例如短信推广、微信消息推送等媒体传播计划；逻辑判断组件用于判断顾客行为反馈，例如是否打开页面等。通过多种组件的灵活组合，营销人员可以创建多种营销自动化场景，如新顾客关注、注册、购物车下单购买等场景，从而触发下一步的营销策略。以下分别介绍几种营销自动化场景。

1. 新客自动化运营

随着市场竞争的加剧，企业获得顾客的成本越来越高，因此新客的运营就成为企业关注的焦点，一些企业开始利用营销自动化工具实现新客的运营。当顾客查看广告内容时，系统可以自动记录该顾客浏览的广告和内容，广告平台将反馈顾客的性别、地域、年龄段、广告渠道来源等信息，自动推送个性化的内容。例如，某车企推送新品发布会的广告，一名顾客点击浏览后，系统会自动推送线下活动报名的营销广告，同时一名本地的销售人员实施后续服务的跟进。营销自动化工具的引入使得企业可以精细化管理顾客旅程，有效减少人力物力，提升新客的销售转化率。

2. 流失顾客自动化赢回

赢回（Win Back）流失顾客往往比获取新客的成本更低，因此顾客赢回是企业降本增效的重要手段之一。在实际操作过程中，由于流失顾客往往数量多、差异化大、需求不明确，这使顾客赢回的操作成本提升。通过营销自动化工具，可以设计出用户赢回流程图，根据赢回渠道的不同，将赢回分为一次召回、二次赢回和三次赢回，基于短信、App 推送、微信消息等不同渠道在一个时间周期内对顾客进行多次消息通知，当任意一次顾客产生正向反馈后，即停止后续的赢回流程。例如，若顾客对于每一次赢回都没有反馈，则进入流失池，企业将不再打扰顾客。自动化工具的引入使企业不必每次都对所有流失顾客发送通知，而是针对每一个顾客建立单独的赢回机制，降低消息推送的成本，同时准确地筛选出可能赢回的顾客，便于进一步采取赢回行动。

3. 自动化 A/B 测试

A/B 测试在数字化企业中被大量应用，但在实施过程中需要耗费大量的人力物力，营销自动化工具的利用使 A/B 测试变得更加容易实施。例如，A/B 自动化系统在选择了某一顾客池后，可以在流程画布中勾勒出两种营销路径，设定两种营销路径的顾客各占 50%，分别推送营销策略 A 和营销策略 B，并监控两类营销策略的效果。下一步，营销自动化工具将选择效果优的营销策略向更多的顾客推送，从而实现营销策略效果的提升。

（三）其他常见的精准传播方式

1. 千人千面营销

千人千面营销是指针对每一个顾客展示不同的营销内容，从而精准抓住顾客个性化的兴趣与偏好，实现营销效率的提升。千人千面营销的原理是将每一名顾客抽象化为多个标签的组合，例如属性标签或态度标签。属性标签作为静态标签能够进行人群细分和精准营销，如基于地理位置的服务（Location Based Services）、基于性别和年龄的差异化内容、基于设备型号的场景营销等。态度标签是一种动态标签，它随着顾客行为的不断变化而变化，可以动态描述顾客的内容偏好、产品偏好、价值取向，进而完成实时的内容推荐。

国内主流互联网平台均采用千人千面的营销策略，如短视频平台抖音通过人、内容类型、传播效果三方面匹配实现内容推荐。抖音采集个人属性资料、搜索记录、过往视频互动行为、通讯录圈子关系等进行人群画像，再针对内容标记类型、时长、更新时间等确定内容标签，进而将人与内容标签进行匹配，实现千人千面营销。千人千面营销是大数据在广告领域的主要应用之一，它解决了广告主针对目标顾客传播的需求。对于抖音这类拥有海量顾客的 App 而言，顾客的标签可包含上千个近期行为标签，这就为企业依据标签设计营销方案提供了方便，如某画画 App 在向对绘画感兴趣且用 iPad 登录的顾客推广内容时，文案设计为"学画画，不用这个软件就白买 iPad 了！"有效提升了 App 的下载率。

2. Look-alike 精准广告

Look-alike 精准广告是针对目标顾客的相似人群精准投放的广告形式。相似人群扩展（Look-alike）本质上是一个分析模型，它利用广告主提供的种子顾客，通过模型算法在广告平台的大数据库中找到与种子顾客相似的顾客群，并向这些顾客群体进行广告投放。当广告主拥有的顾客数据较少，不能满足预期的广告人群投放量时，就可以借助相似人群扩展方法覆盖更多的人群，这种方法在扩大人群范围的同时也满足了定向投放的需要。

为了保证相似人群放大后能够带来更好的效果，实施过程中广告主首先需要提供足够多的种子人群量，确保种子人群是产品购买的潜在客户，之后将该人群的画像投放到广告平台进行匹配，平台会利用相似度模型、回归模型、排序模型等方法筛选出强关联的顾客群体，并对这些顾客进行广告推送。

小案例

美的豆浆机基于 Look-alike 实现人群拓展

美的豆浆机的潜在顾客群体仅为家用电器市场人群的一小部分，如果不能将精准用户识别出来精准投放豆浆机广告，势必会浪费大量营销费用。因此，美的根据已有的近百万个已购产品的顾客，提取其手机号，通过人群标签分析，得出已购人群具备关注健康、家庭主妇、一二线城市、中高收入等特点，通过广告平台的 Look-alike 技术，找到更多包含上述标签的顾客群体，围绕美的豆浆机产品特点定向对拓展后的顾客人群投放广告，大大提升了购买转化率。

3. 重定向广告

重定向是根据已有顾客的某一次关键行为，重新设计对该顾客的推荐策略，从而实现"再营销"的过程。重定向是一种网页广告的定向技术，其关键在于"重"字，即通过识别顾客的访问、搜索、加购、购买、收藏等行为数据发现顾客的偏好，进而确定后续精准传播策略。例如，对于访问过某商品但未消费的顾客，后台系统就会将该顾客标记为潜在购买顾客，并在将来重点推荐他们访问过的商品。重定向需要结合营销过程建立周期性的触达机制，不断筛选出多次与品牌产生接触的顾客，实施再次营销以提升顾客的购买转化率。第十章"数字化客户关系管理"对重定向的类型进行了描述。

二、影响类传播

（一）影响者营销

影响者（Influencer）是指对其他顾客有较大影响力的关键意见领袖。影响者一般存在于社交媒介之中，但也有一些影响者是通过官方媒介塑造而成的。影响者营销（Influencer Marketing）是指利用个体的影响来培养消费者对品牌的正面态度和行为，从而达到品牌建设和产品销售的目标。影响者对品牌产生影响的行为主要是在平台上分享帖子或让粉丝群体在社交媒体上进行品牌共创。影响者通过说服顾客采取行动，建立顾客对品牌的信任，在潜移默化之中影响顾客对品牌的长期心智。根据影响者的专业性和影响力两个维度，可以将影响者分为四种类型（如图 8-10 所示）。其中专业性代表该影响者的专业能力和影响深度，专业能力越强，影响深度越高，能够影响顾客品牌态度的能力越强。影响力维度代表该影响者可以影响的顾客数量，数量越多，则影响者能够影响的范围越广，传播品牌信息的范围越广。

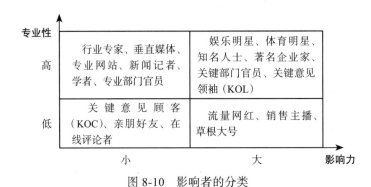

图 8-10　影响者的分类

1. 高专业性 – 大影响力类

高专业性 – 大影响力类的影响者具有较高的专业性，且家喻户晓，并在普通民众中的认可度较高。这类影响者通常出现在对社会有广泛影响和示范作用的行业，关键意见领袖（Key Opinion Leader, KOL）也属于这一类影响者。这类影响者能够对品牌产生较大的影响，企业如果与这类影响者合作一般投入的成本较高，有时还不能直接带来产品销量。

2. 高专业性 - 小影响力类

高专业性 - 小影响力类的影响者在某些领域有着权威的影响力，如行业专家、学者、专业网站、垂直媒体、新闻记者、专业部门官员等。由于这类影响者在其专业领域有着较高的知名度和可信度，在某些行业领域对特定的顾客产生的影响甚至超过明星群体，特别是对于汽车、房产、保险等大宗消费品，行业专家的意见对品牌建设的影响力是巨大的。

3. 低专业性 - 大影响力类

低专业性 - 大影响力类的影响者是那些有着广泛粉丝数量的影响者，他们往往根植于社交媒介或内容平台，有着广泛的粉丝群体。但由于这类影响者的草根性质，他们的专业性往往并不强。这类影响者大多是在社交平台上有一定粉丝量的网红，在电商平台上有固定观众的主播。这类影响者也与各类品牌合作，从而形成特定目标顾客的精准触达。

4. 低专业性 - 小影响力类

低专业性 - 小影响力类的影响者主要是关键意见顾客（KOC）、亲朋好友、在线评论者。这类影响者虽然没有很高的专业性和很广的影响范围，但由于他们是以顾客的身份推荐产品，因此具有较高的可信度。因此，这类影响者仍然有较高的影响价值。由于这类影响者具有高度可信性，企业也逐渐培养一些顾客作为影响者进行传播，例如种草营销就属于这类模式。

影响者营销也存在一定的风险，如果影响者陷入丑闻，将有可能导致合作的品牌也被顾客抛弃。因此，企业也开始采用另一种方式构建自己的影响者体系，最为常见的是与数字虚拟人合作打造品牌。例如，完美日记的虚拟人物"小完子"，背后的运营团队打造了一个虚拟的品牌形象，以该形象发布生活照，模拟真人的情绪传递喜怒哀乐。"小完子"一经推出，就得到受众的认可，获得了大量粉丝，它获得了与真人影响者类似的效果。而且数字虚拟人有较多的优点，例如成本较低、形象稳定、没有丑闻等。采用虚拟人作为产品的代言影响者需要解决的问题是"虚拟"的实体代言"真实"产品的问题，即解决两者之间的匹配问题[7]。

（二）直播营销

直播营销相较于电视广告等媒体有更强的互动性。在直播过程中主播常常与顾客进行趣味互动，主播现场亲自试用产品，也使顾客获得身临其境的购物体验。在技术的支持下，直播具有了高度传播性和低成本性，使得营销摆脱了时间和空间限制，实现了快速传播和对目标顾客的覆盖，增加了顾客参与度，拉动了企业的销售。直播营销需要关注主播的选择、商品选品、商品定价等方面的要点。

1.主播的选择

企业可以选择销售能力较强的头部主播，这类主播有着巨大的粉丝量和销售量，一般会取得不错的销售效果。缺点是这类主播成本高昂，企业对这类主播的议价能力不足，往往需要承诺最低价才能合作。因此，企业在预算不充足时通常会找名气较小的主播。这类主播性价比高，当产品的目标人群和主播的粉丝匹配较好时，往往也能取得较好的销售效果。

2.商品选品

在选择商品前，需要对主播的粉丝画像充分了解，例如，通过短视频平台工具分析粉丝的手机品牌和型号、男女比例、年龄分布等。同时，还需要根据过往发布的内容确定货品的类型，一般先做与主播定位相关的垂直领域产品，再根据效果进行调整。例如，育儿类主播的粉丝中年轻妈妈较多，这时需选择与粉丝群体相关的产品，如奶粉、纸尿裤、女装等。在产品的价位上，对于专业型主播，推荐的商品以高客单价商品为主；对于文化娱乐型主播，推荐的商品以中客单价商品为主。

3.商品定价

商品定价方法主要以成本加成定价为主，同时也要考虑主播的粉丝对价格的敏感程度。大多数主播直播收费模式为"主播费（也称坑位费）+佣金"，例如，服装类的头部主播直播佣金一般占20%，在扣除主播费、低价爆款、赠品、多买多送等促销费用之后，通常留存10%～15%的毛利润。

三、分享类传播

（一）数字口碑

顾客对企业的信任往往来自口碑。在数字化环境下，在线口碑传播变得极为容易，这使得在线口碑成为企业营销的主要手段。社交媒体时代的口碑营销费用其实很低，有时甚至是免费的。数字口碑传播的主要动机来源于乐于助人、互惠、声誉、归属感和道德责任[8]。以往的研究发现，集体主义倾向高、性格外向度高的顾客更愿意进行口碑传播[9]。顾客参与是数字化时代口碑营销的关键。优质的产品和服务，配合良好的客户体验和客户满意度，加上口碑传播，企业才能做好口碑营销。

（二）病毒广告

病毒广告（Virus Advertising）是一种基于内容分享的品牌传播广告，它将品牌信息植入或附着在有价值的内容之中，当顾客看到内容并分享时，就会传播品牌信息，从而达到病毒裂变传播的效果。病毒广告本质上是以内容营销为基础的广告，它一般通过内容所传递的情绪使受众产生共鸣，促使受众在社交媒体中进行分享。内容质量是决定病毒广告能否被推荐和传播的基础，因此如何制作能够被广泛分享的内容就成为病毒广告成功的关键。一般而言，优秀的内容创意能够在短时间内获得极高的人群触达效果，从而产生较好的品牌传播效果。当前，病毒广告已经成为众多品牌进行整合营销传播的必备传播渠道。

支付宝的"中国锦鲤"活动

在 2018 年国庆假期的最后一天，一个网名为"信小呆"的顾客从中奖率为三百万分之一的活动中脱颖而出，获得大量品牌方提供的奖品，成为"中国锦鲤"，并迅速成为微博热搜头条。这实际是支付宝精心策划的一次病毒广告活动。首先，支付宝于 9 月底发布抽奖活动通知，但并没有公布奖品，而是引导顾客查看评论区，而后大量品牌方在评论区留言，公布奖项内容，如提供某款免单高价值产品、免费看赛马、免费飞机培训等，顾客仅需要在微博转发评论即可获得抽奖资格。由于每一次奖项的公布都在提升公众对于中奖的渴望，因此参与活动人数随着奖品的不断增多而迅速增加，大量品牌方通过将福利放入奖品清单中实现曝光。通过一周的发酵预热，最终公布结果当天，该活动实现了近 2 亿次的曝光。

（三）裂变营销

裂变营销主要是通过红包、福利等方式，利用顾客获取利益的心理进行销售链接的分享，从而使更多的人产生购买行为。裂变营销的成本较低，能够最大化地发挥顾客的能动性，大量获取顾客[10]。

1. 裂变营销的奖励类型

一般来说，裂变营销的奖励主要分为四大类，分别是现金、实物礼品、优惠券和积分。①现金奖励。现金奖励是最直接的裂变营销奖励形式，可以适用于所有类型的顾客和场景，不过，现金奖励的成本较高，顾客能够直接评估投入和收益，因此这类奖励方式难以长期对同一类顾客使用。现金奖励通常用于 App 下载、推荐开户等较为复杂的营销任务。②实物礼品奖励。实物礼品常常用于单次活动的奖励，相较于其他类型的奖励，实物礼品更具有冲击力并能给顾客更加直观的获得感。实物礼品的奖励机制往往与任务绑定，例如推荐一定数量的好友关注就可以得到手机。实物礼品往往与抽奖、拉新排行等方式组合使用，以实现低成本、高获得感。实物礼品的成本可控，商家仅需要核算获客总成本即可。③优惠券奖励。优惠券属于最常见的奖励类型，由于该奖励伴随着商品购买，因此商家不需要为该奖励支付前置成本。优惠券奖励可以有效提升顾客的首次购买率和复购率。例如，对于电商类产品，通过邀请好友，老客和新客都可以获得一张优惠券，商家可以在零成本获取新客的同时，也获得老客的复购收益。④积分奖励。积分是一种万能的奖励机制，它等同于顾客在平台上的一种货币，顾客可以用积分兑换商家在平台上设置的商品、加价购买商品、抽奖等。可以设置积分与货币的兑换比例，通过奖励顾客积分可以解决派发现金奖励感知价值较低的问题。积分的使用需要设置顾客获得积分的规则、积分兑换权益的规则，前期的设计和构建成本较高。

2. 主流的裂变营销模式

主流的裂变营销包括四种模式[10]，分别是分享福利、邀请好友、拼团、分销。①分享福利。分享福利是指将品牌的内容进行分享后获得奖励，例如转发文章得积分，分享课程海报解锁课程，分享游戏战绩得金币等。该模式属于最典型的分享传播模式，对顾客的门槛要求最低，仅需要将品牌方所期望的内容转发至社交平台即可获得对应奖励。②邀请好友。邀请的好友必须完成品牌方设定的任务，顾客才能获得奖励，因此邀请好友是以分享所产生的结果为导向，为品牌方带来实际好友行为结果是领取奖励的依据。好友的行为结果包括注册、开户、活动报名等。企业一般会根据任务的难易程度设置奖励以驱动顾客邀请好友，该奖励也可以看成企业获取新顾客需付出的成本。③拼团。拼团是指多人有相同商品购买需求时，其中一人先开团购并将链接分享出去的裂变模式。拼团购买的价格一般低于单人购买的价格。拼团伴随着社交电商的兴起获得了快速增长，最典型的案例是拼多多，它利用多人团购低价的方式迅速扩大市场，并在后期演变出多种拼团模式，例如多人砍价、组团领现金等。④分销。分销是把每一个顾客变为经销商，顾客分享销售链接后，如果有第三人购买，分享者就可以获得来自品牌方的佣金。云集、京东京喜都是建立在分销模式上的电商。通过建立分享电商模式，电商平台也培养了大量的兼职分销人员，分销人员通过专属的商品链接分享获得佣金。根据国家《禁止传销条例》，分销不能超过三级，因此分销模式并不能无限制发展。

小案例

微信读书裂变活动

微信读书是腾讯旗下的应用。在诞生之初，它就通过社交裂变的形式获取了大量顾客。微信读书的做法是设计无限阅读卡，领取该卡的顾客可以免费阅读应用内的书籍。不过，该卡仅7天内有效，7天过后可以通过续费获得时长或邀请好友组队延长阅读卡时限。通过邀请4名好友完成组队，队内的每一名顾客都可以获得1～7天不等的时长。当时间再次到期后，需要重新组队，且队伍成员不能和之前的完全一致，顾客需要不停地邀请新的好友。通过邀请好友的裂变营销形式，微信读书做到了顾客数量、品牌黏性、付费等指标的提升。

本章小结

1. 数字整合营销传播是一个营销传播计划的概念，它认为综合的传播计划具有增值效果，即通过整合数字广告、互动社交广告、精准和自动化广告、直复广告、销售促进、数字公共关系和传统广告等传播手段，可以获得清晰的、一致的、最大的传播效果。

2. 数字整合营销传播可以从传播特点、传播模型、传播模式、数字媒体策略、数字内容制作和传播形式等方面展开讨论。基本的数字整合营销传播模型包括 AIDA 模型、ELM 模型、AIPL 模型、SICAS 模型等。数字整合营销传播模式体现了拓展的 AIDA 循环过程，知晓、兴趣、愿望与行动、复购与分享等阶段的营销传播是循环往复、不断提升的，并不是一次性完成营销传播的。

3. 数字媒体的形态和类型繁多，可以分为推式媒体、拉式媒体、互动媒体、搜索媒体、产品媒体和人际分享媒体等类型。影响媒体选择的因素众多，主要包括营销任务、媒体覆盖、媒体预算、成本收益、目标顾客触达、全过程数字化运营、顾客流质量、迭代便利性等因素。在制定数字媒体策略时，可以基于任务构建任务、资金、信息、媒体和衡量的 5M 模型。在进行媒体组合时，需要考虑使用相关的数字营销传播模型，将不同的数字媒体按照时间和任务进行不同的布置。

4. 数字内容可以从内容定位和内容风格两个维度分类，其基本的生产方式包括 UGC 和 PGC，主流的内容分发平台包括长视频平台、社交平台、短视频平台和内容资讯平台。企业在进行数字内容评价时可以关注展示类指标、传播类指标、互动指标、销售指标等方面。

5. 典型的数字营销传播形式包括：①定向类传播形式，具体有实时竞价广告、千人千面营销、Look-alike 精准广告、营销自动化、重定向广告等；②影响类传播形式，包括影响者营销、直播营销等形式；③分享类传播形式，包括病毒广告、裂变营销等形式。

🌐 重要术语（中英文对照）

数字整合营销传播 Digital Integrated Marketing Communication

精细加工可能性模型 Elaboration Likelihood Model，ELM

AIDA 模型 Attention → Interest → Desire → Action

AIPL 模型 Awareness → Interest → Purchase → Loyalty

推式广告 Push Advertisement

拉式广告 Pull Advertisement

定向广告 Targeted Advertising

数字媒体组合 Digital Media Mix

广告交易平台 Ad Exchange

实时竞价 Real Time Bidding

需求方平台 Demand Side Platform

供应方平台 Supply Side Platform

交易平台 Trading Desk

数据管理平台 Data Management Platform

营销自动化 Marketing Automation

相似人群扩展 Look-alike

病毒广告 Virus Advertising

影响者营销 Influencer Marketing

关键意见领袖 Key Opinion Leader

内容分享 Content Sharing

🌐 思考与讨论

1. 数字整合营销传播的基本概念和特点是什么？

2. 试用 AIDA 模型构建数字整合营销传播模型，并讨论其数字媒体策略。

3. 请阐述内容营销的基本概念、内容分类和质量评价。

4. 请列举定向类传播、影响类传播和分享类传播的具体传播形式及特点。

案例实战分析

A 公司通过信息流广告实现精准传播

A 公司成立于 2015 年，为儿童、青少年及成人提供滑雪全方位服务，是目前国内室内模拟滑雪行业的龙头企业，通过引进欧洲先进的室内滑雪模拟机，借鉴滑雪世界冠军在滑雪模拟机上的训练经验，同时引进国际认可的 CSIA（加拿大职业滑雪指导员联盟）认证考试和 CSIA/CASI 体系，A 公司研发出了一整套室内模拟滑雪教学体系，内容覆盖各种等级标准。同时，A 公司与美国 Spectra Technologies 公司达成战略合作伙伴关系，把室内模拟滑雪教学体系输出至美国。

然而，滑雪作为一项小众运动，使得 A 公司的营销传播成为长期以来的难题。首先，A 公司的潜在客户基数相对较小，需要在有限的受众中开发和保持客户群；其次，对于小众运动的营销传播，往往难以准确地定位目标受众。

那么，对于 A 公司而言，如何在新媒体环境下实现 A 公司服务的精准传播，同时拓宽 A 公司在目标受众中的影响力？

一、A 公司信息流广告实施框架

信息流广告是一种以内容为载体，以自然形式融入发布平台的广告形式。信息流广告最早出现在美国 Facebook、Twitter（现为 "X"）等社交平台上，2013 年，国内新浪微博开始进行商业化发展，出现了微博粉丝通这样的信息流广告平台，随后微信朋友圈、今日头条、百度信息流等信息流广告平台陆续出现。信息流广告由于其原生性、内容推送的准确性，可以产生"广告即内容"的效果，因此用户体验比较好。

采用信息流广告，广告主可以通过人群标签进行精准定向，因而可以大大提高投放效率，节约成本。媒体平台通过"千人千面"的精准匹配，提高了流量的使用效率，平台收益也大大提高，因此产生了媒体平台、广告主、用户三方共赢的效果。

由于信息流广告的精准定向效果，A 公司决定采用信息流广告实现精准传播。为此，A 公司首先制定了信息流广告的实施框架（如图 8-11 所示），包括了投放前准备阶段、广告投放阶段、效果评价阶段以及分析优化阶段。A 公司在该框架下运行信息流广告。

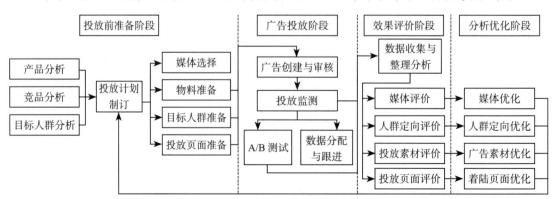

图 8-11　A 公司信息流广告实施框架

二、信息流广告的投放前准备

A 公司在信息流广告投放前准备阶段进行了产品分析、竞品分析、目标人群分析、投放计划制订、媒体选择、物料准备、目标人群准备、投放页面准备。

产品分析时，A 公司着重分析了室内模拟滑雪教学体系的优势，它不受季节限制、学习效率高、安全性高等，优势分析为后续的投放物料做好了准备。**竞品分析时**，A 公司主要研究其他类似室内模拟滑雪服务提供商，了解他们的产品特点、定价策略和推广方式，供后续进行差异化竞争。**目标人群分析时**，A 公司分析了其服务的目标受众，A 公司的目标人群主要是年龄在 25～45 岁，希望学习滑雪的年轻人或者是为孩子提供滑雪培训的家长。

投放计划制订时，A 公司进行了整体规划及预算安排，对一定时间阶段范围内的投放做出安排，包括准备投入多少广告费、什么时间投放、在哪些媒体投放、预计产生多少销售线索、预计带来多少销售业绩等。

媒体选择时，A 公司根据目标受众的特点和消费行为选择合适的信息流广告媒体平台。具体而言，A 公司计划选择年轻人较为聚焦的社交媒体平台，避免盲目投放导致预算浪费。**物料准备时**，A 公司根据不同媒体的要求制作了适合该媒体的文案、视频、图片、落地页等物料，并确保广告内容与 A 公司提供的滑雪服务相符，从而能够吸引目标受众的注意力。为满足后续的 A/B 测试需求，A 公司也同时准备了多套物料。**目标人群准备时**，A 公司根据每次投放的目标，选择多个人群维度进行目标人群组合，比如不同的年龄、姓名的组合，形成投放定向，进行 A/B 投放测试。**投放页面准备时**，A 公司根据投放产品或服务内容的不同，结合当前的促销点形成不同的广告文案，并进行投放页面的设计，作为广告流量的承接和转化载体。

三、信息流广告的投放

A 公司投放的流程包括广告创建与审核、投放监测、A/B 测试、数据分配与跟进。

广告创建与审核时，A 公司首先开设投放账户并充值，完毕后进行广告创建，根据投放媒体的要求，上传准备好的物料，设定投放人群、投放预算、投放时间等关键信息，然后提交给广告平台进行审核。**投放监测时**，A 公司主要是观察消费情况、转化量情况和转化成本等重点数据波动情况，看这些重点数据是否在投放计划预估的范围之内，在出现异常波动时，A 公司的投放监测人员会根据经验判断是否需要人工干预和进行投放调整。**A/B 测试时**，A 公司准备了不同的广告素材，这些素材在某些方面有所不同，例如标题、图片、文字描述、呼吁行动等。A 公司确保了每个版本的广告素材在其他条件下保持一致，以便单独测试其中的变化对广告效果的影响。**数据分配与跟进时**，A 公司根据信息流广告投放过程中产生的线索数据，通过客户关系管理系统及时分配给课程顾问或相关人员，及时进行电话回访和邀约转化工作，从而完成销售目标、达到预定的投放结果。

四、信息流广告的效果评价和分析优化

A 公司的评价阶段包括数据收集与整理分析、媒体评价、人群定向评价、投放素材评价和投放页面评价。同时，A 公司根据这些评价分别进行了媒体优化、广告素材优化、落地页优化、人群定向优化。

（一）数据收集与整理分析

A 公司先通过媒体平台导出投放数据，然后通过数据分析工具进行数据处理、分析，得出投放的各项数据情况，比如消费、点击、转化等关键数据。

以微信朋友圈投放为例，A 公司整理了如表 8-4 所示数据以备分析。

表 8-4　微信朋友圈媒体投放数据

日期	投放金额 / 元	曝光量 / 次	点击量 / 次	点击率	平均点击价格 / （元 / 次）	eCPM/ 元[①]	总线索 / 条	转化成本
2020/11/1	10 101	122 256	1 608	1.32%	6.28	82.90	46	¥220
2020/11/2	3 343	41 882	515	1.23%	6.49	79.83	7	¥478
2020/11/3	7 452	141 392	1 773	1.25%	4.20	52.50	32	¥233

① eCPM 为千次广告展示所获得的广告收入。

（二）媒体评价和优化

A 公司对选定投放的不同媒体进行不同的广告效果评价，以找到当前阶段较为合适的投放媒体。具体而言，为验证不同媒体平台信息流广告投放效果，A 公司使用同一套定向方式、同一套广告素材、同一时间在不同媒体平台进行投放测试。在进行媒体初筛时，A 公司首先选择在巨量引擎、微信朋友圈、百度信息流、小红书 4 个媒体平台进行投放测试。

根据不同媒体合计数据的对比（如图 8-12 所示），A 公司决定：对于投放金额大、转化成本低的媒体，比如巨量引擎，应优先增加投放预算、扩大投放金额；对于投放金额大、转化成本高的媒体，比如微信朋友圈，应尝试降低投放成本；对于投放金额小、转化成本低的媒体，比如小红书，应尝试增加投放预算、扩大投放金额；对于投放金额小、转化成本高的媒体，比如百度信息流，可以暂停投放。

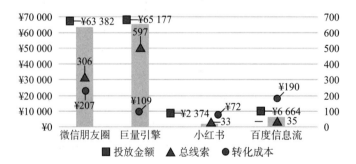

图 8-12　不同媒体合计数据对比图

（三）人群定向评价和优化

A 公司还对选定投放的人群定向进行效果评价，找到投放效果较为理想的人群定向。

为验证不同人群定向对信息流广告投放效果的影响，A公司在2021年开学季活动中在微信朋友圈广告平台分别使用如下人群定向进行了投放测试。

定向1：年龄34～45岁，性别不限。定向2：年龄28～45岁，性别不限。定向3：年龄28～45岁，性别女。三个广告计划除人群定向稍有不同外，其他素材落地页等均一致。投放结束后，A公司收集整理形成的投放测试数据如表8-5所示。

表8-5 人群定向投放测试数据

人群定向	投放金额/元	曝光量/次	点击量/次	点击率	平均点击价格/（元/次）	线索量/条	转化成本/元
定向1	23 606	107 453	3 700	3.44%	6.38	124	190.4
定向2	18 118	140 132	4 664	3.33%	3.88	88	205.9
定向3	18 047	71 846	2 436	3.39%	7.41	87	207.4
合计	59 771	319 431	10 800	3.38%	5.53	299	199.9

从年龄维度来看，人群定向1不管是投放量级还是转化成本，都比人群定向2要好。从性别维度来看，人群定向2和人群定向3在投放量级、转化成本上非常接近，没有实质的差别。总体来说，A公司此次投放测试中的不同人群的定向差别不大。因此，A公司打算之后从人口属性、行为兴趣属性、其他定向上进行组合，形成人群定向，从而多次进行人群定向的测试和优化。

（四）投放素材评价和优化

A公司对选定的投放素材进行效果评价，对比不同素材的投放数据，从而找到投放效果较好的投放素材。

为验证不同素材对信息流广告的效果影响，A公司在同样的人群定向和落地页的情况下，选取了3款不同广告素材的视频进行为期一周的信息流广告投放测试。素材1：主要是展现滑雪风采的场景。素材2：为各年龄段学员在滑雪模拟机上学习、练习的场景。素材3：直观展示学习效果的场景。投放一周后，A公司收集整理形成的实际广告素材投放测试数据如表8-6所示。

表8-6 不同广告素材投放测试数据

视频素材	投放金额/元	点击率	转化量	转化成本/元	播放数	有效播放数	有效播放率	5秒播放率	完播率
素材1	22 172	1.08%	296	75	381 966	43 441	11.37%	23.58%	1.21%
素材2	8 551	1.64%	79	108	78 021	12 385	15.87%	28.93%	4.52%
素材3	8 245	0.94%	71	116	186 828	25 744	13.78%	27.15%	2.01%
合计	38 968	1.15%	446	87	646 815	81 570	12.61%	25.26%	1.84%

从投放金额和转化量、转化成本等重点指标数据来看，视频素材1不仅投放金额大，而且转化量高、转化成本低，其投放数据明显好于其他两条广告视频，视频素材2的转化量和转化成本则略好于视频素材3。因此A公司分析，在下一波广告投放时，应优先考虑投放视频素材1，给予它更多的广告预算。

（五）投放页面评价和优化

A公司对选定的投放页面进行数据分析，查看页面打开速度、停留时间等关键指标，为下一步页面优化打下基础。

由于目前各媒体平台都有一套快捷建站系统，可以实现自定义生成投放页面，完全可以满足 A 公司当前的投放需求，因此 A 公司从信息流广告投放开始就利用各媒体平台的自带建站工具，分析了一段时间内媒体平台工具中的热力图数据。

A 公司在页面分析中，发现在悬浮框转化组件中，整体热度非常高，但从热力图也可以看出需要改进的点。比如用户点击较多的为"立即抢占"和"优惠名额"，而中间的"迎春惠"三个字的热度明显较低，此部分文案直接优化为"立即抢占优惠名额"即可，更加简练。

五、A 公司信息流广告策略展望

在实施信息流广告策略后，A 公司的信息流广告投放规模从 0 迅速达到了千万级的规模，通过信息流广告渠道，A 公司获得的营收也迅速占到了公司总营收的 30% 左右。信息流广告成为 A 公司新增获客和营收增长的重要渠道。

在未来的优化调整中，A 公司拟进一步结合过程指标数据进行评价分析，比如广告素材评价中的点击率、完播率等数据，投放页面评价中的落地页打开时间、首屏流失率、平均阅读比例等数据，通过过程数据的评价分析，找到可以优化调整的具体点，不断优化调整，从而进一步提高投放效率。

资料来源：桂培胜 . A 公司信息流广告投放效果评价研究 [D]. 北京：北京航空航天大学，2021.

案例问题

1. A 公司是如何实施信息流广告策略的？
2. A 公司对信息流广告的评价体系和主要评价指标是什么？

参考文献

[1] 辛普 . 整合营销传播：广告与促销：第 8 版 [M]. 张红霞，译 . 北京：北京大学出版社，2013.

[2] 北冥乘海生 ."品效合一"这事儿靠谱么？ [EB/OL]. (2016-10-09) [2022-08-02]. https://www.51cto.com/article/518468.html.

[3] 巨量学 . 广告创建与投放 [EB/OL]. (2022-03-22) [2022-08-02]. https://school.oceanengine.com/product_help/content/668400000006/121544.

[4] 南顿，迪克斯 . 故事营销有多重要：用终极故事和传媒思维打造独特品牌 [M]. 闫佳，邓瑞华，译 . 北京：中国人民大学出版社，2016.

[5] 齐一诺 . 数字媒体时代本土品牌的内容营销：以花西子为例 [D]. 上海：东华大学，2021.

[6] 曲海佳 . 互联网 DSP 广告揭秘：精准投放与高效转化之道 [M]. 北京：人民邮电出版

社，2016.

[7] LI J, HUANG J S, LI Y Q. Examining the effects of authenticity fit and association fit: a digital human avatar endorsement model[J]. Journal of Retailing and Consumer Services, 2023, 71: 103230.

[8] 余航，王战平 . 网络口碑影响的研究综述 [J]. 情报杂志，2013，32（6）：100-106.

[9] 袁胜军，宋亮，苏晓蕾 . 网络口碑传播影响因素研究综述 [J]. 企业活力，2012，330（8）：86-90.

[10] 王展超，王小丽 . 分享经济下裂变营销模式研究 [J]. 中国商论，2022（19）：126-128.

第九章
数字渠道与销售管理

学习目标

（1）认识数字销售体系和渠道管理的要点；

（2）了解销售人员的数字化管理；

（3）了解商品的数字化管理；

（4）了解销售场所的数字化管理；

（5）了解销售渠道的数字化管理。

导引案例

通过物联网技术挖掘线下卖场的爆款

拥有某知名皮鞋品牌的 A 公司在零售过程中，发现有很多顾客试穿了某些鞋子但最终没有购买，由此他们想到如果能够获得顾客试穿的数据，再与最终购买的数据相比，就可以得到试穿条件下的转化率。获取相关的数据，一种情况是通过营业员记录，但这种方法存在数据不是自动采集、遗漏数量较大、数据真实性无法监控等不足。为了解决这一问题，A 公司将 RFID 芯片置入试穿的鞋子当中，并在试穿脚垫下放置了信息采集器。这类装置可以自动采集试穿数据，从而非常方便地收集所需要的数据。

A 公司通过采集的数据发现，某款新鞋上线一周试穿率排名第一，但试穿转化率只有3%，远低于平均水平。进一步调研发现，鞋子虽然外观造型人见人爱，但鞋带过长导致试穿感知不舒服。根据这一信息，鞋子被调回改进。在重新推出后，该款鞋子的试穿转化率达到了 20%，单品销售达千万元，成为春夏的爆款。

资料来源：王斌. RFID 位置感知技术在物联网中的应用 [J]. 信息通信，2020（11）：103-106.

第一节　数字渠道与销售管理概述

一、数字渠道和销售管理的概念和框架

渠道和销售管理是通过人员调配、商品投入、渠道管理等运营管理使顾客购买企业的产品和服务，渠道和销售管理处于漏斗的下部，它的作用是使进入漏斗的潜在顾客转化为购买顾客，从而达成产品和服务的销售。数字环境下的销售渠道相比传统环境下的更加丰富，传统的销售渠道主要包括经销商、直营和销售人员等，但是在数字环境下，销售渠道可以分为与人相关的渠道、与销售场所相关的渠道以及经销渠道三类。

首先，在与人相关的渠道中，数字环境下增加了关键意见领袖（Key Opinion Leader, KOL）和关键意见顾客（Key Opinion Consumer, KOC）等销售渠道[1-2]。KOL销售主要依靠名人、网红、专家等关键意见领袖，当前往往在微博、头条、抖音、知乎等网络平台开展，有覆盖全网所有媒介的趋势。KOC销售以关键意见顾客为核心展开，包括满意顾客、口碑传播者、转介绍者等。当前这种方式也已经拓展至公司内部的直销人员，包括门店销售、客服经理、直销人员等，他们主要通过构建社群持续经营客户关系。其次，在与销售场所相关的渠道中，电子商务平台和线下零售平台是非常重要的渠道，包含了多种分支。例如，电子商务平台既可以是外部的大型电子商务平台，也可以是公司自建的电子商务平台。对于线下零售渠道而言，除了与大型的电子商务平台合作形成智慧零售体系之外，通过美团等配送体系扩大经营商圈也已经成为线下零售渠道生存的关键模式。图9-1既包含了针对个体顾客的渠道，即B2C渠道，也包含了针对组织市场的渠道，即B2B渠道。在当前企业经营过程中，全渠道经营已经成为企业必须做的工作。例如，一般认为针对个体消费者应当构建以下渠道组合：①内部销售人员及KOC渠道；②KOL渠道；③自有电商、内容电商、电商平台旗舰店的B2C渠道；④B2B2C的经销渠道；⑤基于O2O或同城速递的线下门店渠道。企业可以根据自身的产品特征和能力构建如图9-1所示的全渠道销售体系框架。

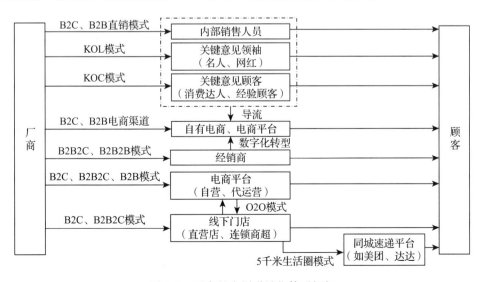

图 9-1　厂商的全渠道销售体系框架

二、渠道体系的要素构成

渠道与销售管理可以从"人、货、场"三个要素进行解析。其中，"人"代表了处于渠道中的内部销售人员、关键意见领袖、关键意见顾客；"货"代表销售的商品或者服务；"场"代表了零售卖场、电商平台等销售场所。这三种要素缺一不可，它们形成了渠道和销售管理的核心要素。在数字环境下，由于信息和数字技术的介入，人、货、场的管理均发生了变化。例如，以往的线下零售模式变成了线下加线上的、全渠道的、跨屏的零售模式，此时，人、货、场管理的内涵和外延也随之发生变化。

数字渠道和销售管理是通过数字化手段和技术对"人、货、场"三个要素进行的管理，从而精准、实时、高效地达成产品和服务的销售。在"人"的数字化管理方面，需要从销售人员数字化、服务体系数字化和顾客旅程数字化等方面进行销售的数字化管理。例如，企业可以通过数字化技术提高销售人员订单的跟踪效率，改进销售人员拜访的数字记录，加强销售人员的管理和激励。对于服务体系，可以通过智能语音系统增强与顾客的低成本交互，通过服务机器人提升服务的标准化程度，通过数字技术对顾客的卖场行动轨迹进行分析，提高卖场的经营效率。在"货"的数字化管理方面，可以从商品选择科学化、实体商品数字化、商品监控物联化、商品展示个性化等几个方面进行管理。例如，企业可以通过信息技术和统计分析技术实现商品的数字化管理：企业基于数据分析自动进行商品选择，并进行商品选择的科学化管理；将实体商品转变为数字商品并展示；通过识别顾客的画像进行个性化的商品展示；通过物联网实现商品的查找和销售引导等。在"场"的数字化管理方面，可以在线上平台运营、线下卖场数字化经营、线上加线下数字化经营和销售场所物联化等几个方面进行管理。例如，在线上和线下合作经营中，线下店铺和线上店铺可以打通经营数据，实现选址、选品、物流、引流等的合作和协同。

第二节　销售人员的数字化管理

一、销售人员的数字化管理概述

销售人员的数字化管理是指在销售过程中对销售人员的位置、路线、访问对象、线索和商机进行的数字化管理。它是销售管理中商机把握、产品销售、绩效评价的主要管理手段。销售人员的数字化管理往往通过企业的 ERP、CRM 等信息系统完成，但也有一些企业会使用单独的销售管理软件系统来实现销售人员数字化管理。

销售人员的数字化管理主要出现在以下几种情境。第一，向重要客户的拜访行为。在向客户拜访过程中，销售人员的位置和路线信息、客户信息、沟通信息、商机线索信息等均可以记录在系统之内，便于对销售人员的销售过程和销售绩效进行数字化管理。获得商机线索信息是销售人员拜访客户的主要目的之一，很多企业都会按照金额和成交的价值对商机线索进行进一步管理，对一些重要的线索组织公司层级的团队进行攻关。销售人员一般会定期多频次拜访同一客户，通过数字化工具对销售人员的行为进行记录并用于管理拜访行为。第二，销售人员的扫街行动。在商业密集的线下街区，销售人员需要进行定期的沿街店铺拜访或服务，俗称"扫街"。在扫街过程中需要解决的主要问题是如何记录扫街路径信息、店铺信息、店铺商机等数据。扫街并不会总是带来订单，但长期不懈地进行沿街店铺的拜访是线下商业管理的基本操作。在扫街过程中需要记录的主要数据包括销售人员的行进路线、沿街商铺的基本信息、售前服务信息、商机和重要节点信息（例如，友商的服务到期日）等。第三，定点服务行为。一些企业会根据场景的不同，让销售人员定点摆摊，主要在小区、工地、商业聚集区等地方，这类定点服务信息也需要进行详细的记录，以便持续管理相关区域的销售。第四，销售人员的顾客社群管理。企业往往会通过企业微信等构建顾客社群，要求销售人员增加顾客入群人数，并定期维护和管理。

二、销售人员的数字化管理要点

数字化给工业品市场的销售人员管理带来了变革，数字销售系统可以为销售人员提供数字化的销售辅助，为销售人员提供丰富的客户数据、销售记录、产品推荐、报价体系和订单流程管理[3]。销售人员的数字化管理体现在销售环节的 6 个重要节点，分别是销售目标的数字化管理、销售行为的数字化管理、销售线索的数字化管理、销售报价的数字化管理、销售订单的数字化管理和销售绩效的数字化管理。

1. 销售目标的数字化管理

销售目标规定了销售人员的工作方向、业绩标准和绩效考核指标，与销售人员的薪酬息息相关。利用数字化管理平台可以在销售期前确定销售目标，并在销售过程中实时监控各项指标的完成情况，模拟考核和评估结果，并对目标进行实时考核和评估。数字化目标管理使销售人员能够充分了解销售工作过程中的目标达成情况，有利于指导下一步的销售行动。

2. 销售行为的数字化管理

销售行为管理对销售结果的影响非常大，例如，顾客进入采购周期，销售人员能否及时捕捉到关键时刻并主动拜访推销产品，会对销售结果产生重要影响。数字化销售管理系统可以在关键时间节点提醒销售人员，再利用到访位置、停留时间、拜访周期、频次等行为数据，有效地管理销售人员的拜访过程，抓住销售商机。对卖场中的销售人员也可以进行数字化管理，分析卖场中的步数、客户覆盖数、取用展示货品次数、给顾客的试穿试用次数等数据。一些企业也利用数字化软件管理销售人员的"扫街"过程、销售人员的记录拜访过程和临街商铺的各项信息。

3. 销售线索的数字化管理

B2B 的销售模式采购链条较长，销售主要通过展会等营销活动进行，由市场人员记录客户意向和联系方式，再将销售线索转交销售人员进行进一步沟通和拜访。传统模式下，市场人员需要完成展会后才能将顾客线索交给销售人员，时间周期较长，可能会因为客户被竞品企业抢先联系而错失商机。在数字化管理模式下，销售线索的传递分配效率大幅度提升，企业可以利用数字化技术构建线索传递通道，形成市场端到销售端的线索实时推荐和传递，提升销售的及时性，销售端也可以通过信息通道向市场端及时反馈，建立销售线索的闭环管理。

利用数字销售系统，销售人员可以有效地管理销售的全过程，最终获得相关的订单。传统的销售漏斗包括了解顾客、识别机会、确认机会、提交方案、谈判成交等五个环节，在数字环境下，销售漏斗的各个实施环节发生了一些变化。在了解顾客方面，数字销售系统可以向销售人员提供全方位的顾客信息，包括但不限于企业所属行业的特点、企业规模、经营范围、上下游产业链、投资项目等。在识别机会方面，数字销售系统可以向销售人员提供目标客户企业的市场洞察结果，包括是否有新建的项目、新的投资等。这些数据来自历史采购信息、采购周期分析、广告投放反馈、第三方数据库公司等，它们可以有效帮助销售人员识别销售机会。在确认机会方面，销售人员获得系统推送的销售机会后，可以联系拜访顾客获得商机确认结果，同时将相关的信息反馈给数字销售系统，企业可以根据销售人员提供的信息进一步制定抓住商机的策略。例如，当销售人员反馈的项目达到一定金额时，企业就会组织专业的团队接手项目。在提交方案方面，销售人员的方案在线传递给顾客之后，可以借助数字化手段监控顾客是否打开邮件，并通过企业内部 App 或者邮件告知销售人员。当顾客打开邮件后销售人员将会立即收到信息，数字销售系统可以向销售人员提示外呼或进一步拜访。在谈判成交方面，数字销售系统可以帮助销售人员获取市场类似竞争产品的信息，并提供优劣势比较分析，帮助销售人员与顾客沟通并最终获得订单。

4. 销售报价的数字化管理

报价也是销售过程的重要环节，传统企业的价格审批流程较长，规范性不足。例如，批量采购一般需要议价，定价的影响因素众多，包括客户规模、长期合作关系、当前市场价格等。价格太低将影响企业的利润，定价过高会导致客户流失。传统上一般由企业负责人或价格专员进行审批，很可能出现职权滥用和徇私舞弊的情况，多级的价格审批也会影响企业的报价效率。而通过数字化管理可以有效解决上述问题，数字销售系统能够确定统一的报价规则，且可以评价和判断价格审核的合理性。系统可以根据顾客规模、关系维护情况、未来采购预期等规则测算合理的价格范围，价格审批结果也全程由系统进行监督，数字化的价格审批过程也大大提升了报价效率。

5. 销售订单的数字化管理

销售订单的数字化管理在企业实践中应用得较早，它得益于财务管理和税务管理的信息化发展。订单管理在大多数企业中都采用了数字化管理手段。订单管理的数字化强调与其他信息系统的联通，使订单信息成为其他阶段关键的基础数据来源。例如，订单生成时间的记录可以帮助判断顾客的下一个采购周期时间点；订单的流转记录可以实时地、可视化地展示给顾客，减少顾客的查询成本，提高顾客的采购体验。当顾客能够实时了解订单的动态流转情况时，往往会产生较好的服务质量感知，满意度和忠诚度将会提升。

6. 销售绩效的数字化管理

以往的销售绩效管理需要等待所有的业绩结算之后才能知道结果，绩效的统计和评估费时费力，这导致销售人员无法根据绩效的结果实时调整销售策略。当采用数字化管理销售绩效时，销售人员可以实时查询自己的销售绩效，了解企业当前鼓励哪些销售行为，销售人员也可以根据销售目标的完成情况不断调整下一步的工作重点。管理者还可以通过数字化销售管理系统管理销售队伍，按照目标达成状况来指导每一位销售人员的销售工作。例如，中国移动各区域的网格每个月均需要完成多种产品的销售目标，如果网格长可以将网格的销售目标分解给每一位网格成员，并实时监控每一位网格成员的销售绩效，不断提醒网格成员需要加强哪种产品的销售，并在需要的时候提供帮助。

当前市场上有很多类型的数字化销售管理软件，一些软件可以直接订阅付费使用，企业也可以根据自身需求选择 SaaS 平台自行开发[4]。典型的销售管理软件集合了项目管理、移动办公、竞争对手管理、沟通管理、活动管理、随笔日志、考勤打卡、工作日报、工作轨迹、客户拜访跟踪、潜在客户信息、客户管理、合同管理、数据管理和分析等多种功能。

第三节　商品的数字化管理

一、商品的分类与定位

数字化技术的出现使原本依靠信息不对称的销售商品方式被信息高度对称的方式取代，商品的搜索、筛选、比较变得非常便利，这加剧了商品的竞争程度。由于品类丰富度已经达到饱和状态，产品创新难度较大，因此如何能在众多商品陈列中获得顾客的注意与青睐成为经营的关键问题。尽管性价比是吸引眼球的不错方式，但是一味强调性价比就会损失大量利润，而且不是所有的顾客都对价格敏感，因此在进行商品陈列组合时需要考虑多种因素。为此，商家可以采取的办法是将商品分类，根据不同的商品陈列目标确定不同的商品定位和陈列组合。

数字环境下的商品陈列组合可以看成销售漏斗中的商品布局，企业需要按照不同的目的将产品分为不同类型。例如，有的产品是用来吸引顾客注意的，它们处于销售漏斗的上部；有的产品是用来获得利润的，它们处于销售漏斗的下部；还有一些产品是用来作为参照物锚定顾客的。结合商品的陈列定位，可以将商品分为爆款商品、量销商品、潜能商品和锚定商品等四种类型（如图 9-2 所示）。

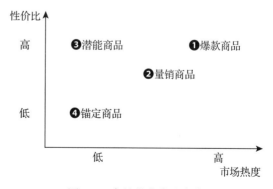

图 9-2　商品的分类及定位

1. 爆款商品

爆款商品是一类受到顾客高度关注且能够满足顾客特定需求的商品。爆款商品一般都有较高的性价比，它的销量高且销售转化率高，这种商品往往不是商家的利润来源，因为只依靠爆款商品带来的微薄利润是难以支撑商家持续经营的，因此爆款商品主要用来在最短的时间内吸引顾客注意，使他们能够在大量的商品陈列中关注到爆款商品并点击和访问店铺，进而为拉动其他商品的销量提供流量入口，达成一定的转化率和产品口碑。

爆款商品一般具备以下三个特点。第一，商品属性能够满足顾客的多种需求。挑选爆款商品需要分析同类产品中顾客关注的商品属性，掌握影响顾客决策的属性有哪些，这些属性需求同时满足才有机会成为爆款。例如，售卖一款家居用品，当市场对环保的关注度较高时，那么具备环保属性的商品就容易成为爆款。不过，具备单一属性并不足以形成爆款商品，家居的审美、用料、做工工艺及价格均有可能成为顾客关注的属性，必须同时满足这些属性需求才有可能成为爆款商品。第二，爆款商品需要带给顾客独特体验，满足顾客在特定场景下的体验性需求。例如，"懒人沙发"就属于能带给顾客独特体验的爆款商品，属性描述并没有过多地强调产品功能，而是让顾客一看到名字就能够联想到体验感受。第三，具备口碑传播效应。爆款商品是客流引入的关键产品，应当具备口碑传播和裂变效应，让顾客购买后向其他亲朋好友推荐。这不仅要求产品质量好、设计过硬，还要求具有口碑传播的特点。例如，在某些情境下对大多数人有较高价值的紧俏商品，就有可能被口口相传，疫情开始时防护产品就有这样的特点。

2. 量销商品

量销商品是商家获利的重点商品，布局在销售漏斗的下部，一般是在爆款商品吸引顾客进入店铺之后商家重点推荐的产品。每个商家的爆款商品只有有限的 $1 \sim 2$ 个，大部分的销量和利润是由量销商品带来的。量销商品的特点是市场热度高，品类搜索量大，有其独特的属性特征。这类商品不如爆款商品的性价比高，但利润比爆款商品略高。商家往往通过爆款商品吸引顾客进入店铺，再通过类似属性的关联推荐、多类型产品列表、数量打包展示等方式提高量销商品的销量，提升顾客的转化率。

3. 潜能商品

潜能商品一般是正在培育的新品爆品，这类商品的特点是市场热度低、性价比高。顾客对新品的认识度不高，但在数字环境下市场变化非常迅速，商家需要培育潜在的爆品随时进入市场。潜能商品可以依靠老款爆品或量销商品带动销售。例如，在爆款商品展示时增加潜能商品的链接；将爆款商品与潜能商品打包销售；在已售商品包裹里附加潜能商品简单介绍、试用装和优惠券等。这些方式都可以达到推荐潜能商品的目的，从而为未来将潜能商品打造为爆款商品做准备。

4. 锚定商品

锚定商品是指那些为消费者提供参照物的商品。例如，在展示时放入一个价格较高，但属性特征类似的商品，此时消费者会认为量销商品性价比更高，从而购买量销商品。锚定商品的意义在于为顾客提供对比和参照的依据，在数字化情境下商品的透明度较高，为顾客提供实时的参照信息就显得非常重要。锚定商品往往是一些属性质量高、代表品牌形象的商品，这类商品的特点是品质卓越、价格较高、性价比较低。当顾客看到这些商品时，会产生一个品牌形象或者价格的锚定点，使顾客更加信任商家可以提供优质商品，并且满意自己选择了性价比更高的商品。

二、商品的数字化

商品数字化是指解析实体产品的特征，并通过文字、图片、声音、视频等数字化的方式展现该商品[5]。线上的产品和服务没有导购销售人员进行面对面的讲解和推荐，主要依靠文字、图片、视频等形式吸引顾客购买，因此商品数字化就变得非常重要。实体商品数字化的主要内容如表 9-1 所示。

表 9-1　实体商品数字化的主要内容

主要元素	具体内容
商品标题	一般由以下几类词构成：①类目词，指商品类别；②属性词，指产品属性描述；③品牌词，指品牌信息描述；④卖点词，指产品突出特征；⑤促销信息，指打折、赠券等促销信息描述
商品橱窗图	全方位展示商品各个角度特征和细节的图片
商品视频	为商品拍摄的商品特性、使用介绍和使用场景的视频文件
商品详情页	详细介绍商品特点的长图文，主要用于向顾客介绍产品特性、核心商品卖点。在详情页中可置入产品视频、链接等内容
商品标签	根据提前设定好的标签体系对商品打标签，可以对商品定位、属性、使用场景进行标签化

（一）商品标题优化

标题是商品数字化的主要元素之一，顾客一般通过搜索关键词进入商品陈列页面，所以标题的设定需要参考品类常用的关键词。有时为了吸引顾客的关注，还需要在商品标题上增加一些促销信息。对商品标题的优化是商品数字化的第一步，一个成功的标题能够让商品在顾客的搜索结果中展示出来，并且吸引顾客点击了解商品的详细信息，进一步推进销售转化。好的标题一般包括几个要点信息，分别是类目词、属性词、品牌词、卖点词、促销信息。

（1）类目词。类目词是指商品类别，即商品所属的产品品类。顾客如果没有品牌倾向，大都会根据自己所需要购买的商品类目词进行搜索，比如笔记本电脑，因此在标题中加上类目词是必需的。

（2）属性词。属性词描述的是商品的属性特征，例如商品的价格、款式、功能等。属性词能够帮助顾客在选择阶段挑选自己更为偏好的商品，例如，当顾客青睐轻薄型笔记本电脑时，他可以加上"轻薄"字样来搜索笔记本电脑，得到的搜索结果就会符合顾客的要求。

（3）品牌词。品牌词是指商品的品牌信息描述。如果销售的商品是知名品牌，品牌词就必须要加上，但若商品并非知名品牌，就不一定在标题中加上品牌。不过，很多品牌都是逐渐建立的，加上品牌信息之后，可以方便重复购买顾客和口碑传播顾客搜索该品牌信息，有利于品牌的长期建设。

（4）卖点词。卖点词指的是商品用于吸引顾客购买的卖点。卖点词的提炼需要对产品和竞品进行深度分析，深入了解顾客当前的痛点，并在标题中明确描述痛点的解决要点。例如，针对顾客对轻薄笔记本电脑的顾虑在于待机时间短的问题，可以将"超长待机"作为卖点词加入标题中。

（5）促销信息。促销信息是指商品打折、赠券等的吸引性信息。在激烈的数字化竞争环境中，通过加入促销信息吸引顾客点击在很多情况下都是必要的，促销信息对购买转化有很大帮助，其中，限时促销可以有效缩短顾客的决策时间，提升转化率。商家需要设计多种标题，对上述信息组合进行变换，之后可以进行 A/B 测试，确认需要上线的标题组合。在不同的情境下，合适的标题可能是不一样的，如在春季的标题和在冬季的标题可能是不一样的，因此，商家需要定期进行测试，以便上线恰当的标题。

（二）商品详情页设计

如果把商品标题看成门面，那么商品陈列的详情页信息就是数字环境下的"导购"，不同的是人类导购可以根据顾客的问题随机应变地回答，而商品详情页需要事先了解清楚顾客的需求，提前预判顾客浏览商品时的信息加工过程，并设计产品特性信息与页面，满足顾客对商品特性的信息需求。每个商品详情页设计需要洞察目标顾客，思考商品卖给哪些顾客，这些顾客在浏览商品详情页时会如何思考，他们对商品的诉求是什么，还需要深入考虑哪些信息。例如，一家专门从事鞋架售卖的店铺，在商品详情页中增加了除商品属性之外的其他信息，包括顾客关心的材质环保问题、安装流程问题、售后保障问题等，这些信息有助于减少顾客的顾虑，提升商品的销售转化率。

（三）不同类型商品的数字化

1. 爆款商品的数字化

爆款商品的特点是能够吸引顾客注意并点击进入店铺，因此爆款商品的任务是以最短的时间吸引顾客访问并形成转化，作为拉动其他商品销售的流量入口。在爆款商品数字化时，需要聚焦在满足顾客需求上，突出爆款商品的卖点。爆款商品的标题要突出价格等卖点，通过全角度橱窗图片展示吸引顾客，并结合使用场景附上介绍视频，在详情页中突出产品的优势参数信息等。有的电商平台会为明星爆款商品准备一个特定的介绍页面，商家应当充分利用。

2. 量销商品的数字化

量销商品的特点是商品的市场热度高，商品品类搜索量大且访问量大。量销商品数字化时需要在标题中设置包含品类的关键搜索词，引流的广告橱窗图片也要放在店铺的显著位置，最好能够放在爆款商品附近，这样能够有效地吸引爆款商品的客流，增强爆款商品与量销商品之间的关联，使量销商品很好地承接从爆款商品溢出的客流量。

3. 潜能商品的数字化

潜能商品一般为培育中的新品爆品，这类商品的特点是市场热度低、性价比高，但顾客认识度不高。潜能商品在数字化过程中，需要与爆款商品和量销商品放在一起展示，同时可以将它与爆款商品打包销售，或者单独给予优惠券，以便提升其认识度。因此，潜能商品数字化应将重点放在关联推荐、客流曝光、联合推广等方向上，以便快速传播，提升顾客认知，为进一步打造成爆款商品服务。

4. 锚定商品的数字化

锚定商品在数字化过程中，重点是要发挥其锚定和参照功能，因此应当将它与拟销售的商品共同展示，从而使顾客形成参照。例如，将锚定商品与量销商品共同展示，锚定商品的高价格有可能导致顾客认为量销商品的价格适中，从而增加量销商品购买的概率。由于锚定商品的目的是使顾客形成购买参照，因此锚定商品最好在量销商品展示之前展示或者与量销商品同时展示。锚定商品数字化时，需要突出其价格特征、品牌形象特征和产品质量特征，使顾客产生对店铺的整体印象。

三、商品销售数字化

（一）商品的数字化销售

当完成商品数字化之后，就可以进入商品的在线销售过程，这一过程包括以下几个步骤：商品定价→上下架管理→库存设置→物流管理→妥投管理→满意度管理。每个步骤都需要进行数字化管理，只有每个环节都做到精益求精，才有可能达成预期的销售目标。

1. 商品定价

数字化时代下商品之间的比价变得不可避免，因此商品定价就需要根据竞品的价格变动随时调整，通过优惠促销或买赠等方式使顾客觉得比竞品的价格更实惠。因此，数字化时代的定价典型特征是对销售平台中竞争产品的价格实时监控并做出反应。

2. 上下架管理

在满足库存充足、商品数字化信息完备等销售条件之后，就可以上架销售。但在数字环境下，上下架是实时调整的，例如当库存不足或遇到投诉等突发情况时，应立即进行下架处理，待问题解决再上架。因此，在线销售时需要不断根据实际经营情况进行上下架处理，避免应下架而未下架、重复上架或部分产品未上架的情况出现。在经营过程中，每日都需核对库存情况与上架情况是否匹配。

3. 库存设置

数字销售环节的库存管理与传统店面销售的库存管理存在本质上的不同，因为商品上架之后可售库存数据将展示给能够访问站点的所有顾客，在数字化情境下库存的数据是需要实时监控和调整的。首先需要确定所售商品的供应情况，一般供应分为三种形式：第一种是进货－补货形式，第二种是厂商直接发货形式，第三种是虚拟产品无须补货。三种供应情况的差异导致库存管理的方式不同。库存数据包括可售库存和订单占用库存，当销售发生时，顾客可能已经提交了订单但并没有实际支付，此时也需要为已提交订单的顾客保留库存，这种库存称为"订单占用库存"。另外，当商品出现一些破损和意外时，商品就不可销售了，这时需要将该商品标记为"不可售库存"，因此可以得到库存公式"总库存＝可售库存＋订单占用库存＋不可售库存"。当遇到活动需要做某些商品的短期促销时，还需要"锁定库存"，它是指锁定一定数量的商品以供促销，促销期结束或促销库存销售完毕再使用正常的库存。

4. 物流管理

数字化情境下商品的存储和展示是分开的。为了节约店面租金，厂商或店铺会集中进行商品的库存管理，顾客下单之后由库房直接发货。有时商品的物流与产品特征有关，生鲜类商品的物流方式必须以冷链运输为主，以便使商品在物流过程中保持品质。我国当前蓬勃发展的物流业已经能够满足大规模、集中的物流需求，建立了以京东物流、菜鸟、顺丰等为代表的物流体系，它们是数字化销售的基础。

5. 妥投管理

当顾客提交订单后，需要通知库房发货。库房出库产品时一般会通过扫码将物流信息与订单信息捆绑。当货物发出后，顾客可以通过数据平台实时跟踪货品的物流情况，并在有疑问时直接联系商家或电商平台。顾客收到商品后，需要对商品的收货状态进行确认，从而完成一个完整的商品销售流程。

6. 满意度管理

满意度下降将导致电商平台和店铺的顾客评价降低、客流减少，从而导致销售额下降，因此顾客满意度管理是数字化销售的关键步骤。在线销售时并不能直接了解顾客购物的满意情况，此时电商平台会监督交易过程中顾客的满意程度。为了让顾客满意，电商平台对于货不对版、服务态度等问题的管理是比较严格的，出现差评、投诉或违反规则的商户会受到相应的惩罚。影响顾客满意度的因素较多，在线销售时主要集中在以下几个方面。①商品问题。商品描述与商品实际不符，存在夸大宣传，顾客收到商品后，与预期相比落差较大。②物流问题。物流既需要速度，也需要控制成本。当物流太慢或者货物受损时，顾客会不满。因此，需要在控制成本的前提下，考虑合作物流的口碑和信誉。③服务态度。线上客服需要表述亲和且态度诚恳，能够细心解答顾客的问题。回复不及时、回复的态度不好、处理问题的速度过慢等情况均会导致顾客不满。

（二）商品销售的物联化应用

物联网通过信息传感器、射频识别技术、卫星定位系统、红外感应器、激光扫描器等装置与技术，对物体产生电子标签，标识物体的各项身份以及物理、化学、生物等信息，实现对物体的智能感知、身份识别、连接互动、实时监控、联网管理等活动。物联网的早期应用来源于企业的需求。1999 年，英国宝洁公司品牌经理凯文·艾希顿为了解决货架上口红缺货的问题，提出在口红里面装置芯片，提供无线网络感应技术，将前端货品的销售信息实时地传递到后端，以解决缺货的问题。他将这种能自动让物品信息连接的方式称为"物联网"（Internet of Things）。随着物联网的发展，任何物体都可以与网络相连接，并进行信息交换和通信，使"物"与"物"之间建立了沟通[6]。物联网可以实现的智能化识别、定位、跟踪、监管等功能带来了更多的营销创新机会。在零售商超中，物联网正在被大规模地应用，主要包括商品监控、轨迹跟踪、无人零售等方面。

1. 基于物联网的商品监控

基于物联网的商品监控包括以下几种应用。第一，货架监控。通过在货架上放置的读写器实时监测货架上商品的数量，可以识别出热销或滞销的商品，及时进行补货或促销，并可以进行商超的选品管理，提升商超的盈利能力。第二，商品监控。一些商超采用物联网技术对食品的理化性质特征实时检测，从而监控食品的新鲜等级并进行等级的动态调整。商品的溯源问题也可以采用物联网技术解决，例如，可以通过物联网技术获取瓜果从种植到销售的溯源信息，为消费者提供安全可靠的商品[7]。第三，商品的结算和监控。在商品结算过程中，通过批量读取商品标签信息，可完成自助结算。另外，由于物联网可以实现对商品位置和状态的智能化管理，因此能够有效防止商超内的偷盗行为。

2. 智能购物车及其应用

智能购物车是物联网的典型应用，它可以帮助顾客浏览和指向超市内的某种商品并引导至货架，还可以检测放入购物车中的商品，并使用移动支付结账。沃尔玛公司很早就提出了智能购物车的设想，并申请了多项专利。亚马逊公司推出了智能购物车"Dash Cart"，每一辆 Dash Cart 都配备交互式可触摸屏、摄像头、秤以及重量传感器，并自动检测消费者放入购物车中的商品。国内的智能购物车企业也有大的发展，目前智能购物车在杭州、南京等华东地区的商超已经大量应用。

智能购物车针对的是商超中顾客购物的痛点，包括货品太多很难找到所需商品、货品太杂不知道如何选择、高峰期结算人数众多需要排很长时间的队等。智能购物车支持搜索商超内的商品并进行导购，提升了顾客体验度，并节省顾客时间和商超人力成本。同时，顾客可以在超市内任何地点自助结算，不需排队，智能购物车会配合多个摄像头进行图像识别，用数个传感器读取购物车内商品信息，也会设有电子"围栏"，采集顾客的即时位置数据，保证顾客带走的商品全部经过结算。同时，智能购物车还可以连接线上线下零售，在配送体系的合作下扩大商圈[8]，通过顾客的注册和激活，可以获得顾客的线下购物轨迹数据，实时发现顾客的需求，利于商超向顾客投放基于位置的广告。线下购物轨迹和偏好等的新顾客画像维度也为进一步的数字化客户关系管理奠定了基础。

3. 基于物联网的无人零售

无人零售的优点是消费便捷、节约时间、保护隐私、价格实惠，在交通枢纽、社区等场所大量出现。一般认为，无人零售需要物联网、机器视觉、智能支付等三类技术。首先物联网 RFID 技术自动识别顾客购买的商品、商品的单价及总价，然后机器视觉会再次核对商品和顾客，最后顾客通过二维码、虹膜、人脸识别、NFC 等智能支付，实现自助购买。无人零售的几种类别如表 9-2 所示。

表 9-2   无人零售的几种类别

类别	占地面积	技术支持	消费场景
开放式货架	小于 10m²	二维码	公司内
自动售卖机	小于 10m²	二维码、机器视觉、生物识别、自动电子锁	交通枢纽、商圈
无人便利店	10～30 m²	二维码、生物识别、RFID、机器视觉	社区、商圈
无人超市	100 m² 以上	二维码、生物识别、RFID、机器视觉、自动电子锁	商圈

资料来源：

周显军．论无人零售持久战：无人零售的四大核心要素．微信公众号"新零售黑板报"．

徐斌毅．我国无人零售的发展现状、趋势与案例研究 [J]．中小企业管理与科技，2022（8）：62-64.

第四节   销售场所的数字化管理

销售场所是指商品销售的店铺、卖场、平台等线上或线下销售场所，即指"人、货、场"中的"场"。销售场所的数字化营销是销售渠道管理最为重要的内容之一，主要包括电商平台的数字化管理和线下门店的数字化管理。

一、电商平台的数字化管理

（一）自营店铺的建立

电商渠道包括平台自营店铺、自有电商和代运营电商等类别。其中在电商平台上建立自营店铺主要的步骤是：选择入驻平台→店铺装修→商品陈列。

1. 选择入驻平台

在电商平台上经营主要采用店铺自营模式，即厂商在平台上开自营店铺自主进货、自主销售，典型的如天猫平台。但也有一些电商除了采用店铺自营模式之外，还采用平台自营模式，这时厂商成为平台的供货商，由平台经营和销售，典型的如京东。有实力的品牌一般会同时选择几个主流的电商平台入驻和销售，以降低对单一电商平台的依赖，并尽可能地拓展销售渠道。但是，对于实力不足的厂商来说就需要进行平台的选择，选择的指标包括：

（1）服务质量。服务质量包括数据服务质量、经营工具服务质量、响应性质量和个性化服务质量等。

（2）客流量。平台的客流数量和质量是商家选择平台的重要指标。

（3）运营成本。平台运营的成本包括店铺租金、交易佣金、平台内广告费和平台工具使用费等。例如，在天猫平台上有多种付费工具，包括直通车、钻石展位、淘宝客、品销宝等。平台运营所需的人力成本也需要考虑，平台的工具数量和活动数量越多，运营成本就越高。

（4）快递服务质量。快递是顾客在线购物满意度最重要的影响因素之一，目前市场上主要包括第三方配送体系如阿里巴巴的菜鸟网络，自营物流体系如京东物流。自营物流一般配送速度较快，但顾客付出的成本较高。

（5）品牌与平台定位的匹配性。一些平台是以价格便宜作为平台的优势，而另一些平台则主打品牌和品质，所以品牌在选择平台时就需要考虑平台与品牌定位之间的匹配性，高端定位的品牌就不宜选择以价格便宜为主的平台。

2. 店铺装修

第一，确定店铺定位。线上店铺需要对自身商品的优势进行分析，然后分析目标顾客的核心需求以及竞争店铺的特点，从而确定店铺的定位。店铺定位是装修风格和设计的基础，其目的是获取目标顾客对店铺的青睐。

第二，明确店铺的风格。在确定店铺定位之后，接下来需要确定店铺的装修风格。参考同类型店铺的风格是普遍的做法，但如果想从众多店铺中脱颖而出给顾客留下更深刻的印象，就需要一些新的创意，例如在主色的选择和配色搭配上创新。店铺的风格设计目的是引起目标受众注意，但不宜太夸张而影响店铺形象。

第三，设计店铺主图。店铺陈列的商品不可能一一展示给顾客，需要对重点商品进行图片展露，当顾客进入店铺后就会立即被重点商品吸引，停留更久。主图设计时需要突出重点产品的核心卖点、促销信息和认知线索，以达到醒目和吸引顾客的目的。

3. 商品陈列

商品陈列排序也是需要重点考虑的问题[9]，由于同质化商品竞争激烈，最好把吸引力最高的商品排在店铺首页或头部位置，以便顾客停留查看。总体上商品的陈列排序可以按照以下顺序：①A类商品，点击率高、购买量大的商品；②B类商品，点击率低、购买量大的商品，购买转化率高，能够吸引客流，销售效果好；③C类商品，点击率高、购买量大的商品，这类商品适合短期促销，针对已收藏但未购买的顾客进行推荐和促销，刺激下单成交；④D类商品，点击率不高且购买量不大的商品，这类商品很难引起顾客足够的兴趣，可以作为普通商品陈列，并在热门商品详情页中推荐。

（二）店铺数字化管理

店铺数字化管理的基本思路是漏斗管理。将顾客的在线购物流程划分为图9-3所示漏斗中的几个环节，关注漏斗中每个环节的顾客人数和转化率，从而提升各环节的运营效率，进而提升转化率。在销售场所的管理中，需要关注的是顾客进入之后的行为轨迹，提升顾客在购买流程中的转化率。因此，线上店铺主要依赖数字化能力管理，通过平台采集所需要的数据，分析每个环节的转化率，发现并解决问题，利用有效的资源达到最大化的销售转化率，最终实现店铺的经营目标。

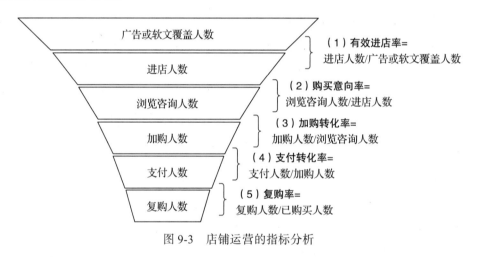

图9-3 店铺运营的指标分析

1. 有效进店率

有效进店率是管理店铺的重要指标，它代表广告或软文信息触达的人数中有多少人进入店铺，测量的是广告传播的效率。计算公式为：有效进店率 = 进店人数 / 广告或软文覆盖人数。线上店铺客流在结构上主要分为公域和私域两部分，公域客流量一般通过广告或软文等方式获取，私域客流量主要依靠企业长期的客户运营积累。客流量的结构分析可以指导店铺在哪些方面投入资源吸引客流。

2. 购买意向率

购买意向率指进店顾客中有多少人有购买的意愿，计算公式为：购买意向率 = 浏览咨询人数 / 进店人数。购买意向是产生购买的来源，利用数字化手段可以有效计算购买意向率，很多指标可以用于监控顾客的购买意愿，主要包括四个方面。①首页访问量。该指标可以分析目标客群及其中对店铺产品感兴趣的人数。②访问深度。计算公式为：访问深度 = 访问总

量 / 访客数。该指标表明顾客对店铺中各种商品的兴趣程度，访问深度越高，则代表顾客对店铺提供的产品越感兴趣。③跳出率，指某一时间内顾客离开的比率。顾客认为店铺的商品或服务不能满足需求时就会离开，这时就有一定的跳出率，跳出率越高说明进店铺的访客对店铺有兴趣的比率越低，跳出率过高时应当及时进行店铺调整。④咨询量，指咨询商品的顾客数量。咨询量反映了对店铺有兴趣的顾客数量，可以与跳出率合并使用。如果咨询量与跳出率成正比增长，则说明商品的描述存在问题，需要加以修改；如果咨询量与跳出率成正比降低，则说明商品的描述较好，视频或图文能够解答顾客的问题；如果咨询量高且跳出率低，则说明店铺中的商品对顾客有吸引力，但描述可能需要加以细化，此时可以增加咨询服务并实时调整图文说明；如果咨询量低，跳出率高，则说明顾客对店铺的商品没有太多兴趣，此时需要重新梳理店铺的定位、目标顾客、店铺装修等因素，也可以询问顾客的意见，以便加以改进。提升购买意愿需要从店铺设计、商品描述和客服话术三方面入手，配合上述指标加以管理。

3. 加购转化率

加购转化率指加入购物车的顾客占比，这一行为代表顾客有进一步购买的可能性。计算公式为：加购转化率 = 加购人数 / 浏览咨询人数。加购转化率指标一般用于线上购物，它表明顾客对商品有很高的兴趣。顾客看到有兴趣的商品首先会将它加入购物车，然后等待加购其他商品后再决定是否购买。研究表明，顾客将商品加入购物车有不同的动机，除了准备购买之外，还有娱乐、等待促销和低价、组织和比较商品等原因[10]，因此加购并不能够直接带来销售。顾客加购的商品越多，捆绑销售和交叉销售就越成功。商品被加购的数量越多，说明该商品对顾客的吸引力越大。我们也可以通过对加购商品的数字化管理来了解顾客购买商品的欲望，加购数量越多，则商品对顾客的吸引力越大。

4. 支付转化率

顾客未必在最后一刻都会支付所有加购的商品，因此还需要关注支付转化率。计算公式为：支付转化率 = 支付人数 / 加购人数。影响顾客支付转化率的因素包括支付方式是否方便、是否有赠券或降价等促销手段、是否有限时优惠限制等。有时顾客在支付之后还会退货，其原因除了顾客对产品不满意之外，还有竞品策略、需求变化等其他原因。为了提升支付转化率，电商平台也会采取小额免密、先用后买等措施减少顾客支付的步骤。对闲置在购物车中较长时间没有支付的商品，店铺可以通过重定向的方式向顾客推送促销券或者提醒顾客，以此提升支付转化率。

5. 复购率

复购率表示愿意长期购买产品的顾客比率，它也是忠诚度的主要测量指标之一。计算公式为：复购率 = 复购人数 / 已购买人数。复购的管理属于客户关系管理的重要内容，它关注的是老客户的满意度和忠诚度。提升复购率需要对老顾客再营销，主要策略包括周期提醒、新福利通知、新品推荐、专属优惠、重定向广告等。

除了上述的漏斗管理模式之外，另一个店铺数字化管理的方法是基于销售漏斗公式进行的。销售漏斗公式是将销售额作为北极星指标，并对该指标进行拆解，从而确定需要重点经营的分项指标，具体为：

$$销售额 = 流量 \times 转化率 \times 客单价 \times （1+ 复购率）$$

在上述销售漏斗公式中，各项分解指标的解释如下：①流量，进店的客流量，包括线上和线下的客流量；②转化率，进店客流有多大比率转化为购买；③客单价，每位顾客的平均消费额；④复购率，购买产品的顾客再次购买的比率。店铺数字化管理是对上述拆解指标进行量化管理，找到提升各项指标的策略，从而达到提升销售额的目标。

（三）电商代运营

电商代运营服务商指为品牌电商提供线上店铺全部或部分电子商务外包运营服务的第三方服务商，服务项目包括咨询服务、店铺建立及运营、商品管理、顾客管理、营销推广、客户服务、仓储物流、IT 服务等。从 2011 年电子商务飞速发展至今，电商代运营模式也在快速增长，交易规模至 2022 年已经超过 1.5 万亿元。电商代运营服务商在电商店铺运营过程中具有丰富的实操经验，能够比一些厂商更好地制定电商运营策略，并且各环节的执行效率也更高，所以有很多厂商选择代运营企业经营它们的线上旗舰店。

电商代运营的基本模式可以用两个维度进行分类。一是交易模式。代运营的交易模式可以分为交易服务类和交易中介类两种，交易服务类主要采取收取年服务费的方式获利，交易中介类主要采取销售提成的方式获利。另一个维度是品类模式。代运营的交易模式包括单品垂直类和多品平台类。单品垂直类的代运营企业聚焦在某一品类进行垂直运营，例如聚焦在户外品类、化妆品类等。多品平台类的代运营企业利用平台工具运营多种产品品类。由此，我们可以将代运营企业分为单向广度协同类、双向广度协同类、单向深度协同类、双向深度协同类四类（如图 9-4 所示），表 9-3 对这四类代运营企业的基本特征进行了描述。

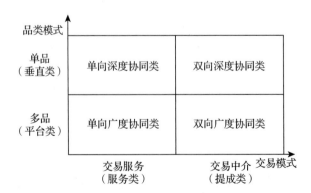

图 9-4　电商代运营企业与传统厂商平台的合作模型图

资料来源：张岚. 电商代运营企业多案例研究 [D]. 北京：北京航空航天大学，2016.

表 9-3　电商代运营企业的合作模式

合作方		合作模式			
		双向深度协同类	双向广度协同类	单向广度协同类	单向深度协同类
与厂商合作	是否挑选合作厂商	是	是	否	是
	是否采买行业数据	是	否	否	否
	是否介入产品研发	是	否	否	否
	与厂商的融合度	很高	较高	较低	较低
与平台合作	使用平台工具	定制平台工具＋特定品类专业研发	购买一般平台工具	购买一般平台工具	定制平台工具＋特定品类专业研发
	是否挖掘平台数据	是	是	否	否
	选取经营策略	针对单品的专业策略	针对多品的普适策略	针对多品的普适策略	针对单品的专业策略

资料来源：张岚．电商代运营企业多案例研究 [D]．北京：北京航空航天大学，2016．

1. 单向深度协同类

这类代运营企业主要聚焦在单一品类开展代运营，同时其盈利模式为收取固定年服务费。这类代运营企业对品类中的品牌选择有较高的要求，同时它们会针对所运营的单品进行专业研究开发，并定制使用电商平台上的运营工具。

2. 双向深度协同类

这类代运营企业主要聚焦在单一品类开展代运营，其盈利模式为收取销售提成，由于收取的是销售提成，因此这类代运营企业会努力提升产品的销售收入。这类代运营企业对品类中的品牌选择有较高的要求，同时它们会针对所运营的单品进行专业运营研究，并定制使用电商平台上的运营工具。除此之外，这类代运营企业还会采买行业数据，向厂商提供市场信息，以便协助厂商进行新品研发，协调厂商的大促备货。这类代运营企业与厂商之间的融合度是很高的。

3. 单向广度协同类

这类代运营企业运营多种产品品类，同时其盈利模式为收取固定年服务费。这类代运营企业对电商平台的工具运用较为熟悉，但并不会针对单一品类进行专业运营研究，而是采用标准化的运营策略和普适性的电商平台工具。

4. 双向广度协同类

这类代运营企业运营多种产品品类，同时其盈利模式为收取销售提成。这类代运营企业与厂商的合作较为紧密。这类代运营企业不会针对单一品类进行专业运营研究，而是采用标准化的运营策略和普适性的电商平台工具。

二、线下门店的数字化管理

（一）线下门店数字化管理的环节

线下门店的数字化管理包括了选址、订货、橱窗管理、顾客互动、商圈顾客精准化等各个环节。

1. 选址的数字化

线下门店的选址是零售领域最需要关注的问题之一。零售店选址有较为成熟的指标[11-12]，主要有五个方面：①交通环境，包括车流密度、人流密度、停车场数量、道路宽度等；②人口因素，包括家庭户数、人口文化程度、常住人口数量、人口密度、人口收入状况、人口年龄结构、人均月零售消费支出等；③竞争环境，包括商店数量、商店面积、营业额、消费人口保有量、店铺定位等；④地形特征，包括用地形状、用地的可进入性（是否临街）、用地的视觉可见性（是否临街、有无交叉路口）、用地面积等；⑤区域设施，包括学校、中小企业、政府机关、娱乐场所、大型车站等。这些因素均可以在选址过程中量化并进行数字化管理和评价。一些公司在软件中应用了上述指标体系，从而有效地进行选址的数字化管理，例如云熵数据、慧选址等。

2. 订货的数字化

商品订货取决于商品的销售情况。在数字化环境下，企业可以对所有商品进行标记，卖出的记录可以做到实时更新，特别是可以实时精准地标识出缺货或滞销情况，为采购进货提供了数据依据，并且能够及时地收到反馈信息，提高进货周期的准确率。

3. 橱窗管理数字化

无论线上还是线下卖场，橱窗位置都是有限的和稀缺的，是确保销售绩效的关键资源，因此需要对有限的橱窗位置做更加合理的规划，让那些吸引顾客的优质产品占据最佳位置。为了进行橱窗的数字化管理，需要获取顾客进店的点击数据或者试穿数据，这些数据可以反映出哪些商品更加吸引顾客的注意，下一步就是将这些吸引顾客注意的商品摆放在最醒目的位置。另外，热门商品会随着时间的推移而变化，因此实时进行橱窗数据的监控也十分重要。

4. 顾客互动数字化

数字化管理可以非常方便地建立线下门店与顾客之间的互动。例如，可以通过人脸识别确定进店顾客的类型和重要程度，从而提供相应的服务。顾客也只需要通过扫码就可以成为数字会员，这样就利用数字工具与顾客产生了持续连接。企业还可以通过线下构建社群的方式将共同偏好的顾客组织在一起，及时向顾客传递活动促销信息，对顾客进行持续的经营。

5. 商圈顾客精准化的数字化

创建商超的 App，吸引商圈附近的顾客下载并使用店铺的 App，加上有效的现代化配送体系，就可以使零售门店服务半径扩大。例如，盒马鲜生通过店铺的 App 打造"线下店＋电商"的模式，有效地扩大了经营商圈，覆盖半径也从传统的 500 米扩大到 3 ～ 10 千米。

6. 商圈顾客精准化

传统零售门店只能依靠经验丰富的导购人员对经常光顾的顾客进行精准推荐，但这种推荐方式涉及的顾客数量少，精准度不足且管理较差。利用数字化管理就可以将商品标签化，形成顾客的高关联商品体系。当顾客选择某类商品时，就可以通过数据向顾客推荐高关联商品，提升下单转化率。另外，当线下零售店的 App 被顾客接受之后，门店就可以有效地管理顾客对特定商品的购买周期，精准推荐顾客购买产品。

（二）线下门店数字化管理的特征

利用 AI 和大数据能够全面赋能数字化门店，在店铺选址、店铺管理、客户管理、物流管理等方面均发挥出巨大的辅助力量。在各个环节中数字化赋能的门店主要表现出五个特点。

1. 顾客数字化

随着大数据技术不断创新，数字化门店不仅能够提升门店管理效率，还能够降低成本，提高顾客满意度，调动店员主观能动性。由于对自身维护的客户可以进行溯源，门店能够跟踪客户的持续产出，也可以为店员绩效考核提供依据。更为重要的是，在个性化消费时代，通过对顾客个性化偏好的洞察，商铺能够为顾客提供个性化的服务，加之物联网的蓬勃发展，通过顾客在店内的行为进行信息采集，可以让零售商或品牌商深度了解真实的顾客属性及行为，提供更受欢迎的产品和服务，实现"千人千面"的精准营销[13]。

2. 导购场景化

越来越多的数字化应用，如 AR、VR 等能力展现在顾客面前，这些技术的运用使得线下门店的购物体验得到全面升级[14]，不再受限于空间的传统商超堆头设计，利用数字化模拟出来身临其境的商品使用体验，为顾客在店里营造全新的购物方式，场景融合的导购形式也能够快速激发顾客对商品使用过程的向往。导购场景化也开辟出新的创意空间，如品牌方彰显的品牌理念、科技产品带给顾客对未来的遐想都能够在数字化场景呈现。

3. 消费智能化

数字化门店更加注重消费过程的体验，用智能便利顾客，从商品现场扫码查信息、自助结算到人脸识别支付，都会给客户提供便捷的消费体验，整个过程无人值守。越来越多的智能化终端的出现提升了效率和体验，也为店面节约了大量成本。

4. 服务社群化

在技术的推动下，顾客消费阵地逐渐转型，由传统线下到互联网电商，再到移动电商，现在新型智慧门店再次向线下拓展，但这并不是单纯地从线上到线下的转移，更多是从线上引导到线下，线上线下逐渐融合。

传统店铺与客户的关系比较微弱，能够建立长期联系的客户少之又少，而数字化客户关系管理可以通过一些数字化营销活动拉近与客户的距离，比如就餐时扫码参与店铺抽奖活动、加入社群可以享受会员礼遇等形式，通过这些行为使客户与店铺建立直接沟通的联系。店铺活动提醒、失物招领、服务反馈等都可以在社群中完成，不但可以拉近与客户的距离，增强客户对店铺活动的参与度，而且可以使店铺强势曝光。

5.物 + 云 + 网智联化

这里的"物"指的是物联网，通过信息传感设备进行信息交换和通信，实现智能化识别、定位、跟踪、监控和管理（如图 9-5 所示）。得益于 AI 的发展，将 AI 与物联网结合可以进一步实现万物智联[15]。以无人便利店为例，从顾客进门开始，到扫货再到结账，全程通过人脸识别和移动支付即可完成。再如智能门店将物联网技术置入陈列的商品中，通过顾客的试吃、试用、试穿，能够迅速掌握物品的受欢迎程度，并且将这些洞察数据与供应链打通，实时传输给柔性生产线。

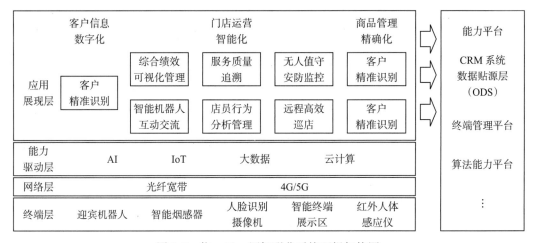

图 9-5   物 + 云 + 网智联化系统逻辑架构图

数字化门店模式主要由五部分组成。①获客。基于 LBS 技术的门店获客方式，通过数字化平台形成无形的电子围栏，对进入围栏的客户进行精准定位优惠信息推送，吸引客户入店选购。②逛店。基于兴趣的情境定向广告，当客户进店后，可根据其过往购物偏好推荐千人千面的定向广告。③选购。智能导购可以展示商品的全面信息，通过电子投屏将产品与使用场景相结合，激发顾客购物欲望。④体验。人脸识别与自助式购物车等数字化结算能力逐步提升，自助式或者边逛边买式的全新结算流程提升客户体验。⑤会员。通过对会员数据的数字化管理，为上述数字化营销过程提供数字依据，并且门店商家也可以通过扫码的方式将客户源源不断地沉淀在会员中心，为客户设计各种活动事件，加强曝光，提升到店率。

小案例

联想来酷门店打造"本地生活"

3C 数码专卖店是销售数码产品的传统门店，在新时代面临着大量挑战。联想来酷门店打破了消费者此前对传统数码专卖店的印象，成为消费者热衷的休闲放松场所。为了迎合年轻消费群体的社交需求，该门店设置了阅读区、裸眼 3D 区、多媒体投影区等区域，通过科技、互动、环绕等技术，让科技爱好者的现场体验感大幅提升。该门店围绕"销售""服务""社交""展示"四大板块，打造了以数字化为核心的 3C 数码智慧门店。

联想来酷门店构建了 OMO（Online-Merge-Offline，线上线下融合）的全时全域智慧零售，完善了由数据、供应链、物流、支付、金融组成的零售生态系统，实现了营销一体化、商品一体化、体验一体化、会员一体化，并与联想、京东、阿里巴巴、腾讯、亚马逊等的技术团队设计研发各项智慧零售数字化解决方案，基于机器学习技术，实现门店的需求预测、库存优化、采购决策、分货补货等功能。

联想来酷门店将店仓、城市中心仓、云仓三仓打通以确保数码产品的即时配送。在"双 11"期间，从下单到拿到商品最快仅需 8 分钟，利用数字供应链提升了新零售服务体验，这使来酷成为让"本地一小时生活圈"落地的数码品牌，更让消费电子产品即时配送成为现实。

联想来酷门店凭借"本地化生活"的定位获得了大发展，在北京、天津等地设立了七大产业中心，在长沙、重庆等 66 个城市建立 350 家智慧零售门店，打造了成都印象城的"来酷星球"，广州合生新天地的"来酷 4D 剧场——自然与星空"，以及北京合生汇的"来酷数码店"等三大概念店。

资料来源：卢岳.打造本地生活场景　智慧零售让 3C 数码门店满足"便捷"刚需 [N]. 消费日报，2022-02-16（B3）.

第五节　销售渠道的数字化管理

销售渠道的数字化管理基础是将经销商和代理商等渠道体系纳入企业自身的数字化管理平台之中，当渠道体系能够实施数字化管理时，就会在渠道运作效率、顾客交叉销售、客户关系管理等方面获得大幅度的提升。销售渠道的数字化管理将打破原有厂商 – 渠道 – 客户之间的关系模式，生成厂商统一的数字化管理新模式，使整个渠道体系的顾客信息、交易信息透明化，渠道自身管理效率提高，渠道客户在与渠道之间的接触点上获得一致性的体验。销售渠道的数字化管理包括目标过程管理、渠道激励管理、价格政策管理、权益保障管理、渠道成员成长管理、数字化赋能管理等方面。

一、目标过程管理

渠道的数字化管理首先需要做的是通过数据监控实现渠道的目标过程管理。由于厂商可以进行全过程的数据采集和实时监控，因此可以进行实时的目标监控和管理。一般而言，企业会在期初向经销商和代理商等销售渠道下达绩效指标，并在过程中不断监控绩效指标的达成情况，在期中和临近期末的时间进行目标达成分析，并通过补短板或者强化优势等方式，协助渠道达成销售目标。为了更好地达成渠道的销售目标，很多企业都会开展劳动竞赛，在竞赛过程中，如果能够实时公布渠道的销售绩效情况，就能够较好地激励渠道成员达成销售目标。

二、渠道激励管理

在数字渠道管理体系中，厂商可以非常方便地实现经销商和代理商渠道的实时激励管理，渠道成员也可以通过数字渠道管理体系实时了解自己的绩效状况。典型的操作是渠道的积分成长体系。渠道可以通过厂商限定的渠道任务获得积分，获得的积分可用于申请返款、样机支持、厂商服务支持、营销费用和 POP 等支持，积分越高获得的收益加成越高，这将有效激励渠道成员积极完成厂商设定的任务。一般而言，厂商除了一些常规活动的积分之外，还会推出一些主推产品或战略导向行为的积分奖励，这类积分奖励有更强的刺激，例如新品上市下单双倍积分、节庆活动抢单积分奖励等。不定期推出这类积分以便提升吸引力，有效激励单品销售。表 9-4 展示了某企业的渠道积分兑换规则。

表 9-4　渠道积分兑换规则

兑换规则	兑换方式
集体积分兑换规则	（1）返款兑换：用于兑换渠道现金奖励 （2）培训兑换：用于兑换提升销售能力的线上课程，或第三方提供的线上课程 （3）样机兑换：用于免费领取厂商提供的新品样机 （4）服务兑换：用于兑换厂商提供的服务产品，如为客户提供的上门巡检、服务
个人积分兑换规则	（1）实物兑换：用于兑换印制企业标识的礼品 （2）旅游兑换：用于兑换自己或家人的机票、旅游产品、门票等

除了积分激励之外，厂商还可以利用数字渠道管理体系进行商机分配，从而激励渠道成员。厂商的数字化平台往往积累了大量的客户信息，厂商不仅能够帮助渠道销售人员管理客户关系，并且可以实时地向销售人员发出客户商机，比如利用技术手段评估顾客的采购周期，通过顾客偏好计算出潜在商机等。渠道成员可以在完成一定任务的条件下通过厂商数字化平台获取新客户资源。厂商在进行商机分配时一般会制定一些原则，包括：①新客户商机响应要求，新客户商机分配后，渠道成员需尽快与客户取得联系，保障时效性；②客户资源的流转机制，对于被分配的客户资源，如果渠道成员没有正常跟进业务流程，也可将客户资源流转到其他渠道，确保客户体验。

三、价格政策管理

价格政策的平稳对渠道成员业务的开展至关重要，渠道伙伴不希望价格频繁波动，但又希望自身能够在厂商那里拿到一定的低价用于攻坚客户。在数字化渠道管理体系下，价格政策管理的可操作性大幅度提升，此时价格变化受到厂商的控制和监督，折扣价格的申请也须遵循统一的规则公平申请，有利于制定总额折扣、累积折扣、功能折扣的规则以及市场秩序的管理形式。

数字化环境下的价格政策管理可以包括以下方面的内容。①总额折扣。给大批量购买商品的渠道成员提供额外的财务刺激，不管是一次性订单（非累积）还是长期购买（累积）。总额折扣适用于需要密集分销渠道和立即交付的产品。②累积折扣。希望与渠道成员建立长期稳定的业务关系，平衡市场中剧烈波动的价格，在某段时间内不涨价。③功能折扣。给予提供特定服务的渠道成员一定费用，帮助渠道成员针对数字化转型进行一系列推广宣传活动，将其覆盖的客户引导至线上交易。④市场秩序。通过建立完善的线上产品数字化网络，可以将产品出厂的区域、行业属性、销售客户信息存储在产品中。

四、权益保障管理

厂商可以利用数字化渠道管理体系，保障渠道成员的权益，使渠道运营和管理更加公开透明，增强渠道成员的信心，也使渠道成员更加愿意将自己的客户资源放在数字化渠道管理体系中。渠道权益保障体系主要包括以下几个方面。①客户锁定。以渠道报备的客户信息建立客户与渠道的锁定关系，一旦成功锁定，渠道可以管理旗下客户，并为客户申报商机、申请资源，绑定关系时以第一次渠道绑定信息为准，以抢注形式先注先得。②商机锁定。渠道伙伴报备的商机由渠道伙伴进行下单操作，交易中不允许更换渠道商。③订单锁定。若已被渠道绑定的客户在厂商提供的线上平台上提交订单，则优先为绑定渠道接单，并为客户提供产品咨询、销售和服务。

权益保障犹如一颗定心丸，对于顺利实施数字化渠道管理体系至关重要，只有让渠道放下戒心全身心投入到数字化渠道管理体系中，才能够借助数字化手段提高交易效率，更好地实现企业目标。

五、渠道成员成长管理

在数字渠道管理平台上，厂商可以有效地进行渠道成员的成长管理，这将有利于建立公平公正的渠道管理环境，使每一位渠道成员通过自身的努力获得渠道级别，享受等级特权。渠道成员获得了等级特权之后，就可以拥有不同的特权资源，如商机优先挑选权、样品优先申请权等权益。线上的渠道行为将以数据的形式进行统计，利用自动化营销工具可以很方便地统计到渠道数据，总部渠道管理可以对共有问题进行针对分析。同时，数字化渠道管理体系还可以实时监控渠道成员是否违规，是否达到了当期的绩效值，数字管理系统会根据成员的表现对等级特权和级别进行自动惩罚或奖励。

六、数字化赋能管理

利用数字化管理平台，厂商可以对渠道成员赋能。例如，厂商可以监控渠道成员的销售人员行为，并对每一位销售人员进行评价，将结果实时反馈给经销商和代理商等渠道成员。厂商也借助一些移动LBS位置信息打卡手段来监督渠道伙伴的销售人员是否真正拜访了客户，带来的商机是否真实有效。厂商可以设定渠道的集体积分和销售人员个人积分，从而辅助渠道成员进行精细化管理。厂商还可以通过共享仓库协调供应和调货等方式为渠道成员数字化赋能，有效节省渠道成员的仓库租用成本，提升货品的流转速度，实现合理配置。

数字化赋能还体现在招募、拓客、蓄客、销售等行为的流程化和标准化，销售人员可以借助数字化手段获得优秀的销售经验和销售流程，经销商和代理商可以在流程中设置多个检验点，使销售达成一致的规范动作，让客户产生对品牌的一致性体验。在协助渠道的销售人员成长的过程中，厂商可以通过数字化平台提供技术支持与培训，渠道有任何问题都可以获得厂商专业团队的技术支持。销售人员可以在系统中获得厂商的各类技术培训资源，通过学习考试获得厂商要求的资质。

　　智能推荐也是厂商为渠道数字化赋能的主要方面。智能推荐可以实现自助选品和快速报价。传统销售未借助信息化手段，只能通过一些广告、彩页、渠道销售人员上门演示样品的方式将产品介绍给客户。客户也必须对产品的配置和技术参数有一定了解。而数字化平台可以向客户提供自助选品功能，客户可以不用与销售人员接触就能了解产品特性，并且利用大数据 +AI 技术获得智能选品推荐[16]，只需选取应用场景和外观要求就能由系统匹配出适合的产品推荐给客户，极大地减少了销售沟通时间，提升了效率。之后客户可以将筛选后的产品信息发送到采购决策人的信箱，也保障采购信息在客户采购审批流程中传递无误。

本章小结

1. 数字环境下的销售渠道相比传统环境下更加丰富，数字环境下的销售渠道可以分为与人相关的渠道、与销售场所相关的渠道以及经销渠道等三类。数字环境下的渠道与销售管理可以从"人、货、场"三个要素进行解析。

2. 销售人员的数字化管理指在销售过程中对销售人员的位置、路线、访问对象、线索和商机进行的数字化管理，它作为销售管理中商机把握、产品销售、绩效评价的主要管理手段。

3. 销售人员的数字化管理体现在销售环节的 6 个重要节点，分别是销售目标的数字化管理、销售行为的数字化管理、销售线索的数字化管理、销售报价的数字化管理、销售订单的数字化管理和销售绩效的数字化管理。

4. 商品的数字化管理可以分类进行，一般企业会将商品划分为爆款商品、量销商品、潜能商品和锚定商品等四种类型分别进行管理。商品数字化是指解析实体产品的特征，并通过文字、图片、声音、视频等数字化的方式展现该商品。

5. 商品的物联网化是零售业的新趋势，在零售商超中物联网主要应用于商品监控、智能购物车、轨迹跟踪、无人零售等方面。

6. 在线店铺数字化管理的基本思路是漏斗管理，可以从有效进店率、购买意向率、加购转化率、支付转化率、复购率等监控点进行数字化管理。线下门店的数字化管理需要从选址、订货、橱窗管理、顾客互动、商圈顾客精准化等环节展开。

7. 厂商可以通过销售渠道的数字化管理进行渠道成员的目标过程管理、渠道激励管理、价格政策管理、渠道成员成长管理、权益保障管理、数字化赋能管理等。

重要术语（中英文对照）

数字渠道管理 Digital Channel Management　　　　"人、货、场"管理"Personnel，Commodity,
全渠道 Omni-channel　　　　　　　　　　　　　Place"Management

销售人员的数字化管理 Digital Management of Sales Staff

销售线索的数字化管理 Digital Management of Sale Clues

数字化销售系统 Digital Sales System

商品数字化 Commodity Digitization

爆款 Hot Item

商品销售数字化 Digitalization of Commodity Sales

电商平台 E-commerce Platform

在线店铺 Online Store

电商代运营企业 Third Partner of E-commerce

线下门店数字化 Digitalization of Offline Stores

销售渠道的数字化管理 Digital Management of Sales Channel

思考与讨论

1. 全渠道销售体系包括哪些渠道？渠道体系的要素包括哪些？

2. 销售人员数字化管理应当从哪些方面进行？

3. 商品数字化管理应当从哪些方面进行？

4. 在线店铺和线下店铺的数字化运营包括哪些要点？

5. 渠道数字化管理包括哪些要点？

案例实战分析

盒马鲜生的数字化门店经营

一、案例背景

盒马鲜生是阿里巴巴集团旗下的新零售业态代表，主打生鲜新零售，集餐饮店、菜市场、商超为一体，顾客可以到店购买，也可以线上下单，最快 30 分钟配送。作为"日日鲜蔬菜""平价海鲜""现买现做"的代表品牌，盒马鲜生张着大嘴的河马标志强势走进大众视野，甚至在早期被当作上海"新零售一日游"的旅游新景点，引发现象级消费。

盒马鲜生成立于 2015 年，正式营业始于 2016 年，盒马鲜生创始时仅有 7 人团队，截至 2023 年 3 月，盒马鲜生已经在 27 个城市开了 337 家门店。到底是什么让盒马鲜生用最短的时间，在线上线下零售的激烈竞争中取得了如此亮眼的成就？

数字化的出现，已经颠覆传统门店的经营模式，从以上案例可以看出，数字化的应用已经贯穿店铺选址、商品选择、顾客定位、快速配送、商圈拓展、精准营销等多个方面。

二、数据引领独特优势

盒马是阿里巴巴的全资子公司，得到大量投资支持，甚至最初盒马运转的线上线下一体化系统也是由阿里巴巴研发团队和创始人侯毅共同进行研发的。盒马依托阿里巴巴的数据资源和数据分析能力优势，采取了数据驱动的运营管理模式，虽然进入的是传统生鲜领域，但并不把自己当作干"脏活累活"的线下零售同行，而是借助数据的力量，最大化运营效率，应对生鲜零售的两个主要挑战。

盒马的品牌形象以"高质量商品"和"30分钟快速免费配送"为主打特色。2015年初，盒马的"初心"被归纳为四条原则：线上收入大于线下收入；线上每天的订单要大于5 000单；3千米半径内，实现30分钟送货；线上线下一盘棋，满足不同场景消费需求。在这几条原则指导下的盒马，似乎在阿里系的支持下没有对销售额和利润的要求，但是兼顾了流量、转化、复购、客单几个重要环节，对盒马而言，除了解决生鲜领域的传统问题，高效引流、布置营销网络、扩大门店覆盖范围更成为盒马的主要发展重心。

三、阿里系资源支持数字化店铺运营

盒马在阿里系的支持下，抛弃了过去从批发商进货的模式，直接利用天猫、淘宝这样的阿里系采购资源，有效减少层层批发物流下的损耗，也减少了多重周转的物流成本和时间成本，同时采用天猫超市等阿里的冷链运输系统，最小化建设新冷链物流的成本，解决生鲜领域供应链成本巨大的难题。盒马鲜生在创业之初就与商品产业链顶端的供应商、生产商建立了直接采购关系。

1. 店面选址数据化

除了供应链资源，阿里系能够提供给盒马的还有一项重要的信息：客源分布。支付宝平台的广泛普及和应用，使得盒马能够根据支付宝的支付数据判断出客户在何处，进而最优化店面选址。

盒马的运营模式是线下加线上30分钟3千米内快捷配送，因此这3千米的范围是每家盒马门店最注重的客源，根据周边支付宝的活跃顾客数量和顾客购买力，结合盒马的目标客户定位，盒马能够轻松地筛选出人群密度高、购买力强、对新事物接受力强、需求旺盛的客户群体，从而保障店面的流量和销售额。数据助力的精准选址是新零售给盒马带来的无比优越的环境基础。

2. 线上线下引流多元化

阿里系的天猫、淘宝等平台拥有强大的顾客流量支持，也自然而然地成为"自家人"盒马鲜生的广告宣发之处，在阿里巴巴、淘宝、天猫官方微博共同推广下，短时间内盒马就获得了极高的市场知名度，再结合生猛海鲜等主打商品引发的顾客自宣传，实现了流量的最快聚集。

除了线上引流方式外，进入盒马鲜生线下店进行购物，最为特别的体验可能就是支付时会被告知使用盒马App结算能够获得更多优惠，因此基本每一位走出盒马的顾客都带走了盒马App，这是盒马的主要思路，即线下向线上引流。线上线下运营各有利弊，最好结合，其一，线上销售通常在下午五六点以后很难有顾客下单，此时若有商品囤积，则会导致损耗增加，但对于实体店来说，晚市的高峰期反而在晚上八九点钟，这种线上线下交错配合、互为补充既增加了销售量，也可以规避商品囤积带来的损耗。其二，线上下单比

例的增加，也能够一定程度上减少门店的运维成本，并且线上购买记录数据能为门店的及时调整提供依据。

盒马的第一家店，线上订单和线下订单的比例达到7：3，销量是传统超市的3～5倍。对盒马来说，真正庞大的市场在线上，盒马App目前的线上转化率是35%，也就意味着100个浏览App的人中有35个人最终会选择下单，是传统电商的10～15倍。盒马的逻辑是，当线上电商流量遇到天花板时，线下流量获客成本反而比线上低，新零售的线下店给顾客展示商品，顾客在这里认可了商品品质后同时认可了品牌，以后线上下单即可，线下流量也就能源源不断地转化为线上流量，盈利也将维持在一个较高水平。

3. 库存管理智能化

盒马的门店采用"店库合一"的模式，但"店库合一"的弊端是空间有限，需要统筹调配，每种产品存多少才能在满足销售需要的同时使损耗最小？盒马依然借数据之力给出解决方案。

门店是整个盒马配送成本和效率中最为重要的轴心点，盒马门店的商品货位和库存实时回传，借助数据分析进行智能调度。盒马在全品类的范围内对商品做精选，缩小商品数量，每家门店都会根据自己的历史数据和阿里的大数据进行智能的订货和库存分配，达到库存周转、销售和客户需求满足的最大化，同时减小损耗；对于店面里的架上商品剩余进行实时监控，在时段较晚时，对库存较多的短保质期产品及时进行促销，增加销量，减少库存固积。

4. 物流配送科技化

盒马鲜生的顾客人群主要集中在家庭顾客、白领顾客和休闲顾客三种群体，其中白领顾客和家庭顾客一般难以抽出时间外出就餐、选购，因此盒马鲜生注重自身的物流配送服务开发，承诺最快30分钟内送达。

盒马作为一个从零启动的新零售企业，高科技是它的标配，广泛应用智能物流、电子价签、物联网技术，线上外送功能由一套外送物流体系支持。针对盒马30分钟3千米线上订单辐射的战略要求，盒马创造性地建设了自动化分拣体系。与纯电商仓库不同，盒马需要在店面中完成部分分拣，因此它架设了空中悬挂搬运系统，在盒马鲜生的每个区域，都有店员拿着RF枪拣货，按订单要求拣好货后放入悬挂链，之后货品进入后台转仓打包，进入物流中心，再次核单打包，整个过程在数字化管理的支持下控制在3分钟之内，剩余时间都留给配送员。而去程回程路线、生鲜保存时间等因素都被系统的高密度运算纳入考虑，系统能够给出最优的订单搭配和路线设计，配送员的一趟运送中包含了路径时间相互嵌套的许多订单。

盒马鲜生利用数字化能力重新构建了生鲜零售模式，在店铺选址、冷链物流、库存管理、获客开拓、快速配送等多个方面充分运用了数字化能力。数字化能力的提升主要对以下几个方面产生深远的影响。①店址选择。店铺的位置选择需要根据店铺所售商品对共同属性人群的吸引来选择，通过第三方大数据的支持，可以根据不同属性人群标签分布来选择店址。②店铺管理。数字化门店将数字化能力应用在店铺运营管理的方方面面，这是基于数据驱动的管理，通过数据记录经营的各个环节，表征经营状态，管理模式更加全面灵活。③客户管理。线上线下融合互动，使得新零售模式通过顾客行为数据、支付数据等，对顾客资产进行精准管理，借助顾客画像等手段，分析购物习惯，进行精准营销和商品调控，效率更高，精准度也更高。④物流管理。通过数字化能力在物流各个环节上的应用，全链路数字化，从牲畜喂养饲料、育肥时间、屠宰分装、冷链物流到商品货架期，每个环节都有数据记录。通过养殖业的数字化建设，全程数字化管理，与当地生产商建立直接采购关系，减少批发物流成本和周转时间，且能够通过销售数据对订货量等进行灵活调整，降低损耗。

资料来源：

张婧，张源. 数字经济下生鲜电商物流发展及对策研究：以盒马鲜生为例 [J]. 中国物流与采购，2023，671（10）：41-42.

丁思懿，马苗苗，崔淼. 新零售模式下商品购物渠道的现状及发展前景研究：以盒马鲜生为例 [J]. 中国市场，2023，1140（5）：123-125.

刘炫."互联网+"背景下生鲜电商商业模式对比分析：以盒马鲜生与每日优鲜为例 [J]. 商业经济研究，2023，860（1）：160-163.

邢昊. 生鲜电商 O2O 模式网络营销研究：以"盒马鲜生"为例 [D]. 北京：首都经济贸易大学，2018.

案例问题

盒马鲜生是如何通过数据驱动实现零售业的成功的？

参考文献

[1] CASALO L, FLAVIAN C, IBANEZ-SANCHEZ S. Influencers on Instagram: antecedents and consequences of opinion leadership[J]. Journal of Business Research, 2020, 117: 510-519.

[2] ZHANG Y, LIU Y, TAO W X. The influence of tourists' online value co-creation behavior on consumer-brand relationship quality: the moderating effect of altruism[J]. Frontiers in Psychology, 2022, 13: 950546.

[3] 余建枚. 华润江中销售数字化优化转型研究 [D]. 南昌：江西财经大学，2020.

[4] 孙昌爱，张在兴，张鑫. 基于可变性模型的可复用与可定制 SaaS 软件开发方法 [J]. 软件学报，2018，29（11）：3435-3454.

[5] 郑斌斌，依绍华. 数字化情境下零售时空价值再造机制：从"商品流"到"信息流"的逻辑演变 [J]. 价格理论与实践，2020（2）：8-12.

[6] 任之光. 营销科学学科回顾、展望与未来方向 [J]. 营销科学学报，2021，1（1）：31-42.

[7] 濮永仙. 基于物联网的生鲜瓜果电商与超市融合 [J]. 江苏农业科学，2017，45（16）：

299-304.

[8]　施润 . 创客记：天使获投千万，他的购物车会导航、能结算，秒杀亚马逊和蚂蚁金服
[EB/OL]. (2017-11-01)[2022-07-18]. https://www.163.com/dy/article/D26D02LG05119LOG.
html.

[9]　黄赞，王新新 . 商品陈列方式、先验品牌知识与品牌选择决策：弱势品牌的视角 [J].
心理学报，2015，47（5）：663-678.

[10]　KUKAR-KINNEY M, CLOSE A G. The determinants of consumers' online shopping cart
abandonment[J]. Journal of the Academy of Marketing Science, 2009, 38(2): 240-250.

[11]　李岫军，徐效波 . 基于 GIS 的超市选址研究与实现 [J]. 城市勘测，2011（2）：43-45.

[12]　秦秋香 . 浅谈连锁超市选址的商圈分析方法 [J]. 商场现代化，2008（33）：124-125.

[13]　GUHA A, GREWAL D, KOPALLE P K, et al. How artificial intelligence will affect the
future of retailing[J]. Journal of Retailing, 2021, 97(1): 28-41.

[14]　YOO K, WELDEN R, HEWETT K, et al. The merchants of meta: a research agenda to
understand the future of retailing in the metaverse[J]. Journal of Retailing, 2023, 99(2): 173-
192.

[15]　SHANKAR V, KALYANAM K, SETIA P, et al. How technology is changing retail[J].
Journal of Retailing, 2021, 97(1): 13-27.

[16]　黄劲松，秦碧璇，吴铭泉 . 产品属性对人工智能产品推荐的影响：基于同理心的视角
[J]. 管理科学，2022，35（2）：121-133.

第十章
数字化客户关系管理

学习目标

（1）了解数字化客户关系管理如何有效实现客户管理的三个核心目的；

（2）了解完整的数字化客户关系管理理论并形成具体的实施框架；

（3）了解如何以数据驱动业务发展，并能对数字化客户关系管理的策略与方法落地有深入了解。

导引案例

物美多点的数字化客户关系管理

物美集团在 2015 年创立了一家数字零售解决方案服务商"多点"，多点发展初期只服务于物美，被外界认为是物美的电商部。随后，多点的 DMALL 业务逐渐拓展至其他零售商。截至 2021 年 6 月，多点 DMALL 已与 120 多家连锁商超和便利店形成合作，服务覆盖 4 个国家和地区的 15 000 家门店。

多点的 C 端客户运营主要依托多点 App，无论是顾客"去门店"线下消费还是"送到家"O2O 模式，都能实现"人货场"的时时精准匹配。多点 App 在会员关系管理的数字化方面效果非常显著，做到了体量大、活跃度高。目前，物美华北区整体的全渠道会员数量已经突破了 2 475 万人，北京物美会员 App 使用率平均达到 70% 以上，这使物美通过多点 App 掌握了会员的购买行为数据、地理位置数据，通过数据分析就能清晰地勾勒出会员画像和预测未来的购买行为。物美还根据数据对会员覆盖率较低的小区开展线下拉新，提高了新会员招募的效率；对于购买频次高、能力较强的优质会员，物美多点也通过"特许商品"预购进行回馈。

物美曾推出针对满足特定消费金额的会员参与抢购原价 1 499 元茅台的活动，通过多点 App 的会员关系系统，实现商品的流向分析。多点不仅能看到谁对茅台感兴趣并参加了预购，还可以分析对茅台感兴趣的会员在物美的购买行为，包括买了哪些商品，在哪个门店买的，是不是有到家服务订单，送到哪个小区，等等。数字化管理不仅使会员认为有质量保证且价格合理，而且品牌方也实现了流向可追踪、价格可控，从而提升了品牌方和会员的满意度与忠诚度。

物美还打通了线下店铺和多点 App 的会员体系，实现线上线下会员一体化。物美通过会员购买行为数据分析，不仅能做到多点 App 的"千人千面"，还能通过热门商品维持会员的满意度与忠诚度，从以往的"事后分析"变为"有效预测"到"高效转化"。

资料来源：

郑晨阳. 从服贸会看：传统零售业转型思考：以"物美+多点"为例 [J]. 环球市场，2020（21）：184-185.

肖超. 多点 DMALL 定位全渠道加国际化 [J]. 中国食品工业，2021（9）：117-119.

第一节 数字化客户关系管理概述

一、客户关系管理的基本概念

客户关系管理是企业针对已有顾客的管理，它通过识别和分类管理顾客，提升可盈利顾客的满意度和忠诚度，从而使可盈利顾客更多地购买和进行口碑传播。客户关系管理的实施要点包括顾客识别管理、顾客分类管理、顾客满意管理、顾客忠诚管理、顾客深度营销等内容。客户关系管理的思维与传统的营销管理之间存在区别，体现在从传统营销管理的"一锤子买卖"转向"开发顾客终身价值"，从针对市场经营转向针对顾客经营，从聚焦产品转向聚焦顾客[1]。

客户关系管理经历了多个发展阶段。在客户关系管理的起步阶段，一些企业用纸和笔记录客户信息和销售情况。20 世纪 50 年代，企业开始系统化收集整理顾客与公司联系的相关信息，并称之为"接触管理"（Contact Management）。这时出现了用于客户关系管理的产品 Rolodex，它是用于装名片、地址卡和电话卡的台式可旋转架，用来跟踪顾客和业务联系人，能快速找到相关的重要信息，支持销售人员尽快达成销售。到了 20 世纪 80 年代，客户关系管理开始逐渐采用计算机软件，实现了对顾客信息的高效记录和分析。客户数据库营销（Database Marketing）应运而生。1987 年，ACT 推出了合同管理的应用软件，它被看成数字化客户关系管理早期的版本。20 世纪 90 年代，客户关系管理系统开启了 SaaS（软件即服务）时代。到 2000 年之后，客户关系管理已经逐渐向网络和移动端迁移，形成了万物互联的客户关系管理思维和系统，社会化客户关系管理（Social Customer Relationship Management, SCRM）成为企业管理客户关系的重要手段。今天，云服务和 SaaS 成为客户关系管理的标配，它不仅包含传统客户关系管理的信息存储和数据库功能，还承担了与顾客互动、数据分析、客户关怀、忠诚度管理等功能。客户关系管理已借助信息技术实现了数字化、实时化、互动化的管理。随着人工智能技术的引入，客户关系管理系统不仅能够做到 24 小时响应，还能配合人工客服，对顾客进行个性化的交互管理。自动化客户管理系统的大规模应用已经可以期待[2]。

二、数字化对客户关系管理的影响

数字化改变了客户关系管理各个环节的运营模式，也为客户关系管理的效率提升和自动化运营奠定了基础。以下讨论数字化对客户关系管理产生的影响。

（一）数字化使顾客识别和顾客分类更加便利

在数字化条件下，由于可以全面记录顾客的特征信息和行为信息，顾客标签和画像变得更加容易，从而使顾客识别和分类也就变得更加便利、快捷和完善。另外，数字化可以实时动态地监控顾客的行为变化，这使得客户识别和分类呈现出动态性和实时化的特征。

（二）数字化使顾客管理的效率有效提升

在数字化条件下可以进行顾客的信息追踪，实时动态监控顾客需求的变化，使顾客管理更加及时和快速。数字化有助于实现实时决策和实时顾客管理，实现"即时的数据＝即时的认知＝即时的决策"，从而在第一时间对顾客的行为进行管理和干预。同时，数字化工具还能够对海量顾客进行批量处理和自动化管理，有利于顾客的精准管理，并有效提升顾客管理的效率。

（三）数字化实现了客户关系的全过程监控

在数字化环境下，客户关系管理从事后管理转为事前洞察，对顾客触点及旅程进行全程的数字化记录和分析，帮助企业清晰勾勒出顾客行为的各个环节和关键点，识别关键节点和销售机会，快速发现产品和服务存在的问题，对顾客行为进行实时分析和可视化展示，实现客户关系的全过程数字化管理。

（四）数字化便于强化顾客满意和顾客忠诚管理

在数字化环境下，企业可以采取更多的方式与顾客进行互动，有利于深度洞察顾客的需求，提升对顾客的服务水平，增强对顾客的关怀程度，精准获取顾客反馈，发现经营中存在的问题，提升顾客的满意度。在数字化环境下，企业还可以通过数据分析的方式洞察顾客的流失和赢回的状况，评价顾客忠诚计划的效果，有利于提升顾客忠诚度。

小案例　　　　　　　　**飞鹤依靠数字化客户关系管理获得发展**

飞鹤是一家国产奶粉品牌，主要产品是婴幼儿配方奶粉，所处的市场竞争十分激烈。飞鹤累积了很多会员客户和零售终端数据，但这些数据分散而不完整。于是，飞鹤开始建立数据赋能营销平台，向数字化客户关系管理转变。

在阿里云的支持下，飞鹤通过 C 端触点数字化和智能化，形成了多维度的数字化客户关系管理系统。以前，飞鹤线上与线下的客户会员积分信息无法合并，建立数字化客户关系管理系统之后实现了线上和线下一体化的会员管理。顾客无论在什么渠道购买产品，积分都会计入同一会员账户。飞鹤还会通过智能算法和行为预测向顾客推荐更符合顾客需求的优惠方案。飞鹤的"智慧导购"使销售人员不再依靠经验与客户进行沟通，而是通过顾客标签识别顾客。例如，系统可以根据顾客生日、宝宝的月龄、顾客的上次购买量、顾客的购买间隔期、购买的产品系列等信息帮助销售人员管理和运营顾客。婴幼儿配方奶粉的顾客生命周期是三年，三年后顾客不再购买婴幼儿配方奶粉，这时管理系统能够有效地把顾客引导到下一个产品系列中，从而延续顾客生命价值。数字化客户关系管理改善了飞鹤的顾客运营，有效提升了企业的经营效率。

资料来源：根据 2019 年杭州云栖大会公开资料整理。

三、数字化客户关系管理的基本框架

数字化客户关系管理是企业通过全面建立顾客数字档案，实时动态地掌握顾客的需求变化，在顾客分类的基础上，提升顾客满意度和顾客忠诚度，进而增加顾客购买和口碑传播的管理过程。数字化客户关系管理的核心是通过数据驱动顾客管理，它从过去细分市场、产品定位的管理模式转变为分类顾客、定制服务的模式。从企业内部角度来看，数字化能将各个孤立的系统和信息连接起来，形成企业内部业务活动的完整链条和数据流，让企业内部配合更加紧密，精准高效地提供产品和服务，提升企业资源的投入产出比。从企业外部的顾客体验来看，数字化客户关系管理通过数据连接和数据驱动，洞察顾客的需求，提升顾客满意度和顾客忠诚度，快速建立竞争壁垒，实现顾客价值的提升[3]。

图 10-1 描述了数字化客户关系管理的基本框架。首先，数字化客户关系管理包含了客户关系管理的基本环节，包括顾客识别、顾客分类、顾客满意、顾客忠诚和深度营销等循环往复的环节。其次，数字化管理系统对客户关系管理的每一个环节进行管理，例如，通过价值分析和顾客画像进行顾客识别，实现客户关系的数字化管理。

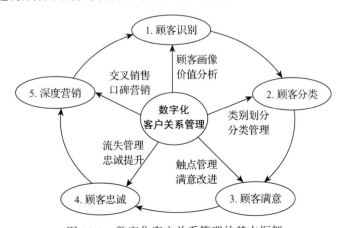

图 10-1　数字化客户关系管理的基本框架

第二节 顾客识别和分类管理

一、数字化环境下的顾客识别

顾客识别是数字化客户关系管理的基础，也是进行顾客分类、顾客满意、顾客忠诚和深度营销的前提。数字化环境下的顾客识别针对已经与企业发生过业务关系的客户，通过顾客画像标注顾客的特征和行为，分析顾客的价值，从而为后期的客户关系管理奠定基础。

顾客识别首先要进行顾客画像。企业采集顾客的数据后，在个性化数据的基础上构建顾客标签，并根据需求完成画像。在数字化环境下，客户关系管理具有数字化和精准化的特点，这使顾客画像在客户关系管理的过程中变得非常重要。过去的顾客识别一般以顾客的销售金额作为标准，因为只有销售额数据是相对完整和准确的，其他数据往往是缺失的。但是，仅以销售金额识别顾客缺乏科学性和客观性。银行业是使用销售金额识别顾客较为广泛的行业，小金额的服务在自助机上完成，理财金额大的客户有专有窗口，当金额达到一定数量级，就有专门理财经理在线一对一服务，如果金额更大，就有私人银行等提供服务。但是，随着顾客数据的极大丰富，企业不再满足用单一指标进行顾客识别，而是采用丰富的顾客标签和顾客画像的方式识别顾客。顾客标签和顾客画像的实施过程可参见第五章。

顾客识别的另一个重要工作是进行顾客的价值分析。顾客终身价值（Customer Lifetime Value，CLV）往往被用于评价顾客价值，它指顾客在与公司接触的一生中，产生的当前利润和未来利润的现值[4]。简化后的顾客终身价值计算公式如下：

$$\text{CLV} = m\left(\frac{r}{1+i-r}\right)$$

式中，m 为每段时间（如每年）内产生的边际利润或利润，可以简化为当期的收入减去成本；r 为保留率，即顾客留存下来的比率；i 为贴现率；$\dfrac{r}{1+i-r}$ 被称为边际乘数。

由顾客终身价值的计算公式可知，在评价每位顾客的价值时至少应当包括保留率、每期收入和每期成本等指标，仅仅考虑顾客带来的销售收入并不能够完整地评价顾客价值。在利用顾客终身价值评价顾客价值时，需要注意的是保留率对顾客终身价值的影响是非常大的，也就是说使顾客重复购买对顾客价值的影响是巨大的。边际利润对顾客终身价值的影响也非常大，提升顾客在每一期购买的边际利润也会提升顾客终身价值。不过，需要注意的是，当企业大幅度减少为顾客服务的成本，以使边际利润达到最大时，顾客的保留率将会趋近于零，也就是说当企业试图通过减少服务成本来最大化自己的利润时，保留率将会下降；相反，如果企业大幅度提升为顾客服务的成本，保留率就会较高，但边际利润将会变小，这样也会导致顾客终身价值变小。因此，企业需要在边际利润和保留率之间做出权衡，找到使顾客终身价值最大的边际利润和保留率。边际利润较高且保留率较高的顾客是企业的优质顾客，应当加以重点管理和服务。顾客终身价值的另一个计算方法是从订单价值的视角进行顾客终身价值的分解（如图 10-2 所示），此时企业可以将顾客终身价值分解为商品价格、每订单商品数量、顾客订单量、订单边际利润等指标，从而量化识别顾客终身价值，并通过这些指标进行顾客的长期管理。

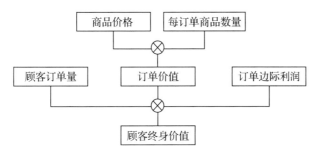

图 10-2 麦肯锡的顾客终身价值分解

资料来源：ACKERMANN M, DöRNER K, FRICK F, et al. Customer lifetime value:the customer compass [EB/OL]. [2022-09-17]. https://www.mckinsey.com/capabilities/mckinsey-digital/our-insights/customer-lifetime-value-the-customer-compass.

所有顾客的顾客终身价值加总就得到顾客资产（Customer Equity, CE），因此计算顾客资产时，需要考虑每位顾客的顾客终身价值，同时需要考虑顾客的总数量。在实际操作中，往往针对某一细分群体展开顾客价值分析，这时可以看成分析不同细分群体的顾客资产，就可以拆解为不同的指标来判断顾客价值分析的要素（如图 10-3 所示）。

图 10-3 描述了评价细分群体顾客价值的关键要素，它表明一个细分群体的顾客价值取决于三个方面，分别是保留率、边际利润和复购顾客数。在保留率方面，需要关注活跃顾客复购率、休眠顾客激活率和流失顾客赢回率，这些指标的提升能够提升保留率，但哪个指标的影响较大取决于相应顾客群体数量。在边际利润方面，需要考虑的是收入与成本，其中收入是客单价与复购客户数的乘积，成本是固定成本加上复购客户数与每客成本的乘积所得到的产品成本，其中固定成本需要企业将管理成本等摊销在细分群体的顾客上。边际利润较难计算的原因是每一年的收入和成本可能并不是确定的，很难清晰计算。另外，固定成本摊销到每一位顾客也是非常困难的，如果平均摊销，必然会低估对大客户投入的成本，可能会导致销量越多利润越高的错误判断。

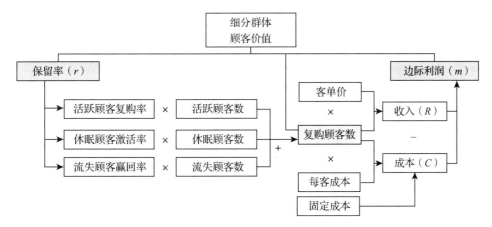

图 10-3 细分群体的顾客价值拆解分析

近年来，顾客价值受到了企业的高度关注，很多企业像对待资产一样对顾客价值进行严格监控和管理。尽管顾客价值很难出现在财务报表上，但一些第三方评估公司提供的顾客价值评估指标可以作为参考指标。例如，凯度消费者指数发布了《2021 亚洲品牌足迹报告》，中国乳业品牌伊利凭借 92.2% 的品牌渗透率、近 13 亿的消费者触及数，连续 6 年成为中国消费者选择最多的品牌 [5]，这些数据也出现在伊利的年报中，投资者很容易估算公司的顾客资产价值。伊利还建立了母婴俱乐部，在孕妇加入母婴俱乐部第一天，她们的 App 浏览信息、热线互动等都会被记录下来，结合宝宝出生后每个月龄的婴幼儿奶粉购买数据，很容易评估顾客相关的财务价值指标，预测未来的购买行为，将品牌忠诚转化为财务价值。

总体看，有效的顾客识别需要进行顾客画像和价值分析。在数字环境下，由于可以采集大量顾客的信息，顾客画像和价值分析变得更具有可实施性，企业也就能够更加精准地识别顾客的特征和价值，这为数字化客户关系管理奠定了基础。

二、顾客分类管理

在顾客识别之后，企业就可以对顾客进行分类管理，操作步骤包括顾客类别划分和顾客类别管理。分类管理的目的是划分顾客的类别，从而将企业的有限资源分级投放在不同的顾客类别上，实现资源的高效利用，并提升对重要顾客的服务质量。

常见的顾客类别划分方法包括先验分类和后验分类两种方法（如表 10-1 所示）。先验分类法指企业根据以往的经验或某种理论所采用的分类方法，它是一种事前认定的分类方式。例如，企业认为顾客达到某一水平的消费金额，就可以被认定为高价值顾客，其中消费金额的标准就是一种先验标准。先验分类法主要包括逻辑回归、决策树等分类方法，也包括经验指标划分类别的 ABC 分类、RFM 分类、金字塔分类等方法。在大数据情境下，先验分类方法被认为是有监督的学习方法。后验分类法指企业根据已经发生的事实或数据，通过数据洞察的事后验证方式进行的顾客分类，典型的后验分类方法是聚类分析和潜分类（Latent Class）的各类方法。企业也可以通过聚类分析展开多指标的 ABC 分类、RFM 分类等分类分析。在大数据情境下，后验分类方法被认为是无监督的学习方法。以下对表 10-1 所示的 ABC 分类法、RFM 分类法、金字塔分类法等几个常用的分类方法进行分析。

表 10-1　顾客分类管理方法

分类方法	先验分类	后验分类
ABC 分类法	消费金额等单变量经验分类、多变量权重分类	多变量聚类分析、潜分类模型分析
RFM 分类法	RFM 三变量中值分类	RFM 三变量聚类分析
金字塔分类法	二八顾客占比分类	收入、利润、保留率等多变量顾客资产聚类分析、潜分类模型分析

（一）ABC 分类管理

ABC 分类法又称主次分类法，它按照顾客的利润贡献或销售收入贡献等指标将顾客划分为重大顾客、重点顾客和一般顾客，即将顾客分为 A、B、C 三类。ABC 分类法可以采用单维度分类，也可以采用多维度分类。采用单维度分类时，企业选择它们最关注的指标，根据一定的标准对顾客进行分类，例如，销售收入前 20% 划为 A 类顾客，中间 50% 划为 B 类顾客，后 30% 划为 C 类顾客。采用多维度分类时，企业可以确定各个维度的权重，计算顾客的综合分值，以便进行顾客分类。例如，企业将销售量、利润额、存续期等几个变量作为顾客分类的依据，并分别给予三个指标权重，计算各个顾客的综合分值，进而按照 ABC 方法进行分类。如果采取后验分类，企业则可以通过聚类对多维度的指标分析，从而分类顾客。ABC 分类法耗时较少、操作便捷，有利于节省管理成本，便于基层管理人员理解，提高了顾客分类管理的效率，有利于提升经营业绩，因此被企业广泛采用。

小案例

华为的客户分类管理

华为早期的客户关系管理主要采用传统的 CRM 软件。随着对业务逻辑认知的深入，2008 年华为重构了客户关系管理流程，建立了管理客户关系（Manage Client Relationship，MCR）体系。华为把客户分为四级：S 类客户、A 类客户、B 类客户、C 类客户。S 类客户是战略客户，A 类客户是伙伴型客户，这两类是重点客户。在进行客户分级之后，还需对不同客户需要进行深入洞察。华为认为有两种思维非常重要，一种是站在客户角度看自己，另一种是站在未来看现在，因此华为从原来的看项目、看机会视角，转变为站在客户的视角去了解客户行业，分析和规划客户的业务，从而判断客户未来的发展潜力及华为对于客户的价值。实现客户视角的管理主要采用客户分层，它包括两个分析逻辑：一个是客户档案袋，即站在客户角度换位思考去看客户的生意；另一个是供应商档案袋，即站在客户角度去看合作伙伴的选择标准。客户分层管理需要掌握客户数据才能有效地实施。

资料来源：王占刚.客户第一：华为客户关系管理法 [M].北京：人民邮电出版社，2020.

（二）RFM 分类管理

RFM 模型是一个经典的顾客分类管理模型，它是 George Cullinan 于 20 世纪 60 年代提出的，由于该模型所带来的突出贡献，1989 年美国直复营销协会（DMA）将他选入名人堂。目前 RFM 模型是企业使用较多的一种顾客分类方法，它是衡量当前顾客价值和顾客潜在价值的重要工具。RFM 模型中的 R（Recency）表示顾客最近一次购买的时间间隔，F（Frequency）表示顾客在一段固定时间内的购买频次，M（Monetary）表示顾客在这段相对固定的时间内购买的金额。RFM 能够精准地计算并判断客户复购和关联销售时机，这对于快消品等高频次消费品行业而言尤为重要。例如，客户 A 在两周前买了一箱 12 盒的牛奶，根据正常食用节奏，两周就会喝完，那么企业就可以在客户购买产品十天之后及时提醒客户买牛奶及时补货；销售牛奶周期卡做周期购，也是提前锁定未来一段时间客户的牛奶消费。又如，客户 B 在网上买了卸妆水，那么企业推送就可以适时提醒她购买化妆棉，实现关联销售。RFM 强调按照顾客的购买行为进行顾客分类，并在顾客分类的基础上精细化运营。如果将 RFM 的三个变量都划分为"高""低"两个尺度,就可以得到如表 10-2 所示的八种顾客分类。

　　除了上述采用先验的顾客分类方法之外,还可以采用聚类分析等后验分析方法进行 RFM 模型的顾客分类。通过聚类分析方法分类能够有效地反映顾客行为的内在规律,从而使类别划分更具有统计意义。不过,采用聚类进行的顾客分类还需要进一步进行类别特征的解释,例如通过其他的顾客标签特征来解释各个类别,以便针对各类顾客制订个性化的营销计划。需要注意的是,RFM 模型提出的时间是 60 多年前,当时处于数据缺乏的时代,能够获得的数据是极为有限的。但是,今天已经进入了数据丰富的时代,需要在传统 RFM 模型的基础上修正和完善,例如增加三个维度的内涵、增加其他解释顾客行为的变量、增加顾客个性化变量等。

表 10-2　基于 RFM 模型的顾客分类和管理要点

顾客分类	最近一次购买时间间隔（R）	购买频次（F）	购买金额（M）	精细化管理要点
重要价值客户	高	高	高	VIP 服务
重要发展客户	高	低	高	提升消费频次
重要保持客户	低	高	高	促销或产品推荐
重要挽留客户	低	低	高	原因探究,针对性召回
一般价值客户	高	高	低	引导,潜力重要客户
一般发展客户	高	低	低	需提升转化
一般保持客户	低	高	低	小客户,不需过多关注
流失客户	低	低	低	一次性客户,忽略

（三）金字塔分类管理

　　金字塔分类法是通过分析不同占比顾客的价值,确定顾客重要性的级别。以往的经验表明,顾客类别数量与顾客的价值之间符合二八定律,即 80% 的利润来自 20% 的顾客,由此可以对顾客进行分类,从而确定针对不同顾客的管理方式。如果考虑保留率、顾客边际利润、顾客数量、存续期等因素,可以将顾客利润变为长期指标顾客资产,这时二八定律仍然是适用的(如图 10-4 所示)。金字塔分类法在对顾客分类时仍然可以采用先验分类和后验分类两种方式。采用先验分类时,企业可以按照顾客的数量占比或者按照利润率等指标将顾客分为顶级、核心、重要、普通等顾客类型。如果采用后验分类方法,企业可以对收入、利润、保留率等顾客资产指标进行聚类分析,从而更为合理地划分出顾客类型。

　　金字塔分类法将顾客分为顶级顾客、核心顾客、重要顾客和普通顾客四类。顶级顾客利润贡献最高、顾客资产占比较大,他们是企业当前最重要的顾客;核心顾客利润贡献很高、顾客资产占比很大的顾客,是企业当前重点关注的顾客。顶级顾客和核心顾客加总数量占比为 5%,但顾客资产占比可以达到 45%。重要顾客也是企业需要服务好的对象,他们的数量占比达到 15%,顾客资产占比达到 35%(如图 10-4 所示)。剩下 80% 的普通顾客给公司带来的价值较低,可以作为潜力顾客或维系型顾客。不过,如果出现顾客终身价值为负的顾客,企业可以酌情放弃。

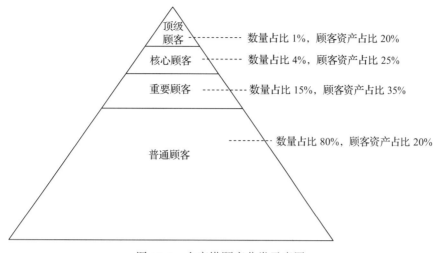

图 10-4　金字塔顾客分类示意图

小案例

交通银行深化客户分类经营

客户是银行最重要的资产，基于长期金融服务沉淀的数据，结合问卷调查、风险评估等数据，银行可以建立完整的客户背景信息数据库，并基于客户可能的存款、理财和贷款需求，形成具有共性的客户群体。针对不同客群，交通银行通过提供有针对性的服务，提高客群服务水平，降低服务成本，获取更高的服务回报。

交通银行构筑了"长尾＋财管＋私银"三层客户分类经营模式，深化了客户管理的精细化水平。对于长尾客户，交通银行主要依托手机银行、智能外呼等线上渠道，根据资产规模进行层级划分，有针对性地设计促销活动，以鼓励客户升级，并推动客户合并管理，进而塑造更准确的客户画像，为更精细化的市场营销提供数据支持。针对财富管理客户，交通银行提出了强化人工与智能相互增效的战略，通过在线直播、一对一视频会议、个人理财主页等线上沟通工具，优化"沃德理财顾问"的财富管理建议，创新性地推出智能定投方案。在这个客户群体中，总行负责策略制定和新场景拓展，分行和网点则通过线上手段，在适当的场景和时机进行服务衔接。至于私人银行客户，交通银行通过私人银行顾问直接进行客户管理，探索试点将分行网点集中进行客户管理，提升高净值客户的服务水平。

资料来源：交行重新定义有效客户，"金融资产＋数据资产"双轮驱动零售增长 [N]. 证券时报，2020-04-27（4）.

第三节　数字化顾客满意管理

一、顾客满意概述

1965 年，美国学者 Cardozo 在市场营销领域第一次提出客户满意（Customer Satisfaction）概念，描述了顾客的心理状态。以往的研究表明，顾客满意是顾客忠诚的主要影响因素，能够解释 80% 以上的顾客忠诚度。顾客满意的基本理论包括期望差异理论、需要满意理论、效用理论、公平理论。期望差异理论认为顾客满意取决于顾客感知与顾客预期之间的差异，当顾客感知达到或者超过预期时，顾客就会产生满意感，否则就会不满。期望差异理论是一次交易满意理论，它代表了交易前后比较的满意度，是一种内在参照点比较的满意度。需要满意理论的基础是动机，其基本的观点认为当人们有了需要之后就会产生满足需要的动机，当需要得到满足之后人们就会感到满意。马斯洛需求层次理论、赫兹伯格的双因素理论、Alderfer 的 ERG 理论均属于需要满意理论。需要满意理论可以用于长期合作或服务的顾客。效用理论认为顾客满意来自对产品和服务属性的满意之和，因此在测试顾客满意时可以将产品和服务分解为各种属性，并分别测量顾客对这些属性的满意度。公平理论认为顾客的满意来自个人与个人、个人与群体比较之后的正直感或正确感，它包括分配性公平、程序性公平和结果公平。公平理论代表了外在参照点比较的满意度 [6]。

数字化顾客满意管理主要包括顾客满意测评和管理、产品和服务质量改进、顾客触点或旅程管理、场景体验管理、顾客关怀管理、投诉和抱怨管理、服务补救管理等方面，通过数字化的管理手段，可以有效地进行全过程的测评、监控和改进顾客满意。

二、顾客满意测评和管理

（一）顾客满意指数

基于预期差异理论构建的顾客满意测评方法是最典型的方法之一。在预期差异理论下，顾客满意被认为是预期与感知之间的差异，感知超过预期则顾客满意，感知低于预期则顾客不满意。在 20 世纪 90 年代，一些国家构建了国家层面的顾客满意指数，该指数是用各个行业的顾客满意指数综合计算得到的。例如，美国密歇根大学商学院质量研究中心的科罗斯·费耐尔（Claes Fornell）教授以预期差异理论为基础，于 1989 年在瑞典构建了第一个顾客满意指数测评（SCSB）[7]。随后，Fornell 等人于 1994 年建立了美国顾客满意指数（ACSI）[8]，欧洲于 1999 年建立了欧洲顾客满意指数（ECSI），中国的顾客满意指数也相继建立 [9]。

图 10-5 展示了中国行业顾客满意指数测评基础模型。该模型是在美国和欧洲的顾客满意指数测评模型基础上改进而得到的。该模型是一个测量因果关系的结构方程模型，包含 6 个结构变量，分别是品牌形象、预期质量、感知质量、感知价值、顾客满意度和顾客忠诚。在测试过程中通过问卷调查测量各个变量，并通过偏最小二乘结构方程模型计算，就可以获得各个变量的数值以及变量之间的影响系数。

（二）基于效用理论的顾客满意测评

基于效用理论的顾客满意测评的主要方法是将产品或服务分解为多个属性集合，测量每一个属性的顾客满意度，从而获得需要改进和维系的顾客满意属性。例如，手机产品可以分解为外观、功能、配置、价格、服务等多个属性，分别测试顾客对每一种属性的满意度就可以获得属性的满意度数据。在实际操作中，可以采取属性获取、属性提纯、顾客满意测试和属性管理建议等步骤（如图 10-6 所示）。

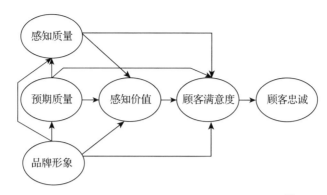

图 10-5 中国行业顾客满意指数测评基础模型 [9]

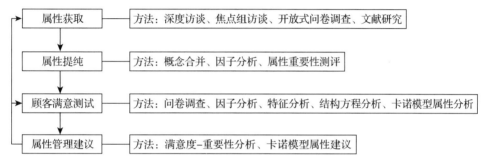

图 10-6 顾客满意的属性评价分析

　　属性获取主要采用定性研究的方法，可以通过深度访谈、焦点组访谈、开放式问卷调查等方式尽可能多地获得产品的属性，典型的问题是："您认为哪些因素会影响您对 A 产品的满意程度？"如果是一个较为成熟的产品或服务，文献也是产品属性的来源，但对于一些新的产品或服务，往往没有较多的文献可以参考。

　　在获取了产品和服务的属性之后，需要进一步对属性进行提纯。例如，在测量服务质量时，学者们开始时获取了服务质量的 10 个维度 97 个属性，通过属性合并和因子分析，提纯至 7 个维度 34 个属性，最后通过进一步提纯，得到了服务质量 SERVQUAL 量表的 5 个维度22 个测量条目，这 5 个维度分别是有形性质量、可靠性质量、响应性质量、保证性质量和共情性质量。至此就能够较方便地进行服务质量测试。

　　在测评顾客满意时，需要获得两个方面的数据，一是各项属性的满意分值，二是各项属性对顾客满意度或顾客态度的影响大小和重要性。属性分值可以通过测量的均值获得，影响的大小可以通过回归分析、结构方程分析等方式获得。获取这两项数据能够有效地识别属性的重要性。在做顾客满意测评时，还可以进行卡诺模型分析，它的目的是识别必备属性（Must-be Attributes）、单维属性（One-way Attributes）、吸引性属性（Attractive Attributes）（如图 10-7 所示）。对于必备属性，顾客满意度不能低于行业平均水平，但这类属性质量的提升并不能有效提升顾客满意度；对于吸引性属性，测评的重点在于如何识别这类属性，从而有效提升顾客满意度，但这些属性质量下降并不会产生很大的顾客满意度下降；对于单维属性，提升属性质量将会有效提升顾客满意度，但这些属性质量下降将会损害顾客满意度。

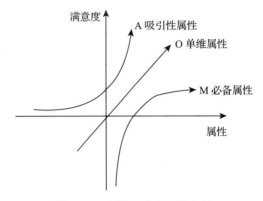

图 10-7   卡诺模型的属性分类

在提出属性建议时，最通常的做法是进行属性满意度 – 重要性分析（如图 10-8 所示），这一分析可以将属性分为重点改进属性、重点维系属性、维系属性和不重要属性，从而明确需要改进的方向。另一种方法是卡诺模型的属性分类管理法，基本思路是在识别出卡诺模型的三类属性之后，维系必备属性的质量，提升单维属性的质量，识别吸引性属性并进行相应的管理。

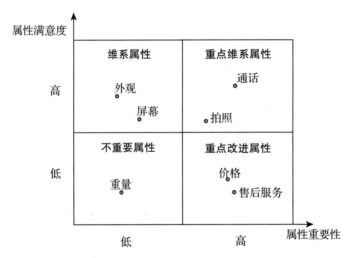

图 10-8   属性满意度 – 重要性分析示例

（三）净推荐值分析

净推荐值（NPS）是贝恩公司于 2003 年提出的概念，它是衡量某个顾客向其他人推荐某个企业或服务可能性的指数，推荐可能性越高说明顾客的满意度越高，企业能够不断通过顾客的推荐扩大顾客规模。净推荐值的计算方法是推荐者数量减去贬损者数量再除以总样本数量，公式如下：

净推荐值（NPS）=（推荐者数量 – 贬损者数量）/ 总样本数量

净推荐值（NPS）是检验客户对产品满意与否的直接测量指标，可以快速测量顾客的态度和感受。由于净推荐值关注的是顾客满意与否带来的直接推荐结果，因此它成为企业快速获取新顾客的重要测量工具，对于一些新兴的企业或者快速扩张和成长的公司或行业而言，净推荐值就成为非常重要的运营监控指标。

净推荐值还可以辅助其他的问项进行深入的洞察分析，例如询问"您不推荐的原因是什么？"就可以快速洞察顾客的想法，发现顾客的潜在不满意因素，为提升净推荐值、实现快速扩张提供政策依据。净推荐值还可以进行跨企业、跨地域、跨客户群体的比较，实现对标管理，帮助企业增强优势并补足短板，实现顾客满意带来的顾客规模扩大。

在数字化环境下，顾客满意测评也发生了一些改变，在线即时测评能够直接获得服务质量的反馈，从而使顾客满意测试变得更加真实可信，实时的监控结果也成为服务人员的重要考核指标。例如京东购物的在线客服，在人工客户服务之后，会自动跳出问卷询问问题是否解决，结果是否满意。在数字化环境下，在线客服的顾客满意测评已经简化到一两个按钮，大幅度减轻了顾客填写问卷的负担。当发现存在不满意或投诉时，企业再进行人工干预，从而有效地提升了顾客满意的管理效率。一些企业还设计了软件或小程序采集顾客满意和顾客抱怨数据并进行数据分析，任何人都可以通过这些软件或小程序填写问卷设计。一些企业还专门开发了数字化免费调查工具，例如在国外应用较广泛的是 Survey Monkey，在上面有非常多的调研选项，包括顾客参与、顾客服务、顾客体验、净推荐值等。国内使用较广泛的是问卷星。使用这些工具可以快速得到测试结果并反馈，从而成为企业重要的动态管理工具。

三、顾客触点和顾客旅程管理

（一）顾客触点管理

触点（Touchpoint）是企业的品牌、产品、服务等在各个环节与顾客的接触点，它通过顾客的视觉、触觉、听觉、嗅觉、味觉和整体体验对顾客的感知产生作用。触点管理是指通过对接触点的流程优化、产品界面优化、服务质量提升，改善顾客的体验，提升顾客满意度。触点管理可以分为产品类触点管理和服务类触点管理两个方面，两种触点管理的思路是不一致的。

对于产品类触点，管理的目标是优化产品设计，提升产品的顾客体验。管理的要点是分解顾客使用产品的过程和活动，优化产品使用的各个细节，增加产品使用的感知和体验。产品触点可以采用顾客的过程活动分析、质量屋分析等方法加以分析，进而提出管理策略。表10-3描述了一个电压力锅产品的行为触点分析和设计建议，它显示可以通过用户的行为和触点对产品的各个使用环节进行分析，从而获取关键的产品要点[10]。同样的实践在小罐茶的产品中也有所体现，该产品从倒茶、握杯、喝水等各个行为触点出发，对产品设计的细节进行了内容描述。在数字化环境下，当企业完成了产品触点分解之后，就可以通过顾客评论等数据进一步挖掘顾客对各项行为触点的感知，进行触点的实时监控，从而为持续改进产品设计提供帮助。

表 10-3 电压力锅产品的行为触点分析和设计建议 [10]

顾客行为	行为触点	痛点分析	设计建议
加食材及水	刻度线	1. 处于内胆里侧不便观察，无法准确控制水量 2. 两边的标准不同，导致顾客识别不清	1. 放置外侧显示，方便顾客观察 2. 刻度线统一标准
按键蒸煮	面板	1. 面板多采用文字传递功能信息，较为呆板 2. 界面信息杂乱无章，导致顾客操作费时 3. 多为物理界面，显示内容受限	1. 用图标化方式显示，图标趋向扁平化 2. 将功能按键分类，分级隐藏使架构完整 3. 考虑采用触屏式设计 4. 添加灯光效果，以准确表明电压力锅的工作状态
开盖盛饭	排气孔	1. 煮饭有米汤溢出，须一直按压排气按键 2. 按压过程担心被热气烫伤，造成心理不安全感	1. 宜使用一键式排气设计 2. 设置一定的安全距离
清洗晾干	盖板	1. 大多是一体式结构，不便清洗 2. 清洗造成汤汁遗漏，易发霉	1. 上盖与锅体采用上下分离结构 2. 设置一键拆洗功能
	密封圈	汤汁溅到密封圈，拆洗不便，耗时费力	1. 采用耐高温橡胶密封圈 2. 完成时局部弹出，以方便拿取 3. 设置内置锁圈微动开关，保证密封性
整理收纳	电源线	电源线收纳不便，没有收纳空间	设置电源线收纳底座

对于服务类触点，管理的目标是提升每个触点的体验，从而提升整个顾客旅程的体验和满意度 [11]。服务类触点的管理包括触点分解识别、触点关键流程解析、关键服务体验提升、服务触点管理体系、反馈和评估等（如图 10-9 所示）。在数字化环境下，触点的数字化水平将可能大幅度提升，顾客的每一次触点均有相应的记录。企业也可以通过增加触点的方式提升服务质量。例如，有一家移动营业厅在周末需要服务的人数非常多，顾客需要等待很长的时间，导致顾客非常不满。管理者让所有的大厅服务人员拿着平板电脑在门口等候，当顾客进门时就询问顾客的电话号码，获取顾客的潜在需求，之后引导顾客完成自助服务或者在平板电脑上为顾客直接办理，使顾客获得一对一服务的体验。由于只有少量的服务需要到前台办理，这就大幅度降低了顾客的等待时间，提升了顾客满意度。同时，个性化服务之后的推荐也大幅度提升了营业厅的销售收入。在数字化环境下，人脸识别等一些无感知触点也可以帮助企业快速识别关键顾客，有效服务核心顾客。在触点管理过程中，如果能够使整个流程数字化，就可以有效做到实时监控、需求发掘、建立信任、目标管理、打消疑虑、维持关系和增进购买。

在数字化服务的环境下，引入数字服务人员成为企业当前必须做的事情。数字服务人员相比于人工服务人员而言有很多优势，它们可以 24 小时全天候工作，不受情绪的影响，响应时间短，专业知识库全面，可以进行实时记录和分析。由于银行、保险、电信等行业有海量的顾客，采用人工服务成本高，服务质量不稳定，因此智能语音服务的呼叫中心被大量采用。另外，智能语音呼叫中心还能够通过智能语音客服系统的实时提醒功能来提高订单的转化率。在电话营销过程中，采用智能语音呼叫能够有效筛选顾客，发现潜在顾客，为人工呼叫形成订单转化提供条件。目前，通过事前录音等方式形成的智能语音呼叫已经可以做到与人工呼叫没有太大差异，有效提升了电话营销的效率。随着数字化的深入，全渠道营销逐渐成为主流，顾客的触点也变得越来越丰富，通过智能技术构建有效的顾客触点管理体系就成为提升顾客满意度的关键。

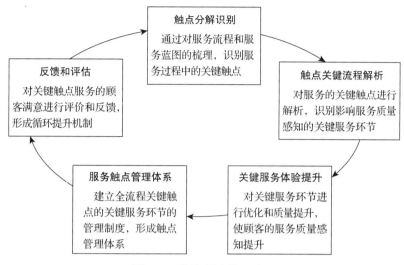

图 10-9　服务触点管理流程

（二）顾客旅程管理

顾客旅程图最早起源于市场营销领域，由客户服务体验专家奇普·R. 贝尔（Chip R. Bell）与罗恩·泽姆克（Ron Zemke）在 1989 年开创，当时也被称为"服务周期图"（Cycle of Service Mapping），主要用于分析顾客在购买产品或服务时最有可能受到影响的时刻。

顾客旅程管理对于企业而言至关重要。它提供了顾客视角的全面体验分析框架，帮助企业理解顾客在购买或使用产品和服务的全过程中的需求和期望。顾客旅程图是指产品和服务在购买或使用前、中和后的整个过程，包括顾客的行为、期望、风险等要素。通过详细描绘每个阶段的顾客体验，企业可以更好地识别顾客旅程中的关键问题和改进机会。顾客旅程可以持续的时间非常长，跨越多个渠道、多个触点，因此顾客旅程是顾客对产品和服务的整体体验，而不仅仅是某些触点的感知。高质量的顾客旅程可以带来竞争优势和更好的业绩，它对顾客满意度的影响远大于单个触点的效果 [12]。

顾客体验是整体的、难以分割的，而顾客触点管理并不能够很好地反映顾客对产品和服务的整体感知，因此一些观点认为顾客旅程管理从全局上要优于顾客触点管理，不过，对顾客触点的描述是顾客旅程管理的基础。麦肯锡之前的相关研究显示，公司顾客旅程质量越高，公司的直接竞争优势越大。麦肯锡的研究结果也显示，顾客旅程更能预测到理想的结果。尤其近年来，消费市场呈现多触点、多渠道的发展，潜在顾客触点和跨渠道管理呈现出更大难度，这时，由顾客旅程图的制作与分析带来的顾客体验洞察成为企业在市场竞争中获得绝对优势的关键。越来越多的企业意识到顾客旅程图是企业制定顾客体验的核心，也是帮助企业找到 MOT（Moment of Truth，关键时刻）的关键。通过优化顾客旅程管理，企业可以实现多重商业目标，包括顾客满意度的提升，促进客户忠诚度的增加，重复购买和口碑传播的积极效果等。通过深入了解和满足顾客的需求，企业能够赢得市场竞争中的竞争优势，并建立长期稳定的客户关系。顾客旅程管理虽然较多地用于 C 端顾客，但也可以用于 B 端的顾客管理，其目的都是关注客户体验，持续改进顾客满意和顾客忠诚 [13]。

顾客旅程图的设计价值在于不仅能提供顾客视角，为企业建立全过程的顾客体验分析框架，同时通过划分问题层级和归属等分析，促进企业内部团队协作和资源优化配置。因此，顾客旅程图的绘制十分重要。如何绘制呢？例如 2002 年在 *Building Great Customer Experience* 一书中，作者提出了一幅描述顾客到饭店就餐的地图（如表 10-4 所示），其中就包含了期望、风险、满足感官期望的机会、满足情感期望的机会、激起情感五个要素 [14]。随着顾客旅程图的广泛应用，除了矩形结构的旅程图，还出现了以"顾客画像 + 顾客旅程 + 顾客体验评价"为主要要素的圆形结构顾客旅程图，基本画法是内圈为顾客标签及顾客画像，外圈按照时间线逐渐延展开来顾客旅程，从来之前、行程中与到达后三个阶段进行每个流程的细化，同时对顾客体验评价进行描述。

表 10-4 顾客到饭店就餐体验旅程图

步骤	预订	空白	路途	抵达停车场	进入饭店	开始点餐
期望	快速完成并能打通电话	晚上抵达饭店前无事发生	能有任意形式的地址指示	停车过程简单	服务员微笑接待且友好引导到桌前	选择充足，以友好方式呈现
风险	预订满了	无事情发生，丢失机会	客户不知饭店在哪里	客户抵达时没有车位	员工忙导致顾客被忽略	菜单没有顾客喜欢的菜
满足感官期望的机会	预订时知道曾经来过和点过什么菜	收到预订成功的信息并附上菜单	饭店发来地图	饭店预留了车位	进门时等待已久的服务员打招呼	服务员推荐了菜品
满足情感期望的机会	知道我是谁和上次什么时候来过	专门发信并建议可能喜欢的菜，让我感到高兴	看菜单，看起来很棒	饭店外有标志欢迎我	我们打起招呼来就像好久不见的一家人	他们记得我上次点过什么菜，表明在意我
激起情感	惊喜且预料内	惊喜且预料外	他们在意我	我很特别	他们是我的朋友	他们在意我

资料来源：李飞．全渠道客户旅程体验图：基于用户画像、客户体验图和客户旅程图的整合研究 [J]．技术经济，2019，38（5）：46-56.

顾客旅程图主要通过三个部分呈现，即谁、所见和所想、洞察分析（如表 10-5 所示）。首先，"谁"指顾客旅程图中需要按照具体顾客画像和任务场景进行分析和范围设定，比如顾客旅程图是描述移动手机网络顾客想更换一个手机话费套餐，那么该顾客的核心诉求可能是当前套餐服务无法满足顾客需要，企业就可以针对一名典型的顾客进行旅程图的研究和描述。其次，"所见和所想"中的"所见"指顾客在整个购买决策过程中的不同阶段和品牌相关产品或服务的内容呈现；"所想"也可以是"所感"，即顾客在每个不同阶段的感受和想法，是对"所见"的态度和想法，以前的顾客旅程图通常使用不同的笑脸图标或情绪线高低来表示态度。最后，"洞察分析"则是基于顾客的画像和具体任务场景分析顾客在整个购买过程中的触点及顾客"所见和所想"的整体体验，企业可以根据洞察分析结果改善触点服务质量，提升顾客体验和满意度。

表 10-5　顾客旅程图框架逻辑

一、谁：顾客画像 　　购买任务场景：要做什么			研究范围、场景设定
任务分阶段	购买前	购买中	购买后	顾客执行"任务"过程中的体验
二、所见和所想	数字化 / 图形化呈现			
三、洞察分析	生意机会，顾客体验改善的空间，资源优化等；具体到企业内部会怎么做或关注什么			制订下一步行动计划

在数字化时代，顾客旅程图已经可以通过各种模板和软件绘制，尤其是现实场景与数字渠道交汇的客户数据和即时反馈点，已经可以动态展示和实时跟踪。例如，Austrian 时尚零售商在绘制顾客旅程图的时候，通过工作坊界定品牌与消费者互动的触点，将 145 个触点分为七大类，通过问卷调查等方法对触点的运行情况进行分析，整个过程都通过软件系统完成。在数字化客户关系管理视角下，有效利用顾客旅程图可以帮助企业识别改进点、优化触点、提升顾客体验，并促进部门间的协作和资源整合，从而提高顾客满意度和竞争力。

第四节　数字化顾客忠诚管理

一、数字化顾客忠诚管理的基本概念

数字化顾客忠诚管理是指在数字环境下顾客对企业品牌和产品的重复购买、口碑推荐等行为，它包括数字环境下的顾客忠诚测评、会员管理、忠诚计划、流失预警、顾客赢回和口碑传播等主要内容。一般认为，顾客忠诚的主要影响因素是顾客满意，但这种影响也呈现三种不同的形态（如图 10-10 所示）：第一种是曲线 *OA* 所代表的关系，它代表顾客非常不满意但仍然重复购买产品

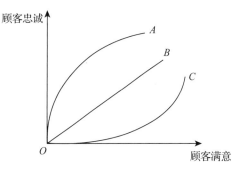

图 10-10　顾客满意与顾客忠诚的关系示意图

和服务，这种关系一般出现在垄断行业；第二种是曲线 *OC* 所代表的关系，它代表顾客非常满意但仍然离开去购买其他品牌的产品和服务，这种关系出现在竞争非常激烈的行业；第三种是曲线 *OB* 所代表的关系，此时顾客满意与顾客忠诚之间呈现线性关系。客户关系管理的主要目的之一是使曲线 *OC* 向 *OB* 曲线，乃至曲线 *OA* 运动。

忠诚顾客的衡量标准是多种多样的，一般认为可以从五个方面测量：一是有规律的重复购买，指标包括复购率、保留率、流失率等；二是愿意购买企业的多种产品和服务，主要指标是钱包份额；三是经常向他人推荐，主要指标是净推荐值、分享率、*K* 因子等；四是对竞争对手的拉拢和诱惑有免疫力，主要指标是流失率、赢回率等；五是能够忍受企业产品和服务的偶尔失误，而不会发生流失或品牌转换，主要指标是保留价格、流失率等。另外，顾客幸福感、顾客承诺、顾客裂变等指标也会常常用于测量顾客忠诚。

二、会员顾客的忠诚管理

（一）会员顾客的忠诚计划

会员顾客的忠诚计划是企业为了达到保留顾客或建立退出壁垒的目标，通过会员福利、消费奖励、行动积分等方式建立的与顾客的长期关系的计划。因此，顾客忠诚计划是企业建立客户关系的长期营销工具。典型的会员顾客忠诚计划是航空业的常旅客计划（Frequent Flyer Program，FFP），该计划通过旅客乘坐公司航班来累积里程，达到一定的里程标准后，航空公司提供升舱、免票、机场服务等奖励，从而促进旅客购买本公司的航班，建立旅客的退出壁垒，保持公司的持续竞争力。会员顾客的忠诚计划被很多行业普遍采用，例如航空运输、酒店、租车、银行、旅游等。企业还通过跨行业的合作形成忠诚计划联盟，完善了顾客的服务链条，构建了更强的退出壁垒，进而创造了更多的额外收益。忠诚计划有多种形式，包括注册即享计划、消费积分计划、付费会员计划、共享联盟计划等。忠诚计划可以是非升级型的，也可以是升级型的。例如，航空业的忠诚计划一般是按照里程积分，然后根据里程积分划分为钻石卡、金卡、银卡等等级。

在数字环境下，会员顾客的忠诚计划获得了一些与传统会员计划不同的特点，主要体现在以下几个方面。①会员画像与识别。在数字环境下，忠诚计划需要顾客先在线注册再使用，这就能够有效地获得会员顾客的行为数据，从而便于顾客画像与识别。②自动化记录。数字环境下的忠诚计划，能够自动记录各项交易，自动形成顾客旅程的数字化监控。③自动化服务。在会员使用过程中通过触点和流程的梳理，形成自动化的服务过程，会员在某些环节上出现遗漏时，可以申请在线自助操作，快速完成所需要的服务。④时时在线。数字环境下的会员忠诚计划已经可以通过智能语音、智能自助系统、在线人工服务和线下人工服务的体系，形成围绕移动端和 AI 客服的时时在线体系。⑤自动化推荐。在顾客加入忠诚计划之后，企业可以向这类顾客推荐高价值产品，而这一推荐过程往往是自动化的。例如，顾客在天猫旗舰店购物时如果留下了生日信息，就会在生日时自动收到优惠券；在屈臣氏购物时，关联手机号作为会员识别码之后，销售人员会主动添加企业微信，并每天推送各种优惠产品。⑥内容的数字化呈现。企业根据数字化的顾客旅程图，可以通过 A/B 测试发现对会员顾客更加有效的营销刺激，并可以通过预测建模分析，设计更优的推荐产品提升顾客忠诚度。⑦模型分析和数字洞察。忠诚计划的数据可以用于异常值分析，识别和预测不同顾客的行为类型，包括预警流失客户、激活休眠顾客等。

顾客忠诚计划的目的主要包括两方面。一是提高顾客的重复购买率，对于顾客分类金字塔中的普通顾客，提高顾客的重复购买率是顾客忠诚计划的主要目标，方法主要是给予折扣、赠券、买赠等硬性利益。对于金字塔顶的顶级顾客而言，通过精准推送和让利也可以提升顾客的重复购买率。二是建立顾客的退出壁垒，该目标主要针对金字塔尖的顶级顾客，通过构建退出壁垒的方式减少顶级客户的流失。一般而言，构建退出壁垒既可以采用打折等硬性经济利益，又可以采用赋予权限、给予荣誉、提升等级等建立关系的软性利益。构建退出壁垒的基本思路是增加顾客的退出成本，典型的操作是增加顾客的转换成本和沉没成本。转换成本主要有程序转换成本、经济转换成本和情感转换成本。沉没成本则取决于顾客前期投入的金钱、时间、精力和情感。前期投入越大，沉没成本越高，顾客离开的可能性越低。

如果我们仅考虑提升重复购买率和构建退出壁垒等两个方面，企业就可以从回报内容、回报时间、回报率、有效期、加入计划等要素进行忠诚计划的设计。表 10-6 描述了不同要素的主要特点，企业可以根据自身的需要进行忠诚计划的要素组合设计，也可以通过联合分析的方式获得最优的要素组合。

表 10-6　忠诚计划的构成要素及优缺点

要素		优点	缺点
回报内容	软性利益	利于构建退出壁垒，退出壁垒高	不利于吸引加入计划，获客时间周期长
	硬性利益	利于吸引加入计划，短期效果明显	不利于构建退出壁垒
回报时间	立即回报	易于吸引购买	不利于构建退出壁垒
	延迟回报	增加沉没成本，利于建立退出壁垒	不利于吸引顾客加入计划
回报率	高	易于吸引加入并锁定顾客	公司成本较高
	低	公司成本较低	不利于吸引加入计划并锁定顾客
有效期	有	节省成本，敦促顾客持续购买	不利于构建退出壁垒
	没有	利于构建退出壁垒	成本较高，不利于敦促顾客持续购买
加入计划	较难	利于构建退出壁垒	不利于吸引加入计划
	较易	利于吸引加入计划	不利于构建退出壁垒

小案例

蒙牛特仑苏名仕会数字化

特仑苏是一个每年销售近300亿元的牛奶品牌，在数字化的市场环境下，该品牌通过会员计划名仕会，构建了移动终端会员积分产品，打通了移动端和传统名仕会会员体系，形成了特仑苏独特的数字化体系。特仑苏很早就开发了积分系统和二维码系统，并建立名仕会开启了私域运营模式。特仑苏首先通过线上和线下两种方式招募会员。线上通过小程序或网页进行会员注册，并通过手机号快速注册和识别会员身份。线下通过产品扫描入会，具体而言，每一箱特仑苏产品里都有一张独特的卡片确保一箱一码，顾客可以通过扫描二维码进入名仕会的小程序。名仕会尝试用每一箱产品建立与会员的独特关系，实现会员顾客的精准营销。

为了让名仕会的会员留存下来成为忠诚客户，特仑苏采用精准的会员礼品和产品推荐模式。公司将名仕会会员分为普通、银牌、金牌和钻石四个等级，并为不同等级的会员定制和首发了多款产品，向会员提供奶卡、周期购等多种特色服务。每年的名仕会会员日，公司会向特定会员寄送神秘礼物。名仕会还定期或不定期向核心顾客赠送各类产品，引发会员晒单和点赞。随着个性化礼品的赠送和定制产品的推荐，会员黏性得到不断的巩固和加强。特仑苏官方数据显示，名仕会在 2021 年共积累了粉丝近 2 000 万人，其中核心会员超 25%，销量实现了同比翻倍增长。

资料来源：
特仑苏微信公众号会员升级规则；
舒紫花，微信号"数字化星球"．300亿大单品特仑苏，会员小程序深度拆解．

（二）顾客的社群管理

顾客的社群管理是指通过建立线上和线下的社群体系，对顾客群体进行的持续管理。在数字环境下，社群管理已经成为重要的管理模式，企业通过微信、QQ 等在线工具建立顾客的社群体系，保持与顾客的持续沟通，满足顾客的即时需求，实现产品推荐、销售裂变和口碑传播，从而持续提升企业的绩效。

社群是基于某一个共同需求聚集在一起的群体，因此社群首先需要构建社群的共同价值观、兴趣点或者特征，这些共同的特征主要包括协同互助、志同道合、情感连接、建立影响等。在运营过程中需要不断强化社群的共同特征和价值观，这是保持社群稳定和活跃的基础。

在社群运营过程中，需要关注的要点如表 10-7 所示。一般而言，社群运营时需要关注的问题是加入社群规则、社群互动管理、社群仪式和器物、社群变现模式等几个方面。加入社群包括邀请、完成任务、付费、申请等方式，入群付出的代价越高，入群的人数越少，但退出群的壁垒就越高。社群互动管理主要包括的内容有社群活动设计、社群仪式实施、行为管制规则、布道传播规范、退出壁垒构建、信任体系建立、内外圈层设计、社区清洁规则、定制迭代方案等方面。社群仪式和器物主要包括的内容有仪式场所、社群故事、社群符号、大事铭刻、体验细载等内容，越是正式的社群，越是强调仪式和器物。

表 10-7　品牌社区的建设要素 [15]

社交网络互动 （Social Networking）	迎新（Welcoming）	迎接新会员，将他们吸引到队伍之中，并协助他们完成品牌学习和社区社会化过程
	移情（Empathizing）	向其他成员传达情感上和心理上的支持，包括参与品牌活动（如向品牌提出建议）的支持和非品牌活动（会员娱乐活动）的支持
	管制（Governing）	对社区成员提出相关的管理要求
印象管理 （Impression Management）	布道（Evangelizing）	向成员分享品牌的好消息，宣布品牌各种信息，激励其他人使用品牌
	辩护（Justifying）	说服成员为社区付出时间，并说服社区之外的人加入
社区参与 （Community Engagement）	建立分界（Staking）	识别品牌社区成员之间的差异，明确社区成员间的异同
	大事铭刻（Milestoning）	记录各项重大事件
	大事符记（Badging）	将重大事件升华为符号和实物
	体验细载（Documenting）	细述社区关系的整个历程，描述重大事件
品牌使用 （Brand Use）	清洁化（Grooming）	对社区进行清理、维护、照料
	定制化（Customizing）	调整以便适应个性化的需求，努力提升社区的质量
	商品化（Commoditizing）	明确应该出售或者不该出售商品，并建立或不建立相关的链接

企业往往采用企业微信群构建顾客社群，并让专职人员与顾客建立个人联系，清晰标注顾客的各项画像数据，包括生日、服务记录、销售记录，以备之后进行精准服务。在运营社群时，管理人员需要让顾客理解加入微信群带来的价值，通过日常和节假日的红包福利、互助提醒、价值信息、情感支持等维持微信群的活跃度，并通过日常提示、优惠发布、产品推

荐、裂变链接等方式实现社群变现。

三、顾客流失管理

（一）顾客流失与赢回

1. 顾客流失

顾客流失是指顾客不再重复购买企业产品和服务，转而购买竞争对手的产品和服务，或者放弃购买品类的行为。因此，顾客流失主要包括两类：一类是转向购买竞争对手的产品和服务的流失，这类顾客是主动选择离开的，也被称为自愿流失（Voluntary Churn）；另一类是放弃品类的流失，例如，由于孩子已经长大，顾客不再购买婴幼儿配方奶粉，这类顾客是由于非自愿的因素不再购买，也称为非自愿流失（Involuntary Churn）。在实践中，企业需要重点关注自愿流失行为，这类顾客流失是由于需求得不到满足或市场竞争行为带来的客户流失，企业需要深入了解客户流失的原因，及时识别存在流失风险的顾客，提前预警和干预，进而减少顾客流失。非自愿流失顾客主要由于年龄等不可抗力因素终止了购买，这些长期使用产品的顾客对产品可能是满意的，因此企业可以尝试让这类顾客传播正向口碑，并尝试进行裂变传播，从而吸引新的顾客购买。

流失预警系统的建立可以结合产品和服务的特点进行，有一些产品存在重复购买和使用的周期，在重复购买的时间临界点是较容易发生流失的，因此在预判顾客使用完产品之前实施老顾客的回报策略，减小顾客转换购买的概率。例如，婴幼儿奶粉品类的顾客流失大多发生在宝宝奶粉的换段上，即从一段奶粉换到二段奶粉时顾客可能转换品牌购买，因此换段的时间节点就成为防止顾客流失的关键节点，此时企业可以计算以往流失造成的损失，并将损失中的部分价值用来实施老顾客关怀，从而降低顾客流失率。顾客抱怨和投诉是流失预警的重要关注点，企业应当记录抱怨型顾客的抱怨或投诉，它可以明确顾客流失的原因，为将来进一步改进产品和服务提供建议，也为顾客赢回提供了策略方向。

分析流失顾客可以采用定量研究的方法，通过以往的流失顾客数据分析流失顾客的画像，发现影响顾客流失的主要因素。常用的方法是分类分析法，包括采用逻辑回归、决策树、支持向量机、神经网络、随机森林等分析方法发现影响顾客流失的显著因素，并针对这些影响因素进行顾客流失的监控和预警。例如，一家移动通信公司针对顾客流失行为进行了分析，发现手机从单卡变成双卡、欠费两个月以上、使用频次下降、使用金额减少等行为与顾客流失有较大的关系，因此，当出现上述行为时，应当进行流失预警，并实施赢回策略。

2. 顾客赢回

顾客赢回是降低客户关系成本的一项重要工作。阿伦·杜卡 [6] 认为赢回老顾客是降低销售成本的良方，因为争取一个新顾客比维护一个老顾客要多 6 ～ 10 倍的工作量。不过，并不是所有顾客都是有价值的顾客，在顾客赢回之前要分析流失顾客的二次终身价值（Second

Life Value，SLV)，评估赢回流失客户的投入产出比，当赢回投入大于顾客资产时，就应该放弃赢回。

抱怨型流失顾客可以作为顾客赢回的突破口，因为这类顾客有明确的流失原因。企业可以针对顾客抱怨的原因，实施相应的补救方案，以期获得顾客的谅解。在将抱怨型流失顾客赢回之后，就可以提取这类流失顾客的标签和画像，进而针对类似画像的流失顾客实施相同的赢回策略。顾客流失的原因也可以通过顾客抱怨或投诉的数据挖掘获得，还可以通过专项调研分析顾客流失的主要原因，从而为改进产品和服务质量，制定赢回策略奠定基础。获取了顾客流失的原因之后，还需要进一步了解不同原因下流失顾客的画像，分析顾客画像与流失之间的关联关系，并通过策略测试和迭代的方式构建完善的赢回策略，包括补救策略、关怀策略、沟通策略、满意策略、持续维护策略等。

在顾客赢回过程中，A/B 测试和策略迭代可以起到关键作用。通过 A/B 测试，企业可以测试不同的赢回策略效果。例如，企业可以假设顾客的流失原因是对产品不满意、希望多样化寻求、竞争对手产品降价、跟随其他影响者购买等，然后针对不同类型的流失顾客发送相应的短信，测试不同刺激策略的效果，从而获得最佳的刺激策略。赢回策略迭代也是数字环境下的一种有效策略，在策略设计时，可以采用迭代的方式，小范围实验评估，测算投入产出比，最终形成完善的赢回方案。有的企业还会设立专门的团队，建立顾客数据库，不断评估和改进赢回策略。

赢回流失顾客之后，如何使顾客成为忠诚顾客是赢回效果的关键评价指标。企业针对赢回后的关键顾客，可以再次感谢这些顾客对企业的支持，并向顾客提供之前没有享受的特殊价值或服务，实施阶段性的激励措施，委派专人服务顾客并使顾客加入微信群等社群，保证持续的顾客关怀，并通过节日问候，赠送小礼品、购物券等方式增强与顾客的互动，最终改善顾客的满意度和忠诚度。

(二) 休眠顾客激活管理

休眠顾客是那些注册或购买之后就没有后续购买或参与行为的顾客。休眠顾客在 B2C 的环境下是大量存在的，特别是银行、网络公司、商超等企业。例如，银行的休眠卡客户一般在发卡总数的 60% 以上，但这些休眠卡都是需要成本的，包括信用卡主机系统、信息系统、电话中心、服务中心维护客户的信息所需的设备和营运成本，休眠卡大量积存也使设备运营效率下降。因此，银行采取的办法是限制顾客开卡的数量，从而增加顾客的单卡使用量。不过，很多企业在激活休眠顾客时并没有特别有效的方法，曾经有 17 家金融机构实施了长达 1 年的抽奖活动，特约商户在刷卡消费时，如单笔签账金额达到或超出 100 元就可参加抽奖活动，总奖额高达 500 万元，最大的单项奖为一辆轿车，但激活的效果并不是非常好。其他常用的方法包括抽奖、会员群捆绑、会员生日、每月会员日、老客户奖励捆绑新客户使用、积分奖励、现金回馈、特约户折扣优惠、俱乐部服务等，但总体上效果不尽如人意。

激活休眠顾客应当从消费者的行为动机角度分析。已有的研究对营销互动参与的动机进行了研究，结果发现主要包括以下几种动机：获取利益、表现和提升自我、建立社会关系、利他、娱乐、便利和问题解决。这些动机可以划分为两类（如表 10-8 所示）：一是保健型（销售型）的策略，包括获取利益、便利和解决问题；二是激励型（营销型）的策略，包括表现和提升自我、建立社会关系、利他、娱乐。保健型策略主要用于刺激短期的销售，具有快速和短期激活的特点；激励型策略主要用于建立双方之间的关系。在激活休眠顾客时，可以考虑两种策略结合使用，这样既可以达到短期激活目标，也可以达到长期建立关系的目标。

在操作时，须首先将激活信息送达休眠顾客，之后才能够启动表 10-8 所示的操作。激活信息送达的主要方式包括人员拜访、短信、邮件、微信、微博发布等，也可以通过公司的网站、公共媒体、店内 POP 等方式触达顾客。另外，当信息三次到达休眠顾客均没有激活该顾客时，那么就可以放弃该顾客。

表 10-8　休眠顾客激活的基本策略

参与动机		策略
保健型	获取利益	积分奖励、抽奖、现金回报、赠券、折扣等
	便利和解决问题	赠送售后服务、上门服务、多项服务打包、联合品牌推广等
激励型	建立社会关系	品牌社区服务、会员活动、会员交流平台、专属交流平台、参加培训班、加入在线社群等
	表现和提升自我	贵宾和特殊通道、忠诚计划设计、会员荣誉、会员特殊展示、竞赛奖励等
	利他	组织参加公益活动、组织捐赠、事业关联营销、提供会员信息分享机制、提供会员互助通道等
	娱乐	小游戏、娱乐活动、比赛（棋牌、球、唱歌、书法等）、好奇类活动（拆字解谜、悬疑、解密等）

第五节　数字化深度营销

在数字化深度营销方面，需要关注如何通过数字化手段促进顾客的重复购买、交叉销售、增值销售、组合销售和社群变现，此时定向推荐和重定向推荐是需要关注的核心内容。除此之外，数字口碑和裂变营销也是数字化深度营销的重要内容，相关内容可以参见第八章"数字整合营销传播"。

一、重复购买与重定向

在数字化运营环境下，顾客购买的频次、金额和时间等均有详细的数据记录，这时就可以在恰当的时候进行产品的定向推荐和重定向操作，提醒顾客购买将获得促销优惠，以便触发重复购买。重定向是指在某些特定场景下向公司已有的顾客推荐特定产品的行为。重定向推荐可以分为以下几种类型。①消费习惯重定向。它是指消费者在购买某些产品时有一定的时间间隔性和规律性，这时就可以根据顾客购买的时间间隔规律进行精准推荐。例如，很多人习惯在早上上班时喝一杯咖啡，一些咖啡企业就会在每天早上向顾客推荐限时的咖啡购买优惠券，从而提升重复购买的频次。当企业发现产品具有周期性和规律性时，就可以根据消费习惯实施重定向营销。②销售环节重定向。它指顾客由于各种原因没有走完销售的环节，此时就可以采取重定向的方式提醒消费者完成购物环节。例如，当顾客放在购物车中的产品长时间没有下单购买时，企业就可以通过给予优惠券等方式向顾客推送信息提醒顾客购买。顾客收藏、加购物车、支付、口碑传播等环节均是实现重定向的关键销售环节。③地理位置重定向。它指顾客重复在同一地点出现时，企业向该顾客推荐产品的行为。地理位置重定向也被称为位置服务或位置广告，它是在识别了同一顾客进入地理区域之后的营销推荐活动。④刺激反馈重定向。它是指向顾客推送产品信息之后，如果顾客产生了积极的反馈，就进行进一步的重定向操作。例如，企业通过智能语音筛选有购买意向的顾客，并与这类顾客进一步接触，以期销售产品。除了上述操作之外，企业也可以采用关联销售的重定向，即向购买某些产品的顾客推荐其他关联产品的行为，以便提升顾客的复购率。

提升顾客复购率的有效途径和方法包括提醒、产品推荐、优惠券、积分、以旧换新等，由于单次提醒的转化率并不高，还需要配合各类促销活动，因此一些企业为了提升复购率推出了定期购，也就是顾客一次性支付，之后按顾客要求进行定期发货。

二、交叉销售和增值销售

交叉销售是指向购买A产品的顾客销售有关联关系的B产品，A和B产品常常会出现在同一个顾客的购物篮中，从而形成关联组合产品。超市中常看到的洗发水配护发素和方便面配火腿肠的促销均属于交叉销售。较为著名的"啤酒和纸尿裤"案例是较早的交叉销售实践。交叉销售的机会可以通过关联分析后得到。常见的交叉销售包括以下几类：①产品配套关联，它指两个产品在使用场景上的配套，如猫眼电影在顾客购票时会推荐爆米花套餐，即电影票和爆米花的关联组合；②上下游关联，它指两个产品先后出现所产生的关联，例如在顾客买机票时推送酒店和接送机优惠券；③平台产品关联，它指系列产品均属于某个平台或者企业，且产品间无直接竞争关系，此时就可以推出全系列不同产品组合的关联礼品卡，让顾客进行选择，例如中粮旗下的米面粮油等品类，在过年时就会推出相关的关联礼品卡；④地理位置关联，它指不同产品或服务由于地理位置靠近而形成的关联关系，例如在便利蜂某店购买了产品，会收到附近餐馆的优惠券。交叉销售是数字化客户关系管理的重要手段，也是提升顾客资产的重要方法。一些人将增值销售也纳入了交叉销售的范畴。

增值销售是指在顾客购买预算允许的范围内创造更多的销售，例如在面馆点了一碗清汤面，店员会问要不要加个卤蛋。一些企业为了达到增值销售的目的，将多个产品设计为互补的形式，在顾客购买时不断推荐关联产品，从而将顾客锁定为忠诚顾客。例如，移动通信公司一般会在顾客购买宽带时推荐家庭号卡、电视宽带、监控摄像、云服务等业务，顾客绑定之后就很难离开。

三、组合销售和社群变现

组合销售和社群变现是数字化客户关系管理中常用的方法，它的主要操作是将顾客集合起来形成顾客资产，并利用顾客资产盈利。典型的方法是社群变现模式，该模式可以从"是否向会员销售"和"是否将会员作为资产"两个维度出发思考如何进行社群变现。是否向会员销售指产品是否直接销售给社群成员,由于很多情况并不适合向会员直接销售产品,这时就需要获得直接销售之外的盈利来源。是否将会员作为资产指是否把大量顾客看成一个整体的顾客资产,并利用顾客资产获利。由此,可以将社群变现划分为四种模式,分别是集中采购模式、直接销售模式、异业合作模式和合伙赚钱模式(如图 10-11 所示)。

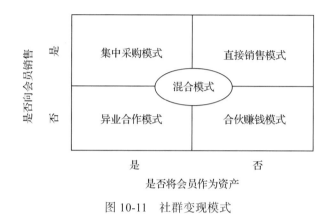

图 10-11　社群变现模式

第一种是直接销售模式。直接销售模式是将产品直接向社区成员销售,从社区成员那里直接获得收益。这种模式主要针对提供特定价值商品或专业服务的企业,例如,移动通信公司的产品具有一定的垄断性,往往较容易构建社群展开销售。第二种是集中采购模式。集中采购模式指利用会员人数众多的特征,通过集团低价采购的方式让会员获得收益,并实现社群运营者变现。典型的例子是一些大型社区的物业管理公司,为居民集采水果和一些必需品,在为居民带来利益的同时,物业公司可以获得一定的利润,并与居民建立良好的关系。第三种是异业合作模式。异业合作模式指将社区成员当成顾客资产,与其他企业或社区合作进行顾客资源的交换。典型的例子是企业利用"联邦计算"进行顾客资源互换操作,从而形成广告信息相互投放的局面。第四种是合伙赚钱模式。合伙赚钱模式的基本操作是社区成员共同开发产品向外销售,从而形成合伙赚钱的体系。这种变现模式在一些专业的社群是比较常见的。

本章小结

1. 数字化客户关系管理是企业在数字环境下对已有顾客的管理,它通过识别和分类管理顾客,提升可盈利顾客的满意度和忠诚度,从而使可盈利顾客更多地购买产品。数字化客户关系管理是基于数字化体系下的顾客识别、顾客分类、顾客满意、顾客忠诚和深度营销等循环往复的管理体系。

2. 数字环境下的客户识别包括顾客标签和顾客画像。企业也可以通过顾客终身价值评价顾客,从而对顾客进行识别。顾客分类管理包括顾客类别划分和顾客类别管理两个步骤。其中,顾客类别划分包括先验和后验两种分类方法,顾客类别管理包括 ABC 分类管理、RFM 分类管理和金字塔分类管理等方法。

3. 顾客满意的测量包括顾客满意指数测评方法、卡诺模型测评方法、净推荐值分析等方法。在数字环境下，提升顾客满意的手段包括顾客触点管理和顾客旅程管理。

4. 数字化顾客忠诚管理的主要内容包括会员顾客的忠诚计划、顾客社群管理、顾客流失和赢回管理、休眠顾客激活管理等。

5. 数字化深度营销关注如何通过数字化手段促进顾客的重复购买、交叉销售、增值销售、组合销售和社群变现等，其中定向推荐和重定向推荐是深度经营的核心内容。口碑传播和裂变营销也可以纳入数字化深度营销的范畴，这部分放在其他章节描述。

重要术语（中英文对照）

数字化客户关系管理 Digital Customer Relationship Management

社会化客户关系管理 Social Customer Relationship Management

顾客识别 Customer Identification

顾客终身价值 Customer Lifetime Value

顾客分类 Customer Classification

金字塔分类管理 Pyramid Management

顾客满意 Customer Satisfaction

顾客触点管理 Customer Touchpoints Management

顾客旅程管理 Customer Journey Management

顾客忠诚 Customer Loyalty

重定向 Retargeting

顾客流失 Customer Churn

顾客赢回 Customer Win Back

交叉销售 Cross Sale

思考与讨论

1. 数字化对客户关系管理的影响主要体现在哪些方面？

2. 数字化环境下的顾客识别和顾客分类主要包含哪些方法？

3. 数字化顾客满意和顾客忠诚管理需要做哪些主要的工作？

4. 数字化环境下如何实现顾客的重复购买和深度营销？

案例实战分析

星巴克数据驱动——数字飞轮战略

星巴克于 2016 年提出要加速数字飞轮战略实施，并计划五年后在全球增加约 12 000 家新店，总数达到 37 000 家店。数字飞轮战略进一步明晰了星巴克数字化转型将围绕移动端进行布局的策略，并明确提出了将从四个方面开展工作，即星巴克会员体系、移动支付、个性化体验和移动端购买体验。

星巴克数字飞轮战略是基于数据驱动业务，通过手机移动端推广使用，提升使用手机订购和支付的客户体验，从而促进销售。星巴克奖励活跃会员中约 2/3 的人使用手机支付，约 1/3 的人使用手机订购和支付。

星巴克的成功要素在于将"客户关系"视为关键资产，星巴克将与客户建立紧密联系作为其战略的核心要素，尤其是数字化的会员体系管理。数字化会员体系管理的第一步，是实现客户识别的数字化。客户通过注册"星享俱乐部"账户即可免费成为银星级会员，会员体系的进入门槛较低，注册即可。打通不同渠道和平台的会员积分系统，客户可以同时在多平台及第三方合作渠道积累星巴克会员星星，即不仅限于星巴克 App，比如绑定招商银行卡后，到店支付使用招商银行卡，就能识别星巴克会员身份并进行消费积分累计。星星到了一定级别，就可以兑换免费咖啡或者优惠券。通过数字化的客户关系管理，全渠道客户都能实现身份的识别。

门店＋App＋小程序＋公众号＋微博，是星巴克在中国市场的主要会员营销渠道，其中星巴克中国的官方 App 是集储值、客户流量、消费大数据等功能于一体的会员平台，不仅可以实现点单、支付、到店取、外送，还能购买各种星巴克周边，如之前爆红的星巴克猫爪杯等。同时，星巴克的会员体系管理还拓展了更多合作伙伴，如与支付宝会员打通。积分是客户忠诚的重要元素，同时促销推送和产品推荐也是"客户忠诚变现"的重要元素。当你打开星巴克 App 时，不仅显示星星数量，还会有产品推荐，如"15 颗星星可兑换轻食"，同时还有附近店的促销推荐"指定饮品双杯 55 元"，既可以用啡快在线点、到店取，还能专星送，满 20 元就免运费。通过积分、促销推送和产品推荐的不同组合去增加产品销售机会，客户也能看到个性化的忠诚回报。

随后，超过 2 000 万名星巴克 App 用户可以完全享受一对一的个性化内容。基于星巴克推行数字化之后常年的数据积累，海量活跃客户带来了海量的高质量数据，星巴克的算法会将客户购买咖啡的数据（何时何地买了何种咖啡）与其他数据相联系，如天气、节假日等，然后向客户实时实地推荐产品和推送促销优惠。这样根据历史消费习惯进行的产品预测，实现了客户的个性化体验和订单预测。与过去传统的电子邮件营销策略不同，星巴克也在研究基于 AI 的实时个性化引擎，该引擎将公司的个性化电子邮件优惠从每周约30 个变体增加到每周超过 400 000 个变体。星巴克表示："没有变式，围绕特定优惠也没有预先确定的算法。"未来星巴克计划将算法扩展到电子邮件和移动端的推送之外，在更多面向消费者的屏幕上推出个性化通信，比如登录之后的店内屏幕展示和免下车的订购通道。

星巴克基于数字化客户关系管理，以星巴克 App 作为载体，将全渠道订购的促销推送、产品推荐和会员积分放在首页，持续为客户提供更加便捷的咖啡订购场景，连接起店面、星礼卡和移动运用的生态圈，并拓展到支付方式等外在生态系统，用灵活的触点交互明显提升星巴克的客户满意度和忠诚度，真正实现了数据驱动业务发展。

资料来源：星巴克官网，https://investor.starbucks.com/。

案例问题

星巴克的会员体系是如何进行客户的数字化识别的？星巴克会员体系是如何进行客户的数字化分类和实现个性化体验的？

参考文献

[1] 王永贵，马双.客户关系管理 [M]. 2 版.北京：清华大学出版社，2021.

[2] 苏朝晖.客户关系管理：客户关系的建立与维护 [M]. 2 版.北京：清华大学出版社，2010.

[3] 史雁军.数字化客户管理：数据智能时代如何洞察、连接、转化和赢得价值客户 [M].北京：清华大学出版社，2018.

[4] 古普塔，莱曼.客户终身价值：企业持久利润的源泉 [M].王霞，申跃，译.北京：电子工业出版社，2015.

[5] 刘回春.《2021 亚洲品牌足迹报告》发布 伊利持续领跑快销品市场 [J].中国质量万里行，2021（7）：50-51.

[6] 杜卡.美国市场营销学会顾客满意度手册：研究、计划和实施指导 [M].吕一林，阎鸿雁，译.北京：中国宇航出版社，2001.

[7] FORNELL C. A national customer satisfaction barometer: the Swedish experience[J]. Journal of Marketing, 1992, 56(1): 6-21.

[8] FORNELL C, JOHNSON M D, ANDERSON E W, et al. The American customer satisfaction index: nature, purpose, and findings[J]. Journal of Marketing, 1996, 60(4): 7-18.

[9] 国家质检总局质量管理司，清华大学中国企业研究中心.中国顾客满意指数指南 [M].北京：中国标准出版社，2003.

[10] 张雪，贺雪梅.基于用户行为触点的厨房家电设计：以电压力锅为例 [J].工业设计，2022（3）：25-27.

[11] HOMBURG C, JOZIC D, KUEHNL C. Customer experience management: toward implementing an evolving marketing concept[J]. Journal of the Academy of Marketing Science, 2015, 45(1): 377-401.

[12] 梅克勒，内尔，派克，等.从"接触点"到"客户旅程"：如何从顾客的角度看世界 [J].上海质量，2016（12）：41-45.

[13] HALVORSRUD R, KVALE K, FØLSTAD A. Improving service quality through customer journey analysis[J]. Journal of Service Theory and Practice, 2016, 26(6): 840-867.

[14] SHAW C, IVENS J. Building great customer experiences[M]. London: Palgrave Macmillan, 2002.

[15] SCHAU H J, MUÑIZ JR A M, ARNOULD E J. How brand community practices create value[J]. Journal of Marketing, 2009, 73(5): 30-51.

第十一章
数字营销效果评价

学习目标

（1）描述数字营销效果的基本概念；
（2）讨论数字营销的市场反应评价的基本内容；
（3）讨论数字营销的心理效果评价的基本内容；
（4）讨论数字营销的接触过程效果的基本内容。

导引案例

抖音的排名推荐

抖音是 2016 年 9 月上线的一个短视频平台，该平台上线之后迅速受到消费者的喜爱。到 2021 年，抖音的日活用户超过 6 亿人，视频日搜索量超过 4 亿次。抖音的推荐算法一直被认为是抖音在市场中竞争的关键因素，那么它的排名算法包括哪些内容呢？

（1）流量池。视频发布后会进入冷启动池，流量通常是 300 ~ 500 人，一般由粉丝＋朋友＋可能认识的人＋少量标签匹配的用户构成，随着播放量的增加依次进入初级流量池、中级流量池和高级流量池。

（2）推荐因子。字节跳动创始人张一鸣在极客公园创新大会上透露，其算法逻辑是基于用户的动作特征（包括点击、停留、转发、滑动、评论、分享）、环境特征（GPS 定位、是否 Wi-Fi 环境、是否节假日）和社交特征（微博关注关系、历史微博内容等）等信息来推荐的。主要的推荐因子有播放量、完播率、点赞量、评论量、转发量、视频带粉等方面。各项因子的权重依次为：转发量＞评论量＞点赞量＞完播率。热度权重根据时间择新去旧，视频的热度一般最多持续 1 周。一般而言，决定质量的四个核心指标是点赞率、评论率、完播率、转发率。

（3）视频推荐。抖音的推荐系统主要包括三部分：顾客画像、内容画像、顾客与内容匹配。①顾客画像。顾客画像包括基础行为标签、履历标签、爱好标签、消费标签、行为标签等标签。②内容画像根据内容的层级分类、关键词、实体词等分析出特点，给各类内容打上相关的标签。③顾客与内容匹配，有了顾客标签和内容标签之后，系统根据顾客画像、内容画像，在内容池里面匹配出顾客喜欢的内容然后展示出来。系统通过算法进行内容画像与顾客画像之间的匹配，将内容精准投向特定的顾客。

资料来源：

带刺儿的玫瑰瑰．抖音算法机制底层逻辑．微信公众号"带刺儿的玫瑰瑰"．

新奇君．抖音排名算法解析．微信公众号"新奇君"．

王婵娟．抖音推荐算法初探[J]．科技与创新，2019（24）：110-111.

第一节　数字营销效果评价概述

数字营销效果评价是指评估数字营销策略达到的营销目标程度。数字营销效果是销售、心理、接触过程等效果的总和，企业可以通过设定单一目标进行效果评价，也可以通过综合评价的方法进行效果评价（如图 11-1 所示）。数字营销效果的评价与营销的目标设定有很大的关系，当目标设定之后就可以选择相应的评价体系和方法进行效果评价。一般而言，营销的目标主要包括短期的目标和长期的目标两类。典型的短期目标包括市场目标和顾客目标两类：市场目标包括促进产品销售、提升市场占有率、提升市场增长率等；顾客目标包括获取新顾客、活跃老顾客、促进顾客购买、赢回流失顾客等。但是，企业还需要关注营销的长期目标，典型的长期目标包括品牌目标和长期顾客目标。品牌是需要通过长期努力才能够完成建设过程的，品牌目标包括构建品牌认知度、品牌美誉度、品牌联想等；长期顾客目标包括顾客满意、顾客忠诚、顾客复购、顾客交叉购买等。短期目标和长期目标均可以采用多种方法进行评价，并不一定限定在其中一种方法。例如，当人们确立将长期顾客目标作为主要的评价标准时，可以采用如图 11-1 所示的心理效果评价，通过测量顾客的满意度和忠诚度来评价顾客的长期合作稳定性，也可以通过接触过程指标中的复购期限和购买量、交叉购买量等指标来评价顾客。

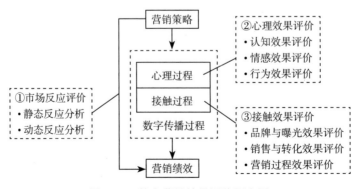

图 11-1　数字营销效果评价概念图

图 11-1 描述了数字营销效果评价的三类方法。第一种是市场反应评价。市场反应评价是一种基于企业经营中产生的数据进行的效果评价，它通过建立营销策略与销售、市场占有率等营销绩效之间的函数关系，来评价营销策略带来的市场反应和营销效果。市场反应评价通常采用概率模型、时间序列模型等评价方法，它一般不关注营销策略带来的过程和心理变化，而是通过投入产出评价的方法来测量营销策略的效果。

第二种是心理效果评价。心理效果评价讨论的是营销策略和营销绩效之间的变化机制，它讨论营销策略输入带来的心理和行为变化，研究的是营销策略带来的信息加工和决策行为结果。心理效果评价主要用于广告信息效果评价、品牌认知评价和顾客满意评价。在数字营销环境下，心理效果评价也可以通过对顾客评论的文本挖掘方式展开。

第三种是接触效果评价。接触效果评价也称为媒体效果评价，它指对顾客的触达效果进行评价，这类评价采用的是如第六章所述的各类媒体效果指标，在评价过程中可以通过埋点和客户端获取实时数据，能够快速响应和敏捷迭代。接触效果评价已经成为数字营销环境下营销效果评价的主流方法。

除此之外，营销传播的事前测试也是非常重要的，它是指在营销策略实施之前进行的一系列评价。由于营销策略投放之后，企业花费的成本将无法直接收回，只能通过销售或者顾客重复购买等短期和长期的方式收回，由此营销策略投放的风险是很大的，为了减少投放的不确定性，需要事前对营销策略进行评价，从而降低失败的概率。研究表明，事前进行广告测试是非常重要的，相比不进行事前测试，进行事前测试能够使广告的成功率提升 18 个百分点，失败率下降 27 个百分点[1]。营销的事前测试一般需要测试广告样片、创意、内容、识别线索等内容，可以参照本章的第三节"心理效果评价"部分。

第二节　市场反应评价

一、市场反应评价概述

市场反应评价方式是建立营销投入和销售产出之间的计量模型，从而判断哪些营销投入对销售产出有显著的影响，进而提升营销投入的效果。市场反应评价方式并不考虑营销投入产生的消费者信息加工和决策过程，也不考虑营销策略在消费者接触过程中产生的效果，而是仅仅考虑投入和产出之间的关系。市场反应评价产生的原因主要是数据具有可获得性，同时相关的统计学和计量经济学模型比较成熟，因此可以建立具有实际操作价值的分析方法。市场反应评价方法早在 20 世纪 60 年代就开始被广泛应用，专家学者出版了多部相关专著[2]。

市场反应评价方式的主要优势是采用真实的数据进行分析，能够有效计算出投入与产出之间的关系，而且可以按照时间和季节的变化分析影响销售产出的因素。不过，市场反应评价方式也存在着一些问题，首先是影响销售的因素是极为复杂的，在构建市场反应模型时往往很难明确销售是营销投放带来的还是环境干扰因素带来的，因此在实践中需要排除大量的影响因素才能够确认营销投放的效果。对于一些成熟的品牌而言，广告销售弹性仅达到

$0.1^{[3]}$，也就是说当广告增量达到原有投放的 10 倍时，销量仅仅只能增长 1 倍。但是，企业在投放广告时往往具有效果曲线的不对称性，即营销投放已经达到饱和状态，进一步投放也不会产生非常大的效果，而不投放广告时销量会下降非常快，这就导致企业必须在市场中保持一定的声音份额，即使不产生效果也必须进行营销投放。产生这一现象的原因是市场竞争激烈，竞争对手大量投放广告，导致企业不得不大量投放广告。另外，尽管广告投放的效果并不大，但当企业持续不断投入时，广告累积的效果将可能非常大。

式（11-1）和式（11-2）是典型的市场反应模型表达式[2]。

$$Q_t = f(A_t, E_t) \tag{11-1}$$

$$A_t = f(P_{t-1}, Q_{t-1}) \tag{11-2}$$

式中，Q_t 是企业在 t 时刻的单位销量；A_t 是企业在 t 时刻的广告费用；E_t 是在 t 时刻影响销售的环境因素；P_{t-1} 是企业上一期产品的价格；Q_{t-1} 是企业上一期的销量。

上述公式的基本逻辑是企业的产品销量受到广告投入和其他环境因素的影响，其中，其他环境因素包括人口规模、个人可支配收入、竞争因素等方面。而广告投放量受到上一期产品市场价格和销量的影响，即企业是否投放广告取决于上一期的价格和销量情况。

市场反应评价包括静态反应分析和动态反应分析两类，静态反应模型不考虑时间带来的影响，动态反应模型考虑时间变化带来的影响，以下对这两类模型进行介绍。

二、静态反应分析

静态反应分析主要针对某个时点的截面数据展开分析，它反映了某个时点营销投放与营销效果之间的关系。典型的静态反应模型包括基线分析、竞争结构分析、概率模型、离散选择模型等，以下对这几类典型的静态分析模型进行介绍。

（1）基线分析。基线值是指当没有任何促销或广告等营销投放时的销量，用投放了促销和广告等营销资源之后的销量减去基线的销量就可以得到营销投放的效果。基线销量一般用前基线销量和后基线销量的平均值来估计。

（2）竞争结构分析。竞争结构分析是对多个竞争对手的销量、市场占有率、增长率等销售相关数据进行分析，以及对顾客偏好、顾客满意等态度数据进行交叉列表或知觉图分析。知觉图分析有很多种工具可以采用，包括对应分析图、多维标度分析图、因子分析图、二维气泡图等。

（3）概率模型。概率模型（Probability Model）是在概率分布的基础上用于拟合顾客行为的模型。概率模型可以解决消费者行为的基本营销问题，包括时间、数量和选择等问题。典型的概率模型包括 Bass 模型、泊松模型（Poisson Model）、NBD（负二项）模型等。概率模型需要的数量维度较少，在拟合和预测顾客行为时有较高的价值（如表 11-1 所示）。概率模型也可以通过对分布的解释进行顾客行为的影响分析，典型的如泊松回归。概率模型作为静态模型在进行数字营销效果评价时可以非常广泛和灵活地应用。

表 11-1　概率模型解决的基本营销问题

顾客行为	营销问题	典型的概率模型
时间行为	新产品扩散	Bass，指数模型，Weibull
数量行为	购买数量、点击数量	Poisson，NBD，Beta-Binomial
选择行为	产品选择、商店选择	Dirichlet-Multinomial
混合行为	上述的综合行为	NBD-Dirichlet

（4）离散选择模型。离散选择模型主要用于研究顾客的选择行为，它描述的顾客行为是在多个备选项中进行选择的行为。该模型可以计算出每个选项被选择的概率，并解释哪些因素影响顾客的选择行为。离散选择模型可以变成分层次的模型，用于解决多水平条件下的选择问题，也可以变成分群体的模型，用于解决不同细分群体的选择问题；个体层面的模型用于描述每个个体的选择行为。离散选择模型在评价顾客选择行为时是非常有效的模型，它可以非常好地分析营销策略的效果，并描述哪些营销策略能够产生更好的效果。

三、动态反应分析

动态反应分析是针对时间带来的动态变化进行营销投放的效果评价，它可以分析营销策略的延迟、累积、递减等效果。在进行动态反应分析时，企业需要考虑多个可能产生影响的因素，包括以下三个方面。①延迟效果。营销投放具有延迟效果，即当企业进行营销投放时，上一期营销投放的影响会留存到往后多期当中，相关的研究表明这种延迟效果甚至可以留存 4～5 年[3]。产生延迟效果的原因是人们能够记住企业传播的品牌信息，当他们准备购买相关的产品时，就会激活意识域，使该品牌进入购买的选择集之中。延迟效果一般用保留率来进行表征。②累积效果。营销投放具有累积性，随着投放的逐渐增加，消费者不断受到信息的刺激，尽管每一次的效果不高，但有可能产生强烈的累积效果。例如，美国一个酒类品牌"绝对"投放的广告弹性很小，但是该品牌通过持续 20 年的投放，市场占比从 1% 上升到12%[3]。③递增到递减效果。对于企业而言，营销的效果往往在初期是递增的，但是到拐点之后效果就会递减。有研究表明递减效果发生在广告投放之后的 6～12 个月，这时就需要再一次投放新的广告提升营销传播的效果。另一方面，对于消费者熟悉的品牌而言，营销投放的效果不如新品牌的效果好。

动态反应模型大多采用计量经济学中的时间序列方法，它通过建立公司的经营结果（y）与营销传播投放（x）之间的时间序列关系，评价哪些营销传播投放产生了效果，从而为下一阶段的营销传播投放提供指导。也有研究者将动态反应模型称为销售效果评价，他们认为营销效果评价应当重点关注广告的直接销售效果测量，这样得到的研究结果才对实践有指导意义[4]。这类评价方法并不关注广告是如何产生效果的，也不关注其内在机制是什么，它只是讨论营销传播投放（x）与销售额等经营结果（y）之间的关系，因而它将营销传播产生效果的机制看成一个黑匣子。这也是营销模型和消费者行为的两大主流营销研究方向之间的差异，营销模型关注的是营销传播的市场反应，也被称为市场反应模型研究。消费者行为则关注的是营销策略产生效果的心理和行为机制，它的作用是打开黑匣子。

销售效果评价的典型问题是："应当如何分配营销费用？""哪一种营销传播方式能够产生更大的销量？""哪些媒体渠道有更好的效果？"典型的营销策略变量包括不同媒体渠道投放量、不同营销策略投放量，典型的因变量（y）包括销售收入、市场占有率、品牌选择（Brand Choice）、广告弹性（Advertising Elasticity）等[1]。企业采用动态反应模型进行销售效果评价时，就可以在模型中考虑营销策略的延迟、累积、递减等效果。典型的销售效果评价模型如下。

$$S_t = a_0 + \sum_k^m \lambda_k S_{t-k} + \sum_{j=0}^n b_t A_{t-j} + \varepsilon_t \qquad （11\text{-}3）$$

式中，S_t 为 t 时刻的销售额；λ_k、a_0、b_t 为常数，$0 < \lambda_k < 1$；S_{t-k} 为 t 时刻前 k 时刻的销售额；A_{t-j} 为 t 时刻前 j 时刻的不同媒体渠道的营销投放费用；ε_t 为随机扰动项；m、n 为测量周期变量。

当广告是当期发生的（$j = 0, k = 1$）时，式（11-3）变为（Koyck 模型）。

$$S_t = a_0 + \lambda_1 S_{t-1} + b_t A_t + \varepsilon_t$$

其中，考虑前期的不同媒体渠道的营销投放费用 A_{t-j} 关注的是广告等营销投放的滞后效果，即前期的广告投放会产生后续多期的影响。考虑前期的销售额 S_{t-k} 主要是关注广告等营销投放的累积效果。而 λ 则表示了广告投放的递减效果，λ 也称为保留率，描述的是上一期广告等营销投放在本期还留存多少影响。如果考虑广告等营销投放的非线性影响，可以将模型变成指数模型。

需要指出的是，动态反应分析的方法主要是在数据不够丰富的时代出现的，采取这类模型需要的数据比较简单，它只需要企业记录广告等营销投放以及销售额等营销结果变量就可以进行相应的效果评价分析。不论是静态反应模型还是动态反应模型，其基本思想都是将营销简化为两类变量，一类是广告等营销投放变量，另外一类是销售额等营销结果变量。如果我们用漏斗模型进行思考，就可以将广告等营销投放变量看成漏斗上部的投入变量，销售额等营销结果变量看成漏斗下部的营销结果，这样就可以统一用漏斗模型来思考营销的效果评价体系。

在数字营销的环境下，由于数据极大丰富成为营销环境的常态，市场反应模型也发生了较大的变化，分类分析等大数据的方法被企业大规模使用，此时营销的各个环节均可以进行定量研究。在第一章提到的水池模型中，如果每一个营销过程都用市场反应模型进行分析，就可能打开消费者行为的黑箱，使市场反应模型跨越漏斗的输入和输出分析状态。在新的技术不断发展的今天，一些基于技术手段的效果评价也逐渐出现，这将成为未来营销效果评价的新方式。

小案例　　　　　**通过计算机视觉技术评价营销效果**

直播带货通过在线平台向消费者展示各种产品，拓展了产品上市的渠道。直播带货已经被 Amazon Live、淘宝直播等多个平台推广，它是技术与营销的结合。在技术方面，直播带货整合了视频流广播平台、电子支付系统和物流，实现了高效交付和无忧退货。在营销方面，直播带货将娱乐与零售融为一体，借助影响者营销扩大覆盖范围，缩短购买的过程。在典型的直播带货中，销售者通过详细介绍商品的功能、优点、价格和折扣，宣传购买的迫切性，推动潜在客户进入购买漏斗。

在对直播带货的效果进行分析时，企业可以通过计算机视觉技术评估销售者情绪对直播带货的影响。具体而言，就是应用人工智能技术自动检测每帧销售者的面部，提取情绪表达，并与实际顾客的行为数据相关联以产生分析结果。

营销学者分析了大量的直播带货视频，从中提取销售者的情绪并与实际销售交易进行匹配。结果显示，随着时间的推移，最大销售阻力大约是接近直播带货的中间时段，而销售阻力最小的是直播带货的开头和结尾。这种 U 形销售阻力曲线为销售者提供了可操作性的知识：在直播开始和结束时销售者的情感展示有助于吸引顾客，并帮助销售人员与顾客建立融洽的关系。

企业将来可以运用新技术分析各种新型数据来评价营销效果。例如，通过计算机视觉技术分析视频数据，评估销售者情绪对直播带货的影响。面部表情分析对培训销售者有潜在价值。企业也可以分析视频片段，了解每个销售者直播带货的优点和不足，从而优化销售过程和销售培训。

资料来源：BHARADWAJ N, BALLINGS M, NAIK P A, et al. A new livestream retail analytics framework to assess the sales impact of emotional displays[J]. Journal of Marketing, 2022，86(1): 27-47.

第三节　心理效果评价

一、心理效果评价概述

有大量的影响因素对营销策略的心理效果产生作用。从信息传播角度看，广告的诉求、广告类型、采用的媒体、投放的频次、竞争的干扰程度、投放的环境因素等都会对受众的信息加工产生影响[5]。另外，从动机 – 机会 – 能力（MOA）角度看，影响消费者心理的个人因素也是非常多的，它取决于消费者信息加工和决策的动机，在决策过程中有没有获得信息的机会，以及消费者在信息加工和决策时的产品知识和经验等[1]。

Vakratsas 和 Ambler 总结了 20 世纪 60 年代至 20 世纪 90 年代的 250 余篇营销类文献之后认为，消费者的广告反应是通过认知、情感和体验三个维度产生作用的[6]。人们可以用这三个维度来界定以往所有的心理效果模型，并将所有模型划分为七类，这七类中有六类是心理效果评价模型（如表 11-2 所示）。

说服层次模型（如表 11-2 所示）在消费者的信息加工中有着非常重要的地位，典型的说服层次模型是 1898 年提出的推销员模型 AIDA（参见第八章）。一般认为，心理效果评价的基本逻辑遵循"认知→情感→行为"的层次过程，因此，人们可以通过对这三个环节进行测试来评价消费者的心理效果。例如辛普认为，广告效果评价需要按以下顺序进行：品牌认知 /

回忆→广告诉求和要素的回忆→情感 / 情绪反应→品牌态度和偏好转变→购买行为[7]，在这一效果评价的顺序中，我们可以非常清晰地看到"认知→情感→行为"的层次过程。

表 11-2　基于认知、情感和体验的七种信息加工模型[6]

模型名称	模型描述	测评要点
市场反应模型（Market Response Model）	营销策略输入变量和输出变量之间的关系模型	统计测评模型。只需考虑营销策略输入和输出两个测评点，典型情况是采用计量经济模型
认知信息模型（Cognitive Information Model）	认为消费者是纯理性的，仅从理性视角评价营销策略	心理效果评价模型。仅对产品或广告或品牌的认知属性进行评价
纯情感模型（Pure Affect Model）	认为消费者是纯感性的，仅从情感的视角评价营销策略	心理效果评价模型。仅对产品或广告或品牌的态度和情感进行评价
说服层次模型（Persuasive Hierarchy Model）	认为消费者的信息加工是"认知→情感→行为"构成的层次说服过程	心理效果评价模型。对产品或广告或品牌的认知属性、情感态度和行为意愿进行评价
低涉入层次模型（Low-involvement Hierarchy Model）	在低涉入信息加工的情景下，遵循"认知－体验－情感"的说服路径	心理效果评价模型。对产品或广告或品牌的认知属性、使用或体验经验和行为意愿进行评价
综合模型（Integrative Model）	认为信息加工过程是认知、情感和体验的组合，但呈现何种层次说服状态与产品和情境有关	心理效果评价模型。根据广告产品类型的不同确定认知、情感、体验的顺序，低值产品情感和体验在前，认知在后，但高值产品认知在前，情感、体验在后
无层次模型（Hierarchy-Free Model）	认为信息产生的效果是认知、情感和体验三维空间上的某个点	心理效果评价模型。信息传播效果并没有固定的模式，可测量三个维度确定效果点

依据层次说服模型，图 11-2 描述了心理效果测量的基本模式和相关方法。在认知方面，主要测试消费者对广告、产品属性的认知和回忆。在情感方面，主要测试消费者对品牌和广告的态度、偏好和喜爱程度。在行为方面，主要测试消费者对产品的购买意愿或购买行为。

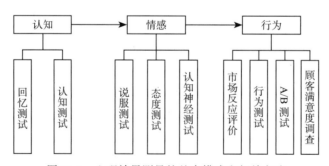

图 11-2　心理效果测量的基本模式和相关方法

在传统的心理效果评价中，访谈、问卷调查和行为实验是主要的研究方法，测试过程中需要招募参与者，操作难度是比较大的。在数字化环境下，人们的心理状态可以通过文本挖掘和在线测试的方式进行测评，测试的效率大幅度提升，成本也有所降低。

二、心理效果测试

（一）认知测试

认知反应指由于人们看到了外部信息并进行信息加工而自发产生想法的过程[5]，认知测试主要的目的是测试企业传播信息的认知度和记忆度。认知测试分为短期认知测试和长期综合认知测试。短期认知测试主要是考查顾客短期信息传播的记忆情况和认知情况，它具有短期性、实时性和目标性；长期综合认知测试主要考查顾客对公司品牌的市场认知，它体现了营销策略的长期性、累积性和综合性的效果。

典型的短期认知测试是布鲁姆测试[7]。该项测试是针对电视商业广告的消费者认知度进行测量，操作者将相关的广告图片在线展示给消费者样本，并对其广告识别、产品兴趣、广告增效、广告感受、广告态度等方面进行测量，其中广告感受由 27 个形容词构成，让参与者进行多项选择。另一项测试采用隔日回忆测试的方式，在第二天测试受众是否记住电视广告或杂志广告中的具体内容，并测试记得看过广告的受众占比。回忆测试也有很多争议之处，主要争论的焦点在于它对于情感类广告测试不是非常准确。需要指出的是，短期的回忆和认知测试在数字化环境下是有局限性的，在电视媒体占绝对优势的环境下，或者某一节目占据主导地位的环境下，采用短期的认知和回忆测试是有效果的，但在数字化环境下，信息过载非常严重，媒体形式变得极为丰富，消费者每天都接触大量的传统和数字化信息，针对某一些特定的广告进行专项评价的难度变得较大。不过，针对特殊的投放渠道，例如某些参与者众多的综艺节目，精准定向特定的人群，采用短期认知测试和回忆测试还是很有价值的。另外，企业常常通过前测和后测相比较的方式来测量营销策略的效果，例如，测试顾客品牌认知在营销传播前后的变化来判断营销传播的效果[1]。

长期综合认知测试主要是从品牌认知的角度开展的。在测量时可以考虑实施以下指标的测量[1]。①品牌的知晓度。测量的基本方法是品牌再认（Brand Recognition）和品牌回忆。品牌再认是从纷繁的环境中识别出品牌和品牌元素，品牌回忆则是测试有提示或者无提示条件下的品牌第一提及率，在测试时询问参与者了解某一品类的哪些品牌。②品牌形象。主要测试品牌在消费者心里产生的联想和图示，也可以通过信念（Belief）联想评价的方式测评品牌形象，操作时让参与者选择与品牌形象最为匹配的词语。③品牌知识。可以通过测量顾客对品牌的熟悉度来了解品牌知识的变化。一般而言，顾客品牌知识较高时，进一步提升整合营销传播的效果将会有一定的难度。④品牌认知。可以通过询问消费者是否了解某品牌的独特特征来测试他们对品牌的认知，也可以通过询问参与者对某品牌的想法，然后再进行编码来量化测试品牌认知。⑤品牌信任。品牌信任被认为是品牌资产中最为重要的变量之一，品牌信任可以用"您是否信任 ×× 品牌"来测量。

（二）情感测试

情感测试是评价消费者对广告、公共关系等营销策略的情感反应和态度。第一种情感测试是说服测试。

1. 说服测试

所谓说服，就是通过信息的传播和加工改变人们的态度。典型的说服模型是 Petty 等学者提出的精细加工可能性模型（ELM 模型）[8]，一些学者甚至认为 ELM 模型是最全面的广告模

型 [3]。在 ELM 模型中，说服的路径包括两条，分别是中枢路径的信息加工和边缘路径的信息加工。当信息加工动机较低，或者信息加工能力较弱时，受众启动边缘路径的信息加工，此时态度将不会永久改变。当信息加工动机较高，而且信息加工能力较强时，受众启动中枢路径的信息加工。

因此，我们在进行说服测试时可以考虑以下几个效果评价点。首先是说服的条件。按照 ELM 模型，说服的基本条件是动机、机会、能力，应当测试目标消费群体加工信息的动机，顾客是否产生了强烈的信息加工需求，顾客是否有意愿进行信息加工 [9]。测试目标顾客所处的场所是否有信息加工的机会，同时分析目标顾客的知识和能力。其次是边缘路径的线索测试，包括代言人测试、线索要素测试（例如品牌口号），它代表了边缘路径信息加工的强度。最后是态度改变测试。态度的改变可以采取前测 – 后测的方式进行，也可以通过实验组和对照组比较的方式进行。按照 ELM 模型可以得到如表 11-3 所示的说服效果测试示例。

表 11-3　说服效果测试示例

说服测试要点		典型测试问题
信息加工条件	目标顾客信息加工动机	目标顾客是否有强烈动机收看公司发布的信息
	目标顾客信息加工机会	目标顾客是否能在合适的场合和时间看到公司发布的信息
	目标顾客信息加工能力	目标顾客是否有足够的知识理解和记忆公司传播的信息
边缘路径线索	代言人	目标顾客是否喜欢公司的代言人
	信息线索（声音、颜色、数字、口号、品牌标识等）	目标顾客是否能够看到某种颜色就想起公司的品牌
中枢路径态度变化	对产品的喜爱和偏好	目标顾客是否喜欢公司的品牌
	态度改变	目标顾客是否在收看信息之后改变了对公司的态度
	对行为的预测	品牌态度是否持久稳定并预测行为

当然，说服测试还有非常多的方法 [3]，包括以下四种方法。①比较。通过与竞争品牌比较的方式说服顾客。②辩驳。先提出质疑，之后通过强有力的证据来反驳这个质疑。③反问。通过反问直接反击对手，例如通过反问"×××品牌真的是质量最好的吗？"直接反击对手。④支持。展示品牌的优点，提出支持品牌的要点。如果要测量这些说服方式的效果，可以通过 A/B 测试等方式进行。

2. 认知 – 情感测试

认知 – 情感测试是通过问卷调查等方式对参与者的认知反应、情感偏好、喜爱程度等进行测试，它来自认知→态度→意愿模型。认知是消费者对产品功能或属性的理性判断，典型的认知测量是让参与者列出自己的想法，然后通过编码的方式识别出品牌认知、广告认知等变量。但认知测量也可以直接让消费者对产品的属性或功能进行评价。态度策略是一种情感因素的测量 [6]，它是对人、事和问题进行整体评价。一般而言需要测量广告和品牌两个方面的态度，典型的态度测试问题是"你喜欢 ×× 广告吗？""你喜欢 ×× 品牌吗？"。广告态度和品牌态度还可以通过构建认知、情感与行为意愿之间的因果结构模型来进行营销策略效果的测量。例如，学者们用广告态度的双中介拓展模型来测试不同的品牌策略的效果 [10]，当采用品牌延伸策略的时候，广告态度对购买意愿的影响较小，品牌态度对购买意愿的影响较大，而且广告态度会显著影响品牌态度，这说明品牌延伸策略主要通过母品牌的态度影响购买意愿，而且延伸产品的广告会对母品牌的态度产生显著影响。因此，品牌延伸策略可以很好地借助人们对母品牌的态度，但如果新产品出现问题，也会对母品牌产生显著的负面影响。而采取子品牌策略时，购买意愿的主要影响因素是新产品的广告态度，母品牌态度也对购买意愿有显著影响，但影响较小。与品牌延伸策略不同的是，在子品牌策略下，新产品的广告态度对母品牌态度没有显著影响。这一结果说明，当企业采用子品牌策略时，企业的母品牌对子品牌有一定的正向影响，但企业需要重点关注子品牌的广告态度，同时即使子品牌策略失败，也不会对母品牌产生显著影响（如图 11-3 所示）。

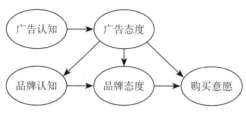

图 11-3　广告态度的双中介拓展模型[10]

3. 消费者加工模型测试

心理效果测试可以按照消费者加工模型（CPM）进行操作。消费者加工模型反映的是消费者加工信息的过程，是从信息曝光开始到信息提取和产品购买的整个过程。在营销效果评价时，可以对消费者加工的每个环节进行测试，从而测试消费者的信息加工效果。对企业而言，营销传播效果的评价可以从以下几个方面进行。①如何向顾客曝光信息？②消费者是否注意到信息？③消费者是否理解信息？④消费者是否认可信息？⑤顾客是否记忆信息？⑥消费者是否顺利提取信息？⑦相关信息是否说服消费者购买？消费者加工模型如图 11-4 所示。

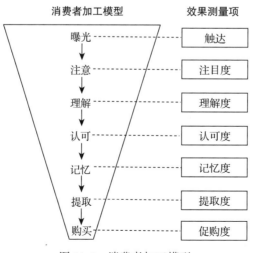

图 11-4　消费者加工模型

之所以要对消费者信息加工各个环节的效果进行评价，是因为每个环节都会对下一个环节产生影响，这导致每个环节都会对整体的营销效果产生影响。消费者加工模型也显示，要使营销信息产生效果是非常困难的，必须在每一个环节都做得很好才能够使最终的营销效果提升。不过，每个步骤的重要程度可能是不同的，一般认为引起消费者注意的是营销传播中的关键环节。在实际的广告效果测量操作过程中，每个步骤有不同的测量方式。例如，斯塔奇读者服务对广告杂志的测量问项主要有两个，第一个问项是"您是否看过这个广告？"，该问项关注的是消费者是否注意到广告，如果受访者回答"是"，就会问第二个问项"您读了广告中的哪些内容？"，即询问广告创意信息所带来的印象，以及这些广告产生的注意和记忆线索[11]。通过这样的测试，就可以对广告产生的注意、理解、深度信息加工人群等进行分析。

根据图 11-4 所示的内容，可以从触达、注目度、理解度、认可度、记忆度、提取度、促购度七个维度进行测试，从而获得整体的信息传播效果。表 11-4 是消费者加工模型的效果评价示例。

表 11-4　消费者加工模型效果评价示例[1]

效果指标		测试问项示例
评价维度	关注点	
触达	触达媒体	你平时使用哪些应用和网站
	触达时长	每日使用这些应用和网站的时长各是多少
注目度	总体注意	该品牌的广告是否引起你的注意
	品牌识别	看完广告后您能否识别出广告中的品牌
	注意线索	该广告是否包含让人记住的要点或情节
	视听创意	广告的视听效果（创意、色彩、画面、声音）如何
理解度	理解性	您是否理解了广告的内涵
	故事复述	您能否复述广告的主要故事情节
	诉求点复述	您能否复述广告的主要诉求点
认可度	内容信任	你是否信任广告中的信息
	内容认可	你是否认可广告中的信息
	广告态度	你是否喜欢该广告
记忆度	情节回忆	你能否回忆起广告情节
	诉求点回忆	你能否回忆起广告诉求点
	回忆时间	你进行广告回忆需要多少时间
提取度	信息提取	如果购买这类产品，你能否想起来这个品牌
	选择集	在该产品类别中，有几个可选的品牌
促购度	产品评价	您对产品有何评价
	品牌评价	您对品牌有何评价
	购买意愿	您是否愿意购买该品牌的产品

4.认知神经测试

认知神经测试有文献称为"神经营销"，主要采用核磁共振、脑电、脑磁、皮电、眼动等方式来进行情感反应测试。认知神经测试具有一些优点[12]，首先是准确性。它可以直接测试被试的大脑活动，并由此对应分析人们的行为和心理，避免通过主观报告的态度和意愿来测试人们的感知。其次是实时性。认知神经测试可以在信息加工或消费的过程中进行测试，这就避免了信息加工事后测试的误差。再次是敏感性。认知神经测试可以探知秒级乃至毫秒级的心理变化，并能够监测到无意识的知觉和情绪。最后是辨析性。认知神经测试可以区分出相似行为背后的不同神经加工过程和心理机制，例如认知神经测试可以辨析出"喜欢"（liking）是信息加工愉悦的感受，而"想要"（wanting）则表现为动机和欲望。

不过，认知神经测试也存在着一些弊端[13]，其中最大的争议是测试的效度问题，参与测试的人数往往较少，研究结果的有效性和可靠性往往受到质疑。另一个问题是认知神经实验的成本高昂，在研究中的操作过程复杂，被试参加的意愿往往较低。同时，不同的研究者采用不同方法研究出来的结论还存在不一致的情况。还具有争议的问题是认知神经测试是否会违反法律和伦理，因为会涉及被试的隐私信息。按照 2021 年 11 月开始实施的《中华人民共和国个人信息保护法》的规定，个人的生物信息属于敏感信息，对于敏感信息的采集和处置需要严格按照法律执行。但目前大多数研究在实施之前没有进行严格的法律审查和伦理审查，因此存在较大的风险。

第四节 接触效果评价

接触效果评价是对顾客接触企业的各环节进行绩效评价。接触效果在最初主要关注媒体效果的评价，即讨论不同的媒体与顾客接触时产生的效果，因此有人将其称为媒体效果评价[1]，但是随着顾客的全过程数据开始被采集，企业逐渐可以对顾客接触企业的各个环节进行效果评价，因此可以称为接触效果评价。上一章讨论了基于海盗模型的指标体系，本节是上一章指标体系的综合运用，拟从品牌与曝光、营销过程、销售与转化三个方面讨论顾客接触过程的效果评价[14, 15]。

一、品牌与曝光效果评价

品牌建设是一个长期的过程，它并不强调当前产生的实际销售，它关注的是对现有和潜在顾客的品牌信息触达，可以看成营销传播的绩效指标，因此品牌与曝光效果是指营销传播时产生的绩效。如果我们用第一章所示的漏斗模型进行思考，品牌与曝光效果评价是对漏斗上部的触达或引流效果进行的评价，当然在评价时还需要考虑营销传播的效果，因此在进行品牌与曝光效果评价时可以从以下几个方面进行测评，即触达量、访问量、媒体渠道量、曝光费效等（如图 11-5 所示）。

品牌与曝光效果评价的第一类指标是曝光费效（如图 11-5 所示），这类指标的内涵是品牌绩效与成本的收益比例，典型的指标是每千人成本（CPM）。CPM 是评价进入销售漏斗的成本绩效指标，反映了品牌展露需要的成本。尽管 CPM 是广告平台采用最多的指标，但它并不是企业喜欢的指标，原因是它并没有直接与销售挂钩，而且 CPM 造假的现象屡见不鲜。第二类指标是触达量，它关注的是品牌的触达状态，典型的指标是触达率和触达频次，它表明有多少百分比的人群触达品牌，以及每人触达几次。通过对触达指标的监控，企业可以了解品牌触达的状态，以及品牌触达逐渐达到饱和趋势情况，从而设计较优的传播计划。第三类指标是访问量，这类指标是衡量互联网企业的关键引流指标，当品牌进行了大规模的营销传播投放之后，就需要关注访问量的指标变化。第四类指标是媒体渠道量，它的作用是进行不同媒体渠道的效果比较，从而选择最优的品牌曝光媒体。不过，由于虚假点击等情况的存在，仅仅比较不同媒体渠道的曝光指标还是不够的，一般会结合后续的渠道转化率等指标共同评价媒体带来的顾客流是否真实。

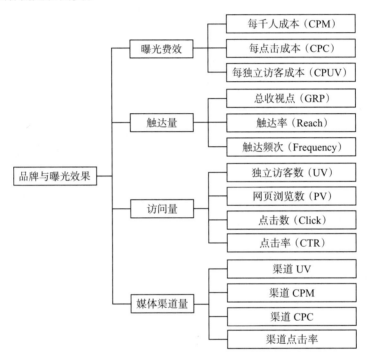

图 11-5　品牌与曝光效果评价典型指标

品牌建设成本投入带来的总触达量、总访问量也是品牌建设的核心指标，因此，企业在建设品牌时还需要总投入触达量的有效提升，它一方面需要降低 CPM 等指标，另一方面也需要增加品牌曝光投入。不过，由于品牌建设需要非常长的时间，而且需要持续投入，在通常情况下，企业会更加关注传播带来的直接绩效指标。除了品牌曝光的直接有效传播投入之外，在数字环境下的分享与转发对品牌的建设也越来越重要，分享相关的指标也可以考虑作为品牌建设的重要指标，包括分享率、K 因子和病毒传播周期等。

二、营销过程效果评价

营销过程效果是数字营销出现之后的独特指标，当企业可以监控到顾客的过程接触行为时，就可以进行过程效果、接触效果或者顾客旅程效果的评价。总体看，营销过程效果评价可以从成本过程绩效、访问效果和互动效果几个方面展开，如图 11-6 所示。

成本过程绩效方面，可以关注单次互动成本（Cost Per Engagement，CPE）和互动时长成本（Cost Per Hour，CPH）两个指标[14]。单次互动成本（CPE）是指获取一个顾客互动行为的价格。互动时长成本（CPH）是指顾客对广告或内容浏览或互动的成本。成本过程绩效是与顾客互动花费的成本，它一方面表明企业做出了多大的投入来增加与顾客的互动，另一方面也代表了顾客对互动的问题或内容有多大的兴趣。

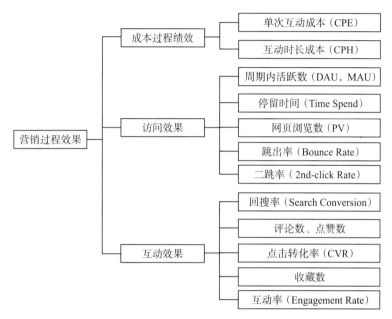

图 11-6　数字营销过程效果评价典型指标

访问效果指标主要描述顾客访问网站或应用的效果，包括周期活跃数、停留时间、网页浏览数、跳出率、二跳率等指标。周期活跃数可以分为日活（DAU）、周活（WAU）和月活（MAU）等指标，它表征的是访问某一网站或应用的总活跃人数，体现了该网站或应用的总体顾客价值。停留时间表明顾客对特定网页或产品感兴趣的程度，当感兴趣程度越高时，停留的时间就会越长。对于新产品或者新的页面而言，停留时间非常重要，因此在进行新产品或页面设计 A/B 测试时可以将停留时间作为一个重要的评价指标。在某一商品页停留时间的长短也是判断顾客对商品兴趣的重要依据，可以作为精准营销的顾客标签指标。网页浏览数（PV）在品牌建设时也作为一个重要的指标，在这里主要指顾客对特定页面的浏览数，它可以用于评价某一页面设计的好坏，因此是交互设计的主要评价指标之一。跳出率指顾客进入网站或应用的入口页面（落地页）就跳转离开的量占该页面或应用总量的百分比，跳出率主要衡量落地页对顾客的吸引力。二跳率指浏览了入口页面之后首次有效点击率，它是二跳量与入口页面总访问量的比率，可以用于衡量顾客的访问质量，以及页面和应用对顾客的吸引力。

互动效果指标是指在营销过程中与顾客和企业互动产生的效果指标。主要的互动效果指标包括回搜率（Search Conversion）、评论数、点赞数、点击转化率、互动率等指标。回搜率是客户关系管理的一个指标，它指看过内容或广告的顾客在一段时间之内（例如 1 天、7 天、30 天之内）在各个平台搜索相关产品或主题词的顾客占比。回搜率可以作为评价营销过程效果的重要指标，也可以作为品牌记忆和认知的一个参考性指标。评论数和点赞数表明内容或产品引发的互动数量，它可以直接用于评价与顾客的互动效果。点击转化率（CVR）关注的是销售漏斗运营的效率，当点击转化率较高时，说明顾客点击之后在该站点购买的比例较高，企业的运营水平较优。当点击转化率较低时，说明大量的顾客仅仅浏览了一下但没有付费，此时就需要找到哪些运营环节存在问题，从而提升整体的运营效果。收藏数是一个判断顾客是否产生兴趣的过程指标，当顾客点击收藏时，很可能在未来的某个时间会惠顾购买，因此收藏的顾客可以作为未来精准营销的标签顾客。互动率指参与体验、搜索、领券、回答问题等互动行为的顾客占比。互动率表明顾客对该网站或应用的参与程度，以及该顾客对网站的黏性，互动率越高表明网站或应用的黏性越强，顾客的参与比例越大。提高顾客的互动率有助于增强顾客的黏性，提升最终购买顾客的比例。

三、销售与转化效果评价

销售与转化效果是指通过一系列营销的策略和方法最终实现销售与转化的效果[15]。销售与转化效果也是企业最为关心的问题，它代表了企业当前的销售绩效和盈利成果，对企业的生存有直接影响。我们可以从三个方面讨论销售与转化效果，分别是成本收益、销售转化、媒体渠道（如图 11-7 所示）。

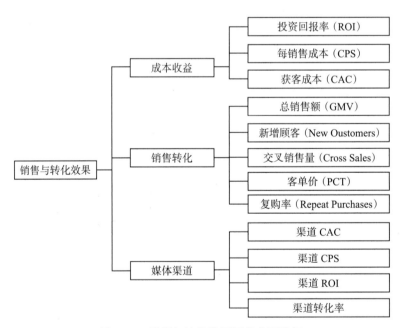

图 11-7　销售与转化效果评价典型指标

成本收益指标主要讨论的是投入与产出之间的关系。在成本收益指标中可以重点关注投资回报率（Return On Investment，ROI）、每销售成本（Cost Per Sale，CPS）和获客成本（Customer Acquisition Cost，CAC）等指标。投资回报率（ROI）是一个总的绩效指标，它指在一定时期内的营销投放带来的绩效，ROI= 绩效 / 投入 ×100%。投资回报需要考虑时间周期，可以是日 ROI，也可以是周 ROI。投资回报率指标能够非常清楚地判断投入与产出之间的总体关系，如果企业能够在调整营销投放策略的基础上持续监控该指标，就有可能找到最优的营销策略组合。每销售成本（CPS）描述的是每一单销售需要花费的成本，该指标可以有效地监控不同来源或类型的销售所花费的成本。例如，对于不同的细分顾客群体，每销售成本如果存在显著差异，就可以判断出哪些细分顾客更适合当前的营销投放。获客成本（CAC）是指获得一个付费用户需要花费的成本，如果获客成本过高，对于企业而言新增客户可能会带来亏损，企业就需要特别关注新增顾客的留存情况，从而计算获客的长期收益。当获客的长期收益仍然是负的时候，企业就应该调整其获客的方式，或者减少获取新的顾客，将重心放在维系现有的老顾客上。

销售转化是一个总量或均量的概念，典型的指标包括总销售额（Gross Merchandise Volume，GMV）、新增顾客、交叉销售量、客单价（Per Customer Transaction, PCT）、复购率。总销售额（GMV）表示总的商品销售规模，它一般指拍下订单的金额，包含付款和未付款的部分。因此，总销售额往往比实际销售额大。对于企业而言，销售规模的大小是有很高的实际价值的，销售规模大意味着企业在行业之中有更大的市场占有率和影响力。因此，企业往往愿意在一些活动之后宣布总销售额，例如"双 11"活动之后天猫和京东等电商都会宣布其销售额。新增顾客是企业通过营销活动或者口碑传播等方式获得的新顾客，它是初创期企业以及处于行业成长期企业的重要指标。对于一些新产品的效果评价而言，该产品的新增顾客也是最重要的指标之一。交叉销售量则是一个测量老客户购买贡献的关键性指标，它主要关注的是一个顾客购买了某种产品之后还会不会购买其他的产品。交叉销售量也是客户关系管理的关键性指标。企业在向老客户推荐新的产品时，也可以用交叉销售量进行评价。客单价（PCT）是评价每位顾客购买额的评价指标，它的作用是评估每位顾客为企业带来的贡献，当客单价过低时，说明顾客人均给企业带来的贡献是较低的，有必要通过营销策略提高每位顾客的购买额。复购率是客户关系管理的另一个核心指标，复购率过低说明客户休眠或流失的比例过高，顾客的忠诚度较低，企业有必要研究复购率低的原因并采取相应的行动。

媒体渠道的评价指标是比较不同媒体带来的销售绩效，从而评价不同媒体渠道的价值的指标，包括渠道 CAC、渠道 CPS、渠道 ROI、渠道转化率等。不同媒体渠道的效果比较采用销售绩效评价有助于去除虚假点击、虚假浏览等行为，从而看到真实的媒体效果。不过，由于点击到销售之间还受到很多运营环节和产品设计的影响，销售效果并不一定是媒体渠道带来的，仅仅用销售指标来评价不同媒体的优劣并不是非常严谨。

小案例　　　　　　　　　**广告无效的四方面原因**

在实际的广告投放过程中，企业往往很难获得满意的广告效果，原因主要有四个方面：一是广告效果难以测量；二是组织协作较差带来的影响；三是广告拦截导致效果下降；四是数字广告欺诈带来虚假效果。

首先是广告效果难以测量。确定购买由广告引发是比较困难的；营销人员的预先投放计划会对真实效果产生影响；平台的广告优化会对广告测量带来干扰；消费者已形成习惯，很难受到广告影响；效果测评非常复杂，可能是非线性的，也可能受到情境的影响。因此，准确测量广告效果非常困难。

其次是组织协作较差带来的影响。营销人员和财务人员对广告的理解不同，营销人员有夸大效果的倾向，财务人员则不怎么关注效果；广告效果分为短期效果和长期效果，管理者更关注短期效果，广告投放希望驱动短期结果；部门之间不协调，财务部门倾向于价低者得，不关注效果，而营销部门则关注效果，对成本的关注不足。企业之间合作也存在问题，特别是程序化广告中间环节众多，利益不清晰，协调困难，存在参与者之间的串通套利行为，因此广告拍卖增加了广告成本。另外，广告创意常常被窃取。这些组织协作问题均会带来广告效果较差的结果。

再次是消费者的广告拦截行为。广告商往往采取侵入、弹出、自动播放等方式展露广告，但消费者并不是非常喜欢这类数字广告，他们往往会采用工具拦截广告，这就导致广告投放不会产生效果。

最后是数字广告欺诈行为。这类欺诈行为往往通过虚假的媒体库存、虚假点击等方式窃取广告费，而且在每个广告环节都有可能产生欺诈行为，这就导致了广告低效。

资料来源：GORDON B R, JERATH K, KATONA Z, et al.Inefficiencies in digital advertising markets[J]. Journal of Marketing, 2021, 85(1): 7-25.

第五节 数字营销作弊与反作弊

一、数字营销作弊概述

数字营销作弊是一种歪曲广告库存或将机器伪装成人类来窃取广告预算的行为[16]。顾客流量是数字营销领域的核心要素之一，数字营销作弊影响了流量数据的真实性，对数字营销产业链的损害很大。数字营销作弊包括虚假流量、违规获取福利、流量归因作弊、网络刷单作弊、顾客裂变作弊等方式，它推高了广告主的营销成本和获客成本，造成了直接的经济损失和资源浪费，这些成本最终也转嫁到消费者身上，使消费者成为最终的受害者。由于作弊的存在，数字营销行业正在面临越来越大的信任危机[17]。

数字营销作弊广泛存在，产生虚假数字营销效果的原因主要包括以下几个方面[16]。①媒体原因。媒体为了增加收入，夸大和扭曲受众指标。也有媒体通过在广告埋点中植入虚假信息获利。②广告主原因。广告主通过伪造广告影响力、点击量等数据吸引潜在消费者或吸引新的投资。广告主点击竞争对手的广告，使竞争对手产生错误的市场化判断。也有广告主通过揭露竞争对手作弊的方式使竞争对手被罚，降低其市场竞争力。③中介机构或广告平台原因。广告中介机构通过虚报广告库存和价格的方式，操纵广告拍卖，以便获取更多的广告佣金。

近几年数字营销作弊的占比很高，从2017—2021年的异常流量分析可知，异常流量近几年虽然呈现下降趋势，但占比仍然超过 20%。其中，2021 年广告异常曝光占比为 27.1%，异常点击占比为 23.1%，较前几年有所下降[18]。数字营销欺诈涉及的行业众多，作弊流量流向的前五位行业分别是电商、出行、政务、直播、广告行业，其中电商的数字营销欺诈占比最高，达到 22%[19]。

近几年因数字营销作弊造成损失金额不断攀升。据中国信息通信研究院泰尔终端实验室发布的《移动数字金融与电子商务反欺诈蓝皮报告（2019 年）》显示[19]，数字营销作弊预测在 2022 年带来超过 7 000 亿元的损失（如表 11-5 所示）。

表 11-5　2019 年预测的数字营销作弊数据[19]

年份	疑似作弊者账号数量 / 万个	单账户作弊造成的年均损失 / 万元	数字营销作弊造成的总损失 / 亿元
2019	1 250	3.09	3 870
2020	1 310	3.93	5 150
2021	1 740	3.41	5 940
2022	2 300	3.08	7 100

二、数字营销作弊的主要方式

（一）违规获取福利

违规获取福利是指企业通过操纵互联网账号参与企业数字化在线营销活动，并通过自动化技术手段（包括人工手段）违规获取营销活动福利（流程如图 11-8 所示），这类行为被称为"羊毛党薅羊毛"。例如，利用自动化软件获取活动红包、奖金、优惠券、低价商品。目前，"羊毛党"已逐步产业化和规模化，并形成了产业链，分工明确且流程成熟专业，他们的行为实质侵占了其他消费者本应享受的优惠，导致企业和顾客双方的损失。由于这类违规获取福利的行为相关法律法规尚未做出规定，反作弊的技术也在发展过程中，因而这类行为是企业营销中的一个难点[20]。

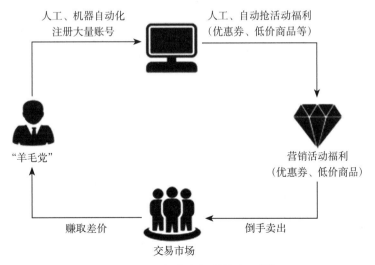

图 11-8　违规获取福利的流程[21]

（二）虚假流量作弊

虚假流量作弊是指利用技术手段假冒渠道的顾客骗取互联网产品运营成本的行为。流量作弊会导致企业的运营成本增加而投资回报率大幅下降。虚假流量作弊采用模拟设备 ID 或设备 IP 假冒广告数据形式，制造大量的虚假流量[22]。主要的形式包括以下几个方面。

1. 广告展示作弊

广告展示作弊是指数字广告并未产生实际曝光或曝光时间很短，但通过展示数据已经产生费用。例如，媒体在同一个广告位很短时间内放置多个广告，向广告主收取多笔广告费。另外，广告展示曝光存在"广告不可见"的情况，有些媒体或广告技术服务商为达到广告主的投放需求，擅自修改广告素材的尺寸或通过有代码无素材、单素材多代码等形式制造不可见广告的虚假流量。

2. 广告点击作弊

广告点击作弊是指利用机器人软件模拟顾客点击但顾客并未实际点击广告的行为。广告点击作弊将产生大量的虚假广告点击。另外，广告主的竞争对手也会通过技术手段模拟真人（或雇用顾客）进行广告点击来大量消耗广告预算，达到降低竞争对手广告效果的非正常竞争目的。广告点击作弊方往往会通过频繁清除 cookie 信息和改变 IP 地址来达到作弊的目的。

3. 安装下载作弊

安装下载作弊是作弊者通过模拟器模拟应用下载，然后通过技术手段修改设备信息并发送虚假数据模拟应用的注册激活行为。安装下载作弊主要针对按广告的转化量（比如下载、注册）计费结算（CPA）的数字广告。

4. 顾客留存作弊

顾客留存作弊是用模拟器模拟用户真实使用应用的场景，下载后模拟登录，模拟使用应用，产生应用的留存数据，形成虚假使用顾客。相比展露和点击等指标，广告主更愿意为下载应用的用户付费，此时就产生了顾客留存作弊。

（三）流量归因作弊

广告效果归因是指通过数字广告链路中可记录、可追溯的数据进行追踪匹配，监测广告投放的过程，判断顾客的来源，确定广告的效果，从而指导后期投放[19]。例如，当顾客点击了某广告，并因此进入商品详情页购买了商品时，该次购买则归因于此广告。

典型的流量归因作弊是指自然流量劫持。没有通过广告点击自行安装的应用称为自然安装。例如，顾客直接打开应用市场搜索应用并下载安装，在下载过程中，某些恶意软件通过监听安装列表发现了新的安装，并模拟伪造广告的点击行为，形成渠道的用户点击记录，将此次安装归因为渠道安装，从而劫持了本次流量。

（四）网络刷单作弊

网络刷单作弊是指利用自动刷单软件或雇用互联网水军模拟正常交易、模拟正常评论等行为，从而影响消费者对商品的正常判断。电商平台中，用户评价是消费者选择商品的重要参考内容，但一些不良商家为了吸引消费者的注意以获得更多交易，雇用"刷手"刷单作弊，实施虚构交易、虚构关注、虚构好评等行为[23]。

（五）顾客裂变作弊

顾客裂变是数字营销获客的主要方式之一，它是通过红包补贴来激励顾客分享给好友进行拉新。裂变营销因成本低、传播迅速、口碑传播效果好等特点，得到众多移动互联网公司的认可。顾客裂变营销也存在作弊行为，"羊毛党"利用虚拟机、模拟器、改码手机等终端设备进行操作，不断修改、伪造设备的 IMEI、MAC、IDFA 标识码，将一台或几台设备伪造出成千上万台手机。"羊毛党"通过控制大量的手机号、互联网账号，利用软件自动化下载应用、注册，并模拟用户操作骗取裂变营销补贴。

三、反作弊与效果验证

（一）数据监测反作弊

数字广告区别于传统品牌广告的重要特征是可以通过数据进行全程监测[24]。从数字广告作弊的逻辑可以判断：首先广告需要被看到，之后才能产生下一步的点击、下载、注册、留存、购买等后续行为。没有被浏览的广告不应该有点击和下载。数字广告从曝光、浏览到注册、购买等各个环节都可以通过数据验证，但一些企业没有将各个环节的数据完全打通，使作弊者有机可乘。

当前，企业在数字营销整个过程中需要有三端核心环节数据[25]。①数字广告的媒体端数据。数字广告通过媒体端的展现量、点击量、点击率、点击价格等指标监测媒体端数据情况。②网站或 App 应用端数据。用户通过点击广告或者广告落地页跳转到 Web 网站或 App 下载页面，Web 网页可以通过 PV、UV、跳出率、停留时长等指标识别用户使用情况。App 应用端通过下载量（通常媒体端可以监控到点击下载的数据，但不能确定下载应用正常完成）、注册量、激活量、留存量判断渠道对应用户使用 App 的情况。③销售端的订单数据。以销售数据为核心，通过订单量、成单量、退货量等指标监控产品的销售情况。理想状态下的三端数据可以形成漏斗模型，通过各环节转化率相互识别验证，以及不同渠道和地区的对比验证来识别作弊的情况。不过，很多企业采集并打通三端数据存在较多困难，这也给作弊者留下了空间。

目前，国内外有多家第三方广告监测工具和平台对广告数据进行监测，其中国内比较有代表性的平台包括 TalkingData、热云数据、友盟 +、秒针等，国外知名的有 Double Click 等。广告数据监测工具和平台的核心功能比较类似，能够监测广告投放端的大部分数据并进行跟踪。广告监控平台的归因逻辑大多采用最后一次点击归因模型（Last-Click），以设备的设备指纹（唯一 ID 标识）作为用户标识进行匹配归因。

对用户使用 Web 网站或使用产品 App 的过程中顾客行为的数据，则需要在产品中嵌入 SDK（软件开发工具包）进行数据采集（详见第三章），通过用户行为数据采集，企业可以监测和统计顾客使用情况，并通过比较不同渠道、不同时间的数据，以及顾客的留存来判断是否存在作弊行为。例如，A 渠道带来的新增顾客月留存率为 30%，B 渠道带来的顾客月留存率只有 5%，则可以判断 A 渠道的效果更佳，B 渠道有作弊的嫌疑。

如果监测过程中涉及销售和销售后续数据，由于这些数据属于企业的核心敏感数据，通常掌握在企业的不同部门，因此就需要同市场、运营、销售部门联合进行数据分析以完成监测。

理想状态下，企业打通三端数据可以大大减少流量的作弊行为，从而提高营销效果。这就需要从第三方监测平台拿到媒体数据，再通过第三方分析平台（或企业自有平台）汇集顾客行为数据，再汇集自有销售数据，从而有效监测作弊行为。

（二）异常流量反作弊

1. 点击反作弊策略

通过设置点击策略过滤疑似作弊的设备和顾客。例如：3 秒内某渠道的某单一设备点击两次，则标记该设备为点击异常；一天内某设备点击量大于 5 次，则标记为异常；一周内某设备点击广告超过 10 次，则标记为异常等。同样原理，也可以通过设置 IP 地址策略标识异常。

2. 激活反作弊策略

与广告点击反作弊策略的思路类似，一天内某设备激活应用的次数通常不会反复太多，因此可以通过设置激活次数标识异常。例如：一天内某设备激活 App 多于 3 次，则标记该渠道的该设备为异常设备；一周内某渠道的某设备激活 App 多于 5 次，则标记该设备在该渠道为异常设备。

在正常情况下，用户从点击广告到下载应用，再到激活需要一定的时间，如果从点击到激活的时间差过短，通常被判定为模拟作弊操作，例如从点击到激活的时间差小于 10 秒，则该设备在该渠道为点击和激活异常。

3. 构建黑名单库

企业可以建立基于设备 IP、ID 指纹的黑名单库，将点击、激活等策略识别的设备标记为黑名单，在渠道归因过程中实时过滤掉作弊设备。另外，渠道也需要识别点击、激活量异常的设备，并列入黑渠道库，例如 3 天点击量大于 1 万次，且激活率在 0.01% 以下的渠道显然是不正常的渠道。企业还需要构建黑名单的监督学习模型并定期更新，还可以对广告监测代码和 SDK 上报的数据进行多维分析，结合使用应用的留存情况构建反作弊的判断规则。

一些数据指标异常也可以标记为作弊数据。例如：广告的曝光数出现峰值，但转化的点击或应用下载量并没有增长；网站的浏览量很高，但跳出率也明显增长；广告投放的媒体区域与顾客点击的区域不匹配等。

4. 顾客异常行为识别

顾客的行为主要包括行为频率和行为次数。真人点击和机器人模拟点击是存在一定区别的。机器点击具有一定的连续性，同 IP 同设备存在大量连续点击，点击时间间隔较短，这些指标可以用于识别是否为机器操作。另外，机器注册往往有一定的规律性，例如不同账号同密码注册、注册者通过网络链接频繁注册但没有访问页面上的静态资源（例如图片，在打开页面的同时静态资源会自动加载展现）。

随着信息技术的发展，企业和互联网作弊之间的对抗也越发激烈，新的作弊技术和工具也在发展，作弊者形成的黑产也越来越隐蔽，造成的行业损失也越来越大。为了应对互联网作弊的欺诈活动，互联网企业应该联合起来，采用联邦学习、区块链技术、共享黑白名单库等手段，共同提高防御互联网作弊的能力，建立行业的反作弊防控体系，营造数字经济的安全环境。

本章小结

1. 数字营销效果评价的三类方法，分别是市场反应评价、心理效果评价和接触效果评价。在数字营销环境下，接触效果评价已经成为数字营销效果评价的主流方法。
2. 市场反应评价方式是建立营销投入和销售产出之间的计量模型，从而判断哪些营销投入对销售产出有显著的影响，进而提升营销投入的效果。它包括静态反应分析和动态反应分析两类。
3. 心理效果评价主要从认知、情感和行为三个方面进行测评。认知方法包括回忆测试、认知测试，情感方法包括说服测试、态度测试、认知神经测试等，行为方法包括市场反应评价、行为测试、A/B 测试、顾客满意度调查等。
4. 接触效果评价是从品牌与曝光、销售与转化、营销过程三个方面进行数字营销效果评价，它可以反映顾客全过程接触的效果。
5. 数字营销作弊是一种歪曲广告库存或将机器伪装成人类来窃取广告预算的行为，包括虚假流量作弊、违规获取福利、流量归因作弊、网络刷单作弊、顾客裂变作弊等方式。主要解决方法包括数据监测反作弊和异常流量反作弊，企业常常通过算法进行作弊的监控和分析。

重要术语（中英文对照）

数字营销效果 Digital Marketing Effect

离散选择模型 Discrete Choice Model

市场反应评价 Market Response Evaluation

心理效果评价 Psychological Effect Evaluation

静态反应分析 Static Response Analysis

层次说服模型 Persuasive Hierarchy Model

动态反应分析 Dynamic Response Analysis

消费者加工模型 Consumer Processing Model

概率模型 Probability Model

认知神经测试 Neuropsychological Test

接触效果评价 Contact Effect Evaluation

曝光效果评价 Exposure Effect Evaluation

过程效果评价 Process Effect Evaluation

销售效果评价 Sales Effect Evaluation

数字营销作弊 Digital Marketing Cheating

数据监测反作弊 Data Monitoring Anti-cheating

思考与讨论

1. 数字营销效果评价主要包括哪些方法？各自有什么特点？

2. 市场反应评价的主要方法有哪些？主要采用什么数据展开评价？

3. 心理效果评价主要包括哪些内容？应当如何操作？

4. 媒体接触效果评价主要通过哪些指标进行评价？

5. 数字营销作弊方法有哪些？反作弊的方法有哪些？

案例实战分析

网络直播营销典型案例

案例1：违法广告案例（违背社会风尚）

2018年，当事人为了推广处方药品，委托了上海某公司创建网络直播链接。他们邀请了医生、电视节目主持人、热门主播等嘉宾参与网络直播，这些嘉宾在直播中介绍了处方药的功效，并讨论了一些与药品无关、不符合道德规范的话题，如"挑逗男生""制服诱惑"等内容。这一广告活动被认为违反了《中华人民共和国广告法》第九条、第十五条和第十六条的相关规定。因此，2018年10月，上海市徐汇区市场监督管理局给出了相应的行政处罚，责令其停止发布违法广告，并处以罚款。

案例2：违法广告案例（违规发布广告）

2021年，淄博某整形美容医院有限公司在微信小程序上进行了名为"尖叫5小时爆品直播狂欢夜"的网络直播营销活动，在此过程中，当事人发布的医疗美容广告内容超出了广告审查机关核发的批准内容。此外，当事人还在医疗广告中使用了患者的形象作为证明，这些行为违反了《中华人民共和国广告法》第四十六条和《医疗广告管理办法》第七条的规定。鉴于上述违法行为，山东省淄博市市场监督管理局于2021年6月对当事人依法采取行政处罚措施。具体措施包括对当事人予以警告，责令其立即停止违法行为，并要求在相应范围内消除广告的影响，同时，对该公司做出了2.5万元的罚款处罚。

案例3：违法广告案例（贬低同行）

2021年，大同市某中介公司采用网络直播方式销售商品。然而，该公司在介绍部分商品时使用了贬低其他商品和经营者的表述。这一行为违反了《中华人民共和国广告法》

第十三条的规定，根据该法规，广告不得贬低其他生产经营者的商品或者服务。鉴于这一违法行为，大同市市场监督管理局采取了以下行政处罚措施：责令该中介公司停止发布违法广告，要求其消除广告产生的不良影响，并对其做出罚款处罚。

案例 4：违法广告案例（虚假广告）

2021 年 1 月，重庆市大足区市场监督管理局接到一份案源信息，反映某电子商务公司在拼多多平台上的网店中存在虚假内容。经过调查，发现当事人自 2020 年 10 月 8 日开始在其拼多多店铺上销售名为"某家刀，纯手工菜刀"等 3 款刀具。为了吸引消费者并提高销量，当事人在这 3 款刀具的销售页面上使用了"纯手工锻打"等宣传语句，而没有事先向供货的制造商核实真实的生产工艺流程。此外，当事人的店铺主播也在宣传上述刀具时使用了"纯手工锻打刀"等言辞。当事人还将该次直播录屏进行多次播放。然而，经制造商核实，上述刀具的生产工艺包括手工操作工序和大量机械操作流程，与当事人宣传的"纯手工"流程不符，这一虚假宣传误导了消费者，可能影响他们的购买选择。根据《中华人民共和国广告法》第二十八条第二款的规定，当事人的行为构成发布虚假广告的违法行为。因此，大足区市场监督管理局依法责令当事人停止发布广告，要求在相应范围内消除广告的不良影响，并对其处以 2 万元的罚款。

案例 5：反不正当竞争执法案例（虚假流量）

自 2020 年 12 月起，当事人与常熟市某服饰商行合作，在抖音平台上为该商行销售服装，通过直播视频进行产品的营销和销售。然而，在 2021 年 1 月 19 日的一次直播活动中，当事人雇用了专门负责增加直播观众的"水军"，这些"水军"进入直播间刷虚假流量，增加在线人数显示，制造虚假的高人气氛围，以欺骗误导观众。这种行为被认为违反了《中华人民共和国反不正当竞争法》第八条第一款的相关规定。因此，根据第二十条第一款的规定，市场监管部门责令当事人停止违法行为，并对其处以 23 万元的罚款。

案例 6：反不正当竞争执法案例（虚假销售情况）

2020 年，当事人利用淘宝旺旺与曾经下单的消费者取得联系，声称参加店铺活动并下单将有机会获得小额礼品。然而，具体操作过程是：消费者搜索店铺内某款产品的关键词下单并付款；当事人发的货实际上并不是消费者下单的产品，而是一些小礼品，一旦物流送达，当事人要求消费者确认订单并给予好评，然后将原本支付的款项返还消费者并给予佣金。通过这种以赠送小礼品为名的"拍 A 发 B"方式，当事人实际上改变了商品的真实销售情况，以此欺骗和误导了相关公众。从 2020 年 11 月 2 日至 2020 年 12 月 23 日，当事人共计刷单 372 单。这一行为被认定为违反了《中华人民共和国反不正当竞争法》第八条第一款的规定。因此，根据第二十条第一款的规定，市场监管部门责令当事人停止违法行为，并对其处以 25 万元的罚款。

案例 7：反不正当竞争执法案例（虚假宣传）

2021 年 9 月 30 日，济南高新区市场监督管理局根据相关线索，对山东某生物科技有限公司涉嫌发布虚假产品宣传的行为展开了现场调查。经过调查，发现当事人于 2021 年 9 月 5 日在某平台的直播间中宣传其销售的产品时存在虚假宣传情况。在直播中，他们通过展示板称该产品含有"左旋 VC、依克多因、辅酶 Q10"等成分，声称这些成分具有延缓肌肤衰老等功效。直播回放视频显示，在视频 40 秒时，该产品有 11 万单，好评率为 100%，在视频 1 分 2 秒时，所有产品的好评率都达到了 100%。主播在直播中使用的展示板和宣传用语都由当事人提供。然而，当事人未能提供证明产品具有与左旋 VC、依克多因、辅酶 Q10 等主要成分相同功效的材料。此外，平台数据显示，有一款产品好评率为 99%，未达到 100% 的好评率。基于这些违法行为，当事人被认定违反了《中华人民共和国反不正当竞争法》第八条第一款的相关规定。因此，2022 年 1 月 30 日，山东省济南高新区市场监督管理局依据法规对该生物科技有限公司给予 5 万元罚款的行政处罚，以惩治其在商业宣传中的虚假宣传或误导消费者的违法行为。

案例 8：反不正当竞争执法案例（误导宣传）

2020 年 9 月 17 日和 10 月 25 日，广州某电子商务有限公司（电子商务公司）受品牌方某贸易有限公司（贸易公司）委托，通过快手直播平台推广该贸易公司碗装风味即食燕窝产品。在直播销售过程中，主播仅依赖贸易公司提供的"卖点卡"等内容，以及她个人对产品的理解进行产品宣传，强调产品富含燕窝成分，功效出色，但未明确提及该产品实际属于风味饮品，导致观众产生了误解。这种商业推广行为被认定违反了《中华人民共和国反不正当竞争法》第八条第一款的规定。根据该法规，广州市市场监管部门决定对电子商务公司采取行政处罚措施，责令其立即停止违法行为，并处以 90 万元的罚款。

案例 9：价格违法案例

2021 年，大同市某化妆品店通过网络直播销售自营商品时，采用了虚假和使人误解的价格手段，以欺骗消费者并引导消费者与该店进行交易。这一行为严重违反了《中华人民共和国价格法》第十四条的规定，构成了价格欺诈行为。为了维护市场秩序和消费者的合法权益，大同市市场监管部门根据《价格违法行为行政处罚规定》第七条采取了以下行政处罚措施：责令该化妆品店立即停止违法行为，并对其做出罚款处罚。

案例 10：违规交易案例

2020 年 2 月 28 日，河北省唐山市市场监管综合执法局接到举报，举报者称有人在快手短视频平台上销售野生动物。接到举报后，市场监管综合执法局立即采取行动，协调路北区公安局网安大队，对举报者提供的快手直播号的所有者地址进行核实。随后，市场监管综合执法局于 3 月 2 日，联合区公安局前往位于路北区韩城镇宋二村的养殖场进行了现场突击检查。在检查现场，查获了疑似国家二级重点保护野生动物红腹锦鸡 12 只和白腹锦鸡 1 只。经过调查，发现当事人谷某在没有办理营业资质和驯养繁殖许可证的情况下，在自己家承包的土地上建立了养殖场。根据《中华人民共和国野生动物保护法》等相关法律法规，唐山市市场监管综合执法局扣押了上述涉案的 13 只锦鸡，并将它们交由相关部门进行鉴定。随后，依法对当事人进行了处罚。

案例 11：假冒仿造案例

近年来，直播带货行业迅速崛起，特别是美妆领域成为新的增长点。然而，一些不法分子却在新兴商业模式和互联网环境下滥用其权益，进行侵权和假冒行为，严重侵害了消费者和品牌权利人的合法权益，甚至对公众的身体健康构成威胁。为了应对这一问题，深圳市市场监督管理局大鹏监管局针对社会关注的热点问题和行业治理难点，积极挖掘案件线索，并与公安等相关部门建立了密切合作机制。2019 年，大鹏监管局成功地查办了一起涉及金额高达 620 万元的直播带货和微商销售假冒化妆品案件。经调查后，已移送公安机关并成功批捕了 11 名嫌疑人。这一举措不仅彰显了执法机关的威权，还起到了警示规范行业的作用。

案例 12：销售有毒有害食品案例

2020 年 6 月，浙江省台州市路桥区市场监督管理局接到举报，举报者称在快手平台上购买的减肥产品没有生产厂名和厂址信息。经过检验，该区市场监督管理局发现这些产品含有西布曲明成分（该成分可能引起厌食、肝功能异常、高血压等严重副作用）。随后，台州市路桥区市场监督管理局联合公安机关成立了专案组，展开了深入的调查工作。经过调查，发现自 2020 年 6 月至 2020 年 11 月，王某等人采购了西布曲明这一违规药品作为原料，制造了名为"绿 so 糖果""综合果蔬酵素压片糖果"等减肥产品。他们还成立了一家网红工作室，负责编写剧本、制作短视频，并通过快手等各大平台的网红直播带货进行全国范围的销售。这一涉案金额高达 1 亿元，销售网络覆盖了全国 22 个省份。为了侦破此案，联合专案组首先追踪了网红主播李某，克服了原料来源的隐蔽性、产品流向的分散性以及销售渠道的复杂性等多重困难，最终成功抓获了 19 名犯罪嫌疑人。此外，联合专案组还捣毁了 2 个生产窝点、2 个代工工厂、3 家销售公司，查扣了超过 10 万片涉案糖果压片及相关生产包装设备。浙江省市场监督管理局已对快手平台进行了约谈，并责令其整改，同时提醒消费者停止使用涉案产品。

资料来源：搜狐网（https://www.sohu.com/a/556461954_121123752.）。

案例问题

直播营销中存在哪些典型的作弊行为？对这些作弊行为，法律是如何处罚的？

参考文献

[1] 黄劲松 . 整合营销传播 [M]. 北京：清华大学出版社，2016.

[2] HANSSENS D M, PAESONS L J, SCHULTZ R L. Marketing response models: econometric and time series analysis[M]. Berlin: Springer Science & Business Media, 2003.

[3] TELLIS G J. Effective advertising understanding when, how and why advertising works [M]. Thousand Oaks: Sage Publications, 2004.

[4] 汉森，帕森斯，舒尔茨 . 市场反应模型：计量经济学和时间序列分析法 [M]. 欧阳明，叶平，译 . 上海：上海人民出版社，2003.

[5] 黄劲松，赵平，陆奇斌 . 品牌熟悉对广告过程中品牌态度改变的影响 [J]. 心理科学，2006，（29）4：970-972.

[6] VAKRATSAS D, AMBLER T. How advertising works: what do we really know? [J]. Journal of Marketing, 1999, 63(1): 26.

[7] 辛普 . 整合营销传播：广告与促销 [M]. 张红霞，译 . 北京：北京大学出版社，2013.

[8] PETTY R E, WEGENER D T. The elaboration likelihood model: current status and controversies[M]. New York: The Guilford Press, 1999.

[9] PETTY R E, CACIOPPO J T. Communication and persuasion: central and peripheral routes to attitude change[M]. Berlin: Springer Science & Business Media, 2012.

[10] 苏淞，黄劲松 . 品牌延伸还是子品牌：基于品牌态度、广告说服和购买意愿的比较 [J]. 管理评论，2013，25（2）：98-107.

[11] 樊志育 . 广告效果测定技术 [M]. 上海：上海人民出版社，2000.

[12] 盛峰，徐菁 . 神经营销：解密消费者的大脑 [J]. 营销科学学报，2013（1）：1-17.

[13] 孔万增，徐思佳，戴国骏，等 . 基于神经营销的广告数字评价研究综述 [J]. 中国生物医学工程学报，2014，33（3）：358-365.

[14] 梁丽丽 . 程序化广告：个性化精准投放实用手册 [M]. 北京：人民邮电出版社，2017.

[15] 杨飞 . 流量池：急功近利的流量布局，运营方法 [M]. 北京：中信出版集团，2018.

[16] GORDON B R, JERATH K, KATONA Z, et al. Inefficiencies in digital advertising markets[J]. Journal of Marketing, 2021, 85(1): 7-25.

[17] 中国互联网络信息中心（CNNIC）. 中国互联网发展状况统计报告 [R/OL]. (2023-09-12) [2023-10-10]. https://www.100ec.cn/detail--6631924.html.

[18] 中国信息通信研究院 . 数字营销异常流量研究报告 [R/OL]. [2022-07-07]. http://www.caict.ac.cn/kxyj/qwfb/ztbg/202203/P020220314605106336626.pdf.

[19] 中国信息通信研究院 . 移动数字广告与互联网反欺诈蓝皮报告 [R/OL]. [2022-07-07]. http://www.caict.ac.cn/kxyj/qwfb/ztbg/202105/P020210512494218439534.pdf.

[20] 腾讯安全 . 2021 年中国移动广告反欺诈白皮书 [R/OL]. (2022-04-02) [2022-07-07]. https://cloud.tencent.com/developer/article/1970514.

[21] 北京国双科技有限公司 . 2021 年中国全域广告异常流量白皮书 [R]. 北京：北京国双科技有限公司，2021.

[22] 刘鹏，王超 . 计算广告：互联网商业变现的市场与技术 [M]. 北京：人民邮电出版社，
2015.

[23] 智研咨询 . 2019—2025 年中国数字营销行业发展现状分析及市场研究报告 [R]. 北京：
智研咨询，2019.

[24] 赛迪顾问股份公司 . 2019 年中国数字营销解决方案市场白皮书 [R/OL]. (2019-03-07)
[2022-07-07]. https://www.ccidgroup.com/info/1096/22132.htm.

[25] 纷析智库 . 2020 年中国数字营销与数据智能解决方案生态报告 [R/OL]. (2021-04-20)
[2022-07-07]. http://doc.cserver.com.cn/doc_0bcc4c17-a457-43b6-b3f9-ca576645f418.
html.

第三篇

数字营销管理与发展

第十二章
数字营销的组织结构与管理

学习目标

（1）对数字营销的组织进行概念界定；

（2）描述数字营销组织结构的类型并进行比较；

（3）描述数字营销的相关部门和岗位。

导引案例

字节跳动的组织架构

从字节跳动公司 2020 年部分组织结构（如图 12-1 所示）中，我们可以看到：在短视频 App 业务单元下面设置了产品、运营和市场三大数字营销部门；在中国区 CEO 分管层面有通用信息平台；在全球 CEO 负责的企业层面有数据、产品研发与工程架构等部门。该公司的数字营销部门在组织中占据了重要位置，其组织结构设置与公司的规模、发展阶段相适应，各产品设置在组织结构的不同层面并相互配合，形成了强大的数据营销能力。

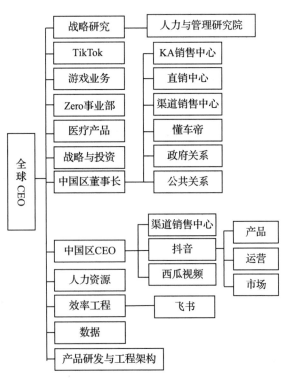

图 12-1　字节跳动公司 2020 年部分组织结构

资料来源：晚点 LatePost, 华创证券。

第一节 数字营销组织概述

一、数字营销组织的基本概述

(一) 组织和组织结构的基本概念

组织，特别是企业组织，是社会发展过程中劳动分工的产物。现代企业组织是指在特定环境下为了达到一定的生产经营目标，以企业全体人员为主体形成的组织，包括人和物在内的有机组合体。

企业的组织结构是企业全体员工为实现企业目标，在工作中进行分工协作，在职务范围、责任、权力方面形成的结构体系。组织结构又可以简称为权责结构，包括以下四个方面：①各管理层次的纵向结构；②各管理部门构成的横向结构；③各层次、各部门在权力和责任方面的分工和职能；④各项业务工作相互关系的职能、职权结构 [1]。

企业的组织结构是企业的骨骼，对组织内部的正式指挥系统、沟通系统具有直接的决定作用，并对组织中的所有工作人员产生巨大的影响。组织结构是否合理直接影响组织的效率和目标的实现。在当前 VUCA（易变性、不确定性、复杂性和模糊性）特征的市场环境中，组织结构的顶部设计需要与业务战略紧密结合，底部组织需要具有弹性并适应市场的变化。

企业组织结构中的营销组织直接面对顾客或渠道，是与外部环境产生最直接联系的部门。增强营销组织的功能将有利于提升企业的生存能力、竞争能力和发展能力。阿里巴巴集团称其最高机密是组织结构图，可见"组织结构"对企业组织能力建设的重要性 [2]。

(二) 数字营销组织的基本概念

数字营销组织是指以数据驱动，以顾客生命周期为核心，由承担营销传播、产品研发、顾客运营、渠道拓展、数据分析等营销活动的部门及人员构成的有机体系。数字营销组织按照战略指标分解具体可完成的量化指标，将营销与产品、运营、信息技术等职能融合，形成企业 DIA（数据—洞见—行动）的闭环迭代。

在数字营销时代，数据和数字技术逐渐渗透到企业运营的各个环节，也深刻地改变了企业的营销组织体系。一些在传统市场营销领域领先的国际品牌，已经对企业的营销组织进行了重新定位和重组。例如，可口可乐取消了设置 26 年之久的 CMO（首席营销官），建立 CGO（Chief Growth Officer，首席增长官），改变了过去把经销商当客户的方式，围绕最终顾客去构建数字内容和渠道，形成新的数字营销组织。宝洁公司则把营销部改为品牌管理部，组建新的数字营销部，搭建顾客大数据管理平台，建立庞大的线上运营团队，形成目标顾客的画像，并与顾客进行直接互动。大型直销企业安利在 2016 年由首席信息官接手市场部，以数字技术为核心构建新的营销模式，并建立了以数字营销为导向的组织体系。

数据的极大丰富对企业的市场营销活动产生了巨大的影响，营销策略从静态的操作逐步变化为动态的定价方式、个性化的促销形式、移动的营销渠道等各种新的营销方式，市场营销的组织形态也发生了相应的变化。数字营销组织在传统的市场调研、市场策划、产品、渠道和促销推广等岗位和职能基础上，新增了运营、数据等部门、岗位和职能。市场营销从业人员也需要在掌握传统营销知识的基础上，进一步掌握数据分析、统计方法和软件应用等知识，营销岗位融合了产品管理、运营管理和数据分析等岗位和职能。

由于各个企业的数字营销组织以及集团和业务单元（BU）间的层级关系并不是完全固定的，因此不同企业在数字营销实践中的组织结构也是不同的。数字营销的组织结构也由于行业差异、产品差异和企业差异而表现出不同的组织形式，因此并没有适应一切状态的数字营销组织结构。

（三）市场营销组织的发展阶段

市场营销组织是指管理者为了实现一定时期内既定的任务与经营目标，由从事市场营销活动的部门及其人员构成的一个有机体系。市场营销组织是现代企业组织结构中的核心职能组织之一，它聚焦企业实现经营目标，并随着经营目标的变化而不断变化。健全、高效的市场营销组织是实现企业营销目标的可靠保证[3]。当前，对市场营销组织的研究是一个相对较薄弱的方面。营销组织的理论和实践的发展主要分为以下四个阶段。

第一阶段发生在1950年以前。欧美市场商品供不应求，企业经营的核心任务是提高劳动生产率，增加产品产量并降低成本。这一阶段的营销组织重渠道、采用产品导向、轻顾客需求，重点工作是为产品寻找销售通路，聚焦在渠道（Place）和促销（Promotion）两大职能。企业由销售部门统筹兼顾营销职能，主要工作是推销产品，或以推荐产品为目标增加营销活动。营销组织的第一阶段采用直线型简单结构。

第二阶段发生在1950—1990年。在这一时期，欧美市场出现供过于求，企业经营的核心任务变为提高市场营销效率。企业开始重视市场环境的变化对组织的影响，通过调整内部组织结构和创新企业组织形式以提高营销效率，增强对市场的适应能力、应变能力和竞争能力。市场营销部门在这一阶段独立出来，与生产、销售等部门并列设置，主要负责营销策略制定、新产品开发、市场宣传推广及营销服务等工作。营销组织的第二阶段采用的是直线职能结构。

第三阶段发生在1990—2000年。在这一阶段，市场导向型企业营销组织成为主流，这一时期兴起了一场以顾客需求为导向的营销革命，即从传统营销的4P（产品、价格、渠道、促销）转向4C（顾客、成本、便捷和沟通）。企业要与顾客深入沟通，了解顾客心理与购买动机，努力通过互动体验提高顾客的信任，从而赢得顾客的信赖。在欧美市场发展起来一些跨国企业，并不直接生产产品，自身的企业组织结构中并不包括产品制造部门，营销打破了单个企业组织的界限，成为整合价值链的核心组织单元，此时企业需要跨越组织边界对营销活动进行管理，典型的公司如可口可乐、苹果等。

第四阶段是2000年之后的数字营销时代。数字营销时代与传统营销时代的明显区别是企业可以通过数据进行经营的全过程监控和管理，此时进行数据的管理和分析就显得非常重要。

因此，企业逐渐形成数字驱动的营销组织，它在传统的营销组织形态下，增加了数据管理、分析和运营相关的部门。

二、数字营销组织的设计

（一）数字营销组织的设计原则

数字营销组织在设计过程中需要遵循多个原则，主要体现在以下几个方面。

1. 与市场环境相适应原则

设计数字营销组织需要考虑与市场环境相适应。市场环境的主要因素包括技术环境、竞争环境、法律环境、社会环境等，数字营销组织的设计需要综合考虑这些环境的影响。例如，当大量的数字营销相关法律法规生效之后，数字营销部门针对法律法规的要求设立法务、内审、监管等岗位，以便适应法律法规的要求。

2. 与企业战略匹配原则

组织结构的设计与企业战略是密切相关的，数字营销组织的设计也需要与企业的战略相匹配，以确保战略的实现。例如，制定全面数字化转型战略的企业和制定部分数字化转型战略的企业在数字营销的组织设计上是不同的，前者需要全面进行营销体系的数字化，后者有可能仅仅加入一些数字销售渠道或者数字传播媒介，其营销组织结构仅仅需要微调。

3. 依据企业能力原则

数字营销组织的设计与企业能力是相匹配的。当具备数字技术能力、数据平台搭建能力、人力资源获取能力时，企业可以构建完整的数字营销组织结构。但是，当没有完善的数字营销能力时，企业就需要与外部合作伙伴配合完成数字营销工作，此时企业没有必要搭建完整的数字营销组织结构。

4. 符合顾客特征原则

在设计数字营销组织时需要考虑企业所处的行业，以及所提供的产品或服务。有些企业的业务复杂，产品线多，与顾客的接触点也多，捕获到顾客的行为数据量和复杂性都呈指数级增长，此时就需要设置更多的数字营销岗位提供精细化服务。另一个极端是工业品市场的营销，企业的需求是人与人之间的良好沟通，此时的数字营销组织只需要在传统的营销部门基础上增设一些社交媒介管理、询价沟通等的数字营销岗位即可。

（二）数字营销组织设计的基本目标

数字营销组织设计的基本目标包括以下几个方面。

1. 适应数字环境变革

传统的营销组织主要包括市场部门和销售部门，这类组织重点关注的是传播和销售两个基本营销职能，但这些职能已经难以适应社交媒介互动、内容电商运营、实时精准营销、定向广告推荐等数字环境的营销管理，因此有必要进一步调整。

2. 全过程数字营销管理

在数字环境下，企业的每一个经营环节均可以获得数据，这时企业需要通过数据管理企业的每一个经营节点，从而全方位地提升管理效率，由此就会衍生出一些新的经营部门，这就需要改变营销的组织结构。

3. 建立基于数据的决策体系

数字化的企业经营环境非常重要的特征是数据丰富[4]，各类结构化和非结构化数据不断地被记录下来，企业需要依靠大量的数据支撑传播、活跃、销售、赢回等的营销决策，这就需要专业的岗位和部门进行数据管理与分析，以便达到决策支持目标。

4. 满足顾客的实时需求

在数字环境下，顾客的需求需要快速得到满足，包括发现顾客的实时需求并推荐产品，及时反馈市场的变化以便做出产品的改进，与顾客实时交互以建立信任关系等，顾客的这些实时需求均需要专门的岗位或部门完成，这也是基于数据管理顾客资产的关键。

5. 充分利用新技术开展营销创新

随着人工智能、云计算、区块链、大数据等技术逐渐应用在产品和服务之中，如何有效应用新的技术开展营销创新就成为摆在企业面前的问题。通过建立与信息技术变化相适应的数字营销组织是企业不断应用新技术的关键。

（三）数字营销组织的设计流程

数字营销组织的设计流程与一般的组织设计流程是类似的，其基本步骤包括以下几个方面。①分析企业环境。这一步重点分析企业所处的环境以及顾客的需求，主要关注新的数字营销技术变化，增长较快的新数字营销工具，竞争对手采用的数字营销工具，以及目标客户偏好等方面。②评估企业能力。通过评估数据分析、数字平台应用、平台开发、数据应用等数字营销方面的能力，有助于企业选择哪些数字营销职能由企业内部承担，哪些职能需要进行外部合作。在评估企业能力时，企业的组织文化也反映了管理能力，需要加以关注。③设计组织结构。根据前述的市场需求、企业能力和组织文化，企业需要设计适当的数字营销组织结构。④设立岗位和职能。根据设计好的数字营销组织结构，企业可以进一步确定岗位及职责。⑤配备组织成员。根据岗位设置招聘相应专业的人员。⑥检查和评价。在数字营销组织形成并运行一段时间之后，需要进行数字营销组织的评估，重点看是否符合目标，是否没有涵盖新的应用体系，这将为下一步迭代完善做准备。

第二节　数字营销组织结构

一、数字营销组织结构概述

传统企业的市场营销部门主要包括市场部和销售部，它们分别对应营销漏斗的入口和出口。随着数字技术逐渐渗透到业务的各个环节，企业利用数据进行营销的管理，监控市场和顾客的变化就成为非常重要的工作。从顾客入口到销售出口的全部业务流程都可以通过数据进行管理，数据驱动成为重塑营销过程的重要手段，这就要求设计符合数字运营的组织体系，因此运营、产品和数据等相关的部门应运而生（如图 12-2 所示）。另外，数字技术使组织管理呈现跨部门、跨边界的特点，市场、销售、产品和运营等营销部门相互交叉配合成为常态，不同企业的数字营销组织结构就变得非常不同。数字技术导致的营销组织结构的变化也在很多企业发生。例如，可口可乐改变了过去把经销商当客户的模式，而是围绕最终顾客去构建内容和接触渠道，利用数字技术、数字内容去吸引顾客并与顾客互动。宝洁公司将营销部改为品牌管理部，组建了数字营销部，建立线上运营团队，构建顾客大数据管理平台，进行顾客画像，并与顾客直接互动。

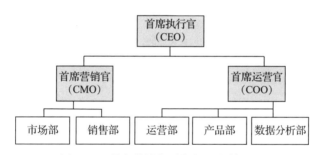

图 12-2　数字营销相关部门组织结构图

由于数字技术导致部门之间的职能交叉，不同企业的数字营销组织结构有可能存在较大的差异，但市场部、销售部、产品部、运营部、数据分析部等部门的职能在不同的企业都存在。当然，多业务单元的企业集团，在设置营销组织结构时可能有不同的逻辑，一些企业的营销职能主要由总部主导，而另一些企业的营销职能主要由业务单元主导。而在中小型公司中，市场部、销售部、运营部及数据分析部，可能是多部门合一的。表 12-1 描述了我国主流互联网企业的市场营销部门设置及主要工作职责。

表 12-1　我国主流互联网企业的市场营销部门设置及主要工作职责

部门名称	主要工作职责
市场部	（1）负责品牌建设和营销传播，提出品牌营销传播策略、创意内容和执行规划 （2）根据市场洞察，结合产品或服务，挖掘传播接触点，策划及执行创意营销方案，产出平面、视频等内容 （3）策划和执行线上线下市场推广活动，挖掘销售线索，支持和赋能销售部门 （4）制定公关传播策略及媒介投放计划，执行实施并进行效果分析 （5）舆情调研、挖掘、搜集，分析同行业竞争情况，提供竞品分析

（续）

部门名称	主要工作职责
销售部	（1）制定销售策略和销售计划，对销售指标负责 （2）负责顾客的开发和维护工作，建立与顾客的良好合作关系，为顾客提供产品和服务，满足顾客需求，提升顾客满意度 （3）根据产品或服务的价格及市场策略，完成与顾客沟通、谈判、合同签订及回款等工作 （4）监业业务运营情况，收集市场和竞品信息，及时反馈顾客的需求
产品部	（1）负责产品需求调研、收集、分析、规划、定义等产品工作，确定开发何种产品或服务，选择何种业务模式、商业模式等 （2）组织和推动产品或服务的开发、测试、验收、上线等项目管理工作 （3）根据产品的生命周期，协调营销、运营等部门，确定上线后的运营方案 （4）在上线后观察数据和效果并做出后续迭代改进方案
运营部	（1）洞察分析顾客行为特征，根据产品和服务，策划和制订运营方案 （2）负责顾客拉新、激活、转化、留存等运营工作 （3）建立产品和顾客的有效连接，管理顾客生命周期，实现顾客增长的目标 （4）持续追踪运营效果，与研发、设计、产品等团队配合，实现产品和服务的优化与迭代
数据分析部	（1）负责数据分析与数据建模、业务指标体系、评估分析体系和经营监控指标体系的搭建，业务数据报表需求分析、设计和输出，对核心指标和趋势发展进行归因和解读，产出分析报告，为管理层和业务发展提供决策依据 （2）通过数据分析，与产品、运营、研发等团队配合，支持创新业务发展，发现现有业务的突破方向，赋能成熟产品持续增长 （3）负责业务上各类 A/B 实验设计与分析、产品优化效果评估、市场活动分析评估等，从数据中挖掘流量、产品、策略等方面的优化方向，持续提升顾客增长、留存和转化 （4）组织相关团队进行数据产品理念、技能、工具的培训，推动业务部门数据化运营

资料来源：脉脉论坛、环球管理智库及部分互联网企业招聘网页。

二、数字营销组织结构的类型

假设在一个企业中有多个业务单元（Business Unite，BU），此时数字营销组织结构可以设计为业务单元独立并行模式和整合模式两种，业务单元独立并行的组织被称为独立式数字营销组织，业务单元整合模式指总部和业务单元之间的整合，按照总部承担的职能分为集中式和混合式两种组织。以下我们对三种数字营销组织进行描述。

（一）独立式数字营销组织

独立式数字营销组织是指在一个企业中多个业务单元之间并行运营，每个业务单元均包含完整的数字营销部门（如图 12-3 所示）。这一组织结构首先包含了传统营销组织的两个关键部门，分别是市场部和销售部，市场部负责整个业务单元整合营销传播和品牌建设，销售部则主要管理关键客户、大客户和经销商。除了传统的营销组织体系之外，独立式数字营销组织还包含运营部、产品部和数据分析部等与数字营销相关的部门。运营部的主要职责是基于数据进行企业的全过程管理，涉及第一章水池模型的获客、激活、留存、变现和传播等环节。产品部则负责产品的规划设计、数字化展示、项目管理等。数据分析部则负责进行数据的提取、清洗、存储、分析和报告。一些业务单元还设置了技术开发部，包括前端开发和后端开发。前端开发主要负责搭建网站系统，实现各种互联网产品的用户界面交互设计。后端开发主要负责与数据库交互的过程，包括功能实现、数据存取、平台稳定运行等。在本章的内容中，我们不涉及技术开发部门的工作，仅限于描述数字营销相关的工作职责。

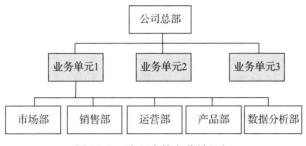

图 12-3　独立式数字营销组织

独立式数字营销组织的优点在于分工明确、权责清晰、绩效清晰，部门之间的接口明确，对接业务的数据源和数据分析在部门内部即可解决，能够高效率地实现顾客画像、产品设计和顾客运营。这种架构也有利于洞察本业务的市场，基于数据制定出相应的营销策略，更好地达成销售目标。这种架构的缺点是数据和营销战略缺乏统一规划，业务单元之间不能共享和复用数据、人力、技术、市场等资源，存在数据孤岛、数据打通困难、资源重复投入、冗余建设等问题。

（二）集中式数字营销组织

集中式数字营销组织是指数字营销企业集中承担数字营销中台的建设和运营工作，业务单元通过共享和调用数字营销中台资源来满足业务单元的营销运营和产品销售（如图 12-4 所示）。

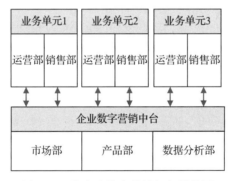

图 12-4　集中式数字营销组织结构图

1. 数字营销中台

数字营销中台是企业数字营销运营的支撑平台，它对企业的营销资源统一管理，并承担企业的市场、产品和数据分析等管理职能，并为所有业务单元服务。数据中台是一种"资源共享＋能力共享＋集中服务"的营销模式。图 12-4 所示的"企业数字营销中台"是由企业层级管理的，它负责集中管理市场策略、产品研发和数据资源及服务，各个业务单元仅负责自己业务的数字化运营和销售工作。集中式架构有效避免了第一种独立式组织结构各自为政的不足，其核心优势是"功能复用"。这种模式构建了企业层面的"数字营销中台"，配合业务层面搭建业务单元的"小前台"，基于企业全业务的数据管理，数字营销中台全面洞察所有业务单元的顾客，实现全渠道的个性触达和全业务的精细化运营，最终提升顾客全生命周期的价值。

数字营销中台是集中式数字营销资源管理和运营的平台，它在数据资源的支持下形成数据管理、市场营销管理和产品管理三个功能模块和能力。

（1）数据管理。数字营销中台的数据分析部的主要职能包括数据的采集与分析，它整合企业的客户关系管理（CRM）、交易与销售、顾客行为等数据，进行顾客洞察，构建顾客标签体系，实现完善的顾客画像，通过数据字典等方式实现对所有业务的数字资源服务。

（2）市场营销管理。数字营销中台的市场部负责全渠道的资源整合与市场策略制定，该部门针对多业务、复杂场景下各类需求提取共性的市场营销需求，进而制定相应的针对所有业务单元的产品、价格等营销策略组合，全流程管理顾客触点和顾客旅程，具体体现在以下几个方面。①全渠道流量运营。获取、追踪源自程序化广告、内容营销、兴趣社交、搜索、视频、微信、门店、货架、会议、线下活动等全渠道、全业务单元的顾客信息，形成顾客画像和顾客资源体系。②营销资源运营。高效管理社交平台粉丝、KOL、行业社群、社区消费团、导购人员等营销资源。③营销触点与活动管理。根据顾客旅程的不同环节设计营销活动或营销战役，并通过对顾客多维数据的分析，开展精准营销。④引流与转化。业务涉及：潜在客户的精准触达与拉新转化计划；存量客户的增值与维护计划；与定价等营销组合策略相匹配，全方位触达顾客，并通过不同媒介频繁沟通。

（3）产品管理。依据公司的战略负责产品的全生命周期管理，包括产品定义、规划、设计、测试、上线和迭代更新等。在产品开发的早期，公司快速搭建产品的核心功能，发现核心顾客群，快速验证产品模式和市场的反馈；在产品成熟期，提升顾客体验，提升产品的细节质量和顾客满意度。

2. 集中式数字营销组织的特点

集中式数字营销组织与独立式数字营销组织相比的主要区别在于是否建立营销中台。集中式数字营销组织的特点是企业能够整合企业中的数字资源，数据资源管理和数据分析、市场策略制定、产品设计和上线等不再需要由各个业务单元负责，而是由数字营销中台统一管理，数字营销中台也成为数据管理、顾客流量、产品开发等的唯一出口，业务单元主要负责直接面向市场的业务运营和销售管理。数字营销中台成为数字营销的策略策动部门，它设置了数字营销的运营执行岗位，各个业务单元的数字营销策略执行也需要数字营销中台的支撑。

2015 年，阿里巴巴设置了"大中台、小前台"的组织结构，成为最早提出"中台战略"的公司。随后，中台的概念得到更多企业的认可和实践。阿里巴巴的中台可以支持电商业务的快速创新。字节跳动把增长能力中台化，头条的增长团队可以快速转到抖音运营之中，甚至可以投入海外各国的产品运营中。2017 年底，京东搭建了京东商城中台研发体系和京东开放平台中台系统。万科数字化转型的"沃土计划"以打造数据中台和服务中台作为个性化服务的基础。

集中式数字营销组织克服了独立式数字营销组织分散管理的问题，凸显出规划性好、冗余较少、数据打通、资源共享、独立运营、成本较低等优点。采用这类组织结构的企业一般具有资源和能力强、各业务单元执行力强的特点。

但集中式数字营销组织也有其缺点，主要体现在离一线业务单元和市场较远，对数据理解和业务理解不够深入，与业务部门沟通不畅，沟通成本较大等方面。如果业务变化迅速，中台可能无法跟上业务的步伐，而且当企业的平台开发和维护能力不强时，运营管理将可能推进。中台组织的架构由于距离市场较远，也可能出现巨大、复杂、缓慢、低效的情况。另外，由于中台的资源集中且权力较大，业务单元的资源不足，创新会受到一定的遏制。

（三）混合式数字营销组织

混合式数字营销组织结构中，市场策略、产品管理、数据管理等各职能同时分布在企业层面和业务单元，但分工有所不同。企业层面偏重策略研究和制定、企业品牌及公关关系的建设和维护、渠道资源整合、媒体资源整合和投放、数据能力的建设、数字营销技术应用和全业务的整体营销活动。数字营销的策略执行和销售过程由各个业务单元承担（如图 12-5 所示）。

在混合模式下，基本的设计思路是将成本中心设置在公司总部，将利润中心设置在业务单元。因此，在企业层面主要解决的问题有以下几个方面。首先，公司总部把握数字营销传播和品牌建设的工作，这部分工作涉及营销调研、市场分析、品牌定位、营销策略制定，营销传播投放也由公司总部执行。其次，公司总部负责技术工作和产品的研发工作，例如信息技术解决方案、交互设计、UI 设计等。最后，数据管理工作，包括数据的统一采集、存储、顾客标签和画像、数据分析、数据产品、数据服务等，支持公司层面营销战略的制定，也为业务单元的正常运营提供支撑。其中，公司层面的数据分析是针对所有业务单元的，因此采用的往往是数据字典（Data Dictionary）模式，为所有业务单元提供标准化的数据分析报表。总体看，公司总部承担了战略和策略制定、技术开发和技术支持、数据采集和利用等工作，并协调和整合利用公司的顾客资源、数据资源、网络资源、技术资源等。

在混合式数字营销架构下，业务单元的主要工作是向公司总部提交产品开发需求，利用大数据中心提供的数据分析报表和数据分析软件进行数据应用分析，申请个性化数据分析，执行公司总部的营销策略，反馈市场和顾客信息，管理经销渠道和重要客户，完成与顾客的沟通和销售业绩，协助公司总部进行市场洞察。

混合式架构的优点是有统一的规划，最大程度避免数据孤岛，避免在数据平台、顾客资源和基础能力方面重复建设，集中管理资源且有效降低成本。同时，这类组织结构也能保证各业务单元的自主性和对市场的深入洞察，能够较好地保障企业层面的数据协同应用和营销战略的落地。混合式数字营销组织的主要缺点是公司总部人员与业务单元之间仍然存在协调问题，公司总部距离各个业务单元的市场较远，有可能对各业务单元的市场洞察不足，统一的营销策略可能并不适用于所有业务单元。另外，公司总部存在一对多服务的情况，有可能出现服务不及时、对部分业务支撑不足的情况。

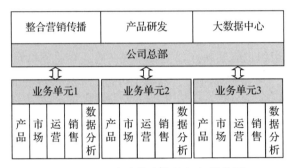

图 12-5　混合式数字营销组织结构图

三、数字营销组织结构的比较

这里进一步比较独立式、集中式和混合式的数字营销组织。这三种数字营销组织在中国互联网企业中均有应用，由于大的互联网公司员工数量众多，管理复杂度很高，构建有效的组织结构就成为提高运营效率的关键，但是由于行业不同，管理思维不同，因此不同的互联网企业采用的数字营销组织结构是不同的。表 12-2 从目标、特点、岗位、企业类型等方面比较了上述三种数字营销组织。

表 12-2　三种数字营销组织结构比较

类型	独立式数字营销组织	集中式数字营销组织	混合式数字营销组织
目标	各个业务单元责权利明确、多元化快速发展	各个业务单元共享平台数据、安全体系等。从公司层面有效配置资源，既能够提升组织效率，又能够适应外部环境变化	在集中管理的基础上下放经营权，加强监控管理，明确总部和业务单元的责任
特点	各个业务单元配置独立的数字营销部门，业务和指标都相对独立，权责明确；各业务单元各自独立，彼此之间通过管理人员与部门员工的频繁沟通来解决各种问题	规划好、冗余少、数据能够打通、资源能够共享；企业层面统一技术架构和产品体系，利用中台支撑前台多样化的业务形态，提升组织效率和进行组合式创新	企业层面和业务单元都有数字营销团队，市场、产品、数据分析等各部门同时分布在企业层面和业务单元，但职能分工不同
数据营销岗位	主要分布在业务单元，如业务单元的事业部、事业群、单一业务单元的营销部门等	主要分布在营销中台，在业务单元的执行层面也包含一些数字营销岗位	均衡分布在公司总部的营销职能部门、事业群、业务单元
对应企业类型	单一业务模式为主。所有工作和资源都围绕单一业务开展，初创企业较多。在企业快速发展期，由于来不及整合资源，也会在多个事业群采用这类组织结构	适用于多个业务线的复杂组织，采用大中台、小前台模式，以数据和技术这两大基础设施为核心架构形成大中台，支撑业务小前台，支持业务的快速迭代发展，可以应用于大型企业的共有平台内部创新	中央管理平台结合树形大前台机制，适用于复杂多变的个性化业务，前台离市场更近，能够快速地响应市场变化。中央管理平台聚焦通用能力，提供公共服务

（续）

类型	独立式数字营销组织	集中式数字营销组织	混合式数字营销组织
适用企业发展阶段或规模	初创企业；快速发展期企业；多元化业务布局的企业；产品驱动企业	大中型企业；沉淀了数据和能力的成熟期企业；运营驱动企业；数据算法驱动企业	复杂企业（例如 To B+To C 企业）；平台和业务单元执行能力均很强的企业；流程长且反应慢的大型企业；客户驱动企业
典型企业	腾讯	阿里巴巴、字节跳动	华为、Meta

资料来源：宋星.数据赋能：数字化营销与运营新实战[M].北京：电子工业出版社，2021.

小案例

三类数字营销组织结构的企业示例

腾讯采用的是典型的独立式组织结构。腾讯在创立初期规模较小，只有一个核心产品QQ，并采用独立式的直线职能架构。这一组织结构可以很好地发挥作用。初始的组织结构包括 M 线、R 线和职能部门。M 线即市场部门，内部包括营销部和移动通信部；R 线即研发部门，内部包括无线开发部和基础开发部；职能部门下面包括总办会议、领导班子、M线和 R 线负责人。随着业务的快速发展，腾讯于 2005 年进行了组织构架调整。当时为了推进"在线生活"战略，腾讯组织结构被划为 8 个序列，形成"章鱼之手"，彼此像独立公司一样面向竞争对手，形成了强大的执行力。各个业务单元独立设置数字营销部门，深刻理解并快速响应顾客需求，开发相应的产品并管理顾客平台。2014 年，腾讯增加了微信事业群负责微信基础平台、微信开放平台、微信支付拓展、O2O 等微信延伸服务的开发，以及邮箱、通讯录等产品的开发和运营。由此，腾讯从单一 QQ 产品开始，发展到多元化业务单元，再到事业群（Business Group, BG），最终形成总办、事业群、业务线和业务组的结构，各个业务单元有相对独立的数字营销团队，负责各自业务的产品和运营。

阿里巴巴采用集中式组织结构。2015 年，阿里巴巴全面启动了中台战略，将集团各业务线的数据集中于中台，构建了"大中台、小前台"组织机制和业务机制。这种组织结构避免了各业务单元职能的重复建设。之后，中台逐渐成为行业标配，规模稍大一点的公司都建设了自己的中台。阿里妈妈是阿里巴巴集团的数字营销大中台，它依托集团的核心商业数据和超级媒体矩阵，建立了多维度、高密度、快处理的超级"数据池"。这些数据经过清洗和分析，能够精准地描绘顾客画像，形成人口属性、地域分布、媒体接触、兴趣爱好、生活形态等多个方面的标签体系，从而为前台制定策略和优化创新提供了强有力的支撑，实现了"品—传—销"全链路数字营销平台，也实现了数字媒体（PC 端＋无线端＋多媒体终端）的一站式全域传播。阿里巴巴集团的数据中台构建符合数据时代的组织框架，在大数据和云计算成为重要资源的背景下，形成了着眼于未来的组织体系。字节跳动也采用了"大中台、小前台"的轻型 App 组织结构，它以大中台为支撑，形成轻量前台快速试错的体系，成功支持了抖音等大量 App 的快速增长。

华为采用混合式组织结构，在近十几年从垂直型集中管理组织向多业务平台型组织转变。在 2009 年华为年报中，首次出现了业务与组织结构图。当时华为的业务主要围绕运营商展开，整个业务与组织结构是一个垂直化管理的体系。其中，战略与营销部门为公司战略发展方向提供支持，促进客户需求驱动的业务发展，管理公司品牌与传播，监控制订公司业务计划，以实现公司的发展目标；业务单元则提供有竞争力、低成本、高质量的产品和服务；市场单元（MU）是从销售到回款流程的责任部门，通过强化区域的运营管理能力，确保公司战略在区域的有效落地。华为的战略与营销部门从 2009 年到 2018 年一直属于集团职能平台；在事业群层，云与计算事业群对华为公司云与计算产业的竞争力和商业成功负责，承担云与计算产业的研发、营销、生态发展、技术销售、咨询与集成使能服务的责任；在事业群的区域组织层，如顾客事业群区域组织是对终端业务在区域的总体经营目标、顾客满意度、生态伙伴体验与品牌形象提升负责。由此可见，华为从集团职能平台到 BG 即区域组织，都设置了数字营销团队和人员，统一制度、统一流程、统一编码、统一监控，使公司面向客户集中精力去做市场拓展，实现顾客满意。2014 年，华为公司开展 2C（面向顾客）项目群建设，完成了新的零售业务流程架构，在中国和泰国上线零售门店管理系统，完成进销存管理系统的全球部署，打通了经销商到最终顾客的数据脉络，实现了渠道和零售运营管理的效率提升。华为通过构建敏捷、标准、可视的渠道交易平台，极大地改善了订单处理效率。

资料来源：靳相宜.互联网行业专题研究报告：互联网巨头组织架构变迁研究 [EB/OL]. (2021-03-09) [2022-06-25]. https://www.vzkoo.com/read/20230404d39e3fde7f83ac17b37b4128.html.

第三节 数字营销岗位及职责

一、数字营销相关的岗位

传统市场部门的职能主要包括营销传播和销售实施两大类。市场部负责营销传播和品牌建设，实施市场调研工作，销售部则负责顾客管理和产品销售工作。市场分析职能由市场部承担，因而市场部往往对人员的学历要求较高，但销售部则更看重人员的服务能力和与人打交道的能力。随着营销技术的发展，数据管理平台将市场部的工作协同、数字内容、营销活动、媒体策略、顾客互动等整合起来，这对市场营销人员提出了新的要求，他们不仅仅需要懂业务，还需要具有数据思维能力，懂得营销技术工具的使用，从而有能力通过数据分析市场动态，洞察顾客行为，提升运营效率。因此，在数字营销组织中，从业人员需要具备三种能力，首先是营销和经营能力，其次是数据和分析能力，最后是对科技和技术的深度认知能力。只有具备这三种能力的从业者才能够较好地承担相应的工作。

从企业角度看，数字营销人员的岗位主要分布在市场部、销售部、产品部、运营部和数据分析部等。图 12-6 描述了数字营销各部门的岗位。在数字营销组织中，高级经理职位包括首席营销官（CMO）和首席运营官（COO）。首席营销官负责管理市场部和销售部，承担的是传统营销相关的工作（如表 12-1 所示）。首席运营官负责管理产品部、运营部和数据分析部，承担的是基于数据的营销过程管理（如表 12-1 所示）。

图 12-6 描述了不同部门的基本岗位设置，这些岗位的设置与各部门的职责是相对应的。市场部的主要职责是品牌建设和整合营销传播，岗位设置主要与营销传播相关。销售部的主要职责是产品销售和客户关系管理，岗位设置主要与渠道管理、顾客管理等有关。产品部的主要职责是产品开发，岗位设置与产品研发、项目管理、交互设计等有关。运营部的主要职责是进行顾客触点、旅程和体验的管理，岗位设置主要涉及通过产品、内容、活动等吸引、活跃、留存顾客。数据分析部的主要职责是数据分析，岗位设置与顾客、业务、竞品等的数据分析相关。

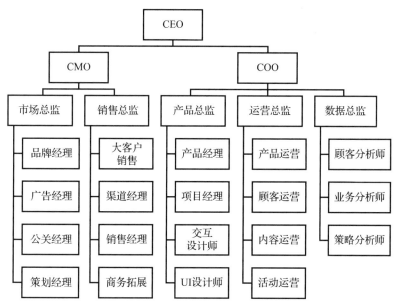

图 12-6　数字营销各部门岗位结构图示

二、数字营销岗位的工作内容及任职要求

数字化时代催生出产品经理、运营经理、数据分析师等岗位，并逐步成为数字营销组织的关键岗位。以下对数字营销直接相关的市场总监、销售总监、产品总监、运营总监和数据总监等岗位进行描述（如图 12-6 所示）。

（一）市场总监

1. 市场总监岗位描述

市场总监的主要职责是品牌和整合营销传播，该岗位负责了解市场动态，掌握竞品情况，引入和维系合作方，并通过传统和数字媒体、公关等方式，传播公司的品牌形象，确保公司与产品的口碑。

2. 市场总监岗位职责

市场总监负责指导品牌系统搭建，制定品牌策略，通过策划宣传和传播内容设计，有效提升品牌形象；负责整合内外部数字传播资源，通过热点策划、媒体合作、KOL 投放、线上活动等各种传播手段，提升品牌影响力、美誉度和市场渗透率；指导官媒、官微、官博的内容产出，负责各类媒体关系的维护、拓展和内容投放，为企业对外沟通进行风险提示以及舆情管理；指导产品和服务对外信息的提炼、传播，危机的预警和处理；指导公关和市场活动的策划与执行，包括但不限于新闻发布会、行业峰会演讲及高管专访等。

3. 市场总监能力要求

市场总监能力要求包括：丰富的品牌建设经验，很强的品牌增长思维，以及业务解读能力、策划能力、沟通能力、推动能力、执行能力、协调能力、品效协同能力；具有市场营销、公关或媒体行业背景，掌握传统和数字媒体资源，有很丰富的媒介投放和媒体合作经验；能够指导团队进行研究分析、内容制作；掌握法律法规，具备风险舆情处理能力。

（二）销售总监

1. 销售总监岗位描述

销售总监负责规划、执行和监控数字销售策略，以确保业务目标的实现。该岗位负责领导和管理数字销售团队，以推动业务增长并提高客户满意度。销售总监需要深刻理解数字营销趋势，运用数字工具和技术，以实施更智能和更加个性化的销售策略。

2. 销售总监岗位职责

销售总监的主要职责包括数字营销策略制定，例如，利用搜索引擎、社交媒体、电子邮件等多渠道进行品牌推广和销售；负责数字客户关系管理，销售总监通过深入了解客户数据，建立并维护数字化客户关系，实现个性化的客户体验；也需要进行数据驱动的销售，通过运用数据分析工具或者解读数据分析的报告，对销售绩效和市场趋势进行深入分析，为销售策略的调整和优化提供支持；实现多个销售渠道的协调，确保不同的渠道在数字销售策略实施中协同工作，实现全方位的品牌曝光和销售机会。

3. 销售总监能力要求

销售总监需要有出色的沟通和协调能力，能够有效整合团队和跨部门资源，实现协同合作。销售总监也需要具备以客户为导向的能力和人际交往能力，关注客户需求，注重客户体验，善于通过数字渠道与客户建立稳固的关系。销售总监还需要有能力准确解读销售数据以及数据分析结果，并基于数据来制定决策。

（三）产品总监

1. 产品总监岗位描述

产品总监是互联网企业中专门负责产品需求调研、产品开发、产品管理的职位。产品总监的主要职责是进行市场调查并根据产品、市场及顾客等的需求，确定开发何种产品，选择何种业务模式和商业模式，推动相应的产品开发。产品总监还需要根据产品的生命周期，协调市场、运营等部门，确定和组织实施相应的产品策略和相关的产品管理活动。

2.产品总监岗位职责

产品总监岗位的职责包括规划设计产品，研究竞品与行业，协调和推动产品实现的整个过程，监测优化顾客反馈，策划迭代、优化和改进产品，实施产品营销推广。产品总监的岗位职责主要概括为五个方面，分别是：①市场调研；②产品设计；③产品开发项目管理；④产品推广；⑤产品生命周期管理。产品总监需要开展市场研究，对顾客需求进行分析，再根据分析结果制定产品策略，推动产品的开发和上线。在产品上线后，产品总监需要持续监控产品的数据指标（如产品的 PV、UV、点赞数、浏览数、转化率、客单价、GMV 等），并根据数据分析结果优化和迭代产品。

3.产品总监能力要求

产品总监负责承担产品全生命周期的管理，需要具备较强的抗压力、沟通力、学习力和活跃的思维能力，能够适应互联网的快速迭代工作节奏。另外，产品总监还需要精通文案写作，掌握 Sketch、Axure RP 等原型工具，了解顾客研究方法，懂得数据分析，要有很强的市场敏锐度。

（四）运营总监岗位

1.运营总监岗位描述

运营总监的主要职责是基于顾客的新增、留存、活跃、传播等实施点，达到优化产品、增长业务、扩大和活跃顾客群等运营目标。运营总监主要是围绕产品或业务开展运营工作，在数据分析的基础上，依据顾客需求，制订运营方案，并通过一系列运营手段（如媒体传播、活动策划、优化产品方案、迭代产品功能等）提升访客数量、顾客留存率、顾客使用时长、顾客访问频次、客单价等绩效指标。

2.运营总监岗位职责

运营总监岗位职责包括：制订一系列完善的整体运营规划方案，针对"连接顾客和产品"的流量建设，即扩大顾客规模、增加顾客活跃度、避免顾客流失、提升顾客贡献率等；负责产品的运营工作，即基于数据进行产品知识库搭建、产品活动策划、产品落地推广、产品顾客维系、产品数据分析、产品规则维护、产品优化调研、产品 Bug 排查反馈、市场需求提炼等工作，从而提升顾客对产品的接受程度。

3.运营总监能力要求

运营总监是综合能力很强的岗位，既要具备深厚的顾客洞察能力、产品知识积累、业务知识沉淀，又要懂得各种运营策略和手段，能够通过 A/B 测试和数据分析进行产品研究、顾客研究和运营状态研究，发现市场的机会，排除低效投入，从而更好地连接顾客和产品，完善产品价值和持续产生商业价值。运营总监除了需要有良好的沟通、协调、执行、领导能力之外，还需要有较强的数据分析能力、市场洞察能力和创新探索能力。

（五）数据总监岗位

1. 数据总监岗位描述

数据总监需要指导数据部门进行行业数据搜集、整理、分析，并依据数据做出行业研究、评估和预测。数据总监既需要懂算法和统计技术，也需要懂业务的运营过程，能够针对当前的业务发展情况提供数据来支撑策略的实施。

2. 数据总监岗位职责

数据总监的岗位职责包括：指导数据部门进行流量、产品、策略方向的业务指标体系搭建，对短期异常情况进行归因，对长期趋势进行解读；通过探索性的数据分析与数据建模，挖掘流量、产品、策略方面的痛点，提出相应的优化方案；指导团队根据业务需求完成深入的专项数据分析；通过对数据的敏锐洞察和分析，构建分析模型，迅速发现内部问题，获取市场机会，保证推动数据分析结论的落地与持续优化。

3. 数据总监能力要求

数据总监除了需要具备沟通、协调、领导等能力之外，还要有能力搭建数据管理系统，并保证系统的正常运营。数据总监需要有较强的数据管理能力，能够指导运用工具提取、分析、呈现数据，刻画数据的商业意义。数据总监也需要掌握各类数据分析方法，熟练使用各类数据库、统计分析软件和可视化工具。

三、数字营销岗位职业发展路径

数字营销岗位在不同的企业有着不同的名称和界定，在市场、产品、运营、数据分析等部门的岗位名称纷繁复杂，但总体上存在着岗位职业发展的共性。表 12-3 以某互联网公司的游戏产品数据分析岗位序列，由低到高的岗位任职要求来说明岗位发展路径。

表 12-3　数据分析岗位能力要求表

岗位名称	岗位级别	岗位能力要求
数据分析经理	基础级别	（1）执行力：在执行环节中能够落实资源、进行质量控制和效果反馈；按时间、计划完成既定的工作；多项目和多计划并行的协调能力 （2）数据分析专业能力：基础数据分析、专题分析能力，包括各产品的收入分析、商业模式分析、顾客分析、市场推广效果分析、网站运营分析、媒介效果分析、交叉分析等 （3）统计工具专业能力：Excel、SPSS、Python 等数据分析工具的运用 （4）产品和运营知识：对产品的理解，对运营的理解 （5）专业经验：毕业于数据分析相关的专业

（续）

岗位名称	岗位级别	岗位能力要求
高级数据分析经理	中级级别	（1）产品和运营知识：对产品有深入的理解，对运营有深入的理解 （2）数据分析专业能力：具备模型构建能力，包括收入分析模型、收入预测模型、商业模式分析模型、顾客分析模型、顾客预测模型、市场推广效果分析模型等，能通过数据挖掘等手段进行消费者行为和运营现状分析，为产品运营提供依据 （3）专案完成专业能力：具备企业的专题案例分析和研究能力，包括收入预测分析、顾客行为分析、市场结构分析、顾客生命价值分析、行业动态分析等，并定期输出报告 （4）策略实施能力：具备数据分析体系建设的能力，可以根据产品品类建立基础数据分析体系（例如交叉分析、顾客分析、产品生命周期分析等），为业务发展规划提出策略性建议和方案 （5）沟通协调能力：具备部门之间的沟通和协调能力 （6）专业经验：有 3 年以上的数据分析专业经验
资深数据分析经理	高级级别	（1）策略制定能力：能够根据产品运营、市场营销的需要，构建相应的数据分析策略和体系 （2）培训和指导的专业能力：可以对调研人员、数据分析经理、高级数据分析经理，以及其他需要了解数据分析的岗位进行系统的数据分析培训，内容涵盖高级数据经理的职责 （3）规划与策略制定能力：能够从数据分析角度对产品设计和运营模式进行规划和设计 （4）沟通与协调能力：具备部门之间的沟通和协调能力，能够管理团队完成数据分析项目 （5）具备数据分析经理和高级数据分析经理的各项能力 （6）专业经验：有 6 年以上的数据分析专业经验
数据分析部门经理	专家级别	（1）同时具备资深数据分析经理以上的各项能力 （2）组织与领导能力：良好的领导能力和组织管理能力，对数据分析岗位的各项职责有较深的理解 （3）计划与策略制定能力：具备良好的计划能力，能够统筹安排各项工作 （4）协调与沟通能力：具备部门之间的沟通和协调能力，能够管理团队完成数据分析项目 （5）激励方面的领导能力：能够很好地激励团队成员完成相关的数据分析任务 （6）专业经验：有 10 年以上的数据分析专业经验

将岗位能力模块以及不同职级的要求汇总，可以列出如表 12-4 所示的能力要求表。

表 12-4　数据分析岗位能力要求表

岗位级别	执行力	理论知识	组织与领导能力	沟通与协调能力	计划和策略制定能力	专业能力	专业经验
基础级别 -M1	√√√	√			√	√	√
中级级别 -M2	√√	√	√	√	√	√	√
高级级别 -M3	√	√√	√√	√√	√√	√√	√√
专家级别 -M4	√	√√	√√√	√√	√√√	√√√	√√√

在各个企业中，营销数据分析的岗位职级能够有效激励员工不断提升自己，但各个公司的职级设计还是存在一些差别的，市场、运营等数字营销岗位一般属于非技术序列，不同序列通道都具有平等的晋升机会，一般采用职业发展双通道体系，自由选择走技术专家路线或团队管理路线。

本章小结

1. 数字营销组织是指以数据驱动，以顾客生命周期为核心，由承担营销传播、产品研发、顾客运营、渠道拓展、数据分析等营销活动的部门及人员构成的有机体系。

2. 设计数字营销组织时需要考虑四项基本设计原则、五个方面的设计目标、六个设计步骤。根据数字营销人员是分布在各个业务单元，还是汇总在企业统一层面，数字营销组织结构分为三种形式：独立式、集中式和混合式。

3. 数字营销组织结构一般包括市场部、销售部、产品部、运营部和数据分析部等五个部门，各个部门的组织职能不同但相互协同合作。根据企业的规模，企业可以合并设立或完善组织结构。

4. 数字营销的专业能力，包括产品理解、数据分析、投放分析和管理、效果优化多方面的能力。业务能力、技术能力、数据能力均是数字营销的重要能力，核心要点是构建洞察顾客需求、竞争结构的能力。数字营销时代催生了运营经理、数据分析师等岗位，它们逐步成为数字化运营企业的关键岗位。本章介绍了各个重要数字营销岗位的描述、职责和能力要求，以及职业发展路径。

重要术语（中英文对照）

业务单元 Business Unit，BU　　　　　　产品经理 Product Manager，PM

事业群 Business Group，BG　　　　　　数据分析师 Data Analyst，DA

思考与讨论

1. 请描述数字市场营销组织设计的原则和目标。
2. 数字营销组织一般包括哪些部门？各自的职责是什么？
3. 请描述数字营销组织的类型和特点。
4. 请阐述市场总监、产品总监、运营总监和数据总监各自的岗位职责。
5. 假设你是一家初创互联网企业的管理者，你应当怎样搭建数字营销组织结构？

案例实战分析

阿里要把中台变薄，变得敏捷和快速

一、案例背景

2020 年底，张勇在阿里内网发布文章表示，他对当下阿里的中台并不满意，并直言道：现在阿里的业务发展太慢，要把中台变薄，变得敏捷和快速。

这一提法引发了市场广泛和持续的关注，出现了大量业务层面的变革讨论。有人说中台不行了，连阿里都要放弃它了。中台还要不要建以及怎么建，都是摆在各大公司面前需要深入探讨和评估的事。

作为国内中台的开山鼻祖，阿里自2015年推出"大中台、小前台"战略以来，其中台成为行业发展的标配。中台战略打造的是：统一技术架构、产品支撑体系、数据共享平台、安全体系等。在强大的中台，现成的基础资源的基础上，把整个组织"横"过来，支撑上面多种多样的业务形态。之后，阿里又提出了"五新战略"，即新零售、新制造、新金融、新技术、新能源。

如果建中台的核心目标是提升效率和降低成本，那么，中台到底要不要建或许就会清晰很多，剩下的则是要考虑谁适合建，以及怎么建。

二、了解中台战略

"数据中台"是近几年营销圈较为火热的概念之一。自从阿里在2015年提出"大中台、小前台"战略以来，BATJ（百度、阿里、腾讯、京东）、TMD（今日头条、美团、滴滴）等新老互联网巨头都纷纷推动以搭建中台为目标的组织结构变革。在巨头的带动下及数字化转型的浪潮下，越来越多的企业开始将搭建中台提上日程，期望借助中台实现降本增效，助力企业持续增长。

就阿里而言，"前台"就是贴近最终顾客或商家的业务部门，包括零售电商、广告业务、云计算、物流以及其他创新业务等；"中台"承担的是集合整个集团的运营数据能力、产品技术能力，打造资源整合、能力沉淀的平台体系，为"前台"的业务开展提供底层技术、数据等资源和能力的支持，中台对各前台业务形成强力支撑。

对于数据驱动的市场营销来说，前台和中台本质上是数字营销工作分工的问题。比如，某部门要上线和推广一款App，就会存在是部门内部（大前台）自己组织一套数据分析、产品、设计、运营的团队，还是集团为其提供数据资源（大中台），由专门的技术团队来帮助其进行数据分析、顾客运营、产品更新迭代等。

所以说，"小前台＋大中台"的运营模式，就是"特种部队（小前台）＋航空母舰群（大中台）"的组织结构方式，以促进数字营销管理更加扁平化，以及效率更高、反馈更快。十几人甚至几人组成的"特种部队"在战场一线，可以根据数据迅速决策，并及时制定千人千面的精准营销。而精准营销的"导弹"往往从"航空母舰群"上发射而出，后方会提供强大的火力侦察和后勤支援。

三、建设数字营销中台的意义

当我们开展具体的业务时，每个团队都需要有数据、产品、市场等方面的基础支持，传统互联网公司的每个业务部门都会有自己专属的运营、市场、产品等人员。随着公司的发展壮大，许多业务部门内部提供基础支持的工作可能会有很大程度上的重复（例如：两个相互独立的业务部门同时开发App，两个团队很可能在同时做市场活动，重复解决同样的顾客需求，同时做产品促销），导致许多资源被浪费。

此外，每个业务团队的水平参差不齐，怎样使每个团队都能够在既保证质量又保证效率的前提下完成任务，是个难题。为此，我们急需一个有效的机制来将公司内部的数据、产品、顾客等资源进行整合，统一为业务线提供支持和帮助。

同时，各事业部就像一个个子公司，都是实行独立核算的，这导致各事业部往往从自身利益出发，影响事业部之间的协作，难以形成企业合力。

阿里近年来迅速扩张，员工众多，所以可能会存在管理不善、效率低下、各事业部各自为政等问题。为了解决以上问题，阿里提出了"大中台、小前台"机制。"小前台 + 大中台"的运营模式促使组织管理更加扁平化，使得管理更加高效，组织运作效率更高，业务也更加敏捷灵活。

阿里"营销中台"的设置就是为了提炼各个业务条线的共性需求，并将这些打造成组件化的资源包，包括营销自动化工具，然后以接口的形式提供给前台各业务部门使用，可以使产品在更新迭代、创新拓展的过程中更灵活、业务更敏捷，最大限度地减少"重复造轮子"的 KPI 项目。前台要做什么业务，需要什么资源可以直接向公共服务部要。搜索、共享组件、数据技术等模块不需要每次去改动底层进行研发，而是在底层不变动的情况下，在更丰富灵活的"大中台"基础上获取支持，让"小前台"更加灵活敏捷，让每一个新的前台业务创新能够真正意义上"站在阿里巴巴这个巨人的肩膀上"，而不用每次开辟一个新业务都像新建一家创业公司那么艰难。

四、数字营销中台的问题和挑战

（一）效率和创新没达到预期

中台产生了一些"组合式创新"，而很难产生"颠覆式创新"。对于还处在起步阶段的业务，去找中台要资源，中台无法为前台提供其想要的支持和帮助，效率偏低。

由于资源有限，在开展业务的过程中，各前台会向中台提出需求，因为中台的资源有限，所以当中台收到许多来自前线团队提出的需求后会进行评估。如果中台认为某个前台项目的重要程度比较低，那么就会拒绝为前台提供支持。同时，中台受限于对前台业务和顾客的深刻理解，也增加了大量的沟通和协调工作，这对快速迭代、小步试错形成了掣肘。

（二）中台和前台分工不明确

中台和前台之间存在许多灰色地带，这个时候就会出现分工不明确的问题：哪些工作是属于前台的？哪些工作是属于中台的？面对某个具体业务时，这个任务是应该让中台来为业务线提供支持，还是让业务线自己做？如果中台和业务线都去完成这个任务，工作上就会有重复，难免发生互相推诿"踢皮球"的情况。反过来，如果中台没有办法承接前台的需求，前台就会不认可它服务的价值，前台需要设法自己做。如果是这样，前台的组织架构膨胀只是时间问题。

五、数字营销中台变薄

在企业迎来业绩低潮、面临衰退期时，管理者率先感受到资本和市场的压力，他们最渴望创新与突破。但是，越大的企业创新越难。

从高层角度看，冗余功能或业务会尽可能合并或替代，以便腾出资源对接更有价值的市场机会。从各个事业部角度看，他们期望自己的需求能够得到快速响应以支撑应用层的创新。中台是一个将能力标准化输出的工具，它无法快速响应创新业务，不适合做颠覆性工作。"中台"之上，长不出"手淘"，也孕育不出"钉钉"这样的颠覆式创新产品。所以，问题不是中台不行了，而是场景变化了，中台在提升组织效率、进行组合式创新等方面还是非常优秀的。

阿里的一位中台架构师坦言："现在是要求我们把最抽象的部分留在中台，这样中台就剩下很薄的一层，通过这几年沉淀下来的通用能力来提高效率，可以大大减少人力，而释放出来的人去前台做个性化的改造。"这个解决办法就是中台变薄。中台部分功能必然要从主体剥离，形成自己的小生态，从某种意义来说，是将部分标准化的能力抽象出来，使个性化的业务变得可定制。这就好似一个大企业的生命周期中衍生出很多小组织的生命周期，抽象出来的能力会伴随新的生命周期的业务成长。

企业数字化转型任重而道远，是坚持一点长期主义，还是跟随头部企业把中台变薄呢？

资料来源：

界面新闻官方账号.大厂终于对"中台"动手了 [EB/OL].（2022-01-21）[2022-06-25]. https://baijiahao. baidu.com/s?id=1722530921287907662&wfr=spider&for=pc.

冯蛟，张利国，樊潮，等.组织结构变革背景下赋能型员工管理模式构建 [J].中国人力资源开发，2019，36（5）：157-169.

赵月松.设计院构建"大中台小前台"模式势在必行 [J].中国勘察设计，2019（11）：72-74.

案例问题

阿里的数字营销中台架构的建设背景是什么？数字营销中台存在的问题是什么？未来数字营销中台应该向哪个方向发展？

参考文献

[1] 许玉林.组织设计与管理：基于组织理论的管理模型 [M].2 版.上海：复旦大学出版社，2010.

[2] 泛亚联盟.阿里用 20 年经验告诉你：组织架构才是第一生产力 [EB/OL]. (2019-05-20) [2022-06-25]. https://k.sina.com.cn/article_1914101557_7216df3501900jlyb.html.

[3] 韩枫朔.我国出版企业营销组织体系变革探析 [J].科技与出版，2021，40（4）：99-104.

[4] WEDEL M, KANNAN P K. Marketing analytics for data-rich environments[J]. Journal of Marketing, 2016, 80(4): 97-121.

第十三章
营销数字化转型

学习目标

（1）了解营销数字化转型的概念、目的和影响因素；

（2）了解营销数字化转型的操作框架；

（3）了解营销数字化转型的实施内容。

导引案例

居然之家的数字化转型之路

居然之家成立于1999年，是一家主要销售家装、家居产品的综合类企业。居然之家在数字化转型过程中并没有选择全链路数字化，而是将销售过程拆分为四个模块——集客、体验、结算、交付，并打通了六个数字化平台，即设计云平台、家具材料采购平台、商品销售平台、施工管理平台、物流交付平台和智能家居服务平台。具体而言，主要进行了以下几个数字化转型的操作。

（1）建设全域数字营销体系。居然之家首先转变了获客途径和方法，建设了数字营销平台，拓宽了线上的流量渠道。它引入了数字媒体，如短视频和今日头条，并建立了自有媒体矩阵。

（2）调整线上和线下组织结构。由于线上顾客活跃的时间与线下顾客不同，线上顾客活跃的时间恰好是线下员工下班的时间。因此，居然之家彻底调整了组织结构，并取得了巨大的成功。

（3）将数字化拓展到生态伙伴。居然之家成立了数字研发中心，由总部带领全国经销商开展基于同城站的直播活动，迅速激发了经销商的参与热情。通过数字化赋能经销商，居然之家提升了数字化能力，并让各地经销商看到了数字化带来的价值。

（4）创新激活潜在客户。居然之家利用数字化转型打造了全国范围的智慧门店，实现了线上线下的联动经营。他们利用 LBS 和大数据分析等技术洞察出潜在顾客，并能够对这些顾客进行营销和触达。

（5）拓展上下游业务。居然之家将数字化能力延展到全链条业务，包括设计、施工、智能服务、到家服务、物流安装和建材家具售卖等一系列环节。居然之家为目标顾客群提供一站式的标准化服务，让顾客产生巨大的黏性，为企业带来全生命周期的价值。

资料来源：
汪林朋.居然之家创始人：传统平台的数字化转型探索.微信公众号"北大纵横".
贺天瑞.居然之家：数字化＋渠道下沉双轮驱动[J].股市动态分析，2023（5）：38-39.

第一节　营销数字化转型概述

一、营销数字化转型定义

（一）营销数字化转型的基本概念

随着数字技术的飞速发展，传统企业在数字化环境中面临着转型的冲击。营销数字化转型是一种利用数字技术和智能技术改变原有的营销方式，从而提升营销效率和绩效的实践操作[1]。营销数字化转型的定义涉及三个重要因素。首先，它是以数字技术为基础展开的转型；其次，它融合多渠道的数据资源，构建了全域的数据驱动型营销；最后，它以实现更高层次的顾客价值为前提，带来业务增量，并提升存量效率。数字化转型涉及企业信息化管理、流程管理、供应链管理、人员管理等方方面面，本章重点围绕营销数字化转型这一核心概念展开讨论。

营销数字化转型对于传统企业而言是十分必要的，体现在以下几个方面：

（1）增长需要。营销作为企业与顾客直接接触的关键环节，需要随着顾客的变化而变化。随着数字化时代的推进，营销数字化转型为企业提供了吸引顾客和服务顾客的新增长点。

（2）效率提升。营销数字化转型可以提高企业的信息传输效率，精准推荐产品，降低运营成本。

（3）及时响应。营销数字化转型使信息系统全天候在线，减少了人工处理数量，提升了快速响应能力，有效降低了运营成本并提升了顾客满意度。例如，机器人客服可以全天候回答顾客的问题，并将顾客的疑问和需求实时传递给顾客服务人员。

（4）社交构建。营销数字化转型将使营销关系从传统的单向联系转变为双向联系，企业可以通过数字化社交媒体与顾客建立全新的顾客管理关系，实现在特定时间和场景下的关怀，提升顾客的信任。

（5）经营趋势。随着人工智能、大数据、物联网、区块链等新一代数字技术的迅猛发展，实体经济和数字经济正加速融合，营销数字化转型已成为企业发展的新趋势和要求。

可以说，营销数字化转型不仅是应对市场变化的需求，也是企业提升效率、加强顾客关系、适应社交环境和提升顾客体验的必然选择。

（二）企业营销数字化转型的目标

1. 统一管理资源

企业营销数字化转型的主要目标之一是构建统一的营销资源系统，将顾客资源、渠道资源、供应链资源、产品资源等纳入一个统一的平台管理起来。在一些多分公司或子公司、多产品线、多销售渠道的公司，营销资源在各个子系统之间往往处于割裂的状态，很难形成资源的协同和效率的提升。另外，渠道体系中的经销商和代理商各自形成了自己的销售体系，公司无法掌握顾客资源信息，这导致企业无法在数字化的环境下实施精准销售、交叉销售、资源互换和营销支持等。为了解决营销体系中存在的这些问题，企业需要经过营销数字化转型以便构建统一的数字化平台，打通系统之间的壁垒，形成全面的资源数字化系统，从而进行统一的资源管理。

2. 增加获客来源

营销数字化转型的目标之一是通过建设数字化体系增加获客的来源。企业形成了统一的数字化营销平台后，可以有计划、有组织地构建触点矩阵来吸引顾客注意和兴趣，这些触点矩阵包括顾客旅程和行为触点，企业可以通过搜索引擎、社交媒介、病毒内容、口碑和评论、直播销售、社群体系、裂变营销等手段，全方位地覆盖顾客旅程和顾客触点，有效触达目标顾客，从而提升获取顾客的广度和效率。

3. 提升覆盖效率

营销数字化转型的另一个目标是提升信息覆盖顾客的效率。传统方式大多采用广告方式对新上市的产品或服务进行覆盖，覆盖面广但不精准，从产品广告展示到顾客到店咨询或联系销售人员的路径较长，难以统计路径过程中的效果。数字化转型完成之后，企业可以通过定位和人群画像的精准定向来快速找到目标顾客，并对目标顾客群的喜好进行数据分析。借助精准营销的广告合作伙伴，企业可以制定更加精准的覆盖方式，从而快速提升覆盖效率并降低成本。销售人员也可以通过企业的广告精准推送使更多的顾客获得产品信息。数字化转型使广告传播变得可以追踪，销售人员可以了解哪些顾客对哪些信息感兴趣，以便采取进一步的营销行动。

4. 市场洞察实时应用

营销数字化转型的目标也是将市场洞察与广告投放实时融合，从而有效提升广告效果。传统企业在获得市场洞察信息后，往往不能及时有效地指导市场行动，存在信息利用的滞后性。在数字化时代，市场洞察可以实时在线获取商业信息，并通过智能化系统进行分析与预判，从而提供市场活动或市场广告投放的建议，帮助企业快速响应。例如，企业可以监测目标范围内出现的数据，将采集到的数据信息反馈到数据中台进行分析，并给出实时决策建议。负责数字媒体投放的人员可以利用实时市场信息对市场投放进行干预，从而在最短时间内做出最快速的反应。

5. 程序化销售管理

营销数字化转型的目标也在于程序化管理销售环节。传统企业的销售环节管理通常较为松散和混乱，主要依赖执行销售动作的员工。企业无法深入销售环节中，导致销售结果差异性很大，有些销售人员能力强、业绩好，但这种能力和经验往往难以复制或赋能给其他员工。销售环节虽然具有较强的主观性，但并非无法进行管理和提升，通过数字化的方式进行支持和改善就可以有效提升销售环节精细化管理。在实际操作过程中，可以先将销售环节划分成不同的阶段，包括了解顾客、识别机会、确认机会、提交方案和谈判成交等环节，在每一个环节，均可以在数字化转型之后利用平台提供的数据和工具获取商机，增强对顾客的了解，加强与顾客的互动，提高拜访效率和销售效率，实现销售目标并提升顾客满意度。

二、影响营销数字化转型成败的因素

营销数字化转型是非常困难的工作，一旦失败可能会导致整个销售体系崩溃，从而危及企业的生存。因此，营销数字化转型不仅仅是营销部门的事情，而是一项一把手工程。影响企业数字化转型成败的因素众多，主要包括以下几个方面：决策者重视程度、组织执行力度、资源禀赋状况、利益相关方认可程度和实施方案的完善度。

（一）决策者重视程度

决定企业营销数字化转型成败的关键因素是决策者对营销数字化转型的重视程度。决策者的重视程度首先取决于他们对营销数字化的认知，在推进数字化转型过程中，很多决策者只是引进了一些数字化营销的技术或平台，没有将数字化转型融入企业运营中，他们认为通过数字化手段获得客源就是营销数字化转型，员工对营销数字化转型的认知仅仅停留在数字媒体获客和电商平台销售的层面上，这导致营销数字化全面转型的难度增加。数字时代要求企业决策者对数字技术和新型商业模式有敏锐的洞察力 [2]，并适时调整公司的数字战略部署。

决策者对营销数字化转型的重视程度还体现在是否构建新的组织结构执行转型。很多企业在营销数字化转型中，仍然沿用原有的组织结构，这使得转型受到阻碍。由于转型本身对组织结构的改变提出了较高的要求，例如，将销售渠道拓展到线上，就不能单纯依靠增加销售人员来满足数字化发展的要求，而是需要根据电商平台的特点重新调整组织结构，以发挥数字化平台的最佳效果，因此，有效的组织转型对于营销数字化转型至关重要。

（二）组织执行力度

营销数字化转型的成功与否与组织的执行力度有较大关系。企业在数字化转型中执行力弱的原因主要是组织内的不同部门和参与者的转型动力较低，从而导致转型的执行力度达不到要求 [3]。数字化转型会导致信息透明和资源共享，这使一些部门和参与者产生抵触情绪。例如，不同的部门在信息上存在一定的封闭性，数字化转型后，这种不透明将被打破，一些受益于"不透明"的利益相关方可能会受到影响，这时就有可能使相关部门产生抵触情绪，从而影响营销数字化转型的进程。另外，在工作中引入数字化工具时，部分员工也会产生抵触情绪，认为数字化的实施将取代他们的人工工作，从而形成了转型阻力，使得营销数字化转型进展缓慢。

为了顺利推进转型工作，企业需要考虑利用激励机制来克服执行力的障碍，使转型工作顺利进行。方法之一是通过改变原有的营销激励方式，引入数字化属性作为激励因素，例如利用渠道或销售的数字化行为作为评价和奖励的依据，从而激发营销数字化转型的动力。

（三）资源禀赋状况

在营销数字化转型过程中，人力资源、数字基础资源、数字营销工具等条件也会影响数字化转型的进程 [4]。在营销数字化转型中，缺乏具备综合能力的人才，尤其是缺乏数字化转型的领导者，是企业在数字化道路上面临的重要障碍。营销数字化转型不仅需要领导者具备一定的技术能力，还需要领导者具备较强的组织协调能力，能够协调销售、渠道、生产、研发等多个部门，推动营销数字化在企业中的实施与落地。另外，如果是没有数字基础设施和数字化能力的企业进行营销数字化转型，就需要提升其自身的数字化能力。例如，企业如果没有构建基础的数字化平台，就很难形成自主可控的数字化运营体系。

（四）利益相关方认可程度

数字化转型能否成功还与顾客和渠道等利益相关方的认可度密不可分。一方面，企业的营销数字化转型往往需要得到顾客的认可。在以往的数字化转型过程中，大量企业并没有关注顾客的认知，这些企业构建了完善的数字营销基础设施，但得不到顾客的认同。例如，一些银行拥有大量顾客，他们以为开发出来的 App 会得到顾客的青睐，因而在 App 中加入了大量在线购物相关的内容，但很少有顾客会去购买产品，因为顾客一般会去那些有购物品牌联想的 App 中购买。另一方面，营销数字化转型需要得到渠道成员的认可。经销商等渠道成员拥有自己的顾客群体，厂商一般不知道这些顾客的信息。在引入数字化营销后，这种不透明性将被打破，经销商的利益也可能受到影响，这时经销商等渠道成员有可能对数字化转型产生强烈的抵触情绪，影响转型的进程。

（五）实施方案的完善度

营销数字化转型实施方案的完善度是影响成败的关键因素之一，实施方案通常包括技术平台基础建设、数字化营销工具开发和人员组织管理调整三个部分。首先，技术平台基础建设是转型的基础。企业需要根据转型的要求和定位确定技术平台基础建设的方向。在选择数字化转型平台时，需要考虑提高转型效果并推进项目的速度，同时需要考虑转型阶段和时机是否匹配，避免盲目采用各种大型平台。其次，数字化营销工具的选择也是关键。企业需要分析和决策哪些数字化工具能够带来较大的效果和价值，同时实现的成本相对较低。数字营销工具应该作为优先选项，成功应用这些工具将为整个数字化转型工作带来信心和动力，因而它们往往是推动整体项目成功的关键。此外，营销数字化转型还需要进行组织调整。组织结构和团队配置需要与数字化平台相匹配。在转型过程中，需要强调数字营销工具与人员之间的相互配合关系，需要让员工学习新的能力，适应转型后的工作角色，以便创造更大的价值。

第二节　营销数字化转型的框架

一、营销数字化转型的基本框架

传统的营销信息职能主要在于存储产品信息和合同订单等方面，目的是帮助销售人员在销售过程中收集和存储重要信息。在数字化时代，销售人员不仅可以使用系统存储订单信息，还能够充分利用系统中的顾客信息和商机，更好地了解自己的顾客，使销售人员与顾客之间的关系变得更加紧密。营销数字化转型可以实时地完成销售人员的跟进安排、目标差距分析、达成预测、投产预测、营销联动、费用预算、复制优质打法等方面的工作。图 13-1 描述了营销数字化转型的基本框架，讨论了传播、渠道和客户关系三类营销数字化转型。

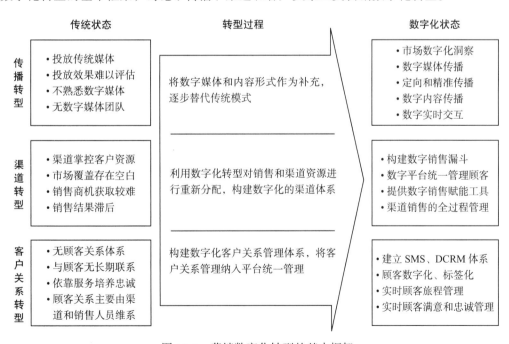

图 13-1　营销数字化转型的基本框架

在传播数字化转型方面，传统企业面临一些困难。首先，许多传统企业对数字传播形式不够熟悉，缺乏对相关技术和平台的了解。它们可能对数字媒体、社交媒体和在线广告等概念感到陌生，不敢轻易尝试新的传播方式。此外，数字化传播需要投入大量的资源和技术支持，包括建立和维护数字平台、进行数据分析和市场洞察、培养数字化人才等，这对于一些传统企业来说可能是一项很大的挑战。同时，数字化传播的快速发展和不断变化给企业带来了不确定性和风险，它们需要适应快速变化的数字化传播环境，并及时进行策略调整和资源再配置。

在渠道数字化转型方面，传统企业也存在一些困难。其一，数字化转型涉及销售流程的数字化和透明化[5]，这对企业的运营模式可能带来挑战。在数字化转型后，顾客可以通过在线渠道获取产品和服务的信息，从而更加了解价格和竞争对手的情况，但这可能对企业的定价策略和利润率造成一定的压力。其二，数字化转型需要企业具备相关的技术和能力，包括数字化渠道的搭建和管理、数据挖掘分析等方面的能力。对于一些传统企业来说，这需要进行较大的技术投入和人员培训，存在转换成本。此外，数字化转型还涉及销售渠道的组织结构和流程调整，需要改变现有的工作方式和思维模式，这对企业来说需要付出额外的时间和努力。

在客户关系数字化转型方面，企业也面临一些困难。顾客关系通常依赖于销售团队和经销渠道，而销售人员和经销渠道往往不愿意将顾客信息纳入数字营销平台，因为这可能导致他们掌控顾客关系的能力降低，从而影响他们的利益或竞争优势。此外，数字化转型需要企业建立数字化的顾客关系管理环境，需要更换技术平台和数据管理系统，也需要对销售团队和渠道经销商进行大量培训，相关的资源投入和组织变革可能会遇到一些阻力和困难。

小案例

华为的数字化转型 ROADS 模型

华为结合自身的实践，提出 ROADS 体验的"五大类特征"作为数字化转型的顾客体验设计标准，即实时（Real-time）、按需（On-demand）、全在线（All-online）、自助（DIY）、社交（Social）。"实时"指信息的实时获取，对顾客的快速响应，让顾客零等待，例如厂商新品上架的同时，顾客就可见可买；"按需"指按需定制，即让顾客按照自己的需求定制各项服务；"全在线"指实现资源全在线、服务全在线、协同全在线，例如，顾客可以在线审批，远程视频验收；"自助"指顾客可以自助服务，拥有自主权和参与权；"社交"指顾客可以协同交流、分享经验和使用心得，增加顾客归属感和黏性。

资料来源：华为企业架构与变革管理部 . 华为数字化转型之道 [M]. 北京：机械工业出版社，2022.

二、营销数字化转型的基本步骤

营销数字化转型的基本步骤包括四步，分别是数字化基础盘点、数字化价值评估与规划、业务模型梳理与拆解、选型与开发。

（一）数字化基础盘点

在进行营销数字化转型之前，首先需要对企业当前的营销信息化水平进行评估和盘点。

由于许多企业在长期的信息化建设中已经具备了一定的营销信息化基础，这为数字化转型提供了有利条件。在数字化转型的初期，需要综合了解企业的营销信息化基础、所获取的基础数据和系统能力，以便为后续的营销数字化转型工作打下基础。

（二）数字化价值评估与规划

企业进行任何形式的转型都需要考虑投入与回报，因此对营销数字化转型的价值进行评估和规划非常重要。企业在营销数字化转型的过程中，需要围绕企业的发展战略来评估数字化营销的价值，并根据评估结果做出符合企业长远发展的战略决策。在选择转型方向时，不能盲目跟风，采用过于庞大的协同，也不能过于保守而错失发展机会。企业选择转型方向的决策应该充分考虑企业自身的禀赋条件以及对市场和未来趋势的判断。通过明确转型的范围和目标，确定哪些业务必须转型、哪些业务需要转型、哪些业务暂不转型，从而明确转型的具体领域。

（三）业务模型梳理与拆解

在明确数字化转型的方向之后，需要对企业现有的业务模型进行梳理与拆解。数字化转型一般会改变原有的业务模型，可以尝试以顾客旅程为中心进行梳理，从顾客的角度出发，找到可以提升数字化能力的优化点展开转型升级。梳理顾客旅程和触点以及顾客在触点上的行为，可以帮助确定数字化转型的重点和方向。同时，业务模型的数字化重构也可能导致组织结构和绩效考核的调整，这些调整需要在转型之初就有明确的规划并予以落实。

（四）选型与开发

通过对数字化转型的业务梳理，可以明确企业是选择自己搭建数字化平台还是引入第三方的数字营销平台。如果选择自己搭建平台，就需要寻找具备行业内转型经验的合作伙伴进行深入探讨，充分调研业务部门的实际需求，综合考虑企业的战略发展方向，探索符合企业业务特点的营销平台模式并加以实施。如果选择第三方成熟的平台模式，需要深入研读相关的案例，找到共性和自身的个性，提出符合自身业务需要的转型方案。

除了上述基本步骤之外，构建专门的营销数字化转型领导小组和相关组织结构也是非常必要的，它们负责营销数字化转型的需求调研、组织协调、制度制订、方案选择、员工培训和转型实施等工作。转型领导小组还需要制订方案调整组织中不符合转型的人才结构，并从理念、技能和方法等方面对员工进行数字化转型培训，使他们能够快速适应转型的变化。

第三节　营销数字化转型的实施

一、传播的数字化转型

传播的数字化转型是从传统的传播模式转型为公域流量与私域流量相互配合的数字传播体系。公域流量指通过第三方平台获取的客流，这类客流往往为第三方平台所掌控，只有达成交易之后才能够获得详细的顾客信息。私域流量指企业自己可以完全掌控的客流[6]。在数字化转型过程中，企业首先需要构建公域流量体系，在此基础上完善已有的客户关系管理系统，逐渐积累顾客信息，形成私域流量体系。图 13-2 描述了公域流量和私域流量所形成的流量体系，企业的传播数字化转型重点的工作是搭建公域流量体系和私域流量体系。

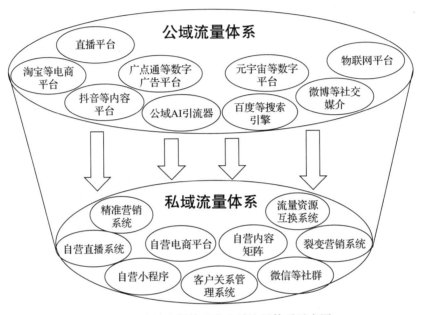

图 13-2   公域流量体系和私域流量体系示意图

传统企业传播数字化转型的第一步是构建公域流量传播体系，也就是说，利用其他成熟的数字传播平台进行传播，传统企业采用这种方式较容易转型。更为简单的方式是聘请专业的数字传播机构协助构建数字传播体系，当然也可以直接联系数字广告平台展开营销传播。在构建公域流量传播体系过程中，企业面临的主要问题包括以下几个。①如何选择有效的数字传播平台？②如何整合多个数字传播平台使传播效果达到最大？③如何选择合适的顾客标签从而圈定目标顾客？④如何实时评价传播效果，并进行数字媒体的迭代更新？尽管构建公域流量传播体系可以采取多种方法，但在实际操作中，传统企业由于没有专门的人才队伍和相关的操作经验，往往需要付出较高的代价才能构建符合企业定位的数字传播体系。另外，由于企业本身的数字化运营能力较弱，数字广告带来的流量有可能无法转化为销量，使数字广告的效率较低。为此，企业可以首先构建以顾客直接购买为目标的传播体系，例如，在电商平台建立旗舰店，并选择该平台上的传播工具，将流量直接转化为销售收入，之后，再逐渐形成以私域流量经营为核心的完整数字化销售和运营体系。

传统企业传播数字化转型更为重要的步骤是构建私域流量传播体系，该体系的目标是企业能够完全把握顾客信息，形成顾客画像，实现顾客的全过程数字化运营。构建私域传播体系首先需要将现存的顾客群纳入到统一管理的数字化平台上，形成数字化经营体系，该体系包括客户关系管理系统、自营传播矩阵（内容传播、微信社群、裂变营销、流量资源互换等）和自营销售矩阵（例如，自营电商平台、自营小程序、自营内容电商等）。企业要构建完善的私域流量运营体系，需要实现全面的传播和销售体系的数字化转型，以便使新增顾客顺利转化为销售，同时也对存量顾客实施数字化管理，通过重定向等精准营销手段挖掘存量顾客的潜力[7]。因此，私域流量经营不但涉及新增顾客的经营，也涉及存量顾客的经营，需要将所有顾客纳入数字化的运营体系之中，这对于传统企业而言是较为困难的。为了构建私域流量传播体系，企业应当以存量顾客为基础，首先实现存量顾客管理的数字化转型，再以该平台为基础构建全面的私域流量经营体系。当企业构建完公域流量体系和私域流量体系之后，就可以将公域顾客流引导变成私域顾客流，形成不断扩大和完善的私域流量池。

小案例

宝岛眼镜构建公域+私域流量的传播体系

宝岛眼镜所处的眼镜行业竞争激烈，公司开始积极进行数字化转型，实现了传统眼镜零售企业从0到1的数字化变革。在公域流量方面，宝岛眼镜在抖音、快手等短视频平台，以及大众点评、小红书等消费推荐型平台上展开营销传播，成立了MCN（Multi-Channel Network，多频道网络）部门，对内部8 000名员工进行了组织结构调整，将他们内化在不同的平台上，成为不同的公域流量App的"声量"达人，建立了约8 000个大众点评账户的媒体矩阵，并且逐步推广至小红书、抖音、快手等平台。同时，公司内部开展了各平台运营规则的学习，制定了详细的技能体系，帮助员工创作内容、打造人设，孵化出大量的KOC（Key Opinion Customer，关键意见消费者）。

宝岛眼镜将自己的产品和服务定位为眼视光大产业，提供眼底筛查等视健康服务，并大量培养验光师/视光师等专业人士，这些专业人士可以利用自身专业能力在各数字化媒体平台上以专业短视频、专业评测等形式进行内容营销。公司在内部成立了内容赋能中心，以持续制作和输出高质量内容为目标向专家们提供营销素材。吸引潜在顾客通过扫码方式添加企业微信，成为私域流量来源。然后，企业通过总部运营中心持续运营沉淀下来的顾客，组织丰富的活动吸引顾客到店体验，从拉新到沉淀再到销售转化，形成完整的转化路径。对于到店顾客，门店要求每个店员都配备数字终端电脑，店员记录到店顾客检查报告（视健康档案）、消费情况、积分等信息，并授权获取顾客的年龄、性别和联系方式等，形成顾客画像。测量出的眼部数据形成顾客的视健康管理基础数据。宝岛眼镜通过对顾客进行标签化管理，建立数据分析模型，实现目标顾客群的分类管理和精准营销。

在私域流量运营方面，宝岛眼镜已经通过其8 000多个大众点评账号、600多个小红书账号、600多个知乎账号及20余个抖音账号，积累了微信公众号会员近600万人，企业微信会员近900万人，会员社群超过1 000个，直播团队共800人，一次会员日的直播可触达15万人。

最终，宝岛眼镜形成了公域+私域的传播矩阵。

资料来源：中欧国际工商学院. 宝岛眼镜启示录：卖眼镜还是卖服务？ [EB/OL]. (2022-06-15) [2022-10-11]. https://baijiahao.baidu.com/s?id=1735676970860929204&wfr=spider&for=pc.

二、渠道的数字化转型

（一）零售门店的数字化转型

1. 聚焦门店效率的门店数字化转型

围绕零售门店进行消费体验设计是转型的方向之一。改造内容包括人脸识别、无人支付、智能货架改造、智能音响、智能 POS 机等方面。通过改造门店基础设施，可以提高门店经营效率。例如，通过识别顾客画像来提高效率，即通过数据算法更精准地识别顾客画像，了解顾客的消费行为、消费习惯和消费频率，向顾客精准推送商品。同时，基于顾客画像的识别，门店可以进行选品优化、商品管理等，降低门店人力、物力的损耗。高效订单预测也是一个方面，即运用数据算法对订单进行预测，并根据预测结果调整仓储容量，提高商品配送效率，优化现金流，减少损耗。零售企业可以通过引入机器人等设备减少人工作业，提高作业效率；引入无人车、无人机等解决一公里配送问题 [8]；通过自主结算 POS 机、电子价签、无线射频识别（RFID）等数字化应用提高门店的自动化和智能化程度，提升门店的运营效率；通过发展自助服务，引入无人零售，减少人力成本，提升门店效率。

2. 基于顾客触点的门店数字化转型

零售门店的数字化转型需要从顾客旅程和顾客触点的角度开展。例如，从顾客进店开始，门店就可以识别顾客的属性，以便为顾客提供个性化的服务。企业开展这类数字化转型并不一定需要具备非常复杂和全面的能力，只要站在顾客的角度深度分析需求，就能准确把握何种方式和手段能更好地服务顾客。例如，餐饮企业普遍在餐桌上贴上带有座位标识的二维码，顾客只需要通过微信扫一扫就可以轻松点餐。但是，如果要求顾客下载企业的 App，就需要提供较高的补贴，例如，盒马鲜生会给予下载 App 的顾客一定额度的补贴，为将来进一步的精准营销打下基础。

随着 5G 通信技术与设备通信能力的快速发展，物联网技术正在悄然改变数字营销环境，并成为零售门店数字化转型的重要方向。企业不仅可以利用物联网提升信息交互和数据联通能力，还可以通过物联网获得更多的顾客到店行为、店内商品信息和环境信息数据，提升门店的触点管理能力，为门店的数字化经营奠定基础。

3. 重塑会员体系的门店数字化转型

零售门店数字化转型有利于门店进行会员的精细化运营。门店数字化转型可以使导购员通过"门店＋商城＋小程序＋社群"等多种方式打破门店店面面积、经营时间和服务时间的限制。同时，门店导购员与顾客面对面时，通过扫码建立与顾客的关联关系和连接。后台的数据分析系统可以帮助导购员形成售前服务、精准营销和售后服务，有效地提升顾客满意度。另一方面，零售门店也可以通过数字化陈列货架向老顾客推荐商品，并引导新顾客建档。

4. 提升顾客体验的门店数字化转型

在零售门店的数字化转型过程中，利用新技术可以为顾客提供全新的购物体验。零售企业可以利用增强现实（AR）和虚拟现实（VR）技术，为顾客提供沉浸式的购物体验，数字化技术大大降低了顾客筛选商品的难度。通过虚拟现实技术，顾客可以身临其境地体验服务以及解决方案的实施过程和效果，更好地理解商品的价值和潜力[9]。增强现实技术则可以将产品与实际环境进行融合，提供更具交互性和实用性的展示方式。以商品房销售为例，在售房屋的数字介绍内容不仅包括房屋的楼龄、朝向、户型、交通情况等信息，还包括了详细的户型介绍和房屋图片，使用虚拟现实（VR）技术，再加以 360 度全景摄像机拍摄房屋的全景图片，顾客足不出户就能看到房屋的情况[10]。有些企业甚至更进一步，提供房屋装修时的建议，为顾客提供更全面的信息。当顾客掌握了这些信息后，可以集中精力去看心仪的房屋，为中介和顾客节省了大量时间和精力，提升了顾客的满意度。

（二）经销渠道的数字化转型

经销渠道的数字化转型是指公司构建自有的数字化销售平台，将所有经销商、代理商等渠道伙伴纳入数字销售平台，它能够在传统企业现有渠道模式中注入数字化能力，扩大渠道获客来源，提升渠道营销水平，并加速渠道成交效率。这种转型模式需要企业深入渠道营销管理和销售经营流程，为渠道伙伴提供全方位的数字化流程再造。从获客经营到销售流程管理，再到老顾客复购激活，企业的数字化平台将承担这些使命和责任。然而，这类转型过程往往会涉及渠道的核心顾客数据。部分保守的渠道伙伴将数字化转型视为企业获取他们核心资源的手段，对此非常抵触，因此渠道数字化转型可能面临重重困难。为了解决这一问题，可以从霍曼斯的社会交换理论（Social Exchange Theory）出发进行思考[11]，以渠道心理为切入点进行渠道营销数字化转型，并运用灵活的运营交换理论来帮助企业顺利推进转型进程，使渠道伙伴快速适应和理解。图 13-3 描述了基于霍曼斯的社会交换理论的渠道数字化转型要点，企业可以以此为基础实施系列措施。

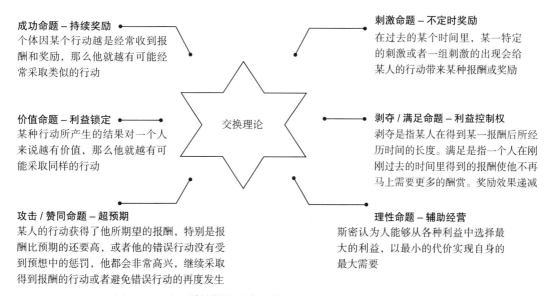

图 13-3　基于霍曼斯的社会交换理论的渠道数字化转型框架

1. 成功命题——建立持续奖励机制

在数字化转型中，建立持续奖励机制对于推动渠道伙伴参与数字化转型是至关重要的。企业可以设立奖励计划，将数字化经营作为常规奖励的基础。例如，通过在数字化销售平台上经营下单或使用数字化 CRM 系统，渠道伙伴可以获得积分、奖金或其他奖励，激励他们重复执行这些常规操作。除了常规奖励，也可以设计特殊奖励计划，例如提供额外的销售佣金、奖金或股权激励。此外，还可以设立排行榜、比赛或挑战，给予在数字化渠道上表现出色的渠道伙伴额外的奖励和认可。持续奖励机制的建立不仅可以激发渠道伙伴的积极性，还能促使他们习惯性地执行数字化销售操作。

2. 价值命题——建立利益锁定机制

企业需要向渠道伙伴明确传递数字化销售平台带来的价值和优势，并建立将顾客上线的利益锁定机制。通过数字化销售平台，渠道伙伴可以获得更多的销售机会、更广阔的市场覆盖以及更精准的顾客定向推广等。企业还可以提供培训和支持，帮助渠道伙伴更好地理解并掌握数字化工具和技术，从而提高其在数字销售平台上的竞争力。此外，建立良好的沟通和合作机制，与渠道伙伴共同制定数字化销售平台的发展策略和目标，能够进一步加强双方的利益锁定关系。

3. 攻击 / 赞同命题——建立公平机制

建立公平机制是维护渠道合作关系的重要内容。在数字化转型过程中，企业需要确保渠道伙伴之间的公平竞争环境。这可以通过建立透明的规则和流程来实现。例如，厂商可以利用数据分析和监控工具，跟踪产品流向和市场价格变化，确保各个渠道伙伴在同样的条件下进行竞争。同时，建立举报机制和违规处理流程，以应对可能出现的不正当竞争行为，保护公平的竞争环境。另外，为了构建更加完善和公平的生态，企业也可以实施厂商资源与渠道伙伴资源的交换，建立厂商和渠道伙伴之间合作共赢的理念，形成长期稳定的合作关系，推动数字化销售平台的生态构建和发展。图 13-4 描述了厂商与渠道伙伴之间的资源交换内容。

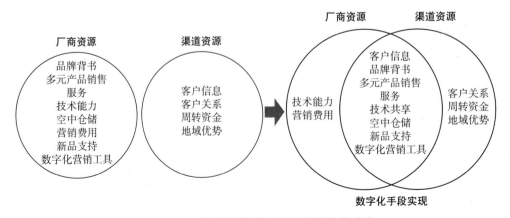

图 13-4　厂商与渠道伙伴之间的资源交换内容

4. 刺激命题——构建圈层奖励机制

构建圈层奖励机制是指根据渠道伙伴在数字化销售平台上的等级和表现给予不同层次的奖励和特权。渠道伙伴的等级可以基于其销售绩效、数字化能力和合作历史等因素确定。高级别的渠道伙伴可以享受更多的特权和荣誉，例如参与新产品试销、独家推广权、企业战略决策等。这样的奖励机制有助于建立渠道圈层文化，增强渠道伙伴的使命感和荣誉感，从而扩大他们对数字化转型的投入和支持力度。

5. 剥夺／满足命题——掌握利益控制权

企业掌握利益控制权是确保渠道数字化转型成功的重要因素之一。企业可以定期制定超越预期的奖励规则，以奖励渠道伙伴的努力和突出表现。这种奖励不仅仅局限于经济利益，还可以包括提供更好的培训资源、市场推广支持或合作伙伴关系的深化等方面的利益。此外，企业还应该与渠道伙伴建立紧密的合作关系，共同制定业务目标和发展计划，并提供必要的支持和资源，以满足渠道伙伴的需求和期望。

6. 理性命题——渠道赋能辅助经营机制

为了推动渠道数字化转型，企业可以实施对渠道伙伴赋能的辅助经营机制，包括提供数字化管理手段和平台工具，以降低渠道伙伴进行数字化建设的成本和难度。企业可以开发和提供易于使用的数字化工具和系统，例如订单管理系统、客户关系管理（CRM）软件或数据分析平台等，以帮助渠道伙伴更好地管理顾客、优化销售流程和提升交易效率。此外，企业还应该提供相关培训和技术支持，以确保渠道伙伴能够熟练运用这些数字化工具，并将数字化思维融入他们的经营活动中。

（三）销售过程的数字化转型

1. 销售环节的数字化特征

销售过程的数字化转型可以提升销售人员的工作效率，帮助销售人员更好地了解顾客、识别机会、确认机会、提交方案以及谈判成交。通过数字化转型赋能销售人员，销售团队可以更好地利用数字化工具和平台，提升工作效率，减少手动操作的时间和错误，并与顾客进行更快速、更个性化的互动和交流，从而增加销售机会和促进业务增长。表 13-1 中列出了几个销售环节中传统模式和数字化模式之间的不同。

表 13-1　销售环节中传统模式与数字化模式的比较

销售环节	传统模式	数字化模式
了解顾客	需要销售人员记录并熟悉顾客基本情况	顾客数据可以通过系统直接提取并呈现给当前需要这些数据的销售人员。CRM 系统存放了各种顾客信息，销售人员可以实时获取。这里一般包括顾客的基本信息数据、历史交易数据、历史咨询数据等
识别机会	通过拜访或联系顾客来识别	数字化平台辅助销售人员对目标顾客行为进行分析和打分，当分数达到阈值时，系统自动通知销售人员下一步跟进

（续）

销售环节	传统模式	数字化模式
确认机会	联系顾客确认机会	数字化平台可以向互动分数高的顾客发送产品试用邀请或产品购买链接
提交方案	通过顾客的需求描述编写方案，申请报价	数字化平台可以向销售人员自动推荐产品和方案，销售人员快速选择生成电子报价单，系统自动流转电子报价单给定价人员，价格审批后可直接发送给顾客
谈判成交	编辑合同，发送顾客盖章	数字化平台提供电子合同，当顾客对电子报价单满意确认后即可生成电子合同

对于企业来说，将销售的关键环节转变为数字化管理有许多好处。首先，它可以将线上市场传播与销售环节有机结合，改变传统模式中的割裂状态，更充分地发挥传播对销售的作用。其次，数字化管理使销售人员更方便地管理不同销售阶段的顾客，对每个顾客所处阶段和行为进行分析，从而帮助销售人员和管理者预测销量，并优化销售推进方案。最后，数字化转型能够为传统销售模式带来全过程管理的转变，顾客将踏入全新的数字化交易体验旅程。在这个旅程中，顾客的访问、互动等行为将被记录和分析，企业还可以获取顾客在各个触点的体验分值，进而不断完善服务和流程。

2. 基于数字平台的销售能力提升

在销售人员的数字化转型过程中，底层系统如 SCRM（社会化顾客关系管理）、DMP（数据管理平台）、产品库、营销云和定价系统等起着关键作用，这些底层系统持续向业务中台输送数据，为前端的销售人员提供能量。营销数字化平台的业务中台通常包括顾客旅程管理、营销和数据分析三个主要模块。顾客旅程管理中台负责管理顾客所处的旅程，针对处于不同旅程阶段的顾客提供不同的产品信息和营销活动。例如，在了解顾客阶段，将优先推送产品卖点和顾客痛点等易于吸引顾客的内容。当顾客处于咨询阶段时，平台将向顾客发送产品报价或优惠信息等。销售部门一般会将营销活动与顾客旅程管理结合起来，针对不同阶段的顾客设置不同的内容和活动。数据分析中台通常包括数字化获客、顾客商机挖掘和销售管道管理等部分，这些部分相互关联，形成从顾客挖掘到顾客商机成交的漏斗式销售管理模式。

通过这三个业务中台的联合，可以在应用层面上延展出不同的应用模块，满足销售人员与顾客之间的互动需求。例如，面向销售人员可以开发应用程序，随时查询产品信息，使销售人员能够快速生成报价，并自动推荐促销信息，提供销售提示。面向销售人员与顾客之间的互动，根据顾客所处的销售管道阶段，系统可以自动推荐营销内容[12]。面向顾客，系统可以根据顾客所在行业和系统判断的采购需求程度，自动购买广告向顾客及时、精准发送。

3. 销售流程的数字化转型

数字化销售流程的建立旨在辅助销售过程的顺利进行。每家企业都希望顾客在销售流程中顺利到达最后的成交环节，因而数字化销售流程的顺畅度和转化率是考验其有效性的关键因素。顺畅度的提升主要依靠数字化平台在各个环节为顾客提供所需的信息和功能，而转化率的高低则反映了整个数字化流程对顾客的推动力。例如，顾客点击观看了一个汽车企业的广告，表示顾客进入了意向挖掘阶段。如果顾客进一步点击打开了商品链接的网页，网页的内容就承担起了验证顾客意向的职责。页面内容的吸引力将决定顾客是否继续了解产品，包括咨询在线客服或拨打电话询问等。

每个销售环节中数字化平台为顾客提供的信息都非常重要，如果进入的页面内容不能满足顾客对商品或服务信息的需求，顾客就可能会流失。因此，对流程环节的优化和提升是销售数字化转型的关键，需要得到高度重视。以汽车企业为例，如果广告被顾客点击观看，则可以判断顾客处于意向挖掘阶段，此时应自动向顾客发送免费试驾的邀约；当顾客进入展厅进行试驾时，如果并未立即确定购买意向，应记录顾客的试驾信息，当该款汽车有限时特惠时，应主动向顾客推荐促销活动，或策划其他营销活动，直至销售达成。

在整个销售体系中，业务流程能够贯穿从市场到销售的全过程，数字化业务流程也是企业营销数字化的重要核心之一。从数字化推广获客到顾客采买过程数字化，再到产品信息获取、交付以及与顾客的再次互动，这些过程都可以使用数字化手段进行管理和自动推进。这些过程的递进动力往往源于对传统销售过程的理解和重新定义。传统销售流程一般包括销售意向挖掘、意向验证、需求评估、产品方案演示、需求提案、成交和顾客关系维护等基本步骤。在传统销售过程中，推动力主要依赖于顾客需求的迫切性或销售人员的主动引导。一旦销售人员未能捕捉到顾客的行为，就有可能错失一次成功销售的机会。数字化转型之后，数字化销售体系将会有效地捕捉到顾客的所有需求行为，并采取相应的策略促进销售的达成，保证销售商机不会错失。

在数字化销售平台的运行过程中，可以根据顾客的行为为顾客打上数字标签，了解顾客所处的阶段。数字化转型后的销售平台能够自动判断向处于不同阶段的顾客推送何种内容，以辅助销售人员进行销售。反过来，销售人员也可以通过自身的判断确定顾客所处的阶段，以确定需要什么样的数字内容来辅助销售推进。随着物联网技术和人工智能技术的发展，销售人员可以通过各种数字化的信息源全面了解自己的顾客，并对顾客的消费阶段和需求有更深入的洞察。这为销售人员促成订单达成带来了极大的便利。同时，企业也可以实时制订围绕顾客需求的个性化销售方案，顾客也能够快速了解产品和服务，并做出有效决策。

三、客户关系管理的数字化转型

（一）客户关系管理数字化转型的基本内容

客户关系管理的数字化转型旨在通过采集顾客画像和打通顾客资源，对关键流程进行数字化改造，实现更高效、精准和个性化的客户关系管理，提升顾客的忠诚度和客户终身价值。客户关系管理的数字化转型主要包括采集顾客画像、打通顾客资源、关键流程数字化等方面[13]。针对不同行业的特点，企业需要通过对业务本身的了解确认顾客的标志性行为，并清晰地划分顾客所处的阶段。

采集顾客画像是数字化转型的基础。通过收集顾客的基本信息、偏好、行为习惯等数据，企业可以更全面地了解顾客，构建顾客画像，从而更好地满足顾客的需求，提供个性化的服务。这需要企业建立健全顾客数据管理系统，通过数据分析技术提取有价值的顾客标签信息，实现对顾客群体的细分和画像。

打通顾客资源是数字化转型的关键环节。传统上，顾客信息可能分散在不同部门和系统中，这导致了信息孤岛和沟通障碍。通过数字化转型，企业可以将不同部门和系统的顾客信息整合起来，实现顾客资源的共享和流动，提升组织内部的协作效率和顾客响应速度。这需要建立统一的顾客管理平台，实现信息的互通互联，让各个部门和团队能够共享顾客信息，方便交流沟通，实现部门间或团队间的无缝协同。

关键流程数字化是数字化转型的核心任务之一，它包括意向挖掘、意向验证、需求评估、产品方案演示、需求提案、成交和顾客关系维护等客户关系管理的重要环节。通过数字化技术，企业可以实现这些流程的自动化、智能化和个性化。例如，通过人工智能和大数据分析技术，企业可以对顾客意向进行预测和挖掘，提供个性化的产品方案和需求提案，从而提升顾客的满意度和转化率。

企业还可以通过引入新的技术和工具来改善客户关系管理。例如，企业可以利用移动应用和社交媒体平台与顾客进行更直接、实时的互动，提供便捷的购物和服务体验。同时，企业也可以借助虚拟现实和增强现实技术，为顾客提供沉浸式的产品展示和体验，增强顾客对产品的认知和情感连接[14]。

（二）客户关系管理数字化转型的实施要点

1. 顾客经营社群化

在数字化转型中，顾客经营社群化是一个重要的步骤。传统实体店通过建立顾客通讯录来管理顾客群，它依靠导购的销售能力来建立客户关系管理系统。例如，在新品上市时，导购人员会给熟悉的顾客打电话推荐产品。而在数字化时代，可以通过社群运营来取代传统方式。顾客到店后可以通过扫描二维码提交需求，通过关注店铺公众号或店长的企业微信等方式进入社群，企业可以为社群内的顾客提供打折、新品、赠券等福利，并通过社群吸引顾客到店参与，提升顾客的黏性，提高顾客运营的效率和效果。

2. 顾客体验数字化

顾客体验数字化是企业应该优先考虑和提升的方面。不论是消费品销售还是服务行业，数字化已经渗透到顾客体验的方方面面。对于企业而言，销售和服务是最早需要考虑数字化的部分。在实践中，顾客关键时刻的数字化体验成为转型的重要方向。"关键时刻"（Moment of Truth，MOT）的概念源于满意度分析领域[15]。北欧航空公司的前总裁卡尔森认为在每个顾客接受公司服务的过程中，平均会与五位服务人员接触，每次接触仅有短短 15 秒的时间，但这些短暂的接触就决定了公司在顾客心目中的形象。因此，企业应该在每个关键接触点上提升顾客满意度。在数字化转型过程中，企业可以将整个顾客旅程拆分为多个关键时刻，包括吸引体验、消费体验、交付体验、复购唤醒和传播等重要时刻，并在这些关键的顾客体验环节通过数字化升级来提升体验。例如，航空业是一个较早进行数字化升级的行业。大多数航空公司意识到在线购买带来的便利，因此升级了客票系统。现在，顾客可以通过航空公司的官方网站或应用程序轻松购买电子客票并进行在线选座。数字化之前，旅客需要提前到机场进行值机和选座，现在通过数字化手段进行了改进和提升。这些都是通过对关键时刻的数字化升级来实现的。

关键时刻的数据采集是实现数字化转型的关键。数据采集的目的是分析和了解顾客当前的需求点。例如，电商店铺可以收集橱窗点击率、客服服务满意度等数据，以便持续优化服务。随着物联网的发展，关键时刻的数据采集方式也在不断变化和应用。企业可以通过感应装置采集每款产品的试穿信息，了解顾客对产品的偏好程度，并通过分析到店顾客数、试穿顾客数、购买顾客数之间的比例了解试穿的转化率，大大提高了市场分析的效率。

（三）客户关系管理的数字生态转型

传统的客户关系管理（CRM）系统在销售管理中扮演着至关重要的角色，其内容包括顾客信息管理、销售线索等与顾客行为相关的数据管理。随着数字化时代的到来，一些潜在的顾客可能线上访问网站，企业无法准确了解到哪些顾客访问了企业的网站以及顾客对哪些产品感兴趣，也无法进一步加深他们对产品或服务的理解和印象。从了解顾客的兴趣点到引发顾客的兴趣之间存在一道未知的鸿沟。数字化的销售平台可以将不同的数据有机整合起来，形成以数据为支撑、以多业务中台为核心的、面向销售过程的多个应用模块。传统销售管理中重要的客户关系管理平台可以借助数字化的能力发挥出更强大的作用。

进入移动互联网时代后，移动社交型媒体显现出大规模、高黏性的特征，客户关系管理体系发展成社会化顾客关系管理系统（Social Customer Relationship Management，SCRM）[16-17]。另一方面，企业可以借助营销科技（MarTech）手段挖掘目标顾客的信息，并推出更符合目标顾客需求的产品和服务，例如，通过对目标顾客的人群画像分析，可以找到类似标签的目标顾客，进而高效地向目标顾客传播。除此之外，基于销售流程的销售科技（SalesTech）也会在挖掘需求商机和促成交易方面发挥重要的作用，由此形成了基于社会化顾客关系管理（SCRM）、营销科技（MarTech）和销售科技（SalesTech）相结合的数字化客户关系管理系统，即形成 SMS（SCRM+MarTech+SalesTech）数字生态系统。通过 SMS 数字生态转型，企业能够在传播、销售、客户关系管理等方面实现全面的数字化提升，使企业更深入地了解顾客，进而实现更精准的推荐和更个性化的顾客体验。同时，SMS 系统还能够帮助企业发现和挖掘潜在销售机会，提升销售效率和业绩，促进销售团队与顾客之间的互动和沟通，提高销售团队的效能和顾客满意度。

🌐 本章小结

1. 营销数字化转型利用数字技术和智能技术改变原有的营销方式，其目标在于统一管理资源、增加获客来源、提升覆盖效率、市场洞察实时应用和程序化销售管理等，其成败受决策者重视程度、组织执行力度、资源禀赋状况、利益相关方认可程度和实施方案的完善度等因素的影响。

2. 营销数字化转型的基本操作步骤包括数字化基础盘点、数字化价值评估与规划、业务模型梳理与拆解、选型与开发等。

3. 营销数字化转型的实施内容包括：传播的数字化转型，主要是构建公域流量与私域流量相互配合的数字传播体系；渠道的数字化转型，主要是零售门店、经销渠道和销售过程的数字化转型；客户关系管理的数字化转型，主要包括顾客经营社群化和顾客体验数字化。

🐚 重要术语（中英文对照）

无线射频识别 Radio Frequency Identification Devices

社会交换理论 Social Exchange Theory

客户关系管理 Customer Relationship Management

数据管理平台 Data Management Platform

关键时刻 Moment of Truth

社会化顾客关系管理 Social Customer Relationship Management

营销科技 Marketing Technology, MarTech

销售科技 Sales Technology, SalesTech

🐚 思考与讨论

1. 营销数字化转型的成败受到哪些因素的影响？

2. 在传播数字化转型中，如何搭建公域流量体系和私域流量体系？

3. 在渠道数字化转型中，如何将线上渠道和线下渠道进行整合？

4. 如何构建社会化顾客关系管理系统？

🐚 案例实战分析

A 公司的渠道数字化转型

一、案例背景

A 公司是国内知名的专业润滑油生产企业，旗下产品覆盖众多领域，在国内车用润滑油市场中排名榜首，曾被权威机构测评为"中国最具影响力品牌"之一，在世界润滑油品牌排名中也名列前茅。

从成立之初至今，A 公司的发展历程可以划分为 3 个阶段。第一阶段是 1993 年到 2006 年的高速发展阶段。A 公司发展了 2 700 多家直供总经销商，销售网络覆盖全国所有县级单位。第二阶段是 2006 年到 2015 年的品牌精细化管理阶段。2006 年，A 公司被国际知名的润滑油品牌收购，受国际化的管理和运营理念影响，A 公司以发展重点经销商为主，原有的渠道经销商从 2 700 家精简到不足一半。第三阶段是 2015 年至今的渠道数字化转型阶段，由于互联网平台销售量持续上升，大量终端顾客通过电商平台购买润滑油，终端消费者的行为习惯也发生了巨大的变化，购买越来越个性化、移动化、理性化和数字化，这让 A 公司不得不考虑进行渠道数字化转型。

由于传统的线下经销商渠道模式已经越来越不适应互联网时代下的市场，因此 A 公司必须尽快做出改变。另外，随着大数据分析、人工智能、移动互联网等信息技术的发展，企业渠道数字化转型的技术条件也已经成型，因此，A 公司的渠道数字化转型势在必行。

二、A 公司现有营销渠道模式

根据销售实现方式不同，A 公司的销售渠道主要分为 B2C 和 B2B 两大类，同时为了加强电商平台的建设，A 公司又单独成立了电商部门。其中，B2C 是指通过经销商运作终端，面向消费者实现产品销售；B2B 是指通过企业顾客运作进行销售，如为汽车生产厂家和大型工业企业代工、为汽修连锁企业或汽修平台等大顾客直供。图 13-5 描述了 A 公司现有的营销渠道模式。

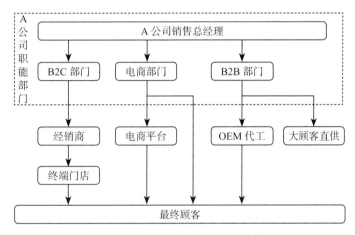

图 13-5　A 公司现有的营销渠道模式

（一）B2C 部门

A 公司的 B2C 模式即传统的经销商渠道模式，其销量占 A 公司总销量的 81%，是 A 公司收入的主要来源。渠道数字化转型也主要针对此模式进行。B2C 模式主要涉及三类成员，即经销商、终端门店、最终顾客。

经销商主要负责管理配送区域内的产品，直接从厂家要货。润滑油行业大部分企业的主要渠道模式是经销商模式，A 公司也是如此，其经销渠道主要按照产品和地域进行划分。

终端门店主要是指汽车养护中心、保养店、4S 店等，它们从经销商处采购润滑油，并为车主提供换油和养护服务。

最终顾客对于车用润滑油生产企业来说通常是车辆的车主。

（二）B2B 部门

B2B 模式主要包含 OEM 代工、大顾客直供。

OEM 代工：出于制造成本等方面的考虑，一些车企愿意找专门的润滑油企业进行代工生产。A 公司因为具有较强的研发能力、成本控制能力以及完善的后续服务支持，因此也为大量国际知名的车企代工。

大顾客直供：针对一些大顾客，A 公司会根据顾客的要求，直接向他们供应定制化的商品。直供模式可以将利润空间转让给大顾客，使得价格更有竞争力。

（三）电商部门

近几年在润滑油市场中，越来越多的车主选择线上购买，线下养护。电商平台销售的产品主要是轿车用润滑油，各润滑油厂商的线上销售产品通常会区别于线下销售的产品。A 公司为发展电商业务成立了专门的电商部门，其负责的业务主要包括在天猫和京东等电商平台建立 A 公司品牌旗舰店，直接面向终端顾客销售，或将产品销售给电商平台，由电商平台自营。

虽然现在 A 公司电商部门总体销量的贡献体量并不大，但随着市场环境和顾客消费习惯的不断变化，润滑油行业的渠道模式不断演进，A 公司的数字化渠道模式也亟待打造。

三、A 公司的营销渠道数字化转型

（一）数字化平台的基础架构设计

A 公司在建立数字化平台时有几点需求。首先，A 公司希望人员组成是原本的渠道管理人员、经销商、维修技工和终端车主。其次，由于 A 公司原有的电商渠道能力较弱，且前期资源有限，因此 A 公司希望先集中力量，通过数字化平台打通与门店的关联。

针对以上需求，A 公司对数字化平台的基础架构方案进行了讨论。可选方案有 3 种，如表 13-2 所示。在选择方案的过程中，A 公司为了保证平台能够快速推广，主要考虑顾客体验和推广难易度。因此，如果基于微信和其他在线平台开发数字化平台，那么每个渠道成员只要有手机微信，就不用单独安装手机 App 或者计算机程序，能做到随时随地随身发起推广，因此这个方案最容易被渠道和未来的顾客接受。

表 13-2 A 公司数字化架构方案对比表

架构方案	对比项目				
	顾客体验	推广难度	可扩展性	功能强弱	开发成本
基于微信企业号（经销商＋门店）、服务号（门店＋车主）、在线平台	好	容易	容易	较弱	一般
基于手机 App	一般	一般	一般	较强	高
基于计算机网页	差	较难	较难	强	低

基于以上考虑，A 公司最终选择基于微信和其他在线平台来搭建公司的数字化管理平台。在微信企业号中可以实现 A 公司与经销商、门店的互动，主要实现顾客关系管理。在服务号中可以实现 A 公司与门店、车主的互动，主要实现针对车主的服务和交易。而在其他在线平台（例如高德地图）中，可以进行渠道建设（例如推广）。

(二)公司渠道数字化转型实施计划

根据 A 公司转型整体计划，主要的目标是实现渠道数字化。对于传统的经销商来说，经销商非常担心一旦把自己的顾客（终端门店）信息上传到数字化平台，未来 A 公司会绕过经销商直接和门店交易，因此在项目实施前的调研中，经销商的反馈普遍不积极。

经过与各个部门的讨论，A 公司进一步明确了解决渠道数字化问题的方法，决定从以下几个方面出发来解决渠道数字化问题：

- 通过扫码返红包等激励策略来吸引渠道加入。
- 通过高德地图商机引流方式吸引渠道加入。
- 通过为渠道赋能吸引渠道加入。

1. 通过激励策略吸引渠道加入

在传统的线下渠道中，A 公司只能与经销商交互，无法实现与门店的交互。而对国内的润滑油行业来说，车主购买润滑油后，很少自己换油，基本都是到 4S 店或者车辆维修或养护中心换油，所以对于润滑油生产企业来说，终端门店很大程度上相当于其他零售行业的终端消费者。对于 A 公司来说也是如此，A 公司希望能够通过数字化平台的建设，把终端门店纳入渠道管理范围，以便能够及时了解终端的销售情况和市场变化。

为了有效激励门店加入数字化平台，A 公司制定了微信扫码返红包的策略。终端使用者登录 A 公司的微信企业号，使用其中的"开盖有礼"功能，然后用手机扫描产品的瓶盖内部二维码，即可收到对应的微信红包返现，所返红包可以在 A 公司微信企业号的个人中心提现。A 公司的市场人员可以在数字化平台的管理界面中，根据产品的类型、销售区域、经销商类别、发货时间等多种维度来定制活动策略以及红包返现的额度。

2. 通过商机引流吸引渠道加入

A 公司与高德地图合作，在其手机、车载、PC 等在线地图应用上添加 A 公司的广告，使顾客打开高德地图就能看到 A 公司，吸引更多终端车主。同时，A 公司将数字化平台中的终端门店免费导入到高德地图，实现即搜即得、位置可见，吸引和开发更多终端门店。A 公司以自己的高德地图广告连接为流量入口，将附近"想换油"的终端车主，导航到附近的 A 公司签约门店，助力门店销售，促进其出货。因为商机引流服务只针对 A 公司数字化平台上的门店，这也吸引了很多门店在 A 公司数字化平台上注册，并完善其自身的数据信息，尤其是地理信息，以便通过在线地图定位到门店位置。

3. 通过为渠道赋能吸引渠道加入

在原有的线下渠道模式中，经销商和门店要想向 A 公司咨询或反馈问题，只能发送邮件或拨打热线电话给顾客服务部门，顾客服务部门再根据问题种类联系 A 公司相关业务或技术专家解决，整个过程烦琐，问题处理周期长。

而随着数字化平台的上线，A 公司可以基于数字化平台与经销商和门店在线高效协同交互，A 公司的专家可以使用数字化平台上的"微客服"实现一对多的在线技术支持。经销商或门店可以在数字化平台中使用"微客服"功能提出相关问题或建议，同时也可以查看相关回复。顾客在"微客服"中点击输入想要提问的问题信息然后提交即可。问题提交成功会有提示和推送信息，已提交的问题会根据问题种类发送给 A 公司不同部门的专家进行处理。

四、渠道数字化转型展望

A 公司渠道数字化转型取得了良好的效果。从渠道运行效率来看，转型后 A 公司的营销渠道从传统的线下渠道，转变为基于数字化平台的线上渠道，可以支持 A 公司基于数字化平台与各级渠道成员以及外部合作伙伴进行高效沟通互动；从渠道关系来看，A 公司原有的渠道关系只能触及经销商，到现在可以触达终端门店，使得 A 公司能够更加贴近市场消费终端，能够更及时了解和响应市场变化；从渠道赋能来看，A 公司原来只能为经销商提供线下培训，现在能为经销商和门店提供线上的专家支持、在线工具等多种高效便捷的赋能手段。总之，渠道数字化转型大大提升了 A 公司的渠道管理效率和效果，并为 A 公司的业务创新提供了动力。

但是，目前转型工作依然存在一些问题，因为 A 公司传统的管理模式限制，也因为经销商的抵制，目前其数字化平台上没有打通到终端门店的交易环节。对于 A 公司来说，数字化平台的确提升了渠道管理效率，但连续几年的投入，却没有给公司带来更大的利润增长，数字化转型的价值受到了质疑。

A 公司该如何推进数字化转型，仍然是亟须解决的难题。

案例问题

1. A 公司渠道数字化转型的主要策略是什么，还有什么策略？
2. A 公司渠道数字化转型没有带来利润增长的原因是什么？
3. A 公司有必要推进渠道数字化转型吗？如果有，应该如何进一步推进？

参考文献

[1] 余艳，王雪莹，郝金星，等 . 酒香还怕巷子深？制造企业数字化转型信号与资本市场定价 [J/OL]. 南开管理评论 . [2023-08-01]. http://kns.cnki.net/kcms/detail/12.1288.f.20230801. 1031.002.html.

[2] YAO Q, TANG H, LIU Y, et al. The penetration effect of digital leadership on digital transformation: the role of digital strategy consensus and diversity types[J/OL]. Journal of Enterprise Information Management, 2023. https://doi.org/10.1108/JEIM-09-2022-0350.

[3] 曹亚东，赵宇峰 . 中小企业营销数字化转型研究述评 [J]. 经营与管理，2022（5）：12-17.

[4] 赵丽锦，胡晓明 . 企业数字化转型的基本逻辑、驱动因素与实现路径 [J]. 企业经济，

2022，41（10）：16-26.

[5] WU Y, LI H, LUO R, et al. How digital transformation helps enterprises achieve high-quality development? Empirical evidence from Chinese listed companies[J/OL]. European Journal of Innovation Management, 2023. https://doi.org/10.1108/EJIM-11-2022-0610.

[6] 王勇，刘乐易，迟熙，等.流量博弈与流量数据的最优定价：基于电子商务平台的视角 [J]. 管理世界，2022，38（8）：116-132.

[7] 翟趁华.消费升级视角下私域流量竞争力构建 [J]. 商业经济研究，2021（21）：123-126.

[8] KUMAR V, ANAND A, SONG H. Future of retailer profitability: an organizing framework[J]. Journal of Retailing, 2016, 93(1): 96-119.

[9] LUANGRATH A W, PECK J, HEDGCOCK W, et al. Observing product touch: the vicarious haptic effect in digital marketing and virtual reality[J]. Journal of Marketing Research, 2022(2): 59.

[10] LEE J, EDEN A, EWOLDSEN D, et al. Seeing possibilities for action: orienting and exploratory behaviors in VR[J]. Computers in Human Behavior, 2019, 98: 158-165.

[11] AHMAD R, NAWAZ M R, ISHAQ M I, et al. Social exchange theory: systematic review and future directions[J]. Frontiers in Psychology, 2023, 13: 1015921.

[12] 陈瑾，梁辰.我国数字平台的组织业态、技术特征与商业模式研究 [J]. 企业经济，2022，41（12）：129-139.

[13] 赵睿 . C 银行对公客户关系管理的数字化转型研究 [D]. 武汉：中南财经政法大学，2022.

[14] TAN Y C, CHANDUKALA S R, REDDY S K. Augmented reality in retail and its impact on sales[J]. Journal of Marketing, 2022, 86(1): 48-66.

[15] MORAN G, MUZELLEC L, NOLAN E. Consumer moments of truth in the digital context[J]. Journal of Advertising Research, 2014, 54(2): 200-204.

[16] 张初兵，韩晟昊，李娜 . 社会化顾客关系管理研究述评与展望 [J]. 外国经济与管理，2019，41（4）：71-84.

[17] TRAINOR K J, ANDZULIS J, RAPP A, et al. Social media technology usage and customer relationship performance: a capabilities-based examination of social CRM[J]. Journal of Business Research, 2014, 67(6): 1201-1208.

第十四章
数字化变革与营销科技

学习目标

（1）介绍科学技术变革对营销理论的影响；

（2）描述前沿技术在营销场景的应用；

（3）描述智能化在数字基建中的应用。

导引案例

虚拟数字人推广品牌

在 2021 年的"双 11"购物节之前，天猫牵头与国内首个超写实数字人 AYAYI 合作办了一个多品牌艺术展，巴宝莉、自然堂、小鹏汽车、五粮液等八个品牌参展，构建含有数字主理人的天猫超级品牌日。在活动期间，AYAYI 解锁多个身份，包括 NFT 艺术家、数字策展人、潮牌主理人、顶流数字人等，开启元宇宙营销世界，上线多款融合了品牌形象的虚拟艺术藏品，顾客在购买商品后可参与艺术藏品的抽奖，而 AYAYI 作为品牌推荐人，以其独具一格的特点与艺术藏品有机融合，在活动推广之初便广泛破圈。尽管对于消费者而言，他们只是购买了一件实体商品，但其在数字世界中获得的独一无二的数字藏品带来的价值甚至远高于实体商品本身。

本案例利用了虚拟数字人进行传播推广，并结合元宇宙的场景和数字藏品的增值属性，提升了活动在年轻人群体中的传播度，同时进一步推动了顾客的购买行为。

资料来源：TOM 新闻：《ALIENWARE 天猫超级品牌日联动 AYAYI 创造专属异想世界》。

第一节　营销科技的发展与展望

一、营销科技发展概述

营销科技最初的发展来源于广告技术，随着现代广告营销渠道的爆发式增长，营销形式、传播载体不断演进，如何通过广告实现高效的收入增长成为企业需要破解的难题。部分技术平台通过量化广告效果、衡量客户价值乃至预估顾客未来行为，提升了营销效率。这一类数字媒体技术反映了营销科技的早期发展。

营销科技的发展主要经历了系统化、数字化和智能化三个发展阶段。系统化阶段是将需要人力反复进行的操作流程标准化，并由系统自动完成。这个阶段专注于组织和简化营销流程，以提高效率和生产力，目前大多数企业已经走完了这个阶段。数字化阶段要求企业对内部业务逻辑进行完整梳理，实现全链路数据的实时互联互通，以便基于数据分析做出营销决策。这个阶段使用数字工具和技术来自动化和优化营销流程。多数互联网企业在成立之初就完成了数字化的建设，国内大量传统企业近年来也大刀阔斧地进行数字化转型，转型成功的企业在销售渠道和业务规模方面都实现了明显增长。智能化阶段是利用大数据、物联网、云计算等技术，实现智能化的营销决策。与数字化阶段不同之处在于，智能化阶段下营销人员只需将历史数据和决策逻辑输入系统，人工智能将利用机器学习技术进行大量演算，模拟人的决策过程生成数据模型，从而生成比专家经验更为准确的营销决策。可以说，在智能化阶段，营销决策的主体由人转变为算法。人工智能基于每个顾客的历史行为能够提供差异化的营销策略，大大提升了顾客体验和营销效率，这个阶段代表了向数据驱动、高度个性化和预测性营销战略的转变。本节将重点讲解智能化阶段下营销方式的变化和未来发展的趋势。

营销科技的发展离不开数字技术的推动。在当今社会，数据已被广泛认为是新时代最关键的生产要素之一。基于数据驱动的营销可以提升各环节的效率，推动经济实现高质量发展。数据不仅是企业决策的基础，也是进行数据分析和机器学习的前提条件。任之光认为营销科技正是以大数据为核心[1]，它依托云运算和深度学习算法，将物联网技术作为载体，达到营销与科技的深度融合，实现人与人、人与物、物与物之间的关系重塑（如图14-1所示）。

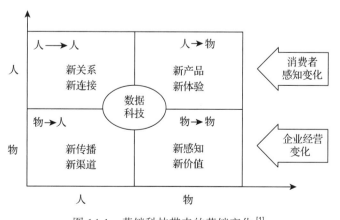

图 14-1　营销科技带来的营销变化 [1]

营销科技的发展首先改变的是人与人之间的沟通方式。营销渠道和营销方式的转变，将产生新的人与人之间的连接方式。例如，智能互动机器人与体感设备，这些全新的连接方式将延展面向人的营销的物理边界，提供更加精准、更高质量的顾客服务，通过增加与顾客间的互动频次，拉近与顾客间的距离。其次是人到物之间的转变，随着物联网技术的日趋成熟，设备的更新换代将带来人机互动模式的变化，产品形态如雨后春笋般涌现，如虚拟现实设备、智能家居、体感游戏等，上述全新的科技产品将打破时空的限制，带来全新的顾客体验。物到人的转变则是指新技术诞生后，科技产品将获取更加广泛的顾客数据，带来营销传播模式和营销渠道的变化。如智能可穿戴设备可以获取顾客的健康信息和饮食习惯，销售人员再利用相关信息锁定顾客潜在的消费需求，并通过物联网设备为渠道进行营销。物与物之间的转变则是产品之间产生新的关联，小到全屋智能，大到智慧园区，物联网设备深入到每一个环节，各设备间的互联互通让消费者的体验进一步升级，同时也深刻地影响企业在经营过程中的智能化进程。

二、AI+ 营销科技

营销科技正在不断演进，这离不开人工智能技术的发展。人工智能不特指某一项技术，而是通过感知智能、认知智能、行动智能和自我学习能力构建的一套能力框架。感知智能在营销层面的应用包括图像和语音识别、情感分析和产品推荐系统。认知智能通过识别感知到的信息来理解和认知，营销应用包括聊天机器人、自然语言处理和决策系统，用于支持基于消费者行为数据分析的营销决策。行动智能则是基于感知和认知能力，在实体世界和数字世界中主动采取行动的能力，营销应用包括各类智能机器人，旨在实现多场景的顾客服务并升级顾客体验。自我学习能力的应用则是基于机器学习和深度学习对数据进行归纳并构建模型，实现顾客的个性化营销。

人工智能营销的处理过程通常包括三个阶段（如图 14-2 所示）。第一阶段是数据收集与预处理，这一阶段涉及收集和准备用于模型的数据。数据存在各种来源，如企业自有数据库、社交媒体和物联网设备的传感器数据。预处理包括清理和组织数据，将其转换为适合分析的格式，并控制数据的规模。第二阶段是模型选择与训练，这一阶段包括选择适合任务的人工智能算法，并使用准备好的数据训练模型。主流的模型包括决策树、随机森林算法和逻辑回归等。模型的选择需要基于数据类型和具体的业务目标，通过不断调整模型参数进行模型训练，最终寻找到一个对新数据具有良好概括性的模型。第三阶段是智能决策的输出，这一阶段将使用训练好的模型，输入新数据来进行预测或决策。模型的输出可以是分类、回归或聚类等形式，用来辅助甚至替代基于专家经验的营销，从而在感知层面、认知层面和行动层面进行多角度的营销。

随着大数据和云计算底层技术的迅猛发展，大量结构化的数据能被记录下来。借助机器学习、知识图谱等算法和技术，人工智能开始分析人类的行为和动作，不断学习人类的行为并模仿人类的思考方式，进而有效地预测人类的下一步行为。营销目标达成的关键在于对顾客建立深度的了解，因此通过使用人工智能技术记录顾客的行为，进行需求分析和消费行为的预测，就可以采取适合的营销策略，为顾客提供更加完善的服务[2]。值得一提的是，人工智能在营销方面的商业价值主要体现在其自我学习和进化能力。通过更多的数据反馈和模型训练优化，其智能决策输出将变得更加精准。例如，如果某忠诚顾客拥有多条历史消费行为记录，但出现了突然流失的情况，那么智能模型可以从已有数据库中提取同期流失顾客的名单，并分析其共性，如地域、消费金额、消费品类和消费频次等。模型可以发现某线下销售渠道调整了促销政策，导致大量顾客流失，并基于此提供新的促销优惠建议。这是营销模型的典型应用场景之一，通过在繁杂的数据中找到共性并分析原因，为营销人员提供决策建议。

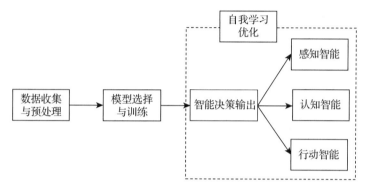

图 14-2　人工智能营销的处理过程

在实际的营销场景中，引入人工智能可以使重复性的任务自动化，分析海量数据以实现个性化营销，并提供更多沉浸式体验和实时互动。人工智能改变了品牌与顾客接触的方式，贯穿多个物联网设备，实现了万物互联下的无界营销[3]。目前，主流的营销场景主要涉及感知智能、认知智能和行动智能这三个方面的能力，具体情况可参考表 14-1。

表 14-1　人工智能营销的主要技术类型和营销场景

智能类型	技术类型	营销场景
感知智能	计算机视觉、语音识别、生物识别	人脸识别、视频分类、产品识别、语音交互、机器翻译、图片 / 音频检索、OCR（文字识别）
认知智能	自然语言处理、知识图谱、决策算法	智能客服、智能问答、智能决策规划、个性化推荐
行动智能	机器人技术、机器控制技术	无人驾驶、智能物流、智慧园区、企业服务

三、营销科技的未来展望

营销科技不断发展，已经深入到了人类社会的经济活动中，从宏观到微观的多个层面，催生了大量新需求、新产品、新技术、新流程和全新的业态，提升了人民群众的生活质量和社会福祉。有学者认为，营销科技的变革可分为三个层次，分别为营销被动响应科技、营销主动融合科技、营销创造科技[4]。

营销被动响应科技是指企业在面对来自新技术的挑战时，被动迎接挑战并实现营销技术的革新。大量传统企业进行数字化转型皆属于对技术发展的被动响应，它们紧跟最新的技术变化和趋势，在市面上寻找成熟的技术提供商，并对自身业务的各个环节迭代升级，但并未积极利用技术来推动营销活动。这类模式虽然属于被动防御的策略，但转型成本低且市面上有大量的成功案例可供借鉴，企业可以最大化减少试错成本，是应对科技进步行之有效的方法。

营销主动融合科技是指企业对科技进步可能带来的营销变化提前做出反应，如虚拟现实（VR）技术随着技术的成熟即将迎来爆发期，企业可以提前布局 VR 的营销内容和营销渠道以应对快速变化的市场。这些公司通常通过整合新的技术、分析技术对目标受众的影响，并制定战略来获得竞争优势。在技术进步的大背景下，这些企业更加主动，并愿意投入更多成本来推动营销。

营销创造科技是指企业通过市场调研，开发相应的技术手段，更好地创新营销策略以引领市场。这个层次的公司往往以互联网公司为主，有着较强的创新文化，愿意在研究与开发侧投入更多的成本，利用技术来创造新的营销机会，并将市场塑造成它们期望的方向。这是营销科技变革的最高层次，这个层次的公司最有可能利用技术推动增长并保持长期的市场竞争力，往往引领着市场的消费趋势和竞争环境。

本书之前的章节已经详述过通过各类营销数据采集、标签体系的搭建，构建顾客画像进行有针对性的营销。在业界的营销中，已经出现了成熟的应用，例如建立顾客数据中台并与智能营销模块相结合，以实现顾客质量评级、智能内容推荐、广告智能出价、顾客流失预警、产品捆绑销售等场景化应用。本章将重点讲述科技在前沿营销领域的应用，如自然语言处理、物联网技术、计算机视觉、机器人技术、5G 通信技术、人机交互等在营销领域的应用。与此同时，近年来严峻的宏观经济形势，促使中小企业在营销领域的变革不断加快，人工智能营销已经成为企业在营销端的下一个重要竞争点[5]。通过科技进步，营销能够打破现实世界与虚拟世界的藩篱，从营销的展现形式、传播方式革新营销场景，营销科技将给顾客带来更高满意度、更强沉浸感的消费体验。

第二节　营销科技关键技术及应用

根据国家标准化管理委员会颁布的《国家新一代人工智能标准体系建设指南》[6]，人工智能在基础技术支撑、技术架构、人工智能产品服务与行业应用层面已经存在相关规范。其中，自然语言处理、虚拟现实与增强现实、5G 通信、计算机视觉、人机交互、区块链技术等能够更好地提升顾客体验[7]，以下将具体介绍其应用场景。

一、自然语言处理

自然语言处理（Natural Language Processing，NLP）是营销科技目前落地最广泛的技术，它是指用计算机对自然语言的字、词、句、篇章的输入、输出、识别、分析、理解、生成的操作和加工。通过 NLP 技术，计算机可以理解人类的自然语言。目前国内主流厂商如腾讯、百度、阿里巴巴、科大讯飞都拥有自己的 AI 开放平台，通过大量中文语料的积累和自我学习，这些平台提高了对语义的准确识别能力。NLP 技术在文本分析和语音识别等领域已经有广泛且成熟的应用。

（一）文本分析

文本分析通过词法分析、句法分析、语义分析和语用分析等技术综合判断所处理文本的内容。作为 NLP 中最成熟的技术领域之一，文本分析已经在业界得到广泛应用，包括机器翻译、文本信息提取、检索指引、舆情监测和智能写作等方面。

1. 机器翻译

机器翻译是指通过计算机自动将源语言文本翻译成另一种语言的文本。在处理复杂句子的翻译时，需要对文本的语法和上下文进行分析，以确保翻译结果的准确性。谷歌翻译、百度翻译等在多语种复杂句子的翻译方面表现出色。科大讯飞则是从日常生活切入，开发了多国语言翻译机、多语种识别录音笔和教学点读笔等硬件产品，以场景化的方式完成机器翻译任务。

2. 文本信息提取

文本信息提取是指对特定文本范围进行结构化处理，将其转化为表格形式，以便在多个场景下快速筛选出各种类型的重要信息。通过提取关键文本，并将相关内容进行组合和联想，还可以构建知识图谱，实现智能问答和智能决策等功能。

3. 检索指引

检索指引是指在用户使用搜索引擎查询内容时提供的提示和指导。搜索引擎根据用户在搜索框中输入的部分内容，结合搜索大数据的预估，判断用户可能希望查询的内容，并以搜索联想的方式展示在搜索框下方。同时，检索结果往往与个性化内容推荐相结合，检索指引可以根据用户的搜索历史和偏好，预测用户的兴趣点和行为特征。

4. 舆情监测

舆情监测是通过全网内容爬虫和文本分析相结合的技术，设定关键词在全网查找符合需求的相关消息。例如，在社交媒体蓬勃发展的背景下，品牌主非常关注自己在社交媒体上的品牌形象评价，一旦发现全网上与品牌相关的负面信息，可以及时定位内容并进行解释，同时联系顾客提供售后服务。舆情监测还被广泛应用于投资领域，帮助观察投资者在社交媒体上对市场的态度，辅助投资机构进行市场研判等。

5. 智能写作

智能写作主要用于传媒领域，写作机器人可以快速分析全网发生的热点内容，进行改写以实现第一时间的内容发布。在新闻聚合和事件盘点等领域，智能机器人的写作水平已经可以与人类作者相媲美，通过 AI 的引入，大大提升了新闻的写作效率。类似地，营销推广内容也可以根据 AI 分析自动遴选优质内容，拟定内容提纲，从而减少内容创作的成本。

（二）语音识别

语音识别技术是将语音信号转化为文本字符的一种技术，通过计算机对文本进行分析和理解，进而对人类的语音做出响应。最早的语音识别系统出自 20 世纪 50 年代的贝尔实验室，当时只能识别 10 以内的英文数字。近年来，随着语言学、声学和计算机科学等领域的进展，语音识别的准确性不断提高，甚至可以用于嘈杂的环境中识别多人物的声音、处理方言和多语种联用等特殊语音识别场景。语音识别技术在营销领域主要有以下三个方面的应用。

1. 语音助手

手机语音助手是语音识别的主要场景之一，如苹果的 Siri、小米的小爱助手等。借助手机语音助手，顾客可以通过语音输入实现一些简单的指令执行，例如打开 App、发送短信、播放音乐等。同时，随着物联网设备的引入，例如智能音箱、互联网电视乃至一些家用电器（如扫地机器人、智能灯饰），顾客都可以通过语音控制的方式对设备发出指令。

2. 智能客服

智能客服是指利用人工智能和自然语言处理等技术，将机器人和人工客服相结合，提供高效、便捷的顾客服务体验。想必大多数人都接到过推销电话，但是电话那头的推销员是真人还是机器人？智能客服的出现让我们真假难辨，目前国内的主流呼叫中心由人工座席逐渐改为"人工 + 智能机器人"的混合客服模式，当顾客咨询问题时，会先分配到智能机器人。在识别顾客的需求后，智能客服可以调取知识库内容进行回复，当问题反复未能解决的时候，才会下达一个工单至人工客服继续进行服务 [8]。智能客服在电商、教育、金融等领域有着大量的应用，在解决顾客服务、营销外呼的场景下，还推出了智能质检服务，对于人工客服，可以通过关键词检测、情绪监测、语速监测、服务响应时长、对话轮次来配置加减分项，以实现对客服的量化管理。

3. 语音教学

语音教学是利用语音识别技术和人工智能，为学习者提供个性化、互动性强的教学服务。在教育领域，语音识别技术为语言类课程的教学方式带来了翻天覆地的变化，通过语音识别技术，可以评价顾客的语音、语调，也可以在长难句的朗读中为顾客进行打分，同时能够逐字逐句地为顾客进行语音的纠正。这种方式能够大大提升教学的有趣性，使顾客在没有老师的环境下依旧能够享受顶级智能机器人的指点，得到高质量的教学服务。

二、虚拟现实与增强现实

虚拟现实（Virtual Reality，VR）通过将一个 360 度无死角的虚拟世界呈现在用户面前，使用户产生一种身临其境的感觉。增强现实（Augmented Reality, VR）则是将虚拟世界叠加到现实世界中，为用户提供真实环境的补充。这两种技术被视为下一代通用技术平台和互联网的入口，拥有广泛的应用场景和发展空间。目前，VR/AR 相关技术已广泛应用于城市治理、工业生产、会议展览、教育科普、医疗服务、文化旅游、互动娱乐等领域，推动了各行业企业的数字化转型和产业的逐步升级。

（一）虚拟现实

Grigore Burdea 和 Philippe Coiffet 在 *Virtual Reality Technology* 一书中指出，虚拟现实具有三个最突出的特征：沉浸感（Immersion）、交互性（Interactivity）和构想性（Imagination）。沉浸感是指通过计算机构造的立体三维空间，让用户无法分辨真实与虚拟，从视觉、听觉、嗅觉和触觉等方面模拟真实世界的反馈，创造沉浸式体验。交互性是指虚拟现实通常需要专用设备，如头盔、手套等，通过摄像头捕捉用户眼球的移动，通过压力传感器识别手的握力等数据，在虚拟环境中根据用户行为提供相应的反馈，以近乎自然的方式进行交互。构想性是指虚拟现实技术可以不考虑现实世界中制造场景的难度，仅需要想象就可以通过虚拟数字的方式进行呈现，因此虚拟现实可以快速塑造人们想象的世界。

VR 游戏是虚拟现实的典型应用。VR 游戏通过头戴设备实现沉浸式的游戏体验，用户可以通过手势动作和眼球跟随等方式进行游戏操控。其最终形态类似于好莱坞电影《头号玩家》，主角佩戴全息显示屏头盔和触感手套，实现完全依赖虚拟环境的游戏操作。通过 5G 网络，游戏数据实时传输到云端进行计算，用户可以通过声音和手势完成游戏指令。

在现实世界中，VR 游戏产业方兴未艾，HTC 公司于 2015 年率先推出了 VR 设备 VIVE，虽然设备体型较为笨重，但手势定位、使用舒适度仍然保持着行业标杆的水准和地位。然而，VR 设备购置成本较高，仅入门级设备和配套主机就需要花费上万元人民币，这是影响 VR 产业发展的主要原因之一。另一方面，拥有 VR 设备的玩家数量有限，导致没有游戏厂商愿意投入更多的资源去开发适配 VR 版本的游戏，使得玩家购买设备的动机较低，VR 游戏陷入发展缓慢的不良循环。未来 VR 游戏的发展方向：一是需要减少设备成本，提升玩家数量基础；二是在内容端需要增加更多体育运动、跳舞健身等游戏类型，降低玩家的学习门槛，促进 VR 游戏的长足发展。

（二）增强现实

与虚拟现实所构建的虚拟世界不同，增强现实更注重将虚拟内容叠加到现实世界中，通过有效地融合虚拟内容和真实场景，增强我们对现实世界的理解[9]。用户佩戴头戴设备后，摄像头通过计算机视觉识别眼前物体，并通过相应系统对物体进行标注、互动等，进一步补充现实世界。例如，2015 年，任天堂推出的手游就运用了 AR 技术，在一片真实的海滩前，通过手机屏幕，玩家可以看到一个虚拟精灵在海滩上，而实际上只有海滩。这就是增强现实，它将虚拟内容叠加到现实世界中。增强现实的具体应用包括虚拟试衣间、AR 地图导航和 AR 互动游戏等。

1. 虚拟试衣间

虚拟试衣间是一种允许购物者虚拟试穿商品的技术。通过 AR 技术识别使用者的身体后，使用者可以选择服装，屏幕上就能展示使用者试穿衣服的形象。在实体店内，虚拟试衣间可以节省顾客排队试衣的时间，优化购物体验。在线上，虚拟试衣间可以通过 AR 技术辅助使用者更好地评估服装款式是否适合自己。例如，奢侈品牌古驰（Gucci）与 Snapchat 合作，推出了四款 AR 鞋，通过虚拟镜头，将数字版本的鞋子覆盖在购物者的脚上，并引导购物者进入在线商店购买。这一合作吸引了 1 890 万 Snapchat 用户，取得了巨大的传播效应。

在国内，虚拟试衣间通过与顾客的大数据连接形成了大量精准营销场景，包括顾客登录淘宝账号后使用虚拟试衣软件，自动补充身体数据，提供个性化推荐，默认收货地址，一键下单等一整套方案。然而，根据国内虚拟试衣间的发展情况，由于服装版型和尺码不准确，上身效果存在较大差异。此外，系统推荐的搭配较为基础和大众化，不能满足对服饰穿搭具有个性化需求的人群。因此，该应用仍然面临较大的难点需要解决。

2. AR 地图导航

在商业综合体、景区、交通枢纽、医院等需要室内导航的场所，可以借助 AR 地图导航技术。通过手机摄像头识别用户所处场景，AR 智能导览可以帮助用户确定自己的位置和周边地点，并在手机上展示不同地点的路径和详细信息。在商业综合体场景下，与商场运营系统打通后，AR 地图导航可以提供 AR 导览、AR 景观、AR 红包、AR 游戏等商场内的互动体验。通过一系列线上营销和互动手段，可以为线下商场引流，实现线上线下流量互通，促进店铺销售转化。在景区场景中，AR 地图导航不仅能解决复杂场景下导览体验差的问题，还能提供 AR 虚拟导游、文物的 3D 展示、历史场景的复原、建筑解读、互动游戏、AR 寻宝等虚实融合的交互体验，实现景点与游客的深度连接，提升游客的游玩满意度。

3. AR 互动游戏

对于企业的品牌营销而言，AR 技术提供了一种全新的互动体验方式。与扫描二维码在手机页面上展示品牌内容相比，AR 互动能够基于产品本身或产品宣传册的图案，延伸出许多有创意的品牌场景。例如，宜家的产品手册搭配增强现实 App，顾客只需扫描目录页，在想要摆放家具的位置放置商品目录，然后选择家具，就可以在屏幕上看到所选桌子、椅子等家具放在家中呈现的效果。澳大利亚的麦当劳也推出了一款基于 AR 技术的 App，顾客在麦当劳购买食物后，可以扫描食物观看 AR 动画，动画展示了食材的来源、生长和制作过程，还可以通过动画了解制作师傅、农场师傅等信息，使顾客更加放心。在国内，天猫与可口可乐合作，通过天猫 App 扫描可口可乐的标志，进入 AR 游戏界面，参与互动游戏就有机会获得若干礼品。活动推出后，可口可乐天猫旗舰店的访问量环比增长 1 500%，大大提升了品牌的传播和话题效应。

小案例　通过增强现实（AR）技术加强营销效果

AR 技术是一种将虚拟对象叠加到物理环境的实时视图上的技术，以实现顾客对现实的替代感知。例如，欧莱雅正使用 AR 向顾客展示不同的化妆品将如何改变他们的外观。从零售的角度来看，AR 可以让顾客在购买前虚拟体验产品，进而评价产品。具体而言，AR 技术可以从娱乐（Entertain）、引导（Educate）、评估（Evaluate）和增强（Enhance）等方面加强营销效果。

（1）娱乐。AR 技术将静态物品转化为交互式的三维对象娱乐顾客。例如，沃尔玛与 DC 漫画和漫威公司合作，在选定的商店内设置特别的主题展示，将独家的超级英雄主题 AR 体验引入门店。这不仅为顾客提供了新颖且引人入胜的体验，还鼓励他们探索商店内不同的区域。

（2）引导。AR 技术通过向顾客提供内容和信息的高效媒介来引导顾客。以丰田和现代为例，它们利用 AR 技术展示了新车型的关键功能和创新技术，引导顾客更好地了解产品。零售商也可以使用 AR 技术帮助顾客浏览商店或突出显示相关产品信息。

（3）评估。AR 技术帮助顾客可视化产品在实际消费环境中的形象，使消费者能够更准确地评估产品。以宜家的 Place 应用程序为例，它将真实比例的产品三维模型叠加到房间的实时视图上，为顾客提供了家中不同家具的预览效果图，帮助消费者更好地评估产品。

（4）增强。AR 技术可以用于增强产品的消费体验或使用方式。举例而言，乐高公司推出了几款将物理和虚拟游戏玩法相结合的积木套装。借助配套的 AR 应用程序，乐高通过现实和虚拟世界的交互增强了消费者的娱乐体验。

总之，AR 技术已经成为营销领域的一项重要工具，它不仅为顾客提供了崭新的互动和沉浸式体验，还为企业创造了多种加强营销效果的方式。

资料来源：TAN Y C, CHANDUKALA S R, REDDY S K. Augmented reality in retail and its impact on sales[J]. Journal of Marketing, 2022, 86(1): 48-66.

三、5G 通信

5G 通信指的是第五代通信技术（5th Generation），它具有高速率、低延迟和大连接数量的特点。终端的连接速度可达 1Gbit/s，时延在 1ms 内，每平方千米可连接设备达到 100 万台。人工智能的显著优势在于提高计算效率的算法，5G 通信技术的优势在于强大的数据传输能力。两者的结合可以放大营销科技在各类场景中的应用优势。依托 5G 通信技术，企业可以在处理海量数据的同时保证数据传输的稳定性与低延迟，为未来的智能营销带来更多机遇。在 5G 通信的加持下，未来的营销将呈现以下三类趋势。

（一）内容营销升级

在 2G 和 3G 时代，由于网速较慢，手机所能承载的内容形式非常有限，仅限于图片和文字等简单的形式。随着 4G 时代的到来，移动社交、短视频、网络游戏等多种内容形式纷至沓来，极大地满足了人们的视听体验需求。而 5G 的高速传输和低延迟特性将进一步提升互动性，带来更加全面的沉浸式体验。

在之前的内容中，我们已经详细讨论了虚拟现实（VR）和增强现实（AR）在营销应用中的场景。在内容呈现方面，由于 VR/AR 设备需要根据实时互动进行反馈，因此需要大量运算资源，这导致目前的 VR 设备笨重且价格昂贵。然而，引入 5G 技术后，设备的内容呈现无须在本地进行运算，而是直接传输到云端进行处理和视觉渲染，再将结果传输回 VR 设备。由于极低的延迟，内容呈现过程不会出现眩晕或卡顿等问题。在当前高成本的 VR/AR 设备中引入 5G 技术后，将降低设备成本并提升产品体验，使更多顾客购买相关设备，满足他们对沉浸式体验的需求。

5G 技术赋能云计算后，高画质、高质量的游戏无须依靠本地显卡进行大量画面渲染计算，而可以由云端完成，这使得手机用户也能够玩与 PS4 等级相当的 3A 单机游戏或大型网游。例如，《原神》这款近年来大热的游戏由于对硬件和存储的要求较高，主要用户群体来自移动端，因此，其游戏公司米哈游在 2021 年推出了《云·原神》，玩家只需下载一个容量极小的启动安装包，即可通过云游戏的实时渲染技术，体验与下载本地超过 30GB 游戏文件相同的画质和帧率，以满足下沉市场顾客和新顾客对游戏的简易体验需求。

此外，5G 的到来对音视频内容的呈现形式产生了影响。在长视频方面，工业和信息化部等部门于 2019 年发布了《超高清视频产业发展行动计划（2019—2022 年)》[10]，其中提到探索将 5G 技术应用于超高清视频传输，推动 4K 超高清电视内容的建设，进一步通过超高清视频的呈现形式提升受众的观看体验。在短视频方面，特效滤镜、AR 表情包等应用增加了视频互动玩法和创意内容，调动了参与者的多感官，拓宽了品牌传播和互动营销的方式，拉近了与顾客的距离，深度提升了品牌认知。由于 5G 时代的到来，去 Wi-Fi、高速传输和无限流量将成为通信运营商的主流模式。在超高清视频传播和创意视频内容领域，竞争将更加激烈，这将倒逼内容创作者推陈出新，提供更高质量的创意内容。

（二）触觉互联网

触觉互联网的概念最早由德国德累斯顿技术大学教授 Gerhard Fettweis 提出，通过 5G 的极低延迟、高安全性和可靠性，实现数据网络实时传输，使人类能够感受到类似于触觉的感觉。相较于移动互联网和物联网，触觉互联网为人机交互带来了全新的维度，通过实时的程序，机器能够给人类提供不同程度的触觉感受，使人们能够在虚拟空间中与周围环境进行交互。英国 UltraHaptics 公司开发了一种利用超声波在空中产生触觉反馈的系统，通过微型高频扬声器，根据每一个传感器单元附加不同力度，给皮肤创造不同的触觉感受。

目前，触觉互联网已经在医学和工业领域有着前瞻性的应用。例如，在医学领域，医生通过远程操作机器人进行微创手术时，引入触觉互联网技术，使医生在远程操控手术刀时能够感受到压力反馈，从而更好地进行操作。在工业领域，通过触觉互联网在虚拟空间中操作

3D 模型，能够提高操作的准确性，实现更精准的工业设计。

随着 5G 的迅猛发展，触觉互联网技术有望在消费级业务中得到更广泛的应用。结合 VR 技术，它可以为玩家提供沉浸式的游戏体验，例如，将触觉互联网应用于电影制作和互动视频创作中，以实现身临其境的效果。另外，在博物馆中，可以构建虚拟的 3D 藏品模型，游客戴上定制的触觉手套，可以用双手触碰珍贵的藏品，获得更加有趣的互动。随着未来 5G 终端设备的增多以及触觉传感器成本的降低，触觉互联网的应用场景将会更加多元。

小案例　　　　　　　　　　　　　　北京故宫虚拟旅游

故宫作为家喻户晓的知名景点，每年接纳了大量游客进行参观，在旺季一票难求。因此，故宫开始着手建立数字化资产应用研究所，对故宫进行三维数字化的应用建设，将包括太和殿、养心殿、乾隆花园和角楼在内的重要殿宇进行数字加工，最大化还原真实的景点场景。游客在手机上即可实现云端畅游故宫的效果，多角度游玩观景，跟随游玩路线身临其境地体验故宫的人文魅力，这种虚拟旅游的效果完全不亚于在景区现场游玩。

资料来源：《故宫 3d 虚拟旅游——全景故宫 3d 虚拟》。

（三）多终端数据集成

随着 5G 终端设备的大规模接入，数字营销将全面进入算法时代，顾客线上行为与线下行为必然实现互联互通，人群画像的数据收集范围从手机屏幕延伸至生活场景中的多个物联网设备。从广义的角度来看，生活中的每个联网设备都可以连接到网络，成为数据的接收方和信号的发出方。由于 5G 具备高传输速率和低延迟的特点，各个设备之间都可以有效连接，实现万物互联的效果。随着多个 5G 终端设备的接入，顾客的行为习惯和人群画像将基于人工智能算法实时更新，以秒为单位更新营销动态。配合后端一整套的广告推荐系统，将实现品牌内容、商品广告、生活服务等各种营销推广的精准触达，抓住品牌的核心目标人群，实现精准定向营销。

进入 5G 时代后，线下智能广告屏迅猛发展，填补了线下生活场景中推荐广告的空白。以每块屏幕为单位，实现了"屏画像"与顾客画像的结合，在办公楼宇、生活出行、生活服务等多个场景中进行智能营销。在广告创意设计方面，结合跨屏技术实现多场景营销，可以树立令顾客印象深刻的品牌形象。在多屏互动方面，通过手机与大屏内容的联动，可以识别商品并在手机上一键下单，实现顾客购买闭环。

四、计算机视觉

计算机视觉是一门让机器如何"看"的技术。人类对现实世界了解的信息九成以上来自视觉，如果计算机能够对人类所处世界的视觉信息进行分析，就能以更理想的方式处理和接受视觉信息，带来巨大的效益。一个完善的计算机视觉系统应该包括目标图像的识别、定位和监控，以及场景的识别、文字的识别、距离的识别、事件的判断等能力。正是这些在三维世界中人与物体之间的关系，构成了人类双眼所观察到的景象。计算机视觉经历了图像识别、三维重建和自我学习等阶段，不断提高识别的准确性，在零售、医疗、自动驾驶等领域的发展产生了深远的影响。从微观角度来看，计算机视觉主要应用于以下三类识别场景。

（一）文字识别

与自然语言处理中通过逻辑分析来判断文字语义的方式不同，文字识别（Optical Character Recognition，OCR）是将图像中的文字信息提取出来，并与模板库中的文字内容进行匹配，根据图像中的文字与模板文字的匹配程度，输出文字内容。因此，文字识别可以被理解为一种特定图像内容的处理方式，且文字识别需要高准确度才能产生价值。文字识别包括三类应用场景。

1. 文档识别

在大量文档整理工作中，我们通常会保存图像格式的文档，但这类文字信息无法直接进行编辑。通过 OCR 技术，可以将图片中的内容转换为文字内容，便于进行再编辑。在拍照自动识别文字之后，顾客可以更方便地进行文本录入和文档管理。例如，保险公司在接到理赔报案后，通过对报案材料中关键信息的提取，如理赔类型、理赔金额等，可以快速匹配相应的理赔人员进行服务，降低任务分配的成本。

2. 拍照搜题

拍照搜题是指系统调用摄像头对题目进行拍照，通过 OCR 技术将图片中的内容处理为文字，并根据题目文本与平台题目数据库的匹配，推荐给用户一些相关度较高的题目答案。

3. 证件识别

证件识别包括身份证、银行卡、单据、营业执照、驾驶证、名片等标准化的制式文件识别。这对文字识别的准确性要求非常高，通常应用于政务、身份验证、职场社交等场景。证件识别可以减少用户手动输入的时间，同时避免输入一长串数字时出错的风险，有效提升用户体验。国内的腾讯、百度、阿里巴巴等公司都建立了 AI 开放平台，整合了常见的证件识别场景，并与政府相关单位进行联网，以标准化的方式输出，各类实体可以根据需求接入证件识别模块。

（二）图像识别

图像识别技术可以被理解为更加复杂的文字识别，它涵盖的内容更广泛。通过对物体和场景的识别，图像识别在许多场景中得到了广泛应用。

1. 内容审核

在社交媒体平台中，为了规避平台的敏感词审核，一些用户可能会使用图片来传播敏感内容，绕过文字审核。因此，对于图片、视频等内容，需要引入图像识别技术，快速识别出非法、违禁内容，并进行删除。国内主流的内容平台如抖音、今日头条等利用了 AI 审核和人工审核相结合的方式，通过 AI 初步审核用户生成内容（UGC），将疑似有问题的内容交由人工再审，提高内容审核的效率。

2. 图像搜索

图像搜索是指用户上传图片，AI 根据图片的内容自动匹配相关内容。例如，如果图片中包含品牌信息，系统会显示相关品牌的介绍、匹配图片来源的链接以及推荐更多与该图片相似的图片。图像搜索可以在文字信息的基础上，通过更准确的图像信息传递，匹配更准确的搜索结果。图像搜索通常涉及用户实时使用摄像头拍照进行图像识别，例如微信的扫一扫功能。在这种场景下，识别结果可以用于引入商品推荐、内容百科等营销场景。

3. 三维场景重建

随着人工智能对视觉的不断探索，人们不再满足于对二维图片内容的识别，而是通过多个摄像头对真实场景进行三维重建。这就需要图像识别加入对人和物体的识别，以及物体之间的位置关系识别。三维场景重建也是自动驾驶发展的基础，通过识别交通标志、障碍物，并结合视觉导航定位，共同构建智能驾驶的基础。

（三）人体识别

人体识别是指通过计算机视觉手段对人的信息进行识别，包括对人的身份、手势、行为轨迹甚至情绪神态的识别与分析。由于《中华人民共和国个人信息保护法》的出台，人脸被视为高度敏感的个人信息，在使用时需要得到用户的明确许可。然而，人体识别仍可结合人体特征与脱敏信息，并在用户许可的基础上应用于大量的营销场景。

1. 人脸识别

人脸识别涵盖了六个主要流程，包括人脸图像采集、图像预处理、人脸检测、人脸特征提取、人脸匹配识别和活体检测。它被广泛应用于在线娱乐、在线身份认证等多种场景。例如，抖音内嵌了许多视频特效控件，通过识别人脸后，增加大量虚拟交互，使得内容具备了更多创造的可能性，由此诞生了一大批优质的 UGC 创作者。

2. 人体关键点识别

通过识别人体的关键点并对它们进行组合和跟踪，能够分析人的运动和行为。这种技术将人的各个部位的关键点坐标分解，并通过坐标位置的变化来分析人的姿态。该技术常用于体感游戏，摄像头可以跟踪玩家的真实运动轨迹，并在游戏中模拟人物动作，实现实时交互，为玩家带来极大的乐趣。

3. 行人再识别

行人再识别（Person Re-identification，Re-ID）是利用计算机视觉技术来判断图像或视频中是否存在行人的技术。与人脸识别不同，Re-ID 技术通过多个摄像头拍摄上万张图片来记录行人的轨迹、步伐等信息，以实现对行人身份的确认和行为轨迹的判断。该技术在商业地产领域得到广泛应用，在商超内，可以分析单个顾客的行动轨迹和停留时长，生成热力图和轨迹图，以实现对商超店铺的客流管理。

五、人机交互

步入 AI 时代后，顾客进行人机交互的方式更加多元，不仅能够通过文字输入指令完成交互，更多是通过声音、触感乃至脑电波的方式进行交互。技术的不断发展使得人机交互更符合人类交流方式，并能更高效地传输信息。在营销视角下，交互机制的增加意味着品牌与顾客沟通模式、沟通频次、沟通深度的变化，由视觉交互趋向于调动顾客的听觉和感官进行多场景的交互。目前人机交互的发展方向，主要有表 14-2 所示的五大交互方式。

表 14-2　人机交互主要方式

交互方式	定义
眼控交互技术	实时追踪眼睛特征变化，预测用户状态和需求，主要应用于智能眼镜
语音交互技术	通过语音识别、语音分析等技术，实现语音和智能终端的连接
体感交互技术	利用计算机视觉技术识别肢体语言，并转换成计算机可理解的操作指令，如手势交互等
骨传导交互技术	声音信号通过振动颅骨，直接传输至内耳，构建设备与使用者之间的声音交互
脑机交互技术	人类与机器的终极交互方式，通过脑电图信息采集和处理实现对人类意识的识别

（一）眼控交互技术

眼动即眼球的动作，眼控交互技术通过获取顾客眼动的信息，确定顾客关注的核心信息点，并通过计算机反馈实现交互。在营销领域，眼动跟踪技术常用于分析买家的心理过程，通过摄像头对人眼进行识别，可以采集一段时间内眼球关注屏幕的位置，进而绘制热力图，分析当前顾客的核心需求。如在网页设计中，根据顾客视觉核心聚焦点设计广告内容；在货架摆放时，根据顾客对不同位置感兴趣的程度，合理调整商品摆放；在电商平台中，通过分析顾客注视不同商品的时长来分析其产品偏好等。

（二）语音交互技术

语音交互是人与人之间最自然的沟通方式，而语音交互技术则使人与机器之间通过语音传输指令成为可能。语音交互是先通过语音识别技术（Automatic Speech Recognition，ASR）将声学信号转为对应文字，再通过自然语言处理技术将文字转译为计算机能够识别的语言，最后进行回复并以语音的形式进行输出。语音交互技术主要用于家庭场景、车载场景和儿童场景。家庭场景最常见的就是通过智能音箱控制电器开关，控制电视切换频道等。车载场景则是在驾驶环境下通过语音点播歌曲、接打电话、声控导航等。儿童场景则是进行婴幼儿教育、异常情况报警等。

（三）体感交互技术

体感交互是基于计算机视觉衍生出的交互技术，通过摄像头识别人体动作实现互动。体感交互具有娱乐性强、互动性强和可玩性高的特点，常用于体感类游戏场景。例如，微软的Xbox游戏机配备了Kinect体感摄像头，可以通过即时动态捕捉、互动等功能，使玩家摆脱传统游戏手柄的束缚，通过肢体控制游戏，实现与互联网玩家的互动和信息分享。

（四）骨传导交互技术

骨传导交互是一种针对声音的交互技术，声音信号直接通过颅骨传输到内耳，不需要通过空气进行传输，因此，声音的能量和音色的衰减变化相对较小。骨传导耳机采用开放式佩戴方式，解放了双耳，使用户能够在听音乐的同时轻松获取周围信息，并且长时间佩戴体验也更加舒适，同时避免了耳膜受损的风险。

（五）脑机交互技术

脑机交互被认为是终极的交互方式，即大脑与外部系统直接交互的一种方式。脑机交互技术包括信息采集、信息分析、再编码和反馈等步骤。脑机交互的典型案例是埃隆·马斯克（Elon Musk）的脑机接口公司Neuralink展示的视频，在视频中，通过在猴子的大脑中植入传感器，可以识别猴子释放的脑电波信号，分析其意图，使猴子仅凭意念就能操控屏幕上的游戏画面。可以说，脑机交互是人与机器之间交互效率最高的方式，但目前由于成本高、识别精度低等问题，仍处于研究阶段。

六、区块链技术

区块链技术（Blockchain Technology）起源于比特币技术，区块链利用分布式账本技术创建了一个安全和透明的交易记录。区块链具备三类关键特征，分别是去中心化、安全透明和开放共享。

区块链技术基于去中心化的网络架构，将数据存储在多个节点上，而不是单一的中心化服务器。这意味着没有任何一个实体能够控制它，节省了大量人力成本与中介成本。企业借助区块链技术，在不需要中间商、广告商的情况下，就能够跟踪消费信息和用户行为，匹配其消费偏好以提供合理的顾客服务。区块链使用密码学来保护交易，确保数据的安全透明，有效抵御数据篡改、黑客攻击和欺诈行为。由于账本开放透明，允许交易完全可见，一切数据记录在链上，互联互通，因此每个节点的成员可以互相协作从而建立起彼此的信任。区块链技术从根本上解决了营销各环节信息不对等、不透明的问题，使得交易公开透明化，区块链技术配合数字货币，能够有效追溯销售的各个环节。区块链另一大核心特征是数据的开放共享，通过智能合约实现各节点之间的实时互动，允许近乎即时的交易处理，提高了商业运作的速度和效率，消费者不再是孤立无援的个体，与商家之间形成了开放共享的消费网络，企业可以利用区块链信息的传播共享功能，建立与顾客间的个性化沟通，提高顾客忠诚度。

以下是区块链技术常见的营销应用。

（一）供应链溯源管理

区块链技术可用于创建安全和透明的供应链管理系统。供应链中的所有参与者都可以获得货物在供应链中移动位置、状况和所有权的实时数据，从而增强产品在流通过程中的透明度，减少欺诈和伪造的风险。例如，在食品饮料行业，借助区块链的可追溯性，企业可以追踪产品从原产地到交货的全过程，确保食品的来源、质量和安全性，树立负责任的品牌形象，更好地满足监管部门的要求。

（二）广告防欺诈管理

通过区块链技术，企业可以提高广告和媒体支出的透明度，有助于防止广告欺诈。区块链的去中心化和不可篡改性使得每一笔交易行为都被记录和验证，难以被欺诈者操纵数据。同时，企业还可以通过区块链制订解决方案，验证用户身份，防止机器人参与广告活动，确保广告真正被人类看到，从而节省营销费用。

（三）顾客忠诚度管理

区块链技术可以用于建立顾客忠诚度计划，为顾客提供安全、透明的奖励机制，使企业的广告更具吸引力。一个典型的案例是 Brave 浏览器，他们开发了一种名为"基本注意力币"的数字货币，该货币基于区块链广告平台，可以在广告商和顾客之间流通。顾客可以自愿选择观看广告和优质内容，获取代币奖励，而广告商支出的代币直接补贴给顾客。这样，顾客直接获得企业的利益分享，同时企业也能以更低的成本找到目标顾客，提高顾客忠诚度。

第三节　营销科技产品与服务

营销科技一方面能够改变顾客的感知变化，另一方面也为企业的场景经营带来了挑战和机遇。随着海量物联网终端的接入，在万物互联的消费环境下，企业需要积极进行基础设备的投资，并串联多场景的营销流程，为顾客提供个性化的消费体验。物联网、智慧城市、元宇宙三大类场景就属于典型的重投入、长周期回报的营销科技服务领域。

一、物联网智能终端

物联网（Internet of Things，IoT）是指通过各种带有传感器的设备与网络相连接，形成一个万物相连的互联网。物联网的智能终端包括智能传感器、射频识别（RFID）、智能嵌入等，它们被广泛应用于传统工业、农业、交通物流等领域。物联网的加入使得以往难以衡量的信息可以被记录、分析和标准化。

人工智能的加入使得物联网拥有更大的应用价值，形成了人工智能物联网（AIoT），通过物联网将大量数据上传至云端进行智能化分析，进行高维度的应用，如比对、调度和预测等。

艾瑞咨询的《中国智能物联网白皮书》预计，到 2025 年，我国的物联网终端将接近 200 亿个，它们在家庭生活、建筑人居、智慧城市等场景中将起到重要作用。另外，区块链技术也可应用于物联网设备中，使得线上线下物品的交易以数字化代币的方式进行流通，对未来的商品交易产生深远影响。

（一）智能家居

智能家居利用物联网技术，将家庭中的各种设备连接到互联网，以实现统一控制。通过智能音箱或手机等终端，可以控制家庭的照明设备、门锁、门窗、小家电等设备。通过语音控制和预设任务，可以实现家居设施的自动化操作。过去，智能家居发展受限于高昂的硬件成本，产品质量参差不齐，更换成本较高，很难实现全屋智能化。目前，较为成熟的智能家居产品主要集中在单体小家电领域。例如，可以通过本地网络投屏观看内容的互联网电视，能根据食物类型保存时间智能控制温度的智能冰箱，以及能够根据生活习惯自动设定洗衣周期的智能洗衣机等。

近年来，得益于资本助力和硬件标准化导致的成本降低，通过语音控制家居设备的智能音箱市场迎来爆发。国内主要有小米米家、阿里小智和海尔智家等品牌，在建立开放的智能家居平台上，通过标准化协议将市面上主流家用电器接入系统，将手机作为遥控器，发送相关指令给产品。手机屏幕的加入使得顾客与家用电器的互动场景增多，例如使用智能微波炉下载推荐菜谱，家庭影音投屏时插播广告等。

技术的发展，智能语音助手、大屏交互和图像识别等终端应用的成熟，将进一步提升智能家居与人之间互动的便捷性和准确性，能够衍生出更多形式的营销互动场景。根据顾客的日常生活习惯，智能家居可以及时提醒顾客购买短缺物品并与电商大数据平台联合进行精准的商品推荐，通过语音新闻播报中嵌入广告以及智能家居一体化控制带来的组合购买等方式，实现个性化的营销互动。

（二）无人零售

无人零售是指利用物联网和相关设备，在没有导购员和销售员的情况下完成零售业务。随着电子价签、人工智能、射频识别（RFID）、移动支付等技术的成熟，无人零售能够确认顾客身份、购买产品类型和购买成功状态，进一步降低销售成本，商家只需定期监控库存并进行商品或原材料供应，即可完成终端零售。随着无人零售概念在市场上的普及，出现了无人货架、智能货柜和智能便利店等多种业态（如表 14-3 所示）。

表 14-3　无人零售的三种业态

无人零售业态	应用技术	建筑容量	适用场景	商品类型
无人货架	二维码	低，传统货架	办公区内	食品和饮料，单价通常较低
智能货柜	人脸识别、RFID	中，特定商品定制货柜	办公楼内	食品、现制饮品、鲜花、玩具等
智能便利店	机器视觉、生物识别、机器学习算法	高，便利店全面数字化	住宅小区、CBD	多种零售商品，产品类型丰富

1. 无人货架

无人货架是无人零售最早期的形态，是指在公共办公区内、茶水间等区域摆放货架。商家定期补充商品，顾客通过扫描货架上的二维码，进入在线商城查看该货架的产品类型和库存状态，顾客在线购买后直接取走商品。由于办公区域是相对封闭的场景，与顾客接触方便且购买流程便捷，无人货架带来了传统便利店难以匹敌的消费体验。由于新顾客接受门槛极低，无人货架商业模式迅速发展，如每日优鲜、猩便利等公司依托无人货架实现快速发展。但另一方面，由于无人货架的整个交易场景完全在顾客的掌控下，商品失窃、错误价格支付导致商品售卖入不敷出。同时，高昂的仓储成本、物流运输成本和推广成本导致该商业模式受到极大挑战，从业人员也开始从技术层面思考如何通过优化硬件进行更加精细化的运营。

2. 智能货柜

智能货柜通过电子眼管控顾客的购买流程。顾客需要进行人脸识别或扫码确认身份，然后才能打开货柜。在取出商品时，顾客通过图像识别或扫描商品上的 RFID 码确认购买商品的类型和数量，取完商品后直接完成付款。相比无人值守的货架，智能货柜实现了商品购买流程的闭环，减少了货损率。智能货柜的大容量也衍生出适应多种销售场景的解决方案。例如，在现制饮品领域，友宝的智能咖啡机让顾客个性化选择咖啡风味、牛奶含量和糖分含量，提供个性化体验。而弗洛花园的无人鲜花货柜、泡泡玛特的盲盒玩具货柜则放置在人流量较大的地铁站内，以降低这些高频购买商品的成本。随着温度传感器、灯光传感器和计算机视觉技术的发展，未来的智能货柜还将引入更多商品形态，以满足顾客的需求。

3. 智能便利店

智能便利店最早由亚马逊的 Amazon Go 推出，其购买流程如下：顾客刷手机进店，系统为每个顾客分配一个标签，通过重力传感器和分布在店内的海量摄像头，实时分析顾客的位置、手势等动作，并在亚马逊云端进行算法分析，最终确定谁拿走了什么商品。顾客离店后，系统会通过已经绑定的付款方式自动扣款并推送账单收据。智能便利店的核心技术问题在于多人同时在货架上取货时需要进行身份识别，为此，Amazon Go 采用计算机视觉和深度学习技术，对进店的每个顾客进行建模，跟踪其运动和手势，确定拾取或放下物品等动作来确保购买商品的准确性。Amazon Go 基于传统便利店购买方式，减去了商品结算的流程，然而由于便利店内整套摄像头成本高昂，智能便利店并没有被广泛地采用。国内的"缤果盒子"近年来在社区内推出了无人值守便利店，通过顾客身份识别，依据顾客的购买偏好，引导顾客快速找到需要的商品，为顾客提供更智能化的体验。

（三）智能穿戴设备

智能穿戴设备则是物联网相关技术在市面上最成熟的应用。近年来，国家出台了多项政策，如《5G 应用"扬帆"行动计划（2021—2023 年）》[11]《扩大和升级信息消费三年行动计划（2018—2020 年）》[12] 等，鼓励"支持可穿戴设备"行业的革新。目前主流的智能穿戴设备可分为消费级和医疗级两类，消费级主要以智能手环、智能耳机、智能眼镜等娱乐影音设备为主，医疗级则以慢性病监测设备和干预治疗的智能穿戴设备为主。

　　智能穿戴设备主要依赖的技术手段是智能传感器，常用的传感器见表 14-4。这些传感器能够支持穿戴设备对人的姿态、步伐、生理指标乃至环境等若干指标进行检测，以实现对人健康状况的管理。

表 14-4　智能穿戴设备常用传感器分类

名称	具体分类	主要功能
运动传感器	加速度计、磁力计、陀螺仪、压力传感器等	运动检测、导航、娱乐、人机交互
生物传感器	血糖传感器、血压传感器、心电传感器、肌电传感器、体温传感器、脑波传感器	健康和医疗监控
环境传感器	温度传感器、湿度传感器、气体传感器、pH 传感器、紫外线传感器、环境光传感器、气压传感器	环境监测、天气预报、健康提醒

　　智能穿戴设备最大的特点是具有可移动性、可持续性、可传感性和数据可监测性。由于穿戴设备不受物理空间的限制，通过生物传感器获取身体的若干信号，并连续地获取数据等特点，穿戴设备相较于数字网络能够获取更多的关键数据从而实现对应的服务。智能穿戴设备主要获取的数据包含地理位置数据、运动数据、生理指标数据、睡眠数据等。通过上述数据，设备可以构建顾客的生活习惯模型和身体健康模型。一方面可以与顾客线上行为数据相结合，补足全场景的数据，实现更为精准的营销。另一方面，穿戴设备的使用场景广泛，使得基于生活场景的营销应用广泛落地。

　　以小米的智能手环为例，在接打电话、查看消息、天气等功能的基础上，增加了大量运动健康相关的应用。通过记录使用者运动、睡眠、出行的活动情况，小米手环可以基于使用者的生活习惯，定制化地给使用者推荐运动计划、减肥计划、饮食计划等，进而推广付费课程、连通商城售卖健康食品等。另一类则是医疗健康类的穿戴设备，通过监测血压、血糖、心电、体温等指标，实现身体的监测与预警。同时，根据步态监测、关节活动度监测、关节支撑等追踪分析，这类穿戴设备可以评估人体运动健康功能和术后康复效果，缩短康复周期。虽然这类产品设备目前尚处于刚刚起步的阶段，但它们具备广阔的发展前景。

二、智慧城市服务

　　近年来随着移动互联网的兴起和供应链的整合升级，传统电商逐渐演变为近场电商，餐饮外卖、生鲜宅配、商超零售等日常消费场景发生了深刻变革，人们在"衣"和"食"的体验上取得了质的飞跃。同时，人工智能的引入将城市内各个设施连接起来，以大数据为基础，通过云计算和人工智能算法实时监控城市各个终端设备的情况。这包括无人驾驶车辆、实时感知交通情况的智能道路，乃至智能化的楼宇，以实现更高效的城市交通资源和住宅资源分配。随着城市信息化的不断成熟，相信在不久的将来，大量智能终端设备将出现在人们的日常生活中，人们的住宿和出行便利性、服务体验将因营销科技带来的效率提升而显著改变，"大城市病"也将成为过去。

（一）车联网

在智慧城市中，智能运载工具扮演着重要的角色。作为城市的"血管系统"，汽车承担着人员和货物运输的任务。车联网通过多个智能终端接入网络，实现车与车、车与路、车与各类基础设施的连接。从用户体验角度来看，车联网实现了人们"第二空间"的智能体验，赋予汽车感知和智能，使汽车从交通工具向智能终端转变，具备了交互和服务能力。

车联网往往以无人驾驶技术为前提，因为只有解放了车内驾驶员的双手，车联网才能发挥最大的作用。无人驾驶汽车因其广阔的市场应用前景、多种可落地场景以及与新能源结合，更符合可持续发展的理念，成为近年来资本市场备倍追捧的概念之一。无人驾驶技术涵盖广泛，包括传感器融合技术、信号通信处理技术和人工智能技术，通过识别车辆周围环境状态，分析和判断车辆行驶过程，实现车辆的自主控制，从而实现无人驾驶。

根据国家市场监管总局、国家标准化管理委员会发布的《汽车驾驶自动化分级》标准（GB/T 40429—2021）[13]，我国将无人驾驶汽车分为六个等级（如表 14-5 所示）。当达到 4 级驾驶自动化，即高度自动驾驶时，一般认为具备该智能化程度的无人驾驶汽车已经具有高度市场化价值。除了在受限环境下，系统能够完全自动控制车辆、全程监测交通环境，能够接管所有驾驶操作，驾驶员只需提供目的地或输入导航信息，无须将注意力放在驾驶上。

表 14-5   汽车驾驶自动化分级 [13]

汽车驾驶自动化级别	具体标准
0 级驾驶自动化（应急辅助）	驾驶自动化系统不能持续执行动态驾驶任务中的车辆横向或纵向运动控制，但具备持续执行动态驾驶任务中的部分目标和事件探测与响应的能力
1 级驾驶自动化（部分驾驶辅助）	驾驶自动化系统在其设计运行条件下持续地执行动态驾驶任务中的车辆横向或纵向运动控制，且具备与所执行的车辆横向或纵向运动控制相适应的部分目标和事件探测与响应的能力
2 级驾驶自动化（组合驾驶辅助）	驾驶自动化系统在其设计运行条件下持续地执行动态驾驶任务中的车辆横向和纵向运动控制，且具备与所执行的车辆横向和纵向运动控制相适应的部分目标和事件探测与响应的能力
3 级驾驶自动化（有条件自动驾驶）	驾驶自动化系统在其设计运行条件下持续地执行全部动态驾驶任务
4 级驾驶自动化（高度自动驾驶）	驾驶自动化系统在其设计运行条件下持续地执行全部动态驾驶任务并自动执行最小风险策略
5 级驾驶自动化（完全自动驾驶）	驾驶自动化系统在任何可行驶条件下持续地执行全部动态驾驶任务并自动执行最小风险策略

1.无人驾驶汽车

当汽车实现全程无人驾驶后，车内的办公体验和互动娱乐需求将变得非常重要。车内的大屏和环绕音频作为人车互动的重要渠道，目前已经成为无人驾驶汽车的标准配置。由于车内是一个相对封闭的空间，乘客在旅程中的注意力将主要集中在大屏上，这为车内互动式营销提供了许多可能性。目前，主流的无人驾驶汽车内部配备了多块屏幕，各自承担不同的功能。例如：仪表屏实现基本的里程和车辆管理功能；中控屏是车内的核心功能区，支持自定义控制功能模块，如设置车载导航和音视频等。某些车辆还为副驾驶座位和后排座椅专门配备了娱乐屏幕，乘客可以在车内播放视频和享受游戏体验。随着无人驾驶技术逐渐成熟，驾驶员可以将大量时间从驾驶任务中释放出来。因此，未来车内会议和云办公有望成为车内生活的重要场景之一。

小案例

特斯拉车载娱乐

特斯拉作为享誉全球的高端电动汽车品牌，其车内提供需要付费的车载娱乐服务包，每一位车主可以免费获得特斯拉赠送的包含车载导航的基础服务，每月支付9.9元，即可享有实时路况、卫星地图、音视频、KTV、网络游戏等服务。通过与第三方娱乐平台合作，特斯拉不仅通过车载娱乐完成创收，还为乘客提供了丰富多彩的出行体验。

2.无人配送车

由于现阶段无人驾驶技术尚未成熟，无人驾驶乘用车的安全性仍需市场验证，因此中度无人驾驶能力的低速无人配送车首先得到广泛应用。无人配送车采用密封式设计，车内可存放货物和商品。它们按照预先设计好的路线进行短途配送，满足货物运输的"最后一公里"需求。目前，在一些高科技园区，无人配送车已经全面投入使用，可以自主规划行程、识别道路并投递货物等。

3.车路协同

车路协同基于车联网技术实现车辆和道路数据互通。车辆可以作为数据的发起方，将路面拥堵数据和实时路况传输给交通控制中心。交通控制中心接收实时路况数据后，针对车流情况调整城市内的信号灯，并预测未来的车流趋势，将数据再同步给汽车，帮助车主选择最佳行车路线，节省路面的通行成本。车路协同虽然规则简单，但实现它需要复杂的技术架构和政府的大力支持。通过车辆、道路和基站的协同配合，并将时间延迟控制在极短范围内，才能为车主提供有意义的数据。长沙作为车路协同的主要试点城市，在城市道路上部署了百余个车联网应用点位，配备了车联网技术的汽车在这些点位行驶时，车内的仪表盘能提前显示前方红绿灯的倒计时，当红灯变绿时，车内还有声音的提醒。

4.智能网联汽车

基于人工智能技术和北斗导航等卫星系统，汽车从过去的交通工具转变为能够满足多样化需求的智能设备。汽车的未来发展方向趋向智能化和互联化，在整合自动驾驶、智能语音、智能座舱等功能后，汽车将成为各种服务和应用的入口，催生新的商业模式。当无人驾驶普及后，驾驶员将有更多自由时间，可以通过车载大屏与各种终端设备连接，满足顾客的办公、娱乐、通信等需求。类似于智能手机行业的发展，随着智能网联汽车的成熟，数据增值、娱乐休闲、智能规划等应用的重要性和产业价值将超过单纯的汽车生产制造环节[14]。

（二）城市大脑

城市大脑是一种数字化技术，它分析、整合城市内各类生态系统的信息，针对城市内各类公用设施进行响应与决策，优化城市内资源调度，提高城市运行效率以提升民众的幸福感。

随着城镇人口的不断增多，涌现了北上广深这类超千万人口的特大城市，为了维持这些城市高效率的运转，一套能够整合城区各类公共资源、应急指挥、城市各类产业和提高人民福祉的智慧城市大脑应运而生（如表14-6所示）。

表 14-6 城市大脑管理应用

城市综合治理			城市产业规划				城市民生服务
应急指挥	城区治理	社区治理	经济分析	智能招商	智能扶商	智能稳商	民生服务
安全监测	指挥交通	人口管理	经济运行监控	产业链创新链图	重点企业识别	政务服务	智慧社区
隐患预警	智慧城管	商事管理	经济数据分析	招商需求识别	扶商政策匹配	融资便利	智慧教育
指挥平台	智慧城建	物业管理	高质量发展关注	数字政企合作	产业资源配置	企业迁移分析	智慧民政

1. 城市综合治理

城市治理涉及城市内多个机关单位的通力协作，可以通过物联网、大数据和云计算技术，进行城区的综合治理。交通、城建、安防、生态建设均需要合理地进行城市规划与资源分配，在社区级别的治理层面，需要对人口迁移、生活物业、社区安全实现更加精细化、分层次的管理。对城市有可能面对的风险进行提前预警，如对极端天气、洪涝灾害等实现提前研判。城市综合治理需要打通每个部门之间的数据，通过数据融合实现管理流程再造和多部门的共治能力，提高问题的处置效率和科学决策问题的能力，从而实时定位问题根源，实现对城市进行网格化管理。

2. 城市产业规划

通过对城市的产业和经济情况进行分析，并预测城市居民的经济水平，可以实现城市未来产业园区的合理规划，这是推动城市商业繁荣的重要手段。引入城市大脑技术后，城市管理者可以查看各类商业主体的财务情况，实现对未来经济走势的宏观分析，为未来可持续发展提供数据预测。同时，可以针对重点发展的产业园区进行招商、提供政企协作服务和产业链规划分析，协调城市内各个产业的发展，优化其优势和互补性，扶持潜在的产业，实现企业和社会服务资源的精准对接，进而实现城市内多产业的协同发展，推动经济的可持续发展。

3. 城市民生服务

在城市的民生管理方面，城市大脑将城区内的社区信息、教育信息、民政信息、医疗信息、商圈信息纳入统计范围，通过统计人口在各城区内的基本情况，提升数字化公共服务能力，提供在线公共交通查询、医疗预约、文体场所预约等服务。针对老年人、残疾人等特定人群建立档案跟踪管理，并定向帮扶低收入人群，提高全体市民在城市生活中的宜居程度，打造真正实现幼有所学、病有所医、老有所养的高幸福感城市。

三、元宇宙

元宇宙这一概念最早出自美国科幻小说《雪崩》，小说中构建了一个平行于现实时空的虚拟世界，在平行的元宇宙中，人们能感受不一样的人生，或者体验与真实世界完全不同的世界。元宇宙是一个去中心化、技术中立的虚拟空间，通过 VR 设备，人们可以进入元宇宙的生态系统，选择身份，并与他人互动以获得社会认同，并通过虚拟货币在元宇宙内实现交易。

元宇宙具有三个典型特征，分别是沉浸感、内容共创和独立经济。沉浸感是指通过虚拟现实技术营造出身临其境的视觉体验，结合各种人机交互手段，使人们难以区分现实世界和元宇宙世界，实现"所思即所见，所见即所得"。内容共创是指在元宇宙中，每个人都可以成为内容的创作者，类似 UGC 的逻辑。但在元宇宙中，用户进行内容创作的成本极低，只需使用现有的创作工具，AI 就可以识别意图并辅助生成内容。独立经济则利用区块链技术建立安全的货币交易体系，实现可追溯、不可篡改和去中心化。人们可以在元宇宙中创作独一无二的艺术品，赚取加密货币，并进行更多的交易。

当前元宇宙还属于新型领域，各类技术仍在持续发展，目前尚没有出现规模化的元宇宙平台，但大量的品牌方已经基于元宇宙进行了相关的营销尝试，可分为以下几种。

（一）元宇宙互动营销

由于元宇宙对于广大顾客来说属于较为新兴的概念，通过元宇宙可以打破常规的营销呈现形式，品牌方可以将内容以 3D 的形式与元宇宙无缝连接。同时，目前主流元宇宙以游戏平台为主，品牌方常常以联名的方式，在游戏内露出品牌标识，将品牌的内容加入游戏任务中，最大限度地让玩家在享受元宇宙乐趣的过程中植入品牌心智。

小案例　　　　　　　　　　　　　**古驰虚拟小镇**

时尚奢侈品牌古驰在 Roblox 平台上推出了一个名为"古驰小镇"的永久虚拟场所。古驰小镇包含一个将不同区域连接在一起的中央花园，玩家可以在这些区域里玩各种迷你游戏，逛咖啡馆，或者在虚拟商店内为他们的 Roblox 头像购买古驰饰品。"古驰小镇"累计吸引了 2 000 多万名玩家访问，与玩家建立了紧密关系，玩家能在平台中通过古驰的产品和艺术进行自我表达，品牌方也通过这种形式拉近了与年轻人的距离。

（二）虚拟数字人

如果不满足于在元宇宙中仅仅作为背景板，品牌方还可以利用虚拟数字人进行营销[15]。与具备实体的机器人不同，虚拟数字人是通过虚拟现实技术生成形象，除具备人的外观，特定的相貌、性别和性格等人物特征外，还拥有人的行为，具有用语言、面部表情和肢体动作进行表达的能力。最后，虚拟数字人拥有人的思想，具有识别外界环境、与人交流互动的能力。企业通过虚拟数字人的形象，植入品牌价值，设定企业希望赋予的人设，在元宇宙内进行传播。由于虚拟数字人不受时间和空间的限制，且不存在艺人口碑下滑对品牌形象不利的风险，渐渐成为一些企业取代广告代言人的营销方案之一。近些年，虚拟数字人不仅在元宇宙中出现，也在热门综艺、大型晚会、发布会、颁奖典礼等活动中频频亮相，具备极大的话题性和想象空间，有的甚至被打造成营销事件。例如，爆火的虚拟偶像洛天依登上 2021 年央视春节联欢晚会舞台，不仅提升了晚会的内容品质，也为节目带来了关注度和热度。

（三）NFT 游戏

非同质化代币（ Non-Fungible Token, NFT）是指不可互换的代币，就像是艺术品，具有独一无二、不可分割的属性。在元宇宙中，品牌方可以进行 NFT 艺术品的创作，以免费发放或者付费购买的形式派发给顾客，NFT 商品在顾客间流通的同时，品牌的形象也得以传播。免费派发的 NFT 商品通常用作游戏和活动的奖励，顾客通过完成品牌方设定的一系列任务即可获得。由于该类 NFT 商品通常会限制数量，顾客在获得后会产生个人优越感，高忠诚度的顾客会在获得后进行活动的再次传播。付费购买的 NFT 商品具有唯一性，例如可口可乐与 Tafi 合作，推出虚拟羽绒夹克 NFT 商品对外拍卖，由于跨界联名和商品的稀有性，拍卖期间话题引爆全网，产生了很高的热度，可口可乐用较低的成本实现了品牌形象的传播。

本章小结

1. 营销科技的发展历经系统化、数字化和智能化三个阶段。智能化阶段是指利用大数据、物联网、云计算和人工智能技术的结合，实现智能的营销决策。
2. 人工智能技术包括感知智能、认知智能、行动智能和自我学习能力，这构成了人工智能的核心技术框架，四类能力组合，延展出多种智能的营销场景。其核心在于人工智能能够不断学习人类行为，模仿人类思考方式，进而能够有效预测人类的下一步行为。
3. 营销科技的关键技术应用包含自然语言处理、虚拟现实与增强现实、5G 通信、计算机视觉、人机交互和区块链，这些技术被广泛用于现实世界的营销场景中。随着技术的不断成熟与发展，营销将会与科技深度融合，产生更大的应用价值。
4. 营销科技的产品与服务包含物联网智能终端、智慧城市服务和元宇宙，未来营销将模糊线上与线下的边界、现实与虚拟的边界，企业只有不断升级营销模式，才能够确保长期市场竞争力。

重要术语（中英文对照）

自然语言处理 Natural Language Processing　　增强现实 Augmented Reality
虚拟现实 Virtual Reality　　5G 5th Generation

文字识别 Optical Character Recognition

行人再识别 Person Re-identification

物联网 Internet of Things

元宇宙 Meta Universe

非同质化代币 Non-Fungible Token

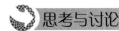 **思考与讨论**

1. 营销科技发展分为哪三个阶段？各阶段的基本概念和特点是什么？

2. 营销科技的关键应用包含哪些？请列举出五个类型，并对具体营销应用进行举例。

3. 请阐述元宇宙的基本概念，同时介绍一个元宇宙的营销实例。

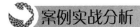 **案例实战分析**

ChatGPT 爆火，AIGC 改变内容生产方式

一、案例背景

ChatGPT 是由人工智能研究机构 OpenAI 在 2022 年 11 月底发布的生成式 AI 对话大模型，它能够基于对话者的提问，生成类似于人类的文本回答，包括回答问题、撰写故事、总结信息甚至输出表格和代码。由于 ChatGPT 的对话质量远超对话者预期，推出仅两个月，月活用户突破 1 亿人，成为史上用户增长速度最快的消费级应用程序。ChatGPT 上线短短几天，就参加了美国高校的入学资格考试（SAT），成绩为中等学生水平。它也可以用《老友记》主角口吻创作剧本对白，构思简短的侦探小说。相比起网红前辈 Alpha Go 专注于围棋领域，OpenAI 发布的对话型人工智能 ChatGPT 以百科全书般的功能让人们实打实地体验到了人工智能的威力。

ChatGPT 的背后是 OpenAI 创建的 GPT-3 模型，该模型经历了多个版本的模型迭代。根据公开资料，GPT-3 模型包含 1 750 亿个参数，并通过基础过滤的全网页爬虫数据集（4 290 亿个词符）、维基百科文章（30 亿个词符）、两个不同的书籍数据集（一共 670 亿个词符）进行训练，使得该模型仅通过简单的提示就可以自动生成逻辑缜密的长文章。在模型发布后，用户使用该模型产生了海量对话数据，OpenAI 公司内部的数据标注团队针对数据生成人工标注数据集，进一步对模型加以训练，让模型学习更加高质量的表达方式。另外，GPT-3 模型的每一次会话，都会产生多条可能的回复，因此数据标注团队在这一步对所有可能的答案进行人工打分排序，选出最符合人类思考交流习惯的答案，人工打分的结果可以进一步建立奖励模型，自动对分数较高的答案给予奖励，鼓励模型学习分数较高答案背后的内在逻辑，帮助模型生成更加优质的回答。

二、行业应用

ChatGPT 的横空出世不仅引爆了投资圈的热情，更是在营销从业人群中口口相传。机

构对于 ChatGPT 在未来数年的应用落地有极高预期，因为作为发展关键制约因素的成本将可预见性地出现下降。许多企业和组织已经采用 ChatGPT 作为顾客服务、知识管理和内容生成的工具，因其能够生成高度准确和相关的答案，能够简化运营成本，提高公司整体的经营效率。

（一）顾客服务

顾客服务主要是通过聊天机器人为客户咨询提供即时、准确的回答，减少人工客服的响应时间，提高顾客满意度。ChatGPT 提供开放的 API 接口供企业调用，因其语言模型能够处理和理解大量的信息，可为复杂的客户诉求提供相对标准化的答案，相较于人类客服代表，ChatGPT 驱动的智能客服能够以近乎实时的响应时间提供全天候支持，同时处理大量的客户咨询，取代劳动密集型人工客服。目前应用智能客服常见的行业包括零售、金融服务、电信和医疗保健。以金融业顾客服务为例，以 ChatGPT 模型作为客服底座，能够顺利引导新顾客完成账号的注册与激活，提供其账户和交易信息的查询服务，根据顾客资质提供个性化贷款金额及利率申请，根据顾客投资目标和风险偏好提供理财建议等。

（二）知识管理

知识管理是指企业使用 ChatGPT 来自动创建和维护知识库，使用模型来生成信息、回答问题，并结合大量的数据和过往与顾客的互动内容提供相关性更高的解释。利用 ChatGPT 进行知识库的创建有诸多优势。首先，产生信息一致性，减少错误信息的风险，确保客户面对类似问题得到相同的答案。其次，利用 ChatGPT 生成信息和回答问题的速度比人快得多，减少了客户等待时间，改善了客户体验。最后，因其具备极强的扩展能力，可以实时处理大量顾客咨询生成海量信息，利用 ChatGPT 进行企业内知识管理成为拥有庞大客户群或复杂数据需求的企业的理想选择。

（三）内容生成

内容生成是指企业自动生成文章、报告等标准化程序较高的内容，使员工能够专注于更高价值的任务。ChatGPT 作为基于文本的语言模型，目前输出的内容可以帮助企业自动生成广告文案、社交媒体的跟帖，减少人工撰写的成本。ChatGPT 可以比人更加快速地生成营销内容，且随着使用次数的增加，能够产出更加契合品牌特征的内容，在有大量重复性内容创作的场景中，ChatGPT 能够大幅解放人力劳动。

三、AIGC 的概念与发展

ChatGPT 的出现，使企业在各个领域都可以利用人工智能生成内容，改变了内容的创建和传播方式。过去数年，互联网的形态也发生了较大的变化，一般可认为分成三个阶段（如表 14-7 所示）。首先是由门户网站所领导的 Web1.0 时代，该阶段的内容以 PGC 主导，即由专业化的内容创作团队进行制作，而后移动互联网和社交媒体的井喷式发展降低了内容创作者的门槛，普通人进行内容创作也可以分享流量变现的红利，大量 UGC 的原创内容得以涌现。

表 14-7　互联网形态和内容生成形式的变化

互联网形态	典型场景	内容生产	人机交互	主要特征	资源组织
第一代互联网（Web 1.0）	PC 机、信息门户	PGC	键盘鼠标操作	门户高度中心化	目录式资源供给、搜索引擎
第二代互联网（Web2.0）	移动互联网、社交媒体、平台经济	PGC+UGC	触控、隔空操作、语音识别等	平台中心化+用户参与、移动便利、电子商务	社会网络、多源异构大数据
第三代互联网（Web3.0）	区块链、元宇宙、人工智能、全真全息	PGC+UGC+AIGC	视觉、嗅觉、脑电等多模态交互	弱中心化、价值共享、隐私保护、虚实共生	多模态融合、认知计算、虚拟现实

到了 Web3.0 时代，营销科技的突破式发展将很有可能掀起下一轮内容生产的革命，人工智能生成内容（Artificial Intelligence Generated Content，AIGC）的技术将被广泛应用于各行各业。AIGC 能够生成包含文本、音频、图像、视频和 3D 模型等在内的多样化内容，其创作效率和内容的个性化程度将远胜以往的内容生成方式[16]。

AIGC 的实现包含了多种技术的组合，从内容生产过程（如图 14-3 所示）来看，首先利用自然语言处理技术进行语义分析，帮助计算机理解人类的语言。其次是利用深度学习技术来学习和预测回答，这是 AIGC 技术最核心的技术内容。ChatGPT 使用的谷歌大脑团队在 2017 年提出的 Transformer 模型，能够同时进行数据计算和模型训练以缩短训练时长。该模型一经推出，在包括翻译准确度、英语成分句法分析等各项评分上均达到了业内领先水平，成为当时最先进的大型语言模型之一。但这两项技术在应用到市场之前，无一例外需要海量数据集的学习才能够具备多场景识别和内容建构的能力。在这一阶段，拥有海量用户数据和云计算能力的大型互联网公司具备发展 AIGC 技术的先发优势，能够构建企业竞争护城河。另外，AIGC 区别于传统内容创作的重要的一点是跨模态的融合。2021年，OpenAI 发布了多模态模型 CLIP(Contrastive Language Image Pre-Training)，通过大规模图文数据集的训练，它能够分别提取文本特征和图片特征进行相似度对比，通过特征相似度计算文本与图像的匹配关系，从而实现跨模态的相互理解。将来我们在内容创作阶段，可以模糊内容形式的边界，实现 AI 同时生成符合需求的图文和视频等内容。AIGC 的最后一环是人机交互，在当前文本、图像、音视频等营销内容的基础之上，AIGC 将更多地与虚拟现实和增强现实技术整合，为用户提供更多的沉浸式和互动式内容体验。

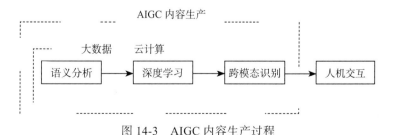

图 14-3　AIGC 内容生产过程

AIGC 是技术进步的产物，但由于技术在不同阶段的介入程度不同，AIGC 的发展同样具备阶段性特征。早期阶段的 AIGC 主要是模仿人类现实世界的实体，进行仿真和学习。这一阶段需要人类研发人员的高度参与，对 AI 生成的内容进行优化，主要的营销应用在于 AI 图像还原、基于自有语料库的智能会话。当前阶段，以 ChatGPT 为代表的 AIGC 已经具备了学习创作的能力，在大规模训练语料的基础上，根据输入的指令进行学习并生成内容，且内容基本可以达到通过图灵测试的标准。该阶段人类的主要工作是通过解决算法和模型的问题，实现 AIGC 自动化、高效率的创作。而放眼未来 AIGC 的发展，在算法模型、算力规模的提升基础上，AIGC 会继续提升生成内容质量，理解顾客的场景，完成创造性任务，针对每一位顾客过往的交互内容，AIGC 将变得更加善于生成适合每一位顾客需求的内容，同时由于 AIGC 拥有跨模态识别的特点，未来 AI 将有望实时捕捉人类复杂的情感需求，推荐适合的内容形式，与顾客进行交互。

资料来源：

李白杨，白云，詹希旎，等.人工智能生成内容（AIGC）的技术特征与形态演进 [J].图书情报知识，2023（1）：66-74.

沈湫莎.ChatGPT 爆火，人工智能的下一个范式来了吗？[N].文汇报，2022-12-20（5）.

中科院物理研究所."怪胎" ChatGPT 的前世今生，以及未来 [EB/OL]. (2022-12-12)[2023-06-02]. https://new.qq.com/rain/a/20221211A075YF00.

案例问题

1. AIGC 有什么特殊性？

2. AIGC 如何应用于营销，对消费者的影响是什么？

3. AIGC 将如何改变营销？

参考文献

[1] 任之光.营销科学学科回顾、展望与未来方向 [J].营销科学学报，2021，1（1）：31-42.

[2] 林子筠，吴琼琳，才凤艳.营销领域人工智能研究综述 [J].外国经济与管理，2021，43（3）：89-106.

[3] 李季，王莹，马璞.万物互联与消费者行为的研究评述和展望 [J].管理科学，2021，34（5）：3-15.

[4] 任之光，赵海川，杨凯.营销科技的发展、应用及研究现状评述与展望 [J].营销科学学报，2022，2（1）：1-11.

[5] 张雁冰，吕巍，张佳宇.AI 营销研究的挑战和展望 [J].管理科学，2019，32（5）：75-86.

[6] 国家标准化管理委员会.国家新一代人工智能标准体系建设指南 [R/OL]. (2020-08-04)[2022-06-25]. https://www.ncsti.gov.cn/zcfg/zcwj/202008/P020210303434593363360.pdf.

[7] CHINTALAPATI S, PANDEY S K. Artificial intelligence in marketing: a systematic literature review[J]. International Journal of Market Research, 2022, 64(1): 38-68.

[8] LUO X, TONG S, FANG Z, et al. Frontiers: machines vs humans: the impact of artificial intelligence chatbot disclosure on customer purchases[J]. Marketing Science, 2019, 38(6): 937-947.

[9] TAN Y C, CHANDUKALA S R, REDDY S K. Augmented reality in retail and its impact on sales[J]. Journal of Marketing, 2022, 86(1): 48-66.

[10] 工业和信息化部，广电总局，中央广电总台 . 超高清视频产业发展行动计划（2019—2022 年）[R/OL]. (2019-02-28) [2022-06-25]. https://www.gov.cn/gongbao/content/2019/content_5419224.htm.

[11] 工业和信息化部 . 5G 应用"扬帆"行动计划（2021—2023 年）[R/OL]. (2021-07-05) [2022-06-25]. https://www.gov.cn/zhengce/zhengceku/2021-07/13/content_5624610.htm.

[12] 工业和信息化部，国家发展改革委 . 扩大和升级信息消费三年行动计划（2018—2020 年）[R/OL]. (2018-07-27) [2022-06-25]. https://www.gov.cn/gongbao/content/2019/content_5355478.htm.

[13] 工业和信息化部 . 汽车驾驶自动化分级：GB/T40429—2021[S]. 北京：中国标准出版社，2022.

[14] 任泽平，连一席，谢嘉琪 . 人工智能新基建：迎接智能新时代 [J]. 发展研究，2020（9）：29-38.

[15] LI J, HUANG J, LI Y. Examining the effects of authenticity fit and association fit: a digital human avatar endorsement model[J]. Journal of Retailing and Consumer Services, 2023, 71: 103230.

[16] 李白杨，白云，詹希旎，等 . 人工智能生成内容（AIGC）的技术特征与形态演进 [J]. 图书情报知识，2023，40（1）：66-74.

第十五章
数字营销的法律法规及相关标准

🔖 学习目标

（1）介绍与数字营销相关的法律法规体系；

（2）介绍数字营销法律法规的主要内容；

（3）介绍欧美与数字营销相关的主要法律法规。

🔖 导引案例

违规采集和使用消费者数据

上海小鹏汽车销售服务有限公司向第三方供应商（悠络客）购买具有人脸识别功能的摄像设备 22 台，安装在旗下 5 个直营门店及 2 个加盟门店，开通系统账号 8 个。2021 年 1 月至 6 月期间，共采集上传人脸照片 431 623 张。采集的消费者面部识别数据上传至供应商后台系统，通过其开发的算法对面部数据进行识别计算，统计和分析门店的客流情况，包括进店人数统计、男女比例、年龄分析等，并将分析结果用于决策参考。

上海市徐汇区市场监督管理局判定认为：该行为未经得消费者同意，也无明示、告知消费者收集、使用目的，尽管没有违法所得，但违反了个人信息保护法和消费者权益保护法等法律法规，侵害了消费者的相关权益，故做出 10 万元的处罚，并要求整改。小鹏汽车对行政处罚完全服从，做出深刻反省，杜绝此类事件再次发生。之后，小鹏汽车拆除了门店内的人脸识别摄像设备，上传的人脸照片已经由悠络客删除。

资料来源：中国基金报、中新网、澎湃新闻网。

第一节　数字营销的法律体系及相关标准概述

一、法律体系及相关标准

法律体系（Legal System）通常是指一个国家全部现行法律规范分类组合为不同的法律部门而形成的有机联系的统一整体。我国的法律形式是以宪法为核心的各种制定法为主的形式，包括不同制定机关、不同效力的层级和范围形成的法律体系，主要包括宪法、法律、行政法规、部门规章、其他规范性文件和司法解释等[1]，以下对各类法律形式进行简要介绍。

（1）宪法。《中华人民共和国宪法》（以下简称《宪法》）是中华人民共和国的根本大法，具有最高的法律效力，是我国最高的法律形式，由最高权力机关全国人民代表大会依据专门程序制定。宪法规定国家的根本制度和根本任务、公民的基本权利和义务，是制定法律、法规的依据。

（2）法律。法律是由享有立法权的立法机关行使国家立法权，依照法定程序制定、修改并颁布，由国家强制力保证实施的基本法律和普通法律总称。

（3）行政法规。行政法规是国务院为了领导和管理国家各项行政工作，根据宪法和法律，并且按照《行政法规制定程序条例》的规定而制定的有关政治、经济、教育、科技、文化、外事等各类法规的总称。

（4）部门规章。部门规章是国务院各部、各委员会、中国人民银行、审计署和具有行政管理职能的直属机构根据法律和国务院的行政法规、决定、命令，在本部门的职权范围内依照《规章制定程序条例》制定的规章。部门规章规定的事项属于执行法律或者国务院的行政法规、决定、命令的事项。

（5）其他规范性文件。其他规范性文件是指行政机关为实施法律，在法定权限内制定的行政法规和行政规章以外的各类决定、命令、通知等具有普遍性行为规则的总称。

（6）司法解释。司法解释是根据法律和有关立法精神，结合审判工作实际需要制定，由最高人民法院根据人民法院在审判工作中具体应用法律的问题、根据规定的流程做出的。司法解释以最高人民法院公告形式发布，应当在《最高人民法院公报》和《人民法院报》刊登。根据《最高人民法院关于司法解释工作的若干规定》，司法解释的形式分为"解释""规定""规则""批复""决定"五种。

（7）国家标准。国家标准分为强制性国家标准和推荐性国家标准。对保障人身健康和生命财产安全、国家安全、生态环境安全以及满足经济社会管理基本需要的技术要求，应当制定强制性国家标准。强制性国家标准由国务院有关行政主管部门依据职责提出、组织起草、征求意见和技术审查，由国务院标准化行政主管部门负责立项、编号和对外通报。强制性国家标准由国务院批准发布或授权发布。

（8）行业标准。行业标准是需要在全国某个行业范围内统一技术要求所制定的标准。行业标准由行业标准归口部门统一管理，有关行业标准之间应保持协调、统一，不得重复。行业标准不得与有关国家标准相抵触，行业标准在相应的国家标准实施后，即行废止。行业标准分为强制性行业标准和推荐性行业标准。

二、数字营销的法律体系及相关标准

数字营销的法律体系是以宪法为核心，规范数字营销活动的相关法律和法规体系。我国的数字营销法律体系经过多年的建设，已经形成了多层次、相互补充、相互支撑、不断完善的体系[2]。

（1）《宪法》的相关规定。《宪法》中关于公民权益保护的内容与数字营销相关。《宪法》第四十条规定："中华人民共和国公民的通信自由和通信秘密受法律的保护。除因国家安全或者追查刑事犯罪的需要，由公安机关或者检察机关依照法律规定的程序对通信进行检查外，任何组织或者个人不得以任何理由侵犯公民的通信自由和通信秘密。"

（2）数字营销相关的法律。2021 年 1 月 1 日起施行《中华人民共和国民法典》，第三编"合同"规范平等主体之间的权利责任义务关系，第四编"人格权"专门有一章涉及"肖像权"，对肖像和声音的权利进行了规范。其他与数字营销直接相关的法律主要有五个，分别是《中华人民共和国消费者权益保护法》（自 2014 年 3 月 15 日起施行）、《中华人民共和国电子商务法》（自 2019 年 1 月 1 日起施行）、《中华人民共和国网络安全法》（2017 年 6 月 1 日起施行）、《中华人民共和国数据安全法》（自 2021 年 9 月 1 日起施行）、《中华人民共和国个人信息保护法》（自 2021 年 11 月 1 日起施行）。

（3）数字营销相关的行政法规。与数字营销相关的行政法规包括《全国人民代表大会常务委员会关于加强网络信息保护的决定》（2012 年 12 月 28 日通过）、《中华人民共和国电信条例》（2000 年 9 月 25 日通过）、《中华人民共和国计算机信息系统安全保护条例》（自 2011 年 1 月 8 日起施行）等。

（4）数字营销相关的部门规章。国家互联网信息办公室、工业和信息化部、公安部、国家市场监督管理总局等部门发布了《互联网信息服务管理办法》（自 2000 年 9 月 25 日起施行）、《侵害消费者权益行为处罚办法》（自 2015 年 3 月 15 日起施行）、《网络信息内容生态治理规定》（自 2020 年 3 月 1 日起施行）、《网络交易监督管理办法》（自 2021 年 5 月 1 日起施行）、《网络直播营销管理办法（试行）》（自 2021 年 5 月 25 日起施行）、《网络安全审查办法》（自 2022 年 2 月 15 日起施行）、《互联网信息服务算法推荐管理规定》（自 2022 年 3 月 1 日起实施）、《生成式人工智能服务管理暂行办法》等。

（5）数字营销相关的司法解释。与数字营销相关的典型司法解释包括《最高人民法院、最高人民检察院关于办理侵犯公民个人信息刑事案件适用法律若干问题的解释》（自 2017 年 6 月 1 日起施行）、《最高人民法院关于审理网络消费纠纷案件适用法律若干问题的规定（一）》（自 2022 年 3 月 15 日起施行）等。

（6）数字营销相关的国家标准。数字营销相关的国家标准主要有国家市场监督管理总局和国家标准化管理委员会发布的《信息安全技术——个人信息安全规范》（GB/T 35273—2020）（自 2020 年 10 月 1 日起实施）。

（7）数字营销相关的行业标准。数字营销相关典型的行业标准包括《App 违法违规收集使用个人信息自评估指南》（2019 年 3 月发布）、《App 违法违规收集使用个人信息行为认定方法》（2019 年 11 月发布）、《移动互联网应用程序（App）收集使用个人信息自评估指南》（2020 年 7 月发布）、《移动互联网应用程序（App）系统权限申请使用指南》（2020 年 9 月发布）、《移动互联网应用程序（App）使用软件开发工具包（SDK）安全指引》（2020 年 11 月发布）等。

三、数字营销法律体系及相关标准的特点

我国的法律体系及相关标准已经对数字营销活动进行了全面的规范，具有系统性、实时性、复杂性、普遍性、动态性等特点[3]。

第一，系统性。我国当前已经形成了系统、健全的数字营销法律体系及相关标准，包含宪法、法律、行政法规、部门规章、其他规范性文件和司法解释等几十部法律法规，以及一系列国家标准和行业标准，形成了一个相互联系、相互补充、相互协调的统一体系，全面规范了数字营销的各类活动。

第二，实时性。由于数字营销活动与新的信息技术结合非常紧密，因此近年来出现了大量数字营销的新形式，例如用户生成内容、直播带货、算法推荐、大数据杀熟等。国家相关部门及标准化管理委员会很快就出台了法律法规及标准来规范这些数字营销行为，这使数字营销的法律体系及相关标准具有实时性的特征，预期将来仍然会快速制定法律法规及相关标准规范新的数字营销活动。

第三，复杂性。由于数字营销活动是非常复杂的，涉及数据的收集和处理、算法推荐和自动化决策、消费者权益和隐私的保护、参与者的公平竞争、数字营销行为的监管等多个方面，因此，国家相关部门从多个角度对数字营销进行规范，这使数字营销的法律体系及相关标准变得非常复杂。

第四，普遍性。由于数字营销的法律体系及相关标准由法律、行政法规、司法解释、国家和行业标准等构成，因而能够对企业的数字化经营行为进行全面调节，适用于不同的企业类型、地域特征、产品属性、数据经营行为等，具有广泛的适用性和普遍性特点。

第五，动态性。由于大数据、人工智能、基因编辑、区块链、云计算、自动驾驶等新的科技不断涌现，数字营销活动的内容形式、操作过程和产品形态都在不断发生变化，针对新技术环境下数据的收集、存储、使用、加工、传输、提供、公开等立法就变得非常重要。因此，根据新技术的变化不断制定相应的法律法规和标准就变成一种常态，这使数字营销的法律体系及相关标准具有了动态性的特点。

第二节　数字营销的法律规定

一、个人信息利用与保护的法律法规

（一）个人信息

1. 个人信息的界定

个人信息是实施个人信息保护的基础，也是数字营销必须关注的重要概念。《中华人民共和国网络安全法》等对个人信息进行了界定[4]。

《中华人民共和国网络安全法》明确个人信息是指以电子或者其他方式记录的能够单独或者与其他信息结合识别自然人个人身份的各种信息，包括但不限于自然人的姓名、出生日期、身份证件号码、个人生物识别信息、住址、电话号码等[5]。

《最高人民法院、最高人民检察院关于办理侵犯公民个人信息刑事案件适用法律若干问题的解释》第一条明确公民个人信息是指以电子或者其他方式记录的能够单独或者与其他信息结合识别特定自然人身份或者反映特定自然人活动情况的各种信息，包括姓名、身份证件号码、通信联系方式、住址、账号密码、财产状况、行踪轨迹等。

国家标准《信息安全技术——个人信息安全规范》（GB/T 35273—2020）明确个人信息是以电子或者其他方式记录的能够单独或者与其他信息结合识别特定自然人身份或者反映特定自然人活动情况的各种信息。个人信息包括姓名、出生日期、身份证号码、个人生物识别信息、住址、通信通讯联系方式、通信记录和内容、账号密码、财产信息、征信信息、行踪轨迹、住宿信息、健康生理信息、交易信息等。在《个人信息安全规范》中对个人信息进行了进一步解释，明确个人信息控制者通过个人信息或其他信息加工处理后形成的信息，例如，用户画像或特征标签，能够单独或者与其他信息结合识别特定自然人身份或者反映特定自然人活动情况的，属于个人信息。《中华人民共和国个人信息保护法》（以下简称《个人信息保护法》）第四条明确个人信息是以电子或者其他方式记录的与已识别或者可识别的自然人有关的各种信息，不包括匿名化处理后的信息。

个人信息的界定对数字营销产生多方面的影响，一些数字营销行动需要符合个人信息保护的相关法律规定，主要包括：个人特征标签和顾客画像；利用统计技术识别个人特征，例如市场细分和聚类；识别顾客需求并进行精准营销；公司间进行顾客资源的互换，例如联邦计算行为；包含个体信息的数据使用。

2. 敏感个人信息

《个人信息保护法》明确敏感个人信息是一旦泄露或者非法使用，容易导致自然人的人格尊严受到侵害或者人身、财产安全受到危害的个人信息，包括生物识别、宗教信仰、特定身份、医疗健康、金融账户、行踪轨迹等信息，以及不满十四周岁未成年人的个人信息。

敏感个人信息的界定对数字营销活动有很大的影响，以下营销行为由于涉及敏感个人信息将会受到《个人信息保护法》的规范和约束：基于位置服务（Location Based Service, LBS）的精准营销；人脸识别、指纹识别、基因识别等生物识别方法的营销行为；基于银行、证券等金融账户信息的营销行为；针对未成年人、宗教人士、特殊身份等特定人群的营销行为；涉及敏感个人信息的顾客资源交换合作行为。举例而言，保险公司与移动公司合作，通过基于位置服务确定顾客已经通过安检，随后向顾客发送打折保险产品信息。这一合作由于涉及行踪轨迹等敏感个人信息，将会受到《个人信息保护法》的约束。

小案例

人脸识别第一案

2019 年 4 月 27 日，郭某与妻子在杭州野生动物世界购买双人年卡，并留存相关个人身份信息、拍摄照片及录入指纹。后杭州野生动物世界向年卡消费者群发短信，表示将入园方式由指纹识别变更为人脸识别，要求客户进行人脸激活，遂引发本案纠纷。郭某认为杭州野生动物世界违反消费者权益保护法，要求园方退还年卡费用，并诉讼请求法院判决园方的指纹识别、人脸识别服务条款内容无效。

2020 年 11 月 20 日，富阳法院做出一审判决，判令杭州野生动物世界赔偿郭某合同利益损失及交通费共计 1 038 元，删除郭某办理指纹年卡时提交的包括照片在内的面部特征信息。郭某与杭州野生动物世界均表示不服，分别向杭州市中级人民法院提起上诉。2021 年 4 月 9 日，杭州市中级人民法院二审认为，杭州野生动物世界单方变更入园方式构成违约，且欲利用收集的照片扩大信息处理范围，超出事前收集目的，表明其存在侵害郭某面部特征信息之人格利益的可能与危险，应当删除郭某办卡时提交的包括照片在内的面部特征信息。鉴于杭州野生动物世界停止使用指纹识别闸机，致使原约定的入园服务方式无法实现，故二审判决在一审判决的基础上增判杭州野生动物世界删除郭某办理指纹年卡时提交的指纹识别信息。

资料来源：
中国证券报（2021 年 7 月 28 日）。
杨豆豆. 我国人脸识别技术应用的法律规制研究：基于我国"人脸识别第一案"的思考 [D]. 延安：延安大学，2022.

（二）个人信息的收集和处理

1. 个人信息收集和处理的基本原则

（1）合法、正当、必要原则。《全国人民代表大会常务委员会关于加强网络信息保护的决定》（以下简称《决定》）明确网络服务提供者和其他企业事业单位在业务活动中收集、使用公民个人电子信息，应当遵循合法、正当、必要的原则，明示收集、使用信息的目的、方式和范围。因此，合法、正当、必要是个人信息收集和使用的基本原则。

《中华人民共和国网络安全法》（以下简称《网络安全法》）第四十一条对合法、正当、必要原则做出了更加具体的规定。在合法性原则方面，《网络安全法》明确网络运营者不得违反法律、行政法规的规定和双方的约定收集、使用个人信息，并应当依照法律、行政法规的规定和与用户的约定，处理其保存的个人信息。在正当性原则方面，《网络安全法》明确网络运营者收集、使用个人信息应当遵循合法、正当、必要的原则，公开收集、使用规则，明示收集、使用信息的目的、方式和范围，并经被收集者同意。在必要性方面，《网络安全法》明确，网络运营者不得收集与其提供的服务无关的个人信息。一个典型的例子是当人们下载了 App 之后，这些 App 会询问是否可以采集手机的通讯录、照片、位置等个人信息，如果这些信息并不是该 App 必须使用的个人信息，人们可以选择拒绝同意，此时 App 不得禁止使用。

（2）"三最"原则。《个人信息保护法》提出了处理个人信息的"三最"原则，即处理信息对个人权益影响最小、收集信息限最小范围、保存期限为最短时间。《个人信息保护法》第六条明确，处理个人信息应当具有明确、合理的目的，并应当与处理目的直接相关，采取对个人权益影响最小的方式。收集个人信息，应当限于实现处理目的的最小范围，不得过度收集个人信息。第十九条明确，除法律、行政法规另有规定外，个人信息的保存期限应当为实现处理目的所必要的最短时间。

合法、正当、必要原则和"三最"原则对数字营销有较强的规范作用，特别是对个人信息的采集和违规滥用进行了规范，限定了收集和处理个人信息的影响、范围、时效，提高了数字营销的合规标准。

2. 个人信息获取和提供

第一，处理个人信息应当取得个人同意。《个人信息保护法》明确个人同意应当由个人在充分知情的前提下自愿、明确作出。个人信息的处理目的、处理方式和处理的个人信息种类发生变更的，应当重新取得个人同意。

第二，个人信息不得非法获取或向他人提供。窃取、购买或以其他非法方式获得个人信息均受到法律法规的约束。《决定》规定任何组织和个人不得窃取或者以其他非法方式获取公民个人电子信息，不得出售或者非法向他人提供公民个人电子信息。《个人信息保护法》第十条明确，任何组织、个人不得非法收集、使用、加工、传输他人个人信息，不得非法买卖、提供或者公开他人个人信息。《生成式人工智能服务管理暂行办法》规定不得非法留存能够识别使用者身份的输入信息和使用记录，不得非法向他人提供使用者输入信息和使用记录。

第三，更改个人信息用途需征得个人同意。如果企业希望用已经采集到的个人信息与其他企业进行资源交换，或者向其他企业提供个人信息，将受到《个人信息保护法》的约束，该法第二十三条明确，个人信息处理者向其他个人信息处理者提供其处理的个人信息的，应当向个人告知接收方的名称或者姓名、联系方式、处理目的、处理方式和个人信息的种类，并取得个人的单独同意。

第四，涉及公共安全的数据采集予以特殊管理。人脸识别等采集需遵守《个人信息保护法》规定，不得从事危害国家安全、公共利益的个人信息处理活动。《个人信息保护法》第二十六条明确，在公共场所安装图像采集、个人身份识别设备，应当为维护公共安全所必需，遵守国家有关规定，并设置显著的提示标识。所收集的个人图像、身份识别信息只能用于维护公共安全的目的，不得用于其他目的；取得个人单独同意的除外。

3. 敏感个人信息处理

《个人信息保护法》对敏感个人信息处理有非常详细的规定，明确只有在具有特定的目的和充分的必要性，并采取严格保护措施的情形下，个人信息处理者方可处理敏感个人信息。处理敏感个人信息应当取得个人的单独同意；法律、行政法规规定处理敏感个人信息应当取得书面同意的，从其规定。应当向个人告知处理敏感个人信息的必要性以及对个人权益的影响；个人信息处理者处理不满十四周岁未成年人个人信息的，应当取得未成年人的父母或者其他监护人的同意。个人信息处理者处理不满十四周岁未成年人个人信息的，应当制定专门的个人信息处理规则。

敏感个人信息的采集也需单独管理。《个人信息保护法》规定，处理敏感个人信息应当取得个人的单独同意，应当向个人告知处理敏感个人信息的必要性以及对个人权益的影响。处理个人敏感信息，处理者需要在事前进行个人信息保护影响评估。

（三）个人信息的使用

1. 自动化决策

自动化决策是数字营销中常用的方法，《个人信息保护法》对自动化决策进行了界定，明确自动化决策指通过计算机程序自动分析、评估个人的行为习惯、兴趣爱好或者经济、健康、信用状况等，并进行决策的活动。

《个人信息保护法》的第二十四条明确：个人信息处理者利用个人信息进行自动化决策，应当保证决策的透明度和结果公平、公正，不得对个人在交易价格等交易条件上实行不合理的差别待遇；通过自动化决策方式向个人进行信息推送、商业营销，应当同时提供不针对其个人特征的选项，或者向个人提供便捷的拒绝方式；通过自动化决策方式作出对个人权益有重大影响的决定，个人有权要求个人信息处理者予以说明，并有权拒绝个人信息处理者仅通过自动化决策的方式作出决定。利用个人信息做自动化决策，信息处理者需要在事前进行个人信息保护影响评估。

2. 向特定人群提供服务

《互联网信息服务算法推荐管理规定》规定算法推荐服务提供者向未成年人提供服务的，应当依法履行未成年人网络保护义务，不得推送影响未成年人身心健康的信息，不得利用算法推荐服务诱导未成年人沉迷网络。要充分考虑老年人出行、就医、消费、办事等需求，按照国家有关规定提供智能化适老服务，依法开展涉电信网络诈骗信息的监测、识别和处置。

（四）个人的权利

1. 个人信息处理权利

《中华人民共和国电子商务法》（以下简称《电子商务法》）第二十四条明确，电子商务经营者应当明示用户信息查询、更正、删除以及用户注销的方式、程序，不得对用户信息查询、更正、删除以及用户注销设置不合理条件。电子商务经营者收到用户信息查询或者更正、删除的申请的，应当在核实身份后及时提供查询或者更正、删除用户信息。用户注销的，电子商务经营者应当立即删除该用户的信息 [6]。

《个人信息保护法》第四十四条明确，个人对其个人信息的处理享有知情权、决定权，有权限制或者拒绝他人对其个人信息进行处理。第四十五条明确：个人有权向个人信息处理者查阅、复制其个人信息；个人请求将个人信息转移至其指定的个人信息处理者，符合国家网信部门规定条件的，个人信息处理者应当提供转移的途径。第四十七条明确，当处理目的已实现、无法实现或者为实现处理目的不再必要，个人信息处理者停止提供产品或者服务，或者保存期限已届满，个人撤回同意等情况出现时，个人信息处理者应当主动删除个人信息，个人信息处理者未删除的，个人有权请求删除 [7]。

尽管我国的法律并没有对个人信息和数据进行确权，但个体拥有个人信息的使用、转移和删除等权利，在一定程度上明确了对个人信息的归属权利。

2. 个体的同意权

《个人信息保护法》紧紧围绕规范个人信息处理活动、保障个人信息权益，构建了以"告知 – 同意"为核心的个人信息处理规则。"告知 – 同意"是法律确立的个人信息保护的核心规则，是保障个人对其个人信息处理知情权和决定权的重要手段。

《个人信息保护法》将个人在个人信息处理活动中的各项权利，包括知悉个人信息处理规则和处理事项、同意和撤回同意，以及个人信息的查询、复制、更正、删除等总结提升为知情权、决定权，明确个人有权限制个人信息的处理和使用。

3. 个体的选择权

当企业利用个人信息进行精准营销时，不能仅基于算法向消费者推荐商品，必须赋予消费者充分的选择权。《电子商务法》第十八条规定，电子商务经营者根据消费者的兴趣爱好、消费习惯等特征向其提供商品或者服务的搜索结果的，应当同时向该消费者提供不针对其个人特征的选项 [8]。

《互联网信息服务算法推荐管理规定》的第十七条明确，算法推荐服务提供者应当向用户提供不针对其个人特征的选项，或者向用户提供便捷的关闭算法推荐服务的选项。

由上述规定可知，当企业实施精准营销时，不能够仅仅根据消费者的兴趣爱好、消费习惯等画像信息向消费者推荐商品，还需要提供不针对其个人特征的选项。该项法律规定在一定程度上降低了精准营销的效率和价值。

二、企业数字营销活动的法律法规

（一）网络直播营销

网络直播营销，是指商家、主播等参与者在电商平台、内容平台、社交平台等网络平台上以直播形式向用户销售商品或提供服务的活动。中国广告协会发布的《网络直播营销行为规范》[9]，国家互联网信息办公室等七部门联合发布的《网络直播营销管理办法（试行）》（以下简称《办法》），最高人民法院发布的《最高人民法院关于审理网络消费纠纷案件适用法律若干问题的规定（一）》，国家市场监督管理总局发布的《网络交易监督管理办法》等法规对网络直播营销进行了规范。

这些法律法规界定了商家、主播、平台、直播服务机构以及用户等多方主体，明确了消费者权益保护、知识产权保护、反不正当竞争、个人信息保护、未成年人保护、网络和数据安全管理、直播营销功能注册注销、信息安全管理、营销行为规范等机制和措施，明确了年龄限制和行为的红线，对直播间运营者和直播营销人员相关广告活动、线上线下直播场所、商品服务信息核验、虚拟形象使用、与直播营销人员服务机构开展商业合作等方面提出具体要求，并对直播营销平台相关安全评估、备案许可、技术保障、平台规则、身份认证和动态核验、高风险和违法违规行为识别处置、新技术和跳转服务风险防范、构成商业广告的付费导流服务等做出详细规定，界定了平台经营者的责任，要求平台应当每半年向住所地省级市场监管部门报送平台内经营者身份信息，平台要对平台内的经营活动建立检查监控制度。

（二）平台营销管理

1. 平台排他性限制

《电子商务法》第三十五条明确，电子商务平台经营者不得利用服务协议、交易规则以及技术等手段，对平台内经营者在平台内的交易、交易价格以及与其他经营者的交易等进行不合理限制或者附加不合理条件，或者向平台内经营者收取不合理费用。

《网络交易监督管理办法》明确平台不得干涉平台内经营者的自主经营，不得通过各种手段禁止或者限制平台内经营者自主选择多平台经营、自主选择快递物流等交易辅助服务提供者等。

小案例

阿里巴巴"二选一"被罚

2020年12月，国家市场监督管理总局依据《中华人民共和国反垄断法》对阿里巴巴集团控股有限公司（下称"当事人"）开展了调查，认定当事人在中国境内网络零售平台服务市场具有支配地位。

国家市场监督管理总局认定，2015年以来，当事人为限制其他竞争性平台发展，维持、巩固自身市场地位，滥用其在中国境内网络零售平台服务市场的支配地位，实施"二选一"

行为，通过禁止平台内经营者在其他竞争性平台开店和参加其他竞争性平台促销活动等方式，限定平台内经营者只能与当事人进行交易，并以多种奖惩措施保障行为实施，违反《中华人民共和国反垄断法》第二十二条第一款第（四）项关于"没有正当理由，限定交易相对人只能与其进行交易"的规定，构成滥用市场支配地位行为。

国家市场监督管理总局认定当事人限制平台内经营者在其他竞争性平台开店或者参加其他竞争性平台促销活动，形成锁定效应，以减少自身竞争压力，不当维持、巩固自身市场地位，背离平台经济开放、包容、共享的发展理念，排除、限制了相关市场竞争，损害了平台内经营者和消费者的利益，削弱了平台经营者的创新动力和发展活力，阻碍了平台经济规范有序创新、健康发展。

2021 年 4 月 6 日，国家市场监督管理总局做出处罚决定，责令当事人停止违法行为，不得限制平台内经营者在其他竞争性平台开展经营，不得限制平台内经营者在其他竞争性平台的促销活动。对当事人处以其 2019 年度中国境内销售额 4 557.12 亿元 4% 的罚款，计 182.28 亿元。

资料来源：国家市场监督管理总局行政处罚决定书，国市监处〔2021〕28 号。

2. 商品和服务评价管理

《电子商务法》第三十九条明确，电子商务平台经营者应当建立健全信用评价制度，公示信用评价规则，为消费者提供对平台内销售的商品或者提供的服务进行评价的途径。电子商务平台经营者不得删除消费者对其平台内销售的商品或者提供的服务的评价。

（三）内容营销管理

2020 年 3 月 1 日起实施的《网络信息内容生态治理规定》对网络信息内容进行了详细规定。网络信息内容生态治理是指政府、企业、社会、网民等主体，以培育和践行社会主义核心价值观为根本，以网络信息内容为主要治理对象，以建立健全网络综合治理体系、营造清朗的网络空间、建设良好的网络生态为目标，开展的弘扬正能量、处置违法和不良信息等相关活动。

《网络信息内容生态治理规定》明确了鼓励网络信息内容生产者制作、复制、发布含有相关内容的信息，网络信息内容生产者不得制作、复制、发布含有相关内容的违法信息；也明确了网络信息内容生产者应当防范和抵制制作、复制、发布含有相关内容的不良信息。不良信息包括：使用夸张标题，内容与标题严重不符的；炒作绯闻、丑闻、劣迹等的；不当评述自然灾害、重大事故等灾难的；带有性暗示、性挑逗等易使人产生性联想的；展现血腥、惊悚、残忍等致人身心不适的；煽动人群歧视、地域歧视等的；宣扬低俗、庸俗、媚俗内容的；可能引发未成年人模仿不安全行为和违反社会公德行为、诱导未成年人不良嗜好等的；其他对网络生态造成不良影响的内容。

《网络信息内容生态治理规定》明确，网络信息内容服务平台应当建立网络信息内容生态治理机制，制定本平台网络信息内容生态治理细则，健全用户注册、账号管理、信息发布审核、跟帖评论审核、版面页面生态管理、实时巡查、应急处置和网络谣言、黑色产业链信息处置等制度。

《生成式人工智能服务管理暂行办法》规定：利用生成式人工智能生成的内容应当遵守法律法规的要求，采取有效措施防止产生民族、信仰、国别、地域、性别、年龄、职业、健康等歧视内容；尊重知识产权、商业道德，保守商业秘密；尊重他人合法权益，不得危害他人身心健康，不得侵害他人肖像权、名誉权、荣誉权、隐私权和个人信息权益[10]。

（四）算法推荐管理

《互联网信息服务算法推荐管理规定》对数字营销中的算法推荐做出了详细规定。应用算法推荐技术是指利用生成合成类、个性化推送类、排序精选类、检索过滤类、调度决策类等算法技术向用户提供信息。制定该规定的主要原因是市场上出现了大量的算法歧视、大数据杀熟、诱导沉迷等算法不合理应用。算法推荐管理明确了消费者的知情权、选择权和向特定人群算法推荐的规则。

应用算法推荐技术不得实施大数据杀熟。《互联网信息服务算法推荐管理规定》第二十一条明确，向消费者销售商品或者提供服务的，不得根据消费者的偏好、交易习惯等特征，利用算法在交易价格等交易条件上实施不合理的差别待遇等违法行为。

《网络信息内容生态治理规定》明确了呈现信息的重点环节，包括：互联网新闻信息服务首页首屏、弹窗和重要新闻信息内容页面等；互联网用户公众账号信息服务精选、热搜等；博客、微博客信息服务热门推荐、榜单类、弹窗及基于地理位置的信息服务版块等；互联网信息搜索服务热搜词、热搜图及默认搜索等；互联网论坛社区服务首页首屏、榜单类、弹窗等；互联网音视频服务首页首屏、发现、精选、榜单类、弹窗等；互联网网址导航服务、浏览器服务、输入法服务首页首屏、榜单类、皮肤、联想词、弹窗等；数字阅读、网络游戏、网络动漫服务首页首屏、精选、榜单类、弹窗等；生活服务、知识服务平台首页首屏、热门推荐、弹窗等；电子商务平台首页首屏、推荐区等；移动应用商店、移动智能终端预置应用软件和内置信息内容服务首屏、推荐区等；专门以未成年人为服务对象的网络信息内容专栏、专区和产品等；其他处于产品或者服务醒目位置、易引起网络信息内容服务使用者关注的重点环节。

（五）营销作弊行为

我国的法律法规是禁止营销作弊行为的。《网络直播营销管理办法（试行）》第十八条规定，直播间运营者、直播营销人员从事网络直播营销活动，不得虚构或者篡改交易、关注度、浏览量、点赞量等数据流量造假。

《网络信息内容生态治理规定》第二十四条明确，网络信息内容服务使用者和网络信息内容生产者、网络信息内容服务平台不得通过人工方式或者技术手段实施流量造假、流量劫持以及虚假注册账号、非法交易账号、操纵用户账号等行为，破坏网络生态秩序。

（六）新技术环境下的营销法律

随着人工智能技术的发展，新技术营销相关的法律法规变成一个值得关注的问题。新技术环境下的数字营销仍然存在着较多需要规范的地方，例如生成式 AI、虚拟人应用、云产品服务、自动驾驶等。

当前，一些法律法规已经开始规范新技术下的经营活动。《个人信息保护法》规定，针对小型个人信息处理者、处理敏感个人信息以及人脸识别、人工智能等新技术、新应用，制定专门的个人信息保护规则、标准。《网络直播营销管理办法（试行）》第十三条明确，直播营销平台应当加强新技术新应用新功能上线和使用管理，对利用人工智能、数字视觉、虚拟现实、语音合成等技术展示的虚拟形象从事网络直播营销的，应当按照有关规定进行安全评估，并以显著方式予以标识[11]。国家互联网信息办公室联合国家发展改革委、教育部、科技部、工业和信息化部、公安部、广电总局公布的《生成式人工智能服务管理暂行办法》对生成文本、图片、声音、视频、代码等内容，提供生成式人工智能产品或服务，预训练数据、优化训练数据来源的合法性，生成式人工智能产品在研制中采用人工标注，防范用户过分依赖或沉迷，防止产生歧视性的内容，用户投诉机制等进行了规定[10]。

三、数据安全的法律法规

（一）数据安全基本概念

数据是指任何以电子或者其他方式对信息的记录。数据处理包括数据的收集、存储、使用、加工、传输、提供、公开等行为。数据安全是指通过采取必要措施，确保数据处于有效保护和合法利用的状态，以及具备保障持续安全状态的能力。关系国家安全、国民经济命脉、重要民生、重大公共利益等数据属于国家核心数据，实行更加严格的管理制度。

（二）数据处理者职责

1. 合法、正当地收集数据

任何组织、个人收集数据，应当采取合法、正当的方式，不得窃取或者以其他非法方式获取数据。法律、行政法规对收集、使用数据的目的、范围有规定的，应当在法律、行政法规规定的目的和范围内收集、使用数据。

2. 数据处理符合社会公德和伦理

开展数据处理活动，应当遵守法律、法规，尊重社会公德和伦理，遵守商业道德和职业道德，诚实守信，履行数据安全保护义务，承担社会责任，不得危害国家安全、公共利益，不得损害个人、组织的合法权益。

3. 建立数据安全管理制度

开展数据处理活动应当依照法律、法规的规定，建立健全全流程数据安全管理制度，组织开展数据安全教育培训，采取相应的技术措施和其他必要措施，保障数据安全。重要数据的处理者应当明确数据安全负责人和管理机构，落实数据安全保护责任。

4. 加强风险监测

开展数据处理活动应当加强风险监测，发现数据安全缺陷、漏洞等风险时，应当立即采取补救措施；发生数据安全事件时，应当立即采取处置措施，按照规定及时告知用户并向有关主管部门报告。

5. 定期开展风险评估

重要数据的处理者应当按照规定对其数据处理活动定期开展风险评估，并向有关主管部门报送风险评估报告。风险评估报告应当包括处理的重要数据的种类、数量，开展数据处理活动的情况，面临的数据安全风险及其应对措施等。

（三）数据安全管理制度

1. 数据分类分级保护制度

国家建立数据分类分级保护制度，根据数据在经济社会发展中的重要程度，以及一旦遭到篡改、破坏、泄露或者非法获取、非法利用，对国家安全、公共利益或者个人、组织合法权益造成的危害程度，对数据实行分类分级保护。国家数据安全工作协调机制统筹协调有关部门制定重要数据目录，加强对重要数据的保护。

2. 建立健全数据交易管理制度

国家建立健全数据交易管理制度，规范数据交易行为，培育数据交易市场。从事数据交易中介服务的机构提供服务，应当要求数据提供方说明数据来源，审核交易双方的身份，并留存审核、交易记录。

3. 建立数据安全认证和评估机制

（1）数据安全标准制定。《中华人民共和国数据安全法》（以下简称《数据安全法》）明确国家推进数据开发利用技术和数据安全标准体系建设。国务院标准化行政主管部门和国务院有关部门根据各自的职责，组织制定并适时修订有关数据开发利用技术、产品和数据安全相关标准。国家支持企业、社会团体和教育、科研机构等参与标准制定。

（2）评估和认证服务机制。《数据安全法》明确国家促进数据安全检测评估、认证等服务的发展，支持数据安全检测评估、认证等专业机构依法开展服务活动。国家建立集中统一、高效权威的数据安全风险评估、报告、信息共享、监测预警机制。《个人信息保护法》明确了需进行个人信息保护影响评估的事项，包括敏感个人信息、自动化决策、向其他个人信息处理者提供个人信息、公开个人信息、向境外提供个人信息等。

（3）数据安全审查机制。《数据安全法》明确国家建立数据安全审查制度，对影响或者可能影响国家安全的数据处理活动进行国家安全审查。

（4）投诉和举报机制。《个人信息保护法》明确应完善个人信息保护投诉、举报工作机制。履行个人信息保护职责的部门接受、处理与个人信息保护有关的投诉、举报。收到投诉、举报的部门应当依法及时处理，并将处理结果告知投诉、举报人。《数据安全法》明确任何个人、组织都有权对违反法律规定的行为向有关主管部门投诉、举报。

（四）向境外提供数据

1. 告知并同意

《个人信息保护法》第三十九条明确，个人信息处理者向中华人民共和国境外提供个人信息的，应当向个人告知境外接收方的名称或者姓名、联系方式、处理目的、处理方式、个人信息的种类以及个人向境外接收方行使本法规定权利的方式和程序等事项，并取得个人的单独同意。

2. 数据本地化存储

《个人信息保护法》第四十条规定，关键信息基础设施运营者和处理个人信息达到国家网信部门规定数量的个人信息处理者，应当将在中华人民共和国境内收集和产生的个人信息存储在境内。《网络安全法》明确，任何本国或者外国公司在采集和存储与个人信息和关键领域相关数据时，必须使用主权国家境内的服务器[12]。数据本地化存储，通常是指主权国家通过制定法律或规则限制本国数据向境外流动。《网络安全法》第三十七条规定，关键信息基础设施的运营者在中华人民共和国境内运营中收集和产生的个人信息和重要数据应当在境内存储。

3. 安全审查和评估

《个人信息保护法》规定，确需向境外提供个人信息的，应当通过国家网信部门组织的安全评估。《网络安全审查办法》规定，掌握超过100万用户个人信息的网络平台运营者赴国外上市，必须向网络安全审查办公室申报网络安全审查。《个人信息保护法》规定，向境外提供个人信息，个人信息处理者应当在事前进行个人信息保护影响评估，并对处理情况进行记录。

4. 跨境提供数据批准制

《数据安全法》明确，主管机关根据有关法律和中华人民共和国缔结或者参加的国际条约、协定，或者按照平等互惠原则，处理外国司法或者执法机构关于提供数据的请求。非经中华人民共和国主管机关批准，境内的组织、个人不得向外国司法或者执法机构提供存储于中华人民共和国境内的数据。

小案例

滴滴赴美上市被审查

2021 年 6 月 30 日晚间，共享出行平台滴滴出行股份有限公司正式在纽交所挂牌上市。该公司在包括中国在内的 15 个国家 4 000 多个城镇开展业务，掌握大量的个人信息和交通数据等国家核心数据。

滴滴上市之前，中国的数据安全管理环境正在进一步规范。2021 年 6 月 10 日，第十三届全国人大常委会第二十九次会议表决通过了《中华人民共和国数据安全法》，规定该法将于 2021 年 9 月 1 日起实施。而赴美上市之后，如果美国证券交易委员会（SEC）发起调查，可以要求公司提供数据，这些数据可能会涉及个人信息以及其他敏感信息。另外，美国的证券集体诉讼的证据交换程序中也会涉及很多信息的提供，这就有可能损害中国的国家安全。

网络安全审查办公室于 2021 年 7 月 2 日迅速发布《网络安全审查办公室关于对"滴滴出行"启动网络安全审查的公告》：为防范国家数据安全风险，维护国家安全，保障公共利益，依据《中华人民共和国国家安全法》《中华人民共和国网络安全法》《网络安全审查办法》，对"滴滴出行"实施网络安全审查。为配合网络安全审查工作，防范风险扩大，审查期间"滴滴出行"停止新用户注册。自 2020 年 6 月 1 日《网络安全审查办法》正式实施以来，滴滴是首批触发网络安全审查程序的企业之一。

2021 年 7 月 4 日，国家网信办表示，滴滴出行 App 存在严重违法违规收集使用个人信息问题，通知应用商店下架滴滴出行 App。7 月 10 日，国家网信办发布《网络安全审查办法（修订草案征求意见稿）》；7 月 12 日，工信部发布《网络安全产业高质量发展三年行动计划（2021—2023 年）（征求意见稿）》；7 月 13 日，工信部、国家网信办、公安部印发《网络产品安全漏洞管理规定》。

2022 年 5 月 23 日晚间，滴滴召开临时股东大会，就美国自愿退市事宜进行投票表决。2022 年 6 月 2 日，滴滴正式向美国证券交易委员会递交 FORM 25 表格，正式申请自愿退市。根据滴滴公告，为了更好地配合网络安全审查和整改措施，在退市完成之前，该公司的股票将不会在任何其他证券交易所上市。

资料来源：根据新浪网、证券时报、雷锋网公开资料整理而成。

第三节　欧美数字营销相关的法律法规

一、欧盟的个人信息保护法律

（一）欧盟个人信息保护法律的变迁

欧盟历来重视保护公民的个人信息，并建立了非常严格的数据保护框架 [13]。1995 年，欧盟颁布了《数据保护指令》（Directive 95/46/EC），法律层级是"指令"（Directive）。指令是一种应用较为宽泛的法律形式，它设置了所有欧盟成员国立法应当达到的最低标准和目标，颁布后对欧盟公民并不具有直接的约束力，而是由各个欧盟成员国自行立法将欧盟指令落实到本国法律体系[14]。欧盟《数据保护指令》中"个人数据"局限在用户名、地址等简单的信息，主要通过限制访问权实现对个人数据的保护。各成员国对《数据保护指令》的法律解释和执行不一致等，影响了个人数据保护的实际效果和数据在欧盟内的自由流动。随着互联网的发展，《数据保护指令》的个人数据保护框架不再满足需求，欧盟陆续颁布了《隐私与电子通信指令》《数据留存指令》等条例作为对《数据保护指令》的补充[15]。

2016 年 4 月 14 日，欧洲议会投票通过了《通用数据保护条例》（General Data Protection Regulation, GDPR）取代《数据保护指令》，并于 2018 年 5 月 25 日正式实施，作为有法律约束力的"法规"（Regulation），直接在欧盟所有成员国落地生效，解决了欧盟成员国之间在数据保护上的法律和执行差异问题。GDPR 作为一部严格的数据监管条例，为全球数据保护提供了参考标准[16]。

（二）《通用数据保护条例》（GDPR）的主要内容

1. GDPR 的适用范围

GDPR 规定只要网站（或手机软件应用）能够被在欧洲境内的个人访问和使用、产品或服务使用的语言是英语或者特定的欧盟成员国语言、产品标识的价格是欧元，就可以被理解为该产品、服务的目标用户包括欧盟境内用户，从而需要适用 GDPR[17]。

GDPR 综合考虑了属地因素和属人因素。属地因素面向那些所在地就在欧盟境内的企业和机构，不论其是否在欧盟境内进行数据处理活动，根据法律的规定都需要统一遵循 GDPR[18]。属人因素面向那些成立地在欧盟境外的企业和机构，只要其在提供产品或服务的过程中处理了欧盟境内个人的数据，根据法律的规定也需要适用 GDPR[19]。

2. GDPR 的主要内容

GDPR 突出了数据主体权利至上的原则，主要从数据主体、数据控制者和处理者、数据监管三方面强化了欧盟数据保护的核心框架[20]。GDPR 极大地增强了数据主体的权利，对数据控制者和处理者使用个人数据做出了严格的限制，并规定了非常严厉的惩罚措施，通过创新执法监管机制，确保 GDPR 的落地实施。

（1）一站式监管。考虑到有的企业面向欧盟的不同成员国提供业务或者在不同的成员国都设立了分公司，GDPR 设立了一套复杂的解决机制。企业总部所在成员国的监管机构将作为主导监管机构，负责对企业的所有数据活动进行监管且在全欧盟境内都有效。此外，主导监管机构在做出监管决定前，要充分考虑其他成员国监管机构的意见，并在决定中反映出来，如果不同监管机构未能达成一致意见，就需要交给欧盟数据保护委员会处理，再做出最终的决定。

（2）数据主体的权利和保护机制。GDPR 对数据主体的权利规定增强了数据主体对个人数据的控制能力，而对企业基于数据驱动的商业模式、业务流程、措施配置等，包括数字营销，提出了具体的要求，对企业产生了直接影响。

1）个人数据的定义。GDPR 进一步明确了"个人数据"的定义，即"任何已识别或可识别的自然人（数据主体）相关的信息"，核心是个人数据可以被用来识别个人身份。具体可理解为，诸如姓名、身份证件编号、地理位置、网上标识这样可以直接或间接识别自然人的信息，或是自然人特有的身体的、生理的、遗传的、心理的、经济的、文化的、社会身份的信息，都属于 GDPR 规定的个人数据的范畴。GDPR 对个人数据的定义，反映了技术进步带来的对个人数据保护的新需求，是欧盟个人数据保护框架的基石。

2）隐私政策。GDPR 规定数据控制者必须以清楚、简单明了的方式向个人说明其个人数据是如何被收集、怎样被传输和处理的，这提高了企业隐私政策的合规要求。GDPR 规定了限制处理的权利，例如当数据主体提出投诉时（如针对数据的准确性），数据主体并不要求删除该数据，但可以限制数据控制者不再对该数据继续处理。对于以下两种情形，数据主体享有绝对的拒绝权：有权随时拒绝数据控制者基于其合法利益处理个人数据，有权拒绝基于个人数据的市场营销行为[12,21]。

GDPR 规定了数据删除权。第一种是当数据主体依法撤回同意或者数据控制者不再有合法理由继续处理数据时，数据主体有权要求删除数据。第二种是如果数据控制者将符合第一种条件的个人数据进行了公开传播，他应该采取所有合理的方式予以删除（包括采取可用的技术手段和投入合理成本），数据控制者有责任通知处理此数据的其他数据控制者，删除关于数据主体所主张的个人数据链接、复制件。也就是说，数据控制者不仅要删除自己所控制的数据，还要负责删除自己公开传播出去的数据，通知第三方停止利用、删除。

"个人数据可携权"是指用户可以无障碍地将其个人数据从一个信息服务提供者处转移至另一个信息服务提供者。例如，社交应用 Twitter（现为"X"）的用户可以把个人账号中的资料转移至另一个社交网络应用上。"个人数据可携权"覆盖了社交网络服务、云计算、手机应用等自动处理系统。信息控制者不仅无权干涉信息主体的这项权利，还需要配合用户提供数据文本[17]。

3）对数据画像活动的特别规制。对于"数据画像"，GDPR 界定为任何形式的个人数据自动处理活动，包括使用个人数据评估自然人在某些方面的特征或表现，特别是分析或预测与该自然人的工作表现、经济状况、健康、个人喜好、兴趣、可靠性、行为、位置或行动有关的方面等。数据画像的定义包含了五个层面的特征：任何形式的自动处理（Automated Processing）；个人数据；为了评估人的某些方面；自然人；用于分析或预测。可以说，目前绝大多数利用个人信息进行大数据分析的活动都被包含在这个界定范围内，例如市场营销活动中常见的用大数据对顾客进行画像等。

画像活动如果对用户个人产生法律上的影响或者其他重大影响，仅仅在符合以下条件之一时才是合法的：数据主体明确同意；欧盟或者成员国法的明确授权；是数据主体和数据控制者之间签订、执行合同所必需的。在实践中，绝大多数的数据画像需要在用户明确同意的基础上进行，而根据 GDPR 中关于"同意"的严格要求，让用户同意进行数据画像难以操作，这可能会给大数据背景下的分析营销活动带来消极影响。

GDPR 对于"同意"的要求十分严格。首先，要向数据主体介绍数据画像处理活动的过程，收集了哪些个人数据，画像算法的基本原理，分析得出的结果是否会对用户产生法律上的影响等。其次，要明确告知用户其享有对数据画像的反对权，应当向用户明确无误地表达这些信息，并采取独立于其他信息的展示方式引起用户的足够注意。

此外，那些基于个人敏感数据的数据画像活动是被禁止的，因此，对于依赖于数据画像（包括利用存储在用户本地终端上的数据等跟踪工具开展精准营销）的企业来说，如何做到既能够符合 GDPR 有关透明性和用户同意的要求，同时也能使得数据分析活动得以继续，是不得不面对的一个难题。

4）强监管和重处罚。GDPR 大大增强了监管机构的执法权，包括通知数据控制者、处理者相关违法行为；要求违法者提供相关信息，或者向监管机构提供访问此类信息的接口；现场调查、审计；命令修改、删除或者销毁个人数据；可以采取临时性的或者限定性的数据处理禁令；处以罚金。

GDPR 规定了严苛的罚金，分为两档。① 1 000 万欧元或者企业上一年度全球营业收入的 2%，两者取其高者。此类处罚针对的违法行为包括没有实施充分的 IT 安全保障措施，或者没有提供全面的、透明的隐私政策，没有签订书面的数据处理协议等。② 2 000 万欧元或者企业上一年度全球营业收入的 4%，两者取其高者。此类处罚针对的违法行为包括无法说明如何获得了用户的同意，违反数据处理的一般性原则，侵害数据主体的合法权利，以及拒绝服从监管机构的执法命令等 [20]。

二、美国的个人信息保护法律

美国是一个联邦制国家，有联邦宪法和联邦法律、州宪法和州法律两个法律体系，但联邦宪法和联邦法律具有最高地位。美国现行法律体系由判例法和成文法共同构成，形成 5 种法律渊源：宪法、制定法、条约、行政法律法规和普通法 [22]。美国独立初期就制定了成文的联邦宪法，但联邦和各州都自成法律体系。联邦除在国防、外交和州际商业等方面外，无统一的立法权，刑事和民商事方面的立法权基本上属于各州 [23]。

美国近年来的个人隐私泄露事件频发。2018 年 3 月，剑桥分析公司以不正当方式，在 Meta（原 Facebook）上挖掘了 5 000 万用户的个人资料以获取数据，并用于政治目的。2018 年 11 月，万豪国际集团声明，喜达屋旗下酒店的房客预订数据库被黑客入侵，最多约 9 亿名客人的信息被泄露。美国没有对数据保护进行单独的立法，美国政府、企业、行业组织针对加强个人信息保护提出了各自的解决方案，因此在联邦和州两个层面颁布的用于保护美国居民个人数据的方案具有碎片化的特点。

（一）联邦层面的法律法规

《联邦贸易委员会法》（Federal Trade Commission Act）制定于 1914 年，授权美国联邦贸易委员会（FTC）采取执法行动，保护消费者免受不公平或欺骗性行为的影响。该法律还规定执行联邦隐私和数据保护法规。联邦贸易委员会的监管标准是"欺骗性准则"（Deceptive Practice），该准则适用于公司未能遵守其公布的隐私承诺，以及未能提供足够的个人信息安全，此外还包括使用欺骗性广告或营销方法[23]。

1974年12月31日，由美国参众两院通过的《隐私权法》（The Privacy Act）是美国行政法中保护公民隐私权和了解权的一项重要法律。该法就政府机构对公民信息的采集、使用、公开和保密问题做了详细规定，其基本原则是行政机关不能有秘密的个人信息记录；公民有权知道被行政机关记录的个人信息及其使用情况；为某一目的而采集的公民个人信息，未经本人许可，不得用于其他目的；公民有权查询和请求修改关于自己的个人信息记录；任何采集、保存、使用和传播个人信息的机构，必须保证该信息可靠地用于既定目的[15]。

另一些联邦数据保护法是针对特定部门的或特定类型数据的。例如，1994年的《驾驶员隐私保护法》（DPPA）规范了各州机动车部门收集的个人信息的隐私和披露。儿童信息在联邦层面受到《儿童在线隐私保护法》（COPPA）的保护，该法禁止从13岁以下儿童的在线和数字连接设备中收集任何信息，并要求在收集儿童信息时发布隐私通知并收集可核实的父母同意书。联邦《视频隐私保护法》（VPPA）限制披露视频或类似视听材料的租赁或销售记录，包括在线流媒体。同样，1984年的《有线电视通信政策法》包括专门保护用户隐私的条款。

虽然美国在联邦层面上没有全面的数据保护监管机构，但联邦贸易委员会（FTC）的权力非常广泛，经常为联邦隐私和数据安全问题定下基调。此外，其他各种机构通过部门法律对数据保护进行监管，包括货币监理署（OCC）、卫生与公众服务部（HHS）、联邦通信委员会（FCC）、证券交易委员会、消费者金融保护局（CFPB）和商业部。

（二）州层面的法律法规

美国大多数州将个人信息定义为个人的名字和姓氏、个人的SSN（社会安全号码）、驾驶执照或州身份证号码、金融账户号码或支付卡信息等数据。每个州都通过了适用于某些类型个人信息的数据泄露法律。州法律还可能对企业施加与收集、使用、披露、安全或保留特殊类别信息有关的限制和义务，如生物识别数据、医疗记录、SSN、驾驶执照信息、电子邮件地址、图书馆记录、电视观看习惯、财务记录、税务记录、保险信息、刑事司法信息、电话记录和教育记录等。即使企业在某一州没有实际经营，但在收集、持有、转让或处理该州居民的个人信息时，通常必须遵守该州的法律。

在数据保护方面，一些州通过完善立法保护个人的隐私和数据安全。例如，加利福尼亚州颁布的《加利福尼亚消费者隐私法》（CCPA）为所涵盖的企业引入了新的义务，包括要求披露企业收集的关于顾客的个人信息类别、关于顾客的具体个人信息、个人信息的来源类别、收集或出售个人信息的商业目的，以及企业与之分享个人信息的第三方类别。它还为加州居民引入了新的权利，包括要求访问和删除个人信息的权利以及选择不将个人信息出售给第三方的权利。加州还创建了美国第一个专注于数据保护的机构——加州隐私保护局（CPPA）。马萨诸塞州有强有力的数据保护法规，要求任何接收、存储、维护、处理或以其他方式接触马萨诸塞州居民与提供商品或服务有关的个人信息的实体应当建立和维护正式的信息安全计划。2019 年，纽约州扩大了其数据泄露通知法，包括明确要求实体制定、实施和维护"合理（Reasonable）"的保障措施，以保护私人信息的安全性、保密性和完整性。2020 年，加州以《加利福尼亚隐私权利法》（CPRA）修订了 CCPA，扩大了授予消费者的权利，并增加了企业的合规义务。2021 年初，弗吉尼亚州颁布了《消费者数据保护法》（CDPA），成为第二个拥有全面数据隐私法的州。这两个法律于 2023 年 1 月 1 日生效。2021 年 7 月，美国科罗拉多州州长签署了《科罗拉多州隐私法案》，使科罗拉多州成为继加利福尼亚州和弗吉尼亚州之后第三个颁布全面数据隐私立法的州，法案于 2023 年 7 月 1 日生效。

本章小结

1. 我国的法律形式是以宪法为核心的各种制定法为主的形式。中国特色社会主义法律体系是一个立足于中国国情和实际、适应改革开放和现代化建设需要、集中体现党和人民意志，以宪法为统帅、以多个法律部门为主干，由法律、行政法规、地方性法规等多层次法律规范构成的法律体系。

2. 我国形成了以《消费者权益保护法》《电子商务法》《网络安全法》《数据安全法》《个人信息保护法》五大法律为基础的数字营销法律体系，和行政法规、部门规章、其他规范性文件和标准以及司法解释等多层次、相互补充、相互支撑、不断完善。本章重点介绍了数字营销法律体系，并对数字营销相关的法律内容进行了描述。

3. 本章介绍了欧盟和美国对个人数据保护相关的法律内容，重点介绍了欧盟的《通用数据保护条例》（GDPR），该条例强调对个人数据的严格保护和重度监管及强力处罚，该法案对数字营销的应用有广泛的影响。

重要术语（中英文对照）

个人信息 Personal Information

敏感个人信息 Sensitive Personal Information

生物识别信息 Biometric Information

信息收集 Information Collection

自动化决策 Automated Decision

法律体系 Legal System

通用数据保护条例 General Data Protection Regulation，GDPR

联邦贸易委员会法 Federal Trade Commission Act

隐私权法 The Privacy Act

欺骗性准则 Deceptive Practice

思考与讨论

1. 请阐述我国的法律体系以及数字营销的法律体系。

2. 请描述我国个人信息保护的相关法律内容。

3. 请描述我国规范企业数字营销活动的主要法律内容。

4. 请描述我国关于数据安全管理的主要法律规定。

5. 请阐述欧盟对个人数据立法的主要内容。

案例实战分析

脉脉抓取使用新浪微博用户信息之争议
——国内首个数据资产不正当竞争案

一、案例背景

2015 年 2 月 9 日，因认为脉脉不当利用程序抓取微博用户信息，新浪微博将脉脉运营主体（北京淘友天下技术有限公司和北京淘友天下科技发展有限公司，以下统称"脉脉公司"）诉至北京市海淀法院，并提出高达 1 000 万元的索赔金额。

原告北京微梦创科网络技术有限公司（以下简称微梦公司）是新浪微博的经营主体（以下简称微博）。微博已经成为一个重要的社交媒体平台，用户可通过该平台进行创作、分享和查询信息。用户使用手机号或电子邮箱注册新浪微博账号，手机号需要验证，用户可以选择手机号向不特定人公开，用户头像、名称（昵称）、性别、个人简介向所有人公开，用户可以设置其他个人信息公开的范围，职业信息、教育信息默认向所有人公开，互为好友的新浪微博用户能看到对方的职业信息、教育信息。

脉脉是一款基于移动端的人脉社交应用，通过分析用户的微博和通讯录数据，帮助用户发现新的朋友，并且可以帮助他们建立联系。应用提供了职场动态分享、人脉管理、人脉招聘、匿名职场八卦等功能，致力于帮助职场用户轻松管理和拓展自己的人脉，帮助创业者和企业高管轻松找靠谱人才，帮助求职者精确找靠谱工作。

微梦公司与脉脉公司的主要争议如下。

（1）用户信息的非法抓取。

（2）用户信息的非法使用。

（3）双方之间基于 OpenAPI（开放式应用编程接口）模式建立的用户信息合作。

其他争议包括脉脉公司在合作期间抓取、使用涉案微博用户的职业信息、教育信息，以及在合作结束后使用涉案微博用户的头像、名称、职业、教育等信息的行为。

二、关于用户信息

在该争议中，微梦公司认为，用户信息包括以下两类。

（1）区分用户的身份类注册信息，包括头像、名称、职业信息、教育信息、用户自定义标签等。

（2）对用户各种浏览、使用等行为予以记录或呈现的行为类使用信息，包括点赞、转发等具有表达态度的系统设定的操作记录类使用信息，以及用户自行撰写、录入具有一定原创性且有明确归属的发言类使用信息。

在脉脉公司提交的《脉脉服务协议》中，约定"用户个人信息"为用户真实姓名、手机号码和 IP 地址，"第三方平台记录信息"为通过微博等第三方平台注册、登录、使用脉脉软件的用户在微博等第三方平台上填写、公布的全部信息。

对于由用户自主撰写并在特定平台发布的内容来说，此类信息一方面属于用户言论自由表达范畴，另一方面，若具有原创性质还会受到《中华人民共和国著作权法》保护。按照《中华人民共和国著作权法》规定，用户是作者，用户享有包括署名权在内的完整著作权。而对于无法构成作品的发言，其权利归属和使用限制也应以用户自主意愿为主。因此，用户当然有权利自主决定其发言内容在某平台或某些平台发布或不发布、单独发布或同时发布。

最终法院认定：

用户信息是互联网经营者重要的经营资源，如何展现这些用户信息是经营活动的重要内容。同时兼具社交媒体网络平台和向第三方应用软件提供接口的开放平台身份的微博，在多年经营活动中，已经积累了数以亿计的微博用户，这些用户根据自身需要及微博提供的设置条件，公开、向特定人公开或不公开自己的基本信息，以及职业、教育、喜好等特色信息。这些用户信息不仅是支撑微博作为庞大社交媒体平台开展经营活动的基础，也是其向不同第三方应用软件提供平台资源的重要内容。规范、有序、安全地使用这些用户信息，是微博维持并提升用户活跃度、开展正常经营活动、保持竞争优势的必要条件。

脉脉公司的行为违反了诚实信用的原则，违背了公认的商业道德，危害到微博平台用户信息安全，损害了微博的合法竞争利益，对微博构成不正当竞争。

三、关于数据源的获取

关于数据源，脉脉公司提出：双方合作期间，脉脉用户自行填写的信息、微博用户信息及微博好友所作标签信息作为数据源进行计算；合作终止后，脉脉公司逐步清理非脉脉用户来自微博的相关信息，并最终于 2015 年 3 月删除完毕。在脉脉 2014 年 8 月的 80 万名注册用户中，通过微博注册登录的用户约占 20%。脉脉公司提出用户信息除了部分来自微博，还有两个主要来源，一是部分用户头像来自头像淘淘软件，二是通过协同过滤算法取得。在脉脉上线后，与微博合作期间，微博向脉脉提供 OpenAPI 接口，脉脉获取微博用户的头像、名称、标签等信息，此外，脉脉用户通过上传手机通讯录联系人将非脉脉用户但为微博互粉好友的头像等资料上传到脉脉服务器中。

而微博支持：在合作终止关闭接口之后，脉脉软件用户数超过 500 万。若互联网应用产品都由注册用户填写，在使用协同过滤算法计算其他用户信息时，计算结果有一定范围，"个性化很强"的信息较难计算出来。微博主张脉脉使用的微博用户信息均针对非脉脉用户，数据源并非通过协同过滤算法获得，即计算 × 人具体职位可使用用户自行填写信息及好友所作标签的情况，并提供证据：三位脉脉注册用户通过上传其个人手机通讯录联系人，在一度人脉中共显示有 300 多位非脉脉用户，且这些人的头像、名称、职业、标签等信息与他们在微博中的用户信息基本相同。

最终法院认为：除非有充分证据证明这些信息存在其他来源，对于微梦公司提交证据显示的与所对应的微博用户信息相同或基本相同的脉脉用户一度人脉中出现的大量非脉脉用户头像、名称（昵称）、职业、教育、个人标签等信息，应认定来源于微博。

在脉脉公司与微博合作期间，脉脉公司也不能想当然地依据《脉脉服务协议》收集脉脉用户在其微博中可能留存的相关非脉脉用户的信息，因为脉脉公司还应同时遵守《开发者协议》中要求的事先获得用户同意，并按 OpenAPI 权限规则通过申请接口获取信息的程序性要求。

四、关于用户信息的使用

脉脉使用微博用户信息的行为是否合法正当？脉脉公司表示其根据《开发者协议》《脉脉服务协议》，合法取得微博的用户信息，并获得用户授权使用信息，在双方合作结束后，已及时删除脉脉软件中的微博用户信息。

但微梦公司提交证据表明，在双方于 2014 年 8 月合作终止后数月间，脉脉软件中仍存在大量微博用户基本信息。即在合作结束后，脉脉未按协议要求及时删除相关用户信息，仍将包括微博用户职业信息、教育信息在内的相关信息用于脉脉。

法院认定：《开发者协议》约定了开发者可以为实现应用程序运行及功能实现目的之必要需求而收集相关用户数据。而用户职业信息、教育信息具有较强的用户个人特色，不论对于微博，还是脉脉软件，都不属于为程序运行和实现功能目的的必要信息，而是需要经营者在经营活动中付出努力，挖掘并积累的用户资源中的重要内容。另外，头像、昵称、职业、教育、标签等用户信息的完整使用能刻画出用户个人的生活、学习、工作等基本状态和需求。脉脉在合作期间对涉案微博用户职业信息、教育信息的获取及使用行为，以及在合作结束后对涉案微博用户相关信息的使用行为均缺乏正当性。在双方合作结束之后，脉脉非法使用涉案微博的用户信息。

五、判决及启示

二审后的判决结果是：脉脉公司停止涉案不正当竞争行为；脉脉公司赔偿微梦公司经济损失 200 万元及合理费用 20.899 8 万元。

本案表明，不能以不经用户许可，侵害用户知情权的方式非法抓取、使用用户信息，同时也应妥善保护并正当使用用户信息。第三方应用开发者作为网络建设与运行的重要参与者，在收集、使用个人数据信息时，应当遵循诚实守信的原则及公认的商业道德，取得用户同意并经网络运营者授权后合法获取、使用数据信息。

本案还表明，作为网络运营者，微博拥有上亿用户的个人信息，庞大的用户群及数据信息形成了微博在社交软件中的竞争优势。但是，微博在 OpenAPI 的接口权限设置中存在重大漏洞，被侵权后无法提供相应的网络日志进行举证，对于涉及用户隐私信息数据的保护措施不到位，暴露出其作为网络运营者在管理、监测、记录网络运行状态，应用、管理、保护用户数据，应对网络安全事件方面的技术薄弱问题。

资料来源：

公众号"以创法律人"（作者：喜创法务，中国政法大学硕士）；

北京市海淀区人民法院 2015 年海民（知）初字第 12602 号；

北京知识产权法院（2016）京 73 民终 588 号；

西南政法大学硕士论文《"新浪微博诉脉脉案"的反不正当竞争法分析》（作者：李林）。

案例问题

从脉脉抓取使用新浪微博用户信息的案件中，你能够得到什么启示？网络运营者、第三方应用开发者应履行哪些相应的义务？

参考文献

[1] 新华社 . 法治中国建设规划（2020—2025 年）[EB/OL]. (2021-01-10) [2023-05-24]. https://www.gov.cn/zhengce/2021-01/10/content_5578659.htm.

[2] 习近平 . 坚定不移走中国特色社会主义法治道路 为全面建设社会主义现代化国家提供有力法治保障 [J]. 求是，2021（5）：4-15.

[3] 刘金国，舒国滢 . 法理学教科书 [M]. 北京：中国政法大学出版社，1994.

[4] 彭宁波 . 国内数据隐私保护研究综述 [J]. 图书馆，2021（11）：69-75.

[5] 中国人大网 . 中华人民共和国网络安全法 [Z/OL]. (2016-11-07) [2023-05-24]. http://www.npc.gov.cn/zgrdw/npc/xinwen/2016-11/07/content_2001605.htm.

[6] 中国人大网 . 中华人民共和国电子商务法 [Z/OL]. (2018-08-31) [2023-05-24]. http://www.npc.gov.cn/zgrdw/npc/lfzt/rlyw/2018-08/31/content_2060827.htm.

[7] 新华社 . 中华人民共和国个人信息保护法 [Z/OL]. (2021-08-20) [2023-05-24]. https://www.gov.cn/xinwen/2021-08/20/content_5632486.htm.

[8] 王融 ."被遗忘权"很美？：评国内首例"被遗忘权"案 [J]. 中国信息安全，2016（8）：87-89.

[9] 中国广告协会 . 网络直播营销行为规范 [Z/OL]. (2020-07-02) [2023-05-24]. http://www.china-caa.org/cnaa/newsdetail/369.

[10] 国家互联网信息办公室 . 生成式人工智能服务管理暂行办法 [Z/OL]. (2023-04-11) [2023-05-24]. http://www.gov.cn/zhengce/zhengceku/202307/content_6891752.htm.

[11] 新华社 . 中华人民共和国数据安全法 [Z/OL]. (2021-06-11) [2023-05-24]. https://www.gov.cn/xinwen/2021-06/11/content_5616919.htm.

[12] 胡文华 . 冲击与应对 :GDPR 与《网络安全法》比较视野下的企业合规 [J]. 中国信息安全，2018（7）：77-81.

[13] 项阳，郑艺龙 . 全球数据隐私保护相关政策 [J]. 中国教育网络，2021（Z1）：32-33.

[14] 王融 .《欧盟数据保护通用条例》详解 [J]. 大数据，2016，2（4）：93-101.

[15] 汪坤 . 从各国数据保护法律法规看数据保护要点 [J]. 现代电信科技，2017，47（3）：61-64.

[16] 王融 .《欧盟数据保护通用条例》详解 [J]. 大数据，2016，2（4）：93-101.

[17] 孙海鸣 . GDPR vs 加州隐私法：欧美这两部个人数据保护法规有什么差异？ [EB/OL]. (2019-05-23) [2023-05-24]. https://www.sohu.com/a/316058079_786964.

[18] 王铮，曾萨，安金肖，等 . 欧盟《一般数据保护条例》指导下的数据保护官制度解析与启示 [J]. 图书与情报，2018（5）：119-125.

[19] 刘雨晨，谢宗晓 . 信息安全管理系列之四十七：欧盟通用数据保护法规解析 [J]. 中国质量与标准导报，2018（12）：30-34+39.

[20] 王瑞 . 欧盟《通用数据保护条例》主要内容与影响分析 [J]. 金融会计，2018（8）：17-26.

[21] 王春晖 . 数据私权至上：解析欧盟 GDPR 的个人数据保护法规 [J]. 通信世界，2019（3）：46-47.

[22] 朱伶杰 . 美国的档案法规体系及其特点研究 [J]. 辽宁大学学报（哲学社会科学版），2011，39（5）：81-85.

[23] 刘克佳 . 美国保护个人数据隐私的法律法规及监管体系 [J]. 全球科技经济瞭望，2019，34（4）：4-11.